한림일본학자료총서
아사히신문 외지판 11

아사히신문 외지판(조선판)

기사명 색인 _제6권

This publication has been executed with grant from
the Japan Foundation(Support Program for Japanese Studies Organizations),
National Research Foundation of Korea grant funded
by the Korean Government(2017S1A6A3A01079517)
and the fund of the Institute of Japanese Studies, Hallym University.

한림대학교 일본학연구소는 이 책을 간행함에 있어
출판비용의 일부를 일본국제교류기금과 한국연구재단으로부터 지원받았고,
한림대학교 일본학연구소 발전기금을 사용하였습니다.

한림일본학자료총서
아사히신문 외지판 11

아사히신문
외지판(조선판)
기사명 색인 _ 제6권

1927.01. ~ 1927.12.

한림대학교 일본학연구소
서정완 외 12인

서문: 『아사히신문 외지판(조선판) 기사명 색인 제6권』을 간행하며
1927.1~1927.12 / 6

범례 / 13

1927년

〈아사히신문 외지판(조선판) 기사명 색인 - 1927.1~1927.12 -〉을 간행하며

한림대학교 일본학연구소 소장
서 정 완

1. 「기사명 색인」제11권, 「조선판」제6권을 간행하며

한림대학교 일본학연구소는 연구소로서의 연구성과는 물론이고 독자적으로 구축한 일본학 인프라를 학계와 사회에 제공하는 이른바 연구소의 사회적 역할을 매우 중요하게 여겨왔으며, 현재도 이 점을 매우 중요시하고 있다.

이를 구체적으로 실행한 성과로는 다음과 같은 주요사업을 들 수 있다.

첫째 한국도서관협회에 정식으로 등록된 국내 유일의 일본학 전문도서관 '일본학도서관'을 운영, 둘째 일본학도서관 운영과도 연계되는 일본학 데이터베이스 구축과 확대에 대한 지속적인 투자와 노력, 셋째 '한림일본학총서', '한림일본학자료총서', '아시아를 생각하는 시리즈' 등 일본 관련 양서를 꾸준히 간행하여 국내 일본학·일본연구의 기초를 튼튼하게 하는 데 일조하는 것 등이다. 여기에 국내외 연구기관 또는 연구자와의 긴밀한 네트워크 구축을 통해 연구집단으로서 연구소의 본분인 연구 활동을 성실하게 수행하고, 거기서 창출한 일본 관련 <지(知)>를 발전적이고도 비판적인 시각으로 축적하고 공유하고 있다.

올해 2020년, 개소 26년째를 맞이한 한림대학교 일본학연구소는 이러한 주요 사업과 기본방침에 대한 원칙을 바탕으로 성실과 성의를 다해왔으며, 그 성과는 국내 여타 연구소의 추종을 불허하는 여러 장점겸비한 연구소가 되는 데 커다란 동력이 되었다.

가령 일본어 원서로 가득한 일본학도서관의 장서는 6만 권을 훌쩍 넘긴 지 오래이며, 지금도 매해 많은 장서가 새로 추가되고 있다. 1874년 창간호부터 1980년대까지 모든 지면에 대해서 자유롭게 문자열 검색을 할 수 있는 『요미우리신문』데이터베이스, 1945년 전에 오키나와에서 간행된 많은 신문에 대한 데이터베이스, 『경성일보』를 인터넷 경유로 열람할 수 있는 시스템은 물론이고, 식민지 조선과 대만, 만주 등에서 배포된 『아사히신문 외지판』과 『마이니치신문 외지판』, 식민지 대만과 관동주에서 간행된 『대만일일신보(臺灣日日新報)』와 『대련신문(大連新聞)』, 일본 개회기의 상황을 상세하게 전해

주는『요코하마 매일신문(橫濱每日新聞)』그리고 이 외에도『동경제대신문(東京帝大新聞)』,『국민신보(國民新報)』,『한성신보(漢城申報)』,『애국신문(愛國新聞)』,『상해신문(上海新聞)』,『도서신문(圖書新聞)』기타 등등을 갖춘 방대한 신문 자료는 이만한 자료를 한데 모아놓은 곳은 국내 유일하다는 평가를 받고 있다. 이는 일본학도서관과 일본학데이터베이스를 잇는 매우 소중한 인프라임과 동시에 본 연구소가 추구해 온 기본방침의 실천이었다는 것을 증명하는 증거이기도 하다. 이 외에도 지금은 고인이 되신 오에 시노부(大江志乃夫) 교수의 장서 2만 점, 아베 타카시(阿部猛) 교수의 장서 8천 점을 연구소장 주도로 본교 일송도서관에 유치하였으며, 이들 장서를 일본학도서관 장서와 합하면 한림대학교는 일본어 원서 전문도서를 10만 점 이상 보유한 국내 유일무이한 일본학 인프라를 갖춘 기관이며, 일본학연구소가 한림대학교 교책연구소인 까닭을 말해주기도 한다.

본 연구소가 일본학자료총서의 일환으로 간행하는『아사히신문 외지판 기사명색인』시리즈는 현재까지「남선판」과「조선판」으로 나뉘며,「남선판」은 본 연구소 일본학도서관 소장『아사히신문외 외지판』(전68권, 별권1) 중 '남선판'(1935년~1945년)을 대상으로 한 것이며 이미 완간하였다. 한편「조선판」은『아사히신문 외지판 제2기』(전 37권)를 대상으로 1915년부터 1935년까지를 대상으로 하며, 이번에 간행하는「조선판 제6권」은 1927년 12개월에 대한 기사명색인이다. 이「조선판」은 구체적으로는「아사히신문 선만부록(鮮滿附錄)」(1915.4.16.~1917.6),「아사히신문 선만판(鮮滿版)」(1918.5.2.~1925.3),「조선아사히(朝鮮朝日)」(1925.4.1.~1935.2.11.),「조선아사히 서북판」과「조선아사히 남선판」(각각 1935.2.12.~1935.11.30.)이라는 경과를 거친 신문이다. 1928년부터 1935년까지 남은 8년에 대한 작업이 모두 끝나면, 1915년부터 1945년까지 30년에 대한 기사명색인을 완성하게 되는데, 이는 '한림일본학총서 100권 완간'을 20여 년에 걸쳐서 완결한 것에 버금가는 약 15년에 이르는 장기적인 노력에 의한 성과이며, 동시에 일제 강점기 신문에 대한 첫 번째 기사명색인이라는 인프라를 우리 학계와 사회가 가지게 된다는 의미가 있다.

2.「조선판」제6권의 구성·내용과 제작 일지

1) 구성·내용

1927년 한해는【그림1】에서 보는 것처럼, 일본은 1926년 12월 다시쇼 천황 사거(死去)로 인한 이른바 국상을 당한 상태라 그런지 전반적으로 일본 국내는 조용한 한해였다고 할 수 있다. 오히려 중국대륙에서 쑨원의 사망으로 장제스가 중국국민당을 장악하게 되고, 그 연장선상에서 국공의 합작과 결렬과 분열을 중심으로 한 격렬한 공방이 이어진 한해였다. 식민지 조선에서는 장진홍 선생

【그림1】「조선아사히」(1926년 12월 25일)

에 의한 조선은행 대구지검 폭파 사건이 있었으며, 1927년 2월에 '민족협동전선'이라는 표어 아래에 민족주의를 내건 항일단체인 신간회 결정도 빼놓을 수 없다. 한편 경성방송국이 라디오방송을 시작하였다. 라디오방송의 시작에는 일반 대중에 대한 오락거리와 교양프로그램의 제공 등 여러 가지 의미가 있겠으나, 식민권력이 조선인 교화를 위한 매체를 하나 획득했다는 점은 간과할 수 없는 사실이다. 그리고 1926년 11월 4일 '가갸날'(한글날의 시초) 제정에 이어, 1927년 2월에는 조선어연구회가 잡지 『한글』을 창제한 것도 빼놓을 수 없다. 이렇듯 1927년에 일어난 주요 사건을 개괄하면 대략 다음과 같다.

01월 04일 우한(武漢) 민중이 한커우(漢口)의 영국 조계지를 점령

02월 10일 조선어연구회가 『한글』 창간 / 조선귀족세습재산령 공포

02월 15일 신간회 창립(회장 이상재)

02월 16일 경성방송국이 서울 정동에서 JODK 호출부호로라디오방송 개시

03월 01일 '일본사' 교과서 명칭을 '국사'로 개정

03월 12일 쑨원(孫文) 사망, 이후 장제스가 중국국민당 지도자가 됨

04월 01일 일본제국이 징병제와 관련된 징병령을 병역법으로 개정

04월 03일 한커우의 일본 조계지에서 일본 육전대(陸戰隊)하고 중국인들이 충돌 (한커우사건)

04월 12일 장제스가 상하이에서 반공쿠데타를 감행 (4.12사건)

04월 18일 장제스가 우한정부에 대항해서 난징에 국민정부를 수립, 중공 배척을 선언 (국공분열)

04월 20일 도쿄여자고등사범 교수 야스이 고노(保井コノ)에게 이학박사학위 수여 (여성 첫 번째 박사)

06월 05일 계명구락부가 최남선, 정인보, 이윤재 등을 중심으로 『조선어사전』 편찬 착수

07월 10일 신간회 경성지회 설립(회장 한용운) / 이와나미문고(岩波文庫) 창간(나쓰메 소세키 『마음(こころ)』 등 23점)

07월 24일 소설가 아쿠타가와 류노스케(芥川龍之介)가 수면제를 다량으로 복용해서 자살

10월 18일 의열단 소속 장진홍 열사에 의해 대구 조선은행 폭파 사건 발생, 일경 등 5명 중상

11월 미상 홍난파가 <고향의 봄> 작고

11월 12일 소비에트공산당이 트로츠키(Trotsky) 등을 숙청

12월 30일 우에노(上野)-아사쿠사(浅草)에 일본 최초의 지하철 개통 (지금의 도쿄메트로 긴자선)

1월부터 12월까지 기사를 조감하면서 눈에 들어온 기사를 몇 가지 소개하면 대략 다음과 같다.

먼저 1월 26일자에 1927년 3월 일본 후쿠오카에서 개최 예정인 동아권업박람회(東亞勸業博覽會)에서 조선 기생의 무용을 상연하기로 했다는 기사가 눈에 들어온다. 이 박람회에는 2만5천5백 원이라는 거액이 투입되어 조선관을 설치, 조선의 물산을 판매하는 한편, 활동사진 상영, 강연회, 시식회, 선물 증정 등의 행사 개최를 통해 조선 소개와 물산 선전을 펼친다는 것이 소개되어 있다. 여기에 조선에서 기생을 파견하여 기타규슈(北九州)에 거주하는 10만 명에 이르는 조선인에 대한 위안도 겸한다는 내용이다. 동아권업박람회가 열린 곳은 현재 후쿠오카에 있는 오호리(大濠)공원이며, 1927년박람회 장소로 조성된 후, 1929년에 공원으로 개방된 경위가 있으며, 오늘날 후쿠오카시(福岡市)에서는 동아권업박람회에 대해 근대화, 산업화를 이룬 상징적인 행사의 하나로 홍보하고 있다.

【그림2】 동아권업박람회 포스터

【그림3】 동아권업박람회 조선관
(그림엽서)

다음으로 2월 13일자 경성 JODK 즉 경성방송국에 의한 라디오방송 시작을 알리는 기사가 눈에 띈다. 기사에 의하면, 방송일정은 다음과 같다.

<오전의 부>

09:40 주식방송, '내선어(內鮮語)'[1]로 요리 프로그램,

　　　일용품 가격, 오전 미곡가격 안내

---

1) '내선어(內鮮語)'에 대해서는 황호덕(黃鎬德)의 논문「國語와 朝鮮語 사이, 內鮮語의 존재론-일제말의 언어정치학, 현영섭과 김사량의 경우」(『대동문화연구』12, 2007)이 있으며, 이 내용은 「흔들리는 언어들-언어의 근대와 국민국가」(임형택, 한기형, 류준필, 이혜령 엮음, 성균관대학교 대동문화연구원, 2008)에도 수록되어 있다. 『흔들리는 언어들-언어의 근대와 국민국가』의 서문을 발췌하면 다음과 같다.
"이 책을 통해 우리는 언어라는 회로를 통해 다양한 근대의 인간군상을 만나게 된다. 예컨대 한문의 운명에 대해 고뇌해야 했던 근대계몽기의 한학자들, 복화술사처럼 여러 문체를 동시에 구사할 수 밖에 없었던 매체 편집자들과 번역문학자들, 식민지의 언어와 유리된 채 조선을 통치했던 총독부의 고위 관료들, 식민권력과 조선어 사이에서 근대어의 새로운 주형자가 되었던 검열관들, 전쟁 동원을 위해 식민지인에게 '조선어' 학습을 명령한 식민지 관리들, 제 고향의 말 뿐만 아니라 여러 지방의 방언을 구사했던 세련된 모던 시인들, 내선어(內鮮語) 사이에서 표류했던 재일 조선인들, 한글맞춤법을 오십 년 전의 것으로 돌리자던 한국의 초대 대통령, 그리고 해방 후에도 남몰래 일본어로 일기를 적던 시인까지."

<오후의 부>

    12:10 주간예능

    13:05 각종 강좌

    13:40 오후 미곡가격

    13:50 날씨

    14:10 최종 미곡가격 안내

    15:45 당일 뉴스

    18:00 어린이용 프로그램(30분), 각종 강좌

    19:00 음악뉴스

    21:30 다음날 프로그램 안내

관련하여 2월 17일자에 「アンテナを傳うて嚠々たる君が代の奏楽´ 今後朝鮮のカラーを如何に出すかに苦心」 이라는 제목의 기사가 있다. "안테나를 따라 청명하게 울려 퍼지는 '기미가요' 연주, 앞으로 조선의 색깔을 어떻게 낼지 고민" 정도로 해석할 수 있을까? 경성방송국이 라디오방송을 시작했다는 안내와 함께 식민지 조선 경성의 경성방송국이기에 내지인을 위한 방송만을 할 수는 없는데, 조선의 색깔을 어떻게 입힐 것인가에 대한 과제를 소개하고 있다. 여기서 주의해야 하는 것은 '조선의 색깔'이 반드시 식민지 조선의 피지배민 조선인만을 뜻하는 것이 아니라, 재조선 일본인이 상당한 비중을 차지한다는 뜻이다. 참고로 이 기사에 소개된 프로그램은 다음과 같다. 조금 더 자세한 프로그램 내역을 알 수 있다.

    15:45 뉴스

    18:00 동화 「命の油」('생명인 기름' 정도로 해석 가능함)

    18:30 강좌 「중등학교 입학수험에 관하여」

    19:00 二曲合奏 「松竹梅」 *금(琴)과 샤쿠하치(尺八)에 의한 연주

    19:25 조선 노래

    19:50 나가우타(長唄)

    20:25 독창

    20:40 관현악

'조선어'와 관련한 기사로는 3월 3일자에 실린 「朝鮮語奨励の効目が過ぎて´ 国語を等閑に附する普

通学校が多い」를 들 수 있다. 조선어를 장려한 정책의 효과가 너무 과하여 오히려 '국어'(일본어)를 등한시하는 보통학교가 많다는 기사이다. 자세한 내용은 조선어 장려를 위해 총독부가 조선 내 학교 교원을 대상으로 중간 정도의 조선어 시험을 합격하면 월 5원에서 50원 이하의 수당을 지급하고 있는 바, 물질적으로 궁핍한 소학교 보통학교 교원들이 수십 원의 수당을 받기 위해 조선어 공부에만 매진하여 반대로 '국어'(일본어)를 등한시하는 문제가 발생, 이에 총독부가 조선어 장려 취지를 곡해하지 않도록 주의한다는 내용이다. 3.1독립운동의 충격으로 문화정치로 전환하여 조선어를 독려하였더니 오히려 수당이라는 현실적 문제로 인해 일본어가 등한시되는 사태가 벌어지고 있다는 이야기이다.

한편 7월 27일자에는 「朝鮮球界を代表し甲子園の大球場に」라는 기사가 눈에 들어온다. 조선의 야구계를 대표해서 고시엔(甲子園)으로, 라는 기사인데, 내용인즉 오는 8월 13일부터 시작되는 제13회 전국중등학교야구대회에 조선을 대표하는 출전 팀을 선발하는 예선전이 7월 29일부터 경성운동장에서 열린다는 기사이다. 출전한 학교는 13개교이며, 180명의 선수가 참가한다고 되어 있다. 출전학교는 다음과 같다.

경성중학(京城中學), 용산중학(龍山中學), 평양중학(平壤中學), 대구중학(大邱中學), 부산중학(釜山中學), 광주중학(光州中學), 부산일상(釜山一商), 부산이상(釜山二商), 인천남상(仁川南商), 진남포상공 (鎭南浦商工), 경성사범(京城師範), 휘문고보(徽文高普), 청주공농(淸州公農)

선수명단을 보면, 휘문고보, 청주공농은 선수가 모두 조선인 이름, 부산이상은 3루수 제외하고 모두 일본인 이름, 진남포상공은 포수하고 1루수는 조선인 이름이고 나머지는 모두 일본인 이름, 그리고 나머지 팀은 모두 일본인 이름이. 물론 일본인 이름 중에도 조선인이 있을 수는 있으나, 이름만 봤을 때는 1927년 시점의 고등학교야구는 재조선 일본인이 주도하는 상황에서 조선인이 참여하고 있는 상황으로 여겨진다.

이상에서 본 것처럼, 1927년은 '일본사'를 '국사'로 개정하고, '조선어'와 '국어' 사이에 우리에게는 낯선 '내선어'의 존재가 실제로 통용도 되고 있었음이 확인되는 등, 식민통치 17년째를 맞이하면서 식민권력의 정책이 하나씩 수행되고 있는 현장을 기사를 통해서 엿볼 수 있었다. 그럼에도 불구하고 장진홍 선생의 조선은행 폭파나 신간회 결성 등 항일과 독립에 대한 선인들이 열망은 꺼지는 일 없이 끈질기게 불씨를 보존하고 불태우고 있었음을 알 수 있다.

2) 제작 일지

『아사히신문 외지판(조선판) 기사명 색인』 제6권(1927.1~1927.12)은 한림대학교 일본학연구소 일본학DB 사업의 일환으로 〈한림일본학자료총서〉로서 간행되었다. 구체적으로는 연구소장이 총괄

기획과 전체조율을 담당하고, 심재현 연구원/사서가 색인 추출작업과 출판간행을 위한 전체 구성에 대한 편집 및 교정 교열 작업을 담당하였다. 그리고 본교 일본학과 학부생으로 구성된 연구보조원이 데이터 입력과 신뢰성 확보를 위한 총 세 차례에 걸친 검증작업을 통해서 오타와 기사 누락 최소화 하는 작업을 수행하였다. 이처럼 이 작업은 많은 사람들이 꾸준한 노력으로 이룬 공동작업의 성과이 다. 또한 이 책을 간행함에 있어서 일본국제교류기금(JapanFoundation)이 우리와 함께 해주었다. 감사 드린다.

이하, 구체적인 작업일지는 다음과 같다.

1927년 1월~12월
작업기간: 2017년 7월~2018년 3월
작업자: 고하연(15), 김건용(13), 김유진(15), 박상진(13), 유성(17), 이윤상(12), 현정훈(12)
작업내역: 입력, 1차 수정, 2차 수정, 3차 수정

3. 데이터 현황

『아사히신문 외지판 (조선판) 기사명 색인』은 데이터 검색을 용이하게 할 수 있도록 모든 기사에 일련번호를 부여하고 있으며, 이번 권에서는 135,963~147,525(총 11,562건)을 수록하였다. 색인어는 일본어 한자음을 가나다 순으로 정리하였으며, 총 2,490개이다.

朝日新聞 外地版(조선판) 기사명 색인 제6권 1927.01.~1927.12.
범 례

1. 본 DB는 『朝日新聞 外地版 朝鮮朝日』 중 1927.01.~1927.12.의 기사를 대상으로 하였다.

2. 본 DB는 일련번호, 판명, 간행일, 단수, 기사명 순으로 게재하였다.

3. 신문이 휴간, 결호, 발행불명인 경우 해당날짜와 함께 休刊, 缺號, 發行不明이라 표기하였다.

4. DB작업 시 색인어 입력을 병행하였다.

5. 기사명 입력은 원문의 줄 바꿈을 기준으로 '/'로 구분을 두었다.

    예) 關東廳移置問題

        旅順より大連へとの議

        第一困難なるは廳舍舍宅の設備 (이하 기사 본문)

        → 關東廳移置問題/旅順より大連へとの議/第一困難なるは廳舍舍宅の設備

6. 광고 및 訂正, 取消, 正誤 등 신문내용의 수정을 알리는 기사는 생략하였다.

7. 연재물기사(번호와 저자명이 기입된 기사)는 '제목(편수)/저자명'의 형태로 입력하였다.
   이어지는 부제목은 생략하였다.

    예) 朝鮮道中記(57) 貴妃の靈に遭ふ 顔が四角で腕が達者 これが大邱一番の歌ひ女 大阪にて瓢齊
        (이하 기사 본문)

        → 朝鮮道中記(57)/大阪にて瓢齊翁

8. 연관기사(연계기사)는 '기사명1/기사명2/기사명3'의 형태로 표시한다. 이때 하나의 기사명 내에서는 상기의 줄 바꿈 표시인 '/' 대신 '스페이스(공백)'를 사용하였다. 또한, 기사명 전체를 이탤릭체(기울임꼴)로 변환하였다.

    예) 朝鮮の土を踏むのは今度が最初 家內に敎はる積り机上の學問は駄目 何の事業も無く慚愧の至りです (이하 기사본문)

    → *朝鮮の土を踏むのは今度が最初 家內に敎はる積り机上の學問は駄目/何の事業も無く慚愧の至りです*

9. 기사명의 내용과 문맥이 이어지는 기사는 '상위 기사명(하위 기사명/하위 기사명)' 형태로 입력하였다.

10. 괄호로 묶어서 입력한 하위 기사명은 '슬래쉬(/)'로 구분하였다.

    예) 米穀收用と影響 朝鮮の各地方に於ける 大邱地方 慶山地方 金泉地方 浦項地方 (이하 기사본문)

    → 米穀收用と影響/朝鮮の各地方に於ける(大邱地方/慶山地方/金泉地方/浦項地方)

11. 신문기사에 있는 숫자, !, ?, ´ , "", 「」 등의 기호는 모두 전각으로 입력하였다. 단, '()'와 '슬래쉬(/)'는 반각으로 입력하였다.

12. 촉음과 요음은 현행 표기법에 맞게 고쳐서 입력하였다.

   예) ちょっと → ちょっと, ニュース → ニュース, ２ケ月 → ２ケ月

13. 기사명에 사용된 '◆', '……' '='와 같은 기호들은 생략하고 중점은 한글 아래아(・)로 입력하였다.

14. 한자는 원문에 약자로 표기되어있어도 모두 정자로 통일해서 입력할 것을 원칙으로 했다. 단 오늘날 일본에서 쓰이는 이체자(異體字)는 원문대로 입력하였다.

15. 이체자 중 PC에서 입력이 불가능한 경우 현대에서 통용되는 한자로 표기, 범례에 표기하는 형태를 취하였다.

아사히신문 외지판(조선판) 기사명 색인

1927년

1927년 1월 (조선아사히)

일련번호	판명	간행일	단수	기사명
135963	朝鮮朝日	1927-01-05		缺號
135964	朝鮮朝日	1927-01-06		缺號
135965	朝鮮朝日	1927-01-07/1	01단	十五年度經濟界概觀(中)/年末を除けば金融頗る閑散で金利も自然低落し平凡裡に越年す
135966	朝鮮朝日	1927-01-07/1	01단	回顧グラフ(下)
135967	朝鮮朝日	1927-01-07/1	04단	*稀に見る淸廉の人 逝ける閔子爵/危篤の趣 天聽に達し葡萄 酒御下賜*
135968	朝鮮朝日	1927-01-07/1	05단	群山府の水道擴張/現在の三倍に
135969	朝鮮朝日	1927-01-07/1	05단	俳句/鈴木花蓑選
135970	朝鮮朝日	1927-01-07/1	06단	朝鮮神官參拜者の數/十一月三萬人
135971	朝鮮朝日	1927-01-07/1	06단	失火を恥ぢ消防小頭が自殺を遂ぐ
135972	朝鮮朝日	1927-01-07/1	06단	思想團體が解散を決意/幹部が檢擧されて動きが取れぬので
135973	朝鮮朝日	1927-01-07/1	07단	崖から墜ち鮮童慘死す
135974	朝鮮朝日	1927-01-07/1	07단	上海の不逞團が決死隊を組織し鮮內に潛入するとの噂で新義州署が大活動
135975	朝鮮朝日	1927-01-07/1	07단	美人樓の娼妓が逃亡/舊臘三十一日
135976	朝鮮朝日	1927-01-07/1	07단	會(亞細亞脈委員會/和田知事怠親宴/初等敎員講習會)
135977	朝鮮朝日	1927-01-07/1	08단	鮮人四名が連絡船內で賭博を開帳
135978	朝鮮朝日	1927-01-07/1	08단	電氣拳銃を突付け脅迫/警官と詐稱す
135979	朝鮮朝日	1927-01-07/1	08단	賃金不拂で內鮮人亂鬪
135980	朝鮮朝日	1927-01-07/1	08단	人(恩田銅吉氏(朝郵社長)/河谷踦夫氏(南鮮日報社長)/字都宮釜山第一商業校長/竹田津吾一氏(朝新專務)/脇谷洋次郎氏(釜山水産試驗場長)/岩佐重一氏(總督府編輯課長)/服都正之氏(海軍小將))
135981	朝鮮朝日	1927-01-07/1	08단	半島茶話
135982	朝鮮朝日	1927-01-07/1	09단	女王の悩み(１２)/細井肇作
135983	朝鮮朝日	1927-01-07/2	01단	三寒四溫/平壤一記者
135984	朝鮮朝日	1927-01-07/2	01단	一年間の出來ごとを慶南警察部が印刷物で發表
135985	朝鮮朝日	1927-01-07/2	02단	上水道の設立を計劃/沙里院が
135986	朝鮮朝日	1927-01-07/2	02단	平安南道繩叺製造高
135987	朝鮮朝日	1927-01-07/2	03단	喫茶室(予安觀音の官舍)
135988	朝鮮朝日	1927-01-07/2	03단	朝日勝繼碁戰/第卅三回(十四)
135989	朝鮮朝日	1927-01-08		缺號
135990	朝鮮朝日	1927-01-09/1	01단	高利貸から借った漁業組合の借金二千萬圓を突破す/今後は金融聯合會から漁業組合に資金を融通
135991	朝鮮朝日	1927-01-09/1	01단	審議中の河川令/本月末發布
135992	朝鮮朝日	1927-01-09/1	01단	*故閔長官に祭粲料御不賜 葬儀當日には勅使を御蒼遣/三位に昇叙 旭日章を賜ふ*

일련번호	판명	간행일	단수	기사명
135993	朝鮮朝日	1927-01-09/1	01단	大行天皇御足跡 徹底した御質問に何時もい驚いた卽答に困った事もある/尹德榮子爵謹話/恩賜の筵を母に送る 森岡司令官談/朝鮮古刀を御喜び 會我勉氏談
135994	朝鮮朝日	1927-01-09/1	02단	平壤機隊の十機入亂れ初飛行を試む
135995	朝鮮朝日	1927-01-09/1	02단	俳句/鈴木花蓑選
135996	朝鮮朝日	1927-01-09/1	02단	算術科の教科書改正/メートル法の普及を圖る
135997	朝鮮朝日	1927-01-09/1	03단	局線貨物激增す/穀類が第一で肥料も殖える
135998	朝鮮朝日	1927-01-09/1	04단	全鮮主要局の郵便引受數/諒闇だけに流石に激減
135999	朝鮮朝日	1927-01-09/1	05단	我道の欲する事業と投資(３)/干拓の緊急と牧畜業の有望/進步せる漁業も望ましい/兪忠南知事執筆(鐵道經營/干拓事業/牧畜事業/發動船漁業)
136000	朝鮮朝日	1927-01-09/1	05단	內地水平社が衡平社と提携を圖る
136001	朝鮮朝日	1927-01-09/1	05단	溫い寒の入/平壤の天候
136002	朝鮮朝日	1927-01-09/1	05단	精巧な僞造紙幣/大規模に製作されたか
136003	朝鮮朝日	1927-01-09/1	05단	大阪濟州島間運賃が一圓といふ無謀な競爭で濟州島汽船遂に解散
136004	朝鮮朝日	1927-01-09/1	06단	八百名の馬賊團臨江縣を襲擊の噂
136005	朝鮮朝日	1927-01-09/1	06단	强盜が自首/渡航を阻まれ
136006	朝鮮朝日	1927-01-09/1	07단	放流したビール瓶が弗々還って來る慶南水産課が試みた漂流の季節移動研究
136007	朝鮮朝日	1927-01-09/1	07단	朝天沖合で沈沒/下關の船
136008	朝鮮朝日	1927-01-09/1	07단	女王の悩み(１４)/細井肇作
136009	朝鮮朝日	1927-01-09/1	08단	怪鮮人がモヒ在中の包を預け逃走
136010	朝鮮朝日	1927-01-09/1	08단	人(牧山誹議氏(代議士))
136011	朝鮮朝日	1927-01-09/1	10단	半島茶話
136012	朝鮮朝日	1927-01-09/2	01단	三寒四溫(二)/平壤一記者
136013	朝鮮朝日	1927-01-09/2	01단	舊正月の決濟が危ぶまれる
136014	朝鮮朝日	1927-01-09/2	01단	忠南道の國有林處分/林政計劃の第一次試み
136015	朝鮮朝日	1927-01-09/2	01단	聖上崩御で教授方の注意を通牒
136016	朝鮮朝日	1927-01-09/2	01단	朝鮮師團の新入兵/釜山を通過續々北行す
136017	朝鮮朝日	1927-01-09/2	02단	旅券が無く世界一周家京城に滯在
136018	朝鮮朝日	1927-01-09/2	02단	統營沖合で汽船が衝突/一隻は沈沒
136019	朝鮮朝日	1927-01-09/2	02단	海賊的な不正密漁團/一味の公判
136020	朝鮮朝日	1927-01-09/2	03단	貴金屬商を專門に荒す竊盜が橫行
136021	朝鮮朝日	1927-01-09/2	03단	朝日勝繼碁戰/第卅四回(二)
136022	朝鮮朝日	1927-01-09/2	04단	主人の金を拐帶し逃走
136023	朝鮮朝日	1927-01-09/2	04단	映畫と演藝(照る日曇る日上映)
136024	朝鮮朝日	1927-01-11		缺號

일련번호	판명	간행일	단수	기사명
136025	朝鮮朝日	1927-01-12/1	01단	先帝の御殊恩に感激した老總督/御大喪中刃物を當てず白髪蓬々別人の態で下關埠頭國民の覺悟を語る
136026	朝鮮朝日	1927-01-12/1	01단	檢疫官廢止は豫定の行動 舊騰警務局が通牒/善後策を當事者が打合/要するに事面倒だと當務者は語る/當分繼續で兎も角落者か
136027	朝鮮朝日	1927-01-12/1	02단	特殊銀行の商業金融は宜いか惡いか金融調査會が研究
136028	朝鮮朝日	1927-01-12/1	02단	咸南の枝肉/糧抹廠から注文が來る
136029	朝鮮朝日	1927-01-12/1	03단	會社銀行(朝鮮土地經營)
136030	朝鮮朝日	1927-01-12/1	03단	暖氣に弱る醸造家/醱酵期間短く良酒が出來ぬ
136031	朝鮮朝日	1927-01-12/1	03단	慶南の鱈不漁/漁場の增加と鱈綱の侵蝕で
136032	朝鮮朝日	1927-01-12/1	04단	平北評議會/二月に開催
136033	朝鮮朝日	1927-01-12/1	04단	新義州太刀洗耐寒飛行は四機が決行
136034	朝鮮朝日	1927-01-12/1	04단	農事實習生を內地に派し實習させる
136035	朝鮮朝日	1927-01-12/1	04단	二十師團の新兵さんいよいよ入營/新兵の輸送 一先づ終了
136036	朝鮮朝日	1927-01-12/1	04단	俳句/鈴木花蓑選
136037	朝鮮朝日	1927-01-12/1	05단	事務は堂々男の三人前を切って廻す程の敏腕家/鮮鐵始めての女の判任官お好きは馬鈴薯で嫌は蛇
136038	朝鮮朝日	1927-01-12/1	05단	活字文明の後に來った革命だ/歸朝の喜多旱大教授/露國の現狀を語る
136039	朝鮮朝日	1927-01-12/1	05단	中學の修身課で游泳術を教へる必要がありませう歪める月の著者は語る
136040	朝鮮朝日	1927-01-12/1	06단	光州癩病院いよいよ移轉
136041	朝鮮朝日	1927-01-12/1	07단	列車の妨害
136042	朝鮮朝日	1927-01-12/1	07단	釜山の小火
136043	朝鮮朝日	1927-01-12/1	07단	雄々しくも銃を執り遂に賊彈に仆れた中村部長夫人の傳記を纏めて配布
136044	朝鮮朝日	1927-01-12/1	07단	九萬圓の橫領支店長二十一日公判
136045	朝鮮朝日	1927-01-12/1	07단	難破船の乘組救かる對岸に泳着き
136046	朝鮮朝日	1927-01-12/1	08단	驚く勿れ十五萬圓/新義州料亭藝妓の花代
136047	朝鮮朝日	1927-01-12/1	08단	茂山消防が夜警を開始
136048	朝鮮朝日	1927-01-12/1	08단	會(初等教員講習會/運輸事務主任會義)
136049	朝鮮朝日	1927-01-12/1	08단	人(大塚末松氏(黃海道地方課長)/山名善來氏)
136050	朝鮮朝日	1927-01-12/1	09단	女王の悩み(１６)/細井肇作
136051	朝鮮朝日	1927-01-12/1	10단	半島茶話
136052	朝鮮朝日	1927-01-12/2	01단	我道の欲する事業と投資(４)/開拓の餘地多き西鮮の寶庫/鐵道開通が何よりの急務/今村黃海知事執筆
136053	朝鮮朝日	1927-01-12/2	01단	內地移入酒の殆んど全部に鮮酒が混入される當局は取締を研究
136054	朝鮮朝日	1927-01-12/2	01단	遞信局が値下案修正/南浦電氣承認

일련번호	판명	간행일	단수	기사명
136055	朝鮮朝日	1927-01-12/2	01단	牡丹臺野話
136056	朝鮮朝日	1927-01-12/2	02단	新義州鎮南浦電燈料金の値下は認可
136057	朝鮮朝日	1927-01-12/2	02단	葉煙草の賣上増加昨年に比し二割二厘程
136058	朝鮮朝日	1927-01-12/2	03단	黃海道の警察官異動/一月八日付
136059	朝鮮朝日	1927-01-12/2	03단	朝日勝繼碁戰/第卅四回(四)
136060	朝鮮朝日	1927-01-12/2	04단	新義州商校卒業生賣行/漸く纏まる
136061	朝鮮朝日	1927-01-12/2	04단	昌慶丸就航/十三日から
136062	朝鮮朝日	1927-01-12/2	04단	喫茶室(娘六人婿百七十名)
136063	朝鮮朝日	1927-01-13		缺號
136064	朝鮮朝日	1927-01-14/1	01단	岸和田の市議戰に朝鮮人も加はり投票/同市は由來內鮮融和し次期は鮮議員も選出されん
136065	朝鮮朝日	1927-01-14/1	01단	檢疫醫囑託はいよいよ解任/今後內地からの入航船は檢疫を撤廢する
136066	朝鮮朝日	1927-01-14/1	01단	釜山女高普の設置/果してどうなる楔金の提供がコヂれ/是が解決は容易でない
136067	朝鮮朝日	1927-01-14/1	01단	筬竹の損害賠償で更に一紛擾か慶南の要求一萬五千圓/全南は六百圓で澤山と主張
136068	朝鮮朝日	1927-01-14/1	03단	十一月以降移出米二百餘萬石/益山米作賣收高
136069	朝鮮朝日	1927-01-14/1	03단	俳句/鈴木花蓑選
136070	朝鮮朝日	1927-01-14/1	03단	白稚を獻上
136071	朝鮮朝日	1927-01-14/1	04단	田所博士に鮮米研究を依囑する
136072	朝鮮朝日	1927-01-14/1	04단	慶東線の不半期利益十八萬圓見當
136073	朝鮮朝日	1927-01-14/1	04단	一攫千金を夢みる鮮人靑年間にブラジル移民熱が非常に高まって來た
136074	朝鮮朝日	1927-01-14/1	04단	民族運動の有力者/新幹會を組織して綱領を定め全鮮に新運動を試みる
136075	朝鮮朝日	1927-01-14/1	05단	軌道が開通/鶴橋咸平間に
136076	朝鮮朝日	1927-01-14/1	05단	漢江の採氷禁地される
136077	朝鮮朝日	1927-01-14/1	05단	鐵道貨物の特別小口扱/鮮鐵から可能
136078	朝鮮朝日	1927-01-14/1	05단	竣工したばかりの新廳舍が早も狹過ぎ總督府で更に增築を計劃
136079	朝鮮朝日	1927-01-14/1	06단	骨童扱の電車を廢止/釜山瓦電が
136080	朝鮮朝日	1927-01-14/1	06단	安東領事館損害は三十五萬圓
136081	朝鮮朝日	1927-01-14/1	07단	渡船が顚覆し十八名の男女悉く溺死を遂ぐ/咸南馬養島の慘死
136082	朝鮮朝日	1927-01-14/1	07단	一萬人の人夫募集/朝鮮水電が
136083	朝鮮朝日	1927-01-14/1	07단	前科數犯の强盜二名/大邱で逮捕
136084	朝鮮朝日	1927-01-14/1	08단	東拓技師の綾田豊氏が九大講師囑託
136085	朝鮮朝日	1927-01-14/1	08단	總督乘車の列車に怪漢/水町署で取調
136086	朝鮮朝日	1927-01-14/1	08단	僞刑事が田舍出の鮮人を騙る

일련번호	판명	간행일	단수	기사명
136087	朝鮮朝日	1927-01-14/1	08단	主人の金を盗んで高飛/大連に潜伏
136088	朝鮮朝日	1927-01-14/1	08단	半島茶話
136089	朝鮮朝日	1927-01-14/1	09단	會(電氣府營調査會)
136090	朝鮮朝日	1927-01-14/1	09단	女王の悩み(１８)/細井肇作
136091	朝鮮朝日	1927-01-14/1	10단	人(湯淺倉平氏(政務總監)/高橋濱吉氏(總督府視學官))
136092	朝鮮朝日	1927-01-14/2	01단	我道の欲する事業と投資(５)/鹽と鑛産の外/澱粉と木炭に水産品の加工が緊急/中野咸南知事執筆(鹽絲業/澱粉業/炭鑛業/木炭業/貸付業/水産品加工)
136093	朝鮮朝日	1927-01-14/2	01단	百萬坪以上も開拓の餘地ある/慶南の海苔漁場殖産局も力瘤を入れる
136094	朝鮮朝日	1927-01-14/2	01단	全鮮一と銘うつ清津の小學校舍/大講堂や運動場もあり薔薇色の美裝なる
136095	朝鮮朝日	1927-01-14/2	03단	不正の多い賣藥製造を嚴重取締る
136096	朝鮮朝日	1927-01-14/2	03단	相當競爭が行はれやう京畿道評議員/選擧近づく
136097	朝鮮朝日	1927-01-14/2	04단	咸興物産館/委託販賣高/八千百八十圓
136098	朝鮮朝日	1927-01-14/2	04단	喫茶室(名物鮑のうろ淸)
136099	朝鮮朝日	1927-01-14/2	04단	木浦だより(六百拳の罪/海苔傳習開始/穀物回着高/金庫泥捕ふ)
136100	朝鮮朝日	1927-01-15/1	01단	議會の猛者達が質問戰を開くべく手ぐ脛ひいてるよと/湯淺總監無煉炭問題を暗示
136101	朝鮮朝日	1927-01-15/1	01단	內地から入港の船舶の檢疫は愈本月末から撤廢
136102	朝鮮朝日	1927-01-15/1	01단	御大喪當日學校は休校/遙拜式を行ふ
136103	朝鮮朝日	1927-01-15/1	01단	*平北春蠶の共同販取賣高/全南收繭高二萬七千石*
136104	朝鮮朝日	1927-01-15/1	02단	十五年度木浦貿易額/三千六百萬圓
136105	朝鮮朝日	1927-01-15/1	02단	製紙會社操業
136106	朝鮮朝日	1927-01-15/1	03단	棉花入札競爭激甚/十四圓以上
136107	朝鮮朝日	1927-01-15/1	03단	競願中の全南海岸線/四社合同か
136108	朝鮮朝日	1927-01-15/1	03단	平壤醫專は財源捻出で明後年に延期
136109	朝鮮朝日	1927-01-15/1	03단	故大隈侯夫人にも比すべき賢夫人/內助の功多かった李完用侯夫人の永訣式
136110	朝鮮朝日	1927-01-15/1	04단	咸南道評議選擧戰近づく
136111	朝鮮朝日	1927-01-15/1	04단	平壤府の電氣府營/豫算を附議
136112	朝鮮朝日	1927-01-15/1	04단	水産代議員會
136113	朝鮮朝日	1927-01-15/1	05단	御待兼の放送の時間と種類が決定J・O・D・Kの放送は二月一日から
136114	朝鮮朝日	1927-01-15/1	05단	不正肥料商の跋扈を防ぐべく取締規則を制定し容赦なく處罰する
136115	朝鮮朝日	1927-01-15/1	05단	迎日灣の鰊が不漁/漁民憂慮す
136116	朝鮮朝日	1927-01-15/1	05단	短歌/橋田東聲選
136117	朝鮮朝日	1927-01-15/1	06단	新義州電氣いよいよ値下

일련번호	판명	간행일	단수	기사명
136118	朝鮮朝日	1927-01-15/1	06단	教育會が教育功勞者十三名を表彰
136119	朝鮮朝日	1927-01-15/1	06단	いよいよ張店を廢止/平壤の遊廓が
136120	朝鮮朝日	1927-01-15/1	06단	モヒ患者の撲滅に熱中/却て疑はれた車南錫氏
136121	朝鮮朝日	1927-01-15/1	06단	議會開會中を期し參政權の獲得運動/議會に請願書政府には建白/甲子倶樂部の決議
136122	朝鮮朝日	1927-01-15/1	07단	他殺らしい男の溺死體/釜山棧橋に漂着
136123	朝鮮朝日	1927-01-15/1	07단	遭難漁船の帆船の端に溺死體を發見
136124	朝鮮朝日	1927-01-15/1	07단	帆船が沈沒/乘組員は救る
136125	朝鮮朝日	1927-01-15/1	08단	藥草の研究城人教授が大邱名物の藥令市を視察
136126	朝鮮朝日	1927-01-15/1	08단	朝郵船員が積荷を拔取/勝手に賣却
136127	朝鮮朝日	1927-01-15/1	08단	會(讀者優待活寫會/植案裝勵打合會/釜山商議評議會)
136128	朝鮮朝日	1927-01-15/1	08단	人(湯淺朝鮮政務總監/安達本府商工課長/渡邊中將(第十九師團長)/福原俊丸男(朝鮮鐵道副社長))
136129	朝鮮朝日	1927-01-15/1	09단	女王の悩み(19)/細井肇作
136130	朝鮮朝日	1927-01-15/1	10단	半島茶話
136131	朝鮮朝日	1927-01-15/2	01단	六百萬圓の巨資を要する京南鐵の延長は實現容易でない/群山府民多年の希望問題
136132	朝鮮朝日	1927-01-15/2	01단	全鮮商議の決議要望/三委員出頭し
136133	朝鮮朝日	1927-01-15/2	01단	慶南土木費要求額/九十萬圓
136134	朝鮮朝日	1927-01-15/2	01단	京城府學組豫算の內示昨年に比し二十萬圓減
136135	朝鮮朝日	1927-01-15/2	02단	咸南道豫算前年より增加
136136	朝鮮朝日	1927-01-15/2	02단	忠南道の來年度豫算/二百十萬圓
136137	朝鮮朝日	1927-01-15/2	02단	平南豫算の新規事業
136138	朝鮮朝日	1927-01-15/2	03단	土木部の釜山出張所/明年限り引揚
136139	朝鮮朝日	1927-01-15/2	03단	釜山公設運動場敷地買收が漸く落着す
136140	朝鮮朝日	1927-01-15/2	03단	朝日勝繼碁戰/第卅四回(六)
136141	朝鮮朝日	1927-01-15/2	04단	水産品の加工指導に咸南が努力
136142	朝鮮朝日	1927-01-15/2	04단	穀物回着高/木浦港の
136143	朝鮮朝日	1927-01-15/2	04단	喫茶室(啞の取調に大弱り)
136144	朝鮮朝日	1927-01-16/1	01단	土木出張所の引揚を欲せぬ釜山港の有志家達/是が引留方を運動
136145	朝鮮朝日	1927-01-16/1	01단	一時良かった全南の海苔/暖氣續きで腐敗の兆あり關係方面が憂慮す
136146	朝鮮朝日	1927-01-16/1	01단	昨年度の鮮米移出/五百五十萬石
136147	朝鮮朝日	1927-01-16/1	01단	活潑だった米豆資金/元山十二月の商況
136148	朝鮮朝日	1927-01-16/1	02단	白菜搬出を支郡側が禁止
136149	朝鮮朝日	1927-01-16/1	02단	全南の棉花/今が賣時と當局が通牒
136150	朝鮮朝日	1927-01-16/1	02단	道立病院の醫官が大不足/京城醫專の卒業生が本府の勸誘に應ぜぬ

일련번호	판명	간행일	단수	기사명
136151	朝鮮朝日	1927-01-16/1	03단	定員一名に九名の候補/咸南道評議戰
136152	朝鮮朝日	1927-01-16/1	03단	平壤飛機が在滿州軍と聯合練習飛行
136153	朝鮮朝日	1927-01-16/1	03단	俳句/鈴木花蓑選
136154	朝鮮朝日	1927-01-16/1	03단	辭令(東京電話)
136155	朝鮮朝日	1927-01-16/1	04단	幹線列車に警官乘込/不逞團員の束上を取締
136156	朝鮮朝日	1927-01-16/1	04단	御大喪日に軍艦配備/九州と朝鮮の沿岸警戒決定
136157	朝鮮朝日	1927-01-16/1	04단	慶北の窮民九千九百餘戶で全戶數の一割を占む
136158	朝鮮朝日	1927-01-16/1	04단	時機尙早で公設市場の開設に反對
136159	朝鮮朝日	1927-01-16/1	04단	茂山の火事
136160	朝鮮朝日	1927-01-16/1	05단	珍らしい降雨/漢江の結氷解けて濁流滔々/人道橋に侵水
136161	朝鮮朝日	1927-01-16/1	05단	和布/成育が悪く採取が遲る
136162	朝鮮朝日	1927-01-16/1	05단	二千年の遠き古へ山野を馳驅した魏はいまの朝鮮牛の祖先/現在のより三培も大きい望月氏が得た博士論文の研究
136163	朝鮮朝日	1927-01-16/1	05단	捕鯨が始る
136164	朝鮮朝日	1927-01-16/1	05단	安東領事館火災の原因/領事令息の弄火から
136165	朝鮮朝日	1927-01-16/1	05단	自動車墜落/三名重輕傷
136166	朝鮮朝日	1927-01-16/1	06단	鴨綠江の氷今年は薄い
136167	朝鮮朝日	1927-01-16/1	06단	檢疫醫廢止に絡まる悲喜劇/解職と感違へして牛島さんが悲壯な手紙を認む
136168	朝鮮朝日	1927-01-16/1	07단	釜山心中の身許が判明
136169	朝鮮朝日	1927-01-16/1	07단	元山の大吹雪/海陸の交通杜絶/灣內の帆船六隻沈沒/漁船の難破もあるらしい
136170	朝鮮朝日	1927-01-16/1	07단	モヒ中毒の稀代の色魔/人妻を妓生に賣飛ばす
136171	朝鮮朝日	1927-01-16/1	08단	心中の片割命が助かる
136172	朝鮮朝日	1927-01-16/1	08단	高利資殺し漸く自白す
136173	朝鮮朝日	1927-01-16/1	08단	人(吉田奉天總領事/國友朝鮮警務課長/賀田値治(東京實業家)/千綿榮六氏(釜山地法檢事)/鹿野咸南警察部長/大場洪三氏(道立義州醫院醫官)/中川銀三郎氏(朝鮮總督府遞信技師))
136174	朝鮮朝日	1927-01-16/1	09단	女王の悩み(２０)/細井肇作
136175	朝鮮朝日	1927-01-16/1	10단	半島茶話
136176	朝鮮朝日	1927-01-16/2	01단	大正十五年度中鎭南浦港貿易の輸移出入の總勘定
136177	朝鮮朝日	1927-01-16/2	01단	税制整理に伴ひ學校評議員の選擧資格を擴張し有權者の減少を圖る
136178	朝鮮朝日	1927-01-16/2	01단	電氣條令愈よ可決 平電の値下/平壤府廳に電車課設置 府營が迫って
136179	朝鮮朝日	1927-01-16/2	01단	牡丹臺野話
136180	朝鮮朝日	1927-01-16/2	03단	平北道の土地改良/千八百町歩
136181	朝鮮朝日	1927-01-16/2	03단	暖氣續きで案じられる咸南の農作
136182	朝鮮朝日	1927-01-16/2	03단	朝日勝繼碁戰/第卅四回(七)

일련번호	판명	간행일	단수	기사명
136183	朝鮮朝日	1927-01-16/2	04단	會社銀行(韓銀派出所昇格)
136184	朝鮮朝日	1927-01-16/2	04단	退去命令を出して吳れ旅券の無い世界一周家が
136185	朝鮮朝日	1927-01-16/2	04단	京城府外に鼻疽病發生/豫防注射屬行
136186	朝鮮朝日	1927-01-18		缺號
136187	朝鮮朝日	1927-01-19/1	01단	內地からも流込む入學志願者が多く高普商業生の上級學校へ入學が容易でない/定數を決めると校長が陳情
136188	朝鮮朝日	1927-01-19/1	01단	上三峰の滯貨/六豆十五萬袋
136189	朝鮮朝日	1927-01-19/1	01단	內鮮連絡命令船舶が鎭南浦に入港
136190	朝鮮朝日	1927-01-19/1	01단	馬山高女午年制/學組で可決
136191	朝鮮朝日	1927-01-19/1	02단	匪賊取締に支那の巡警五百名を增員
136192	朝鮮朝日	1927-01-19/1	02단	御大喪參列者
136193	朝鮮朝日	1927-01-19/1	02단	大邱府廳舍改築計劃/一萬五千圓で
136194	朝鮮朝日	1927-01-19/1	02단	寒さの爲に乘組員は全部速死したらしい/第二有田丸の遭難
136195	朝鮮朝日	1927-01-19/1	03단	安東領事館再建築/豫算に計上か
136196	朝鮮朝日	1927-01-19/1	03단	俳句/鈴木花蓑選
136197	朝鮮朝日	1927-01-19/1	03단	大吹雪/北鮮各地の(自動車交通杜絶/咸鎭の列車延着/二尺に及ぶ大雪)
136198	朝鮮朝日	1927-01-19/1	04단	平壤測候所上層氣流の觀測を開始
136199	朝鮮朝日	1927-01-19/1	04단	傳書鳩(漁業に使用すべく目下訓練中)
136200	朝鮮朝日	1927-01-19/1	04단	府民大會を開き會社の非を鳴らす木浦の電燈料値下問題/最大限度の値下はする 會社側の言
136201	朝鮮朝日	1927-01-19/1	05단	食言などとは心外千萬だ/馬山學組の義憤を買った和田慶南知事の聲明
136202	朝鮮朝日	1927-01-19/1	05단	新義州驛の乘降客激減/口疫のため
136203	朝鮮朝日	1927-01-19/1	05단	金蘭里沖で帆船が沈沒/僅か十間ほどの沖合で遭難今だに死體も揚らぬ救助船が却ってす遭難す
136204	朝鮮朝日	1927-01-19/1	06단	辭令(東京電話)
136205	朝鮮朝日	1927-01-19/1	06단	業を煮やす救世軍士官各地へ飛檄
136206	朝鮮朝日	1927-01-19/1	06단	巡査の金を掏摸て逃走
136207	朝鮮朝日	1927-01-19/1	06단	大邱署の大獲物/九名の大竊盜團を逮捕
136208	朝鮮朝日	1927-01-19/1	06단	二人組の强盜送らる 十五日檢事局に
136209	朝鮮朝日	1927-01-19/1	07단	思想かぶれの精神病者が新義州で取押
136210	朝鮮朝日	1927-01-19/1	07단	非常に巧な偽造銀貨を大邱で發見
136211	朝鮮朝日	1927-01-19/1	07단	囚人たちにラヂオを廳かす本府行刑課の計劃
136212	朝鮮朝日	1927-01-19/1	07단	騷がす罪をお赦し下さい/船客の自殺
136213	朝鮮朝日	1927-01-19/1	08단	義烈團の嫌疑者放免される
136214	朝鮮朝日	1927-01-19/1	08단	仲居の盜み髮結に行き
136215	朝鮮朝日	1927-01-19/1	08단	虐待した夫の手紙に憤慨し自殺
136216	朝鮮朝日	1927-01-19/1	08단	會(全南水産代議員會/京城神社造營會談)

일련번호	판명	간행일	단수	기사명
136217	朝鮮朝日	1927-01-19/1	09단	女王の悩み(２２)/細井肇作
136218	朝鮮朝日	1927-01-19/1	10단	半島茶話
136219	朝鮮朝日	1927-01-19/2	01단	三寒四溫(三)/平壤一記者
136220	朝鮮朝日	1927-01-19/2	01단	十津川筏夫今年の渡鮮者は百三十名に達し例年のレコードを破る
136221	朝鮮朝日	1927-01-19/2	01단	平南道土地改良計書中のもの
136222	朝鮮朝日	1927-01-19/2	01단	新義州人口千人を増加
136223	朝鮮朝日	1927-01-19/2	02단	警察官異動/慶南管內の
136224	朝鮮朝日	1927-01-19/2	02단	咸興武德殿/解氷後着工
136225	朝鮮朝日	1927-01-19/2	02단	平北道議會/二月中旬から
136226	朝鮮朝日	1927-01-19/2	02단	チブス豫防注射を屬行
136227	朝鮮朝日	1927-01-19/2	02단	チブス發生で釜山商校の大消毒勵行
136228	朝鮮朝日	1927-01-19/2	03단	虎疫が大關/新義州傳染病
136229	朝鮮朝日	1927-01-19/2	03단	流感が蔓延/安義兩地に
136230	朝鮮朝日	1927-01-19/2	03단	朝日勝繼碁戰/第卅四回(九)
136231	朝鮮朝日	1927-01-19/2	04단	平壤慈專院增築を行ふ
136232	朝鮮朝日	1927-01-19/2	04단	助役の寄禍
136233	朝鮮朝日	1927-01-19/2	04단	桑畑の中で死體を發見/他殺の疑あり
136234	朝鮮朝日	1927-01-19/2	04단	東拓雇員が自宅で縊死
136235	朝鮮朝日	1927-01-19/2	04단	覆面の強盜拳銃で脅迫
136236	朝鮮朝日	1927-01-19/2	04단	木浦短信
136237	朝鮮朝日	1927-01-20		缺號
136238	朝鮮朝日	1927-01-21		缺號
136239	朝鮮朝日	1927-01-22/1	01단	『探甚の考慮』にはなんの意味もない/若槻首相黨員に言明す/政友會は引責辭職と解釋し不信任案撤回の聲明書を發表
136240	朝鮮朝日	1927-01-22/1	01단	自家用煙草の耕作を禁止 昭和四年から/變則な規定を廢止したまでだ 湯淺政務總監語る/特別の人は四年まで延期
136241	朝鮮朝日	1927-01-22/1	01단	その日の衆議院/停會の詔書捧讀後の議場
136242	朝鮮朝日	1927-01-22/1	01단	御大喪參列者
136243	朝鮮朝日	1927-01-22/1	04단	平北柞蠶收穫半減/全收三萬圓
136244	朝鮮朝日	1927-01-22/1	04단	短歌/橋田東聲選
136245	朝鮮朝日	1927-01-22/1	04단	在住支那人の籍牌所持を領事に交涉
136246	朝鮮朝日	1927-01-22/1	04단	授業料値上は結局駄目か組合の議員中には反對論者が多い
136247	朝鮮朝日	1927-01-22/1	04단	新義州學組費一人當りは二十一圓餘
136248	朝鮮朝日	1927-01-22/1	05단	各地の寒さ(十數年來に無い溫度/猶も續くか釜山の寒さ/四十度の寒新義州地方/寒さのため汽車が延着/大寒入の京城の寒さ側年に比し十一度低い)
136249	朝鮮朝日	1927-01-22/1	05단	流感で學童達の缺席が多い
136250	朝鮮朝日	1927-01-22/1	05단	太刀洗機/機體を解體/汽車で輸送

일련번호	판명	간행일	단수	기사명
136251	朝鮮朝日	1927-01-22/1	05단	厚昌學組の選擧は無效/規定違反で
136252	朝鮮朝日	1927-01-22/1	05단	雪で鎖した自動車交通/弗々始まる
136253	朝鮮朝日	1927-01-22/1	06단	漁民の權利保護や抵當權の得喪を考慮した漁業規則/近く發布旅行する筈
136254	朝鮮朝日	1927-01-22/1	06단	傳書鳩(水産校と練習船の通信に使用)
136255	朝鮮朝日	1927-01-22/1	06단	豹の群れが家畜を咬傷/近く猛獸狩
136256	朝鮮朝日	1927-01-22/1	06단	學組議員が公醫を排斥/容れられねば辭職する
136257	朝鮮朝日	1927-01-22/1	07단	山中で追剝/覆面の二人が
136258	朝鮮朝日	1927-01-22/1	07단	十四の娘が心中を遂ぐ
136259	朝鮮朝日	1927-01-22/1	07단	泥醉して電車に觸れ昏倒し死亡
136260	朝鮮朝日	1927-01-22/1	07단	漁船十二隻の行方が判らぬ/乘組員六十名の生死も不明/二十日慶北の大時化
136261	朝鮮朝日	1927-01-22/1	08단	馬賊に襲はれ負傷した連絡班員死亡
136262	朝鮮朝日	1927-01-22/1	08단	會(平南道水産總會/釜山校長會議/鮮日社バザー大會/全南水産總會/社會事業研究會/赤非檢事正講演會)
136263	朝鮮朝日	1927-01-22/1	08단	人(マヅクマレー氏(駐支米國公使)/ゾルフ氏(駐日獨逸大使)/鹽貝本社京城販買局長/河部中之助氏(釜日上海特派員)/橋本釜山地方法院長/ビーター・シュミッド氏(露國レーニングラード大學教授)/加茂正雄博士(帝大教授)/今里準太郎代議士/北鮮商銀頭取/松澤令之助氏(三長守備隊附曹長)/石鎭衡氏(全南知事)/林田鮮鐵局監督課長)
136264	朝鮮朝日	1927-01-22/1	09단	女王の悩み(２４)/細井肇作
136265	朝鮮朝日	1927-01-22/1	10단	半島茶話
136266	朝鮮朝日	1927-01-22/2	01단	縣案であった京城神社の改築/協議がいよいよ纏り朝鮮人達も寄附する
136267	朝鮮朝日	1927-01-22/2	01단	飛行場は是非必要/長澤鎭海司令官は語る
136268	朝鮮朝日	1927-01-22/2	01단	朝日勝繼碁戰/第卅四回(十一)
136269	朝鮮朝日	1927-01-22/2	02단	河川は總べて國有と見る/河川令が二十二日發布/七章四十七條からなる
136270	朝鮮朝日	1927-01-22/2	02단	製絲工場を咸興に設置/株式組織で
136271	朝鮮朝日	1927-01-22/2	03단	慶北道會議愈よ開かる/豫算膨脹が百三十萬圓
136272	朝鮮朝日	1927-01-22/2	03단	成績良好な猩紅熱の豫防注射/京城府內諸學校の生徒に實施の結果
136273	朝鮮朝日	1927-01-22/2	04단	海州學組の豫算が膨脹/高女校增築で
136274	朝鮮朝日	1927-01-22/2	04단	新義州中學入學試驗執行
136275	朝鮮朝日	1927-01-22/2	04단	連山關守備隊橋頭方面で耐寒行軍擧行
136276	朝鮮朝日	1927-01-22/2	04단	漫然渡航者を咸南に送る日窒の人夫に
136277	朝鮮朝日	1927-01-22/2	04단	大邱府が汚物掃除の規則を制定
136278	朝鮮朝日	1927-01-22/2	04단	木浦普通校來年度に改築

일련번호	판명	간행일	단수	기사명
136279	朝鮮朝日	1927-01-22/2	04단	洋畫會復活
136280	朝鮮朝日	1927-01-23/1	01단	朝鮮牛を短期間に肥育させる事に成功/飼料は僅に一圓足らずで方法は非常に簡單
136281	朝鮮朝日	1927-01-23/1	01단	河川令適用は特に指定された河川のみに限る/それ以外は道が管理す
136282	朝鮮朝日	1927-01-23/1	01단	咸南道の土地の改良/四萬一千町
136283	朝鮮朝日	1927-01-23/1	02단	咸鏡線の工事進捗/全線開通は明年の秋頃
136284	朝鮮朝日	1927-01-23/1	02단	上級學校への準備に流れる鮮內中學校の弊害/今後は實業科目を課す
136285	朝鮮朝日	1927-01-23/1	03단	會(御大喪參列者/元山の遙拜式)
136286	朝鮮朝日	1927-01-23/1	03단	俳句/鈴木花蓑選
136287	朝鮮朝日	1927-01-23/1	03단	順天濟州島間海底電線を風浪で切斷
136288	朝鮮朝日	1927-01-23/1	03단	鮮人學生に軍事教育はなぜ授けぬ/平南道議員が質問
136289	朝鮮朝日	1927-01-23/1	04단	JODK送信機修理なる
136290	朝鮮朝日	1927-01-23/1	04단	昭和三年度のシーズンまでに竣工すべき釜山運動場/實地見分の上打合
136291	朝鮮朝日	1927-01-23/1	05단	內地にも殆んと無い立派な文化が古代の朝鮮童話にいろいろ發見さる
136292	朝鮮朝日	1927-01-23/1	05단	北鮮丸沈沒/船長のみが危なく助かる
136293	朝鮮朝日	1927-01-23/1	05단	平北奧地の自動車杜絶/交通開始は來月上旬か
136294	朝鮮朝日	1927-01-23/1	06단	列車遲延し水道凍る釜山の寒さ/咸興の寒さ零下二十九度/元山の氣溫 零下十八度/零下十二度 大邱の極寒
136295	朝鮮朝日	1927-01-23/1	06단	內地人も及ばぬ鮮議員の練達振/平南道評議會で參與が捲し立らる
136296	朝鮮朝日	1927-01-23/1	06단	咸南行きの人夫は取止/雪で避易し
136297	朝鮮朝日	1927-01-23/1	06단	巡査殺し死刑の言渡
136298	朝鮮朝日	1927-01-23/1	07단	馬賊團入鮮を計劃
136299	朝鮮朝日	1927-01-23/1	07단	水草を追ふ遊牧の民のやう各地を轉ずる鮮人の群れ/奈良縣警察部の調査
136300	朝鮮朝日	1927-01-23/1	08단	レーニン氏の追悼會/諒闇中とて時節柄擧行
136301	朝鮮朝日	1927-01-23/1	08단	樓主の衣類を盜んだ酌婦/行方を晦ます
136302	朝鮮朝日	1927-01-23/1	08단	先戀の自殺/情夫二人を持って居た
136303	朝鮮朝日	1927-01-23/1	08단	人(マックレー氏(駐支米國公使)/眞藤填太郎氏(漁業代表)/遠藤與七郎氏(元大邱漢城銀行支店支配人)/岩崎木浦府財發主佐)
136304	朝鮮朝日	1927-01-23/1	09단	女王の悩み(２５)/細井肇作
136305	朝鮮朝日	1927-01-23/1	10단	知火
136306	朝鮮朝日	1927-01-23/2	01단	三寒四溫(五)/平壤一記者
136307	朝鮮朝日	1927-01-23/2	01단	主なる道立醫院が相當の利益を擧げ得るやうになった/鮮人の患者が增加

일련번호	판명	간행일	단수	기사명
136308	朝鮮朝日	1927-01-23/2	01단	沙里院の東拓の倉庫/利用者が增加
136309	朝鮮朝日	1927-01-23/2	01단	平北道豫算/百八十萬圓
136310	朝鮮朝日	1927-01-23/2	01단	平北道議戰漸く近づき競争が猛烈
136311	朝鮮朝日	1927-01-23/2	01단	黃海道の道議員選擧/三月二十五日
136312	朝鮮朝日	1927-01-23/2	02단	海州學組員改選期迫る
136313	朝鮮朝日	1927-01-23/2	02단	叺檢査の統一を協議/全南營業者が
136314	朝鮮朝日	1927-01-23/2	02단	除雪車運轉/京元線に
136315	朝鮮朝日	1927-01-23/2	02단	新義州署が流感豫防の調査を開始
136316	朝鮮朝日	1927-01-23/2	03단	電話が開通
136317	朝鮮朝日	1927-01-23/2	03단	朝日勝繼碁戰/第卅四回(十二)
136318	朝鮮朝日	1927-01-23/2	04단	漁場と陸地の交通機關に機船を利用
136319	朝鮮朝日	1927-01-23/2	04단	黃海道の屠牛の價格/百十數萬圓
136320	朝鮮朝日	1927-01-23/2	04단	米國觀光團京城を視察/三月一日に
136321	朝鮮朝日	1927-01-25/1	01단	京城放送局
136322	朝鮮朝日	1927-01-25/1	01단	醫專設立の財源に蘆草を栽培/賣却して資金を捻出する平南道當局の計劃
136323	朝鮮朝日	1927-01-25/1	01단	朝鮮で發行される新聞や雜誌の數/總數が六十二種で朝鮮人の發行が八重
136324	朝鮮朝日	1927-01-25/1	02단	遙拜式の形式を統一　朝鮮神職會が/御大喪參列者
136325	朝鮮朝日	1927-01-25/1	03단	上三峰驛の滯貨が增加/十七萬袋
136326	朝鮮朝日	1927-01-25/1	03단	京城府の授業料値上/一先づ撤回
136327	朝鮮朝日	1927-01-25/1	03단	三寒四溫(七)/平壤一記者
136328	朝鮮朝日	1927-01-25/1	04단	慈善鍋/舊正月を楽しませうと婦人達が發起
136329	朝鮮朝日	1927-01-25/1	04단	滿洲に王國を建設する計劃/高麗共産黨員の夢のやうな陰謀
136330	朝鮮朝日	1927-01-25/1	04단	短歌/橋田東聲選
136331	朝鮮朝日	1927-01-25/1	04단	釜山の溫度やゝ昇騰す
136332	朝鮮朝日	1927-01-25/1	05단	豆滿江沿岸禿山に植林/咸北道の計劃
136333	朝鮮朝日	1927-01-25/1	05단	妻帶の出來る僧侶の數が三千と十五人
136334	朝鮮朝日	1927-01-25/1	05단	健氣な女性/女學校卒業生が職業紹介所に申込/大抵な女事務員を希望
136335	朝鮮朝日	1927-01-25/1	06단	鵜飼/支那人の願出多く問題となる
136336	朝鮮朝日	1927-01-25/1	06단	北極探檢から歸ったやう風雪と戰った釜山丸の姿
136337	朝鮮朝日	1927-01-25/1	07단	三十餘名が上級學校へ/平壤高女卒業生
136338	朝鮮朝日	1927-01-25/1	07단	僞爆彈を翳して脅迫/一千圓の提供を迫る
136339	朝鮮朝日	1927-01-25/1	07단	漁夫三十人が暴風に浚はれ行方不明となる　驅逐艦出動して捜査/漂流中の帆船を發見 乘組員を救助
136340	朝鮮朝日	1927-01-25/1	08단	半島茶話
136341	朝鮮朝日	1927-01-25/1	08단	間島管內獸疫發生數
136342	朝鮮朝日	1927-01-25/1	08단	額裏に隱した千三百圓を火事で燒失

일련번호	판명	간행일	단수	기사명
136343	朝鮮朝日	1927-01-25/1	08단	女王の悩み(２６)/細井肇作
136344	朝鮮朝日	1927-01-25/1	09단	會(南浦商議評議會/郵便事務打合會/清津商議の委員會)
136345	朝鮮朝日	1927-01-25/1	09단	人(蒲原久四郎氏(遞信局長)/朴咸北知事)
136346	朝鮮朝日	1927-01-25/2	01단	全南の當源開發のため電化計劃が樹立さる發電所二箇を設け二千七百キロを發電の計劃
136347	朝鮮朝日	1927-01-25/2	01단	洋灰の需要激增す/昨年だけで九十餘萬樽
136348	朝鮮朝日	1927-01-25/2	01단	江原道議會二十二日終了
136349	朝鮮朝日	1927-01-25/2	01단	全北道議會二十二日開催
136350	朝鮮朝日	1927-01-25/2	01단	鍊買出人の旅券の査證/清津で行ふ
136351	朝鮮朝日	1927-01-25/2	01단	鍾路通の腑瞰
136352	朝鮮朝日	1927-01-25/2	02단	入學試驗(平壤高等女學校)
136353	朝鮮朝日	1927-01-25/2	02단	娼妓の心中/對手は憲兵
136354	朝鮮朝日	1927-01-25/2	02단	賽錢を盜む
136355	朝鮮朝日	1927-01-25/2	03단	飛乘を仕損じ片足を轢斷/重傷を負ふ
136356	朝鮮朝日	1927-01-25/2	03단	朝日勝繼碁戰/第卅四回(十三)
136357	朝鮮朝日	1927-01-25/2	04단	自動車が崖下に墜落/乘客二名卽死
136358	朝鮮朝日	1927-01-25/2	04단	運動界(元山中學のスキー活寫に撮影/高女も參加)
136359	朝鮮朝日	1927-01-26/1	01단	總督が議會に出て議員と應酬するは統治上弊害ありと松山代議士が政本案に反對/議會に出る必要は認めぬ總督府の意見
136360	朝鮮朝日	1927-01-26/1	01단	守備隊に勅語を傳達/二十二日午後
136361	朝鮮朝日	1927-01-26/1	01단	內鮮一名づゝ御大喪參列/御事が詮衡中
136362	朝鮮朝日	1927-01-26/1	02단	鮮米積取で船舶界好況/前年に比べて六萬石增加
136363	朝鮮朝日	1927-01-26/1	02단	米穀檢査料の値下を陳情/慶南の當業者達が然し實現は困難か
136364	朝鮮朝日	1927-01-26/1	03단	京城學祖豫算決定/修正通りに
136365	朝鮮朝日	1927-01-26/1	03단	俳句/鈴木花蓑選
136366	朝鮮朝日	1927-01-26/1	03단	商品館が鮮産を陣列/紹介に努める
136367	朝鮮朝日	1927-01-26/1	03단	一月中旬の鐵道の業績收入七十萬圓
136368	朝鮮朝日	1927-01-26/1	04단	辭令(東京電話)
136369	朝鮮朝日	1927-01-26/1	04단	北鮮地方の定期自動車運轉が不能
136370	朝鮮朝日	1927-01-26/1	04단	妓生の舞踊を東亞博で上演/北九州十萬鮮人の慰安も併せて行ふ
136371	朝鮮朝日	1927-01-26/1	04단	小學生に實業教育/安東小學が
136372	朝鮮朝日	1927-01-26/1	04단	火田民まで資金を醵出/普通學校の新說を計劃
136373	朝鮮朝日	1927-01-26/1	05단	朝鮮の尊德と謳はれた李氏の事績が番になる/忠南泰安普校で調査
136374	朝鮮朝日	1927-01-26/1	05단	新聞檢閱を國境で行ふ/方法を研究中
136375	朝鮮朝日	1927-01-26/1	05단	結氷上の自動車運轉/郵便を遞送
136376	朝鮮朝日	1927-01-26/1	05단	美人樓の娼妓小町が機密地圖を賣る地圖の出所は情夫の軍人/事件は更に擴大か/固く口を鍼し何事も語らぬ 出所には二說がある

일련번호	판명	간행일	단수	기사명
136377	朝鮮朝日	1927-01-26/1	06단	粟を釀出し普通學校の資金を捻出
136378	朝鮮朝日	1927-01-26/1	06단	釜山兩校の軍教を調査/今井大佐が
136379	朝鮮朝日	1927-01-26/1	06단	行方不明の漁船が歸る/三隻だけが
136380	朝鮮朝日	1927-01-26/1	06단	高麗草命薰組織の計劃/未然に判明
136381	朝鮮朝日	1927-01-26/1	07단	女給の盜み/反物を驅取
136382	朝鮮朝日	1927-01-26/1	07단	八名の鮮人が危く死を待つ/氷に鎖された渡船を眞盛丸が發見救助す
136383	朝鮮朝日	1927-01-26/1	07단	小學生徒に流感が蔓延/罹病者三百名
136384	朝鮮朝日	1927-01-26/1	08단	乘馬練習中過って墜ち城大生死亡
136385	朝鮮朝日	1927-01-26/1	08단	一家五名が河豚の中毒/何れも危篤
136386	朝鮮朝日	1927-01-26/1	08단	モヒ密賣の容疑者逮捕
136387	朝鮮朝日	1927-01-26/1	08단	支那乞食の凍死が多い
136388	朝鮮朝日	1927-01-26/1	08난	會(漢銀株主總會/公州郡面長會議/製鹽打合會)
136389	朝鮮朝日	1927-01-26/1	08단	半島茶話
136390	朝鮮朝日	1927-01-26/1	09단	人(李堈公殿下/今井伍介氏(貴族院議員)/池田殖産局長)
136391	朝鮮朝日	1927-01-26/1	09단	女王の悩み(２７)/細井肇作
136392	朝鮮朝日	1927-01-26/2	01단	三寒四溫(八)/平壤一記者
136393	朝鮮朝日	1927-01-26/2	01단	漁業産業兩組合が互に諒解したら資金融通は容易となり漸次増加するだらう
136394	朝鮮朝日	1927-01-26/2	01단	江原道豫算六百十萬圓
136395	朝鮮朝日	1927-01-26/2	01단	益山酒造高
136396	朝鮮朝日	1927-01-26/2	01단	合同後の魚市場敷地/京城驛西隣の貯炭場を利用
136397	朝鮮朝日	1927-01-26/2	02단	公州維鳩の堤防工事は近く着工す
136398	朝鮮朝日	1927-01-26/2	02단	平北道の土木豫算は三十五萬圓
136399	朝鮮朝日	1927-01-26/2	02단	新義州分院が四月に獨立/設備も改良す
136400	朝鮮朝日	1927-01-26/2	02단	便所內から彈丸を發見/猛獸用のもの
136401	朝鮮朝日	1927-01-26/2	03단	奉悼歌を贈呈
136402	朝鮮朝日	1927-01-26/2	03단	佛壇の火が火災の原因損害は七千圓
136403	朝鮮朝日	1927-01-26/2	03단	朝日勝繼碁戰/第卅五回(一)
136404	朝鮮朝日	1927-01-26/2	04단	棧橋から墜落し氣絶/泥醉の結果
136405	朝鮮朝日	1927-01-26/2	04단	帽子や外套を專門に盜む鮮人を逮捕
136406	朝鮮朝日	1927-01-26/2	04단	眞鍮製の看板を盜む二名の鮮人
136407	朝鮮朝日	1927-01-27/1	01단	法人に課税出來ず京城の學校組合費が年々に減少して行く/法の不備に當局は頭痛鉢券
136408	朝鮮朝日	1927-01-27/1	01단	航空官制を朝鮮でも發布/これが準備費を明年度豫算に計上
136409	朝鮮朝日	1927-01-27/1	03단	原蠶種製造打合會/二十六日から(聽取事項/打合事項)
136410	朝鮮朝日	1927-01-27/1	03단	奉悼遙拜式
136411	朝鮮朝日	1927-01-27/1	04단	吉敦鐵道の工事材料/清津に陸揚

일련번호	판명	간행일	단수	기사명
136412	朝鮮朝日	1927-01-27/1	04단	人目を避けて知事と府尹が長時間に互る打合/馬山中學問題の紛糾
136413	朝鮮朝日	1927-01-27/1	04단	短歌/橋田東聲選
136414	朝鮮朝日	1927-01-27/1	04단	群山築港用石材に困り府が直營す
136415	朝鮮朝日	1927-01-27/1	05단	噂とりどりの殖銀幹部の異動/河內山氏の乘込稅と草間局長の野心傳はる/石井理事の辭職が導火線
136416	朝鮮朝日	1927-01-27/1	05단	傳染病豫防費百萬圓を突破/昨年の患者數は前年よりも二千名を增加す
136417	朝鮮朝日	1927-01-27/1	05단	殺氣立った市長選擧/浮田助役が下關市長に當選
136418	朝鮮朝日	1927-01-27/1	06단	平壤飛機の滿洲飛行はいよいよ決行
136419	朝鮮朝日	1927-01-27/1	06단	遭難漁夫の死體を發見
136420	朝鮮朝日	1927-01-27/1	06단	石灰山買收からあはや血の雨/數百の顔役が對峙す淺野豊國洋灰の確執
136421	朝鮮朝日	1927-01-27/1	07단	今なほ激浪で死體の搜査困難/僅に二人の死體を發見
136422	朝鮮朝日	1927-01-27/1	07단	遭難機船五隻のうち一隻だけ不明
136423	朝鮮朝日	1927-01-27/1	07단	德壽丸から學生投身
136424	朝鮮朝日	1927-01-27/1	08단	火に狂ふ不良兒/二度の放火
136425	朝鮮朝日	1927-01-27/1	08단	會(平壤土木協議會總會/慶南造林講習會/釜山普通校長會議)
136426	朝鮮朝日	1927-01-27/1	08단	人(ゾルフ氏(駐日ドイツ大使)/矢鍋永三郎氏(殖銀理事)/角田管三氏(京城第二高女教論)/靑木戒三氏(平南道知事)/內村安太郎博士(平壤慈惠醫院長)/鮮干筍氏(平壤府協議員))
136427	朝鮮朝日	1927-01-27/1	09단	女王の悩み(28)/細井肇作
136428	朝鮮朝日	1927-01-27/2	01단	釜山放言(1)/在住一記者
136429	朝鮮朝日	1927-01-27/2	01단	最新式機械で能率增進を圖り人員不足を補ふ竣工した光化門局
136430	朝鮮朝日	1927-01-27/2	01단	在營期間を短縮し度いと正規の靑訓を受けぬのに町村長が證明書快發
136431	朝鮮朝日	1927-01-27/2	01단	元山府の來年度豫算五十八萬圓
136432	朝鮮朝日	1927-01-27/2	01단	平南寧邊の官有林代採經營者を物色
136433	朝鮮朝日	1927-01-27/2	02단	平壤高女の制服を改正/母姊會に圖る
136434	朝鮮朝日	1927-01-27/2	02단	水利組合の發展を築し指導員を配置
136435	朝鮮朝日	1927-01-27/2	02단	綠故林拂下の無料出願を京畿道が扱ふ
136436	朝鮮朝日	1927-01-27/2	03단	木浦の人口二萬七千人
136437	朝鮮朝日	1927-01-27/2	03단	朝日勝繼碁戰/第卅五回(二)
136438	朝鮮朝日	1927-01-27/2	04단	害蟲驅除の獎勵費補助
136439	朝鮮朝日	1927-01-27/2	04단	演藝界(平壤キネマ)
136440	朝鮮朝日	1927-01-27/2	04단	喫茶室(働かざる者は食ふべからず甲平普のモツトー)
136441	朝鮮朝日	1927-01-28/1	01단	鐵道費補塡のため朝鮮の事業公債法/改正案を議會に提出

일련번호	판명	간행일	단수	기사명
136442	朝鮮朝日	1927-01-28/1	01단	牧ノ島の無線/四月から實施/船舶の警戒を主とし一般の通信も取扱ふ
136443	朝鮮朝日	1927-01-28/1	01단	會(勅諭傳達式/御大喪遙拜式)
136444	朝鮮朝日	1927-01-28/1	01단	御大喪參列者漸く決定す
136445	朝鮮朝日	1927-01-28/1	02단	安取株主が減資に反對/理事者も諒解
136446	朝鮮朝日	1927-01-28/1	03단	氣溫が復し慶南海苔漸く見直す
136447	朝鮮朝日	1927-01-28/1	03단	會計年度の稱呼/昭和元年で差支が無い
136448	朝鮮朝日	1927-01-28/1	03단	だんだん殖えた牛乳の需要高/鮮內の搾乳高五千餘石で當局は取締に腐心
136449	朝鮮朝日	1927-01-28/1	04단	俳句/鈴木花蓑選
136450	朝鮮朝日	1927-01-28/1	04단	師團長初巡視
136451	朝鮮朝日	1927-01-28/1	04단	會社銀行(北鮮水産總會)
136452	朝鮮朝日	1927-01-28/1	04단	三十八年來の記錄を破る國境の寒さ零下二十八度
136453	朝鮮朝日	1927-01-28/1	04단	京城局の放送/暫らく延期
136454	朝鮮朝日	1927-01-28/1	05단	三寒四溫(八)/平壤一記者
136455	朝鮮朝日	1927-01-28/1	05단	飛行の快味を知った上からは他の職業はイヤです/大邱生れの朴孃語る
136456	朝鮮朝日	1927-01-28/1	05단	釜商チブスの原因は合宿所/直屬で無いからと學校當局は辯明す
136457	朝鮮朝日	1927-01-28/1	06단	太刀洗機耐寒飛行を約って歸還
136458	朝鮮朝日	1927-01-28/1	06단	校長を毆った生徒の公判/執行猶豫を檢事は否認
136459	朝鮮朝日	1927-01-28/1	07단	沈沒させた船員を見捨/逃亡した機船
136460	朝鮮朝日	1927-01-28/1	07단	女給さんや歌女たちまでエプロン姿で街頭に立ち寒風に曝され喜捨を募る/大邱婦人團體の慈善鍋
136461	朝鮮朝日	1927-01-28/1	07단	炭火のガスで五名が窒息/危く助かる
136462	朝鮮朝日	1927-01-28/1	08단	大豺京城に現る
136463	朝鮮朝日	1927-01-28/1	08단	會(歐亞連絡打合會/淸津倉庫總會/店員表彰式)
136464	朝鮮朝日	1927-01-28/1	08단	半島茶話
136465	朝鮮朝日	1927-01-28/1	09단	女王の悩み(２９)/細井肇作
136466	朝鮮朝日	1927-01-28/1	10단	人(松井信助氏(平壤府尹)/立川芳氏(京南鐵社長)/香椎源太郎氏(釜山商議會頭))
136467	朝鮮朝日	1927-01-28/2	01단	釜山放言(２)/在住一記者
136468	朝鮮朝日	1927-01-28/2	01단	難破船の多いのは實測した海圖が朝鮮に無いのが原因/現在のは昔英國人の作成品
136469	朝鮮朝日	1927-01-28/2	01단	間島貿易額昨年中の
136470	朝鮮朝日	1927-01-28/2	01단	南船學校は八月頃移轉
136471	朝鮮朝日	1927-01-28/2	01단	鐵道貯水池の採氷は好況/軌道で運搬す
136472	朝鮮朝日	1927-01-28/2	02단	米國觀光團に朝鮮風景の映畫を贈る
136473	朝鮮朝日	1927-01-28/2	02단	兒童を表彰/京畿道內の

일련번호	판명	간행일	단수	기사명
136474	朝鮮朝日	1927-01-28/2	02단	朝日勝繼碁戰/第卅五回(三)
136475	朝鮮朝日	1927-01-28/2	03단	贓品を送る群馬の桑原會社
136476	朝鮮朝日	1927-01-28/2	03단	開成の火災/死傷者五名
136477	朝鮮朝日	1927-01-28/2	04단	蔚山農校生が先生を排斥/素行が悪いと
136478	朝鮮朝日	1927-01-28/2	04단	鮮人乞食凍死
136479	朝鮮朝日	1927-01-28/2	04단	安東驛の公金犯人は不逞鮮人か
136480	朝鮮朝日	1927-01-28/2	04단	生徒募集(京城師範校/海員養成所)
136481	朝鮮朝日	1927-01-28/2	04단	運動界(鴨江リンクの氷滑記錄會練習不足で成績が悪い/スキー大會紀元節に擧行)
136482	朝鮮朝日	1927-01-29/1	01단	無煙炭の聲價內地に認められ移出が著しく增加す
136483	朝鮮朝日	1927-01-29/1	01단	肥料低資貸出いよいよ實施/慶南の割當六十萬圓郡農會が是に當る
136484	朝鮮朝日	1927-01-29/1	01단	移住鮮人は漸次に減少/却て歸還者がだんだん增加
136485	朝鮮朝日	1927-01-29/1	01단	御大喪參列新聞社代表/靑年代表も參列/全南の遙拜式
136486	朝鮮朝日	1927-01-29/1	02단	鮮銀券漸次膨脹す
136487	朝鮮朝日	1927-01-29/1	02단	作柄は宜いが値頃が廉く農家の購買力が著しく減じ商況更に引立たぬ舊年末も平穩裡に越年か
136488	朝鮮朝日	1927-01-29/1	03단	全南海苔の品評會開催
136489	朝鮮朝日	1927-01-29/1	03단	會社銀行(土地經營社總會)
136490	朝鮮朝日	1927-01-29/1	03단	短歌/橋田東聲選
136491	朝鮮朝日	1927-01-29/1	03단	東北風に悩む元山港/設備改善を當局に要望
136492	朝鮮朝日	1927-01-29/1	04단	豆粕の運送計劃/鐵道局が樹立
136493	朝鮮朝日	1927-01-29/1	04단	稅關の乾蝦檢査が公平を缺くと平南水産會で問題/道知事に事實調査を陳情
136494	朝鮮朝日	1927-01-29/1	04단	儀仗艦として軍艦常盤が釜山に入港
136495	朝鮮朝日	1927-01-29/1	05단	十三歳の幼時から內蒙古ウロついた稀代の少年が釜山署で保護を求め故鄕へ歸る
136496	朝鮮朝日	1927-01-29/1	05단	學校教育にスポーツ科目のを加ふ
136497	朝鮮朝日	1927-01-29/1	05단	朝鮮物産展大阪で開催
136498	朝鮮朝日	1927-01-29/1	05단	太刀洗機の耐寒飛行 無事に終了/滿洲飛行の平壤機出發 遼陽向ふ
136499	朝鮮朝日	1927-01-29/1	06단	責任ある言質を與へない自分は馬山學組員の辭任は與り知らぬと和田知事辯明
136500	朝鮮朝日	1927-01-29/1	06단	紛擾中の女高普/兎も角も校舍で開校
136501	朝鮮朝日	1927-01-29/1	06단	娼妓の地圖密賣/無根と判明
136502	朝鮮朝日	1927-01-29/1	07단	金泉小學校猩紅熱蔓延/遂に休校す
136503	朝鮮朝日	1927-01-29/1	07단	講金を橫領/釜山署で取調
136504	朝鮮朝日	1927-01-29/1	07단	會(平南水産總會/鎭南浦穀組役員會/京城府協議會)
136505	朝鮮朝日	1927-01-29/1	07단	宮崎縣小林町五百戸を燒失/五時間も燃え續く

일련번호	판명	간행일	단수	기사명
136506	朝鮮朝日	1927-01-29/1	08단	人(フォード氏/大演喜一郎氏(農林省漁政課長)/池田殖産局長/石全南知事/宮館貞一氏(京城ソウルビレス社長)/森田初三郎氏(大邱商船仁川支店長)/赤松繁夫氏(群山商議會頭))
136507	朝鮮朝日	1927-01-29/1	08단	半島茶話
136508	朝鮮朝日	1927-01-29/1	09단	女王の悩み(３０)/細井肇作
136509	朝鮮朝日	1927-01-29/2	01단	釜山放言(３)/在住一記者
136510	朝鮮朝日	1927-01-29/2	01단	南北メンヂスト合同を決議す總本部に承認を要求/靑年會を頼り復活を圖る外國宣教師
136511	朝鮮朝日	1927-01-29/2	01단	全南道議會/十六日から
136512	朝鮮朝日	1927-01-29/2	01단	元山市場再興に伴ふ/信託會社の設立が再燃
136513	朝鮮朝日	1927-01-29/2	02단	大邱學祖明年度豫算/十九萬餘圓
136514	朝鮮朝日	1927-01-29/2	02단	釜山府內の自動車合同/假契約を終る
136515	朝鮮朝日	1927-01-29/2	02단	朝日勝繼碁戰/第卅五回(四)
136516	朝鮮朝日	1927-01-29/2	03단	下南水利改良
136517	朝鮮朝日	1927-01-29/2	03단	傳染病での死亡者百名
136518	朝鮮朝日	1927-01-29/2	04단	子供救った鮮人を表彰/米田知事がを贈る
136519	朝鮮朝日	1927-01-29/2	04단	全南沖で漂流帆船を眞盛丸が救助
136520	朝鮮朝日	1927-01-29/2	04단	女給を囮に許欺を動き娼妓に入提
136521	朝鮮朝日	1927-01-29/2	04단	鴨綠江を渡涉の鮮人二名が凍死
136522	朝鮮朝日	1927-01-29/2	04단	入學試驗(朝鮮藥學校)
136523	朝鮮朝日	1927-01-29/2	04단	喫茶室(酷使される動物)
136524	朝鮮朝日	1927-01-30/1	01단	鮮銀殖銀の緊縮で朝鮮米の相場が內地穀商に左右され折角の豊作もオジヤン
136525	朝鮮朝日	1927-01-30/1	01단	京畿道産繭十萬石の計劃/巡回教師を増加し小規模養蠶も奬勵
136526	朝鮮朝日	1927-01-30/1	01단	會(各地遙拜式/御大喪參列者)
136527	朝鮮朝日	1927-01-30/1	01단	京南鐵道が拂入を徵收/工事に着手
136528	朝鮮朝日	1927-01-30/1	02단	水質檢查の大政正/化學的に
136529	朝鮮朝日	1927-01-30/1	02단	四圍の狀況に應じて警察官の素質を向上さすべく警務局が警察部長に通達
136530	朝鮮朝日	1927-01-30/1	02단	外國に較べて非常に少い航路標識の諸設備/船舶の遭難は無理もない
136531	朝鮮朝日	1927-01-30/1	03단	辭令(東京電話)
136532	朝鮮朝日	1927-01-30/1	04단	深刻な不景氣/舊歲末を控へた鮮人街
136533	朝鮮朝日	1927-01-30/1	04단	俸給を奮發し醫員を招聘/患者の激增につれ道立醫院手不足に困る
136534	朝鮮朝日	1927-01-30/1	04단	俳句/鈴木花蓑選
136535	朝鮮朝日	1927-01-30/1	04단	群山開港記念共進會/明年度開催
136536	朝鮮朝日	1927-01-30/1	05단	馬の研究/蒙古馬と交配した雑種を作る
136537	朝鮮朝日	1927-01-30/1	05단	太刀洗三機大邱に到着/二機だけ出發

일련번호	판명	간행일	단수	기사명
136538	朝鮮朝日	1927-01-30/1	05단	教育界の功勞者詮衡/三氏に決定
136539	朝鮮朝日	1927-01-30/1	05단	留學生を脅し資金を強奪す在外不逞團の惡塔/領事館と連絡し取締る
136540	朝鮮朝日	1927-01-30/1	06단	盟休を裏切ったと女學生の亂暴/永生女校の盟休騷ぎ/盟休派の結束堅し
136541	朝鮮朝日	1927-01-30/1	06단	南支出身者が蔣介石氏に同情/軍資金醵出の噂/支那領事館は否認
136542	朝鮮朝日	1927-01-30/1	06단	京畿道內犯罪數/一萬六千件
136543	朝鮮朝日	1927-01-30/1	06단	群山港に測候所設置を要望
136544	朝鮮朝日	1927-01-30/1	07단	鼈と鮎/濫獲を取締
136545	朝鮮朝日	1927-01-30/1	07단	獵彈に中り老婆負傷す/犯人は不明
136546	朝鮮朝日	1927-01-30/1	07단	放火狂/平壤に潜入
136547	朝鮮朝日	1927-01-30/1	08단	郵便所長が公金を拔取/其まゝ高飛
136548	朝鮮朝日	1927-01-30/1	08단	主家を襲ふ覆面の強盜二人共謀し
136549	朝鮮朝日	1927-01-30/1	08단	會(河部記者送別會/電燈料値下調査會/南浦商議評議會)
136550	朝鮮朝日	1927-01-30/1	08단	人(シューらー氏(駐支佛國公使)/リクニヤ氏(駐日チリ國公使)/土師警務局事務官/井上京畿內務部長/吉岡重賣氏(釜山府協議員))
136551	朝鮮朝日	1927-01-30/1	08단	半島茶話
136552	朝鮮朝日	1927-01-30/1	09단	女王の悩み(３１)/細井肇作
136553	朝鮮朝日	1927-01-30/2	01단	三寒四溫(九)/平壤一記者
136554	朝鮮朝日	1927-01-30/2	01단	珍らしい賣行の良い專門校の卒業生/土木科等は引張凧中等卒業生は案外悪い
136555	朝鮮朝日	1927-01-30/2	01단	軍事教育の成績は良好/經費の都合さへつけば鮮人學校にも實施
136556	朝鮮朝日	1927-01-30/2	01단	釜山府が町名を整理/區域を統一す
136557	朝鮮朝日	1927-01-30/2	02단	厚昌守備隊移轉の噂
136558	朝鮮朝日	1927-01-30/2	02단	大邱府豫算五十八萬圓
136559	朝鮮朝日	1927-01-30/2	02단	視學委員の制度を設け教授を任命
136560	朝鮮朝日	1927-01-30/2	03단	各地道議會(咸南/平北)
136561	朝鮮朝日	1927-01-30/2	03단	四ケ所に貯氷場設置/明年豫算で
136562	朝鮮朝日	1927-01-30/2	03단	朝日勝繼碁戰/第卅五回(五)
136563	朝鮮朝日	1927-01-30/2	04단	放火らしい釜山の火事
136564	朝鮮朝日	1927-01-30/2	04단	統營の火事損害一萬圓
136565	朝鮮朝日	1927-01-30/2	04단	溝に墜ちて爆彈が破裂/鮮人慘死す

1927년 2월 (조선아사히)

일련번호	판명	간행일	단수	기사명
136566	朝鮮朝日	1927-02-01/1	01단	上に厚く下に薄く京城府の稅制整理/營業稅の國稅引直による三十萬圓の補塡策(營業稅附加稅/特別營業稅/雜種稅/戶別稅)
136567	朝鮮朝日	1927-02-01/1	01단	木炭の改良に平南が努力/改良竈を使用させ枝炭を生産せしむ
136568	朝鮮朝日	1927-02-01/1	01단	試驗地獄を前にして(上)/中學と高女の入學率は如何いたいけな兒童達の胸を痛める入學試驗迫る
136569	朝鮮朝日	1927-02-01/1	02단	咸南米實收高四十四萬石
136570	朝鮮朝日	1927-02-01/1	02단	平南の牛皮輸移出が激增價額三十六萬圓で全鮮産の二割一分に達す
136571	朝鮮朝日	1927-02-01/1	03단	京仁取引合倂が追ひ追ひ進捗
136572	朝鮮朝日	1927-02-01/1	04단	平壤府の市區改正工費六十萬圓
136573	朝鮮朝日	1927-02-01/1	04단	八十の老婆も喜んで社會鍋の配給を受く
136574	朝鮮朝日	1927-02-01/1	04단	內地から來た移民が貧しい朝鮮を見限りブラジル行きを希望す當局の慰撫も聞き入れぬ
136575	朝鮮朝日	1927-02-01/1	05단	嘗ては大邱醫院の忠實な看護婦朝鮮女流飛行家の魁朴敬元孃の生立
136576	朝鮮朝日	1927-02-01/1	06단	自由賭博場/鮮人達が財産を失ひぞくぞくと逃亡を企つ
136577	朝鮮朝日	1927-02-01/1	06단	上三峰の大豆の滯貨二十二萬袋
136578	朝鮮朝日	1927-02-01/1	06단	淸津東京間航路は有望更に優秀船を配置する
136579	朝鮮朝日	1927-02-01/1	07단	三寒四溫(十)/平壤一記者
136580	朝鮮朝日	1927-02-01/1	07단	延邊日報發刊
136581	朝鮮朝日	1927-02-01/1	07단	母を携へた貧兒の盜み永興學校出身
136582	朝鮮朝日	1927-02-01/1	07단	短歌/橋田東聲選
136583	朝鮮朝日	1927-02-01/1	07단	保險金欲さの放火か釜山署で取調
136584	朝鮮朝日	1927-02-01/1	07단	火藥滿載の馬車貨物車と衝突貨車十二輛顚覆し爆音二里四方に及ふ
136585	朝鮮朝日	1927-02-01/1	08단	密航鮮人を脅迫し亂暴手數料騙取の常習者/原因元村組談
136586	朝鮮朝日	1927-02-01/1	09단	會(間島興業總會/産米改良懇談會/釜山商議評議會/兵事事務講習/平壤商議評議會/元山商議評議會)
136587	朝鮮朝日	1927-02-01/1	09단	全國版畫作品展覽會/出品募集
136588	朝鮮朝日	1927-02-01/1	10단	人(李堈公殿下/篠田李王職次官/森岡軍司令官/權藤朝新副社長/牟田吉之助氏(王子製紙工場長)/ヤグーリン氏(淸津駐在露國入國査證官)/奉天兵工廠內地視察團)
136589	朝鮮朝日	1927-02-01/1	10단	半島茶話
136590	朝鮮朝日	1927-02-01/2	01단	釜山放言(4)/在住一記者
136591	朝鮮朝日	1927-02-01/2	01단	土地改良事業適地の調査昨年末までの調査で五十八萬町步を發見
136592	朝鮮朝日	1927-02-01/2	01단	釜山女高普の設立準備が進捗維持費を豫算に要求
136593	朝鮮朝日	1927-02-01/2	01단	咸北の豫算百六十萬圓
136594	朝鮮朝日	1927-02-01/2	01단	棉布商の舊法使用を嚴重取締る

일련번호	판명	간행일	단수	기사명
136595	朝鮮朝日	1927-02-01/2	02단	朝鮮の養豚百十五萬頭
136596	朝鮮朝日	1927-02-01/2	02단	朝日勝繼碁戰/第卅五回(六)
136597	朝鮮朝日	1927-02-01/2	03단	牛を馬に乘替へる人だんだん增加
136598	朝鮮朝日	1927-02-01/2	03단	氣候が暖くて天然氷の質が今年は非常に惡い降雨で土砂が氷中に混入
136599	朝鮮朝日	1927-02-01/2	04단	三鮮魚市場遂に合同三月一日調印
136600	朝鮮朝日	1927-02-01/2	04단	蔓延する狂犬病野犬取締を嚴重に施行
136601	朝鮮朝日	1927-02-01/2	04단	入學試驗(京城帝大豫科)
136602	朝鮮朝日	1927-02-02/1	01단	庭球に御熱心で老人の事務官は御對手に困る有樣と篠田李王職長官謹話
136603	朝鮮朝日	1927-02-02/1	01단	白米の包裝にメートル制を採用三十キロと十五キロの二種類に分ち使用
136604	朝鮮朝日	1927-02-02/1	01단	滿鐵線だけ大豆豆粕の運賃を割引
136605	朝鮮朝日	1927-02-02/1	01단	解氷匆々流筏を開始江界で準備
136606	朝鮮朝日	1927-02-02/1	01단	試驗地獄を前にして(下)/小さい胸を痛める當人と先生とそして家庭だけが知る成績發表の喜と悲しみ
136607	朝鮮朝日	1927-02-02/1	02단	金組理事の身許保證規定を改正
136608	朝鮮朝日	1927-02-02/1	02단	釜山で行ふ苗木の再檢査やめて欲しいと內地各府縣から要望總督府は依然勵行する意向
136609	朝鮮朝日	1927-02-02/1	03단	紀元節當日本放送いよいよ開始
136610	朝鮮朝日	1927-02-02/1	03단	俳句/鈴木花蓑選
136611	朝鮮朝日	1927-02-02/1	04단	平北緣故林十三萬町步
136612	朝鮮朝日	1927-02-02/1	04단	江華金浦間交通が杜絶機船の故障
136613	朝鮮朝日	1927-02-02/1	04단	朝鮮の靑年が柔道に熱心京城講道館が手狹で更に新築を計劃さる
136614	朝鮮朝日	1927-02-02/1	04단	博士號授與/望月瀧三氏に
136615	朝鮮朝日	1927-02-02/1	04단	世界一周の施行家來鮮內地に向ふ
136616	朝鮮朝日	1927-02-02/1	05단	三寒四溫(11)/平壤一記者
136617	朝鮮朝日	1927-02-02/1	05단	料理屋取締署長が專斷
136618	朝鮮朝日	1927-02-02/1	05단	舊正月で歸省鮮人が極めて多い
136619	朝鮮朝日	1927-02-02/1	06단	三十女が恨の亂暴見棄られ
136620	朝鮮朝日	1927-02-02/1	06단	知事と學議の突っ張り合ひ今後どう推移するか仲裁員が和田知事を訪問
136621	朝鮮朝日	1927-02-02/1	07단	二見丸の救助を斷念船體が大破す
136622	朝鮮朝日	1927-02-02/1	07단	遁げ歸った不逞の一員楚山で逮捕
136623	朝鮮朝日	1927-02-02/1	07단	女の優腕一つで月收が八十圓/京城の夜の街を彩る女給さんの敷が二百十餘人
136624	朝鮮朝日	1927-02-02/1	08단	鮮銀總裁邸の火事直ちに消止む
136625	朝鮮朝日	1927-02-02/1	08단	穴居赤貧者に穀物衣類を分給贈與す

일련번호	판명	간행일	단수	기사명
136626	朝鮮朝日	1927-02-02/1	08단	會(新義州府協議會/安東商店總會)
136627	朝鮮朝日	1927-02-02/1	08단	人(國友本府警務課長/今井五介氏(土地改良會社社長))
136628	朝鮮朝日	1927-02-02/1	09단	女王の惱み(３２)/細井肇作
136629	朝鮮朝日	1927-02-02/1	10단	半島茶話
136630	朝鮮朝日	1927-02-02/2	01단	釜山放言(５)/在住一記者
136631	朝鮮朝日	1927-02-02/2	01단	商店の賣上も資金の回收も昨年に比較して何れも好況を示す
136632	朝鮮朝日	1927-02-02/2	01단	郡守に依賴して面議員を買收京畿道評議戰近づき郡部では運動が猛烈
136633	朝鮮朝日	1927-02-02/2	01단	慶南の豫算三百四十萬圓
136634	朝鮮朝日	1927-02-02/2	01단	大森品に比し豪も劣らぬ慶南の海苔
136635	朝鮮朝日	1927-02-02/2	02단	二萬人へ豫防の注射チブスの蔓延を恐れ
136636	朝鮮朝日	1927-02-02/2	02단	鴨江日報社株式組織に變更
136637	朝鮮朝日	1927-02-02/2	02단	入學試驗(平壤醫學講習所/光成高普校)
136638	朝鮮朝日	1927-02-02/2	03단	朝鮮語試驗合格者發表
136639	朝鮮朝日	1927-02-02/2	03단	聯合通信競技
136640	朝鮮朝日	1927-02-02/2	03단	結婚式が內地風に簡單になる朝鮮人間に流行す
136641	朝鮮朝日	1927-02-02/2	03단	朝日勝繼碁戰/第卅五回(七)
136642	朝鮮朝日	1927-02-02/2	04단	喫茶室(斷髮の美少女歌ひ女だるまの逃走)
136643	朝鮮朝日	1927-02-03/1	01단	大同江を改修奧地の森林材を流筏させる計劃で平南當局が調査を開始
136644	朝鮮朝日	1927-02-03/1	01단	新人兵の中には左傾分子も居る入營後は柔順になると軍隊側では樂觀す
136645	朝鮮朝日	1927-02-03/1	01단	間島穀類出廻旺勢大手の買付で
136646	朝鮮朝日	1927-02-03/1	01단	火災保險の料率引下を具體的に調査
136647	朝鮮朝日	1927-02-03/1	02단	二面一校の理想に到達/慶南の普通校
136648	朝鮮朝日	1927-02-03/1	02단	通度寺の學林普校に改め充實を圖る
136649	朝鮮朝日	1927-02-03/1	02단	工業學校を洪城に設立道議會に提案
136650	朝鮮朝日	1927-02-03/1	02단	監理派の學校閉鎖は極めて少數
136651	朝鮮朝日	1927-02-03/1	03단	職業學校設立の計劃三年修業で男女が共學
136652	朝鮮朝日	1927-02-03/1	03단	旅大上空で高等飛行直ちに引返す
136653	朝鮮朝日	1927-02-03/1	03단	道路修築費を防水工事に流用を可決大邱府議會紛糾す/七星町民が猛烈な反對
136654	朝鮮朝日	1927-02-03/1	03단	三寒四溫(１２)/平壤一記者
136655	朝鮮朝日	1927-02-03/1	04단	何の目的も無い世界一周旅行家煩くやって來て總督當局も手古摺る
136656	朝鮮朝日	1927-02-03/1	04단	馬山學組員連袂辭表は圓滿に撤回
136657	朝鮮朝日	1927-02-03/1	05단	御大喪中で綱引も遠慮舊正も淋しい
136658	朝鮮朝日	1927-02-03/1	05단	一箇年間に五千人增加大邱府人口

일련번호	판명	간행일	단수	기사명
136659	朝鮮朝日	1927-02-03/1	05단	不逞團員と稱する怪鮮人驚くべき事實を申立つ門司水上署の活動
136660	朝鮮朝日	1927-02-03/1	06단	慶北米實收二百二十萬石
136661	朝鮮朝日	1927-02-03/1	06단	京城本町の闇に咲く花雇女四百人娼妓五百人
136662	朝鮮朝日	1927-02-03/1	06단	東萊金組の現金係りが公金を橫領
136663	朝鮮朝日	1927-02-03/1	06단	釜日主崔の臺灣視察團三月四日出發
136664	朝鮮朝日	1927-02-03/1	07단	一日に四度の火事騷嬰兒が燒死
136665	朝鮮朝日	1927-02-03/1	07단	一年中に火災が無い忠南の洪城
136666	朝鮮朝日	1927-02-03/1	07단	裡里の火事火元男發狂
136667	朝鮮朝日	1927-02-03/1	07단	都山面の火事
136668	朝鮮朝日	1927-02-03/1	07단	京畿道內に發疹チブス頻りに蔓延
136669	朝鮮朝日	1927-02-03/1	07단	校長毆打の學生の判決執行猶豫
136670	朝鮮朝日	1927-02-03/1	07단	爆藥を積む海賊同樣な漁船慶北海岸に跳梁し誰取締る者もない
136671	朝鮮朝日	1927-02-03/1	08단	淸溪川に嬰兒の死體壓死の疑あり
136672	朝鮮朝日	1927-02-03/1	08단	支那人殺の犯人の片割安東で逮捕
136673	朝鮮朝日	1927-02-03/1	08단	會(京城商議工業部會/忠南洪城學議會/養鷄技術講習會/鎭南浦穀組總會/南浦府協議會)
136674	朝鮮朝日	1927-02-03/1	08단	人(林朝鮮軍參謀長/漂永彦四郎氏(遞信局海事課長)/和田知事/蒲原朝鮮遞信局長/橋本釜山地方法院長/中川銀三郎氏(遞信局技師))
136675	朝鮮朝日	1927-02-03/1	09단	女王の惱み(３３)/細井肇作
136676	朝鮮朝日	1927-02-03/1	10단	半島茶話
136677	朝鮮朝日	1927-02-03/2	01단	李王職長官後任噂の聞書/李恒九男の呼聲が高い但し勅任に格下の風說
136678	朝鮮朝日	1927-02-03/2	01단	內地へ移出の獸肉の取締が五月から嚴重になる總督府でも檢疫醫を增加
136679	朝鮮朝日	1927-02-03/2	01단	關稅引上に拘らず爲替安の關係で支那麻布の輸入は却って前年より增加
136680	朝鮮朝日	1927-02-03/2	01단	咸南道豫算百五十萬圓
136681	朝鮮朝日	1927-02-03/2	01단	大邱學校費評議員選擧人員が增加
136682	朝鮮朝日	1927-02-03/2	01단	平中卒業生希望の學校
136683	朝鮮朝日	1927-02-03/2	02단	國際地質學會出席者詮衡
136684	朝鮮朝日	1927-02-03/2	02단	電柱防腐劑クームヒンを新義州で注入
136685	朝鮮朝日	1927-02-03/2	02단	洪城電氣設立
136686	朝鮮朝日	1927-02-03/2	03단	慶南體協事業豫定豫算四千圓
136687	朝鮮朝日	1927-02-03/2	03단	朝日勝繼碁戰/第卅五回(八)
136688	朝鮮朝日	1927-02-03/2	04단	沙里だより(御大喪遙拜式/盜電者を檢擧/安擧水利入札)
136689	朝鮮朝日	1927-02-03/2	04단	喫茶室(釜山二人の農博)

일련번호	판명	간행일	단수	기사명
136690	朝鮮朝日	1927-02-04/1	01단	出ろと言ふなら何時でも出るさ/總督の議會出席問題で齋藤總督皮肉る
136691	朝鮮朝日	1927-02-04/1	01단	朝郵の臺灣航路に補助金下附か遞信局が技師を派し基本調査を始める
136692	朝鮮朝日	1927-02-04/1	01단	會(御大喪遙拜式/大正天皇追悼會)
136693	朝鮮朝日	1927-02-04/1	01단	自家用煙草禁止がどんな影響を齎すか日頃遠慮勝の人達まで盛んに反對を叫ぶ/不平を煽る魔手が怖い元黃海道知事申廳熙氏談/喫煙禁止がまだましか京城商議評議員宋在榮氏談/そんなにも財務行詰か漢城銀行頭取韓相龍氏談
136694	朝鮮朝日	1927-02-04/1	02단	平壤寺洞の電車延長土地問題が行き惱む
136695	朝鮮朝日	1927-02-04/1	02단	淸津で行ふ旅券の査證は露國領事の引場で遂にオジヤンとなる
136696	朝鮮朝日	1927-02-04/1	03단	咸南の麻を栃木へ逆移出
136697	朝鮮朝日	1927-02-04/1	04단	八萬六千の職工達に貯金を宣傳
136698	朝鮮朝日	1927-02-04/1	04단	短歌/橋田東聲選
136699	朝鮮朝日	1927-02-04/1	04단	移民が少く社會局大困り/補助金七萬餘圓の用意もムダとなる
136700	朝鮮朝日	1927-02-04/1	05단	三寒四溫(13)/平壤一記者
136701	朝鮮朝日	1927-02-04/1	05단	衝突して遁げた船は鹿兒島丸
136702	朝鮮朝日	1927-02-04/1	05단	鎭南浦署の不良者狩り舊年末に際し
136703	朝鮮朝日	1927-02-04/1	05단	三年ごしの惡事が判る瑞興郵便局の公金泥棒
136704	朝鮮朝日	1927-02-04/1	06단	女中の拂底で鮮婦の需要が激增して來たが內地語を知らぬで困る
136705	朝鮮朝日	1927-02-04/1	06단	叺製造の功勞者表彰全北知事から
136706	朝鮮朝日	1927-02-04/1	07단	現下の思想系統と學生の風紀問題/專門學校學生監が警察官の講演を聽取
136707	朝鮮朝日	1927-02-04/1	07단	人夫が卽死土砂崩壞し
136708	朝鮮朝日	1927-02-04/1	07단	洪城神社の神體を盜む犯人は不明
136709	朝鮮朝日	1927-02-04/1	08단	虎の皮の密輸犯人が行方を晦ます
136710	朝鮮朝日	1927-02-04/1	08단	匪賊氣取で强盜を働く
136711	朝鮮朝日	1927-02-04/1	08단	苦力小屋が十一戶燒失
136712	朝鮮朝日	1927-02-04/1	08단	人(齋藤総督/境長三郎氏(大邱覆審法院檢事長)/石黑英彦氏(府本地方課長)/大國二郎博士(釜山鐵道病院小兒科長))
136713	朝鮮朝日	1927-02-04/1	09단	女王の惱み(34)/細井肇作
136714	朝鮮朝日	1927-02-04/1	10단	半島茶話
136715	朝鮮朝日	1927-02-04/2	01단	釜山放言(5)/靑い鳥
136716	朝鮮朝日	1927-02-04/2	01단	金融經濟調査の方法が決定す/特殊銀行から始め普通銀行に及ぼす
136717	朝鮮朝日	1927-02-04/2	01단	釜山土木部出張所豫算五十九萬圓
136718	朝鮮朝日	1927-02-04/2	01단	必要は認める水産試驗場明年度に設置は困難か

일련번호	판명	간행일	단수	기사명
136719	朝鮮朝日	1927-02-04/2	01단	群山中學の道移管問題明年は實現か
136720	朝鮮朝日	1927-02-04/2	02단	京城局の郵便物激減僅に二十萬通
136721	朝鮮朝日	1927-02-04/2	02단	ポンプ購入の補助を申請群山消防組が
136722	朝鮮朝日	1927-02-04/2	02단	郵便所員が數名共謀し公金を騙取
136723	朝鮮朝日	1927-02-04/2	02단	鮮榮荷車の名前を騙り田舍を荒す
136724	朝鮮朝日	1927-02-04/2	03단	鮮女の死體病死と判明
136725	朝鮮朝日	1927-02-04/2	03단	全滿氷滑で安東の選手白井活躍す
136726	朝鮮朝日	1927-02-04/2	03단	朝日勝繼碁戰/第卅五回(九)
136727	朝鮮朝日	1927-02-04/2	04단	醫業試驗(醫師試驗/齒科醫試驗/藥劑師試驗)
136728	朝鮮朝日	1927-02-04/2	04단	裡里だより(益山郡の農業者/紫雲英の普及/貧困者へ施し)
136729	朝鮮朝日	1927-02-04/2	04단	喫茶室(石川さんの情愛)
136730	朝鮮朝日	1927-02-05/1	01단	三度御大喪に參列致します/朝鮮貴族代表として高義敬伯が參列
136731	朝鮮朝日	1927-02-05/1	01단	御大喪遙拜式
136732	朝鮮朝日	1927-02-05/1	01단	海事審判の二審制度朝鮮でも施行
136733	朝鮮朝日	1927-02-05/1	01단	平南豫算の新事業內容
136734	朝鮮朝日	1927-02-05/1	01단	三寒四溫(１４)/平壤一記者
136735	朝鮮朝日	1927-02-05/1	02단	六燭光廢止に反對の聲揚る新規取付に應ぜぬ丈と會社側では辨明す
136736	朝鮮朝日	1927-02-05/1	02단	無煙炭の社長は三菱系の人で專務には三井系の技術者を採用する十五日創立總會開催
136737	朝鮮朝日	1927-02-05/1	02단	百萬圓の大膨脹慶南の豫算
136738	朝鮮朝日	1927-02-05/1	03단	木浦在米高十一萬餘石
136739	朝鮮朝日	1927-02-05/1	04단	定地漁場に大斧鉞慶南が調査
136740	朝鮮朝日	1927-02-05/1	04단	牡蠣を養殖平南道內に
136741	朝鮮朝日	1927-02-05/1	04단	平南漁獲高六十七萬圓
136742	朝鮮朝日	1927-02-05/1	04단	淺野氏は手を引く釜山鎭埋立
136743	朝鮮朝日	1927-02-05/1	04단	醫員や看護婦を神のやうに喜び巡回診療を受ける患者の數が三萬人
136744	朝鮮朝日	1927-02-05/1	05단	支那領事館は賣却は致さぬ外課の事紹介に對し外交部から返事
136745	朝鮮朝日	1927-02-05/1	05단	關稅引上で麥粉の輸入年々激減す
136746	朝鮮朝日	1927-02-05/1	05단	俳句/鈴木花蓑選
136747	朝鮮朝日	1927-02-05/1	05단	七十萬圓で大田治水の工事に着手
136748	朝鮮朝日	1927-02-05/1	06단	耐寒飛行の二機が歸る一機は遲る
136749	朝鮮朝日	1927-02-05/1	06단	思想團體の中樞正友會が解散更に無産政黨を標榜し新政治團體を組織
136750	朝鮮朝日	1927-02-05/1	06단	市街自動車差押事件の公判が開廷
136751	朝鮮朝日	1927-02-05/1	06단	臨江奧地に馬賊が橫行伐木を妨ぐ

일련번호	판명	간행일	단수	기사명
136752	朝鮮朝日	1927-02-05/1	07단	內政獨立の運動を開始崔麟氏が
136753	朝鮮朝日	1927-02-05/1	07단	警察に頼み月謝不納の生徒え說諭
136754	朝鮮朝日	1927-02-05/1	07단	列車乘客の監視が嚴重風殺しに訊問
136755	朝鮮朝日	1927-02-05/1	07단	死場所を求め大邱を彷徨驛圓に救はる
136756	朝鮮朝日	1927-02-05/1	07단	犯人搜査上の寫眞カードを慶北警察部が作成全鮮で最初の試み
136757	朝鮮朝日	1927-02-05/1	08단	拐帶店員を新義州で逮捕
136758	朝鮮朝日	1927-02-05/1	08단	兄嫁を刺す同居を嫌はれ
136759	朝鮮朝日	1927-02-05/1	08단	入學試驗(平壤女子高普/平壤師範學校)
136760	朝鮮朝日	1927-02-05/1	08단	人(引田二十師團長/松尾喜一氏(下關運事船舶係主任)/佐々木四方志氏(醫師))
136761	朝鮮朝日	1927-02-05/1	09단	女王の惱み(３５)/細井肇作
136762	朝鮮朝日	1927-02-05/1	10단	會(警察署長會議)
136763	朝鮮朝日	1927-02-05/1	10단	半島茶話
136764	朝鮮朝日	1927-02-05/2	01단	釜山放言(7)/靑い鳥
136765	朝鮮朝日	1927-02-05/2	01단	基敎の學校に通學する生徒四萬三千九百人佛敎關係は三千餘人
136766	朝鮮朝日	1927-02-05/2	01단	基督敎の醫療機關は二十五病院
136767	朝鮮朝日	1927-02-05/2	01단	警察部がラジオ設備取締に備ふ
136768	朝鮮朝日	1927-02-05/2	01단	御大喪前の警戒嚴重で密輸入減少
136769	朝鮮朝日	1927-02-05/2	01단	平壤炭坑の模型を展覽京城科學館に
136770	朝鮮朝日	1927-02-05/2	02단	世界一周團二十六日入鮮
136771	朝鮮朝日	1927-02-05/2	02단	郵便貯金一人當り十三圓朝鮮內だけ
136772	朝鮮朝日	1927-02-05/2	02단	興行物取締規則を改定
136773	朝鮮朝日	1927-02-05/2	02단	鐵道局醫院レントゲン治療を開始
136774	朝鮮朝日	1927-02-05/2	03단	各警察署に假出獄者の報告を催促
136775	朝鮮朝日	1927-02-05/2	03단	大邱醫院の火災の原因一年目に判明
136776	朝鮮朝日	1927-02-05/2	03단	朝日勝繼碁戰/第卅五回(十)
136777	朝鮮朝日	1927-02-05/2	04단	借金に困り强盜を働く
136778	朝鮮朝日	1927-02-05/2	04단	主人の金を竊んで高飛女まで誘拐し
136779	朝鮮朝日	1927-02-05/2	04단	二名の竊盜平壤で逮捕
136780	朝鮮朝日	1927-02-05/2	04단	大邱短信(婦人養鷄傳習員/慶北道哭會/大邱手形交換高)
136781	朝鮮朝日	1927-02-06/1	01단	稅制の整理による來年度の租稅總額前年に比較して三百三十餘萬圓を增加
136782	朝鮮朝日	1927-02-06/1	01단	林檎の輸出に補助金交付か當業者の努力如何で
136783	朝鮮朝日	1927-02-06/1	01단	基督敎徒が御大喪當日盛大な奉悼會/御大喪遙拜式/圖書館休館御大喪當日
136784	朝鮮朝日	1927-02-06/1	01단	夢でない夢ものがたり(上)/魚群は躍り電波は飛交ふ

일련번호	판명	간행일	단수	기사명
136785	朝鮮朝日	1927-02-06/1	02단	松の實の需要內地方面に旺勢平南當局が着目し是が增産を獎勵す
136786	朝鮮朝日	1927-02-06/1	03단	二分五厘の增徵は安東縣では準備もない
136787	朝鮮朝日	1927-02-06/1	04단	短歌/橋田東聲選
136788	朝鮮朝日	1927-02-06/1	04단	道議員選擧に郡守の運動は私的ならば己むを得ぬと米田京畿知事語る/平南道議戰立候補者が百名に達す/慶南道議戰三月二十日
136789	朝鮮朝日	1927-02-06/1	05단	三寒四溫(１５)/平壤一記者
136790	朝鮮朝日	1927-02-06/1	05단	特別小口預金利下京城內銀行が
136791	朝鮮朝日	1927-02-06/1	05단	間島琿春物産品評會陽春を期し愈よ開かる
136792	朝鮮朝日	1927-02-06/1	06단	辭令(東京電話)
136793	朝鮮朝日	1927-02-06/1	06단	朝鮮人間の文學熱素晴しい勢ひ
136794	朝鮮朝日	1927-02-06/1	06단	鮮米實收百五十萬石
136795	朝鮮朝日	1927-02-06/1	06단	新義州管內窮民の調査全部が鮮人
136796	朝鮮朝日	1927-02-06/1	06단	山師に取まかれ財産を蕩盡する朝鮮の貴族のため世襲財産の制度を設く
136797	朝鮮朝日	1927-02-06/1	07단	殘る一機も無事に歸還耐寒飛行終る
136798	朝鮮朝日	1927-02-06/1	07단	浮女優遇を道內に通牒
136799	朝鮮朝日	1927-02-06/1	07단	持兇器犯の容疑者引致
136800	朝鮮朝日	1927-02-06/1	07단	兵士が逃亡龍山聯隊の
136801	朝鮮朝日	1927-02-06/1	07단	船舶の無線に妨げられて釜山のラヂオは大困り
136802	朝鮮朝日	1927-02-06/1	08단	百銀輝く釜山の港珍らしい雪
136803	朝鮮朝日	1927-02-06/1	08단	義州金融組合火災で燒失損害八萬圓
136804	朝鮮朝日	1927-02-06/1	08단	老人の盜み正月に困り
136805	朝鮮朝日	1927-02-06/1	08단	會(桑園肥料講話會/大邱商業役員會/大邱府協議會/平壤建築組合會)
136806	朝鮮朝日	1927-02-06/1	08단	人(井上京畿內務部長/荒井初太郎氏(京畿實業家)/承見京造氏(十八銀行釜山支店長)/中村遞信局配者係/深川繁治氏(臺灣總督府交通局遞信部長)/河井朝雄氏(朝鮮民報社長)/邱南鐵道視察團)
136807	朝鮮朝日	1927-02-06/1	09단	女王の悩み(３６)/細井肇作
136808	朝鮮朝日	1927-02-06/1	10단	半島茶話
136809	朝鮮朝日	1927-02-06/2	01단	釜山放言(８)/青い鳥
136810	朝鮮朝日	1927-02-06/2	01단	東洋の衛生は日本の意見を聞かねばならぬと傳染病委員會で重視さる
136811	朝鮮朝日	1927-02-06/2	01단	吉敦鐵道の材料輸送は北鮮を通過
136812	朝鮮朝日	1927-02-06/2	01단	箕城檢番の取締が決定粉糾も歇む
136813	朝鮮朝日	1927-02-06/2	01단	實業教員の養成所新設明年度から
136814	朝鮮朝日	1927-02-06/2	02단	松山産業博に朝鮮館設置實物で宣傳
136815	朝鮮朝日	1927-02-06/2	02단	藝娼技の周族料値上警察が許さぬ

일련번호	판명	간행일	단수	기사명
136816	朝鮮朝日	1927-02-06/2	02단	優良洞里や團體を表彰
136817	朝鮮朝日	1927-02-06/2	03단	賭博の揚句人を殺した犯人を逮捕
136818	朝鮮朝日	1927-02-06/2	03단	女學生を刎ね飛ばし重傷を負はす
136819	朝鮮朝日	1927-02-06/2	03단	朝日勝繼碁戰/第卅五回(十)
136820	朝鮮朝日	1927-02-06/2	04단	生活難から歸鄕鮮人がだんだん增加
136821	朝鮮朝日	1927-02-06/2	04단	入學試驗
136822	朝鮮朝日	1927-02-06/2	04단	大邱短信
136823	朝鮮朝日	1927-02-08/1	01단	如月の空暗く哀しき御大喪儀大正天皇永遠の大みゆきとゞこほりなく終らせ給ふ(天皇陛下御誄辭/宮內大臣ノ誄辭/總理大臣ノ誄辭)/盡きぬ嘆きを七種の哀音にこめ靈輀は肅々として進む御悲みのほどが御步調にすら現はれた御痛はしき秩父宮樣/大元師の御正裝で御誄辭を奉し給ふ奉樂の音、弔砲、弔鐘の響きは交響樂となって場內を包む嚴肅襟を正す葬場殿/終始御默禱を續けさせ給ひ御睡眠も遊ばせれぬその夜の皇后陛下/終生忘れ難いその莊嚴さ若槻首相夫人談
136824	朝鮮朝日	1927-02-08/1	07단	その日の雜沓と一般奉送
136825	朝鮮朝日	1927-02-08/1	08단	地上き在るもの總て靜止の狀態となって神去りませし大正天皇の御冥福を祈りまつる朝鮮內鮮人民草の赤誠/弔砲に始る釜山の遙拜式(平壤/大邱/元山/鎭南浦/群山/木浦/公州/安東縣/光州/春川/新義州/間島)
136826	朝鮮朝日	1927-02-08/1	10단	半島茶話
136827	朝鮮朝日	1927-02-08/2	01단	恩赦に浴する囚徒に對し刑務所長から懇々と聖恩の廣大なる訓話す/恩赦に浴する少年囚七十名に達す/減刑された三島翁一年九ヶ月に/八日に傳達大邱刑務所/平壤はまだ御沙汰が未着
136828	朝鮮朝日	1927-02-08/2	01단	米の資金薄で鮮銀券が縮小發行稅の引下げで限外發行は增加す
136829	朝鮮朝日	1927-02-08/2	01단	運送店の合同を鐵道局が劃策特點を與へて欲しいとは當業者側の意響
136830	朝鮮朝日	1927-02-08/2	01단	舊年末に米栗を寄贈高陽の富豪が
136831	朝鮮朝日	1927-02-08/2	01단	平南の米作六十萬餘石
136832	朝鮮朝日	1927-02-08/2	02단	青い眼のお人形朝鮮へもお裾分け
136833	朝鮮朝日	1927-02-08/2	02단	朝鮮送荷の混合保管を滿鐵に陳情
136834	朝鮮朝日	1927-02-08/2	03단	東亞博で間島事情を飯田氏が宣傳
136835	朝鮮朝日	1927-02-08/2	03단	朝日勝繼碁戰/第卅五回(十二)
136836	朝鮮朝日	1927-02-08/2	04단	浦項築港の入札を行ふ
136837	朝鮮朝日	1927-02-08/2	04단	工兵大隊が氷上爆破の演習を擧行
136838	朝鮮朝日	1927-02-08/2	04단	罪を並べて巡査を訴ふ內緣の妻が
136839	朝鮮朝日	1927-02-08/2	04단	四戶を全燒釜山の火事
136840	朝鮮朝日	1927-02-09/1	01단	寒月冴える霜夜に玉音朗らかに御誄を奏せらるたゞ神々しさに打たれた湯淺政務總監謹しみ語る

일련번호	판명	간행일	단수	기사명
136841	朝鮮朝日	1927-02-09/1	01단	至って平穏な京城の一日
136842	朝鮮朝日	1927-02-09/1	01단	各地遙拜式何れも嚴かに(海州/馬山/淸津)
136843	朝鮮朝日	1927-02-09/1	01단	恩赦で世に出る人達前途を誤らぬやう免囚保護會が活躍經費の不足は寄附にまつ/釜山檢事局管內の減刑者
136844	朝鮮朝日	1927-02-09/1	02단	國境警察署を農事洞に設置馬賊の侵入に備ふ
136845	朝鮮朝日	1927-02-09/1	02단	朝鮮で働く健氣な青年と專門校卒業生の就職を學務局が斡旋す
136846	朝鮮朝日	1927-02-09/1	03단	各商店も休業し奉弔の誠を致す
136847	朝鮮朝日	1927-02-09/1	03단	治安維持に問はれた十五名は出獄す全鮮各刑務所では服役者に御盛德を訓話/恩赦に喜ぶ新義州刑務所/平壤刑務所恩赦の人々/恩赦に浴す間島の囚人
136848	朝鮮朝日	1927-02-09/1	04단	榮轉なんて？喜ばして下さるな後でガッカリしますからと飽まで否認する石黑氏
136849	朝鮮朝日	1927-02-09/1	04단	長興電氣はいよいよ設置
136850	朝鮮朝日	1927-02-09/1	05단	朝鮮鐵道豆粕運賃の低減を要望
136851	朝鮮朝日	1927-02-09/1	05단	大田中學の特別指導は成績が良好
136852	朝鮮朝日	1927-02-09/1	05단	花嫁は內地からの移入が多い鮮人の早婚も漸く減少
136853	朝鮮朝日	1927-02-09/1	06단	京城から大阪へ更に大阪から九州へ新聞寫眞原稿の空中輸送御大喪儀の盛觀をも敏速に九州、朝鮮、山口へ報道した我社/顔は紫色に變じて鼻血をながす荒天と酷寒で難航を續けた宮飛行士語る
136854	朝鮮朝日	1927-02-09/1	06단	俳句/鈴木花蓑選
136855	朝鮮朝日	1927-02-09/1	06단	中等學校の軍教は風紀まで改まり好結果を齎らした教官と教員との確執もない
136856	朝鮮朝日	1927-02-09/1	07단	平南道の果實の收穫昨年より激増
136857	朝鮮朝日	1927-02-09/1	07단	內地派遣の妓生が決定箕城券番の
136858	朝鮮朝日	1927-02-09/1	07단	十五の少年が人を殺して縊死と見せる
136859	朝鮮朝日	1927-02-09/1	08단	遭難漁夫の死體が漂着牧ノ島海岸に
136860	朝鮮朝日	1927-02-09/1	09단	男と懲になり美人の自殺姙娠を恥ぢ
136861	朝鮮朝日	1927-02-09/1	09단	咸興猩紅熱漸く終熄す
136862	朝鮮朝日	1927-02-09/1	09단	京城の小火
136863	朝鮮朝日	1927-02-09/1	09단	人(石黑英彦氏(總督府地方課長)/井上京畿道內務部長/佐分利貞夫氏(條約局長)/河部由之助氏(釜日上海特派員)/河井軍次郎氏(咸興第一普通小學校長))
136864	朝鮮朝日	1927-02-09/1	09단	國境に設けた牛疫の免疫地帶成積極めて良好で病疫の入鮮が絶無
136865	朝鮮朝日	1927-02-09/1	10단	會(戶鐘學務打合會/慶南公醫會/麻雀競技會)
136866	朝鮮朝日	1927-02-09/1	10단	半島茶話
136867	朝鮮朝日	1927-02-09/2	01단	釜山放言(9)/青い鳥

일련번호	판명	간행일	단수	기사명
136868	朝鮮朝日	1927-02-09/2	01단	内鮮民協力し京城神社を改築名實ともに京城の守り神となす計劃
136869	朝鮮朝日	1927-02-09/2	01단	全南の海苔二百萬圓突破産額は減じたが値段が高いため
136870	朝鮮朝日	1927-02-09/2	01단	全南の豫算三百十萬圓昨年に比し八十萬圓増
136871	朝鮮朝日	1927-02-09/2	01단	穀物協會の内訌歇む副會長を廢止
136872	朝鮮朝日	1927-02-09/2	02단	鎮南浦港の暴風信號所廢止のうはさ
136873	朝鮮朝日	1927-02-09/2	02단	入營の旅費が剩ったからとて村役場へ還し拒絶され匿名で社會事業に寄附
136874	朝鮮朝日	1927-02-09/2	03단	牡丹臺に樓閣を建て風致を増す
136875	朝鮮朝日	1927-02-09/2	04단	棉花共販は大體終了す
136876	朝鮮朝日	1927-02-09/2	04단	侵入を許さぬ不穏な新聞百二十餘種
136877	朝鮮朝日	1927-02-09/2	04단	觀念して強盗が自首刑務所に驅込
136878	朝鮮朝日	1927-02-09/2	04단	運動界(柔劍道試合)
136879	朝鮮朝日	1927-02-09/2	04단	滿洲野球州外大會を安東で開催
136880	朝鮮朝日	1927-02-09/2	04단	喫茶室
136881	朝鮮朝日	1927-02-10/1	01단	滿洲材の關稅引上に安東木材商が反對政府に陳情すべく關係者が急遽東上
136882	朝鮮朝日	1927-02-10/1	02단	辭令(東京電話)
136883	朝鮮朝日	1927-02-10/1	02단	指折り數へてその日を待つ理事官級の大異動下馬評の噂とりどり
136884	朝鮮朝日	1927-02-10/1	03단	常盤艦拔錨佐世保に歸港
136885	朝鮮朝日	1927-02-10/1	04단	短歌/橋田東聲選
136886	朝鮮朝日	1927-02-10/1	04단	御大喪儀映畵公開
136887	朝鮮朝日	1927-02-10/1	04단	空氣だけ吸って居ても無限に生きられますと松の皮を常食とする今仙人の餐松居士の氣焰/金剛山で千六百の木像を刻む
136888	朝鮮朝日	1927-02-10/1	05단	夢でない夢物語(下)/傳書鳩は慌てゝ歸った無電は回送先を指示す
136889	朝鮮朝日	1927-02-10/1	05단	恩赦の範圍が主義者に及ばず新機連釀成が畵餅となり思想團體解散を決意/胸撫で下ろす警務當局者
136890	朝鮮朝日	1927-02-10/1	06단	私立學校の先生たちが内地を視察
136891	朝鮮朝日	1927-02-10/1	07단	咸興の人口三萬二千人
136892	朝鮮朝日	1927-02-10/1	07단	不良性の強い少年囚の人達に相當な職業を授け教化に努める方針
136893	朝鮮朝日	1927-02-10/1	08단	七人の子持つ人妻の不義嬰兒を壓殺す
136894	朝鮮朝日	1927-02-10/1	08단	德壽丸休航定期檢査で
136895	朝鮮朝日	1927-02-10/1	08단	普通學校の生徒も交り賭博を開帳
136896	朝鮮朝日	1927-02-10/1	08단	身長九尺の大熊平北で射留む
136897	朝鮮朝日	1927-02-10/1	08단	裡里の火事
136898	朝鮮朝日	1927-02-10/1	08단	人(三輪高等主任(鍾路警察署)/矢務承三郎氏)

일련번호	판명	간행일	단수	기사명
136899	朝鮮朝日	1927-02-10/1	09단	女王の惱み(３７)/細井肇作
136900	朝鮮朝日	1927-02-10/1	10단	半島茶話
136901	朝鮮朝日	1927-02-10/2	01단	釜山放言(１０)/青い鳥
136902	朝鮮朝日	1927-02-10/2	01단	乘合自動車にお客を奪はれ沙里院朝鮮鐵道が經營難で靑息吐息
136903	朝鮮朝日	1927-02-10/2	01단	漁業權の質入や賣買が出來る漁業令の改正案資金問題で解決されん
136904	朝鮮朝日	1927-02-10/2	01단	貧しい暮しの貴族が多くて折角の世襲財産令も強制するアテが少い
136905	朝鮮朝日	1927-02-10/2	03단	京城府の流感數一月だけで七千三百人
136906	朝鮮朝日	1927-02-10/2	03단	中樞院の自動車が人を轢き殺す
136907	朝鮮朝日	1927-02-10/2	03단	物の動き(一月中對內地清津貿易高三百十萬圓/棉花は漸騰十九圓二十錢/木浦港の操棉の移出昨年より激增/咸南の果樹七萬五千本)
136908	朝鮮朝日	1927-02-10/2	04단	新刊紹介(居留民の昔物語/朝鮮(二月號)/金融と經濟(第九十一號))
136909	朝鮮朝日	1927-02-10/2	04단	喫茶室(僞伊藤君の飲逃)
136910	朝鮮朝日	1927-02-11/1	01단	社會事業團體に皇室から御下賜金けふの佳き日を卜して/聖旨の有難さを一人にでも多く新附の民に傳へ度い湯淺總監謹み語る/畏き邊の慈惠恤資金平北に傳達
136911	朝鮮朝日	1927-02-11/1	01단	新しい朝鮮の靑年達に頻りに流行る洋行熱/然し眞面目に勉強する者は少く大抵は酒と女に沈湎
136912	朝鮮朝日	1927-02-11/1	02단	釜山女高普は原案執行松井部長談
136913	朝鮮朝日	1927-02-11/1	02단	大正天皇法要會
136914	朝鮮朝日	1927-02-11/1	03단	恩赦出獄者/御大喪による平壤刑務所出獄者は五名/聖恩に感泣元山刑務所出獄者
136915	朝鮮朝日	1927-02-11/1	03단	總督府も會社も手出し兼ねる廣川、群山對岸間鐵道を私鐵で敷設の計劃
136916	朝鮮朝日	1927-02-11/1	04단	製靴用の膠を發明十萬圓以下では賣らぬ
136917	朝鮮朝日	1927-02-11/1	04단	俳句/鈴木花蓑選
136918	朝鮮朝日	1927-02-11/1	05단	三寒四溫(１５)/平壤一記者
136919	朝鮮朝日	1927-02-11/1	05단	平電料金は値下案當局訂正か
136920	朝鮮朝日	1927-02-11/1	06단	警官を援けて死傷した人に葬祭料や扶助料を交附四日の勅令で發布
136921	朝鮮朝日	1927-02-11/1	06단	石井理事の後任は行內から拔擢
136922	朝鮮朝日	1927-02-11/1	06단	仁川で開いた御大喪儀の活寫會盛況
136923	朝鮮朝日	1927-02-11/1	06단	危險が無い毒ガス拳銃/菊池氏が發明
136924	朝鮮朝日	1927-02-11/1	07단	嬰兒殺しは更に擴大か

일련번호	판명	간행일	단수	기사명
136925	朝鮮朝日	1927-02-11/1	07단	今年になって流感が惡化す死亡率も漸次激增古城敎化病院長の豫防談
136926	朝鮮朝日	1927-02-11/1	07단	御大喪儀映畫公開
136927	朝鮮朝日	1927-02-11/1	08단	二萬餘圓の詐欺犯逮捕新義州署で
136928	朝鮮朝日	1927-02-11/1	08단	會(慶南水産總代會)
136929	朝鮮朝日	1927-02-11/1	08단	人(松崎嘉雄氏(遞信局技師)/松井信助氏(平壤府尹)/松本伊織氏)
136930	朝鮮朝日	1927-02-11/1	09단	女王の惱み(３８)/細井肇作
136931	朝鮮朝日	1927-02-11/1	10단	半島茶話
136932	朝鮮朝日	1927-02-11/2	01단	釜山放言(１１)/青い鳥
136933	朝鮮朝日	1927-02-11/2	01단	澱粉質を多量に含み酒造に好適な鮮米灘でも第一位を占め大連からまで注文が來る
136934	朝鮮朝日	1927-02-11/2	01단	實業敎員の養成所設置明年度から
136935	朝鮮朝日	1927-02-11/2	01단	物の動き(鮮米の實收高千五百萬石/平南牛改良/群山商議豫算)
136936	朝鮮朝日	1927-02-11/2	02단	案內所利用の御客が増加鮮滿案內所の伊藤氏談
136937	朝鮮朝日	1927-02-11/2	03단	清津刑務所作業の金額九千七百圓
136938	朝鮮朝日	1927-02-11/2	03단	朝日勝繼碁戰/第卅五回(十三)
136939	朝鮮朝日	1927-02-11/2	04단	京城江陸間郵便自動車近く開通せん
136940	朝鮮朝日	1927-02-11/2	04단	御大葬の夜
136941	朝鮮朝日	1927-02-12/1	01단	社會事業獎勵御下賜金內譯四十一團體に下賜(京畿道/忠淸北道/忠淸南道/全羅北道/全羅南道/慶尙北道/慶尙南道/平安南道/平安北道/黃海道)
136942	朝鮮朝日	1927-02-12/1	02단	救恤御內帑金は朝鮮を單位とし各道には配分せない
136943	朝鮮朝日	1927-02-12/1	03단	平電の引繼愈よ開始二十五日から
136944	朝鮮朝日	1927-02-12/1	03단	間島移住民千三百名の多數に達す
136945	朝鮮朝日	1927-02-12/1	03단	第九師團出動除雪作業に從事石川縣と諒解なり六千の兵士が活動/大雪崩で生埋め訓導と兒童五名慘死す
136946	朝鮮朝日	1927-02-12/1	03단	大陸支那と結ぶ圖們の大鐵橋極寒と戰っての大作業十月には竣工の意氣込
136947	朝鮮朝日	1927-02-12/1	04단	短歌/橋田東聲選
136948	朝鮮朝日	1927-02-12/1	04단	減刑に與る七千四百名大赦で出獄者は十四名
136949	朝鮮朝日	1927-02-12/1	04단	釜山の寒さ零下八度
136950	朝鮮朝日	1927-02-12/1	05단	何時死んでも惜しくは無い御大喪に參列した朴義秉氏感激して語る
136951	朝鮮朝日	1927-02-12/1	05단	射撃大會に優勝旗寄贈
136952	朝鮮朝日	1927-02-12/1	05단	選獎された敎育功勞者十一名
136953	朝鮮朝日	1927-02-12/1	05단	咸南道が優良漁船の建造を獎勵
136954	朝鮮朝日	1927-02-12/1	05단	慶北道の道議戰迫り郡部が彩く
136955	朝鮮朝日	1927-02-12/1	06단	三萬餘圓で樂浪博物館開設に決定

일련번호	판명	간행일	단수	기사명
136956	朝鮮朝日	1927-02-12/1	06단	フ井ルム檢閲料が高價すぎて活動界を脅やすと館主等が引下方を運動
136957	朝鮮朝日	1927-02-12/1	06단	平壤鐘路の大鐘を移轉大同門內に
136958	朝鮮朝日	1927-02-12/1	06단	儒林團の公判延期三月三日に
136959	朝鮮朝日	1927-02-12/1	07단	慶南鎭海に養魚場新設豫算十萬圓で
136960	朝鮮朝日	1927-02-12/1	07단	京畿道內に發疹チブス頻りに流行
136961	朝鮮朝日	1927-02-12/1	07단	町民七十名府廳に押掛町總代の不信任を叫ぶ
136962	朝鮮朝日	1927-02-12/1	07단	全鮮に亙って四千名の患者流感ますます蔓延
136963	朝鮮朝日	1927-02-12/1	07단	人(工藤義公氏/岡崎哲郎氏(總督府商工課長)/松本伊織氏(本府水産課長)/井上淸氏(京畿道內務部長)/伊藤竹次郎氏(鮮銀龍井支店次席)/靑木戒三氏(平南知事)/諏訪武骨翁/大島昭治氏)
136964	朝鮮朝日	1927-02-12/1	08단	豚コレラ間島で流行
136965	朝鮮朝日	1927-02-12/1	08단	會(電氣府營委員會/全南水産集談會)
136966	朝鮮朝日	1927-02-12/1	08단	御大喪儀映畵公開
136967	朝鮮朝日	1927-02-12/1	09단	女王の惱み(39)/細井肇作
136968	朝鮮朝日	1927-02-12/1	10단	半島茶話
136969	朝鮮朝日	1927-02-12/2	01단	釜山放言(12)/靑い鳥
136970	朝鮮朝日	1927-02-12/2	01단	臺灣の果物や觀賞用の植物も釜山稅關で檢査し病害蟲を完全に取締る
136971	朝鮮朝日	1927-02-12/2	01단	京城府土木費八十萬圓突破か審議は殆んど纏る
136972	朝鮮朝日	1927-02-12/2	01단	海苔品評會內容が充實
136973	朝鮮朝日	1927-02-12/2	01단	裡里農校の卒業生就職先
136974	朝鮮朝日	1927-02-12/2	02단	通信競技豫選
136975	朝鮮朝日	1927-02-12/2	02단	新義州興行界
136976	朝鮮朝日	1927-02-12/2	02단	舊正に際し貧民に施與
136977	朝鮮朝日	1927-02-12/2	03단	世を儚み自殺を圖る內地人靑年
136978	朝鮮朝日	1927-02-12/2	03단	英油會社の橫領事件に共犯者の疑ひ
136979	朝鮮朝日	1927-02-12/2	03단	朝日勝繼碁戰/第卅五回(十四)
136980	朝鮮朝日	1927-02-12/2	04단	一千餘圓の衣類を盗む犯人は不明
136981	朝鮮朝日	1927-02-12/2	04단	精米所火事損害二萬圓
136982	朝鮮朝日	1927-02-12/2	04단	妓生を乘せた自動車顚覆重傷を負ふ
136983	朝鮮朝日	1927-02-12/2	04단	物の動き(朝鮮米京濱移入高/旭川師團鮮米買上/間島歳末活況)
136984	朝鮮朝日	1927-02-13/1	01단	折角のことなら郵便の聯絡もやって欲しいもの咸鏡線の開通に絡る陳情
136985	朝鮮朝日	1927-02-13/1	01단	稅制整理を機に不動産移轉稅を京城府が新設する計劃實現せば好個の財源
136986	朝鮮朝日	1927-02-13/1	01단	關稅增徵に應ぜぬ安東在住の貿易者協議
136987	朝鮮朝日	1927-02-13/1	01단	三寒四溫(16)/平壤一記者

일련번호	판명	간행일	단수	기사명
136988	朝鮮朝日	1927-02-13/1	02단	木材課税反對に朝鮮側の應援全鮮商議の問題となし土木協會も贊同然し實現は不可能らしい/全滿州の商議所に飛檄
136989	朝鮮朝日	1927-02-13/1	03단	京城府が公設質屋設置の計劃
136990	朝鮮朝日	1927-02-13/1	03단	俳句/鈴木花蓑選
136991	朝鮮朝日	1927-02-13/1	04단	押すなすなと先の事は考へず中等學校入學を希望府では少年勞働を推奨する
136992	朝鮮朝日	1927-02-13/1	04단	京城JODK愈よ放送開始加入者が殖えれば演奏者を內地から招聘/躍氣となり加入者募集
136993	朝鮮朝日	1927-02-13/1	05단	どんな春衣が御氣に召します三越吳服店の見た本年の流行のいろいろ
136994	朝鮮朝日	1927-02-13/1	06단	十萬圓で女子實業校校舍を新築
136995	朝鮮朝日	1927-02-13/1	06단	安東縣の恩赦の人々十二日申渡
136996	朝鮮朝日	1927-02-13/1	06단	鮮內で働く勞働者達の運賃を割引
136997	朝鮮朝日	1927-02-13/1	06단	朝鮮漁船が內地へ出漁小鰤漁撈に
136998	朝鮮朝日	1927-02-13/1	06단	辭令(東京電話)
136999	朝鮮朝日	1927-02-13/1	07단	警官と馬賊猛烈に交戰撫松縣下で
137000	朝鮮朝日	1927-02-13/1	07단	女學趣味の妓生の逃走斷髮男裝で
137001	朝鮮朝日	1927-02-13/1	07단	紳士や藝妓を引っ括る企て麻雀賭博が大流行で一流の料亭が睨まる
137002	朝鮮朝日	1927-02-13/1	07단	けふから喪章佩用の必要はない
137003	朝鮮朝日	1927-02-13/1	07단	嬰兒殺しで産婆も取調
137004	朝鮮朝日	1927-02-13/1	08단	二名の强盜人を傷つけ二十圓を强奪
137005	朝鮮朝日	1927-02-13/1	08단	誤って殺人モヒ注射で
137006	朝鮮朝日	1927-02-13/1	08단	人(高野憲兵中佐(平壤憲兵隊長)/永島雄藏氏(咸興地方法院長)/齋藤朝鮮商工新聞社長)
137007	朝鮮朝日	1927-02-13/1	08단	半島茶話
137008	朝鮮朝日	1927-02-13/1	08단	御大喪儀映畵公開
137009	朝鮮朝日	1927-02-13/1	09단	女王の惱み(４０)/細井肇作
137010	朝鮮朝日	1927-02-13/2	01단	物の動き(新義州財界米木材の不振で沈衰/全南水産品昨年より減少/平南棉花增收/平壤栗の增殖/貯水池公魚養殖/木浦驛一月成績/鎭南浦無盡創立總會)
137011	朝鮮朝日	1927-02-13/2	01단	地元民にのみ漁獲を許し鮑や海鼠の漁獲を取締るべく研究中
137012	朝鮮朝日	1927-02-13/2	01단	受益者負擔で京城の都計を二年度から實施か今は認可を持つのみ
137013	朝鮮朝日	1927-02-13/2	01단	咸南道豫算評議會に附議
137014	朝鮮朝日	1927-02-13/2	02단	元山府豫算十二日內示會
137015	朝鮮朝日	1927-02-13/2	02단	移動警察一應中止成績は良好
137016	朝鮮朝日	1927-02-13/2	03단	送迎人の列車乘込を京城驛が禁止

일련번호	판명	간행일	단수	기사명
137017	朝鮮朝日	1927-02-13/2	03단	入學試驗(高等商業/高等工業/醫學專門學校/高等農林學校/法學專門學校/平壤中學校/平壤高等普通校)
137018	朝鮮朝日	1927-02-13/2	03단	朝日勝繼碁戰/第卅五回(十五)
137019	朝鮮朝日	1927-02-13/2	04단	喫茶室(ラヂオの出品澁り)
137020	朝鮮朝日	1927-02-15/1	01단	重大な打擊はあるまいと思ふ木材關稅特令廢止で園田山林部長語る/死活問題と安東當業者東京で運動/京成木材商關稅廢止の反對說有力
137021	朝鮮朝日	1927-02-15/1	01단	第二次軍縮會議に日本も參加するけふの閣議に上程
137022	朝鮮朝日	1927-02-15/1	02단	臺鮮航路打合ますます進捗
137023	朝鮮朝日	1927-02-15/1	02단	國際列車いよいよ復活鮮鐵では客車を增結運轉時間も變更する
137024	朝鮮朝日	1927-02-15/1	03단	東亞博への出品を打合豫算二萬圓
137025	朝鮮朝日	1927-02-15/1	03단	御大喪活寫非常な盛況/元山も盛況感激に滿つ
137026	朝鮮朝日	1927-02-15/1	03단	日本側代表は安達、石井、松田三氏中から
137027	朝鮮朝日	1927-02-15/1	03단	大地辷りで家屋が埋沒し同時に火を發して手のつけやうもなく一村殆んど全滅す
137028	朝鮮朝日	1927-02-15/1	04단	勞働者の就職を社會課が斡旋各方面からの依賴がポツポツと集まる
137029	朝鮮朝日	1927-02-15/1	04단	短歌/橋田東聲選
137030	朝鮮朝日	1927-02-15/1	05단	驅逐艦入港全南木浦に
137031	朝鮮朝日	1927-02-15/1	05단	全南靈光の貧者を救恤有志が醵金
137032	朝鮮朝日	1927-02-15/1	05단	新羅史の權威大坂氏表彰 敎育功勞者として/木浦普校の圓城寺氏も表彰
137033	朝鮮朝日	1927-02-15/1	05단	勞働團體の魁鐵道員の組合を當局が正式に容認
137034	朝鮮朝日	1927-02-15/1	06단	南洋電報は小笠原經田で臨時通信
137035	朝鮮朝日	1927-02-15/1	06단	鷄の流感が平南に蔓延
137036	朝鮮朝日	1927-02-15/1	06단	また釜山で嬰兒體を遺棄
137037	朝鮮朝日	1927-02-15/1	06단	拷問されて巡査を告訴左腕を挫骨
137038	朝鮮朝日	1927-02-15/1	06단	四戶を燒失釜山の火事
137039	朝鮮朝日	1927-02-15/1	06단	民族主義と社會主義の團體が合同
137040	朝鮮朝日	1927-02-15/1	07단	電線を盜み酒幕で舌鼓
137041	朝鮮朝日	1927-02-15/1	07단	追剝捕はる前科一犯の曲者
137042	朝鮮朝日	1927-02-15/1	07단	三人組竊盜釜山で逮捕
137043	朝鮮朝日	1927-02-15/1	07단	山桑の採取を料金を取り許可養蠶家の便宜を圖る
137044	朝鮮朝日	1927-02-15/1	07단	平壤飛隊の戰鬪機組立が終る
137045	朝鮮朝日	1927-02-15/1	07단	人(石黑本府地方課長/下村事務官(本府土木課)/安達房次郎氏(本府土地開墾課長)/伴寅亮(茂山營林署長)/松井信助氏(平壤府尹)/中野太三郎氏(咸南知事)/佐藤七太郎氏(京城法專校長)/望月瀧三氏(總督府獻波血精製造所長)/吉澤作造少將(平壤燃料支部廠長)/菅原道太少佐(平壤飛行六聯隊長)/朴江原道知事/

일련번호	판명	간행일	단수	기사명
137045	朝鮮朝日	1927-02-15/1	07단	大川周晴氏(東亞經濟調査會長)/和田知事/石川喜代子氏(總督府石川衛生課長夫人))
137046	朝鮮朝日	1927-02-15/1	08단	松林の火事
137047	朝鮮朝日	1927-02-15/1	08단	會(ペ氏記念講演會/堆肥品評會/平壤高女音樂會)
137048	朝鮮朝日	1927-02-15/1	08단	御大喪儀映畫公開
137049	朝鮮朝日	1927-02-15/1	09단	女王の惱み(４１)/細井肇作
137050	朝鮮朝日	1927-02-15/1	10단	半島茶話
137051	朝鮮朝日	1927-02-15/2	01단	物の動き(木浦貿易高昨年より增加/元山の商況依然と不振/全南棉花の出廻/大同江採氷終る/淸津水産品)
137052	朝鮮朝日	1927-02-15/2	01단	朝鮮で第一の京城の滯納稅十二月中一萬件で金額が十五萬圓餘
137053	朝鮮朝日	1927-02-15/2	01단	內容頗る貧弱な私立の中等學校認可を申請された學務當局も呆れる
137054	朝鮮朝日	1927-02-15/2	01단	全南道內學校費豫算要求二百萬圓
137055	朝鮮朝日	1927-02-15/2	01단	釜山府豫算本年の新事業
137056	朝鮮朝日	1927-02-15/2	02단	慶北道議の選擧が迫り戰ひ白熱す
137057	朝鮮朝日	1927-02-15/2	02단	前代未聞の忠南道議戰
137058	朝鮮朝日	1927-02-15/2	03단	優良面長や産業關係の功勞者を表彰
137059	朝鮮朝日	1927-02-15/2	03단	朝日勝繼碁戰/第卅五回(十六)
137060	朝鮮朝日	1927-02-15/2	04단	對支條約の打合會に出席
137061	朝鮮朝日	1927-02-15/2	04단	平南道の前科者の數二萬二千人
137062	朝鮮朝日	1927-02-15/2	04단	木浦短信
137063	朝鮮朝日	1927-02-16/1	01단	外米の輸入關稅は朝鮮でも廢止 必要は認めぬが內地の影響が怖い/木浦商議が實現を陳情
137064	朝鮮朝日	1927-02-16/1	01단	扶助金下附は思ひもよらぬ衆議院請願分科會で草間局長一言に斥く
137065	朝鮮朝日	1927-02-16/1	01단	勅諭捧讀式
137066	朝鮮朝日	1927-02-16/1	01단	河川令は明年度四月に實施
137067	朝鮮朝日	1927-02-16/1	01단	組織中の朝鮮農會いよいよ成立
137068	朝鮮朝日	1927-02-16/1	02단	安寧水利貯水池の地價で紛糾
137069	朝鮮朝日	1927-02-16/1	02단	物價高に怯えた外人のお客達は宿泊日數が短い內地人のお客は激增す/朝鮮ホテルのお客觀
137070	朝鮮朝日	1927-02-16/1	02단	參政權附與の建白書目下作成中
137071	朝鮮朝日	1927-02-16/1	03단	辭令(東京電話)
137072	朝鮮朝日	1927-02-16/1	03단	御下賜金をそれぞれ傳達
137073	朝鮮朝日	1927-02-16/1	03단	俳句/鈴木花蓑選
137074	朝鮮朝日	1927-02-16/1	03단	民興會創立總會十五日開かる
137075	朝鮮朝日	1927-02-16/1	03단	低資を得べく郵貯を奬勵す/現在の郵貯總額は全部鮮內で費消す

일련번호	판명	간행일	단수	기사명
137076	朝鮮朝日	1927-02-16/1	04단	銀行會社の武裝警戒當分續ける
137077	朝鮮朝日	1927-02-16/1	04단	周旋業者の手數料値上は相ならぬ
137078	朝鮮朝日	1927-02-16/1	04단	孤兒收容所に二千圓補助慶福會から
137079	朝鮮朝日	1927-02-16/1	04단	流氷を冒し東祐丸入港三晝夜漂流し
137080	朝鮮朝日	1927-02-16/1	05단	スケートの雄ルシチャイ君
137081	朝鮮朝日	1927-02-16/1	05단	古老や子供達から童謠や民謠を聽く相當なのがあったと行脚を終へた加藤氏は語る
137082	朝鮮朝日	1927-02-16/1	05단	軍校旺盛で銃が不足拂下を司令部に交渉
137083	朝鮮朝日	1927-02-16/1	06단	トランクを盜んだ靑年留置所で暴る
137084	朝鮮朝日	1927-02-16/1	07단	船員多數が大賭博開帳
137085	朝鮮朝日	1927-02-16/1	07단	六萬圓の拐帶犯人釜山で取押
137086	朝鮮朝日	1927-02-16/1	07단	活動寫眞列車を全鮮に運轉し僻遠の鐵道從業員を慰安するの計劃
137087	朝鮮朝日	1927-02-16/1	07단	盜み出した大金庫を棄てゝ逃走
137088	朝鮮朝日	1927-02-16/1	07단	間島の牛疫殆んど終熄
137089	朝鮮朝日	1927-02-16/1	07단	會(向坂氏送別會/慶南水産總代會/地質現地講習會)
137090	朝鮮朝日	1927-02-16/1	08단	拐帶銀行員新義州で逮捕
137091	朝鮮朝日	1927-02-16/1	08단	佩劍を盜んで荒れ廻った强盜を送局
137092	朝鮮朝日	1927-02-16/1	08단	老人の投身
137093	朝鮮朝日	1927-02-16/1	08단	人(李堈公殿下/美座流石氏(咸北道警察部長)/松寺竹雄氏(朝鮮法務局長)/田慶南知事/谷平北知事/香椎釜山會議所會頭/韓圭復氏(忠北知事)/朴容九氏(京幾道參與官)/金潤晶氏/內村安太郎氏/成田代講士)
137094	朝鮮朝日	1927-02-16/1	08단	半島茶話
137095	朝鮮朝日	1927-02-16/1	08단	御大喪儀映畫公開
137096	朝鮮朝日	1927-02-16/1	09단	女王の悩み(４２)/綱井肇作
137097	朝鮮朝日	1927-02-16/2	01단	物の動き(全南の財況最近稍持直す/江岸の滯貨/石炭礦發見)
137098	朝鮮朝日	1927-02-16/2	01단	水稻在來種を五ヶ年で更新/平北農務課の計劃
137099	朝鮮朝日	1927-02-16/2	01단	有資格者から採用試驗を行ひ判任官に採用する/京畿道の新しい試み
137100	朝鮮朝日	1927-02-16/2	01단	咸南道議の參與は新顔
137101	朝鮮朝日	1927-02-16/2	01단	一月二萬圓の煙草を費消木浦府が
137102	朝鮮朝日	1927-02-16/2	01단	一昨年中の旅客の出入文書課調査
137103	朝鮮朝日	1927-02-16/2	02단	公州高女校本年から開校
137104	朝鮮朝日	1927-02-16/2	02단	朝日勝繼碁戰/第卅六回(一)
137105	朝鮮朝日	1927-02-16/2	03단	一萬圓で私立普校を面民が開設
137106	朝鮮朝日	1927-02-16/2	03단	京城驛の擴聲器使用修繕が利いて
137107	朝鮮朝日	1927-02-16/2	03단	活動寫眞で模範農村の實況を紹介
137108	朝鮮朝日	1927-02-16/2	04단	新義州流感患者

일련번호	판명	간행일	단수	기사명
137109	朝鮮朝日	1927-02-16/2	04단	運動界(大邱の競馬三月に擧行)
137110	朝鮮朝日	1927-02-16/2	04단	入學試驗(京城工學校)
137111	朝鮮朝日	1927-02-16/2	04단	喫茶室(大金持のおこも)
137112	朝鮮朝日	1927-02-17/1	01단	アンテナを傳うて喨々たる君が代の奉樂今後朝鮮のカラーを如何に出すかに苦心　京城放送局いよいよ開始/鉞力鑵を叩くやうなラヂオの音樂に朝鮮ホテルで食事中の外人旅客が逃出す
137113	朝鮮朝日	1927-02-17/1	01단	勅諭捧讀式
137114	朝鮮朝日	1927-02-17/1	01단	漸く殖えた朝鮮の郵貯二千二百萬圓
137115	朝鮮朝日	1927-02-17/1	02단	木材關稅の特令廢止は京城は賛成
137116	朝鮮朝日	1927-02-17/1	02단	三寒四溫(１７)/平壤一記者
137117	朝鮮朝日	1927-02-17/1	03단	辭令(東京電話)
137118	朝鮮朝日	1927-02-17/1	03단	內地漁夫の入鮮を今後制限する
137119	朝鮮朝日	1927-02-17/1	03단	家畜保險に代る見舞金の制度/全北畜産組合が出願總督府でも大賛成
137120	朝鮮朝日	1927-02-17/1	04단	小學校長を拔擢し海外を視察
137121	朝鮮朝日	1927-02-17/1	04단	短歌/橋田東聲選
137122	朝鮮朝日	1927-02-17/1	05단	御大喪活寫奉拜會盛況
137123	朝鮮朝日	1927-02-17/1	05단	移轉し擴張の京城府の圖書館候補地は長谷川町の舊大觀亭と決定す
137124	朝鮮朝日	1927-02-17/1	05단	孫傳芳一派への火藥賣込事件シーメンス事件で失脚の藤井機關少將を召喚取調/事件は他の方面へ進展か
137125	朝鮮朝日	1927-02-17/1	06단	平電買收は現金支拂二月末日頃
137126	朝鮮朝日	1927-02-17/1	06단	釜山漁港の調査會設置
137127	朝鮮朝日	1927-02-17/1	06단	全鮮の窮民三萬二千人
137128	朝鮮朝日	1927-02-17/1	07단	救恤資金での救濟人員を增加する計劃
137129	朝鮮朝日	1927-02-17/1	07단	朝鮮人が酒の密造嚴重取締る
137130	朝鮮朝日	1927-02-17/1	07단	米國醫學博士の妾の放火に絡む成功謝金一萬圓の爭ひ/當人は約束をせぬと否認
137131	朝鮮朝日	1927-02-17/1	07단	腦脊髓膜炎釜山で發生
137132	朝鮮朝日	1927-02-17/1	07단	共謀して女工賣買釜山で逮捕
137133	朝鮮朝日	1927-02-17/1	8단	御大喪儀映畫公開
137134	朝鮮朝日	1927-02-17/1	08단	朝鮮最初の女流飛行家大邱に歸來
137135	朝鮮朝日	1927-02-17/1	08단	咸興の火事損害二萬圓
137136	朝鮮朝日	1927-02-17/1	08단	會(農事講習會/大邱商業夜學會/道林務主任會議/道會計課長會議)
137137	朝鮮朝日	1927-02-17/1	08단	人(安田挪義氏(第十師團二十旅團長)/兪忠南知事/穗積新義州稅關長/齋藤久太郎氏(京城實業家)/有賀朝鮮殖銀頭取/粕田大連市長/松尾量信氏(鎭海實業家)/深澤孝次郎氏(新任咸南官房主事))
137138	朝鮮朝日	1927-02-17/1	09단	女王の惱み(４３)/細井肇作

일련번호	판명	간행일	단수	기사명
137139	朝鮮朝日	1927-02-17/1	10단	半島茶話
137140	朝鮮朝日	1927-02-17/2	01단	釜山放言(１３)/靑い鳥
137141	朝鮮朝日	1927-02-17/2	01단	燒酎の原料に滿洲黍を使用四平街から輸入す步合が良く値は廉い
137142	朝鮮朝日	1927-02-17/2	01단	慶北道豫算膨脹の內容
137143	朝鮮朝日	1927-02-17/2	01단	群山道議員大澤赤松兩氏が
137144	朝鮮朝日	1927-02-17/2	01단	物の動き(先高見越で大邱の米商連賣惜む/平壤貿易高/鐵原採氷の各地輸送高)
137145	朝鮮朝日	1927-02-17/2	02단	慶南學議戰選擧氣分漲る
137146	朝鮮朝日	1927-02-17/2	02단	牛豚屠殺高
137147	朝鮮朝日	1927-02-17/2	03단	共進會期に南鮮競技會四月十日から
137148	朝鮮朝日	1927-02-17/2	03단	咸南の水電工事で勞働者の需要が非常に增加したので本府社會課の大喜
137149	朝鮮朝日	1927-02-17/2	03단	朝日勝繼碁戰/第卅六回(二)
137150	朝鮮朝日	1927-02-17/2	04단	奇特な警官學童を扶助
137151	朝鮮朝日	1927-02-17/2	04단	裡里たより
137152	朝鮮朝日	1927-02-18/1	01단	調査中であった裕陸の石物/李王殿下の御許しを得ていよいよ決定製作に着手(大正、昭和年間に誇る大美術)
137153	朝鮮朝日	1927-02-18/1	01단	七つの硏究を學士院に提出一つ位はパスして補助金が貰へやう歸城中の志賀博士語る
137154	朝鮮朝日	1927-02-18/1	01단	君が代の奉樂(京城放送局の初放送)
137155	朝鮮朝日	1927-02-18/1	03단	木材業者の運動も效果なからん/市民大會の決議を當局に打電木材關稅反對て
137156	朝鮮朝日	1927-02-18/1	03단	俳句/鈴木花蓑選
137157	朝鮮朝日	1927-02-18/1	03단	故鄕の映畵を見せたり繪葉書を贈ったり東亞博開會を機に朝鮮人を慰安する
137158	朝鮮朝日	1927-02-18/1	04단	殖銀理事後任の噂さ或は高久氏か
137159	朝鮮朝日	1927-02-18/1	04단	慶南道の水産會役員漸く決定す
137160	朝鮮朝日	1927-02-18/1	04단	魚市場合同具體化す
137161	朝鮮朝日	1927-02-18/1	05단	小騷ぎを演じながら新幹會の發會式嚴肅裡に一先終る多數の警官も臨席す
137162	朝鮮朝日	1927-02-18/1	05단	赤い夕陽の沈み去る濱邊の一少女により繼母を呪ふ童謠が歌はれるママ母さんが、母さんが
137163	朝鮮朝日	1927-02-18/1	05단	全鮮營林署長會議
137164	朝鮮朝日	1927-02-18/1	06단	松山市の産業博場に朝鮮館設置
137165	朝鮮朝日	1927-02-18/1	06단	國境駐在所十五を修築
137166	朝鮮朝日	1927-02-18/1	06단	全鮮に資を幕り陰謀を企んだ怪鮮人を大邱で逮捕
137167	朝鮮朝日	1927-02-18/1	07단	御大喪儀映畵公開
137168	朝鮮朝日	1927-02-18/1	07단	群山苗浦間軌道敷設を有志が計劃

일련번호	판명	간행일	단수	기사명
137169	朝鮮朝日	1927-02-18/1	07단	漢江の氷危險珍しい陽氣で
137170	朝鮮朝日	1927-02-18/1	07단	竊盜常習の怪少年釜山署手古摺
137171	朝鮮朝日	1927-02-18/1	08단	李王爵を對手どって破産の訴へ
137172	朝鮮朝日	1927-02-18/1	08단	會(電記講習會/陸軍記念講演會/恩眞中學記念式/慶南公醫會議)
137173	朝鮮朝日	1927-02-18/1	08단	人(李軫鎬氏(朝鮮學務局長)/宇留島喜六氏(釜山高女校長)/志賀潔博士(總督府醫院長)/中川金藤氏(第二十師團參謨)/佐藤榮氏(雜誌革新滿鮮支社長)/當田元氏(朝鮮火災海上保險會社支配人)/杉野耕三郎氏(大連市長)/深川繁治氏(臺灣交通局遞信部長))
137174	朝鮮朝日	1927-02-18/1	09단	女王の惱み(４４)/細井肇作
137175	朝鮮朝日	1927-02-18/1	10단	半島茶話
137176	朝鮮朝日	1927-02-18/2	01단	釜山放言(１４)/靑い鳥
137177	朝鮮朝日	1927-02-18/2	01단	半月も歩いて郵便物を配達/集配人を各地に駐在させ特殊の連絡を圖る
137178	朝鮮朝日	1927-02-18/2	01단	潮流の變化で慶南の魚群が遠く遠洋に移動し近來珍しい不漁
137179	朝鮮朝日	1927-02-18/2	01단	平壤府豫算五十萬圓膨脹
137180	朝鮮朝日	1927-02-18/2	02단	元山商業校夜學を開始好評を博す
137181	朝鮮朝日	1927-02-18/2	02단	木浦府の火災の損害八十二萬圓
137182	朝鮮朝日	1927-02-18/2	03단	遞信局が振替貯金の利用を獎勵
137183	朝鮮朝日	1927-02-18/2	03단	朝日勝繼碁戰/第卅六回(三)
137184	朝鮮朝日	1927-02-18/2	04단	物の動き(小野田洋灰咸南工場いよいよ着工/圖們の滯貨四十一萬袋/豆粕輸入激增/購牛資金增加/平北無煙炭開業)
137185	朝鮮朝日	1927-02-19/1	01단	一度御歸鮮の上改めて御洋行五月頃神戶御出發李王殿下御渡歐決定
137186	朝鮮朝日	1927-02-19/1	01단	私鐵買收の公債法改正法律案提出さる十九日の委員會に
137187	朝鮮朝日	1927-02-19/1	01단	邱南鐵道の速成を協議大邱商議が
137188	朝鮮朝日	1927-02-19/1	01단	往十里纛島軌道を敷設
137189	朝鮮朝日	1927-02-19/1	01단	運送業者が承認問題の對策を協議
137190	朝鮮朝日	1927-02-19/1	01단	大興電氣値下を當局に言明
137191	朝鮮朝日	1927-02-19/1	02단	大立廻を演じ橫顔に咬付く大邱府協議會の騷ぎ被害者は告訴すると敦圍く
137192	朝鮮朝日	1927-02-19/1	02단	寫眞說明(古李王殿下の裕陵に安置することになった文武官石で右が文官石左が武官石)
137193	朝鮮朝日	1927-02-19/1	03단	辭令(東京電話)
137194	朝鮮朝日	1927-02-19/1	03단	滿鮮案內の事務打合朝鮮鐵道局で
137195	朝鮮朝日	1927-02-19/1	03단	小靑島の假燈臺本燈臺を修理のため
137196	朝鮮朝日	1927-02-19/1	04단	木浦管內の結核患者數
137197	朝鮮朝日	1927-02-19/1	04단	內鮮人の數を定め入學させて吳れ私立高普卒業者が學務課へ御百度

일련번호	판명	간행일	단수	기사명
137198	朝鮮朝日	1927-02-19/1	04단	數萬の鷄が傳染病に冒され養鷄家連が大恐慌病名が末だ判らぬ
137199	朝鮮朝日	1927-02-19/1	04단	短歌/橋田東聲選
137200	朝鮮朝日	1927-02-19/1	04단	六ヶ月點燈の申込者には手數料を免除
137201	朝鮮朝日	1927-02-19/1	05단	全鮮に瓦る唎酒會仁川で開催
137202	朝鮮朝日	1927-02-19/1	05단	平南道が行政區域の改正を斷行
137203	朝鮮朝日	1927-02-19/1	05단	第二次軍縮提議の回答案ほゞ決定來週駐日大使に手交する比率には言及してゐない
137204	朝鮮朝日	1927-02-19/1	06단	御下賜金の一部を分けて貰ひ度い種痘に力を盡したからと一鮮人が原ひ出づ
137205	朝鮮朝日	1927-02-19/1	06단	商議所議員が泥棒の嫌疑で釜山署に喚問さる
137206	朝鮮朝日	1927-02-19/1	06단	京城を中心に古代陶器の發掘をなすアンデルゼン氏が
137207	朝鮮朝日	1927-02-19/1	06단	拐帶の金は六千三百圓犯人は護送
137208	朝鮮朝日	1927-02-19/1	06단	ダイナマイト所持の怪漢釜山に上陸
137209	朝鮮朝日	1927-02-19/1	07단	幼兒の死體海中に漂ふ
137210	朝鮮朝日	1927-02-19/1	07단	神藥と僞り一萬圓を騙る妓生相手に豪遊中大邱署の手で逮捕
137211	朝鮮朝日	1927-02-19/1	07단	人(李堈公殿下/李恒九男(李王職事務官)/韓昌沫男(同上)/李軫鎬氏(總督府學務局長))
137212	朝鮮朝日	1927-02-19/1	07단	會(慶北農會總會/郵便事務打合會)
137213	朝鮮朝日	1927-02-19/1	08단	御斷り
137214	朝鮮朝日	1927-02-19/1	08단	半島茶話
137215	朝鮮朝日	1927-02-19/1	08단	御大喪儀映畫公開
137216	朝鮮朝日	1927-02-19/1	09단	女王の惱み(４５)/細井肇作
137217	朝鮮朝日	1927-02-19/2	01단	平電買收の金の全部は殆んど銀行に集る喰止めるは商議所の努力
137218	朝鮮朝日	1927-02-19/2	01단	青年訓練を受け度い希望各地の青年會員が學務課に幹旋を依賴す
137219	朝鮮朝日	1927-02-19/2	01단	平壤電車の寺洞延長は府協議會に諮って決定
137220	朝鮮朝日	1927-02-19/2	01단	群山商議が四海岸埋立三萬餘圓で
137221	朝鮮朝日	1927-02-19/2	01단	慶南道評議十七日開會/豫算總額は三百五十萬圓
137222	朝鮮朝日	1927-02-19/2	02단	慶南等中校授業料值上道議會に諮問
137223	朝鮮朝日	1927-02-19/2	02단	學議評議戰選擧各簿閱覽
137224	朝鮮朝日	1927-02-19/2	02단	京城府近郊の志願者だけで千四百人が篩落される準備教育は愈よ猛烈
137225	朝鮮朝日	1927-02-19/2	03단	木浦學議戰內密に運動
137226	朝鮮朝日	1927-02-19/2	03단	御下賜金で保育園支部宿舍を增築
137227	朝鮮朝日	1927-02-19/2	03단	大工事でも地元の人に請負はせろと道に陳情
137228	朝鮮朝日	1927-02-19/2	03단	鷄卵が拂底間島各地で
137229	朝鮮朝日	1927-02-19/2	04단	教化に努めた地主と舍音農會から表彰
137230	朝鮮朝日	1927-02-19/2	04단	東亞博に南海苹果を出品する

일련번호	판명	간행일	단수	기사명
137231	朝鮮朝日	1927-02-19/2	04단	養老院設置に林野を貸付
137232	朝鮮朝日	1927-02-19/2	04단	咸興より
137233	朝鮮朝日	1927-02-19/2	04단	喫茶室(糸の切れた放送局)
137234	朝鮮朝日	1927-02-20/1	01단	朝鮮の在住者にも選擧權を與へられ度い大垣氏外五十六名が衆議院に請願書を提出
137235	朝鮮朝日	1927-02-20/1	01단	總督府病院長の教授兼任を避け專任者を置き度いと城大、醫專側希望す
137236	朝鮮朝日	1927-02-20/1	01단	寫眞說明(十六日夜安東公會堂で開かれた木村關稅反對市民大會で氣勢彌が上に盛んであった)
137237	朝鮮朝日	1927-02-20/1	02단	政府補助が問題の私鐵經理會議
137238	朝鮮朝日	1927-02-20/1	03단	平北道議戰三月二十二日
137239	朝鮮朝日	1927-02-20/1	03단	慶北道議會十九日から
137240	朝鮮朝日	1927-02-20/1	03단	我が驅逐艦支那へ出動佐世保軍港の緊張陸戰隊の面々勇躍す
137241	朝鮮朝日	1927-02-20/1	03단	國民の負擔輕減と眞に平和を愛好する軍縮の提議には欣然贊成/比率は會議開催間保留する軍縮提案と我回答案の內容
137242	朝鮮朝日	1927-02-20/1	04단	朝鮮教員團海外視察臺灣に向ふ
137243	朝鮮朝日	1927-02-20/1	04단	俳句/鈴木花蓑選
137244	朝鮮朝日	1927-02-20/1	04단	木材關稅特令制の撤廢を議會に陳情/自給自足が出來たからと朝鮮山林會が主張
137245	朝鮮朝日	1927-02-20/1	05단	新入學生に修身の本を神宮が寄贈
137246	朝鮮朝日	1927-02-20/1	05단	通信競技に熱狂する郵便局員
137247	朝鮮朝日	1927-02-20/1	06단	通信競技會大邱で開催
137248	朝鮮朝日	1927-02-20/1	07단	落付いた顔にも憔悴の色見える殺人の嫌疑者として曳かれ行く山崎醫師/性質の惡い代診のため過られたか/實父を毆殺す精神異狀者
137249	朝鮮朝日	1927-02-20/1	08단	木材と外米の關稅問題で大邱商議協議
137250	朝鮮朝日	1927-02-20/1	08단	會(南浦金融評議會)
137251	朝鮮朝日	1927-02-20/1	09단	女王の惱み(46)/細井肇作
137252	朝鮮朝日	1927-02-20/1	10단	半島茶話
137253	朝鮮朝日	1927-02-20/2	01단	山林を解放し民營に委ねて農耕や林業經營をさせ森林收入の增加を圖る
137254	朝鮮朝日	1927-02-20/2	01단	國語と算術の出來榮だけで入學試驗の及落は極めぬ他の學課も參考に資する
137255	朝鮮朝日	1927-02-20/2	01단	航空事務の專任を置く新年度から
137256	朝鮮朝日	1927-02-20/2	01단	遞信局の低資融通は極めて好成績
137257	朝鮮朝日	1927-02-20/2	01단	遞信局の廳舍を擴張課員の增加で
137258	朝鮮朝日	1927-02-20/2	02단	參觀者の便利を圖る京城放送局
137259	朝鮮朝日	1927-02-20/2	02단	朝日勝繼碁戰/第卅六回(四)
137260	朝鮮朝日	1927-02-20/2	03단	實生活に關係のある學校を望む釜山高女卒業生

일련번호	판명	간행일	단수	기사명
137261	朝鮮朝日	1927-02-20/2	03단	娼妓たちの月税を遞減樓主が陳情
137262	朝鮮朝日	1927-02-20/2	03단	辭令(東京電話)
137263	朝鮮朝日	1927-02-20/2	04단	ワカサギを貯水池に放流
137264	朝鮮朝日	1927-02-20/2	04단	木浦短信
137265	朝鮮朝日	1927-02-20/2	04단	物の動き(元山大豆の移出仕向地/慶北鰊漁高一萬百餘圓/平北豆粕購入高/大豆檢査料引下/船橋里金組開始/木浦在庫米高)
137266	朝鮮朝日	1927-02-22/1	01단	舊韓國の志士金玉均の表彰を三黨の代議士達が衆議院に建議す
137267	朝鮮朝日	1927-02-22/1	01단	帝國鐵道協會京城で開かる朝鮮事情の紹介に參會者を各地に案内する
137268	朝鮮朝日	1927-02-22/1	01단	國策の根本を沒却する長春商議が木材關稅に反對/淸津商議の二請願圖們の廣軌と木材關稅撤廢
137269	朝鮮朝日	1927-02-22/1	02단	宗敎法案に反對決議基督敎徒が
137270	朝鮮朝日	1927-02-22/1	02단	寫眞說明(二十日朝扶榮丸で門司を出發して臺灣へ向った朝鮮敎育家海外視察團(扶榮丸甲扳上で))
137271	朝鮮朝日	1927-02-22/1	03단	感慨無量な平電引繼いよいよ開始/電社員は府に引續ぐ
137272	朝鮮朝日	1927-02-22/1	03단	短歌/橋田東聲選
137273	朝鮮朝日	1927-02-22/1	04단	鎭南浦の電氣府營は調査が完了
137274	朝鮮朝日	1927-02-22/1	04단	發動機による氷上の滑走橇鴨綠江上で試運轉/成功せば國境交通上の大革命
137275	朝鮮朝日	1927-02-22/1	04단	ラヂオファンの公德心に訴へ盜聽者の搜査はせぬ加入者難に惱む京城放送局
137276	朝鮮朝日	1927-02-22/1	04단	移入獸肉の檢事を勵行五月一日から
137277	朝鮮朝日	1927-02-22/1	04단	官制葉書に一萬字を克明に書く
137278	朝鮮朝日	1927-02-22/1	05단	辭令(東京電話)
137279	朝鮮朝日	1927-02-22/1	05단	朝鮮出身の飛行家二名官報で發表
137280	朝鮮朝日	1927-02-22/1	05단	青い眼のお人形朝鮮へも御裾分け
137281	朝鮮朝日	1927-02-22/1	05단	惡いとこをするな善い事をせよと敎訓を胸に泌ませた我社後授の映畫の夕
137282	朝鮮朝日	1927-02-22/1	06단	醫師の誤診中毒で死
137283	朝鮮朝日	1927-02-22/1	07단	骨のみ殘る老爺の慘死熱湯中に陷り
137284	朝鮮朝日	1927-02-22/1	07단	嫁を毆殺し川中に投入
137285	朝鮮朝日	1927-02-22/1	07단	少女の放火五回に及ぶ
137286	朝鮮朝日	1927-02-22/1	08단	密航鮮人二十三名を釜山に送還
137287	朝鮮朝日	1927-02-22/1	08단	會(兵事々務講習會)
137288	朝鮮朝日	1927-02-22/1	08단	人(吉岡重實氏(釜山府協議員)/失橋平每副社長/森岡守成大將(朝鮮軍司令官)/伊達順之助氏(張作霖氏顧問)/飯田延太郎氏(天圖鐵道社長)/望月瀧三氏(總督府血淸所長))
137289	朝鮮朝日	1927-02-22/1	08단	半島茶話
137290	朝鮮朝日	1927-02-22/1	08단	御大喪儀映畫公開

일련번호	판명	간행일	단수	기사명
137291	朝鮮朝日	1927-02-22/1	09단	女王の悩み(４７)/細井肇作
137292	朝鮮朝日	1927-02-22/2	01단	朝鮮の名物山火事の損害が九十萬圓に達する是が防止を榮林署に通達
137293	朝鮮朝日	1927-02-22/2	01단	優良鮮少年を內地に招致し小店員として使用し有力な商人に養成
137294	朝鮮朝日	1927-02-22/2	01단	稚魚濫獲の取締が必要だと松本水産課長語る
137295	朝鮮朝日	1927-02-22/2	01단	李堈公家の漁場繫爭はすでに解決
137296	朝鮮朝日	1927-02-22/2	01단	平壤府が稅制整理を明年度斷行
137297	朝鮮朝日	1927-02-22/2	02단	海女の入漁を頭痛に病む慶南道當局
137298	朝鮮朝日	1927-02-22/2	02단	釜山瓦電の鋼鐵製電車三月ごろ竣工
137299	朝鮮朝日	1927-02-22/2	02단	朝日勝繼碁戰/第卅六回(五)
137300	朝鮮朝日	1927-02-22/2	03단	驅逐艦四隻木浦に入港
137301	朝鮮朝日	1927-02-22/2	03단	內地專門校が生徒募集を朝鮮に宣傳
137302	朝鮮朝日	1927-02-22/2	03단	東亞博出品の京城の模型備付を急ぐ
137303	朝鮮朝日	1927-02-22/2	04단	海員の試驗三月十五日
137304	朝鮮朝日	1927-02-22/2	04단	若松小學校入學摸擬試驗
137305	朝鮮朝日	1927-02-22/2	04단	物の動き(京城組銀利下げ三月一日から/米價の變動で豆粕の輸入一頓挫す/農事改良の低資申込は豫定を超過)
137306	朝鮮朝日	1927-02-22/2	04단	喫茶室(大金持のお遍路)
137307	朝鮮朝日	1927-02-23/1	01단	六百の小作人が結束し小作契約の改善を要求西鮮唯一の大不二農場の爭ひ警察側も重大視して警戒
137308	朝鮮朝日	1927-02-23/1	01단	舊韓國將校に扶助料給與の建議案が提出さる林田代議士其他から/草間財務局長の答辯に憤慨した舊韓國の軍人達が恩給下附を飽まで陣情/考慮せぬ草間局長依然頑張る
137309	朝鮮朝日	1927-02-23/1	01단	振替貯金の管理支局を釜山に設置
137310	朝鮮朝日	1927-02-23/1	02단	淸津水道の大擴張評議會で附議
137311	朝鮮朝日	1927-02-23/1	03단	義州農校の學年延長は豫算に計上
137312	朝鮮朝日	1927-02-23/1	03단	法律と政治を一課に纏めて法學部を新設する城大の新しい試み
137313	朝鮮朝日	1927-02-23/1	04단	戰鬪機の試驗飛行は三月末頃か
137314	朝鮮朝日	1927-02-23/1	04단	俳句/鈴木花蓑選
137315	朝鮮朝日	1927-02-23/1	05단	遞信局員の慰安活寫に「二つの玉」上映
137316	朝鮮朝日	1927-02-23/1	05단	同情週間の義金五十圓を資本に就職に惱む鮮人に薪の販賣をやらす
137317	朝鮮朝日	1927-02-23/1	05단	儒者の廟に墓地設立で村民が激昂
137318	朝鮮朝日	1927-02-23/1	05단	乘合自動車氷上で墜落死傷者はない
137319	朝鮮朝日	1927-02-23/1	06단	慶南沿岸の和布の密漁だんだん增加
137320	朝鮮朝日	1927-02-23/1	06단	死亡率こそ少いが頻りに蔓廷する鮮內の流行性感冒患者數二萬人に達す

일련번호	판명	간행일	단수	기사명
137321	朝鮮朝日	1927-02-23/1	06단	釜山の放火犯人搜査中
137322	朝鮮朝日	1927-02-23/1	07단	章臺峴教會の暗鬪靑年派と長老の睨合ひ
137323	朝鮮朝日	1927-02-23/1	07단	恩赦に浴した出獄の囚人竊盜で逆房り
137324	朝鮮朝日	1927-02-23/1	07단	御大喪儀映畵公開
137325	朝鮮朝日	1927-02-23/1	08단	流感で休校間島小學が
137326	朝鮮朝日	1927-02-23/1	08단	少女の死體
137327	朝鮮朝日	1927-02-23/1	08단	會(林務主任會議/國境守備隊長會/産義技術員會/全北農友會總會/釜山商議評議員會/平南財務會議)
137328	朝鮮朝日	1927-02-23/1	08단	人(ゼー・ロマン氏(支那龍海江落道鐵道主任技師))
137329	朝鮮朝日	1927-02-23/1	09단	女王の惱み(４８)/細井肇作
137330	朝鮮朝日	1927-02-23/1	10단	半島茶話
137331	朝鮮朝日	1927-02-23/2	01단	三寒四溫(１８)/平壤一記者
137332	朝鮮朝日	1927-02-23/2	01단	全南の道路二百里を改修總工費四十萬圓で總督府からも補助
137333	朝鮮朝日	1927-02-23/2	01단	冷藏庫綱を全鮮に張って氷貨車まで運轉し全鮮に廉い魚を食はす
137334	朝鮮朝日	1927-02-23/2	01단	光映俱樂部の作品展覽會
137335	朝鮮朝日	1927-02-23/2	02단	カルタ大會優者勝たち
137336	朝鮮朝日	1927-02-23/2	02단	朝日勝繼碁戰/第卅六回(六)
137337	朝鮮朝日	1927-02-23/2	03단	辯士上りの兵士の盜み遊興中に御用
137338	朝鮮朝日	1927-02-23/2	04단	木浦短信
137339	朝鮮朝日	1927-02-23/2	04단	物の動き(栗輸入活況七萬噸突破か/洪城乾繭場設立)
137340	朝鮮朝日	1927-02-23/2	04단	喫茶室(童話と音樂が一番喜ばれる)
137341	朝鮮朝日	1927-02-24/1	01단	豆粕の運賃低減は滿鐵側も漸く承認/大連當業者の意見も容れ海路鮮內輸送も割引
137342	朝鮮朝日	1927-02-24/1	01단	受命の運動を汽船會社が開始臺鮮間命令船路は案外早く實現の模樣/臺鮮航路の開通に關し釜商議が運動
137343	朝鮮朝日	1927-02-24/1	01단	邱南鐵道速成運動決議を打電
137344	朝鮮朝日	1927-02-24/1	02단	合同魚市場の創立總會は四月の豫定
137345	朝鮮朝日	1927-02-24/1	02단	大塊翁の一言で仁取が生れた蘭を習ったのも東拓副總裁の折/朝鮮に緣故の深い野田卯太郎氏
137346	朝鮮朝日	1927-02-24/1	03단	全鮮農業の技術員會議三月一日から
137347	朝鮮朝日	1927-02-24/1	04단	岩崎家經營の緬羊の飼育は成績極めて良好附近の子女も大喜び
137348	朝鮮朝日	1927-02-24/1	04단	馬山高普設置を道議會に建議
137349	朝鮮朝日	1927-02-24/1	05단	商議本館を貯金支局の廳舍に充當
137350	朝鮮朝日	1927-02-24/1	05단	當める貧しき大心配の貴族達少なければ爵位取上多ければ沒收かと誤解す
137351	朝鮮朝日	1927-02-24/1	05단	京城の放送がよく聞える妓生の美聲に聞惚れるのも春の宵には相應しい
137352	朝鮮朝日	1927-02-24/1	06단	六燭燈の廢止反對を總督に陣情

일련번호	판명	간행일	단수	기사명
137353	朝鮮朝日	1927-02-24/1	06단	短歌/橋田東聲選
137354	朝鮮朝日	1927-02-24/1	06단	第六回鮮展五月十日から
137355	朝鮮朝日	1927-02-24/1	06단	御大喪儀映畫公開
137356	朝鮮朝日	1927-02-24/1	07단	出刃で殺す商賣の遺恨で
137357	朝鮮朝日	1927-02-24/1	07단	幼兒の慘死荷馬車に轢れ
137358	朝鮮朝日	1927-02-24/1	07단	柔腕に鎬を削る電話交換のきそひ昨年よりも好成績
137359	朝鮮朝日	1927-02-24/1	07단	密陽郡屬の贈賄嫌疑で事件が擴大
137360	朝鮮朝日	1927-02-24/1	07단	平壤猩紅熱依然終熄せず
137361	朝鮮朝日	1927-02-24/1	08단	天圖沿線の腸チブスは漸く終熄す
137362	朝鮮朝日	1927-02-24/1	08단	鮮女工達が醵金し全燒した養老院に寄贈
137363	朝鮮朝日	1927-02-24/1	08단	會(郵便事務打合會/海苔品評會/京城府豫算內示會)
137364	朝鮮朝日	1927-02-24/1	08단	人(飯田延太郎氏(天圖鐵道社長)/保々隆氏(滿洲教育專門學校長)/深川繁治氏(臺灣總督府交通局遞信部長)/上田勇氏(遞信副事務官)/團貫一氏令息)
137365	朝鮮朝日	1927-02-24/1	09단	女王の惱み(４９)/細井肇作
137366	朝鮮朝日	1927-02-24/1	10단	半島茶話
137367	朝鮮朝日	1927-02-24/2	01단	釜山放言(１５)/青い鳥
137368	朝鮮朝日	1927-02-24/2	01단	朝鮮民事令を根本的に改正判事十名を委員とし昭和二年度中に發布
137369	朝鮮朝日	1927-02-24/2	01단	平壤學組の明年度豫算二十九萬圓
137370	朝鮮朝日	1927-02-24/2	01단	慶南道評議選擧期迫る
137371	朝鮮朝日	1927-02-24/2	01단	釜山一商業校舍を新築
137372	朝鮮朝日	1927-02-24/2	01단	模範場彙報月刊に改む
137373	朝鮮朝日	1927-02-24/2	01단	市場稅の廢止は結構平南財務部長古圧氏は語る
137374	朝鮮朝日	1927-02-24/2	02단	朝鮮の煙草は內地品に比べ粗惡な嫌ひがある渡邊專賣局門司出張所長談
137375	朝鮮朝日	1927-02-24/2	02단	メートル宣傳小冊子配布京城府が計劃
137376	朝鮮朝日	1927-02-24/2	03단	朝鮮物産共進會場に妓生が出演
137377	朝鮮朝日	1927-02-24/2	03단	速修國語の讀本を改む本年中に完成
137378	朝鮮朝日	1927-02-24/2	04단	谷土木課長に記念品贈呈慶北道議が
137379	朝鮮朝日	1927-02-24/2	04단	釜山野犬狩十六日から
137380	朝鮮朝日	1927-02-24/2	04단	琿春地方に牛疫が發生咸北が防疫に努む
137381	朝鮮朝日	1927-02-24/2	04단	木浦短信(面書記講習會/匿名の義人/女高師に入學)
137382	朝鮮朝日	1927-02-24/2	04단	物の動き(對外貿易額輸入は減少)
137383	朝鮮朝日	1927-02-25/1	01단	外務省と總督府との意見が疏隔を來して仲に挾った若槻首相の苦慮 木材關稅問題重大化す/何とか調和の途があらうと失吹外務政務次官稅制委員會で說明/議會の權能で審議され度い 撤回を望んだ望月氏に塚本翰長の意味深き答へ/陸上輸送の方法を外務省は考慮

일련번호	판명	간행일	단수	기사명
137384	朝鮮朝日	1927-02-25/1	03단	御下賜金傳達式二十四日擧行
137385	朝鮮朝日	1927-02-25/1	03단	一言に申せば時機なほ早し參政權附與の陳情に對し總督府當局の意見
137386	朝鮮朝日	1927-02-25/1	03단	勞働團體代表者懇談會開催
137387	朝鮮朝日	1927-02-25/1	03단	愈よ身賣する平電
137388	朝鮮朝日	1927-02-25/1	04단	訴訟業者に辯護士資格附與の請願
137389	朝鮮朝日	1927-02-25/1	04단	全鮮工業者大會を開催
137390	朝鮮朝日	1927-02-25/1	04단	俳句/鈴木花蓑選
137391	朝鮮朝日	1927-02-25/1	05단	辭職勸告に逆捻ぢ忠南道內の情弊暴露か
137392	朝鮮朝日	1927-02-25/1	05단	明後年秋大博覽會京城で開催
137393	朝鮮朝日	1927-02-25/1	05단	鼅絲獎勵の打合會を開催
137394	朝鮮朝日	1927-02-25/1	05단	釜山電車の速度改正は十六日許可
137395	朝鮮朝日	1927-02-25/1	05단	水道中の細菌數昨年度の調査
137396	朝鮮朝日	1927-02-25/1	05단	本國からの送金が年々削減されて基督教徒が經營する學校や病院を縮小
137397	朝鮮朝日	1927-02-25/1	06단	ハゼ釣薰で有名だった野田三藏大佐
137398	朝鮮朝日	1927-02-25/1	06단	釜山の火事鐵工場が燒く
137399	朝鮮朝日	1927-02-25/1	06단	幼女を轢いた慰藉問題瓦電が敗け
137400	朝鮮朝日	1927-02-25/1	07단	禁錮者の布教師が禁ぜられゝば悔ひ改めた救世軍の士官達が困ると宗教法案の通過を心配
137401	朝鮮朝日	1927-02-25/1	07단	學校の先生が內職の稼ぎに入學模擬試驗を手傳ふ京畿道で調査中
137402	朝鮮朝日	1927-02-25/1	07단	會(京城商議員會/殖産主任會議/成績品展覽會/慶南種苗場祝賀會/和田知事招宴/慶南道評議員側招宴)
137403	朝鮮朝日	1927-02-25/2	07단	御大喪儀映畫公開
137404	朝鮮朝日	1927-02-25/1	08단	意見されて立腹の刃傷釜山鮮人殺し
137405	朝鮮朝日	1927-02-25/1	08단	人(平尾壬午郎氏(遞信局監理課長)/岡本正夫氏(京城高等法院判事)/河野竹之助氏(仁川實業同家)/戶田朝鮮職道局理事)
137406	朝鮮朝日	1927-02-25/1	09단	女王の惱み(５０)/細井肇作
137407	朝鮮朝日	1927-02-25/1	10단	半島茶話
137408	朝鮮朝日	1927-02-25/2	01단	三寒四溫(１９)/平壤一記者
137409	朝鮮朝日	1927-02-25/2	01단	映畫配給業者が聯合會を組織し常設館側と提携し檢閱料引下を運動
137410	朝鮮朝日	1927-02-25/2	01단	二千百名の中に千五百人までは猩紅熱に罹る反應者慶北道衛生課の調査
137411	朝鮮朝日	1927-02-25/2	01단	電話自動交換講習に朝鮮から出席
137412	朝鮮朝日	1927-02-25/2	01단	實業補習校の教員養成所水原農林校に併合する
137413	朝鮮朝日	1927-02-25/2	02단	間琿兩地の農産品評準備進捗す
137414	朝鮮朝日	1927-02-25/2	02단	三十萬圓の膨脹を見た黃海道豫算

일련번호	판명	간행일	단수	기사명
137415	朝鮮朝日	1927-02-25/2	03단	裡里だより(畜牛特別市/臨時種痘屬行)
137416	朝鮮朝日	1927-02-25/2	03단	朝日勝繼碁戰/第卅六回(七)
137417	朝鮮朝日	1927-02-25/2	04단	木浦短信(木浦高女入學試驗/活動常設館新築/學校費に寄附/木浦牛乳消費高)
137418	朝鮮朝日	1927-02-25/2	04단	喫茶室(困った軌道車)
137419	朝鮮朝日	1927-02-26/1	01단	あまり安過ぎると平壤の電氣値下を總督府が許可せぬ裏面に電氣協會が策動
137420	朝鮮朝日	1927-02-26/1	01단	京仁兩取引所合併の條件がほゞ出來上って近く總監に陳情
137421	朝鮮朝日	1927-02-26/1	01단	殖銀理事決定す高久貯蓄課長
137422	朝鮮朝日	1927-02-26/1	01단	國際的の平和な歡迎歌は人形のやうな可愛らしい片田舍の娘さんにより作られた其處は京城を去る三十里の山奧
137423	朝鮮朝日	1927-02-26/1	03단	平南道の無盡の取締嚴重となる
137424	朝鮮朝日	1927-02-26/1	03단	噂に上った釜山病院の改革菊池院長は勇退し後任に岸本博士が決定す
137425	朝鮮朝日	1927-02-26/1	04단	鮮青年達が內地を視察
137426	朝鮮朝日	1927-02-26/1	04단	短歌/橋田東聲選
137427	朝鮮朝日	1927-02-26/1	05단	雪洞の灯影淡く桃花の影を映す春の宵にふさわしい難の御節句が迫る失張り親王樣が大將格(店頭は脹って/娘のある家族/從來の雛樣)
137428	朝鮮朝日	1927-02-26/1	05단	鮮人職工を竊に周旋し上前をはぬ
137429	朝鮮朝日	1927-02-26/1	05단	ラヂオ、ドラマ研究會が組織さる
137430	朝鮮朝日	1927-02-26/1	06단	中樞院參議の任期が迫って候補者は運動を開始
137431	朝鮮朝日	1927-02-26/1	06단	辭令(東京電話)
137432	朝鮮朝日	1927-02-26/1	06단	淸津府の水道擴張財源は公債
137433	朝鮮朝日	1927-02-26/1	06단	御大喪儀映畫公開
137434	朝鮮朝日	1927-02-26/1	07단	大邱來年度學校費豫算十一萬七千圓
137435	朝鮮朝日	1927-02-26/1	07단	米、酒醬油の朝鮮産品を大連に輸出
137436	朝鮮朝日	1927-02-26/1	07단	フランス教會に家政學校を新設奧樣達の入學も歡迎好きなものだけ聽講できる
137437	朝鮮朝日	1927-02-26/1	08단	會(慶南道農會總會)
137438	朝鮮朝日	1927-02-26/1	09단	女王の惱み(５１)/細井肇作
137439	朝鮮朝日	1927-02-26/1	10단	半島茶話
137440	朝鮮朝日	1927-02-26/2	01단	物の動き(尼崎汽船が釜山航路を馬山に延長/鮮農資金の資出激增す/間島穀類の段當り收穫/昌原郡産米獎勵/淸津倉庫總會)
137441	朝鮮朝日	1927-02-26/2	01단	比較的給料の廉い醫專の卒業生が內地に歸って仕舞ふ當局は引留策に腐心
137442	朝鮮朝日	1927-02-26/2	01단	時化續きで江原の鰊漁頗る不振
137443	朝鮮朝日	1927-02-26/2	01단	共進會で汽車賃割引四月七日から
137444	朝鮮朝日	1927-02-26/2	01단	京城府內の電信發着數昨年より增加

일련번호	판명	간행일	단수	기사명
137445	朝鮮朝日	1927-02-26/2	02단	木浦電燈値下を申請
137446	朝鮮朝日	1927-02-26/2	02단	釜山女高普入學希望者二百名に達す
137447	朝鮮朝日	1927-02-26/2	02단	三寒四温(２０)/平壤一記者
137448	朝鮮朝日	1927-02-26/2	03단	平壤局通信競技
137449	朝鮮朝日	1927-02-26/2	03단	平南道が養豚事業に補助金交附
137450	朝鮮朝日	1927-02-26/2	03단	刑務所の養豚殘飯整理に至極な調法
137451	朝鮮朝日	1927-02-26/2	04단	鐵道從業員に副業を奬勵叺を造らす
137452	朝鮮朝日	1927-02-27/1	01단	政策協調の名で憲本提携成るか近く兩黨首會合の上宣言を發表する模樣
137453	朝鮮朝日	1927-02-27/1	01단	帶には短いし襷には長過ぎ李王職上官の後任容易には決定せぬ
137454	朝鮮朝日	1927-02-27/1	01단	間島移住民またまた増加
137455	朝鮮朝日	1927-02-27/1	01단	內務局は諒解したが遞信局が頑ばる許可せねば總督名入りの公文書で理由を明かにせよ平電値下で府民は敦圍く/經營から見て妥當か否か遞信局で調査中と生田內務局長語る
137456	朝鮮朝日	1927-02-27/1	02단	預金部の融通高二千二百萬圓
137457	朝鮮朝日	1927-02-27/1	03단	殖銀配當年九分增配は延期
137458	朝鮮朝日	1927-02-27/1	03단	平壤驛の大改築設計に着手
137459	朝鮮朝日	1927-02-27/1	04단	大邱の空を花々しく朴孃の郷土飛行大邱練兵場で擧行
137460	朝鮮朝日	1927-02-27/1	04단	俳句/鈴木花蓑選
137461	朝鮮朝日	1927-02-27/1	04단	盛況を極めた御大葬活寫海州で謹寫
137462	朝鮮朝日	1927-02-27/1	05단	釜山水道給水制限二十四日から
137463	朝鮮朝日	1927-02-27/1	05단	汽車通學生の取締に困って鐵道から學務局へこれが對策を依頼
137464	朝鮮朝日	1927-02-27/1	05단	認可も受けぬ曖昧な夜學校京城府內に續出し京畿道が調査取締る
137465	朝鮮朝日	1927-02-27/1	06단	釜山の雪二十五日夜
137466	朝鮮朝日	1927-02-27/1	06단	警察署にラヂオ設備捜査に便ず
137467	朝鮮朝日	1927-02-27/1	06단	立神丸が漸く離礁す二十四日朝
137468	朝鮮朝日	1927-02-27/1	07단	商品陳列館移轉の敷地目下物色中
137469	朝鮮朝日	1927-02-27/1	07단	思想が違ふと喜び迎へた妻に離縁を申渡した朴烈の共犯金重漢
137470	朝鮮朝日	1927-02-27/1	07단	大邱刑務所囚人十二名結束し斷食
137471	朝鮮朝日	1927-02-27/1	07단	御大喪儀映畫公開
137472	朝鮮朝日	1927-02-27/1	08단	慶北道が興行物取締規則を改善
137473	朝鮮朝日	1927-02-27/1	08단	一千圓の現金が紛失列車輸送中
137474	朝鮮朝日	1927-02-27/1	08단	八戶を全燒京城の火事
137475	朝鮮朝日	1927-02-27/1	08단	會(卒業證書授與式)

일련번호	판명	간행일	단수	기사명
137476	朝鮮朝日	1927-02-27/1	08단	人(齋藤總督/脇谷洋次郎氏(總督府釜山水産試驗場長)/東京畿道高等課長/日下部道德氏(朝鮮憲兵司令官)/宇都宮益治氏(釜山一商校長)/失橋良胤氏(平每社長)/中部畿次郎氏(下關實業家))
137477	朝鮮朝日	1927-02-27/1	09단	女王の惱み(５２)/細井肇作
137478	朝鮮朝日	1927-02-27/1	10단	半島茶話
137479	朝鮮朝日	1927-02-27/2	01단	釜山放言(１６)/青い鳥
137480	朝鮮朝日	1927-02-27/2	01단	生物學的專門の魚類の保護が行詰った沿岸漁業の緊急唯一の救濟策
137481	朝鮮朝日	1927-02-27/2	01단	見習の積りで當分勉強しやう新臺灣文教局長の石黑氏は喜んで語る
137482	朝鮮朝日	1927-02-27/2	01단	咸南道議戰十七名に二百の候補者
137483	朝鮮朝日	1927-02-27/2	01단	慶南道議會無事に終了御土産案澤山
137484	朝鮮朝日	1927-02-27/2	02단	平南道の獸疫豫防令いよいよ廢止
137485	朝鮮朝日	1927-02-27/2	02단	朝日勝繼碁戰/第卅六回(八)
137486	朝鮮朝日	1927-02-27/2	03단	運動界(京城卓球戰三月中旬擧行/大田競馬會三月四日から)
137487	朝鮮朝日	1927-02-27/2	04단	物の動き(鮮米移出二百八十萬石/鮮銀券膨脹前年に比し/對九州貿易高/鐵區試掘出願數)
137488	朝鮮朝日	1927-02-27/2	04단	喫茶室(三失前局長の愛刀)

1927년 3월 (조선아사히)

일련번호	판명	간행일	단수	기사명
137489	朝鮮朝日	1927-03-01/1	01단	*床次本黨總裁が次の政局にあたる總選擧には地域を協定 憲本聯盟覺書を手交/六月頃辭職し床次氏を推す政府首腦部から黨內幹部にかく言明す/園公に報告その諒解を得*
137490	朝鮮朝日	1927-03-01/1	01단	煙草元賣捌人を無理に合同し會社を組織する計劃/役人の進路開拓策と批難さる
137491	朝鮮朝日	1927-03-01/1	02단	中産の鮮人が大阪に入込む/參政權を目的に當局も相當注目す
137492	朝鮮朝日	1927-03-01/1	03단	京城府豫算二十五日內示
137493	朝鮮朝日	1927-03-01/1	04단	お雛祭りに子供の放送
137494	朝鮮朝日	1927-03-01/1	04단	短歌/橋田東聲選
137495	朝鮮朝日	1927-03-01/1	04단	人氣を呼んだ技藝女校の成績品展覽會
137496	朝鮮朝日	1927-03-01/1	04단	黃白撒布も辭せぬ魔の手が平壤に及ぶ 値下は遂に不認可か平壤府民の輿論沸きたつ/値下の申請を否定はせぬとゝ權衡を正しただけと遞信局側は辯明電氣協會は關係せず
137497	朝鮮朝日	1927-03-01/1	05단	手數料引下を京取に要望仲買人達が
137498	朝鮮朝日	1927-03-01/1	05단	放送の種目を加入者に質しプログラムを選定/夜の慰安は琵琶尺八義太が好評
137499	朝鮮朝日	1927-03-01/1	05단	釜山の寒さ零下八度
137500	朝鮮朝日	1927-03-01/1	06단	郵便局の窓口で竊取現金一千圓を
137501	朝鮮朝日	1927-03-01/1	06단	一家四名が河豚で變死
137502	朝鮮朝日	1927-03-01/1	07단	青い目のお人形鎭海の教育品展に陣列
137503	朝鮮朝日	1927-03-01/1	07단	生活難で人妻の自殺/危く救はる
137504	朝鮮朝日	1927-03-01/1	07단	御大喪儀映畫公開
137505	朝鮮朝日	1927-03-01/1	08단	人(山澤兵部氏(大每京城支局記者)/林仙之少將(朝鮮軍參謀長)/加藤茂苛氏(水原勤業模範場長)/迫間房太郎氏(釜山實業家)/澤山寅彥氏/西崎義太郎氏(鎭南浦實業家)/日下部少將(朝鮮憲兵司令官))
137506	朝鮮朝日	1927-03-01/1	08단	半島茶話
137507	朝鮮朝日	1927-03-01/1	09단	女王の悩み(５３)/細井肇作
137508	朝鮮朝日	1927-03-01/1	10단	會(朝鮮醫學會京城支會/慶尚南道廳/農産技術員會)
137509	朝鮮朝日	1927-03-01/2	01단	三寒四溫(２１)/平壤一記者
137510	朝鮮朝日	1927-03-01/2	01단	綠故林沸下げ受付を開始/不公平を避けるやう愼重に取締を進む
137511	朝鮮朝日	1927-03-01/2	01단	釜山の自動車最近合同し陣立を整ふ
137512	朝鮮朝日	1927-03-01/2	01단	朝鮮史編纂鐵道局が
137513	朝鮮朝日	1927-03-01/2	01단	鷄の品評會大邱で開催
137514	朝鮮朝日	1927-03-01/2	01단	四普通校の校舍を改築/工費一萬六千餘圓
137515	朝鮮朝日	1927-03-01/2	02단	畜牛の大市裡里で擧行
137516	朝鮮朝日	1927-03-01/2	02단	全南短言
137517	朝鮮朝日	1927-03-01/2	02단	朝日勝繼碁戰/第卅六回(九)

일련번호	판명	간행일	단수	기사명
137518	朝鮮朝日	1927-03-01/2	02단	裡里だより(萩植栽の調査/益山郡の畜産)
137519	朝鮮朝日	1927-03-01/2	03단	入學試驗(醫學講習所)
137520	朝鮮朝日	1927-03-01/2	03단	物の動き(釜山肥料戰一流筋活躍)
137521	朝鮮朝日	1927-03-01/2	03단	京城內の會社數
137522	朝鮮朝日	1927-03-01/2	03단	瑤浦金組創立
137523	朝鮮朝日	1927-03-01/2	03단	喫茶室(パスに寫眞添附)
137524	朝鮮朝日	1927-03-02/1	01단	政局の推移に對し妨害をくはへず善處する事に意見一致す靑木牧野兩子會見の結果/差し當っての合同は疑問だがこの主張は將來も持越されやう憲本聯盟の將來
137525	朝鮮朝日	1927-03-02/1	03단	群山廣川間私鐵設立は內地側も諒解
137526	朝鮮朝日	1927-03-02/1	04단	全鮮農會の中樞機關朝鮮農會創立
137527	朝鮮朝日	1927-03-02/1	04단	今迄免稅したのが不合理だったのだ/木村關稅特令廃止で齋藤總督下關で決意を語る
137528	朝鮮朝日	1927-03-02/1	04단	俳句/鈴木花蓑選
137529	朝鮮朝日	1927-03-02/1	05단	張將軍の御曹子
137530	朝鮮朝日	1927-03-02/1	05단	沿海州の鰊は不漁/鈴木商店の買占は訛傳
137531	朝鮮朝日	1927-03-02/1	05단	光化門の電車を複線本月上旬起工
137532	朝鮮朝日	1927-03-02/1	05단	生れて初めてのお船と汽車との旅/連絡船を家だと頑ばる鄭旭朝さんの大阪入
137533	朝鮮朝日	1927-03-02/1	06단	お雛祭り間に合はぬ青い目のお人形
137534	朝鮮朝日	1927-03-02/1	07단	通牒を發し水源涵養の施設を慫憑
137535	朝鮮朝日	1927-03-02/1	07단	人(アイ・エイ・プラデミヤ氏(ニューヨーク・ジャパン・アドバタイザ記者)/森岡大將(軍司令官)/林少將(軍參謀長)/幸村大佐(雄基補充部長)/古谷昌也氏(古谷京城第二高女校長令息)/乾慶藏氏(橫須賀海軍建築部長)/大庭常雄氏(海軍技師)/太田忍氏(仁川實業家)/佐田至弘氏/村山慶南警察部長/石黑臺灣文交局長)
137536	朝鮮朝日	1927-03-02/1	08단	半島茶話
137537	朝鮮朝日	1927-03-02/1	08단	御大喪儀映畫公開
137538	朝鮮朝日	1927-03-02/1	09단	女王の悩み(５４)/細井肇作
137539	朝鮮朝日	1927-03-02/2	01단	交渉の內容を調査するため內田平壤商議會頭急遽京城に急行す/平電引繼愈よ終る一日朝の零時
137540	朝鮮朝日	1927-03-02/2	01단	釜山の電氣府營總督府も內諾/近く交渉を開始か
137541	朝鮮朝日	1927-03-02/2	01단	群山電氣府營問題がまたも擡頭
137542	朝鮮朝日	1927-03-02/2	01단	支拂日を月末に統一大邱商議が
137543	朝鮮朝日	1927-03-02/2	02단	稚魚濫獲の對策を研究慶南水産會が
137544	朝鮮朝日	1927-03-02/2	02단	朝日勝繼碁戰/第卅六回(十)
137545	朝鮮朝日	1927-03-02/2	03단	名にし負う花の鎭海の物産展近づく
137546	朝鮮朝日	1927-03-02/2	03단	移轉後の生業を指導せぬ限り火田民の整理は容易に奏効せぬ
137547	朝鮮朝日	1927-03-02/2	03단	失職鮮人の歸鮮が增加し是が斡旋に當局は多忙

일련번호	판명	간행일	단수	기사명
137548	朝鮮朝日	1927-03-02/2	04단	麻雀と狩獵大會優勝者
137549	朝鮮朝日	1927-03-02/2	04단	畜産技術員會
137550	朝鮮朝日	1927-03-03/1	01단	明治節設定の詔書けふ内閣より發表さる
137551	朝鮮朝日	1927-03-03/1	01단	侍從長以下宮内大官更送/本日御裁可發表の筈/侍從長は珍田捨巳伯
137552	朝鮮朝日	1927-03-03/1	01단	朝鮮語獎勵の効目が過ぎて国語を等閑に附する/普通學校が多い
137553	朝鮮朝日	1927-03-03/1	01단	裏日本との連絡航路近く開始さる
137554	朝鮮朝日	1927-03-03/1	02단	金輸出を解禁する憲本提携政策の一つとして
137555	朝鮮朝日	1927-03-03/1	02단	七萬町步の禿山の治療三十年縣りで
137556	朝鮮朝日	1927-03-03/1	03단	圖們鐵の輸送能力增加を陳情
137557	朝鮮朝日	1927-03-03/1	03단	短歌/橋田東聲選
137558	朝鮮朝日	1927-03-03/1	03단	死活問題のやうに騷ぐ程のことは無い/木村関税特令廢止問題で齋藤總督の車中談
137559	朝鮮朝日	1927-03-03/1	04단	今夏の氷は昨年の倍價一貫が十三錢
137560	朝鮮朝日	1927-03-03/1	04단	辭令(東京電話)
137561	朝鮮朝日	1927-03-03/1	04단	囚人の作業時間一時間半を延長/作業成績を擧げて鮮人の看守を優遇
137562	朝鮮朝日	1927-03-03/1	05단	貯蓄銀行の制度を調査/經濟調査會で
137563	朝鮮朝日	1927-03-03/1	05단	七十の電話通話停止/料金不拂で
137564	朝鮮朝日	1927-03-03/1	06단	認可?不認可?二説が傳はる府民は大會を開いて決議文を提出すると敦圉く/器具損料を下げて電燈料を引上げ結局は認可されん生田内務局長語る
137565	朝鮮朝日	1927-03-03/1	06단	無賃の燒死/十二の子供が逃場を失って
137566	朝鮮朝日	1927-03-03/1	06단	御大喪儀映畫公開
137567	朝鮮朝日	1927-03-03/1	07단	密航鮮人八十名北浦海岸に上陸
137568	朝鮮朝日	1927-03-03/1	07단	宣教師の妻が鮮女を折檻些細のことで
137569	朝鮮朝日	1927-03-03/1	08단	會(知事會議/二十師團副官會議/實業親和總會/林軍參謀長歡迎會/二つの玉映寫會)
137570	朝鮮朝日	1927-03-03/1	08단	人(齋藤總督/志賀潔博士(總督府醫院長)/長當慶南道衛生課長/若松仁取社長/松村外事課長(總督府)/高橋利三郎氏(遞信局庶務課長)/阿部千一氏(慶南財務部長)/鹿野咸南警察部長/桑原咸南內務部長)
137571	朝鮮朝日	1927-03-03/1	08단	半島茶話
137572	朝鮮朝日	1927-03-03/1	09단	女王の悩み(５５)/細井肇作
137573	朝鮮朝日	1927-03-03/2	01단	釜山放言(１７)/青い鳥
137574	朝鮮朝日	1927-03-03/2	01단	大量の搬出が出來るならば平壤牛を注文したい/海軍々需部長が視察
137575	朝鮮朝日	1927-03-03/2	01단	無煙炭田調査の資料を提供し内地資本家を誘引/經費十六萬圓を計上

일련번호	판명	간행일	단수	기사명
137576	朝鮮朝日	1927-03-03/2	01단	江原道議員改選期迫る
137577	朝鮮朝日	1927-03-03/2	01단	三百萬圓の新事業釜山府の豫算
137578	朝鮮朝日	1927-03-03/2	02단	北九州の學事を視察東亞博を機に
137579	朝鮮朝日	1927-03-03/2	02단	火保代理店が料率協定/超過保險の防止に努力
137580	朝鮮朝日	1927-03-03/2	03단	咸南の鰯漁年々に豊況
137581	朝鮮朝日	1927-03-03/2	03단	松井內務部長四月に渡歐現任のまゝ
137582	朝鮮朝日	1927-03-03/2	03단	朝日勝繼碁戰/第卅六回(十一)
137583	朝鮮朝日	1927-03-03/2	04단	運動界(南鮮競技會四月九日から)
137584	朝鮮朝日	1927-03-03/2	04단	咸興より
137585	朝鮮朝日	1927-03-03/2	04단	卒業式(龍山中學校)
137586	朝鮮朝日	1927-03-04/1	01단	鮮米の移出三百十二萬石昨年より三十九萬石增加/出廻期以降の累計
137587	朝鮮朝日	1927-03-04/1	01단	東邊道尹に鮮人の優遇を奉天省長が通達す
137588	朝鮮朝日	1927-03-04/1	01단	二月下旬鐵道貨物激增す
137589	朝鮮朝日	1927-03-04/1	01단	憲本兩黨の壓迫で政友會大あばれ隨所に搭鬪が演ぜられ又も醜い泥試合を演ず 衆議院本會議母紙のつゞき/雙方動議を撤回しけふ討論する交涉會で決定
137590	朝鮮朝日	1927-03-04/1	03단	全鮮農業技術官會議諮問案の內容
137591	朝鮮朝日	1927-03-04/1	03단	軍司令官更迭後任は金谷現參謀次長
137592	朝鮮朝日	1927-03-04/1	04단	特令廢止で木村輸入俄に激增す
137593	朝鮮朝日	1927-03-04/1	04단	延白水利干拓地大農式採用
137594	朝鮮朝日	1927-03-04/1	04단	俳句/鈴木花蓑選
137595	朝鮮朝日	1927-03-04/1	04단	東亞博へ間島の出品二百餘點
137596	朝鮮朝日	1927-03-04/1	05단	遞信局改訂の折衷案に同意府協議會で決定し商業會議所も我慢す/平電値下問題平穩に解決か
137597	朝鮮朝日	1927-03-04/1	05단	達城郡の分水問題郡守が調停
137598	朝鮮朝日	1927-03-04/1	06단	慶南線を委任經營買收の前提
137599	朝鮮朝日	1927-03-04/1	06단	沿海州鰊の買占が傳はり買出船が奇つかず淸津は火の消えた姿
137600	朝鮮朝日	1927-03-04/1	07단	水平社との提携で衡平社が委員會を開催
137601	朝鮮朝日	1927-03-04/1	07단	平穩無事な三一記念日
137602	朝鮮朝日	1927-03-04/1	07단	女も交って賭博を開帳
137603	朝鮮朝日	1927-03-04/1	07단	諺文文書を携へた鮮人京城で逮捕
137604	朝鮮朝日	1927-03-04/1	07단	御大喪儀映畵公開
137605	朝鮮朝日	1927-03-04/1	08단	不穩計劃の革新團幹部間島で逮捕
137606	朝鮮朝日	1927-03-04/1	08단	會(木浦商議役員會)
137607	朝鮮朝日	1927-03-04/1	08단	人(山下儀八郎氏(德山海軍燃料廠長)/山澤兵部氏(大每平壤特派員)/戶田直溫氏(鐵道局理事)/林原憲貞氏(鐵道局副參事)/奧田龜造氏(貴族院議員)/野田三藏氏(第七十七聯隊長)/岡山師範見學團/平北警察官/平北農事視察團)

일련번호	판명	간행일	단수	기사명
137608	朝鮮朝日	1927-03-04/1	08단	半島茶話
137609	朝鮮朝日	1927-03-04/1	09단	女王の悩み（５６）/細井肇作
137610	朝鮮朝日	1927-03-04/2	01단	承認運送店規則改正と鐵道局の肚(上)/京城一記者
137611	朝鮮朝日	1927-03-04/2	01단	低落した絲價でも採算がたつと農民たちに理解させ養蠶を奬勵する
137612	朝鮮朝日	1927-03-04/2	01단	棉花の暴落に懲りこれが栽培を農民たちが嫌がる/總督府では対策を考究
137613	朝鮮朝日	1927-03-04/2	01단	慶北道が赤米排除に力を注ぐ
137614	朝鮮朝日	1927-03-04/2	01단	土地受益税で質問續出の元山豫算會
137615	朝鮮朝日	1927-03-04/2	02단	師範學校の修身教科書編纂を終る
137616	朝鮮朝日	1927-03-04/2	02단	釜山府に製叺會社を設立の計劃
137617	朝鮮朝日	1927-03-04/2	02단	龍塘浦海岸に肺病療養所設置の計劃
137618	朝鮮朝日	1927-03-04/2	03단	平壤圖書館來年度に設置
137619	朝鮮朝日	1927-03-04/2	03단	第一第二高女校入學志願者數
137620	朝鮮朝日	1927-03-04/2	03단	朝日勝繼碁戰/第卅六回(十二)
137621	朝鮮朝日	1927-03-04/2	04단	卒業式(平壤中學校/平壤高普校/京城第二高普校/京城中學校/京城商業學校)
137622	朝鮮朝日	1927-03-04/2	04단	物の動き(清津二月の水産檢查高昨年より激減)
137623	朝鮮朝日	1927-03-04/2	04단	喫茶室(年增女の穗積氏)
137624	朝鮮朝日	1927-03-05/1	01단	京城なみの料金に上げたかった遞信局/大橋氏が總監を口説いた電氣協議の運動振內田會頭の京城で得た情報
137625	朝鮮朝日	1927-03-05/1	01단	平壤府電氣公債
137626	朝鮮朝日	1927-03-05/1	01단	値下の出來ぬやう經常費を增せと遞信局が府尹に强ひた平壤府民極度に憤慨
137627	朝鮮朝日	1927-03-05/1	03단	高久氏に殖銀理事を正式に任命
137628	朝鮮朝日	1927-03-05/1	03단	阿片の吸食を公然と許して稅金三千萬元を捻出/奉天省當局の計劃
137629	朝鮮朝日	1927-03-05/1	03단	吾輩も老後を朝鮮で送るかもしれないよと榮轉の森岡大將語る
137630	朝鮮朝日	1927-03-05/1	03단	短歌/橋田東聲選
137631	朝鮮朝日	1927-03-05/1	04단	辭令(東京電話)
137632	朝鮮朝日	1927-03-05/1	04단	李鍝公家後見人李王職長官から任命か
137633	朝鮮朝日	1927-03-05/1	05단	お人形を迎へる歌/京城放送局で幼稚園阿放送
137634	朝鮮朝日	1927-03-05/1	05단	露國の申出に鈴木が應ぜねば外国人に獨占される/鍊の買占を鈴木側が辯明
137635	朝鮮朝日	1927-03-05/1	05단	飛機と野砲の聯合演習京城で擧行
137636	朝鮮朝日	1927-03-05/1	05단	平壤立川間大飛行四月に擧行
137637	朝鮮朝日	1927-03-05/1	06단	新義州滿銀買收の噂/朝鮮商銀が
137638	朝鮮朝日	1927-03-05/1	06단	釜山附近の山中は危險/狐獲りの爆藥が多くて

일련번호	판명	간행일	단수	기사명
137639	朝鮮朝日	1927-03-05/1	06단	高級職員を減じて經費節約を圖り更に發展お期する/天圖鐵道の改革案
137640	朝鮮朝日	1927-03-05/1	07단	水利組合の宿舍に闖入/番人を斬る
137641	朝鮮朝日	1927-03-05/1	07단	八人組の箱乘團釜山署が逮捕
137642	朝鮮朝日	1927-03-05/1	07단	御大喪御下賜金で賴るべない身の老人たち一千名を救助することに決定
137643	朝鮮朝日	1927-03-05/1	08단	薯泥棒を毆り殺す
137644	朝鮮朝日	1927-03-05/1	08단	石を並べて列車顚覆を企てた鮮人
137645	朝鮮朝日	1927-03-05/1	08단	會(中等學校長會/平壤高女音樂會)
137646	朝鮮朝日	1927-03-05/1	08단	人(戶田直溫氏(朝鮮鐵道局理事)/岩倉守男氏(朝鮮冷藏庫經營者))
137647	朝鮮朝日	1927-03-05/1	09단	女王の悩み(５７)/細井肇作
137648	朝鮮朝日	1927-03-05/2	01단	承認運送店規則改正と鐵道局の肚(中)/京城一記者
137649	朝鮮朝日	1927-03-05/2	01단	檀木の利用をいろいろ調査し砲車の軸や飛行機のプロペらーに使用する研究
137650	朝鮮朝日	1927-03-05/2	01단	雜穀生産の增殖を圖り鮮米移出にかはる食糧の自給自足を圖る
137651	朝鮮朝日	1927-03-05/2	01단	日本棉花が道是製絲を全南に設置
137652	朝鮮朝日	1927-03-05/2	01단	群山府の明年度豫算五十七萬圓
137653	朝鮮朝日	1927-03-05/2	02단	鐵原水利に內地農民を移住さす計劃
137654	朝鮮朝日	1927-03-05/2	02단	道路改修で地價が昇騰思/惑のため
137655	朝鮮朝日	1927-03-05/2	03단	間島品評會軍資金募集咸北三都市で
137656	朝鮮朝日	1927-03-05/2	03단	朝日勝繼碁戰/第卅六回(十三)
137657	朝鮮朝日	1927-03-05/2	04단	電氣事業の調査が終了
137658	朝鮮朝日	1927-03-05/2	04단	卒業式(平壤高等女學校)
137659	朝鮮朝日	1927-03-05/2	04단	物の動き(鎮南浦無盡好況/元山鍊入荷高)
137660	朝鮮朝日	1927-03-05/2	04단	喫茶室(退屈な村山部長)
137661	朝鮮朝日	1927-03-06/1	01단	川村竹治氏が遂に政友本黨を脱す次いで十數名の脱黨說/傳はりしも事なく濟む
137662	朝鮮朝日	1927-03-06/1	01단	府協議會を開き修正案を附議是が非でも承認を求むる料金値下の內容/兎も角も協贊案を府民も承認
137663	朝鮮朝日	1927-03-06/1	01단	色とりどりの合歡の花咲く/新田如名氏の家庭結婚記念に句集を上梓
137664	朝鮮朝日	1927-03-06/1	03단	參政權問題は參考送付/委員會で決定
137665	朝鮮朝日	1927-03-06/1	04단	內鮮の若人が一場に會して花々しく覇を爭ふ/中等學校陸上競技大會/全鮮運動界の劃期的壯擧
137666	朝鮮朝日	1927-03-06/1	04단	俳句/鈴木花養選
137667	朝鮮朝日	1927-03-06/1	05단	簡保實施行悩む實現困難か
137668	朝鮮朝日	1927-03-06/1	05단	辭令(東京電話)
137669	朝鮮朝日	1927-03-06/1	05단	總督府の採用試驗東京で執行

일련번호	판명	간행일	단수	기사명
137670	朝鮮朝日	1927-03-06/1	05단	風紀の紊亂から門前雀羅を張る/公州道立醫院の醜狀
137671	朝鮮朝日	1927-03-06/1	05단	門司の女生徒達が鄭さんを迎へ楽しい歡迎會を開く 本社支局 の樓上で/幼稚園兒が大阪でも歡迎
137672	朝鮮朝日	1927-03-06/1	06단	南鮮鐵道に認可か競願の全南線/更に機船で木浦と連絡
137673	朝鮮朝日	1927-03-06/1	06단	平壤飛行隊戰鬪機組立が終わる
137674	朝鮮朝日	1927-03-06/1	07단	赤いロシアに潜入を企てる朝鮮人學生が多く當局は取締に腐心
137675	朝鮮朝日	1927-03-06/1	07단	奉天票の偽造犯京城で發見
137676	朝鮮朝日	1927-03-06/1	07단	漂流中の漁船を發見三十名を救助
137677	朝鮮朝日	1927-03-06/1	07단	生活難から鮮人の轢死
137678	朝鮮朝日	1927-03-06/1	08단	鐵道沿線の薫茸を不燃物に替へ火災を豫防す
137679	朝鮮朝日	1927-03-06/1	08단	會(南浦愛婦例月會/養蠶組合談懇會/韓頭取招待會)
137680	朝鮮朝日	1927-03-06/1	08단	人(泉崎釜山府尹/山下魏八郎中將/山田前京日編輯局長/國友總督府警務課長)
137681	朝鮮朝日	1927-03-06/1	08단	半島茶話
137682	朝鮮朝日	1927-03-06/1	09단	女王の悩み(５８)/細井肇作
137683	朝鮮朝日	1927-03-06/2	01단	承認運送店規則改正と鐵道局の肚(下)/京城一記者
137684	朝鮮朝日	1927-03-06/2	01단	內地に在住の鮮人勞働者が無産政黨を組織し政治的飛躍を企劃
137685	朝鮮朝日	1927-03-06/2	01단	落ち行く先が注意を要する/支那勞働者の來鮮夥しく二月迄に二千萬人
137686	朝鮮朝日	1927-03-06/2	01단	慶南北の桑苗を購入/關東廳が
137687	朝鮮朝日	1927-03-06/2	01단	木浦驛前の埋立工事いよいよ着工
137688	朝鮮朝日	1927-03-06/2	02단	故障停電の咸興の電氣府民憤慨す
137689	朝鮮朝日	1927-03-06/2	02단	朝日碁戰臨時手合(一)
137690	朝鮮朝日	1927-03-06/2	03단	一度癒っても仲間の誘惑でまたも再發するモヒ患者/收容患者は悉く全治
137691	朝鮮朝日	1927-03-06/2	04단	義明學校の職員が暗闘/警察が取調
137692	朝鮮朝日	1927-03-06/2	04단	物の動き(木浦在米高)
137693	朝鮮朝日	1927-03-08/1	01단	かつて見ぬ大激震北但近畿地方に起る/山陰線は全部不通となり火災を起した箇所もある
137694	朝鮮朝日	1927-03-08/1	01단	府面の廢合を平南道が斷行か制限外課稅面の二十餘を合併せん
137695	朝鮮朝日	1927-03-08/1	01단	幼い人達の手で結ばれた內鮮融和支局樓上で一同卓を圍み美しくも涙ぐましい睦び門司女生徒の鄭孃歡迎會/大喜びで兩孃歸鮮す七日の夜に
137696	朝鮮朝日	1927-03-08/1	02단	舊貸引上げ郵便局扱高
137697	朝鮮朝日	1927-03-08/1	03단	京仁兩取引所合併進捗總會に附議
137698	朝鮮朝日	1927-03-08/1	04단	教員の增俸を學議が拒否し元山教育界の內情が漸次世上に暴露せん

일련번호	판명	간행일	단수	기사명
137699	朝鮮朝日	1927-03-08/1	04단	短歌/橋田東聲選
137700	朝鮮朝日	1927-03-08/1	05단	大興電氣値下聲明率は一割一分
137701	朝鮮朝日	1927-03-08/1	05단	鎭南浦電氣府營と決定か
137702	朝鮮朝日	1927-03-08/1	05단	本紙の紹介で宿根性の稻が全鮮に注目されて籾種の分讓方が殺到
137703	朝鮮朝日	1927-03-08/1	06단	意見一致せぬ木浦電燈の値下の交涉
137704	朝鮮朝日	1927-03-08/1	06단	大同江の渡涉を禁止/解氷近づき
137705	朝鮮朝日	1927-03-08/1	07단	面有林の造成計劃/慶北の試み
137706	朝鮮朝日	1927-03-08/1	07단	歐亞直通列車五月中旬から實施一週に四回を運轉
137707	朝鮮朝日	1927-03-08/1	07단	福岡聯隊襲擊の主犯者が渡鮮/潜伏せりとて嚴探中
137708	朝鮮朝日	1927-03-08/1	07단	青年派幹部四人を除名/昭台峴敎會の暗鬪愈よ紛糾
137709	朝鮮朝日	1927-03-08/1	07단	生活難で自殺を企て危く救はる
137710	朝鮮朝日	1927-03-08/1	08단	平壤機が百頭山突破の壯擧
137711	朝鮮朝日	1927-03-08/1	08단	會(木浦穀物組合總會)
137712	朝鮮朝日	1927-03-08/1	08단	人(有賀朝鮮殖銀頭取/竹田津朝新專務理事/大村百藏氏(京城府學組議員)/堀內釜山ホテル・マネジャー/吉田秀次郎氏(仁川商議會頭)/鳩谷源氏(大每平壤通信部主任)/岡村鉉太郎氏(鐵道從業員養成所長))
137713	朝鮮朝日	1927-03-08/1	09단	女王の悩み(５９)/細井肇作
137714	朝鮮朝日	1927-03-08/2	01단	遞信局の指定案を府協議會が否決し電氣値下の修正案は遂に原案を執行
137715	朝鮮朝日	1927-03-08/2	01단	國防の第一線に起つ朝鮮の軍備は極めて重要なのだ金谷新司令官語る
137716	朝鮮朝日	1927-03-08/2	01단	京城電氣社屋建築設計を移る
137717	朝鮮朝日	1927-03-08/2	01단	卒業式(釜山中學/釜山一商)
137718	朝鮮朝日	1927-03-08/2	01단	釜山女高普校舍新築/八月迄に竣工
137719	朝鮮朝日	1927-03-08/2	02단	平南管內警官異動四月づけで
137720	朝鮮朝日	1927-03-08/2	02단	朝日碁戰臨時手合(二)
137721	朝鮮朝日	1927-03-08/2	03단	不良飲料水が全鮮で十八萬本/昨年からの持越が多く係員も一驚を喫す
137722	朝鮮朝日	1927-03-08/2	04단	元山高女に猩紅熱發生蔓延の虞あり/平壤中學も寄宿舍に發
137723	朝鮮朝日	1927-03-08/2	04단	物の動き(棉糸布輸入ますます增加)
137724	朝鮮朝日	1927-03-08/2	04단	慶北養蜂成績
137725	朝鮮朝日	1927-03-08/2	04단	淡水養魚場計劃の內容
137726	朝鮮朝日	1927-03-09/1	01단	寢やうとする府民の耳へ放送局から響いた山陰大震災の悲報その日の京城の驚き/平壤府民も頻りに憂慮
137727	朝鮮朝日	1927-03-09/1	02단	石井理事に十二萬圓の退職慰勞金
137728	朝鮮朝日	1927-03-09/1	02단	地震だけは怖かったです大元氣で歸って來た鄭旭朝さんのお話

일련번호	판명	간행일	단수	기사명
137729	朝鮮朝日	1927-03-09/1	03단	殖銀異動五日附で發表
137730	朝鮮朝日	1927-03-09/1	04단	短歌/橋田東聲選
137731	朝鮮朝日	1927-03-09/1	04단	世界の誰もが讀めなかった難解の文獻新羅の鄕歌を翻譯した小倉進平氏
137732	朝鮮朝日	1927-03-09/1	05단	義金と慰問品募集/大阪朝日新聞社門司支局
137733	朝鮮朝日	1927-03-09/1	05단	娼妓の名を酌夫に改め自由を與ふ
137734	朝鮮朝日	1927-03-09/1	06단	國境方面一帶吹雪甚しく列車も不通となり開通の見込たゝず/霙吹雪平壤の寒さ
137735	朝鮮朝日	1927-03-09/1	06단	三十六名を機船に隱し密航を企つ
137736	朝鮮朝日	1927-03-09/1	07단	奉天票僞造犯人の片割廣島に逃亡
137737	朝鮮朝日	1927-03-09/1	07단	放送局の陸軍デー諸將軍が講演
137738	朝鮮朝日	1927-03-09/1	08단	半島茶話
137739	朝鮮朝日	1927-03-09/1	09단	女王の悩み(60)/細井肇作
137740	朝鮮朝日	1927-03-09/2	01단	海苔と牡蠣の養殖に適した沿岸一帶を調査し生産を奬勵する計劃
137741	朝鮮朝日	1927-03-09/2	01단	咸南北沿海の鱒の回游狀況を鵬丸が詳細に調査大體の見當をつける
137742	朝鮮朝日	1927-03-09/2	01단	府營記念の電氣博四月頃開催
137743	朝鮮朝日	1927-03-09/2	01단	和布は不良海水が冷く
137744	朝鮮朝日	1927-03-09/2	01단	海州學組員二十日擧行
137745	朝鮮朝日	1927-03-09/2	01단	聯合艦隊の各地方巡航
137746	朝鮮朝日	1927-03-09/2	02단	經營困難の苦學堂新幹會が維持
137747	朝鮮朝日	1927-03-09/2	02단	京城府內の猩紅熱患者二十と八名
137748	朝鮮朝日	1927-03-09/2	02단	珍島郡沖で甲子丸坐礁乘組員も危險
137749	朝鮮朝日	1927-03-09/2	02단	鼻息の荒い恩給下附の陳情代表委員が總督に面談す/當局者も弱り抜く
137750	朝鮮朝日	1927-03-09/2	03단	物の動き(海州粟の輸入高千五百餘噸)
137751	朝鮮朝日	1927-03-09/2	03단	元山水産物出廻
137752	朝鮮朝日	1927-03-09/2	03단	世界にも珍しいモヒの治療藥朝鮮獨特の草から製し非常に利目がある
137753	朝鮮朝日	1927-03-09/2	04단	穀信臨時總會
137754	朝鮮朝日	1927-03-09/2	04단	京南鐵道業績
137755	朝鮮朝日	1927-03-09/2	04단	人(野田三藏大佐(新任七七聯隊長)/加藤木保次氏(慶南産業課長)/西原八十八氏(慶南水産課長)/石橋利助氏(仁川警察署長道警視)/後藤一郎氏(總督府仁川觀測所長)/涉谷敏夫氏(十八銀行新支店長)/永見京造氏(同上前釜山支店長)/綾田東拓技師/鮮滿旅行團/森岡守成大將(前朝鮮軍司令官))
137756	朝鮮朝日	1927-03-09/2	04단	卒業式(大邱中學校/大邱高女校/大邱高普校/慶北師範校/大邱農業校/尙州農蠶校)

일련번호	판명	간행일	단수	기사명
137757	朝鮮朝日	1927-03-09/2	04단	會(釜山府協議員會/京城商議部會)
137758	朝鮮朝日	1927-03-10/1	01단	請願の主旨が宜いからとて江景公州間の鐵道請願は衆議院で 採擇さる
137759	朝鮮朝日	1927-03-10/1	01단	沿海鰊の買出は妥協が整って信託會社を組織し列年通り清津から出船
137760	朝鮮朝日	1927-03-10/1	01단	寫眞((上)今度の地震で崩れた餘部附近の線路/(下)大雪崩で埋れた同所の民家)
137761	朝鮮朝日	1927-03-10/1	02단	鼈業技術官打合會協議の內容
137762	朝鮮朝日	1927-03-10/1	02단	總督府が指定する河川の種類を二十二日から開く土木課長會議で決定
137763	朝鮮朝日	1927-03-10/1	03단	琿春教育展に學童作品を深柢、倉敷兩小學から出品
137764	朝鮮朝日	1927-03-10/1	03단	俳句/鈴木花蓑選
137765	朝鮮朝日	1927-03-10/1	04단	同情と理解ある地主の聲明で不二農場の爭議は二日圓滿に解決す
137766	朝鮮朝日	1927-03-10/1	04단	泥に埋って居り工事は困難だ/黑海の金塊引揚に赴く片岡弓八氏は語る
137767	朝鮮朝日	1927-03-10/1	05단	居山隧道貫通
137768	朝鮮朝日	1927-03-10/1	05단	金三間鐵道敷設速成聯合會
137769	朝鮮朝日	1927-03-10/1	06단	七日の雨で南枝ほころぶ氣候にならう京城測候所の觀測
137770	朝鮮朝日	1927-03-10/1	06단	北鮮の大吹雪/天圖鐵道雪で杜絶吹雪猶熄まず/七日の吹雪で漁船が顚覆乘組員の行方不明/咸北の降雪交通杜絶す/船舶の被害相當ある見込/除雪車脫線列車立往生/福溪元山が一番の大雪
137771	朝鮮朝日	1927-03-10/1	06단	震災義金募集
137772	朝鮮朝日	1927-03-10/1	06단	震災義捐金
137773	朝鮮朝日	1927-03-10/1	07단	京畿の名利華藏寺五棟が燒失
137774	朝鮮朝日	1927-03-10/1	08단	咸南道雇員の豫備少尉が公金を橫領
137775	朝鮮朝日	1927-03-10/1	08단	夫婦喧嘩に大岩が墜ち亭主が卽死
137776	朝鮮朝日	1927-03-10/1	08단	平壤思想團體耶蘇教聲討演說會を開く
137777	朝鮮朝日	1927-03-10/1	09단	女王の悩み(６１)/細井肇作
137778	朝鮮朝日	1927-03-10/1	10단	半島茶話
137779	朝鮮朝日	1927-03-10/2	01단	葉煙草賠償の價格を發表一等が五圓二十錢十三等級に分って
137780	朝鮮朝日	1927-03-10/2	01단	滿場一致で電氣府營を決定/正式の調査を開始すべく南浦府豫算に計上
137781	朝鮮朝日	1927-03-10/2	01단	修正された電燈料金申請案の差
137782	朝鮮朝日	1927-03-10/2	01단	汎太平洋學術大會に小田氏が出席
137783	朝鮮朝日	1927-03-10/2	01단	面長排斥の陳情委員が靑木知事訪問
137784	朝鮮朝日	1927-03-10/2	02단	地稅納入成績良好副業の普及で
137785	朝鮮朝日	1927-03-10/2	02단	地元の我々に安く炭を賣れ無煙炭社の設立で平壤府民が要望す
137786	朝鮮朝日	1927-03-10/2	03단	志願者の多い朝鮮步兵隊七十名を採用

일련번호	판명	간행일	단수	기사명
137787	朝鮮朝日	1927-03-10/2	03단	物の動き(二月中の淸津港貿易大豆出廻激增)
137788	朝鮮朝日	1927-03-10/2	04단	牛疫豫防の活寫京畿道の河原警部補の脚色
137789	朝鮮朝日	1927-03-10/2	04단	卒業式(平壤中學校/新義州高普校)
137790	朝鮮朝日	1927-03-10/2	04단	會(京畿金組聯合會)
137791	朝鮮朝日	1927-03-10/2	04단	人(森岡軍事參謀官/深見第三八旅團長/三上淸津府尹/陶彬氏(延吉道尹)/西脇豊造氏(鏡坡高等普通學校長)/齋藤吉十郎氏(朝鮮紡織社長)/片岡亐八氏(帝國深海社長))
137792	朝鮮朝日	1927-03-10/2	04단	喫茶室(去勢志願の免囚)
137793	朝鮮朝日	1927-03-11/1	01단	憲本聯合の政務調査會要項調査項目は重要政策根本方針を調査する事に兩者の意見一致/會則全文はけふ發表
137794	朝鮮朝日	1927-03-11/1	01단	朝鮮砂防工事促進の建議案八日衆議院に提出さる
137795	朝鮮朝日	1927-03-11/1	01단	眞珠の稚貝一萬個を注文/鎭海と巨濟島に養殖/朝鮮で始めての試み
137796	朝鮮朝日	1927-03-11/1	01단	揚洲州內面に停車場設置請願を提出
137797	朝鮮朝日	1927-03-11/1	02단	安東縣の製紙會社に滿鐵が補助
137798	朝鮮朝日	1927-03-11/1	02단	朝鮮を訪れるアメリカのお人形さん
137799	朝鮮朝日	1927-03-11/1	03단	俳句/鈴木花蓑選
137800	朝鮮朝日	1927-03-11/1	03단	大邱醫院の移轉工事四月に着工
137801	朝鮮朝日	1927-03-11/1	04단	鮮展に賞金/出品作家達の招待宴をやめ
137802	朝鮮朝日	1927-03-11/1	04단	朝鮮葉錢五萬枚入の大瓶を發掘
137803	朝鮮朝日	1927-03-11/1	04단	貸物列車九輛顚覆死傷者なし
137804	朝鮮朝日	1927-03-11/1	04단	子供達の心と心堅く結ばれた內鮮融和の美しい木の實兒童協會の佐田氏喜び語る
137805	朝鮮朝日	1927-03-11/1	05단	辭令(東京電話)
137806	朝鮮朝日	1927-03-11/1	05단	歐亞聯絡列車開通に順應し朝鮮線の時間改正目下鐵道局で草案作成中
137807	朝鮮朝日	1927-03-11/1	05단	吹雪の慘害は各地より入電頻り 漁船の顚覆夥しい/行方不明の四隻の漁船未だに判らぬ
137808	朝鮮朝日	1927-03-11/1	06단	棄てられた十四の少女釜山を彷ふ
137809	朝鮮朝日	1927-03-11/1	07단	震災義捐金(本社門司支局取扱)
137810	朝鮮朝日	1927-03-11/1	07단	古代舞踊の餘興を添へ朝鮮物産の宣傳の大會
137811	朝鮮朝日	1927-03-11/1	07단	不正な事件は斷じて無い/警官橫領說に對し伊達警察部長が聲明書發表
137812	朝鮮朝日	1927-03-11/1	07단	金融組合の不正が暴露/平壤署が調査
137813	朝鮮朝日	1927-03-11/1	08단	崖から墜ち鮮女死亡す
137814	朝鮮朝日	1927-03-11/1	08단	大雪崩で家が潰され死傷者を出す
137815	朝鮮朝日	1927-03-11/1	08단	半島茶話
137816	朝鮮朝日	1927-03-11/1	09단	女王の悩み(６２)/細井肇作

일련번호	판명	간행일	단수	기사명
137817	朝鮮朝日	1927-03-11/2	01단	二百五十餘人の競爭者を抜いて奈良高師に入學した天才肌の土井波滿子さん
137818	朝鮮朝日	1927-03-11/2	01단	印紙稅法改正は內地と同樣に朝鮮でも施行され約一割の收入減となる
137819	朝鮮朝日	1927-03-11/2	01단	肺牛疫の道界出入を平南が取締
137820	朝鮮朝日	1927-03-11/2	01단	群山府豫算昨年に比し七萬圓增加
137821	朝鮮朝日	1927-03-11/2	02단	五十萬圓の膨脹を見た平壤府豫算
137822	朝鮮朝日	1927-03-11/2	02단	安東に巢喰ふ朝鮮の勞働者/米の密輸を常業とするので取締に當局手古摺る
137823	朝鮮朝日	1927-03-11/2	02단	鮮牛輸送の際船中で飼料を與へぬので瘦せる/是が對策を硏究中
137824	朝鮮朝日	1927-03-11/2	03단	圖們流域の牛疫の注射好成績を收む
137825	朝鮮朝日	1927-03-11/2	04단	平壤電車の寺洞延長二年度に實現
137826	朝鮮朝日	1927-03-11/2	04단	會社銀行(朝鮮書籍印刷)
137827	朝鮮朝日	1927-03-11/2	04단	卒業式(釜山二商校/馬山商學校/統營水産校/馬山高女校/鎭海高女校/晉州師範校/釜山高女校)
137828	朝鮮朝日	1927-03-11/2	04단	沙里院により(消防勤續者表彰/市街地整理補助)
137829	朝鮮朝日	1927-03-11/2	04단	會(全鮮一新淸酒品評會/畜産技術員會議/中和衛生展覽會)
137830	朝鮮朝日	1927-03-11/2	04단	人(伏見大將官/志崎信太郎氏/芥川金日社長/松井慶南內務部長/思田朝郵社長/松本本府理財課長)
137831	朝鮮朝日	1927-03-12/1	01단	八千の鮮人子弟が入學が出來ぬ現在の民度では普校增設は不可能
137832	朝鮮朝日	1927-03-12/1	01단	在滿の鮮人が自衛團を組織不逞團の跋扈に對抗/その結果被害が激減す
137833	朝鮮朝日	1927-03-12/1	01단	ホツプ栽培に朝鮮移民を吉林で募集
137834	朝鮮朝日	1927-03-12/1	01단	鄭旭朝さんの初めのお旅(上)/お伽の國へ來た少女のやうに驚きと嬉しさが一杯/三月一日に下關上陸
137835	朝鮮朝日	1927-03-12/1	02단	畜牛の飼料を生で與へ度い從來の煮沸物では飼主が燃料に困る
137836	朝鮮朝日	1927-03-12/1	03단	大邱堤防を櫻の馬場に飾る計劃
137837	朝鮮朝日	1927-03-12/1	03단	粟關稅の贊否兩論京城商議が調査
137838	朝鮮朝日	1927-03-12/1	04단	京城師範へ四十六名推薦
137839	朝鮮朝日	1927-03-12/1	04단	全南光州附近でドルメンを發見/小泉氏が調査に急行
137840	朝鮮朝日	1927-03-12/1	04단	優良水稻更新計劃經費二萬圓で
137841	朝鮮朝日	1927-03-12/1	05단	慶北道の生産率減少原因は不明
137842	朝鮮朝日	1927-03-12/1	05단	放送局募集の童謠と標語當選者發表
137843	朝鮮朝日	1927-03-12/1	05단	短歌/橋田東聲選
137844	朝鮮朝日	1927-03-12/1	05단	はるばる米國からの學童の成績品を昌原敎育品展に陣列/敎育に國境なしの書翰が添附

일련번호	판명	간행일	단수	기사명
137845	朝鮮朝日	1927-03-12/1	06단	捕鯨漁業を遠海に限れ漁業法案の改正を建議
137846	朝鮮朝日	1927-03-12/1	06단	立往生の汽車が動く九日朝に
137847	朝鮮朝日	1927-03-12/1	06단	ピネト中佐來鮮は中止本國から通和
137848	朝鮮朝日	1927-03-12/1	07단	僞造小切手で二千圓詐取列車中で發見
137849	朝鮮朝日	1927-03-12/1	07단	連れ出して嫂を賣飛す亂暴な義第
137850	朝鮮朝日	1927-03-12/1	07단	震災義捐金(本社門司支局取扱)
137851	朝鮮朝日	1927-03-12/1	08단	モヒ密賣の支那人逮捕
137852	朝鮮朝日	1927-03-12/1	08단	半島茶話
137853	朝鮮朝日	1927-03-12/1	09단	女王の悩み(６３)/細井肇作
137854	朝鮮朝日	1927-03-12/2	01단	行き詰った漁業の發展を主腦者が集って總督府で協議す
137855	朝鮮朝日	1927-03-12/2	01단	魚市場の敷地が決定京城驛附近に
137856	朝鮮朝日	1927-03-12/2	01단	平壤高女の校舍改善は豫算に計上
137857	朝鮮朝日	1927-03-12/2	01단	慶北道內新設普通校全部で三十校
137858	朝鮮朝日	1927-03-12/2	01단	學校組合が基本財産を蘆田を讓受
137859	朝鮮朝日	1927-03-12/2	01단	順和江の大橋を架替補助を仰いで
137860	朝鮮朝日	1927-03-12/2	02단	外人達が社會事業に二百圓を寄附
137861	朝鮮朝日	1927-03-12/2	02단	平壤聯隊での徵兵檢査は四月一日執行
137862	朝鮮朝日	1927-03-12/2	02단	養鷄品評會元山で開催
137863	朝鮮朝日	1927-03-12/2	02단	馬の鼻疽病高陽郡に發生
137864	朝鮮朝日	1927-03-12/2	02단	開城の火事損害二萬圓
137865	朝鮮朝日	1927-03-12/2	03단	御燈明の不始末から舊馬山の火事
137866	朝鮮朝日	1927-03-12/2	03단	卒業式(淑明女高普校/平壤女高普校/平壤師範學校)
137867	朝鮮朝日	1927-03-12/2	03단	運動界(ブラウン氏近く來鮮しボールゲームをコーチする/削除された運動場費の復活を要望/春李競馬會四月二日から)
137868	朝鮮朝日	1927-03-12/2	03단	物の動き(大邱府內生絲生産高五百五十萬圓)
137869	朝鮮朝日	1927-03-12/2	04단	肥料代金の京畿道買付四十五萬圓
137870	朝鮮朝日	1927-03-12/2	04단	敦賀狀木への元山移出高/大邱驛二月中成績
137871	朝鮮朝日	1927-03-12/2	04단	會(教務院評議員會/春川面協議會/南浦商議役員會)
137872	朝鮮朝日	1927-03-12/2	04단	人(天羽英二氏(ハルビン總領事)/志賀潔氏(總督府醫院長)/大島陸太郎氏(侍從武官))
137873	朝鮮朝日	1927-03-12/2	04단	喫茶室(呼出を食ふ矢島氏)
137874	朝鮮朝日	1927-03-13	01단	內地で通關を終へ更に朝鮮に外米を移入/有名無實な外米輸入關稅の撤廢が叫ばれる
137875	朝鮮朝日	1927-03-13	01단	鮮展の開催は恒例の五月十日/受付は四月十一日から總べての準備整ふ
137876	朝鮮朝日	1927-03-13	01단	鄭旭朝さんの初のお旅(中)/『お星さんが落ちて屋根で光ってる』イルミネーションの瞬きを童謠の少女は歌ふ
137877	朝鮮朝日	1927-03-13	02단	大邱在庫米/九萬九千叺

일련번호	판명	간행일	단수	기사명
137878	朝鮮朝日	1927-03-13	02단	東京でお休みのお客さま達から皆様へよろしくと初乗込のお人形の御挨拶
137879	朝鮮朝日	1927-03-13	03단	三十五萬本の慶北桑苗を關東廳が購入
137880	朝鮮朝日	1927-03-13	03단	會社銀行(朝郵今期決算)
137881	朝鮮朝日	1927-03-13	04단	農閑を幸ひに鮮婦人たちの求職者が激增す/內地語を解せぬ憾が多い/普校卒業生は好成績
137882	朝鮮朝日	1927-03-13	04단	短歌/橋田東聲選
137883	朝鮮朝日	1927-03-13	05단	小作料の搾取に惱み一日一錢を蓄へ共同小作地を購ひ/收益を各戶に分配
137884	朝鮮朝日	1927-03-13	05단	世界周遊團櫻ごろ來鮮/四百五十名
137885	朝鮮朝日	1927-03-13	05단	震災義捐金(本社門司支局取扱)
137886	朝鮮朝日	1927-03-13	06단	獨逸公債借替/六月までに
137887	朝鮮朝日	1927-03-13	06단	遭難漁船二十七隻中十七隻は判明
137888	朝鮮朝日	1927-03-13	06단	また牛疫が仁川で發生　檢疫に大騷ぎ/平北寧邊でまた一頭發見
137889	朝鮮朝日	1927-03-13	07단	新任羅南聯隊長/藤原勝千代大佐
137890	朝鮮朝日	1927-03-13	07단	鮮女生徒の受驗の惱み/落第を悲み自殺を企つ
137891	朝鮮朝日	1927-03-13	07단	不逞團の巨魁/新義州署で逮捕す/淸城鎭襲擊の一派
137892	朝鮮朝日	1927-03-13	07단	會(柳友追善川柳會/金融聯合會)
137893	朝鮮朝日	1927-03-13	08단	一萬餘圓の拐帶犯/新義州で逮捕
137894	朝鮮朝日	1927-03-13	08단	連絡船缺航/暴風雨で
137895	朝鮮朝日	1927-03-13	08단	人(岡新六氏(鐵道省技師)/秋元豊之進氏(京南鐵道副參事)/伊集院兼雄氏(東京朝日新聞記者)/村山沼一郎氏(慶南警察部長)/小田省吾氏(京城大學敎授))
137896	朝鮮朝日	1927-03-13	09단	女王の惱み(６４)/細井肇作
137897	朝鮮朝日	1927-03-15	01단	李王殿下御渡歐は御忌明け後に/御出發の御豫定/篠田李王職次官語る
137898	朝鮮朝日	1927-03-15	01단	大阪に在住する思想團體を頼り/昔通りに島を還せと莞島居住民が策動
137899	朝鮮朝日	1927-03-15	01단	三月上旬滿洲粟/輸入が激增
137900	朝鮮朝日	1927-03-15	01단	二月中の淸津水産品/大部分は乾鱈
137901	朝鮮朝日	1927-03-15	01단	淸津府營棧橋積貨物
137902	朝鮮朝日	1927-03-15	02단	京仁合同假契約/草案なる
137903	朝鮮朝日	1927-03-15	02단	無線の連絡も空電が多くて通信が旨く行かぬ內地との交通杜絶
137904	朝鮮朝日	1927-03-15	02단	セメントの人工の岩で海苔を養殖
137905	朝鮮朝日	1927-03-15	03단	平壤高女の校舍改善/五月に起工
137906	朝鮮朝日	1927-03-15	03단	短歌/橋田東聲選
137907	朝鮮朝日	1927-03-15	03단	釜山府內敎員の異動/十名內外か
137908	朝鮮朝日	1927-03-15	03단	初開校の淸津高女校/內鮮少女の五十名入學

일련번호	판명	간행일	단수	기사명
137909	朝鮮朝日	1927-03-15	04단	宣傳部を設け戶別に訪問し加入者を勸誘する/放送局の聽取者が殖えぬ
137910	朝鮮朝日	1927-03-15	04단	小兒の腹を割いて臟腑をえぐり取る/迷信に囚はれた癩患者/三名が共謀しての兇行
137911	朝鮮朝日	1927-03-15	04단	震災義捐金(本社門司支局取扱)
137912	朝鮮朝日	1927-03-15	05단	卒業式(釜山名小學校/新義州商業學校)
137913	朝鮮朝日	1927-03-15	05단	奇特な靑年/震災義金に百圓を寄贈
137914	朝鮮朝日	1927-03-15	05단	大雪崩で三名が慘死/重傷者三名
137915	朝鮮朝日	1927-03-15	06단	震災義金を各道で募集
137916	朝鮮朝日	1927-03-15	06단	同情籠を要所に吊し/震災義金を集む
137917	朝鮮朝日	1927-03-15	06단	東萊に巢喰/阿片魔窟を釜山署が檢擧
137918	朝鮮朝日	1927-03-15	07단	三千圓のモヒを押收/本據は京城
137919	朝鮮朝日	1927-03-15	07단	金貨の老婆が草刈鎌を揮ひ借主を殺害して死體を氷中に隱す
137920	朝鮮朝日	1927-03-15	07단	鮮滿對抗の柔道戰近づく/期日は五月廿九日か/本年は大連で擧行
137921	朝鮮朝日	1927-03-15	07단	會(新義州學組會議/淸酒組合披露)
137922	朝鮮朝日	1927-03-15	07단	人(福田光義氏(下關蓮事所長)/井上嬉之助氏(旅順工科大學敎長)/故李埈公妃殿下/ソー・エル・ワイン氏(佛國マクン紙社員)/平田驥一郎氏(國際運輸常務)/松野二平氏(總督府水産課技師)/金容範三氏(新朝鮮軍司令官))
137923	朝鮮朝日	1927-03-15	08단	本社撮影の震災映畵を平壤で公開
137924	朝鮮朝日	1927-03-15	08단	半島茶話
137925	朝鮮朝日	1927-03-15	09단	女王の惱み(65)/細井肇作
137926	朝鮮朝日	1927-03-16	01단	京取の十株に對し仁取の七株半の割で兩取引所の合倂が成立す/實行期日は七月一日
137927	朝鮮朝日	1927-03-16	01단	舊韓國軍人の扶助料下賜は衆議院で採擇さる
137928	朝鮮朝日	1927-03-16	01단	全滿商議所聯合會/安東で開催
137929	朝鮮朝日	1927-03-16	01단	大阪府の工場課長が勞働者の生活を視察
137930	朝鮮朝日	1927-03-16	01단	震災義捐金/涙ぐましい同情の結晶/各地から奇せられた幾多の人情美談/愈々二十日で締切る
137931	朝鮮朝日	1927-03-16	02단	京畿道金組/預金利子引下/各道聯合會も順應
137932	朝鮮朝日	1927-03-16	03단	會寧敦化間鐵道敷設/速成を陳情
137933	朝鮮朝日	1927-03-16	03단	辭令(東京電話)
137934	朝鮮朝日	1927-03-16	03단	朝鮮私鐵配當金は判決の日までは假處分
137935	朝鮮朝日	1927-03-16	03단	震災義捐金(本社門司支局取扱)
137936	朝鮮朝日	1927-03-16	04단	野越え山越え罌粟の栽培に露領內に移住する/鮮人が滅切り增加
137937	朝鮮朝日	1927-03-16	04단	俳句/鈴木花蓑選
137938	朝鮮朝日	1927-03-16	04단	各地道義戰

일련번호	판명	간행일	단수	기사명
137939	朝鮮朝日	1927-03-16	05단	平壤學校組合/明年度豫算/三十萬一千圓
137940	朝鮮朝日	1927-03-16	05단	釜山での活牛取引 全く杜絶す/仁川の牛疫 また蔓延す
137941	朝鮮朝日	1927-03-16	05단	純然たる朝鮮の映畫を作るべく朝鮮映畫藝術協會組織さる/第一回作品製作に着手
137942	朝鮮朝日	1927-03-16	06단	鏡城高普校/卒業生の方針/優等生は四名
137943	朝鮮朝日	1927-03-16	06단	ボーイの盟休
137944	朝鮮朝日	1927-03-16	07단	釜山學務課が少年たちの職業を紹介
137945	朝鮮朝日	1927-03-16	07단	安息教會の暗鬪/いよいよ擴大し刑事問題化す有樣で京城から鎮撫に急行
137946	朝鮮朝日	1927-03-16	07단	衡平社の聯盟委員會/十四日開崔
137947	朝鮮朝日	1927-03-16	07단	專賣局員の整理の噂で平壤支局動搖
137948	朝鮮朝日	1927-03-16	08단	命からがら鮮人畫家が上海から歸來
137949	朝鮮朝日	1927-03-16	08단	轉んだ彈みに獵銃が盲發/人を射殺す
137950	朝鮮朝日	1927-03-16	08단	會(春川公職者會)
137951	朝鮮朝日	1927-03-16	08단	人(金容範三氏(新朝鮮軍司令官)/イ・エッチ・ターゲット氏(京奉鐵道技師)/エ・ダブリユー、ターナー氏(同上)/伊藤定澄氏(殖銀本店割引係)/岡崎本府商工課長/松尾門議船舶係長/石林久彌氏(朝鮮公論社長)/自井、平石門鐵社員/ソーエル・ワイル氏(フランスマタン新聞紙外交部長))
137952	朝鮮朝日	1927-03-16	09단	女王の惱み(66)/細井肇作
137953	朝鮮朝日	1927-03-16	10단	半島茶話
137954	朝鮮朝日	1927-03-17	01단	輸移出入とも昨年より減少 二月中貿易高五千四百萬圓 累計一億一千萬圓/南浦貿易高 二月中の
137955	朝鮮朝日	1927-03-17	01단	手形交換所の設置を協議/鎮南浦商議所が金融業者の諒解を求む
137956	朝鮮朝日	1927-03-17	01단	氷雪を冒して
137957	朝鮮朝日	1927-03-17	03단	間島穀類の二月中取引高
137958	朝鮮朝日	1927-03-17	03단	古葛籠の中から世界的の珍本龍龕手鑑を發見/古い古い漢字辭典
137959	朝鮮朝日	1927-03-17	03단	短歌/橋田東聲選
137960	朝鮮朝日	1927-03-17	03단	總督府追加豫算/百二十萬圓
137961	朝鮮朝日	1927-03-17	03단	三月上旬鐵道業績/前年より好況
137962	朝鮮朝日	1927-03-17	04단	辭令(東京電話)
137963	朝鮮朝日	1927-03-17	04단	出産率の減少は無い/一時の屆出で十四年は激增
137964	朝鮮朝日	1927-03-17	04단	鄭旭朝さんの初のお旅(下)/ポロポロ涙を流して『星の國から』の內地のお友達の舞踊に感激して仕舞った
137965	朝鮮朝日	1927-03-17	05단	朝鮮最初の府營電氣に就任の長尾氏
137966	朝鮮朝日	1927-03-17	05단	慶北道の東亞博出品
137967	朝鮮朝日	1927-03-17	05단	入學試驗問題が職員の手から施行の前日に漏洩/釜山一商校が狼狽して協議

일련번호	판명	간행일	단수	기사명
137968	朝鮮朝日	1927-03-17	06단	咸北道風雪被害/船舶だけで百隻に及ぶ
137969	朝鮮朝日	1927-03-17	06단	平壤の遊女が聯盟を組織/樓主に對抗
137970	朝鮮朝日	1927-03-17	07단	*本社撮影の震災活寫を釜山で上映/十八日夜は馬山で公開*
137971	朝鮮朝日	1927-03-17	07단	慶北道が醫生取締を嚴重に行ふ
137972	朝鮮朝日	1927-03-17	07단	鐘路の夜市/四月一日から
137973	朝鮮朝日	1927-03-17	07단	文廟掌の議員選擧で儒林團騷ぐ
137974	朝鮮朝日	1927-03-17	08단	震災義捐金(本社門司支局取扱)
137975	朝鮮朝日	1927-03-17	08단	妓生を囮に詐欺を働く
137976	朝鮮朝日	1927-03-17	09단	貧しい人に無料で散髮/大山時雄氏が
137977	朝鮮朝日	1927-03-17	09단	絆の火事は保險金欲しさの放火か
137978	朝鮮朝日	1927-03-17	09단	麻雀競技會/朝日新聞優勝盃寄贈
137979	朝鮮朝日	1927-03-17	09단	*牛疫の系統は黃海道らしい 仁川の移出牛全部に血淸注射を施す/牛疫豫防に釜山が懸命*
137980	朝鮮朝日	1927-03-17	10단	會(釜山府豫算協議會/釜山港友會)
137981	朝鮮朝日	1927-03-17	10단	人(山田勇雄氏(前京日綱轉局長)/グリフィス博士夫妻/ドウラフスキー氏(駐日勞農大使))
137982	朝鮮朝日	1927-03-17	10단	半島茶話
137983	朝鮮朝日	1927-03-18	01단	若手の將校を向ふに廻し庭球に御熱心な李王殿下御近況
137984	朝鮮朝日	1927-03-18	01단	輸移出增加の大宗は大豆/米は數量は增したが値頃安で金額は減少
137985	朝鮮朝日	1927-03-18	01단	國境大豆の滯貨一掃/大體見當つく
137986	朝鮮朝日	1927-03-18	01단	組合銀行利下/內地資金の流失は無い
137987	朝鮮朝日	1927-03-18	02단	平安水利が事務代行の問題で紛糾
137988	朝鮮朝日	1927-03-18	02단	二萬貫の枝肉を陸軍に納入し平壤肉の聲價昂る/逐年注文が增加せん
137989	朝鮮朝日	1927-03-18	02단	韓文自動車と慶東線との妥協が成立
137990	朝鮮朝日	1927-03-18	03단	電燈料値下の期成會組織/木浦府民が
137991	朝鮮朝日	1927-03-18	03단	俳句/鈴木花蓑選
137992	朝鮮朝日	1927-03-18	03단	朝鮮の俗樂と內地の民謠との關係を明にするべく/石川氏が全鮮を行脚して研究
137993	朝鮮朝日	1927-03-18	04단	平壤電車の寺洞延長は年度初に着工
137994	朝鮮朝日	1927-03-18	04단	馬山大邱間乘合自動車開通を出願
137995	朝鮮朝日	1927-03-18	04단	釜山府豫算/二百萬八千圓
137996	朝鮮朝日	1927-03-18	04단	慶南道議の釜山府當選者
137997	朝鮮朝日	1927-03-18	05단	震災地行寄贈品は無賃で輸送
137998	朝鮮朝日	1927-03-18	05단	間島で開く手藝品展は非常な好人氣
137999	朝鮮朝日	1927-03-18	05단	不逞團取締に藉口し鴨江對岸在住の鮮人を支那官憲が壓迫/總督府から近く警告せん
138000	朝鮮朝日	1927-03-18	05단	高普校の入學難/收容力に對し千名が過剩

일련번호	판명	간행일	단수	기사명
138001	朝鮮朝日	1927-03-18	05단	京城高商の入學試驗は競爭が激甚
138002	朝鮮朝日	1927-03-18	06단	民族爭鬪を描き出した『紅焰』/朝鮮映畫協會/第一回の作品
138003	朝鮮朝日	1927-03-18	06단	慶南初等校擴張計劃
138004	朝鮮朝日	1927-03-18	06단	齋藤參謀本部に榮轉/後任は松田中佐
138005	朝鮮朝日	1927-03-18	06단	多藝多趣味の齋藤少佐が東京に轉任
138006	朝鮮朝日	1927-03-18	07단	平壤兵器の獵銃製作は非常な好評
138007	朝鮮朝日	1927-03-18	07단	勉勵靑年會が檄を飛ばし米宣教師の排斥を企つ
138008	朝鮮朝日	1927-03-18	07단	女性同友會の婦人講座は警察が許さぬ
138009	朝鮮朝日	1927-03-18	08단	東高等課長福岡で逝く宿痾の胃癌で
138010	朝鮮朝日	1927-03-18	08단	退校された學生が卒業式に亂入/校長を打ちのめし更に十數名を負傷さす
138011	朝鮮朝日	1927-03-18	08단	春淺み！ /娘の家出/頻リに多い
138012	朝鮮朝日	1927-03-18	08단	平北島廳半燒/原因は漏電か
138013	朝鮮朝日	1927-03-18	09단	不正試驗の事實を否定/釜商校當事者
138014	朝鮮朝日	1927-03-18	09단	震災義捐金(本社門司支局取扱)
138015	朝鮮朝日	1927-03-18	10단	平南德川に匪賊が侵入/數百圓を强奪
138016	朝鮮朝日	1927-03-18	10단	全鮮女子卓球大會/大邱で擧行
138017	朝鮮朝日	1927-03-18	10단	會(體操講習會/淸津倉庫總會)
138018	朝鮮朝日	1927-03-18	10단	人(李鍝公殿下/土屋泰助氏(新任光州殖銀支店長)/田中篤二氏(新任淸津殖銀支店長)/田中作氏)
138019	朝鮮朝日	1927-03-18	10단	半島茶話
138020	朝鮮朝日	1927-03-19	01단	絶勝金剛山を東洋に於ける/大樂園たらしめよ/衆議院に建議提出
138021	朝鮮朝日	1927-03-19	01단	紛糾を續けた楝の買占問題/シンヂゲートを組織し契約を繼承し解決
138022	朝鮮朝日	1927-03-19	01단	侍從武官が聖旨を傳達/守備隊兵士に
138023	朝鮮朝日	1927-03-19	01단	龍井江岸間の車務一切を日本側が引受
138024	朝鮮朝日	1927-03-19	02단	『神戶牛に』早變り/鮮牛の移出はますます增加
138025	朝鮮朝日	1927-03-19	02단	熄みそうも無い鮮鐵の紛爭/井上氏の仲裁も不成功/二派に分れて協議
138026	朝鮮朝日	1927-03-19	02단	馬山商校入學試驗
138027	朝鮮朝日	1927-03-19	02단	總督府選拔/優秀卒業生高農へ入學
138028	朝鮮朝日	1927-03-19	03단	朝鮮農會設立/會長は湯淺氏
138029	朝鮮朝日	1927-03-19	03단	新義州小學校/校舍增築に三萬圓追加
138030	朝鮮朝日	1927-03-19	03단	辭令(東京電話)
138031	朝鮮朝日	1927-03-19	03단	鎭海共進會に慶北特設館
138032	朝鮮朝日	1927-03-19	03단	損をどちらが脊負ふかゞ問題/撫順油頁岩問題で安藤滿鐵理事語る
138033	朝鮮朝日	1927-03-19	04단	東亞博に朝鮮名所の油繪を出品

일련번호	판명	간행일	단수	기사명
138034	朝鮮朝日	1927-03-19	04단	高勾麗時代の古墳/勝湖里の一基を發掘
138035	朝鮮朝日	1927-03-19	04단	短歌/橋田東聲選
138036	朝鮮朝日	1927-03-19	04단	咸南道議戰/咸興當選者
138037	朝鮮朝日	1927-03-19	04단	昌慶丸入渠/定期檢查で
138038	朝鮮朝日	1927-03-19	05단	加入票を門に掲げ盗聴を取締
138039	朝鮮朝日	1927-03-19	05단	全く迷惑と學校は打消/試驗問題漏洩事件
138040	朝鮮朝日	1927-03-19	05단	大正十年このかた鮮銀券を偽造す/連累者全鮮に跨り秘密裡に取調中
138041	朝鮮朝日	1927-03-19	05단	煙草會社の設立は反對の聲が高く/創立は困難らしく/水口局長苦境に陷る
138042	朝鮮朝日	1927-03-19	05단	六十一名の人夫盟休
138043	朝鮮朝日	1927-03-19	06단	卒業證書を受取らぬと學生が頑張る
138044	朝鮮朝日	1927-03-19	06단	福岡聯隊襲撃犯人の入鮮は嘘か
138045	朝鮮朝日	1927-03-19	06단	大邱爆破の犯人が豫審に抗告
138046	朝鮮朝日	1927-03-19	07단	不義の褄重ね本夫を慘殺し南京袋に入れて棄つ/十八の人妻の兇行
138047	朝鮮朝日	1927-03-19	07단	金庫を盗み逃走中捕はる
138048	朝鮮朝日	1927-03-19	07단	不合格を悲觀し投身/漢江鐵橋から
138049	朝鮮朝日	1927-03-19	07단	獨立陰謀の儒林團公判
138050	朝鮮朝日	1927-03-19	08단	京城の火事
138051	朝鮮朝日	1927-03-19	08단	卒業式(京城法學專門/慶南晋州農業校/同密陽農蠶校)
138052	朝鮮朝日	1927-03-19	08단	會(安東地方委員會/鐵道研究會/石黑氏送別會/故東忠紀氏葬儀)
138053	朝鮮朝日	1927-03-19	08단	人(金容範三氏(新朝鮮軍司令官)/グリフィス博士夫妻/星野米藏氏(鐵道局囑託)/伊藤定澄氏(殖産銀行釜山支店詰)/安東滿鐵理事/プゴレフスキー氏(新任駐日ソヴエイト大使)/慶南面事記)
138054	朝鮮朝日	1927-03-19	09단	女王の惱み(67)/細井肇作
138055	朝鮮朝日	1927-03-19	09단	震災義捐金(本社門司支局取扱)
138056	朝鮮朝日	1927-03-20	01단	震手法案に對する貴院と政府の妥協/附帶條件を附すことゝして昨夜の會見でほゞ成立す
138057	朝鮮朝日	1927-03-20	01단	元山東京間の航路の紛糾で朝郵と川崎汽船の荷物の爭奪が猛烈
138058	朝鮮朝日	1927-03-20	01단	成績の良つかた地主の懇談會/八月頃第二回を開く
138059	朝鮮朝日	1927-03-20	01단	一萬戸に植桑を奬勵/京畿道が
138060	朝鮮朝日	1927-03-20	01단	土地改良代行地區の割當を協議
138061	朝鮮朝日	1927-03-20	02단	海藻類の發育良好で漁家蘇へる
138062	朝鮮朝日	1927-03-20	02단	朝鮮の海事法規を內地と同樣に統一することは三年ごろに實施か
138063	朝鮮朝日	1927-03-20	03단	二萬圓の低資を借り畜牛を奬勵
138064	朝鮮朝日	1927-03-20	03단	俳句/鈴木花蓑選

일련번호	판명	긴행일	단수	기사명
138065	朝鮮朝日	1927-03-20	04단	咸北道課長異動
138066	朝鮮朝日	1927-03-20	04단	京、仁兩取引所合併反對者の委任狀を取纏めて臨時總會に出席
138067	朝鮮朝日	1927-03-20	04단	朝鮮産の種牝馬/內地に送らる
138068	朝鮮朝日	1927-03-20	04단	馬の博士鈴木氏が/新研究を東京で發表
138069	朝鮮朝日	1927-03-20	04단	父兄からの贈り物を取ってはならぬと御達
138070	朝鮮朝日	1927-03-20	05단	練兵場の下水問題で松井府尹が司令部と交渉
138071	朝鮮朝日	1927-03-20	05단	外人宣教師が秘密裡に會合/排斥連動の對策を協議/斷然たる處置を取るか
138072	朝鮮朝日	1927-03-20	05단	京城府が社會々館を六萬圓で建設
138073	朝鮮朝日	1927-03-20	06단	辭令(東京電話)
138074	朝鮮朝日	1927-03-20	06단	羅南師團の徵兵檢査/四月一日から
138075	朝鮮朝日	1927-03-20	06단	勞動團體が睨合ふ/警察が仲裁
138076	朝鮮朝日	1927-03-20	07단	不身持を叱られ放火
138077	朝鮮朝日	1927-03-20	07단	仁川に發生の牛疫の系統が全然判明せぬので防疫の方針が樹たぬ/仁川の牛疫また發生　都合で四頭
138078	朝鮮朝日	1927-03-20	07단	集金人を終日尾行し現金を搔佛ふ
138079	朝鮮朝日	1927-03-20	08단	死刑と聞き法廷で暴る/强盜殺人犯が
138080	朝鮮朝日	1927-03-20	08단	追剝捕はる密陽署の手で
138081	朝鮮朝日	1927-03-20	08단	震災義捐金(本社門司支局取扱)
138082	朝鮮朝日	1927-03-20	09단	京城の火事/八戶を全燒
138083	朝鮮朝日	1927-03-20	09단	下宿屋の火事
138084	朝鮮朝日	1927-03-20	09단	御大喪儀映畵公開
138085	朝鮮朝日	1927-03-20	10단	間島領事館ラヂオ設置/ニュースを聽取
138086	朝鮮朝日	1927-03-20	10단	卒業式(釜山公立各普校/元山高等女學校)
138087	朝鮮朝日	1927-03-20	10단	人(李堈公殿下/グリフィス博士)
138088	朝鮮朝日	1927-03-20	10단	半島茶話
138089	朝鮮朝日	1927-03-22		休刊
138090	朝鮮朝日	1927-03-23	01단	支那勞動者十名を傭へば警察に届出でろ/內鮮人保護の一策
138091	朝鮮朝日	1927-03-23	01단	京城組合銀行の預金の利下げは內地から流入する/預金に影響は少い
138092	朝鮮朝日	1927-03-23	01단	元山市場復活す/十九日から
138093	朝鮮朝日	1927-03-23	01단	元山か淸津に無線局設置/感應試驗中
138094	朝鮮朝日	1927-03-23	02단	昌城金鑛の特許權下附/願出が多い
138095	朝鮮朝日	1927-03-23	02단	齋藤さんは本當によいお友達です/子供のやうに喜んでグリフィス博士北行す
138096	朝鮮朝日	1927-03-23	02단	總督をやめぬから軍縮のお使はいや　齋藤老總督の打割った肚　全權設の策動は誰?/斷然御斷り　齋藤總督聲明
138097	朝鮮朝日	1927-03-23	03단	四逃吉長の兩線連絡は各驛で行ふ
138098	朝鮮朝日	1927-03-23	03단	短歌/橋田東聲選

일련번호	판명	간행일	단수	기사명
138099	朝鮮朝日	1927-03-23	03단	辭令(東京電話)
138100	朝鮮朝日	1927-03-23	04단	慶南水産品の販路擴張に當局が努力
138101	朝鮮朝日	1927-03-23	04단	琺瑯鐵器の自給自足を試驗所が企劃
138102	朝鮮朝日	1927-03-23	04단	雪に阻れた國境の道路/漸く開通す
138103	朝鮮朝日	1927-03-23	05단	*慶南の道評議戰　當選者一齊に發表/各地道議戰*
138104	朝鮮朝日	1927-03-23	05단	平北道廳の火災
138105	朝鮮朝日	1927-03-23	06단	海産物の支那輸出を積極的に努力
138106	朝鮮朝日	1927-03-23	07단	高女卒業の表彰者決定
138107	朝鮮朝日	1927-03-23	07단	被告が多數で法廷を改造し公判を開く共産黨事件/豫審が漸く終了
138108	朝鮮朝日	1927-03-23	07단	三人の娘さんが揃って首席/馬山高女を卒業
138109	朝鮮朝日	1927-03-23	07단	震災義捐金(本社門司支局取扱)
138110	朝鮮朝日	1927-03-23	08단	外國婦人が震災義金に五十圓を寄贈
138111	朝鮮朝日	1927-03-23	08단	御大喪儀映畫公開
138112	朝鮮朝日	1927-03-23	09단	大同江の船夫爭議/警察が警告
138113	朝鮮朝日	1927-03-23	10단	五百餘名が泣きながら先生との別れを惜しむ
138114	朝鮮朝日	1927-03-23	10단	一家四人共謀で竊盜を働く
138115	朝鮮朝日	1927-03-23	10단	卒業式(馬山高等女學校/鎮南浦高等女學校)
138116	朝鮮朝日	1927-03-23	10단	人(山梨勝之進中將(艦政本部)/濱野英次郎少將(海軍軍令部)/グリフィス氏/名倉勝氏(殖産局技師)/山田一隆氏(警察官講習所長)/高橋直武小將/鈴木要太郎氏(間島總領事))
138117	朝鮮朝日	1927-03-23	10단	半島茶話
138118	朝鮮朝日	1927-03-24	01단	利權屋が嫌がらせの湯淺總監辭任の噂/その淸廉を煙たがる/京城では一笑に付せらる
138119	朝鮮朝日	1927-03-24	01단	土地改良部の一課を新設し開墾水利を掌らしむ
138120	朝鮮朝日	1927-03-24	01단	二月中の元山移出米/五萬二千叺
138121	朝鮮朝日	1927-03-24	01단	御百日祭の參列者決定/朴泳孝氏に
138122	朝鮮朝日	1927-03-24	01단	二月までの遞信局收入/二千萬圓
138123	朝鮮朝日	1927-03-24	02단	京畿道で苗代の改良/補助金交付
138124	朝鮮朝日	1927-03-24	02단	二十五日から福岡市で開催の東亞博內の朝鮮館(下)と滿蒙館(上)
138125	朝鮮朝日	1927-03-24	03단	低資融通の全北割當額/四十五萬圓
138126	朝鮮朝日	1927-03-24	03단	俳句/鈴木花蓑選
138127	朝鮮朝日	1927-03-24	04단	河川令の內容を協議/土木課長達が
138128	朝鮮朝日	1927-03-24	04단	東新株の上場認可/京取市場に
138129	朝鮮朝日	1927-03-24	04단	道評議員は最高點者を當局は推薦
138130	朝鮮朝日	1927-03-24	04단	種々の噂があった穀信の內紛は二十一日の總會で解決/天日社長の背任は訛傳
138131	朝鮮朝日	1927-03-24	05단	京畿道議員當選者

일련번호	판명	간행일	단수	기사명
138132	朝鮮朝日	1927-03-24	05단	總督府の執務時間變更
138133	朝鮮朝日	1927-03-24	05단	慶北道の面吏員選獎
138134	朝鮮朝日	1927-03-24	05단	豆滿江沿岸の密輸入が增加/同地方の稅關を本府直屬とする
138135	朝鮮朝日	1927-03-24	06단	震災義捐金(本社門司支局取扱)
138136	朝鮮朝日	1927-03-24	06단	身賣をした平電會社の慰勞金決定
138137	朝鮮朝日	1927-03-24	06단	馬山繰綿が製綿部開設/四月中旬操業
138138	朝鮮朝日	1927-03-24	06단	釜山女高普愈よ開設/二十日開校式
138139	朝鮮朝日	1927-03-24	07단	氏名も明さず震災義金に兵士が義損
138140	朝鮮朝日	1927-03-24	07단	妻に逃げられ猛り狂って數名を殺傷
138141	朝鮮朝日	1927-03-24	07단	注射藥のエメチンが惡かった爲か/豫防注射で四人が死んだ/咸南永興の怪事件
138142	朝鮮朝日	1927-03-24	07단	國葬當日の萬歲事件/二十五日公判
138143	朝鮮朝日	1927-03-24	07단	留置場で毒藥自殺/成川署で
138144	朝鮮朝日	1927-03-24	08단	鮮人少女五十餘名の誘拐を企つ
138145	朝鮮朝日	1927-03-24	08단	貨車が脫線/車輦館附近で
138146	朝鮮朝日	1927-03-24	08단	平壤體協陸上競技/本年度事業
138147	朝鮮朝日	1927-03-24	08단	綱干氏と山崎孃をコーチに招聘
138148	朝鮮朝日	1927-03-24	09단	京城府の運動びらき訓練院で擧行
138149	朝鮮朝日	1927-03-24	09단	朝鮮キネマ新作品「野鼠」
138150	朝鮮朝日	1927-03-24	09단	讀者慰安朝日活寫會
138151	朝鮮朝日	1927-03-24	10단	卒業式(釜山高女校)
138152	朝鮮朝日	1927-03-24	10단	會(釜山學校組合會)
138153	朝鮮朝日	1927-03-24	10단	人(石黑臺灣總督府文敎局長(前總督府地方課長)/ドウラフスキー氏(駐日勞農露國新任大使)/村山慶南警察部長/金慶南學務課長)
138154	朝鮮朝日	1927-03-24	10단	半島茶話
138155	朝鮮朝日	1927-03-25/1	01단	謎！謎！官界の大謎/老總督に引退の說/官界は深刻な不安に襲はれ/後任の顔觸が流布さる
138156	朝鮮朝日	1927-03-25/1	02단	內鮮滿洲を繫ぐ京城の大無線局落成/發着數一萬を超え今後ますます增加する模樣
138157	朝鮮朝日	1927-03-25/1	04단	京城電話度數制/來年から實施
138158	朝鮮朝日	1927-03-25/1	04단	吉州極洞間自動車復活
138159	朝鮮朝日	1927-03-25/1	04단	全鮮に互って警察署長の異動きたる四月頃發表か
138160	朝鮮朝日	1927-03-25/1	04단	煙草元賣捌の組織を株式に改めることは私の意見で實現せんと水口局長語る
138161	朝鮮朝日	1927-03-25/1	05단	鐵道大會出席者/五百餘名
138162	朝鮮朝日	1927-03-25/1	05단	穀物組合聯合會/新義州で擧行
138163	朝鮮朝日	1927-03-25/1	05단	短歌/橋田東聲選
138164	朝鮮朝日	1927-03-25/1	05단	淸津協議會/豫算を附議

일련번호	판명	간행일	단수	기사명
138165	朝鮮朝日	1927-03-25/1	06단	*朝に用兵を談じ夕べ鞭を擧げて京城に向ふ 金容司令官所感の一詩/批難攻擊を覺悟の上で計劃通り遂行*
138166	朝鮮朝日	1927-03-25/1	06단	鮮人兒童のために夜學校を開設/堺市の內鮮協和會が不就學鮮人の便宜を圖る
138167	朝鮮朝日	1927-03-25/1	06단	京城齒科醫專校舍新築/目下設計中
138168	朝鮮朝日	1927-03-25/1	07단	內地の雄/鯉城蹴球團/四月に來鮮
138169	朝鮮朝日	1927-03-25/1	07단	檢事局が黑表を作成/思想方面の取締に努力
138170	朝鮮朝日	1927-03-25/1	08단	社會事業に一層力を入れ/外人宣敎師排斥を緩和すべく計劃中
138171	朝鮮朝日	1927-03-25/1	09단	娼妓五名が揃って逃亡/樓主に不服で
138172	朝鮮朝日	1927-03-25/1	09단	會(明賣靑年發會式/淸酒裏賞授與式/間事金融理事會)
138173	朝鮮朝日	1927-03-25/1	09단	人(引田乾作中將/京畿道高普敎員一行/儒林團內地視察團)
138174	朝鮮朝日	1927-03-25/1	09단	震災義捐金(本社門司支局取扱)
138175	朝鮮朝日	1927-03-25/1	10단	半島茶話
138176	朝鮮朝日	1927-03-25/2	01단	本社取扱震火災義捐金(二十日午後六時迄受付の殖り)
138177	朝鮮朝日	1927-03-25/2	01단	學校組合費債を低利に乘替へ/內地の資本團が組合の內容を諒解して來た
138178	朝鮮朝日	1927-03-25/2	01단	讀者慰安朝日活寫會
138179	朝鮮朝日	1927-03-25/2	04단	殘った場所は全部不良/露領鰊の漁場
138180	朝鮮朝日	1927-03-25/2	04단	漁港防波堤改築を嘆願/淸津漁民が
138181	朝鮮朝日	1927-03-25/2	04단	運送店が一丸となり會社を組織
138182	朝鮮朝日	1927-03-25/2	04단	釜山高女卒業生達に『婦人』を寄贈
138183	朝鮮朝日	1927-03-26/1	01단	*嵐は去った 五十二議會終る 議長の選擧を最後に九州製鋼買收費は削除/閉院式は本日貴族院で/正副議長決るけふ御裁可を仰ぐ/正副議長辭職聽許*
138184	朝鮮朝日	1927-03-26/1	01단	南京領事館に南軍の暴兵侵入しあらゆる暴行を働く/食糧搭載艦船の來援を待つ
138185	朝鮮朝日	1927-03-26/1	01단	櫻笑く貴國に生活するを喜び/赴任の途にあると露國新大使は語る
138186	朝鮮朝日	1927-03-26/1	03단	釜山瓦電が本社を移轉/總會で決議
138187	朝鮮朝日	1927-03-26/1	03단	九十萬圓の平壤府債/發行の計劃
138188	朝鮮朝日	1927-03-26/1	04단	大邱地場銀行利子引下/或は困難か
138189	朝鮮朝日	1927-03-26/1	04단	大理石の美とサイレンの雄叫二度喫驚したといふグリッフィス博士夫妻
138190	朝鮮朝日	1927-03-26/1	04단	*慶北道議戰/一日施行の釜山學議戰運動が熾烈*
138191	朝鮮朝日	1927-03-26/1	04단	寫眞說明(二十五日開會された福岡市東亞博本館正門と朝鮮事情宣傳のため開期中會場で妙技を揮ふ朝鮮妓生の一隊)
138192	朝鮮朝日	1927-03-26/1	05단	龍井村鮮人の殖産契整理/好成績を收む
138193	朝鮮朝日	1927-03-26/1	06단	京畿道の高等課長は佐伯氏就任か

일련번호	판명	간행일	단수	기사명
138194	朝鮮朝日	1927-03-26/1	06단	出品點數は增し審査を嚴重に內容充實を期す鮮展/三千名に出品を勸誘
138195	朝鮮朝日	1927-03-26/1	06단	流感に罹ったのが死亡の原因と/エメチン注射の奇禍に關し道知事が聲明を發す
138196	朝鮮朝日	1927-03-26/1	08단	大會を開き糺彈せんと郡民が敦圍く
138197	朝鮮朝日	1927-03-26/1	08단	慶北農會が優良農村と篤農家を表彰
138198	朝鮮朝日	1927-03-26/1	08단	仁取の合倂反對に警察が干涉し團體的行爲を禁じ總會當日の運動を許さぬ
138199	朝鮮朝日	1927-03-26/1	08단	萬歲事件の言渡は四月一日
138200	朝鮮朝日	1927-03-26/1	09단	肺疫牛は一頭も無い/平北の調査
138201	朝鮮朝日	1927-03-26/1	09단	遺産爭ひで鮮人當豪の醜いお家騷動
138202	朝鮮朝日	1927-03-26/1	09단	震災義捐金(本社門司支局取扱)
138203	朝鮮朝日	1927-03-26/1	10단	邪推して二名を殺し六名を傷く
138204	朝鮮朝日	1927-03-26/1	10단	會(間島農業改良講習會/農業技術員打合會)
138205	朝鮮朝日	1927-03-26/1	10단	人(金容範三中將/島根男子師範生/小倉師範生/鹿兒島第一師範生/奈良師範生/グリッフィス博士/ロバート・フレザー氏)
138206	朝鮮朝日	1927-03-26/1	10단	半島茶話
138207	朝鮮朝日	1927-03-26/2	01단	本社取扱震火災義捐金
138208	朝鮮朝日	1927-03-26/2	01단	地震の歌/矢澤孝子
138209	朝鮮朝日	1927-03-26/2	02단	震火災地託兒所及び孤兒宛義捐金 全關西婦人聯合會取扱/震災救恤品
138210	朝鮮朝日	1927-03-26/2	04단	可憐な子女が同胞愛の現れ/天津小學校の義損
138211	朝鮮朝日	1927-03-26/2	04단	ベートーヴェン百年祭演奏會
138212	朝鮮朝日	1927-03-27	01단	軍縮の首席全權を總督或は受諾か 首相海相の切なる懇望で 情の人, 老總督の意動く/內閣の都合で總督の地位を勝手に は動かさせぬ
138213	朝鮮朝日	1927-03-27	01단	仁取の合倂反對に蓆旗を押立る/運動は禁止され總會前に府民大會を開く
138214	朝鮮朝日	1927-03-27	01단	李王殿下の台臨を仰ぐ/鎭海物産共進會の希望
138215	朝鮮朝日	1927-03-27	01단	三月上旬對外貿易/七百七十萬圓
138216	朝鮮朝日	1927-03-27	02단	平壤府の新事業/豫算二百萬圓
138217	朝鮮朝日	1927-03-27	02단	軍事訓鍊は鮮人にも必要 增師も軈て實現せん 金容新軍司令官語る/馬が暴れて徵傷を負ふ
138218	朝鮮朝日	1927-03-27	03단	金泉三千浦鐵道敷設の請願書を提出
138219	朝鮮朝日	1927-03-27	03단	總督府會計檢查
138220	朝鮮朝日	1927-03-27	04단	牛疫の疑が無い限りは門司の檢疫所では無茶に永く繫留はせない
138221	朝鮮朝日	1927-03-27	04단	俳句/鈴木花蓑選
138222	朝鮮朝日	1927-03-27	04단	震災義金二千二百圓關係地へ送付

일련번호	판명	간행일	단수	기사명
138223	朝鮮朝日	1927-03-27	04단	奈良高師を巢だつ朝鮮の名花三輪/淑明女高普の出身で今後朝鮮敎育界に活動
138224	朝鮮朝日	1927-03-27	05단	列車事故の原因を徹底的に調査
138225	朝鮮朝日	1927-03-27	05단	鐵道總會出席者/三班に分れて鮮內を視察
138226	朝鮮朝日	1927-03-27	05단	新幹會に匹敵する新思想が生る/ソール系が主體となった社會運動中央協議會成立
138227	朝鮮朝日	1927-03-27	05단	キネマファンのグ博士夫妻/水容八重子の振袖姿を「九官鳥」の映畫で大喜び
138228	朝鮮朝日	1927-03-27	06단	一萬餘の眞珠貝/鎭海に養殖
138229	朝鮮朝日	1927-03-27	07단	一寸法師の鮮女
138230	朝鮮朝日	1927-03-27	07단	五十餘萬圓の補給金だけを鮮鐵が兎も角も配當
138231	朝鮮朝日	1927-03-27	08단	基督靑年會籃球選手/內地に遠征
138232	朝鮮朝日	1927-03-27	08단	鴨綠江解氷 引續く暖氣で/豆滿江解氷 氷上通行杜絶
138233	朝鮮朝日	1927-03-27	08단	震災義捐金(本社門司支局取扱)
138234	朝鮮朝日	1927-03-27	09단	朝鮮人側の激昻治まらず醫師と調査員を派遣/咸南永興の注射事件
138235	朝鮮朝日	1927-03-27	09단	意見されて兄を刺殺す
138236	朝鮮朝日	1927-03-27	10단	土地改良の地區を審議
138237	朝鮮朝日	1927-03-27	10단	死體を發掘し生首で當豪を恐喝
138238	朝鮮朝日	1927-03-27	10단	會(新義州學校評議會)
138239	朝鮮朝日	1927-03-27	10단	人(後藤眞笑氏(本府山林部林産課長)/長谷川喜一氏(佐世保鋼府守參謀)/若松正實氏(京城辯護士)/湯村辰二郎氏(總督府土地改良課長)/村泰五郎氏)
138240	朝鮮朝日	1927-03-27	10단	半島茶話
138241	朝鮮朝日	1927-03-29/1	01단	國稅の體系整ふ資本利子稅と營業稅を創設/酒稅を增率し綿織物を減率/二十九日の閣議に附議(朝鮮總督府國稅體系/創設さるゝ稅/改正さるゝ稅)
138242	朝鮮朝日	1927-03-29/1	01단	歐洲方面行の郵便物の繼越/朝鮮線の郵便車を擴張して實施する
138243	朝鮮朝日	1927-03-29/1	01단	故李王殿下御一周年祭/四月十五日
138244	朝鮮朝日	1927-03-29/1	01단	土木協會/十二回總會
138245	朝鮮朝日	1927-03-29/1	02단	銀行の利下/全南に波及
138246	朝鮮朝日	1927-03-29/1	02단	局子街步兵隊南北戰に出動/馬車八百臺の徵發が/張作霖氏から到達
138247	朝鮮朝日	1927-03-29/1	02단	何時にまして笑顔の多い齋藤總督の今日この頃何の嬉しさかと役人達の噂/全權受諾の肚が極ったか
138248	朝鮮朝日	1927-03-29/1	03단	鐵道局辭令
138249	朝鮮朝日	1927-03-29/1	04단	公金橫領の面長が頓死/未決監內で
138250	朝鮮朝日	1927-03-29/1	04단	有力な官吏が料亭に陣取り煙草會社設立に狂奔/或は瀆職事件を惹起か

일련번호	판명	간행일	단수	기사명
138251	朝鮮朝日	1927-03-29/1	04단	短歌/橋田東聲選
138252	朝鮮朝日	1927-03-29/1	05단	詮衡難の李王職長官/近く任命か
138253	朝鮮朝日	1927-03-29/1	05단	安東市民大安堵/木關稅握潰で
138254	朝鮮朝日	1927-03-29/1	05단	鹽酸エメチンで死んだのでは無い/やっぱり流感だと西龜技師の永興視察團
138255	朝鮮朝日	1927-03-29/1	06단	勞農政府が鮮人の移住を禁止
138256	朝鮮朝日	1927-03-29/1	06단	昌慶苑の夜櫻/二十日頃から
138257	朝鮮朝日	1927-03-29/1	06단	大邱法院大活動/有力な鮮人醫師を取調
138258	朝鮮朝日	1927-03-29/1	06단	讀者慰安朝日活寫會
138259	朝鮮朝日	1927-03-29/1	07단	國境の飛行場/惠山鎭に內定/近き將來に實現せん
138260	朝鮮朝日	1927-03-29/1	07단	貴族の令孃とも見まがふ美貌に慘虐性を恨んで鮮內に潛入した不逞の女
138261	朝鮮朝日	1927-03-29/1	07단	卒業式(仁川海員養成所)
138262	朝鮮朝日	1927-03-29/1	07단	會(佛敎團講演會)
138263	朝鮮朝日	1927-03-29/1	07단	人(萩原彦三氏(總督府官房文書課長)/村山慶南警察部長/岡本亥之吉氏(釜山署長)/佐久間朝鮮ガス支配人/三好豊太郎氏(朝鮮開拓社專務)/松井慶南內務部長/平井三男氏(本府學務課長兼鐵道局理事)/澤崎修氏(鐵道局監督課長))
138264	朝鮮朝日	1927-03-29/1	08단	半島茶話
138265	朝鮮朝日	1927-03-29/1	08단	震災義金(本社門司支局取扱)
138266	朝鮮朝日	1927-03-29/1	09단	女王の悩み(６８)/細井肇作
138267	朝鮮朝日	1927-03-29/2	01단	本年の野球(一)/新裝の戎衣に新しきマーク/はや猛練習を開始した鐵道局新チーム
138268	朝鮮朝日	1927-03-29/2	01단	本紙の春季大附錄/東海道五十三次畫帖/廣重筆
138269	朝鮮朝日	1927-03-29/2	01단	本社取扱震火災義捐金
138270	朝鮮朝日	1927-03-29/2	02단	注目されるゴカイの驅除/釜山稅關植物檢查課/靑山技手創製の石灰窒素
138271	朝鮮朝日	1927-03-29/2	03단	東亞日報社新築記念に各種の施設
138272	朝鮮朝日	1927-03-29/2	03단	製紙業者の産業組合は鮮內で初めて
138273	朝鮮朝日	1927-03-29/2	04단	內鮮間の電信發着數
138274	朝鮮朝日	1927-03-29/2	04단	咸興學議補選
138275	朝鮮朝日	1927-03-29/2	04단	自殺を企つ內地人靑年/釜山署で保護
138276	朝鮮朝日	1927-03-29/2	04단	無錢遊興の當習者逮捕
138277	朝鮮朝日	1927-03-29/2	04단	喫茶室(道議の自薦運動)
138278	朝鮮朝日	1927-03-30/1	01단	洋畫がお好きで伊太利の旅行をお樂みの李王殿下/御外遊の日程きまる
138279	朝鮮朝日	1927-03-30/1	01단	豆粕運賃割戾が徹底を缺ぐと滿鐵當局に交渉開始
138280	朝鮮朝日	1927-03-30/1	01단	小學校員の大異動/三月末に發表
138281	朝鮮朝日	1927-03-30/1	01단	鍊賣出の警備船/東海丸竣工

일련번호	판명	간행일	단수	기사명
138282	朝鮮朝日	1927-03-30/1	02단	筏の繋溜所を營林署が取上/採木公司が大不滿/工費賠償を要求か
138283	朝鮮朝日	1927-03-30/1	02단	みじめな生活を向上させやうと岸和田の相愛會が各種の施設を計劃
138284	朝鮮朝日	1927-03-30/1	03단	全鮮代表通信競技/四月一日擧行
138285	朝鮮朝日	1927-03-30/1	03단	俳句/鈴木花蓑選
138286	朝鮮朝日	1927-03-30/1	04단	靑年處女衛生講話/全鮮で最初
138287	朝鮮朝日	1927-03-30/1	04단	新入學生達にまで不景氣が崇る/新品の教科書をやめ古本を買ひ我慢する/親心のいぢらしさ、女學生には少い
138288	朝鮮朝日	1927-03-30/1	04단	二千名の勞動者が無職で徒食す/咸南の水電工事も當分收容が出來ぬ
138289	朝鮮朝日	1927-03-30/1	04단	聯合艦隊仁川入港/四月十九日に
138290	朝鮮朝日	1927-03-30/1	05단	看守達の休暇規定/近く發布か
138291	朝鮮朝日	1927-03-30/1	05단	裏面の策動を痛論して熱狂/仁取合併に反對の府民大會のその夜
138292	朝鮮朝日	1927-03-30/1	06단	世界周遊團 十日に入城/支那動亂で今年は少い
138293	朝鮮朝日	1927-03-30/1	07단	牧ノ島無線/五月に開始
138294	朝鮮朝日	1927-03-30/1	07단	春の訪れで浮れる昌慶苑/そゞろ歩きの人で動物園も植物園も一ぱい
138295	朝鮮朝日	1927-03-30/1	07단	讀者慰安朝日活寫會
138296	朝鮮朝日	1927-03-30/1	08단	添はれぬ戀で娘十七/覺悟の自殺
138297	朝鮮朝日	1927-03-30/1	08단	東萊沖合で遭難機船が今に行方不明
138298	朝鮮朝日	1927-03-30/1	08단	會(齋藤中佐送別會)
138299	朝鮮朝日	1927-03-30/1	08단	人(齋藤朝鮮總督/池田秀雄氏(殖産局長)/岡崎哲郎氏(本府商工課長)/桑山頁次郎氏(朝鮮無煙炭會社支配人)/天日常次郎氏(併米協會々長))
138300	朝鮮朝日	1927-03-30/1	09단	女王の悩み(６９)/細井肇作
138301	朝鮮朝日	1927-03-30/1	10단	半島茶話
138302	朝鮮朝日	1927-03-30/2	01단	本年の野球(二)/甦生の意氣燃える京電のチーム/八名の健剛を迎へ半島の球界に雄飛せん
138303	朝鮮朝日	1927-03-30/2	01단	東亞博を機に鮮米の大宣傳/給仕人が飯の食へぬ程な試食會を大繁昌
138304	朝鮮朝日	1927-03-30/2	01단	火災報知器を京城に設置
138305	朝鮮朝日	1927-03-30/2	01단	釜山女高普いよいよ開校
138306	朝鮮朝日	1927-03-30/2	02단	鴨綠江岸新島電話所/目數を延長
138307	朝鮮朝日	1927-03-30/2	02단	朝日活寫會/牧ノ島で開催
138308	朝鮮朝日	1927-03-30/2	02단	家禽コレラ釜山で發見
138309	朝鮮朝日	1927-03-30/2	02단	大同江で漁船を脅す/海賊が出沒
138310	朝鮮朝日	1927-03-30/2	03단	虐待に悩み娼妓が投身/危く救はる

일련번호	판명	간행일	단수	기사명
138311	朝鮮朝日	1927-03-30/2	03단	朝日碁戰臨時手合(三)
138312	朝鮮朝日	1927-03-30/2	04단	東拓の雇人/社金を横領/行方を晦ます
138313	朝鮮朝日	1927-03-30/2	04단	覆面の强盗/酒屋に押入る
138314	朝鮮朝日	1927-03-30/2	04단	列車に投石/負傷は無い
138315	朝鮮朝日	1927-03-31/1	01단	交渉は受けやうが自分は斷はるのみサと口には言ふが大小百餘個の小荷物は在鮮九年の愛惜を偲ぶやう/適任はあるが若い人たちは億劫がって困るよと　全權受諾で東上の總督語る
138316	朝鮮朝日	1927-03-31/1	01단	滿鮮貨物連絡規則を改正/荷主は非常な便宜を享く三鮮連絡の會議終る
138317	朝鮮朝日	1927-03-31/1	01단	ほゝ笑む妓生/福岡市東亞博朝鮮館入口で
138318	朝鮮朝日	1927-03-31/1	03단	朝鮮人の衣服は朝鮮人が供給/その趣旨で創立された京城紡績が七分を配當
138319	朝鮮朝日	1927-03-31/1	03단	短歌/橋田東聲選
138320	朝鮮朝日	1927-03-31/1	04단	辭令(東京電話)
138321	朝鮮朝日	1927-03-31/1	04단	金融組合預金高/五千三百萬圓
138322	朝鮮朝日	1927-03-31/1	04단	李王殿下に全州李氏の救濟を上奏
138323	朝鮮朝日	1927-03-31/1	04단	全北輕鐵は九十萬圓で賣却に決定
138324	朝鮮朝日	1927-03-31/1	05단	京城學組の債券百萬圓/殖銀が引受
138325	朝鮮朝日	1927-03-31/1	05단	鮮臺航路を南浦まで延長
138326	朝鮮朝日	1927-03-31/1	05단	釜山組合銀行定期利子を五厘方引下
138327	朝鮮朝日	1927-03-31/1	05단	平南管內郡守の異動/近く發表か
138328	朝鮮朝日	1927-03-31/1	05단	歡迎もされず靑い目のお人形/拓殖局の通知が無いので學務局の棚で居眠
138329	朝鮮朝日	1927-03-31/1	05단	鮮匪討伐で負傷した支那の官憲に見舞金を贈り稿ふ
138330	朝鮮朝日	1927-03-31/1	05단	深海魚族の頭骨か/牧島海中で發見
138331	朝鮮朝日	1927-03-31/1	06단	震災義金の集りが惡く/當局困惑す
138332	朝鮮朝日	1927-03-31/1	06단	先生の辭職を悲しみ盟休/崇德學校が
138333	朝鮮朝日	1927-03-31/1	06단	不義の子と罵られ我子を殺す
138334	朝鮮朝日	1927-03-31/1	07단	內地へ出稼の鮮女工を誘拐/曖昧屋に賣飛ばす/惡周旋屋が跋扈
138335	朝鮮朝日	1927-03-31/1	07단	多情多感な歌姬たちが光明に背く盲人に同情/演藝會を開いて教育費を寄贈
138336	朝鮮朝日	1927-03-31/1	07단	會(京城都計委員會/遞信局洋畫展覽會)
138337	朝鮮朝日	1927-03-31/1	07단	人(李鍝公殿下/松井慶南內務部長/山田勇雄氏/朴泳孝子爵/ユーエン・マックヴエー氏/李商在氏(朝鮮日報社長)/長尾新任平壤電氣課長)
138338	朝鮮朝日	1927-03-31/1	07단	讀者慰安朝日活寫會
138339	朝鮮朝日	1927-03-31/1	08단	震災義金(本社門司支局取扱)
138340	朝鮮朝日	1927-03-31/1	09단	女王の惱み(７０)/細井肇作
138341	朝鮮朝日	1927-03-31/1	10단	半島茶話

일련번호	판명	간행일	단수	기사명
138342	朝鮮朝日	1927-03-31/2	01단	本年の野球(三)/更に新人を容れ内容を充實し八道に覇を唱へんと競ひ起つ殖銀チーム
138343	朝鮮朝日	1927-03-31/2	01단	陽氣のせいか船車の旅客が近來頓に增加して鐵道當局の悲喜こもごも
138344	朝鮮朝日	1927-03-31/2	01단	眞珠貝の養殖には極めて好適の地/今後成績さへ良ければ繼續して養殖する
138345	朝鮮朝日	1927-03-31/2	01단	大同江船夫の紛議が解決/覺書を交換し
138346	朝鮮朝日	1927-03-31/2	01단	煙草會社役員を改選/新會社問題で疑議
138347	朝鮮朝日	1927-03-31/2	02단	平壤電車の寺洞延長は本年中に開設
138348	朝鮮朝日	1927-03-31/2	02단	年を逐うて鑛産額激增
138349	朝鮮朝日	1927-03-31/2	03단	空巢覘ひが目立って增加/陽氣の加減で外出者が多くなった結果
138350	朝鮮朝日	1927-03-31/2	03단	朝日碁戰臨時手合(四)
138351	朝鮮朝日	1927-03-31/2	04단	雛二十羽を無償で配布/副業を奬勵

1927년 4월 (조선아사히)

일련번호	판명	간행일	단수	기사명
138352	朝鮮朝日	1927-04-01/1	01단	三十日の閣議で稅制整理案が決定/總督府制令で發布創設稅と改正稅の內容(創設稅/改正稅)
138353	朝鮮朝日	1927-04-01/1	01단	愈よ着工する豆滿江沿岸線雄基港を起點とし五年間に完成する
138354	朝鮮朝日	1927-04-01/1	01단	家畜衛生主任會議に朝鮮から出席
138355	朝鮮朝日	1927-04-01/1	01단	農務果技師三名を增員二年度から
138356	朝鮮朝日	1927-04-01/1	02단	櫻の大邱を現出する計劃
138357	朝鮮朝日	1927-04-01/1	02단	物々しき警戒裡に合併案を附議反對派が優勢のため決を取らず延期す/京取側は異議なく合併を承認
138358	朝鮮朝日	1927-04-01/1	03단	咸興花の會/愛婦が主催
138359	朝鮮朝日	1927-04-01/1	03단	京都武會の柔道家來鮮二日釜山上陸
138360	朝鮮朝日	1927-04-01/1	04단	天然痘が平壤に發生/系統は奉天か
138361	朝鮮朝日	1927-04-01/1	04단	朝鮮鐵道の大邱出張所に怪しい噂
138362	朝鮮朝日	1927-04-01/1	04단	麗水から榮山浦更に木浦の對岸の龍塘に至る鐵道の敷設はいよいよ認可さる
138363	朝鮮朝日	1927-04-01/1	05단	渡航免狀五千枚の僞造を企つ
138364	朝鮮朝日	1927-04-01/1	05단	俳句/鈴木花蓑選
138365	朝鮮朝日	1927-04-01/1	05단	獨立陰謀の儒林團判決寬大な言渡
138366	朝鮮朝日	1927-04-01/1	06단	「飛行機」が行方を晦す料亭の奧座敷で着陸中發見
138367	朝鮮朝日	1927-04-01/1	06단	春に背く/巷のたより(頭を石で割る/貧ゆえの捨子/空崇覗ひ逮捕)
138368	朝鮮朝日	1927-04-01/1	07단	妙齡の女も交る不良少年團捕はる被害額は數千圓に上る
138369	朝鮮朝日	1927-04-01/1	07단	火藥大密輪急轉直下展開せん
138370	朝鮮朝日	1927-04-01/1	07단	讀者慰安朝日活寫會
138371	朝鮮朝日	1927-04-01/1	08단	結婚を怖れ友達を誘ひ娘の家出
138372	朝鮮朝日	1927-04-01/1	08단	人(堤永市氏(漢銀專務)/多田榮吉氏(新義州實業家)/山本條太郎氏(政友會總務)/シドニー・メーヤス氏夫妻(支那中央鐵道代表)/齋藤中佐(軍參謀)/松田國三氏(軍參謀)/鈴木重康氏(步兵三四附中佐))
138373	朝鮮朝日	1927-04-01/1	09단	女王の惱み(７１)/細井肇作
138374	朝鮮朝日	1927-04-01/1	10단	半島茶話
138375	朝鮮朝日	1927-04-01/2	01단	本年の野球(完)/鐵道殖銀慶應向ふを張って竊に勇躍を期する遞信局の新チーム
138376	朝鮮朝日	1927-04-01/2	01단	煙草元賣捌人の制度を改正し普遍的配給を圖る
138377	朝鮮朝日	1927-04-01/2	01단	京北道議員いよいよ決定/京畿當選者
138378	朝鮮朝日	1927-04-01/2	01단	朝日碁戰臨時手合(五)
138379	朝鮮朝日	1927-04-01/2	02단	新博士の中村萬里氏/京城醫專出身
138380	朝鮮朝日	1927-04-01/2	03단	道內工事を所在の人に指定は困難
138381	朝鮮朝日	1927-04-01/2	03단	會社銀行(朝鮮生命總會/殖銀支店新築)
138382	朝鮮朝日	1927-04-01/2	03단	慶北道が地方費の現金拂出開始

일련번호	판명	간행일	단수	기사명
138383	朝鮮朝日	1927-04-01/2	04단	海藻類豊況相場下押か
138384	朝鮮朝日	1927-04-01/2	04단	相場と市況母紙夕刊後卅一日
138385	朝鮮朝日	1927-04-02/1	01단	港灣を生命の釜山の當事者が港灣協會の總會に何等の提案もせぬ
138386	朝鮮朝日	1927-04-02/1	01단	警官の不法行爲を屹度取締るやう警察部長會議で湯淺總監が訓示の筈
138387	朝鮮朝日	1927-04-02/1	01단	故李王殿下御一周年祭祭典の順序
138388	朝鮮朝日	1927-04-02/1	01단	殖銀利下/四月一日から
138389	朝鮮朝日	1927-04-02/1	01단	議案調査の時日を與ふ穀物商大會
138390	朝鮮朝日	1927-04-02/1	02단	本年に入り朝鮮牛肉の輸移出増加
138391	朝鮮朝日	1927-04-02/1	02단	日糖會社が天津方面に精糖を輸出
138392	朝鮮朝日	1927-04-02/1	02단	校外監督を置き生徒の風紀を嚴重に取締るべく私立中等學校長たちが協議
138393	朝鮮朝日	1927-04-02/1	02단	李完用候の傳記を編纂/七月頃刊行
138394	朝鮮朝日	1927-04-02/1	03단	警視異動
138395	朝鮮朝日	1927-04-02/1	03단	國境飛行場着工/五月頃の豫定
138396	朝鮮朝日	1927-04-02/1	03단	短歌/橋田東聲選
138397	朝鮮朝日	1927-04-02/1	03단	釜山で阻止の勞働者咸南鐵道の工事に振向
138398	朝鮮朝日	1927-04-02/1	04단	二千餘名の支那勞働者就職難で大困
138399	朝鮮朝日	1927-04-02/1	04단	徵兵檢査の日程がきまる
138400	朝鮮朝日	1927-04-02/1	04단	鮮展の審査員決定す
138401	朝鮮朝日	1927-04-02/1	04단	明るい藤色の半襟が白い兩脚にピッタリと繪から抜出たやうに美しい女流作家の川上喜久子さん本社募集に入選した「或る醜き美顔術師」
138402	朝鮮朝日	1927-04-02/1	05단	水平社大會に衡平社の幹部が出席
138403	朝鮮朝日	1927-04-02/1	05단	藝娼妓稅を半減し助興稅を賦課
138404	朝鮮朝日	1927-04-02/1	05단	滿鮮對抗柔道戰期日漸く迫り一勝二敗の後を受け朝鮮軍の練習猛烈
138405	朝鮮朝日	1927-04-02/1	06단	共産黨事件結審/九名は公判
138406	朝鮮朝日	1927-04-02/1	06단	國葬當時の騷擾犯判決を言渡
138407	朝鮮朝日	1927-04-02/1	06단	判決が二束/釜山法院で
138408	朝鮮朝日	1927-04-02/1	07단	強奪した金が百萬圓に達する大韓統義府の巨頭金德元の罪狀判明
138409	朝鮮朝日	1927-04-02/1	07단	東京で豪家を襲つだ三名朝鮮人強盜警視廳の手配により平壤遊廓內で逮捕
138410	朝鮮朝日	1927-04-02/1	07단	抗夫が窒死炭層崩壞し
138411	朝鮮朝日	1927-04-02/1	07단	會(憲兵分隊長會議/樂聖追想音樂會/林業宣傳活寫會)

일련번호	판명	간행일	단수	기사명
138412	朝鮮朝日	1927-04-02/1	08단	人(佐伯顯氏(忠南道警察部長)/牟田吉之助氏(新義州王子)/靑木善祐氏(大阪府商務課長)/野田全南道內務部長/岡本釜山署長/大池忠助氏(釜山實業家)/飯村朝鮮軍經理部長/林茂樹氏(鐵道局經理課長)/堀江幸市氏(光州地方法院檢事正))
138413	朝鮮朝日	1927-04-02/1	08단	讀者慰安朝日活寫會
138414	朝鮮朝日	1927-04-02/1	09단	女王の悩み(７２)/細井肇作
138415	朝鮮朝日	1927-04-02/1	10단	半島茶話
138416	朝鮮朝日	1927-04-02/2	01단	釜山に大規模な紹介所を設置慶南道が計劃し目下敷地を物色中
138417	朝鮮朝日	1927-04-02/2	01단	咸北道議員當選者決定/再選者は僅に四名で新顔が多い平北道評議
138418	朝鮮朝日	1927-04-02/2	01단	中等學校敎員の異動慶北管內
138419	朝鮮朝日	1927-04-02/2	01단	京城府內の普通學校長異動が決定
138420	朝鮮朝日	1927-04-02/2	01단	通學生のため平壤兼浦間列車時間變更
138421	朝鮮朝日	1927-04-02/2	02단	松井內務部長出發は五月滯歐期は一年
138422	朝鮮朝日	1927-04-02/2	02단	堆肥指導の部落を表彰
138423	朝鮮朝日	1927-04-02/2	02단	朝日碁戰臨時手合(六)
138424	朝鮮朝日	1927-04-02/2	03단	春に背く/巷のたより(竊盜團珠數繋ぎ/暴漢の一部逮捕/兩班の萬引發覺/慘殺犯の容疑者/朝鮮印刷工解屋/列車事故が三件)
138425	朝鮮朝日	1927-04-02/2	03단	平南道で表彰された焦行者と模範村
138426	朝鮮朝日	1927-04-02/2	03단	受驗挿話
138427	朝鮮朝日	1927-04-02/2	04단	釜山龍頭社春祭を執行
138428	朝鮮朝日	1927-04-02/2	04단	平南記念植樹
138429	朝鮮朝日	1927-04-02/2	04단	相場と市況母紙夕刊後一日
138430	朝鮮朝日	1927-04-02/2	04단	引跡氣配一日(株式(大阪)/期米(堂島)/生糸(橫濱)/綿糸(大阪)/砂糖(大阪))
138431	朝鮮朝日	1927-04-03		缺號
138432	朝鮮朝日	1927-04-04		休刊
138433	朝鮮朝日	1927-04-05		缺號
138434	朝鮮朝日	1927-04-06/1	01단	軍人離れのした立派な政治家だと宇垣新總督は陸軍畑で好評聽ては本物に就任か
138435	朝鮮朝日	1927-04-06/1	01단	人事の異動は大した事はない五日東上に際して生田內務局長は語る
138436	朝鮮朝日	1927-04-06/1	01단	李王殿下御歸鮮警衛方法を打ち合せ
138437	朝鮮朝日	1927-04-06/1	01단	春に背く放浪の群れ(二)/愛人の前途を祝福し陋居に靜に眠った戀の女流革命家金若水の愛人李寶花さん
138438	朝鮮朝日	1927-04-06/1	02단	普通學校に金員を寄附
138439	朝鮮朝日	1927-04-06/1	02단	經營難に陷る基督敎派の學校信徒の外人排斥で本國からの送金が減少す

일련번호	판명	간행일	단수	기사명
138440	朝鮮朝日	1927-04-06/1	03단	勞農露國の振勢館貞洞に建設
138441	朝鮮朝日	1927-04-06/1	03단	天道教創道記念式/五日に擧行
138442	朝鮮朝日	1927-04-06/1	04단	俳句/鈴木花蓑選
138443	朝鮮朝日	1927-04-06/1	04단	二十數箇所の屯營地に無線電信を設置し國境警備の完全を期す
138444	朝鮮朝日	1927-04-06/1	05단	辭令(東京電話)
138445	朝鮮朝日	1927-04-06/1	05단	全南線鐵工事三期線に分ち一齊に起工
138446	朝鮮朝日	1927-04-06/1	06단	判任官の大增員五月ごろ發表
138447	朝鮮朝日	1927-04-06/1	06단	間島の解氷十日前後か
138448	朝鮮朝日	1927-04-06/1	06단	ベートヴェン記念音樂會公會堂で開催
138449	朝鮮朝日	1927-04-06/1	07단	釜山記者團關門を視祭
138450	朝鮮朝日	1927-04-06/1	07단	無許可で內地渡航の勞働者を募集
138451	朝鮮朝日	1927-04-06/1	07단	龍龕手鑑の古版木黃海道で發見
138452	朝鮮朝日	1927-04-06/1	07단	女中を誘拐大邱で發見
138453	朝鮮朝日	1927-04-06/1	07단	放送局を相手どり名譽毀損の訴を提出すると敦圍く告訴事件を放送されて信用を傷けられたとて
138454	朝鮮朝日	1927-04-06/1	08단	普校訓導が不穩を企み逮捕さる
138455	朝鮮朝日	1927-04-06/1	08단	昌慶丸就航十六日ぶりに
138456	朝鮮朝日	1927-04-06/1	08단	轢死が二件
138457	朝鮮朝日	1927-04-06/1	08단	會(社會協會發會式/慶北蠶業講習會)
138458	朝鮮朝日	1927-04-06/1	08단	人(小城文八氏(遞信省副事務官)/生田內務局長/安達開墾課長/鄭中樞院事務官/渡邊定一郎氏(京城商議會頭)/長尾仟氏(平壤府電氣課長))
138459	朝鮮朝日	1927-04-06/1	09단	女王の腦み(７５)/細井肇作
138460	朝鮮朝日	1927-04-06/1	10단	半島茶話
138461	朝鮮朝日	1927-04-06/2	01단	砂防工事の成績は良好實施面積千町步で植栽本數五百萬本
138462	朝鮮朝日	1927-04-06/2	01단	平南牛の移出に牡を牝に代へて增殖を妨げぬやう道當局が研究を始む
138463	朝鮮朝日	1927-04-06/2	01단	江原道議員當選者決定
138464	朝鮮朝日	1927-04-06/2	01단	慶北だけで支那勞働者六百名に達す
138465	朝鮮朝日	1927-04-06/2	02단	練習艦隊が鎭海に入港
138466	朝鮮朝日	1927-04-06/2	02단	京城府の依賴消毒は利用者が漸增
138467	朝鮮朝日	1927-04-06/2	02단	生活改善展覽會
138468	朝鮮朝日	1927-04-06/2	02단	夏季講習會東萊で開催
138469	朝鮮朝日	1927-04-06/2	02단	義勇消防組鐘路に設置
138470	朝鮮朝日	1927-04-06/2	03단	運動界(鯉城蹴球團八日入城對戰日割決定/鎭海で開く慶南競技會日程がきまる)
138471	朝鮮朝日	1927-04-06/2	03단	朝日碁戰臨時手合(九)

일련번호	판명	간행일	단수	기사명
138472	朝鮮朝日	1927-04-06/2	04단	物の動き(三月中の外米輸入七萬八百石/小包郵便の輸入超過が七百四萬圓)
138473	朝鮮朝日	1927-04-06/2	04단	相場と市況母紙夕刊後五日
138474	朝鮮朝日	1927-04-06/2	04단	引跡氣配五日(株式(大阪)/期米(堂島)/綿糸(大阪)/生糸(横濱))
138475	朝鮮朝日	1927-04-07/1	01단	齋藤總督の留任を陳情す朝鮮儒林團幹部が
138476	朝鮮朝日	1927-04-07/1	01단	仁川の評議員騒ぎ結局は泣寢入か今便道も仕方が無い
138477	朝鮮朝日	1927-04-07/1	01단	御三方の御歸鮮十日に決定
138478	朝鮮朝日	1927-04-07/1	01단	學校費を削減され組合議員が辭表を提出
138479	朝鮮朝日	1927-04-07/1	01단	鮮人漁業家內地を視察漁具の運用を習得する
138480	朝鮮朝日	1927-04-07/1	02단	鴨緑江鐵橋五日から開橋
138481	朝鮮朝日	1927-04-07/1	02단	寺刹の寶物を一箇所に集めて紛失を防ぐ新計劃經費の關係で實現は困難か
138482	朝鮮朝日	1927-04-07/1	02단	二萬人からのお客が押寄す東亞博の鮮米試食
138483	朝鮮朝日	1927-04-07/1	02단	春に背く放浪の群れ/直接行動を避けて實力の養成に怒むる在滿の不逞團の一味/何よりの弱點は財政難
138484	朝鮮朝日	1927-04-07/1	03단	朝鮮穀物大會開催期六月中旬頃
138485	朝鮮朝日	1927-04-07/1	03단	職紐織工が賃金値下を慣って盟休
138486	朝鮮朝日	1927-04-07/1	04단	辭令(東京電話)
138487	朝鮮朝日	1927-04-07/1	04단	天長の佳節に全鮮蹴球界の強剛を綱羅して選手權大會を開催
138488	朝鮮朝日	1927-04-07/1	04단	短歌/橋田東聲選
138489	朝鮮朝日	1927-04-07/1	05단	第一回全鮮ア式蹴球選手權大會
138490	朝鮮朝日	1927-04-07/1	05단	釜山記者團十日下關へ各地を視察
138491	朝鮮朝日	1927-04-07/1	05단	東拓の小作人が不納同盟を組織要求を容れぬとて良民たちを煽動す
138492	朝鮮朝日	1927-04-07/1	06단	大村機が十數臺で汝矣島に飛來
138493	朝鮮朝日	1927-04-07/1	06단	嬰兒を壓殺/母と共謀し
138494	朝鮮朝日	1927-04-07/1	06단	朝鮮ホテルのボーイが怠業幹部達がチップの上前を刎ねるとて
138495	朝鮮朝日	1927-04-07/1	07단	質に入れた白金の指環から足がついた強盗の片割高陽郡で逮捕さる
138496	朝鮮朝日	1927-04-07/1	07단	朝日寫活會/慶山で開催
138497	朝鮮朝日	1927-04-07/1	07단	東海道五十三次畫帖/廣重筆
138498	朝鮮朝日	1927-04-07/1	08단	狂犬病またまた流行
138499	朝鮮朝日	1927-04-07/1	08단	會(學校經堂調査會)
138500	朝鮮朝日	1927-04-07/1	08단	人(山下興家氏(鐵道省工場課長技師)/笠井眞三氏(工學博士)/松田中佐(朝鮮軍參謀付)/岡田貢氏(前京城教員公普校長)/伊地知少將(吳鎭守府參謀長)/勝村長平氏(京日平壤支局長)/青島女學校生徒/廣島第一師範學校)
138501	朝鮮朝日	1927-04-07/1	09단	女王の腦み(７６)/細井肇作

일련번호	판명	간행일	단수	기사명
138502	朝鮮朝日	1927-04-07/1	10단	半島茶話
138503	朝鮮朝日	1927-04-07/2	01단	着陸場の不備を技術で補って朝鮮飛行練習所機が全鮮各地で飛翔
138504	朝鮮朝日	1927-04-07/2	01단	*朝鮮側の道評議員が連袂辭職す/平壤學議員當選者決定*
138505	朝鮮朝日	1927-04-07/2	01단	平南道の移住支那人年々に增加
138506	朝鮮朝日	1927-04-07/2	01단	釜山北濱の荷揚料廢止商議所が陳情
138507	朝鮮朝日	1927-04-07/2	01단	林業功勞者十日に表彰
138508	朝鮮朝日	1927-04-07/2	01단	平壤聯隊の徵兵檢査成績
138509	朝鮮朝日	1927-04-07/2	02단	農業關係の活寫を購入各地で公開
138510	朝鮮朝日	1927-04-07/2	02단	洋灰工場を元山に設置笠井博士が視察
138511	朝鮮朝日	1927-04-07/2	02단	能辯家の宇垣總督
138512	朝鮮朝日	1927-04-07/2	03단	朝日碁戰臨時手合(十)
138513	朝鮮朝日	1927-04-07/2	03단	フレッシュマン紅白野球戰競技場開きに
138514	朝鮮朝日	1927-04-07/2	03단	十五の娘と三十の男が鴨綠江で心中
138515	朝鮮朝日	1927-04-07/2	04단	相場と市況母紙夕刊後六日
138516	朝鮮朝日	1927-04-07/2	04단	引跡氣配六日(株式(大阪)/期米(堂島)/生糸(橫濱)/砂糖(大阪)/綿糸(大阪))
138517	朝鮮朝日	1927-04-08/1	01단	行惱んでゐた李王職長官は韓昌洙男を起用し御裁可を經て決定
138518	朝鮮朝日	1927-04-08/1	01단	鮮人勞働者を抱擁の餘裕は福岡縣にはまだある阪井特高課長のはなし
138519	朝鮮朝日	1927-04-08/1	01단	李王殿下御歸鮮奉迎方を決定
138520	朝鮮朝日	1927-04-08/1	01단	生活線戰上の第一線に立つ女性(二)/骨を鷄林に埋め生涯を朝鮮女子の教育に捧げやうと一意精進する淵澤女史
138521	朝鮮朝日	1927-04-08/1	02단	不滿を叫ばれる六燭光の廢止/事態或は惡化せんか
138522	朝鮮朝日	1927-04-08/1	03단	支拂期日を統一/大邱卸商が
138523	朝鮮朝日	1927-04-08/1	03단	判任官の採用試驗に受驗者六十名
138524	朝鮮朝日	1927-04-08/1	04단	土木工事に米突を採用今年度から
138525	朝鮮朝日	1927-04-08/1	04단	條件が惡くて移民の應募が非常に少ないので東拓や不二興業が大困り
138526	朝鮮朝日	1927-04-08/1	04단	俳句/鈴木花蓑選
138527	朝鮮朝日	1927-04-08/1	05단	メートル法の童謠と童話展覽會で募集
138528	朝鮮朝日	1927-04-08/1	05단	辭令(東京電話)
138529	朝鮮朝日	1927-04-08/1	05단	大邱府の公設市場が市價に比べ却って高い
138530	朝鮮朝日	1927-04-08/1	05단	安藤事務官は五月上旬に京城發渡歐
138531	朝鮮朝日	1927-04-08/1	06단	*各種の音の連鎖で脚本の筋を運ぶ目に見えぬ芝居を京城放送局が試む/徹底的に盜聽を取締京城放送局*
138532	朝鮮朝日	1927-04-08/1	06단	海女の同盟/他方面からの侵入をふせぐ
138533	朝鮮朝日	1927-04-08/1	06단	警察署が亂暴を見逃したと本府に陳情

일련번호	판명	간행일	단수	기사명
138534	朝鮮朝日	1927-04-08/1	07단	木部孃が四月上旬頃鎮南浦で飛行
138535	朝鮮朝日	1927-04-08/1	07단	精神病者の妻を嫌って絞め殺す
138536	朝鮮朝日	1927-04-08/1	07단	姦夫殺しは黃州で逮捕
138537	朝鮮朝日	1927-04-08/1	07단	會(全南道農會/米作改良講習會/南浦商議評議會)
138538	朝鮮朝日	1927-04-08/1	07단	文化の戰線では共同して當れとプロ藝術協會が總會を開いて協議
138539	朝鮮朝日	1927-04-08/1	07단	二人掛の腰掛に三人が掛ける入學兒童の增加で大邱小學校の窮狀
138540	朝鮮朝日	1927-04-08/1	08단	人(伏見大將宮殿下/靑木戒三氏(平南知事)/土師盛貞氏(京畿道警察部長)/岸本道夫博士(新釜山府立病院長)/阪井貞一氏(福岡縣特高課長))
138541	朝鮮朝日	1927-04-08/1	08단	半島茶話
138542	朝鮮朝日	1927-04-08/1	09단	女王の腦み(７７)/細井肇作
138543	朝鮮朝日	1927-04-08/2	01단	この皺を何うして伸ばすか(一)/平壤一記者
138544	朝鮮朝日	1927-04-08/2	01단	最善を盡す決心あるのみ京畿道警察部長に新任の土師重貞氏は語る
138545	朝鮮朝日	1927-04-08/2	01단	朝鮮の郵貯高百八十萬人二千餘萬圓
138546	朝鮮朝日	1927-04-08/2	01단	朝日碁戰臨時手合(十一)
138547	朝鮮朝日	1927-04-08/2	02단	民力涵養の實話當選者
138548	朝鮮朝日	1927-04-08/2	02단	運動界(在鄕軍人武道會/全南庭球大會)
138549	朝鮮朝日	1927-04-08/2	03단	物の動き(昨年中の棉花實收高/浦潮鍊入荷不振/淸津貿易高百四十萬圓)
138550	朝鮮朝日	1927-04-08/2	04단	相場と市況母紙夕刊後七日
138551	朝鮮朝日	1927-04-08/2	04단	引跡氣配七日(期米(堂島)/生糸(橫濱)/綿糸(大阪)/砂糖(大阪))
138552	朝鮮朝日	1927-04-09/1	01단	圖們と天圖兩鐵道の連絡日支政府が協議中/稅關檢査は上三峰
138553	朝鮮朝日	1927-04-09/1	01단	包裝に惱む朝鮮米の移出現在のでは費用が嵩み手數も掛って大不便
138554	朝鮮朝日	1927-04-09/1	01단	實業敎員の養成所高農內に設置
138555	朝鮮朝日	1927-04-09/1	01단	高等學校入學試驗の問題が大阪で漏れ或は試驗のやり直しか敎育界空前の大問題
138556	朝鮮朝日	1927-04-09/1	02단	慶南當局が稚魚發育の狀態を硏究
138557	朝鮮朝日	1927-04-09/1	02단	北鮮と京濱の命令航路を申請遞信當局も必要を認める受命競爭が激甚か
138558	朝鮮朝日	1927-04-09/1	02단	宇垣代理總督は朝鮮に留まり時々上京して軍務を見る支那の動亂に鑒み
138559	朝鮮朝日	1927-04-09/1	03단	仁川府外の鹽田起工式十六日擧行
138560	朝鮮朝日	1927-04-09/1	03단	短歌/橋田東聲選
138561	朝鮮朝日	1927-04-09/1	04단	問題の人佐藤氏解任後任は中村氏
138562	朝鮮朝日	1927-04-09/1	04단	藥劑師試驗成績が不良

일련번호	판명	간행일	단수	기사명
138563	朝鮮朝日	1927-04-09/1	04단	平壤灌佛會非常な賑ひ
138564	朝鮮朝日	1927-04-09/1	04단	鮮米の炊方を大阪で放送
138565	朝鮮朝日	1927-04-09/1	04단	「古典劇大典」平壤圖警官に寄贈
138566	朝鮮朝日	1927-04-09/1	05단	京城の放送が米國に聞えるサンペト口市のフアンから京城放送局に來信
138567	朝鮮朝日	1927-04-09/1	05단	汽船の接觸で四百噸の米海中に沈む
138568	朝鮮朝日	1927-04-09/1	05단	咸鏡線の開通を待ち共進會開催
138569	朝鮮朝日	1927-04-09/1	06단	五千圓の公金橫領犯大邱で逮捕
138570	朝鮮朝日	1927-04-09/1	06단	內地が下火で朝鮮に入込む小鳥屋の大手筋が或は大物を持込むか
138571	朝鮮朝日	1927-04-09/1	06단	鳳城炭鑛の金庫盜まる沙里院署で搜査中
138572	朝鮮朝日	1927-04-09/1	07단	夜陰に乗じ密航を企つ鮮人を發見
138573	朝鮮朝日	1927-04-09/1	07단	主家の金を橫領し逃亡釜山で捕はる
138574	朝鮮朝日	1927-04-09/1	07단	科學の粹を驅使した人智の偉大さを一目で諒解させる恩賜記念館開かる
138575	朝鮮朝日	1927-04-09/1	08단	平壤で逮捕の强盜犯東京に護送
138576	朝鮮朝日	1927-04-09/1	08단	人(湯淺政務總監/和田慶南知事/村山警察部長/在釜記者團一行/西原八十八氏(新全南道技師)/相澤毅氏(新慶南道水産課長)/安藤袈裟一氏/沈兼士氏(北京大學教授)/馬衡氏(同上)/上田勇氏)
138577	朝鮮朝日	1927-04-09/1	09단	女王の腦み(７８)/細井肇作
138578	朝鮮朝日	1927-04-09/1	10단	半島茶話
138579	朝鮮朝日	1927-04-09/2	01단	この皺を何うして伸ばすか(二)/平壤一記者
138580	朝鮮朝日	1927-04-09/2	01단	意志の强い鮮童を選り拔いて紹介銀行會社に奬めるが成績は極めて良好
138581	朝鮮朝日	1927-04-09/2	01단	芝罘の倉庫にある三井の人蔘が北伐軍の北進で危險
138582	朝鮮朝日	1927-04-09/2	01단	花柳病者が一名も無い慶北の壯丁
138583	朝鮮朝日	1927-04-09/2	01단	釜山の徵兵檢査
138584	朝鮮朝日	1927-04-09/2	01단	海軍記念日に東鄕會組織
138585	朝鮮朝日	1927-04-09/2	02단	物の動き(金融組合の新設候補地目下調査中/元山移出品數量)
138586	朝鮮朝日	1927-04-09/2	02단	朝日碁戰臨時手合(十二)
138587	朝鮮朝日	1927-04-09/2	03단	運動界(鎭海で戰ふ全大邱軍のメンバー決定)
138588	朝鮮朝日	1927-04-09/2	04단	相場と市況母紙夕刊後八日
138589	朝鮮朝日	1927-04-09/2	04단	引跡氣配八日(期米(堂島)/生糸(橫濱)/砂糖(大阪)/綿糸(大阪))
138590	朝鮮朝日	1927-04-10/1	01단	ホクホク顔の鐵道局純益金が百四十萬圓栗と豆粕の輸入激增が原因旅客收入も增加す
138591	朝鮮朝日	1927-04-10/1	01단	遭難の多いのは漁港の不完全國費支辨でドシドシと修築の必要がある
138592	朝鮮朝日	1927-04-10/1	01단	兩殿下の御滯在日程が決定
138593	朝鮮朝日	1927-04-10/1	02단	兩取引所合倂假契約無效の訴訟

일련번호	판명	간행일	단수	기사명
138594	朝鮮朝日	1927-04-10/1	02단	國民黨支部を京城に設置し南方支那人たちの社交倶樂部に充當
138595	朝鮮朝日	1927-04-10/1	03단	仁取總會は二十四日開催
138596	朝鮮朝日	1927-04-10/1	03단	平壤驛の改築は延期經費の關係で
138597	朝鮮朝日	1927-04-10/1	03단	釜山棧橋の掃海事業いよいよ開始
138598	朝鮮朝日	1927-04-10/1	04단	是から愈々鰯の漁期沿岸が大賑
138599	朝鮮朝日	1927-04-10/1	04단	俳句/鈴木花蓑選
138600	朝鮮朝日	1927-04-10/1	04단	內地に比べて聽取料が高く京城放送局の加入者中取消申込者が多い/放送局の參觀を制限演奏に支障を來すので
138601	朝鮮朝日	1927-04-10/1	04단	靑いお目々の四十のお人形がやうやくの朝鮮入り配布ざきを選定中
138602	朝鮮朝日	1927-04-10/1	05단	小作人と東拓の爭は道は傍觀す
138603	朝鮮朝日	1927-04-10/1	05단	奇篤な少年道から表彰
138604	朝鮮朝日	1927-04-10/1	05단	花には嵐釜山の櫻が少し遲れる
138605	朝鮮朝日	1927-04-10/1	06단	五年の間の新聞配達で釜商を卒へた筧勇君(同君は去る/右の報告が)
138606	朝鮮朝日	1927-04-10/1	06단	廣島水産試驗所の銀鷗丸が乘込み鰯の漁業で一儲け經費捻出のためか
138607	朝鮮朝日	1927-04-10/1	06단	辭令(東京電話)
138608	朝鮮朝日	1927-04-10/1	06단	惡店員が遺書を殘し自殺を裝ふ
138609	朝鮮朝日	1927-04-10/1	06단	五圓の金を拐帶し逃走
138610	朝鮮朝日	1927-04-10/1	06단	元道廳員が犯した罪を自首して出づ
138611	朝鮮朝日	1927-04-10/1	07단	百餘頭の獐を撲殺す續々と山を下る
138612	朝鮮朝日	1927-04-10/1	07단	東京での强盜犯九日送らる
138613	朝鮮朝日	1927-04-10/1	07단	昨年中に收容した癩患者の延人員五十三萬八千餘人年々增加の傾向がある
138614	朝鮮朝日	1927-04-10/1	07단	第一回全鮮ア式蹴球選手權大會
138615	朝鮮朝日	1927-04-10/1	08단	會(邱山校落成式/木浦穀物役員會)
138616	朝鮮朝日	1927-04-10/1	08단	人(李王垠、同妃兩殿下、德惠姬/新貝肇氏(遞信副事務官)/湯本鑒之助氏(釜山郵便局會計課長)/佐藤貞治氏(新任平壤警察署長)/朴咸北知事)
138617	朝鮮朝日	1927-04-10/1	09단	女王の腦み(７９)/細井肇作
138618	朝鮮朝日	1927-04-10/1	10단	半島茶話
138619	朝鮮朝日	1927-04-10/2	01단	この皺を何うして伸ばすか(三)/平壤一記者
138620	朝鮮朝日	1927-04-10/2	01단	非常に盛んな濟州島の敎育熱一面一校の充實を見せ特に婦人が理解を持つ
138621	朝鮮朝日	1927-04-10/2	01단	安州農學校學年延長は不認可らしい
138622	朝鮮朝日	1927-04-10/2	01단	日本棋院春季東西大棋戰(一)
138623	朝鮮朝日	1927-04-10/2	02단	海員ホームやうやく竣工

일련번호	판명	간행일	단수	기사명
138624	朝鮮朝日	1927-04-10/2	02단	平南道立醫學講習所志願者殺到
138625	朝鮮朝日	1927-04-10/2	03단	明東學校が蠶業講習生募集を發表
138626	朝鮮朝日	1927-04-10/2	03단	物の動き(清津水産品三月檢査高/木浦在米高/木浦鮮米移出高/平南米收穫高)
138627	朝鮮朝日	1927-04-10/2	04단	新刊紹介(朝鮮時論)
138628	朝鮮朝日	1927-04-10/2	04단	木浦短信
138629	朝鮮朝日	1927-04-10/2	04단	相場と市況母紙夕刊後九日
138630	朝鮮朝日	1927-04-10/2	04단	引跡氣配九日(株式(大阪)/期米(堂島)/生糸(横濱)/綿糸(大阪)/砂糖(大阪))
138631	朝鮮朝日	1927-04-10/2	04단	相場重要品商九日
138632	朝鮮朝日	1927-04-12/1	01단	俄然出動命令下る舞鶴要港部に對し四驅逐艦出動準備/十二日南支那方面へ出動
138633	朝鮮朝日	1927-04-12/1	01단	喪服を召され御位牌に御禮拜旅の疲れも休めず御到着のその夜に
138634	朝鮮朝日	1927-04-12/1	01단	二十日頃まで御滯在の御豫定朝鮮神宮の參拜は喪中で御取やめか/御洋行が近いので御歸東をお急ぎの模樣/慶州御巡覽三日間御滯在
138635	朝鮮朝日	1927-04-12/1	03단	嬉しさは通り越し勿體ない限りと朝鮮唯一の勅題入選者上野吉三さんのお喜び
138636	朝鮮朝日	1927-04-12/1	03단	代理總督は是非とも朝鮮に居て貰ひ度い木關問題は眞に殘念だった湯淺總監下關埠頭で語る
138637	朝鮮朝日	1927-04-12/1	04단	安東貿易商が商議聯合に議案を提出
138638	朝鮮朝日	1927-04-12/1	04단	安東縣でも附加徴收或は實行か
138639	朝鮮朝日	1927-04-12/1	04단	經費の都合で柞蠶試驗所廢止される
138640	朝鮮朝日	1927-04-12/1	05단	辭令(東京電話)
138641	朝鮮朝日	1927-04-12/1	05단	農事洞に警察署本年度に新設
138642	朝鮮朝日	1927-04-12/1	05단	鎭海の共進會愈よ開かる
138643	朝鮮朝日	1927-04-12/1	05단	夫婦連れの生徒も交る堺の夜學校愈よ開かる
138644	朝鮮朝日	1927-04-12/1	06단	春日和に惠まれた盛な運動場開き野球は紅軍が勝つ(陸上競技/軟式庭球)
138645	朝鮮朝日	1927-04-12/1	06단	短歌/橋田東聲選
138646	朝鮮朝日	1927-04-12/1	07단	九人がかりで精神病者を毆り殺す
138647	朝鮮朝日	1927-04-12/1	07단	九十名を乘せた汽船が沈沒し死體卅二を引揚ぐお客を乘せすぎたため/現場は大混亂掃海作業で死者を搜査
138648	朝鮮朝日	1927-04-12/1	08단	鴨綠江の初筏新義州到着は二十日ごろ
138649	朝鮮朝日	1927-04-12/1	08단	會(京城靑年理事會/鎭南浦學組會)
138650	朝鮮朝日	1927-04-12/1	08단	人(關屋宮內次官)
138651	朝鮮朝日	1927-04-12/1	09단	女王の腦み(80)/細井肇作
138652	朝鮮朝日	1927-04-12/2	01단	この鐵を何うして伸ばすか(四)/平壤一記者

일련번호	판명	간행일	단수	기사명
138653	朝鮮朝日	1927-04-12/2	01단	京城醫專校長と總督府醫院長の兼任は不便があり近く校長を專任とする
138654	朝鮮朝日	1927-04-12/2	01단	改元記念の朝鮮産業博六月一日から
138655	朝鮮朝日	1927-04-12/2	01단	日本棋院春季/東西大棋戰(二)
138656	朝鮮朝日	1927-04-12/2	02단	平北道內の支那勞働者五千八百餘人
138657	朝鮮朝日	1927-04-12/2	02단	中等教員に課目を指定研究を獎勵
138658	朝鮮朝日	1927-04-12/2	03단	明治町圖書館朝鮮人側の入場が激增
138659	朝鮮朝日	1927-04-12/2	03단	世界周遊船十日に入城
138660	朝鮮朝日	1927-04-12/2	03단	李商在氏の香奠七千圓
138661	朝鮮朝日	1927-04-12/2	03단	物の動き(鰯漁業有望/平北産繭額/新義州金組總會)
138662	朝鮮朝日	1927-04-12/2	04단	相場と市況母紙夕刊後十一日
138663	朝鮮朝日	1927-04-12/2	04단	引跡氣配十一日(株式(大阪)/期米(堂島)/生糸(橫濱)/綿糸(大阪)/砂糖(大阪))
138664	朝鮮朝日	1927-04-12/2	04단	重要商品相場十一日
138665	朝鮮朝日	1927-04-13/1	01단	北支那駐屯として五個中隊を派遣昨日上奏御裁可を經て當該師團へ正式に發令
138666	朝鮮朝日	1927-04-13/1	01단	出兵の準備は出來ては居るが露支相戰ふやうな心配は恐らくあるまい
138667	朝鮮朝日	1927-04-13/1	01단	裕陵御參拜後お淚更に新なる普殿下の御基に御參拜李王、妃殿下御動靜
138668	朝鮮朝日	1927-04-13/1	01단	煙草の賣上高二千八百萬圓
138669	朝鮮朝日	1927-04-13/1	01단	批難に驚き大邱小學校學級を增加
138670	朝鮮朝日	1927-04-13/1	02단	支那關稅賦課徵收いよいよ實施
138671	朝鮮朝日	1927-04-13/1	02단	簡單にゆかぬ外米關稅撤廢栗まで免稅となると收入に大影響を來す湯淺總監釜山で語る
138672	朝鮮朝日	1927-04-13/1	03단	潜水艦隊員平壤を視察
138673	朝鮮朝日	1927-04-13/1	03단	辭令(東京電話)
138674	朝鮮朝日	1927-04-13/1	04단	上海から遁れて避難の外人が續々と朝鮮に入込む總督府では非常に歡待す
138675	朝鮮朝日	1927-04-13/1	04단	好記錄續出した南鮮陸上競技大會鎭海海軍運動場で擧行
138676	朝鮮朝日	1927-04-13/1	04단	俳句/鈴木花蓑選
138677	朝鮮朝日	1927-04-13/1	04단	*鯉城惜敗對延禧蹴球戰/朝鮮軍大勝六對一鯉城敗る*
138678	朝鮮朝日	1927-04-13/1	05단	間島琿春品評會盛大に開會
138679	朝鮮朝日	1927-04-13/1	06단	木浦對光州野球戰擧行
138680	朝鮮朝日	1927-04-13/1	06단	小學教員の免許狀制度は本年度から實施目下法案の起草中
138681	朝鮮朝日	1927-04-13/1	06단	浦項學校費豫算の審議一段落を告ぐ
138682	朝鮮朝日	1927-04-13/1	07단	仁取總會一波瀾か
138683	朝鮮朝日	1927-04-13/1	07단	平壤、立川間連絡飛行十四日から
138684	朝鮮朝日	1927-04-13/1	07단	朝鮮飛行練習機不時着陸

일련번호	판명	간행일	단수	기사명
138685	朝鮮朝日	1927-04-13/1	07단	水平社からも代表者が出席盛會を豫想される衡平社創立記念式
138686	朝鮮朝日	1927-04-13/1	08단	妓生を囮に學生を誑す
138687	朝鮮朝日	1927-04-13/1	08단	勞働者の示威運動例によって許可されぬ
138688	朝鮮朝日	1927-04-13/1	08단	長鬚鯨の大群襲來全南大黑山に
138689	朝鮮朝日	1927-04-13/1	08단	會(木浦商識店員表彰式/都山流記念演奏會)
138690	朝鮮朝日	1927-04-13/1	09단	女王の腦み(８１)/細井肇作
138691	朝鮮朝日	1927-04-13/1	10단	人(湯淺政務總監/大池忠助氏(釜山實業家)/泉崎釜山府君/澤山寅彦氏(釜山實業家)/和田知事/引田二十師團長/渡邊朝鮮軍獸醫部長/カーンズ氏(英國アダジン大學總長))
138692	朝鮮朝日	1927-04-13/2	01단	物の動き(北海道明太魚旺んに移入さる品質も非常に良好/木浦貿易高四百五十萬圓/全南叺生産高/全南玄米檢査高/木浦魚類水揚高)
138693	朝鮮朝日	1927-04-13/2	01단	向學熱の普及は都會病を誘致田舍を嫌ふ弊があり當局は是が匡救策に腐心
138694	朝鮮朝日	1927-04-13/2	01단	日本棋院春季/東西大棋戰(三)
138695	朝鮮朝日	1927-04-13/2	03단	國費支辨の新事業の內容美湖鴨江兩河川の改修と水道工事設計の調査
138696	朝鮮朝日	1927-04-13/2	03단	京畿道の平均地價十圓四十五錢
138697	朝鮮朝日	1927-04-13/2	03단	義州會寧の兩郵便局を本年中に增築
138698	朝鮮朝日	1927-04-13/2	03단	全南農會の地主懇談會木浦で開催
138699	朝鮮朝日	1927-04-13/2	03단	春季淸潔法施行
138700	朝鮮朝日	1927-04-13/2	04단	相場と市況母紙夕刊後十二日
138701	朝鮮朝日	1927-04-13/2	04단	引跡氣配十二日(株式(大阪)/期米(堂島)/生糸(橫濱)/砂糖(大阪)/綿糸(大阪))
138702	朝鮮朝日	1927-04-13/2	04단	重要商品相場十二日
138703	朝鮮朝日	1927-04-14/1	01단	木浦港修築基礎工事に着手總工費六十萬圓で五ケ年の繼續事業
138704	朝鮮朝日	1927-04-14/1	01단	朝鮮古式に則り嚴に行はれる故李王殿下御一周年祭十四日夜の九時から
138705	朝鮮朝日	1927-04-14/1	01단	貴族高官を御招待御渡歐送別の御宴開始
138706	朝鮮朝日	1927-04-14/1	01단	支那官憲困憊奉票慘落で
138707	朝鮮朝日	1927-04-14/1	01단	流す筏の鴨綠江へ/熊野の筏師が馴染戀しさに
138708	朝鮮朝日	1927-04-14/1	02단	繭絲資金貸出警戒各銀行方面が
138709	朝鮮朝日	1927-04-14/1	03단	爲替貯金受拂高二十億圓
138710	朝鮮朝日	1927-04-14/1	03단	豆滿江口に運河流筏の便利を圖る總工費六十萬圓の豫定
138711	朝鮮朝日	1927-04-14/1	03단	鮮人學級を設け通譯を附して學科を教授する和歌山の御坊町小學校
138712	朝鮮朝日	1927-04-14/1	03단	平北地方費改修道路の延長十六里

일련번호	판명	간행일	단수	기사명
138713	朝鮮朝日	1927-04-14/1	04단	短歌/橋田東聲選
138714	朝鮮朝日	1927-04-14/1	05단	京城學校債殖銀引受發行に決定
138715	朝鮮朝日	1927-04-14/1	05단	航空法の施行細則遞信局で協議
138716	朝鮮朝日	1927-04-14/1	05단	平壤飛機の國境飛行五月五、六日
138717	朝鮮朝日	1927-04-14/1	05단	平壤へ連絡飛行各務ケ原機が
138718	朝鮮朝日	1927-04-14/1	05단	患者の希望で去勢を實行し癩患の撲滅を期する志賀博士の內地歸來談
138719	朝鮮朝日	1927-04-14/1	05단	少年運動協會が五月會と握手し盛大なオリ二ーデを開催
138720	朝鮮朝日	1927-04-14/1	06단	平壤立川間連絡飛機は十四日出發
138721	朝鮮朝日	1927-04-14/1	06단	辭令(東京電話)
138722	朝鮮朝日	1927-04-14/1	07단	燒失した安東領事館五月に起工
138723	朝鮮朝日	1927-04-14/1	07단	十數萬羽の鷄が傳染病に仆さる病源が今日まで判明せず總督府防疫に腐心
138724	朝鮮朝日	1927-04-14/1	07단	平壤の火事損害一萬餘圓
138725	朝鮮朝日	1927-04-14/1	07단	大亂鬪の勞働大會解散を命ぜらる
138726	朝鮮朝日	1927-04-14/1	07단	會社銀行(全北鐵道配當)
138727	朝鮮朝日	1927-04-14/1	08단	癩病院にラヂオ設備患者が大喜び
138728	朝鮮朝日	1927-04-14/1	08단	釜山の櫻花十七日が見頃
138729	朝鮮朝日	1927-04-14/1	08단	親の金を盜んで高飛釜山で取押
138730	朝鮮朝日	1927-04-14/1	08단	會(司法記者團例會/釜山府野遊會)
138731	朝鮮朝日	1927-04-14/1	08단	人(志賀潔博士(總督府醫院長)/高樹實氏(水原局農教諭)/三靈梨本宮家事務官/國際經濟會議代表/福本市太郎氏(釜山第一校訓導)/江副作二氏(釜山中學教頭))
138732	朝鮮朝日	1927-04-14/1	09단	女王の腦み(８２)/細井肇作
138733	朝鮮朝日	1927-04-14/1	10단	半島茶話
138734	朝鮮朝日	1927-04-14/2	01단	外米關稅撤廢說は憶測に過ぎぬ當事者は暗に否定
138735	朝鮮朝日	1927-04-14/2	01단	全南の鐵道は七月ごろ起工竣工は昭和七年度
138736	朝鮮朝日	1927-04-14/2	01단	商工會議所新法令の發布を要望
138737	朝鮮朝日	1927-04-14/2	01단	日本棋院春季/東西大棋戰(四)
138738	朝鮮朝日	1927-04-14/2	02단	滯納の多い新義州府稅
138739	朝鮮朝日	1927-04-14/2	02단	三年の間に免狀を得ねば整理される小學教員
138740	朝鮮朝日	1927-04-14/2	03단	發賣禁止書籍三部以上の所持者は取締
138741	朝鮮朝日	1927-04-14/2	03단	牡丹臺上に樓閣を建造古蹟を保存
138742	朝鮮朝日	1927-04-14/2	03단	免許漁業料金を値上利權屋排斥
138743	朝鮮朝日	1927-04-14/2	04단	新嘗祭獻穀耕作者決定
138744	朝鮮朝日	1927-04-14/2	04단	平南道が産婆開業に補助金交付
138745	朝鮮朝日	1927-04-14/2	04단	徒步旅行家間島に到着
138746	朝鮮朝日	1927-04-14/2	04단	相場と市況母紙夕刊後十三日

일련번호	판명	간행일	단수	기사명
138747	朝鮮朝日	1927-04-14/2	04단	引跡氣配十三日(株式(大阪)/期米(堂島)/生糸(橫濱)/砂糖(大阪)/綿糸(大阪))
138748	朝鮮朝日	1927-04-14/2	04단	重要品商相場(十三日)
138749	朝鮮朝日	1927-04-15/1	01단	清津附近の海水の溫度が昨年より一度高くそれだけ鰯の漁季が早い
138750	朝鮮朝日	1927-04-15/1	01단	土地の情況で農工商の一つを每週に必ず一時間以上中等學校で敎授す
138751	朝鮮朝日	1927-04-15/1	01단	李王、妃殿下鎭海御成共進會御視察
138752	朝鮮朝日	1927-04-15/1	01단	平北管內の道路工事は近く着工
138753	朝鮮朝日	1927-04-15/1	01단	生活戰線上の第一線に立つ女性(三)/新らしい女性達をお客に持つだけ勝手氣儘に泣かされる美容術の早坂きむ子さん
138754	朝鮮朝日	1927-04-15/1	02단	土地改良の農事資金は個人にも割當
138755	朝鮮朝日	1927-04-15/1	02단	貧弱な放送に加入者は失望す幹部が消極主義で放送部の經費を半減す
138756	朝鮮朝日	1927-04-15/1	03단	避難宣敎師平壤に下車族裝を解く
138757	朝鮮朝日	1927-04-15/1	03단	京畿道內一人當りの土地所有面積
138758	朝鮮朝日	1927-04-15/1	04단	朝鮮無煙炭支店を設置平壤府內に
138759	朝鮮朝日	1927-04-15/1	04단	鮮滿對抗柔道本年限り中止技そのものに熱中し他の事務を省みぬと
138760	朝鮮朝日	1927-04-15/1	04단	俳句/鈴木花蓑選
138761	朝鮮朝日	1927-04-15/1	05단	合倂假契約實行停止に反訴を提出
138762	朝鮮朝日	1927-04-15/1	05단	戰鬪機四機が揃ふ
138763	朝鮮朝日	1927-04-15/1	05단	禁斷の赤本を密輸する船員が浦潮航路汽船に多い
138764	朝鮮朝日	1927-04-15/1	05단	第一艦隊仁川入港十八日に決定
138765	朝鮮朝日	1927-04-15/1	06단	共産黨の首領陳氏射殺さる上海某租界にて
138766	朝鮮朝日	1927-04-15/1	06단	金谷司令官初度巡視
138767	朝鮮朝日	1927-04-15/1	06단	列車ヘラヂオ食堂車に備付
138768	朝鮮朝日	1927-04-15/1	07단	釜山の大荒近海を警戒
138769	朝鮮朝日	1927-04-15/1	07단	朝鮮美人が汽車から落ち生命危篤
138770	朝鮮朝日	1927-04-15/1	07단	人(三雲敬一郎氏(梨本宮事務官)/立川芳氏(京南鐵道社長)/前原多助氏(同上東京支店長)/大森富氏(大每京城支局長)/福田警視)
138771	朝鮮朝日	1927-04-15/1	07단	文化生活の辛氣くさゝに原始的の生活を羨んで年々火田民が殖えて行く
138772	朝鮮朝日	1927-04-15/1	07단	鎭海丸沈沒の十二の死體は遺族に引きわたす鎭海署は依然掃海を續く
138773	朝鮮朝日	1927-04-15/1	08단	團體往來(大分師範生徒一行/早大支那協會員/黃海道視察團)
138774	朝鮮朝日	1927-04-15/1	08단	半島茶話
138775	朝鮮朝日	1927-04-15/1	09단	女王の腦み(83)/細井肇作

일련번호	판명	간행일	단수	기사명
138776	朝鮮朝日	1927-04-15/1	10단	會(釜山港友會例會/運輸事務所長會議/種苗場主任會議)
138777	朝鮮朝日	1927-04-15/2	01단	內地と同樣に民事令を改正判事を委員に定めて目下原案を作成中
138778	朝鮮朝日	1927-04-15/2	01단	法令の審議が容易に終了せず釜山の職業紹介所建設は何時のことやら
138779	朝鮮朝日	1927-04-15/2	01단	本年度の承認運送店二百三十七
138780	朝鮮朝日	1927-04-15/2	01단	アメリカのホテル業者朝鮮を視察
138781	朝鮮朝日	1927-04-15/2	01단	減刑出獄中の再度入監者竊盜で十三名
138782	朝鮮朝日	1927-04-15/2	01단	釜山署の印紙收入高一萬三千圓
138783	朝鮮朝日	1927-04-15/2	02단	平壤の勝景を東京で開く朝鮮展に陳列
138784	朝鮮朝日	1927-04-15/2	02단	京城山岳會員冠岳山登山十七日日曜に
138785	朝鮮朝日	1927-04-15/2	02단	印刷職工の二派が合同
138786	朝鮮朝日	1927-04-15/2	03단	物の動き(對內地貿易額五千八百萬圓)
138787	朝鮮朝日	1927-04-15/2	03단	鮮米協會斡旋高
138788	朝鮮朝日	1927-04-15/2	03단	金融、産業兩組合への貸付利子引下
138789	朝鮮朝日	1927-04-15/2	03단	日本棋院春季/東西大棋戰(五)
138790	朝鮮朝日	1927-04-15/2	04단	相場と市況/母紙夕刊後十四日
138791	朝鮮朝日	1927-04-15/2	04단	引跡氣配十二日(株式(大阪)/期米(堂島)/綿糸(大阪)/砂糖(大阪)/生糸(橫濱))
138792	朝鮮朝日	1927-04-15/2	04단	重要商品相場十四日
138793	朝鮮朝日	1927-04-16/1	01단	樞府議長から政府に撤回勸告臺銀救濟の緊急勅令案憲法の精神に反するとの理由で/撤回となれば政府の肚は責任支出をなすか/結局本會議は十七日開會か緊急閣議で協議してその旨樞府へ通告す/樞府で否決の際は內閣を投げ出すか政府の肚がきまる
138794	朝鮮朝日	1927-04-16/1	01단	春が來た昌慶苑の動物園の人出が每日六、七千人もある
138795	朝鮮朝日	1927-04-16/1	02단	慶北道內の米突展前人氣旺ん
138796	朝鮮朝日	1927-04-16/1	03단	年額三萬圓の補助を交付し滿鐵沿線の鮮人學校を滿鐵に移管する
138797	朝鮮朝日	1927-04-16/1	03단	間琿品評會入場者五萬豫想外の好成績で大喜
138798	朝鮮朝日	1927-04-16/1	04단	景福丸延着大時化で
138799	朝鮮朝日	1927-04-16/1	04단	木浦市民が船車連絡の實現を希望
138800	朝鮮朝日	1927-04-16/1	04단	保險會社の資金預金が減じ證券化す
138801	朝鮮朝日	1927-04-16/1	04단	學位の認可は總督か文相か本府と城大側との意見が相違し紛糾
138802	朝鮮朝日	1927-04-16/1	05단	短歌/橋田東聲選
138803	朝鮮朝日	1927-04-16/1	05단	仁川府協議員鮮人側總辭職を決行
138804	朝鮮朝日	1927-04-16/1	05단	藥劑師試驗合格者五名
138805	朝鮮朝日	1927-04-16/1	05단	鮮人三百名が遙拜式擧行

일련번호	판명	간행일	단수	기사명
138806	朝鮮朝日	1927-04-16/1	06단	可愛い子供を人質に取らるそれはそれは悲惨だつたと上海の避難民の談話
138807	朝鮮朝日	1927-04-16/1	06단	會社銀行(不二興業總會)
138808	朝鮮朝日	1927-04-16/1	06단	朝鮮勞働團が郵船爭議に應援をなす
138809	朝鮮朝日	1927-04-16/1	06단	全南靈光の石首魚豊漁の豫想
138810	朝鮮朝日	1927-04-16/1	06단	誤診事件で前田氏控訴
138811	朝鮮朝日	1927-04-16/1	07단	溧流中の機船救はる
138812	朝鮮朝日	1927-04-16/1	07단	平壤中學生徒の盗み武道々具を
138813	朝鮮朝日	1927-04-16/1	07단	愛な娘の丈なす黑髮プッツと切る
138814	朝鮮朝日	1927-04-16/1	07단	金剛山の山開き一週間を早め五月二十五日から
138815	朝鮮朝日	1927-04-16/1	07단	人(德惠姬/大村卓一氏(鐵道局長)/李軫鎬氏(總督府學務局長)/齋藤恒氏(關東軍參謀)/野村治郎氏(大阪商船東洋課長)/若山牧水氏/町野武馬氏/福博米商會一行/佐藤貞治氏(新任平壤警察署長)/金谷朝鮮軍司令官)
138816	朝鮮朝日	1927-04-16/1	08단	左傾團體が注射事件で決議を突付く
138817	朝鮮朝日	1927-04-16/1	08단	會(全州市民祝賀會/南浦商議評議會/慶北警察射擊大會)
138818	朝鮮朝日	1927-04-16/1	08단	震災義捐金決算報告/本社門司支局取扱の分
138819	朝鮮朝日	1927-04-16/1	09단	女王の悩み(84)/細井肇作
138820	朝鮮朝日	1927-04-16/1	10단	半島茶話
138821	朝鮮朝日	1927-04-16/2	01단	無煙炭の需要が內地で激增し平南鑛業界色めく
138822	朝鮮朝日	1927-04-16/2	01단	朝鮮の郵貯昨年に比べ二百萬圓增加
138823	朝鮮朝日	1927-04-16/2	01단	日本棋院春季/東西大棋戰(六)
138824	朝鮮朝日	1927-04-16/2	02단	大故障の咸興電氣が五割の値下
138825	朝鮮朝日	1927-04-16/2	03단	オートバイで旅順東京間突破の計劃
138826	朝鮮朝日	1927-04-16/2	03단	咸興聯隊記念日
138827	朝鮮朝日	1927-04-16/2	03단	春に背く巷のたより(革切庖丁で割腹/モヒ密賣者罰金/阿片窟の連累者/辨當專門の泥棒)
138828	朝鮮朝日	1927-04-16/2	03단	物の動き(四月上旬滿洲粟鮮內輸入高)
138829	朝鮮朝日	1927-04-16/2	03단	四月上旬鐵道業績收入百十萬圓
138830	朝鮮朝日	1927-04-16/2	04단	米の出廻り著しく減少新義州の商況
138831	朝鮮朝日	1927-04-16/2	04단	平壤燒酎好評
138832	朝鮮朝日	1927-04-16/2	04단	相場と市況/母紙夕刊後十五日
138833	朝鮮朝日	1927-04-16/2	04단	引跡氣配十五日(株式(大阪)/期米(堂島)/生糸(橫濱)/綿糸(大阪)/砂糖)
138834	朝鮮朝日	1927-04-16/2	04단	重要商品相場十五日
138835	朝鮮朝日	1927-04-17/1	01단	政府の奔走空しく否決明瞭となる樞府に反對論者が多い臺銀救濟の緊急勅令案/臺銀の兌換券を日銀が肩替りか內閣を投出すとして財界の安定策を講究/否決となれば總辭職を決行內閣の態度が決定/政府は勅選の補充を詮衡中噂にのぼる人々

일련번호	판명	간행일	단수	기사명
138836	朝鮮朝日	1927-04-17/1	03단	東海岸線の速成を釜山側が要望
138837	朝鮮朝日	1927-04-17/1	04단	指定面から脫退を叫ぶ麗水の一部が
138838	朝鮮朝日	1927-04-17/1	04단	*第一艦隊仁川に向ふ/海軍軍樂隊京城で演奏*
138839	朝鮮朝日	1927-04-17/1	04단	人事百般の異動は毫も必要を認めぬと宇垣代理總督の訓旨出發に際し齋藤總督む訓ふ
138840	朝鮮朝日	1927-04-17/1	04단	李王殿下總督府を御覽總監の出迎を受け勅任官以上を御引見/慶州御視察鎮海を經て御退鮮
138841	朝鮮朝日	1927-04-17/1	04단	李王殿下の御平民的にホテルが恐縮
138842	朝鮮朝日	1927-04-17/1	05단	木材關稅問題も引分けの形で宜い小手調だった草間財務局長語る
138843	朝鮮朝日	1927-04-17/1	05단	郵便所の設置を要望費用を提供し
138844	朝鮮朝日	1927-04-17/1	06단	鎮南浦港に水雷戰隊と驅逐艦が入港
138845	朝鮮朝日	1927-04-17/1	06단	*平壤立川連絡機大邱に着陸/立川連絡の平壤の二機太刀洗に到着*
138846	朝鮮朝日	1927-04-17/1	06단	各地のさくらちらほらとさく花だよりとびとび/一時に笑ふ釜山の櫻花
138847	朝鮮朝日	1927-04-17/1	07단	校洞普校新館全燒十五日未明
138848	朝鮮朝日	1927-04-17/1	07단	共産主義の普校の訓導大邱に送致
138849	朝鮮朝日	1927-04-17/1	07단	俳句/鈴木花蓑選
138850	朝鮮朝日	1927-04-17/1	07단	紅一點の野つゝじ咲く
138851	朝鮮朝日	1927-04-17/1	08단	八重が綻ぶ慶會樓附近
138852	朝鮮朝日	1927-04-17/1	08단	柳が芽ぐむ平壤牡丹臺
138853	朝鮮朝日	1927-04-17/1	08단	全市の春を齎したさくら
138854	朝鮮朝日	1927-04-17/1	08단	*十六名の死體が浮き上る/濟州島沖で鮮人十名救助*
138855	朝鮮朝日	1927-04-17/1	08단	*一年の需要の六割を輸入す酒稅の改正を見越し麥酒販賣者の思惑*
138856	朝鮮朝日	1927-04-17/1	08단	亂暴を働く小作人を檢擧
138857	朝鮮朝日	1927-04-17/1	09단	警部補以下の警察官を優遇平均俸給を引上ぐ
138858	朝鮮朝日	1927-04-17/1	10단	會(新稅懇話會/釜山學校組合會/鎮南浦府協議會)
138859	朝鮮朝日	1927-04-17/1	10단	人(德惠姬さま/草間財務局長夫妻/香椎釜山會議所會頭/松本府理財課長/竹越浜三郎氏(貴族院議員)/松田國三中佐(新任朝鮮軍參謀)/佐伯多助警視(京畿道高等課長))
138860	朝鮮朝日	1927-04-17/1	10단	半島茶話
138861	朝鮮朝日	1927-04-17/2	01단	西鮮で有名な黄海の石首魚いよいよ時期迫り漁船が續々入込む
138862	朝鮮朝日	1927-04-17/2	01단	清津學議員當選者決定
138863	朝鮮朝日	1927-04-17/2	01단	鎮南浦の學校組合費負擔が輕減
138864	朝鮮朝日	1927-04-17/2	01단	日本棋院春季東西大棋戰(一)
138865	朝鮮朝日	1927-04-17/2	02단	本多博士が山林を視察慶南の招聘で
138866	朝鮮朝日	1927-04-17/2	02단	元山水電が供給區域を擴張する

일련번호	판명	간행일	단수	기사명
138867	朝鮮朝日	1927-04-17/2	02단	慶北道が氣象觀測所九箇を設置
138868	朝鮮朝日	1927-04-17/2	03단	畜産品評會全南六郡の
138869	朝鮮朝日	1927-04-17/2	03단	不良輩が稼に出掛け犯罪が減少
138870	朝鮮朝日	1927-04-17/2	03단	消防義會が基金造成に造林を行ふ
138871	朝鮮朝日	1927-04-17/2	03단	大邱競馬會二十八日から
138872	朝鮮朝日	1927-04-17/2	03단	物の動き(豆粕の輸入高四萬八千噸)
138873	朝鮮朝日	1927-04-17/2	04단	鎭南浦貿易輸出は增し輸入は減少
138874	朝鮮朝日	1927-04-17/2	04단	亞鉛鑛を發見
138875	朝鮮朝日	1927-04-17/2	04단	相場と市況/母紙夕刊後十六日
138876	朝鮮朝日	1927-04-17/2	04단	引跡氣配十六日(株式(大阪)/期米(堂島)/綿糸(大阪)/砂糖/生糸(横濱))
138877	朝鮮朝日	1927-04-17/2	04단	重要商品相場十六日
138878	朝鮮朝日	1927-04-19/1	01단	台銀券を日銀券に肩替りして支拂ふ取敢ず日銀門司支店から一千萬圓台銀へ急送する/臺灣も等しくけふから休業 內地からの情報にて早くも取付開始さる/輸送を否認する日銀門司支店
138879	朝鮮朝日	1927-04-19/1	01단	台銀破綻の及ぼす朝鮮財界のひゞき財務關係者の意見(影響はない台銀救濟は重大な問題/後繼內閣の救濟策を急ぐ/台銀兌券は日銀に統一が/一寸見當がつき兼ねる/日銀援助で解決するか/財界の大荒商品界惡化か/大阪商人が資金に因らう)
138880	朝鮮朝日	1927-04-19/1	03단	李王殿下が李址鎔子に御見舞金を御不賜
138881	朝鮮朝日	1927-04-19/1	03단	全鮮商議の聯合提案釜山では等閑に附す
138882	朝鮮朝日	1927-04-19/1	04단	支那稅關の附加稅いよいよ徵收
138883	朝鮮朝日	1927-04-19/1	04단	肥料取締令を近く發布して技師や技手を增員し不正業者を取締る
138884	朝鮮朝日	1927-04-19/1	04단	內地視察者のため便利な宿泊りと物産協會が大阪事務所を改築して階上を使用計劃
138885	朝鮮朝日	1927-04-19/1	05단	松山産業博で鮮米の宜博非常な成功
138886	朝鮮朝日	1927-04-19/1	05단	平南金組の組合長問題圓滿に解決
138887	朝鮮朝日	1927-04-19/1	05단	朝鮮鐵道協會大村局長を會長に推薦
138888	朝鮮朝日	1927-04-19/1	06단	安城竹山間汽車が開通
138889	朝鮮朝日	1927-04-19/1	06단	勞働者の動きを組織的に調査し職業の紹介を圖る
138890	朝鮮朝日	1927-04-19/1	06단	短歌/橋田東聲選
138891	朝鮮朝日	1927-04-19/1	06단	朴氏を代表し總督に感謝新羅始祖を奉祀したので
138892	朝鮮朝日	1927-04-19/1	07단	精米業者が動力値下を京電に要望
138893	朝鮮朝日	1927-04-19/1	07단	農事改良の低資一千四十萬圓
138894	朝鮮朝日	1927-04-19/1	07단	辭令(東京電話)
138895	朝鮮朝日	1927-04-19/1	07단	第一艦隊仁川入港五日間碇泊
138896	朝鮮朝日	1927-04-19/1	07단	水雷戰隊員平壤を視察

일련번호	판명	간행일	단수	기사명
138897	朝鮮朝日	1927-04-19/1	07단	昌慶苑の夜櫻二十一日から
138898	朝鮮朝日	1927-04-19/1	07단	さくら(釜山の東萊/義州統軍亭)
138899	朝鮮朝日	1927-04-19/1	08단	第一回全ア鮮式蹴球選手權大會
138900	朝鮮朝日	1927-04-19/1	08단	女子青年團總會を開催
138901	朝鮮朝日	1927-04-19/1	08단	共産黨事件審理いよいよ始る
138902	朝鮮朝日	1927-04-19/1	08단	火藥密輸事件急轉直下取調が進捗
138903	朝鮮朝日	1927-04-19/1	09단	我々のみを退學するは不公平だと平中生騒ぐ
138904	朝鮮朝日	1927-04-19/1	09단	平壤驛で貨物が燒失放火の疑あり
138905	朝鮮朝日	1927-04-19/1	09단	清津倉庫事件判決が確定三名とも服罪
138906	朝鮮朝日	1927-04-19/1	09단	汽車の煤煙で二度の火事騒ぎ部落民が激昂し遂に鐵道局に捻ぢ込む
138907	朝鮮朝日	1927-04-19/1	10단	會(鎮南浦金融組合定期總會/平壤商議評議員會/慶南金融理事會)
138908	朝鮮朝日	1927-04-19/1	10단	人(小澤義廣警視(新任咸北道警務課長)/福田萬左衛■警視(新任會寧警察署長)/永見京造氏(十八銀行本店檢查課長)/李東煥氏(朝鮮衡平社代表)/グリフ井ズ博士/岩井遅作氏(大邱署長)/露國オペラ團一行)
138909	朝鮮朝日	1927-04-19/1	10단	半島茶話
138910	朝鮮朝日	1927-04-19/2	01단	地元民を脅す內地漁夫の出漁漁場を徹底的に制限し朝鮮 漁業家を保護
138911	朝鮮朝日	1927-04-19/2	01단	土木工事契約高四百五十萬圓
138912	朝鮮朝日	1927-04-19/2	01단	承認運送店定時總會五月五日に
138913	朝鮮朝日	1927-04-19/2	01단	商業會議所令改正を研究本府商工課が
138914	朝鮮朝日	1927-04-19/2	01단	慶北道が山林被害の豫防に留意
138915	朝鮮朝日	1927-04-19/2	02단	漁大津の漁港修築を面民が要望
138916	朝鮮朝日	1927-04-19/2	02단	大同江の航路標識は近く竣工す
138917	朝鮮朝日	1927-04-19/2	02단	釜山女高普授業開始は二十二三日頃
138918	朝鮮朝日	1927-04-19/2	02단	燒失した校洞普校の再建が決定
138919	朝鮮朝日	1927-04-19/2	02단	日本棋院春季東西大棋戰/第二局(二)
138920	朝鮮朝日	1927-04-19/2	03단	平北定州雲田普通校設立を認可
138921	朝鮮朝日	1927-04-19/2	03단	物の動き(三月中貿易高七千五百萬圓)
138922	朝鮮朝日	1927-04-19/2	04단	相場と市況/母紙夕刊後十八日
138923	朝鮮朝日	1927-04-19/2	04단	引跡氣配十八日(株式(大阪)/期米(堂島)/生糸(横濱)/砂糖/綿糸(大阪))
138924	朝鮮朝日	1927-04-19/2	04단	重要商品相場十八日
138925	朝鮮朝日	1927-04-20/1	01단	時局の收拾を眼目に閣僚を嚴選した田中男覺悟の程を示す組閣に至るまでの徑路/植民地にも異動を行ふ 臺灣、關東廳は居据り朝鮮政務總監は更送/臨時議會召集せぬ方針らしい/地方長官の大異動を行ひ三十餘名を馘首し縣議戰にそなへる/閣僚以外の顔觸

일련번호	판명	간행일	단수	기사명
138926	朝鮮朝日	1927-04-20/1	01단	政黨から超越した朝鮮の統治では誰が組閣しても影響はない余も絶對に辭めはせぬと湯淺政務總監語る/政友內閣成立で朝鮮の財界はどんな影響を蒙るか各銀行家の觀測/人心を新に惡くは無い/顏觸見ねば何とも言へぬ/多大の期待を持って居る/積極的な內閣は新施設を要する朝鮮にとりて好都合/財界の不安一掃されん
138927	朝鮮朝日	1927-04-20/1	04단	內定した閣員の顏觸れ親任式は本日午後
138928	朝鮮朝日	1927-04-20/1	06단	準備を無視し發行を保留せる台銀券二千萬圓見當を支拂ひにあて彌縫する成行は頗る注目されてゐる
138929	朝鮮朝日	1927-04-20/1	06단	全鮮商議聯合會書記長達が準備で會合
138930	朝鮮朝日	1927-04-20/1	06단	米田知事の仲裁に無條件で一任/仁取の重役が會合兩取引所合併を協議
138931	朝鮮朝日	1927-04-20/1	06단	石窟庵に攀ぢ脚下の勝景を親しくカメラに御撮影李王妃殿下慶州御見物
138932	朝鮮朝日	1927-04-20/1	06단	グ博士が慶州を視察
138933	朝鮮朝日	1927-04-20/1	06단	平壤飛機太刀洗到着/一機不時着陸
138934	朝鮮朝日	1927-04-20/1	07단	露國查證官京城に引揚ぐ
138935	朝鮮朝日	1927-04-20/1	07단	俳句/鈴木花蓑選
138936	朝鮮朝日	1927-04-20/1	07단	小學生達が軍艦を見學講演を聽く
138937	朝鮮朝日	1927-04-20/1	08단	驅逐艦八隻鎭南浦に入港
138938	朝鮮朝日	1927-04-20/1	08단	釜山の火事二十六男が燒死を遂ぐ/原因に就き嚴重取調中
138939	朝鮮朝日	1927-04-20/1	08단	鮮人中等學生への軍敎は結構だが何事も漸進的に行き度い金谷新司令官語る
138940	朝鮮朝日	1927-04-20/1	09단	五十名から手數料騙取逃走して逮捕
138941	朝鮮朝日	1927-04-20/1	09단	密航鮮人十餘名捕る
138942	朝鮮朝日	1927-04-20/1	09단	內地の女子の活動振に驚く私立中等學校の敎員達が內地を視察して歸る
138943	朝鮮朝日	1927-04-20/1	09단	會(湯淺總監晩餐會/金谷司令官招宴/雜貨商組合運動會)
138944	朝鮮朝日	1927-04-20/1	10단	鮮人の棄子犯人は不明
138945	朝鮮朝日	1927-04-20/1	10단	人(神田正雄氏(代議士)/土居寬申氏(行刑課長)/三宅篤夫大佐(大邱憲兵隊長)/松井慶南內務部長/和田花子夫人(釜山誌友會長))
138946	朝鮮朝日	1927-04-20/1	10단	半島茶話
138947	朝鮮朝日	1927-04-20/2	01단	水產製品檢查の規則を改正し當業者の便を圖る
138948	朝鮮朝日	1927-04-20/2	01단	元運動場の一部を賣却小公園を設置
138949	朝鮮朝日	1927-04-20/2	01단	咸北の記念植樹
138950	朝鮮朝日	1927-04-20/2	01단	就職狀態も非常に良い京城救護會の免囚保護事業
138951	朝鮮朝日	1927-04-20/2	01단	サッカリンを混じた醬油廢棄される
138952	朝鮮朝日	1927-04-20/2	01단	慶南管內改良農具の使用が激增
138953	朝鮮朝日	1927-04-20/2	02단	大邱聯隊軍旗祭

일련번호	판명	간행일	단수	기사명
138954	朝鮮朝日	1927-04-20/2	02단	日本棋院春季東西大棋戰/第二局(三)
138955	朝鮮朝日	1927-04-20/2	03단	運動界(スケート場とプール建設鐵道運動部が)
138956	朝鮮朝日	1927-04-20/2	03단	お茶の後(內務局長は豪い)
138957	朝鮮朝日	1927-04-20/2	04단	大邱管內在鄉軍人の對抗武道大會
138958	朝鮮朝日	1927-04-20/2	04단	相場と市況/母紙夕刊後十九日
138959	朝鮮朝日	1927-04-20/2	04단	引跡氣配十九日(株式(大阪)/期米(堂島)/生糸(橫濱)/砂糖(大阪)/綿糸(大阪))
138960	朝鮮朝日	1927-04-20/2	04단	重要商品相場十九日
138961	朝鮮朝日	1927-04-21	01단	理屈はぬきにして湯淺總監の辭任は後任總督の何人を問はず驟て實現すべきか
138962	朝鮮朝日	1927-04-21	01단	內閣が變っても提出の改正案は多少は遲れても通過は疑ひない/釜山御着は二十二日朝/馬山の歡迎多數官民が
138963	朝鮮朝日	1927-04-21	01단	伏見大將官御不例で檢閱使變更
138964	朝鮮朝日	1927-04-21	01단	李王殿下苔むす慶州の春色をお訪ね
138965	朝鮮朝日	1927-04-21	02단	內定せる政務官けふの閣議で決定
138966	朝鮮朝日	1927-04-21	03단	短歌/橋田東聲選
138967	朝鮮朝日	1927-04-21	03단	百六十萬圓が內地に流出郵便局を通じ
138968	朝鮮朝日	1927-04-21	03단	異分子さへ除けば問題は起らぬ鈴木鮮鐵常務語る
138969	朝鮮朝日	1927-04-21	04단	東亞博で鮮米大宣傳まづ好成績
138970	朝鮮朝日	1927-04-21	04단	公職者大會準備會京城で開催
138971	朝鮮朝日	1927-04-21	04단	鮮展の申込旺ん出品は五千を突破せん
138972	朝鮮朝日	1927-04-21	05단	牛の市義州で開催
138973	朝鮮朝日	1927-04-21	05단	公娼のかげを朝鮮に沒しやう各道警察部が主となり制度改善に努力
138974	朝鮮朝日	1927-04-21	05단	兩派を招き調停の交涉を開始
138975	朝鮮朝日	1927-04-21	05단	密輸の砂糖を使はぬとて菓子一個に五厘の値上
138976	朝鮮朝日	1927-04-21	06단	避難支那人を柞蠶工場に收容救護す
138977	朝鮮朝日	1927-04-21	06단	辭令(東京電話)
138978	朝鮮朝日	1927-04-21	06단	四月二十九日から全鮮蹴球選手權大會いよいよ京城運動場で申込は大阪朝日新聞京城支局
138979	朝鮮朝日	1927-04-21	06단	釜山地方大時化連絡船缺航
138980	朝鮮朝日	1927-04-21	07단	セ病院の裏面を暴露解職された金元教師が
138981	朝鮮朝日	1927-04-21	07단	軍曹の自殺大邱聯隊の
138982	朝鮮朝日	1927-04-21	07단	娼妓二人が同性の心中危く救はる
138983	朝鮮朝日	1927-04-21	07단	織物會社の職工二百名が怠業/幹部が朝鮮總同盟を訪ひ調停方を依賴す
138984	朝鮮朝日	1927-04-21	07단	寫眞說明(上は忠南名勝公洲櫻のトンネルと下は十七日の日曜京城昌慶苑に殺到した花見のひとびと)
138985	朝鮮朝日	1927-04-21	08단	御眞影室の屋根に攀ぢ銅板を盜む

일련번호	판명	간행일	단수	기사명
138986	朝鮮朝日	1927-04-21	08단	「二つの玉」釜山で上映
138987	朝鮮朝日	1927-04-21	08단	會(松井氏送別會/釜山女高普開校式/慶南道射擊會/靑年同盟定期總會)
138988	朝鮮朝日	1927-04-21	09단	女王の悩み(８５)/細井肇作
138989	朝鮮朝日	1927-04-22/1	01단	モラトリアム緊急勅令の公布をけふ緊急樞府會議に諮詢臨時議會を召集/差迫った危機を一先づ休業で切拔け其間に支拂猶豫令を公布/爲替の取組を內地銀行が澁る內地財界の破綻で
138990	朝鮮朝日	1927-04-22/1	01단	李王殿下の御警衛で淺利局長出張
138991	朝鮮朝日	1927-04-22/1	01단	財務部長打合會二十日から
138992	朝鮮朝日	1927-04-22/1	02단	李王、妃兩殿下(慶州博物館前で十九日)
138993	朝鮮朝日	1927-04-22/1	03단	鎭海要港部特命檢閱は十七日から
138994	朝鮮朝日	1927-04-22/1	03단	全滿商議への提出議案安東縣から
138995	朝鮮朝日	1927-04-22/1	04단	總督府の內命で京取と仁取の合倂は一先づ延期米田知事が居中調停す
138996	朝鮮朝日	1927-04-22/1	04단	引揚の噂ある支那の領事館原因は財政難から在支人の醵金で維持か/夜櫻を期に宣傳を開始
138997	朝鮮朝日	1927-04-22/1	04단	俳句/鈴木花蓑選
138998	朝鮮朝日	1927-04-22/1	04단	放送局の種目を減少經費節約で
138999	朝鮮朝日	1927-04-22/1	05단	爲替貯金管理局釜山に決定か
139000	朝鮮朝日	1927-04-22/1	05단	支那の傭兵安東で募集
139001	朝鮮朝日	1927-04-22/1	05단	會社銀行(キリン支店開設)
139002	朝鮮朝日	1927-04-22/1	05단	關西で一齊に寫眞撮影の大會京城は鮮銀前で二十九日に開催
139003	朝鮮朝日	1927-04-22/1	06단	暴利に等しい酒の値上だと小賣業者たちが製造業者に警告
139004	朝鮮朝日	1927-04-22/1	06단	花の南鮮に暴風雨各地の出水騷ぎ/女生徒溺る/近海一帶を釜山署が警戒/出水のため鎭昌鐵道が危險に瀕す/慶南線不通二十日の雨で
139005	朝鮮朝日	1927-04-22/1	07단	水兵さんで大賑ひ第一艦隊入港
139006	朝鮮朝日	1927-04-22/1	07단	男女同權の女性同盟を組織の計劃
139007	朝鮮朝日	1927-04-22/1	07단	生埋の嬰兒が不思議に助かる不倫な母の非業
139008	朝鮮朝日	1927-04-22/1	08단	女だてらにモヒを密賣
139009	朝鮮朝日	1927-04-22/1	08단	朝鐵訴訟口頭辯論三十日開廷
139010	朝鮮朝日	1927-04-22/1	08단	岩田醫院を相手どって澤永氏が告訴
139011	朝鮮朝日	1927-04-22/1	08단	會(泉崎府尹招宴/釜山第一金融總會/筑前琵琶大會)
139012	朝鮮朝日	1927-04-22/1	08단	人(土居寬申氏(法務局行刑課長)/溫田朝鮮郵船社長/町野武馬氏(張作霖軍事顧問)/關屋貞三郎氏(宮內次官)/鈴木萬次郎氏(朝鮮私鐵常務相談役)/東條正平氏(同上常務取締役)/グリトス米人朝鮮視察團/傷痍軍人視察團)
139013	朝鮮朝日	1927-04-22/1	09단	女王の悩み(８６)/細井肇作
139014	朝鮮朝日	1927-04-22/1	10단	半島茶話

일련번호	판명	간행일	단수	기사명
139015	朝鮮朝日	1927-04-22/2	01단	農繁期が迫り漫然渡航者減る五六月には猶減少か
139016	朝鮮朝日	1927-04-22/2	01단	水産技術員いよいよ增員
139017	朝鮮朝日	1927-04-22/2	01단	平南大同郡の優良吏員が內地を見學
139018	朝鮮朝日	1927-04-22/2	01단	慶北道でも一萬圓を送金
139019	朝鮮朝日	1927-04-22/2	01단	日本棋院春季東西大棋戰/第二局(五)
139020	朝鮮朝日	1927-04-22/2	02단	震災義金を京城から送付
139021	朝鮮朝日	1927-04-22/2	02단	お茶の後(金盥搔廻し音樂)
139022	朝鮮朝日	1927-04-22/2	02단	平北江界の匪賊事件は昨年より激增
139023	朝鮮朝日	1927-04-22/2	03단	不正漁業の取締に汽船を建造
139024	朝鮮朝日	1927-04-22/2	03단	安東招魂祭
139025	朝鮮朝日	1927-04-22/2	03단	物の動き(仁取組銀が定期預金の利子を引下/京城諸銀行三月貸出高二百餘萬圓)
139026	朝鮮朝日	1927-04-22/2	03단	運動界(大邱の野球鐵道對全大邱)
139027	朝鮮朝日	1927-04-22/2	03단	アサヒ・スポーツ/臨時增刊女子競技號
139028	朝鮮朝日	1927-04-22/2	04단	相場と市況/母紙夕刊後廿一日
139029	朝鮮朝日	1927-04-22/2	04단	引跡氣配廿一日(株式(大阪)/期米(堂島)/綿糸(大阪)/砂糖(大阪)/生糸(橫濱))
139030	朝鮮朝日	1927-04-22/2	04단	重要商品相場廿一日
139031	朝鮮朝日	1927-04-23/1	01단	十五銀行の休業は遂に政治問題化し一木宮相は引責辭職か一千餘名の華族結束す
139032	朝鮮朝日	1927-04-23/1	01단	臨時議會召集の詔書官報號外で公布
139033	朝鮮朝日	1927-04-23/1	01단	植民地を除き內地だけ旅行/勅令第九六號一條の地區指定の勅令公布
139034	朝鮮朝日	1927-04-23/1	01단	モラトリアムを朝鮮にも旅行か總督府は必要と認む休業明までに何とか決定/鮮內の銀行は休業の必要なしヾ內地銀行との關係で一齊に休業したゞけ/無警告な銀行休業で元山は大恐慌/大邱郵便局貯金が激增前月の五倍/釜山署が銀行を警戒萬一を慮り/流言蜚語を嚴重に取締る警務局から急電/大邱穀物も二日間休業/財務部長が休業明けの對策を打合/支拂猶豫令が與へる朝鮮財界の動搖を防止すべく本府と鮮銀に京城商議から陳情/大邱府內は比較的平穩銀行側の觀測/新義州の殖銀支店は平常通り開店/開業準備の現貨輸送に鮮銀が努力
139035	朝鮮朝日	1927-04-23/1	03단	朝鮮の新聞紙法いよいよ發布/三矢前局長の草案をそのまゝ踏襲す
139036	朝鮮朝日	1927-04-23/1	04단	銀塊暴騰內地財界の破綻を入れ
139037	朝鮮朝日	1927-04-23/1	05단	京城無電が靑島電報を便宜取扱ふ
139038	朝鮮朝日	1927-04-23/1	05단	辭令(東京電話)
139039	朝鮮朝日	1927-04-23/1	05단	短歌/橋田東聲選
139040	朝鮮朝日	1927-04-23/1	06단	間琿品評會褒賞授與式/四月十一日間島龍井村で

일련번호	판명	간행일	단수	기사명
139041	朝鮮朝日	1927-04-23/1	06단	海事出張所長異動
139042	朝鮮朝日	1927-04-23/1	07단	室田氏の解任を滿場一致で可決表面だけは納まった朝鮮鐵道の暗鬪劇
139043	朝鮮朝日	1927-04-23/1	08단	電燈料金の引下を要望大邱穀業者が
139044	朝鮮朝日	1927-04-23/1	08단	水雷戰隊が仁川に向ふ
139045	朝鮮朝日	1927-04-23/1	08단	鎭昌鐵道漸く復舊二十一日迄に
139046	朝鮮朝日	1927-04-23/1	08단	五名だけ救かる十名の死體が發見さる
139047	朝鮮朝日	1927-04-23/1	08단	畜牛五萬頭にワクチンを注射支那からの牛疫侵入を國境で喰ひ止める
139048	朝鮮朝日	1927-04-23/1	09단	運動界の魁け全鮮蹴球の爭覇戰期日は漸く迫って各チームの練習も物凄し
139049	朝鮮朝日	1927-04-23/1	09단	平壤驛の怪火の犯人檢事局送り
139050	朝鮮朝日	1927-04-23/1	09단	三機相ならび平壤に歸着立川平壤間連絡に成功
139051	朝鮮朝日	1927-04-23/1	10단	石灰を積んだ帆船が沈沒一名溺死す
139052	朝鮮朝日	1927-04-23/1	10단	人(生田內務局長/山根貞一氏(平壤郵供局長)/韓昌洙男/新田唯一氏(本社京城通信局長)/柳島功氏(同上平壤通信部主任))
139053	朝鮮朝日	1927-04-23/1	10단	半島茶話
139054	朝鮮朝日	1927-04-23/2	01단	穀物運賃の協定は次の改更期まで現在のまゝ据置か大阪鮮航會よりの情報
139055	朝鮮朝日	1927-04-23/2	01단	學校評議員の異議申立は却下さる
139056	朝鮮朝日	1927-04-23/2	01단	江景金組の新策が落成
139057	朝鮮朝日	1927-04-23/2	01단	優秀警官を選んで教習京畿道警察部が
139058	朝鮮朝日	1927-04-23/2	01단	府民慰安の活寫大會を各所で開催
139059	朝鮮朝日	1927-04-23/2	01단	平壤の競馬二十九日から
139060	朝鮮朝日	1927-04-23/2	02단	水に流した慶南北道の排水の問題
139061	朝鮮朝日	1927-04-23/2	02단	安寧水利の第三區工事工費七十萬圓
139062	朝鮮朝日	1927-04-23/2	02단	日本棋院春季東西大棋戰/第二局(六)
139063	朝鮮朝日	1927-04-23/2	03단	京城の貯氷一萬六千噸
139064	朝鮮朝日	1927-04-23/2	03단	面事務員が公金を費消
139065	朝鮮朝日	1927-04-23/2	04단	時計店の籠拔け詐欺犯人を逮捕
139066	朝鮮朝日	1927-04-23/2	04단	お茶の後(捨子都市の大邱)
139067	朝鮮朝日	1927-04-23/2	04단	照る日曇る日京城で上映
139068	朝鮮朝日	1927-04-23/2	04단	物の動き(慶南道の春鼈掃立數一萬八千枚/四月上半期對外貿易高八百五十萬圓)
139069	朝鮮朝日	1927-04-24/1	01단	今後の營業上につき各種の申合をなし全國の組合銀行へ通電す東京手形交換所の總會(申合せ事項/決議)
139070	朝鮮朝日	1927-04-24/1	01단	關東州の猶豫令施行に各會社猛然と反對

일련번호	판명	간행일	단수	기사명
139071	朝鮮朝日	1927-04-24/1	01단	鮮内の財界を壓迫する懼ありモラトリアム公布に關し湯淺總監が聲明/慶南の各地案外に平穩/郵便局大多忙大口の貯金が激增す/全滿商議聯合會延期/人心安定のビラを配/鐵道運賃の支拂猶豫を交涉して刎ねらる
139072	朝鮮朝日	1927-04-24/1	03단	正貨現送は當分の間中止
139073	朝鮮朝日	1927-04-24/1	04단	朝鮮各地の郵貯高一人當りは木浦が一番
139074	朝鮮朝日	1927-04-24/1	04단	俳句/鈴木花蓑選
139075	朝鮮朝日	1927-04-24/1	04단	鎧銷戶をす銀行
139076	朝鮮朝日	1927-04-24/1	05단	愛機を撫し晴の日を待つ二十九日の撮影大會
139077	朝鮮朝日	1927-04-24/1	05단	優良漁船建造補助申出が無い
139078	朝鮮朝日	1927-04-24/1	05단	火花を散らす競爭で鮮米が一位を占む全國産米の激戰場北海道での大勝利
139079	朝鮮朝日	1927-04-24/1	06단	御名殘を惜まれつゝ朝鮮とお別れ李王、妃殿下釜山御發
139080	朝鮮朝日	1927-04-24/1	06단	宇垣氏は軈て正式の總督に任命されん/消息通の噂ばなし濟藤總督は元師府入り
139081	朝鮮朝日	1927-04-24/1	06단	平安水利行惱む代行問題で
139082	朝鮮朝日	1927-04-24/1	07단	法院の大建築地均し終る
139083	朝鮮朝日	1927-04-24/1	07단	附加稅徵收が實施となれば安東だけで稅金が五萬圓邦商は强硬に反對
139084	朝鮮朝日	1927-04-24/1	07단	私鐵重役の朝鮮在住を株主が要望
139085	朝鮮朝日	1927-04-24/1	08단	釜山近海不漁漁夫達大弱り
139086	朝鮮朝日	1927-04-24/1	08단	京城大村間長距離飛行大村海軍機が
139087	朝鮮朝日	1927-04-24/1	09단	釜山自動車を相手どって損害賠償の訴
139088	朝鮮朝日	1927-04-24/1	09단	昌慶苑で敎育映畫を四日間公開
139089	朝鮮朝日	1927-04-24/1	09단	全關西寫眞聯盟第二回撮影競技大會
139090	朝鮮朝日	1927-04-24/1	10단	會(金谷軍司令官招宴/朝鮮博物學會/新義州辯護士總會)
139091	朝鮮朝日	1927-04-24/1	10단	人(金谷朝鮮軍司令官/大島封濟氏(商工省燃料硏究所長)/田中東大敎援/栗原鑑司氏(戶畑明治專門敎授)/淺利朝鮮警務局長/齋藤園氏(鐵道技師淸津出張所長)/慶北林業視察團)
139092	朝鮮朝日	1927-04-24/1	10단	半島茶話
139093	朝鮮朝日	1927-04-24/2	01단	北鮮の褐炭を乾溜して精製コールライトを作る計劃燃料廠に試驗を依賴
139094	朝鮮朝日	1927-04-24/2	01단	內地の漁民が南鮮に入込み鯛漁業者を脅かす慶南道が取締に腐心
139095	朝鮮朝日	1927-04-24/2	01단	京南鐵道の五十萬圓は殖銀から借入
139096	朝鮮朝日	1927-04-24/2	01단	お化粧した新義州府廳
139097	朝鮮朝日	1927-04-24/2	02단	衛生思想を活寫で宣傳
139098	朝鮮朝日	1927-04-24/2	02단	日本棋院春季東西大棋戰/第三局(一)
139099	朝鮮朝日	1927-04-24/2	02단	第一回戰成績表

일련번호	판명	간행일	단수	기사명
139100	朝鮮朝日	1927-04-24/2	03단	安東廉賣市二十三日擧行
139101	朝鮮朝日	1927-04-24/2	03단	夜間金庫を京城が設置
139102	朝鮮朝日	1927-04-24/2	04단	教會堂の爭奪問題は長老派が敗訴
139103	朝鮮朝日	1927-04-24/2	04단	釜山府のメーデーは無事平穩か
139104	朝鮮朝日	1927-04-24/2	04단	二十餘のドルメンを慶北で發見
139105	朝鮮朝日	1927-04-24/2	04단	鎭南浦に天然痘發生
139106	朝鮮朝日	1927-04-24/2	04단	茂山軍旗祭
139107	朝鮮朝日	1927-04-24/2	04단	運動界(創立準備中の平北體協が近く發會式)
139108	朝鮮朝日	1927-04-24/2	04단	物の動き(元山組銀の四月上半期預金高)
139109	朝鮮朝日	1927-04-26/1	01단	滯貨になやむ國境の穀物商が大村、飯田兩氏を擁し圖們鐵の買收擴張を要望
139110	朝鮮朝日	1927-04-26/1	01단	鐵道協會總會二十三日開催
139111	朝鮮朝日	1927-04-26/1	01단	預金者も諒解し休業明けの銀行は至極平穩に終った/冷靜に財界を見て欲しいと支拂猶豫令公布で湯淺總監は語る/鮮銀の預金却て增加す/大邱も平穩/大邱組銀も對策を協議步調を共にす/猶豫令に關する京城組合銀行の打合/大きな事業の無い國境は影響がない/爲替が組めず釜山埠頭に豆粕の滯荷
139112	朝鮮朝日	1927-04-26/1	02단	平穩に終った仁取總會配當案を可決
139113	朝鮮朝日	1927-04-26/1	02단	正式の飛行場を汝矣島に設ける遞信局で航空法の施行細則を作成中
139114	朝鮮朝日	1927-04-26/1	03단	齋藤全權夫妻廿六日福岡へ
139115	朝鮮朝日	1927-04-26/1	03단	短歌/橋田東聲選
139116	朝鮮朝日	1927-04-26/1	04단	電氣府營の大祝賀會擧行
139117	朝鮮朝日	1927-04-26/1	04단	阿片吸飮の李子爵實弟逮捕される
139118	朝鮮朝日	1927-04-26/1	04단	貨車が顚覆京元線で
139119	朝鮮朝日	1927-04-26/1	04단	天眞丸遭難の六名の死體今に判らぬ
139120	朝鮮朝日	1927-04-26/1	05단	新義州府員公金を橫領女と酒に費消
139121	朝鮮朝日	1927-04-26/1	05단	肉彈あい搏つ全鮮蹴球戰迫る二十九日に決勝を終る
139122	朝鮮朝日	1927-04-26/1	05단	支拂猶豫令いよいよ施行二十五日官報で公布
139123	朝鮮朝日	1927-04-26/1	06단	七十の老爺自殺を企つ
139124	朝鮮朝日	1927-04-26/1	06단	會(南浦商議評議員會/南鮮短歌會/淸津金融組合總會)
139125	朝鮮朝日	1927-04-26/1	07단	人(趙欣伯氏(張氏財政題問)/金谷朝鮮軍司令官/園田寬氏(朝鮮山林部長)/松山常次郎氏(政友代議士)/本田義成氏(同上)/工藤佐規氏(日墾技師)/淺田一博士夫妻(長崎醫大法醫學教授)/壹技中學生)
139126	朝鮮朝日	1927-04-26/1	07단	女王の悩み(87)/細井肇作
139127	朝鮮朝日	1927-04-26/1	08단	半島茶話
139128	朝鮮朝日	1927-04-26/2	01단	需要家が喜ぶ鮮米の重量取引キログラム入りに布袋に入れ移出

일련번호	판명	간행일	단수	기사명
139129	朝鮮朝日	1927-04-26/2	01단	城大豫料の年限延長は總督府當局も諒解し解決の曙光が見ゆ/全鮮女子の軟庭球大會二十九日擧行/庭籃排球の競技會開催/遞信局運動會
139130	朝鮮朝日	1927-04-26/2	01단	認可申請の水利組合九組合で二萬三千町步
139131	朝鮮朝日	1927-04-26/2	01단	忠魂碑除幕式
139132	朝鮮朝日	1927-04-26/2	01단	運動界(實業團の野球聯盟日割が決定/龍山對大邱野球戰擧行)
139133	朝鮮朝日	1927-04-26/2	02단	お茶の後/モーラの悲喜劇
139134	朝鮮朝日	1927-04-26/2	02단	凧揚競技大會
139135	朝鮮朝日	1927-04-26/2	03단	御眞影室の銅板泥棒は不良少年たち
139136	朝鮮朝日	1927-04-26/2	03단	裡里だより(裡里下水工事/益山優良棉作地)
139137	朝鮮朝日	1927-04-26/2	03단	改良された書堂がだんだん殖ゑる漢文以外に國語や算術の教授を父兄が希望
139138	朝鮮朝日	1927-04-26/2	03단	日本棋院春季東西大棋戰/第三局(二)
139139	朝鮮朝日	1927-04-26/2	04단	物の動き(慶北の楮皮産額六十萬貫)
139140	朝鮮朝日	1927-04-27/1	01단	鮮銀券の發行高も一億三千萬圓を限度に漸次に減少する見込/京城の商取引は豫想以上に順調閑散ながら活氣づく/爲替が組めず米價が下るか支拂猶豫令の及ぼす朝鮮農會への響き/殆ど平穩釜山銀の行明/模樣を見て拂出の制限を緩める/仁取休會十二月まで
139141	朝鮮朝日	1927-04-27/1	01단	公布を見ぬ以前にだらうで實施した銀行の支拂猶豫令朝鮮財界の悲喜劇/齋藤全權東亞博視察に來福
139142	朝鮮朝日	1927-04-27/1	03단	俳句/鈴木花蓑選
139143	朝鮮朝日	1927-04-27/1	04단	內鮮の學生を區別し軍教を實施か城大當事者の意向
139144	朝鮮朝日	1927-04-27/1	05단	銀行大會延期さる財界不安で
139145	朝鮮朝日	1927-04-27/1	06단	咲いたいた昌慶苑のさくら雪と見まがふばかり
139146	朝鮮朝日	1927-04-27/1	06단	滿面に笑を湛へ總督門司に上陸す多數官民の出迎で賑ふ
139147	朝鮮朝日	1927-04-27/1	07단	エス語研究者を色眼鏡で見るははなはだしい偏見/長崎醫大教授淺田博士談
139148	朝鮮朝日	1927-04-27/1	07단	月霞む空遙かに春を樂しむ半島の情緒をラヂオで聽く
139149	朝鮮朝日	1927-04-27/1	08단	漫畫家一行鮮內視察は五月の末頃
139150	朝鮮朝日	1927-04-27/1	08단	二十九日の催しもの
139151	朝鮮朝日	1927-04-27/1	09단	四月中旬鐵道業績昨年に比し十五萬圓增
139152	朝鮮朝日	1927-04-27/1	10단	久し振りの親と子對面の喜び
139153	朝鮮朝日	1927-04-27/1	10단	人(湯淺政務總監/島根縣會議員十名/大分縣佐伯中學一行/山口縣防府中學一行/大分縣竹田中學/佐世保中學見學團一行/平田義周氏(貴族院議員)/齋藤勇大尉(朝鮮軍司令部附))
139154	朝鮮朝日	1927-04-27/2	10단	半島茶話
139155	朝鮮朝日	1927-04-27/2	01단	花ばなしく蓋開けた電氣展二十四日開館式擧行
139156	朝鮮朝日	1927-04-27/2	01단	完全無缺の樂浪の遺物土器と鏡を發見

일련번호	판명	간행일	단수	기사명
139157	朝鮮朝日	1927-04-27/2	01단	懸賞論文釜山繁榮策當選者決定
139158	朝鮮朝日	1927-04-27/2	01단	朝鮮工業界の主要事項を大會で協議
139159	朝鮮朝日	1927-04-27/2	02단	北九州の學事視察談五月三日出發
139160	朝鮮朝日	1927-04-27/2	02단	京城招魂祭訓練院で執行
139161	朝鮮朝日	1927-04-27/2	02단	日本棋院春季東西大棋戰/第三局(三)
139162	朝鮮朝日	1927-04-27/2	03단	新築落成の東亞日報社
139163	朝鮮朝日	1927-04-27/2	03단	不良少年の大掃蕩釜山署が計劃
139164	朝鮮朝日	1927-04-27/2	04단	少年の盜み虜分に困る
139165	朝鮮朝日	1927-04-27/2	04단	お茶の後(湯淺總監の首の座)
139166	朝鮮朝日	1927-04-27/2	04단	家出の少年釜山で取押
139167	朝鮮朝日	1927-04-27/2	04단	渡航栗六枚を僞造し賣却逮捕さる
139168	朝鮮朝日	1927-04-27/2	04단	引跡氣配廿六日(生糸(橫濱))
139169	朝鮮朝日	1927-04-28/1	01단	臨時議會に提出の損失補償法案要項高橋藏相日銀側と協議の結果けふの閣議にかけて決定(日銀損失補償法案要項)
139170	朝鮮朝日	1927-04-28/1	01단	確實なものは從來通りに取引釜山の組合銀行/休業明け二日目鮮內の金融狀況各地とも依然平穩/預金引出に無制限木浦鎭南浦の組合銀行/支拂猶豫令除外例で矢鍋理事語る
139171	朝鮮朝日	1927-04-28/1	01단	一千萬圓程度の鮮銀の損失補償令臨時議會に提出か
139172	朝鮮朝日	1927-04-28/1	03단	支那の動亂を避けて入鮮する米人が列車ごとに增加す
139173	朝鮮朝日	1927-04-28/1	03단	生活戰線上の第一線に立つ女性(四)/異端者扱にされ淡い反逆に生き別に境地を拓くロマンチストの吉村さん
139174	朝鮮朝日	1927-04-28/1	04단	朝鮮穀物聯合大會新義州で開催
139175	朝鮮朝日	1927-04-28/1	04단	短歌/橋田東聲選
139176	朝鮮朝日	1927-04-28/1	04단	辭令(東京電話)
139177	朝鮮朝日	1927-04-28/1	04단	京城放送局時間を改正春の日長で
139178	朝鮮朝日	1927-04-28/1	05단	初筏
139179	朝鮮朝日	1927-04-28/1	05단	一寸でも朝鮮の地を離れるのが淋しいよ盡きぬ名殘を朝鮮に殘し齋藤老總督の鹿島立
139180	朝鮮朝日	1927-04-28/1	07단	慶南道の警官異動近く發表か
139181	朝鮮朝日	1927-04-28/1	07단	公職者大會準備委員會
139182	朝鮮朝日	1927-04-28/1	07단	中央商工のゴム工場が資金難で閉鎖
139183	朝鮮朝日	1927-04-28/1	08단	總督や我輩が引退するなど當人すら知らぬにと湯淺總監辭任說を打消す
139184	朝鮮朝日	1927-04-28/1	08단	韓知事の四君子や中學生の洋畵ととりどりの鮮展出品
139185	朝鮮朝日	1927-04-28/1	08단	陸軍大學生國境を視察
139186	朝鮮朝日	1927-04-28/1	08단	葬儀屋が商賣敵きを損害賠償で訴ふ
139187	朝鮮朝日	1927-04-28/1	08단	二十九日の催しもの
139188	朝鮮朝日	1927-04-28/1	09단	入墨の娼妓請出で大揉
139189	朝鮮朝日	1927-04-28/1	10단	鵝口瘡發生黃海道內に

일련번호	판명	간행일	단수	기사명
139190	朝鮮朝日	1927-04-28/1	10단	火壺に墜落生命が危篤
139191	朝鮮朝日	1927-04-28/1	10단	人(湯淺政務總監/淺利警務局長/大池釜山商業會議所會頭/金潤晶氏(中樞院參議)/板桓只治氏(元山稅關支署長)/水野嚴氏(釜山府協議員)/吉岡重實氏(同上)/泉崎釜山府尹/米田甚太郎氏(京畿道知事)/和田松藏氏(國際運送京城支店囑託))
139192	朝鮮朝日	1927-04-28/1	10단	半島茶話
139193	朝鮮朝日	1927-04-28/2	01단	現代科學の進步をひと目に見せる恩賜記念館の開館迫る
139194	朝鮮朝日	1927-04-28/2	01단	共稼ぎの家の子供たちを素直に滿足に育てやうと平田氏が託兒所を設ける
139195	朝鮮朝日	1927-04-28/2	01단	流行性感冒またまた蔓延/南鮮地方に感冒が流行死亡は少い
139196	朝鮮朝日	1927-04-28/2	01단	日本棋院春季東西大棋戰/第三局(四)
139197	朝鮮朝日	1927-04-28/2	02단	不正漁者の取締のため發動機船修理
139198	朝鮮朝日	1927-04-28/2	02단	父を毆殺す口論の揚句
139199	朝鮮朝日	1927-04-28/2	02단	汽車の只乘釜山で發見
139200	朝鮮朝日	1927-04-28/2	03단	アサヒ・スポーツ/臨時增刊女子競技號
139201	朝鮮朝日	1927-04-28/2	03단	煙草販賣人が酒色に溺れ公金を費消
139202	朝鮮朝日	1927-04-28/2	03단	駐在所の火事
139203	朝鮮朝日	1927-04-28/2	03단	市民野遊會平毎社の催し
139204	朝鮮朝日	1927-04-28/2	03단	運動界(京城庭球戰諸岡宮田組優勝す/全鮮團體柔道有段者優勝旗大會/實業團野球大會)
139205	朝鮮朝日	1927-04-28/2	04단	物の動き(百四十萬圓が郵便爲替で內地に流出)
139206	朝鮮朝日	1927-04-28/2	04단	三月中の新義州貿易輸出は增し輸入は減退
139207	朝鮮朝日	1927-04-28/2	04단	堂島取引所揭示
139208	朝鮮朝日	1927-04-28/2	04단	引跡氣配廿七日(生糸(橫濱))
139209	朝鮮朝日	1927-04-29		缺號
139210	朝鮮朝日	1927-04-30/1	01단	西水羅を根據地とし豆滿江口の北の海で大規模な底曳網計劃五月の初めからいよいよ開始
139211	朝鮮朝日	1927-04-30/1	01단	支拂猶豫の期間が明けても財界に異狀あるまい總督府財務局の觀測
139212	朝鮮朝日	1927-04-30/1	01단	總督官邸の整理宇垣氏の入城は五月の中旬
139213	朝鮮朝日	1927-04-30/1	01단	主要地に短波局設置の計劃
139214	朝鮮朝日	1927-04-30/1	01단	三十二箇所圓醫院の收入百四十萬の
139215	朝鮮朝日	1927-04-30/1	02단	電氣移轉で咸興市民大會
139216	朝鮮朝日	1927-04-30/1	02단	濫獲の結果か南鮮の漁獲が逐年減少の傾向慶南當局が對策を講ず
139217	朝鮮朝日	1927-04-30/1	02단	久しい間の戀人だと湯淺總監の辭任說を齋藤總督は打消した總督、總監を繞る辭任の噂
139218	朝鮮朝日	1927-04-30/1	03단	短歌/橋田東聲選
139219	朝鮮朝日	1927-04-30/1	03단	四十五萬圓の上水道工事久保田氏が講負ふ

일련번호	판명	간행일	단수	기사명
139220	朝鮮朝日	1927-04-30/1	04단	十四年を峠に小作爭議が減少內地のそれに順應す
139221	朝鮮朝日	1927-04-30/1	04단	京城の精米業者メートル法採用八月一日から實施
139222	朝鮮朝日	1927-04-30/1	04단	慶南産業課が閑却された商工業方面に注目
139223	朝鮮朝日	1927-04-30/1	05단	全南石首魚の盛漁七百隻の漁船が集る
139224	朝鮮朝日	1927-04-30/1	05단	花時の雨意外に多く農作の豫想
139225	朝鮮朝日	1927-04-30/1	06단	內鮮融和の隣保館建設は愈七月頃から着工
139226	朝鮮朝日	1927-04-30/1	06단	恩賜科學館內に兒童を主とした活動寫眞を上映する
139227	朝鮮朝日	1927-04-30/1	06단	鎭南浦で干鰒の製造輸出に有望
139228	朝鮮朝日	1927-04-30/1	07단	鎭海に移る商船學校は九月中に開校
139229	朝鮮朝日	1927-04-30/1	07단	帽兒山の支人が排日を叫んで示威運動を起し我が官憲一名負傷
139230	朝鮮朝日	1927-04-30/1	07단	支那海關の給仕が關稅を着服逃走荷主は追徵を命ぜられ邦人の被害續出す
139231	朝鮮朝日	1927-04-30/1	07단	靜肅に祝ふ釜山の天長節
139232	朝鮮朝日	1927-04-30/1	08단	新義州を木部孃飛ぶ來月廿日頃
139233	朝鮮朝日	1927-04-30/1	08단	放送局の子供デー童謠や童話を放送
139234	朝鮮朝日	1927-04-30/1	08단	乳幼兒(愛護デー五月五日に京城で擧行)
139235	朝鮮朝日	1927-04-30/1	08단	臨江縣の馬賊官軍に投降熱河に駐屯
139236	朝鮮朝日	1927-04-30/1	08단	全南道議戰の投票箱を開き各前を勝手に書替ふ面長と面書記が共謀し
139237	朝鮮朝日	1927-04-30/1	09단	火藥密輸結審近し
139238	朝鮮朝日	1927-04-30/1	09단	釜山府の赤痢本年で初めて
139239	朝鮮朝日	1927-04-30/1	09단	平壤製菓の職工が盟休結束が堅い
139240	朝鮮朝日	1927-04-30/1	09단	普校生盟休相當長びかん
139241	朝鮮朝日	1927-04-30/1	10단	鎌と根棒で本夫を殺し放火して逃走
139242	朝鮮朝日	1927-04-30/1	10단	箱師捕はる
139243	朝鮮朝日	1927-04-30/1	10단	會(慶南財務主任會/在鄕軍人總會)
139244	朝鮮朝日	1927-04-30/1	10단	人(東條正平氏(朝鮮鐵道取締役)/境長三郎氏(大邱覆審法院檢事長)/井上收氏(京城放送局請託)/山副昇氏(帶通京城支局長))
139245	朝鮮朝日	1927-04-30/1	10단	半島茶話
139246	朝鮮朝日	1927-04-30/2	01단	干拓と養殖の基本的方針を協定水産、土地の技術者が集り
139247	朝鮮朝日	1927-04-30/2	01단	患者の數さへ正確に判らぬ朝鮮の肺結核の實際
139248	朝鮮朝日	1927-04-30/2	01단	三十二萬の井戶のうち廿六萬が不良傳染病流行期を控へ警察が對策を講究
139249	朝鮮朝日	1927-04-30/2	01단	清涼飮料水の試驗は良好京城府內の
139250	朝鮮朝日	1927-04-30/2	01단	釜山の火事四戶を全燒
139251	朝鮮朝日	1927-04-30/2	02단	無免許鍼師人を殺して引致される
139252	朝鮮朝日	1927-04-30/2	02단	五千圓の橫領犯人を釜山で警戒
139253	朝鮮朝日	1927-04-30/2	03단	木浦短信

일련번호	판명	간행일	단수	기사명
139254	朝鮮朝日	1927-04-30/2	03단	運動界(全鮮實業團野球大會二十九日から/庭球聯盟戰平壤府內の/平壤市民運動會)
139255	朝鮮朝日	1927-04-30/2	03단	日本棋院春季東西大棋戰/第三局(六)
139256	朝鮮朝日	1927-04-30/2	04단	物の動き(一箇年の天日製鹽高一億六千萬斤)

1927년 5월 (조선아사히)

일련번호	판명	간행일	단수	기사명
139257	朝鮮朝日	1927-05-01/1	01단	雨霽れの日を受けた訓練院の原頭に競ふ四つの強スラツガー 全鮮蹴球選手權大會 敬新高普校遂に優勝す/延禧大勝す四對一普成敗る/敬新の快勝 六對零鐵道敗退/敬新遂に優勝 三對二延禧惜敗す
139258	朝鮮朝日	1927-05-01/1	05단	生活戰線上の第一線に立つ女性(六)/大理石の廊下を靴音輕く孔雀のやうに振舞ふ/總督府の代表職業婦人/土木課河川係の水野さん
139259	朝鮮朝日	1927-05-01/1	05단	感謝/大阪朝日京城支局
139260	朝鮮朝日	1927-05-01/1	06단	辭意頗る堅い鮮人の議員連/內地人側慰撫に努む/仁川道議戰のもつれ
139261	朝鮮朝日	1927-05-01/1	06단	損失補償令は朝鮮をも危含 金額其他打合のため草間財務局長が東上/五百圓の拂出可能 金融組合の預金が增加/鮮銀券大縮小 三十日發行高一億一千萬圓
139262	朝鮮朝日	1927-05-01/1	07단	平壤府が電車延長の工費を借入
139263	朝鮮朝日	1927-05-01/1	07단	俳句/鈴木花蓑選
139264	朝鮮朝日	1927-05-01/1	08단	翠綠を趁うて春をたづねるカメラマンの人びと/全關西競技大會の日
139265	朝鮮朝日	1927-05-01/1	08단	氣の毒な避難民/八十餘名が又も長崎へ來る
139266	朝鮮朝日	1927-05-01/1	09단	大邱聯隊に感冒が猖獗/患者百三十名
139267	朝鮮朝日	1927-05-01/1	09단	山中の古刹で大賭博を開帳親分れんが捕はる
139268	朝鮮朝日	1927-05-01/1	10단	倉庫を破り米を盜み出す/不良少年團
139269	朝鮮朝日	1927-05-01/1	10단	釜山驛前で大立廻/重輕傷を出す
139270	朝鮮朝日	1927-05-01/1	10단	會(釜山鎭繁榮會)
139271	朝鮮朝日	1927-05-01/1	10단	人(米田京畿道知事/齋藤恒氏(關東軍參謀長)/閔泳講氏(中樞院參議)/池田殖産局長/全北公吏內地視學團)
139272	朝鮮朝日	1927-05-01/1	10단	半島茶話
139273	朝鮮朝日	1927-05-01/2	01단	朝鮮卵の搬出
139274	朝鮮朝日	1927-05-01/2	01단	定欵を變更し仁川商議の任期延長/營業稅の査定が遅れ有資格者が決定せぬ
139275	朝鮮朝日	1927-05-01/2	01단	農村の青年達に實業教育を施し都會憧憬病を撿める
139276	朝鮮朝日	1927-05-01/2	01단	東萊溫泉の道營促進を面民が陳情
139277	朝鮮朝日	1927-05-01/2	01단	龍井民議戰/定數に不足
139278	朝鮮朝日	1927-05-01/2	01단	基督教派の恩眞中學が紛擾を惹起す
139279	朝鮮朝日	1927-05-01/2	02단	釜山の競馬/來る六日から
139280	朝鮮朝日	1927-05-01/2	02단	平壤府春の催し(電氣大展覽會/府民野遊會/市民大運動會/太子禮拜式/弓術大會)
139281	朝鮮朝日	1927-05-01/2	03단	優しい應授の下に火花を散らした全鮮女子庭球大會單は元山、複は梨花が優勝(シングル/ダブル)
139282	朝鮮朝日	1927-05-01/2	03단	最新刊發賣/模範男兒服の作り方山下盛也講述

일련번호	판명	간행일	단수	기사명
139283	朝鮮朝日	1927-05-01/2	04단	引跡氣配三十日(生糸(横濱))
139284	朝鮮朝日	1927-05-03/1	01단	憲政の一部にも新黨樹立反對/新黨に加はる憲本兩黨の決議/坂田貞氏 政本を脱す
139285	朝鮮朝日	1927-05-03/1	01단	行き詰った漁業の打開策/遠洋漁業を奬勵し免許漁場を整理す
139286	朝鮮朝日	1927-05-03/1	01단	生活戰線上の第一線に立つ女性(七)/金氏とか鄭氏とか昔立派な女性がオモニーとなって働く移れば變る世の習ひ
139287	朝鮮朝日	1927-05-03/1	02단	尙州郡民が農鼍學校の昇格を要望
139288	朝鮮朝日	1927-05-03/1	03단	公職者大會六月三、四日
139289	朝鮮朝日	1927-05-03/1	03단	論語の文獻的研究で學士院の獎勵に城大藤塚教授が入選
139290	朝鮮朝日	1927-05-03/1	03단	短歌/橋田東聲選
139291	朝鮮朝日	1927-05-03/1	04단	會社銀行(朝鮮生命增配/不二興業總會)
139292	朝鮮朝日	1927-05-03/1	04단	雇ひ切れぬほど勞動者が押掛け咸南の水電事業弱る
139293	朝鮮朝日	1927-05-03/1	05단	群山商議が電信直通を聯合會に提議
139294	朝鮮朝日	1927-05-03/1	05단	辭令(東京電話)
139295	朝鮮朝日	1927-05-03/1	05단	金剛山に臨時郵便局
139296	朝鮮朝日	1927-05-03/1	05단	執務時間延長
139297	朝鮮朝日	1927-05-03/1	05단	朝日活寫會非常な盛況
139298	朝鮮朝日	1927-05-03/1	05단	專賣局の佐藤氏休職/三十日附で
139299	朝鮮朝日	1927-05-03/1	06단	京城の招魂祭
139300	朝鮮朝日	1927-05-03/1	06단	陳氏告別式/三十日擧行
139301	朝鮮朝日	1927-05-03/1	06단	殉教徒の追悼碑建設/大同江下流の蓬莱島に
139302	朝鮮朝日	1927-05-03/1	07단	慘殺された鮮人の死體/強盜の所爲が
139303	朝鮮朝日	1927-05-03/1	07단	濟州島の沖で速鳥丸が沈沒 船員は全部溺死か/機關長の死體漂着 風波激しく死體搜査が困難
139304	朝鮮朝日	1927-05-03/1	08단	不景氣に祟られ東亞博の妓生/早めに引揚げ歸鮮
139305	朝鮮朝日	1927-05-03/1	08단	運動者の影も見ぬ釜山のメーデー/大邱も平穩
139306	朝鮮朝日	1927-05-03/1	08단	京城地方暴風雨/三十日の夜
139307	朝鮮朝日	1927-05-03/1	08단	汽車の只乘馬と同車す
139308	朝鮮朝日	1927-05-03/1	08단	寡婦の怪死/他殺か自殺か
139309	朝鮮朝日	1927-05-03/1	09단	道評議の某氏が警察に拘引
139310	朝鮮朝日	1927-05-03/1	09단	前借を踏倒し娼妓の高飛/情夫と手を取り
139311	朝鮮朝日	1927-05-03/1	09단	土砂に埋り坑夫窒死す
139312	朝鮮朝日	1927-05-03/1	09단	中川は一まづ放還にきまる 高校入試漏洩事件は大阪の檢事局へ移さる
139313	朝鮮朝日	1927-05-03/1	10단	會(伊豆少將講演會)
139314	朝鮮朝日	1927-05-03/1	10단	人(草間財務局長/袖林虎雄氏(拓殖事務官)/若山牧水氏夫妻/堀郡判事(新任公州地方法院長)/吉岡甕之補氏(電通記者)/林仙之少將(朝鮮軍參謀長)/香椎源犬郎氏(釜山會議所會頭)/志岐信太郞氏(京城實業家)/臺灣各市協議會員)

일련번호	판명	간행일	단수	기사명
139315	朝鮮朝日	1927-05-03/1	10단	半島茶話
139316	朝鮮朝日	1927-05-03/2	01단	ファインプレー/京城運動場空前の人出
139317	朝鮮朝日	1927-05-03/2	01단	內鮮を問はず朝鮮在住者の衛生思想が乏しい夏季を前に衛生課緊張
139318	朝鮮朝日	1927-05-03/2	01단	全南東部の畜産品評會催のかずかず
139319	朝鮮朝日	1927-05-03/2	01단	夕刊を發行/釜山日報が
139320	朝鮮朝日	1927-05-03/2	01단	東亞日報社新築落成式/三十日擧行
139321	朝鮮朝日	1927-05-03/2	01단	內鮮融和の演藝會盛況/基金を募集
139322	朝鮮朝日	1927-05-03/2	02단	二戶を全燒/大邱の火事
139323	朝鮮朝日	1927-05-03/2	02단	日本棋院春季東西大棋戰/第四局(一)
139324	朝鮮朝日	1927-05-03/2	04단	釜山の小火/家具工場半燒
139325	朝鮮朝日	1927-05-03/2	04단	運動界(實業團野球一回の戰績)
139326	朝鮮朝日	1927-05-03/2	04단	鐵道對三菱野球戰ドロン
139327	朝鮮朝日	1927-05-03/2	04단	殖産局運動會
139328	朝鮮朝日	1927-05-03/2	04단	忠南錄
139329	朝鮮朝日	1927-05-04/1	01단	提出されんとする樞府彈劾上奏案憲政會中幹部少壯組が劃策して實現につとむ/貴衆兩院の議事順序決る/昭和俱樂部は腰がくだけて交涉團體組織困難か
139330	朝鮮朝日	1927-05-04/1	01단	二百圓紙幣は本物を新に製造し直す
139331	朝鮮朝日	1927-05-04/1	02단	宇垣大將の專任總督說は現役である關係上簡單にゆきかねる
139332	朝鮮朝日	1927-05-04/1	03단	無盡の金を金融組合に預けたいと申請
139333	朝鮮朝日	1927-05-04/1	03단	密陽郡廳移轉反對の運動が猛烈
139334	朝鮮朝日	1927-05-04/1	03단	民衆學院を組織の計劃/貧兒を取容す
139335	朝鮮朝日	1927-05-04/1	04단	商議聯合に釜山からの提出議案
139336	朝鮮朝日	1927-05-04/1	04단	課稅査定の下調べを行ふ納期近づく營業稅
139337	朝鮮朝日	1927-05-04/1	04단	在職十五年以上の校長の中から奏任待遇者を詮衡
139338	朝鮮朝日	1927-05-04/1	04단	俳句/鈴木花蓑選
139339	朝鮮朝日	1927-05-04/1	04단	群山開港の二十九周年記念式擧行
139340	朝鮮朝日	1927-05-04/1	05단	黃海道廳本館新築は本年度に着工
139341	朝鮮朝日	1927-05-04/1	05단	漢江を繫ぐ人道橋工事間組に落札
139342	朝鮮朝日	1927-05-04/1	05단	臺灣で通關し移入した外米の數量/一萬餘噸
139343	朝鮮朝日	1927-05-04/1	05단	要視察人の規程を改めて各道に整理させる從來は保安課で統一
139344	朝鮮朝日	1927-05-04/1	06단	少年少女の讀物と文藝物の雜誌が續々と移入される
139345	朝鮮朝日	1927-05-04/1	06단	石首漁の盛漁で漁夫を當込む遊女の數が二百餘名 黃海道が防止策を講ず/盛漁期は五月の末頃
139346	朝鮮朝日	1927-05-04/1	06단	米突宣傳の童謠當選者
139347	朝鮮朝日	1927-05-04/1	06단	北監理派が東亞總會を十一月に開催
139348	朝鮮朝日	1927-05-04/1	07단	慶北、忠北の兩線の延長近く着工の筈

일련번호	판명	간행일	단수	기사명
139349	朝鮮朝日	1927-05-04/1	07단	支拂猶豫令で執達吏が困る強制執行が無くなり一日平均十圓を棒にふる
139350	朝鮮朝日	1927-05-04/1	07단	濟州島の海女が協定を破って慶南の沿岸に押掛く
139351	朝鮮朝日	1927-05-04/1	07단	忘れ雪間島に降る
139352	朝鮮朝日	1927-05-04/1	07단	新築中の家が倒れて主人壓死す
139353	朝鮮朝日	1927-05-04/1	08단	細民階級の病者を救ふ慶南の試み
139354	朝鮮朝日	1927-05-04/1	08단	若山牧水氏の色紙と短冊配布會を組織
139355	朝鮮朝日	1927-05-04/1	08단	大垣丈夫氏收容さる詐欺の疑で
139356	朝鮮朝日	1927-05-04/1	08단	釜山署が女給雇女の整理を實施
139357	朝鮮朝日	1927-05-04/1	08단	店主の腰强く製菓職工の盟休は敗北
139358	朝鮮朝日	1927-05-04/1	09단	舵を折って汽船が漂流/無電で通報
139359	朝鮮朝日	1927-05-04/1	09단	國民黨支部の孫氏追悼會/盛大に擧行
139360	朝鮮朝日	1927-05-04/1	09단	半島茶話
139361	朝鮮朝日	1927-05-04/1	09단	共産黨の大立物獄中で殆ど病む姜達榮は發狂す
139362	朝鮮朝日	1927-05-04/1	09단	墓を發掘して頭骨を盜出し二千圓を出せと脅迫
139363	朝鮮朝日	1927-05-04/1	10단	會(在鄕軍人家族慰安會/大邱町總代會/鎮南浦局野遊會/釜山乘馬會招宴/釜山府協議會/金融組合理事會/西群實業懇話會/軍人分會評議會/二十師團隊長會議/金谷司令官招宴)
139364	朝鮮朝日	1927-05-04/1	10단	人(竹田津吾一氏(朝鮮新聞社取締役)/今泉雄作氏(鮮展審査員)/結城素明氏、辻永氏(同上)/小日山直登氏(國際運輸專務)/釜山中學滿洲見學/久納誠一中佐(宇垣朝鮮臨時總督代理祕書官)/丹羽淸次郎氏(京城キリスト教靑年會長)/大池源二氏(釜山實業家)/岩井本府建築課長/湯村同土木改良課長/センバロ氏(音樂家)/德永三雄氏母堂)
139365	朝鮮朝日	1927-05-04/2	01단	鮮銀支店の金地金買入は必要が無いので中止
139366	朝鮮朝日	1927-05-04/2	01단	春川學議の補缺當選者
139367	朝鮮朝日	1927-05-04/2	01단	京畿道の傳染病激減
139368	朝鮮朝日	1927-05-04/2	01단	日本棋院春季東西大棋戰/第四局(二)
139369	朝鮮朝日	1927-05-04/2	02단	齒科醫試驗/二十五日から
139370	朝鮮朝日	1927-05-04/2	02단	時局標榜の二名の强盜/永興に現る
139371	朝鮮朝日	1927-05-04/2	03단	釜山水上署の籠拔詐欺犯一日捕はる
139372	朝鮮朝日	1927-05-04/2	03단	山と積まれた臟品の中で兇賊調べらる
139373	朝鮮朝日	1927-05-04/2	03단	潜水漁業者檢擧さる
139374	朝鮮朝日	1927-05-04/2	03단	鐵道局の活寫慰安會各地を巡回
139375	朝鮮朝日	1927-05-04/2	03단	照る日曇る日裡里て上映
139376	朝鮮朝日	1927-05-04/2	03단	運送研究會新に組織さる
139377	朝鮮朝日	1927-05-04/2	04단	運動界(全鮮卓球選手權大會八日に擧行)
139378	朝鮮朝日	1927-05-04/2	04단	將校たちの馬術競技會/龍山練兵場で
139379	朝鮮朝日	1927-05-04/2	04단	大同江でボート競爭/參加五十組

일련번호	판명	간행일	단수	기사명
139380	朝鮮朝日	1927-05-04/2	04단	龍山對大邱/野球戰延期
139381	朝鮮朝日	1927-05-04/2	04단	物の動き(滿洲粟と豆粕の輸入　前年より激增/慶南道春鼊　掃立が增加/淸津金融頗る好成績　剩餘金一萬五千圓)
139382	朝鮮朝日	1927-05-05/1	01단	强硬論者續出し不信任案を提出か/抑壓はせず大勢に順應
139383	朝鮮朝日	1927-05-05/1	01단	樞府彈劾の決議案提出し上奏案は見合せ
139384	朝鮮朝日	1927-05-05/1	01단	鮮內に入込む支那勞動者の大多數は朝鮮を素通り王京城領事は語る
139385	朝鮮朝日	1927-05-05/1	01단	朝鮮汽船と鎭海灣汽船/合同に決定
139386	朝鮮朝日	1927-05-05/1	01단	移住奬勵の補助金/交付される
139387	朝鮮朝日	1927-05-05/1	02단	宇垣總督京城着は十日の午後
139388	朝鮮朝日	1927-05-05/1	02단	生活戰線上の第一線に立つ女性(八)/ま白な指さきを器用に動かして證券の整理に忙しい殖銀の美しい女性たち
139389	朝鮮朝日	1927-05-05/1	03단	五道畜産の組合許可さる
139390	朝鮮朝日	1927-05-05/1	03단	*不當な米價の低落を避ける手段として鮮內の各地に倉庫を設置し儲かる金が一千萬圓/十一月以降の移出米の總高　四百三十一萬餘石前年より四十萬石を增加*
139391	朝鮮朝日	1927-05-05/1	04단	密陽郡廳の移轉は結局實現か
139392	朝鮮朝日	1927-05-05/1	04단	郵船爭議解決/遞信省の肝煎で
139393	朝鮮朝日	1927-05-05/1	05단	古陶器燒の遺趾を發掘/本府宗敎課が
139394	朝鮮朝日	1927-05-05/1	05단	葉櫻の頃となり釜山の埠頭が內地のお客で賑ふ
139395	朝鮮朝日	1927-05-05/1	06단	朝鮮方面からの內地視察團がにはかに殖えて來た
139396	朝鮮朝日	1927-05-05/1	06단	湯淺總監黃海を視察/信用に一泊
139397	朝鮮朝日	1927-05-05/1	06단	短歌/橋田東聲選
139398	朝鮮朝日	1927-05-05/1	07단	鮮滿視察漫畵團/二十四日に京城に到着
139399	朝鮮朝日	1927-05-05/1	07단	洋畵展覽會/鐵道局內の
139400	朝鮮朝日	1927-05-05/1	07단	何といっても全集物が大流行/社會學の確實なのも相當には讀まれる
139401	朝鮮朝日	1927-05-05/1	08단	慶北の山火事
139402	朝鮮朝日	1927-05-05/1	08단	浮浪者と格鬪を演じ巢窟を掃蕩
139403	朝鮮朝日	1927-05-05/1	09단	懷舊談に花を咲せた一高出身者會
139404	朝鮮朝日	1927-05-05/1	09단	餓死同盟の決議文を突つく田を失った鮮人達が
139405	朝鮮朝日	1927-05-05/1	09단	咸南の對岸に豚や鷄のコレラ/防疫員を國境に派遣
139406	朝鮮朝日	1927-05-05/1	09단	人命に別條はない景雲丸遭難
139407	朝鮮朝日	1927-05-05/1	10단	敎唆暴行で勞動黨幹部拘引せらる
139408	朝鮮朝日	1927-05-05/1	10단	會(湯淺總監午餐會)
139409	朝鮮朝日	1927-05-05/1	10단	人(山田眞矢氏(工學博士)/長谷天牛太郎氏/大分中學生/竹田津吾一氏(朝鮮大阪支局長)/京畿道廳質一行/慶南金融組合員一行)
139410	朝鮮朝日	1927-05-05/1	10단	半島茶話

일련번호	판명	간행일	단수	기사명
139411	朝鮮朝日	1927-05-05/2	01단	一年生苗木の造林が好成績/なほ數年實驗を重ねた上一般民間に獎勵す
139412	朝鮮朝日	1927-05-05/2	01단	安心が出來ぬ郵便貯金の增加/無理な預入が多い
139413	朝鮮朝日	1927-05-05/2	01단	兒童を利用し米突法の家庭化を計劃
139414	朝鮮朝日	1927-05-05/2	01단	慶南道が巡査部長の異動を行ふ
139415	朝鮮朝日	1927-05-05/2	01단	夜間金庫の成績が良好
139416	朝鮮朝日	1927-05-05/2	02단	大同郡で聯合靑年團活動を期す
139417	朝鮮朝日	1927-05-05/2	02단	お茶の後/郵便物の宙フラン
139418	朝鮮朝日	1927-05-05/2	02단	義州戰蹟記念忠魂碑/八月除幕式
139419	朝鮮朝日	1927-05-05/2	03단	釜山港の寶探し人が代って更に決行
139420	朝鮮朝日	1927-05-05/2	03단	懸賞原稿募集
139421	朝鮮朝日	1927-05-05/2	03단	日本棋院春季東西大棋戰/第四局(三)
139422	朝鮮朝日	1927-05-05/2	04단	南浦商友會新に組織さる
139423	朝鮮朝日	1927-05-05/2	04단	運動界(總督府對鐵道陸上競技十五日擧行/釜山對大邱對抗庭球戰)
139424	朝鮮朝日	1927-05-06/1	01단	樞府彈劾決議案は結局けふ提出か形式內容等を審査すべく新黨の代議士會できまる/松島事件等の緊急質問續出 田中首相答辯に努め議場非常に緊張す
139425	朝鮮朝日	1927-05-06/1	02단	宇垣總督初訓示十一日登廳
139426	朝鮮朝日	1927-05-06/1	02단	生活戰線上の第一線に立つ女性(九)/打てば鳴り響く同情と共鳴の溫情の所有者でもあって蔘精の販賣に忙しい山口さん
139427	朝鮮朝日	1927-05-06/1	03단	王公家の戶籍法/五日から施行
139428	朝鮮朝日	1927-05-06/1	03단	現實味を帶びて來た思想團體の傾向/共産黨運動も擡頭
139429	朝鮮朝日	1927-05-06/1	03단	鐵道用地の拂下解決/馬山の癌一掃
139430	朝鮮朝日	1927-05-06/1	04단	平壤府の事業公債/圓滿に成立
139431	朝鮮朝日	1927-05-06/1	04단	俳句/鈴木花蓑選
139432	朝鮮朝日	1927-05-06/1	05단	電氣協會總會/十六日京城で
139433	朝鮮朝日	1927-05-06/1	05단	群山電氣會社の全北との合併は府民が反對を決議
139434	朝鮮朝日	1927-05-06/1	05단	嫁入や家庭の事情で看護婦の辭職が續出し醫院が大困り
139435	朝鮮朝日	1927-05-06/1	05단	全滿商議聯合會八九の兩日安東で開催
139436	朝鮮朝日	1927-05-06/1	06단	知事會議無期延期宇垣總督が着任のため
139437	朝鮮朝日	1927-05-06/1	06단	鐵道協會員三百餘名が群山を視察
139438	朝鮮朝日	1927-05-06/1	06단	戀の漂泊ひ人山田順子の先夫/增川辯護士護送さる夫婦生活中の犯した罪で
139439	朝鮮朝日	1927-05-06/1	07단	恩賜科學館に出品した大阪朝日の新聞製作順序
139440	朝鮮朝日	1927-05-06/1	07단	間島在住民の模擬戰/匪賊を假想し
139441	朝鮮朝日	1927-05-06/1	08단	鴨綠江增水/二日の大雨で
139442	朝鮮朝日	1927-05-06/1	08단	一千圓の公金橫領藝妓を連れて高飛中を逮捕
139443	朝鮮朝日	1927-05-06/1	08단	友の病に同情し鮮女學生三名利根川に投身自殺

일련번호	판명	간행일	단수	기사명
139444	朝鮮朝日	1927-05-06/1	09단	郡廳移轉の反對から郡守を取りまき群衆が亂暴を働く
139445	朝鮮朝日	1927-05-06/1	09단	鰯刺網の不正漁業者/釜山署が檢擧
139446	朝鮮朝日	1927-05-06/1	09단	朝鐵總會無效の訴は和解が成立
139447	朝鮮朝日	1927-05-06/1	10단	夫婦喧嘩の末妻を殺して死體を隱匿
139448	朝鮮朝日	1927-05-06/1	10단	日本旅行會鮮滿視察團/十日京城着
139449	朝鮮朝日	1927-05-06/1	10단	人(湯淺政務總監/篠田李王職次官/鳥羽重師氏(京都大學教授)/戸澤又次郎氏(總督府林業試驗場技師)/立川京南鐵專務/三上新氏(清津釜尹)/大熊喜邦博士)
139450	朝鮮朝日	1927-05-06/1	10단	半島茶話
139451	朝鮮朝日	1927-05-06/2	01단	掛金か集らず無盡會社の成績/各地とも良くない成立前の調査が不十分
139452	朝鮮朝日	1927-05-06/2	01단	平壤圖書館館長が決定會學郡守の針替氏
139453	朝鮮朝日	1927-05-06/2	01단	十年勤續記念式擧行
139454	朝鮮朝日	1927-05-06/2	01단	日本棋院春季東西大棋戰/第五局(一)
139455	朝鮮朝日	1927-05-06/2	02단	自衛團員を選拔し表彰
139456	朝鮮朝日	1927-05-06/2	02단	朝日活寫會盛況を極む
139457	朝鮮朝日	1927-05-06/2	02단	漢江下流の河豚が不漁/住民困惑す
139458	朝鮮朝日	1927-05-06/2	03단	普通校長が舟遊の歸途溺死を遂ぐ
139459	朝鮮朝日	1927-05-06/2	03단	義太夫師匠が寡婦を蕩し金を捲あぐ
139460	朝鮮朝日	1927-05-06/2	03단	狂犬に咬まる
139461	朝鮮朝日	1927-05-06/2	03단	浮世の塵
139462	朝鮮朝日	1927-05-06/2	03단	讀者慰安活寫會
139463	朝鮮朝日	1927-05-06/2	04단	運動界(都市對抗野球戰八九の兩日)
139464	朝鮮朝日	1927-05-06/2	04단	物の動き(四月中の鐵道業績收入三百萬圓/慶南の棉作付が增加/咸鏡の木炭需要が增加)
139465	朝鮮朝日	1927-05-07/1	01단	希望條件を附し無修正で原案可決か兩法案と新黨倶樂部/財界救濟法案未了て會期を延長か貴族院の諒解を求む/貴族院の諒解に政府總かゝり
139466	朝鮮朝日	1927-05-07/1	01단	生活戰線上の第一線に立つ女性(十)/氣持の荒びがちな植民地の朝鮮に古典的な仕舞を敎へる南山幼稚園の大和田さん
139467	朝鮮朝日	1927-05-07/1	02단	知事會議十七日/宇垣總督臨席
139468	朝鮮朝日	1927-05-07/1	02단	特別融通法が船舶擔保に及べば十五銀行浮び上るか
139469	朝鮮朝日	1927-05-07/1	03단	人の異動說は京城で製造しそれを世間が買ふのさ生田內務釜山で語る
139470	朝鮮朝日	1927-05-07/1	04단	飯尾氏復活沖繩縣知事に
139471	朝鮮朝日	1927-05-07/1	04단	金融組合聯合總會年七步の配當案を可決
139472	朝鮮朝日	1927-05-07/1	05단	短歌/橋田東聲選
139473	朝鮮朝日	1927-05-07/1	05단	間島信託利子引下/五月一日から
139474	朝鮮朝日	1927-05-07/1	06단	朝鮮私鐵の建設と改良費/審理中の豫算の內容

일련번호	판명	간행일	단수	기사명
139475	朝鮮朝日	1927-05-07/1	07단	大邱穀市場六日から開始
139476	朝鮮朝日	1927-05-07/1	07단	事態險惡の郡廳移轉/更に本府に反對を陳情
139477	朝鮮朝日	1927-05-07/1	07단	至急電話開通口數全鮮で二百餘
139478	朝鮮朝日	1927-05-07/1	07단	取れぬ預金を引出してやると五千圓を受取って是を實行せなかった大垣氏に絡る詐欺の訴へ
139479	朝鮮朝日	1927-05-07/1	08단	京城局では申込順に架設
139480	朝鮮朝日	1927-05-07/1	08단	咸南の大雪なほ歇まず
139481	朝鮮朝日	1927-05-07/1	08단	機船の衝突一隻は沈沒/荷主が行方不明
139482	朝鮮朝日	1927-05-07/1	08단	虛僞の沈沒で保險詐欺/釜山で取調
139483	朝鮮朝日	1927-05-07/1	08단	四戸を全燒/馬山の火事
139484	朝鮮朝日	1927-05-07/1	09단	子息を召喚 更に取調べ/事件は更に他方面に發展
139485	朝鮮朝日	1927-05-07/1	09단	金に詰った藝妓と船長/猫いらず心中
139486	朝鮮朝日	1927-05-07/1	09단	琴の師匠が放火の疑で取調べらる
139487	朝鮮朝日	1927-05-07/1	10단	クレヨンで紙幣を僞造/鮮童の惡戲
139488	朝鮮朝日	1927-05-07/1	10단	會(チーバーチー/大邱學士會/鈴木南議會頭招宴/福屋氏招待宴)
139489	朝鮮朝日	1927-05-07/1	10단	人(生田內務局長/安達本府開墾課長/天日常次郎氏、吉田秀次郎氏、松井民次郎氏/松井信助氏(平壤府尹)/宮崎中學校生徒/東京大正會鮮滿實業視察團/宮崎縣都城商業生徒)
139490	朝鮮朝日	1927-05-07/1	10단	半島茶話
139491	朝鮮朝日	1927-05-07/2	01단	支那人勞働者の一日一人の所得/僅に九十錢に比し內鮮人は一圓二十錢
139492	朝鮮朝日	1927-05-07/2	01단	殖銀が背景となり信用組合を援助/支拂猶豫令明けの非常拂戾に應ずる
139493	朝鮮朝日	1927-05-07/2	01단	洛東江の防水區域設立を陳情
139494	朝鮮朝日	1927-05-07/2	01단	無盡業者を金融調査の委員に加へ度いと陳情
139495	朝鮮朝日	1927-05-07/2	01단	思想團體が二派に分れ挌鬪を演ず
139496	朝鮮朝日	1927-05-07/2	02단	京都の電車を平壤が買入/寺洞に延長
139497	朝鮮朝日	1927-05-07/2	02단	日本棋院春季東西大棋戰/第五局(二)
139498	朝鮮朝日	1927-05-07/2	03단	讀者慰安活寫會
139499	朝鮮朝日	1927-05-07/2	03단	河川での野菜洗ひは府令で禁止
139500	朝鮮朝日	1927-05-07/2	04단	大池翁の壽像建設に見も知らぬ人から寄金
139501	朝鮮朝日	1927-05-07/2	04단	賭場の嵐/四人が珠数つなぎ
139502	朝鮮朝日	1927-05-07/2	04단	電車內で竊盜を逮捕
139503	朝鮮朝日	1927-05-07/2	04단	物の動き(支拂猶預の影響は五月ごろか/春鰡の掃立鎭海の一千枚)
139504	朝鮮朝日	1927-05-08/1	01단	小川鄕太郎君の追窮愈よ急にして政府の答辯一向に振はず兩融通法案委員會/政府の答辯しどろもどろその虛につけ入る野黨の追窮會期は延長か/融通法案の修正案と希望新黨俱樂部で成案/見込ある銀行は恩典に浴する修正する重要點

일련번호	판명	간행일	단수	기사명
139505	朝鮮朝日	1927-05-08/1	01단	國境の春遲し
139506	朝鮮朝日	1927-05-08/1	05단	議會歸りを淸瀨氏襲はる暴行議員問題の恨か
139507	朝鮮朝日	1927-05-08/1	05단	夏の三箇月は軍事の御研究/歸路は米國御通過/李王殿下の御旅程につき篠田李王職長官語る
139508	朝鮮朝日	1927-05-08/1	05단	爲替が組めず滯貨が激增す/四月末で約二千噸
139509	朝鮮朝日	1927-05-08/1	05단	朝鮮神官の獻木/森嚴を增す
139510	朝鮮朝日	1927-05-08/1	05단	旅客小荷物の運送規則改正の要點
139511	朝鮮朝日	1927-05-08/1	06단	俳句/鈴木花蓑選
139512	朝鮮朝日	1927-05-08/1	06단	北鮮の鱈漁期漸く近づく
139513	朝鮮朝日	1927-05-08/1	07단	佐藤警視忠魂碑
139514	朝鮮朝日	1927-05-08/1	07단	鮮銀券大縮小/一億臺を割る
139515	朝鮮朝日	1927-05-08/1	07단	宇垣總督の朝鮮入/九日夜釜山に
139516	朝鮮朝日	1927-05-08/1	07단	密陽船橋を切斷しても移轉を阻止
139517	朝鮮朝日	1927-05-08/1	07단	樂浪地帶を外人が買收/國費で買戻か
139518	朝鮮朝日	1927-05-08/1	08단	改元記念朝鮮博/六月一日から
139519	朝鮮朝日	1927-05-08/1	08단	本社の大旆を的に若きアスリート中等學生の大競技いよいよ六月十九日/龍山鐵道局グラウンドで擧行
139520	朝鮮朝日	1927-05-08/1	09단	慶北の降雹
139521	朝鮮朝日	1927-05-08/1	09단	着服した公金を吐出/新義州府吏員の瀆職段落
139522	朝鮮朝日	1927-05-08/1	09단	頻々として起る釜山の怪火騷ぎ/府民はおびえきる
139523	朝鮮朝日	1927-05-08/1	09단	會(メートル展覽會/安東縣地方委員會/次田敬老會)
139524	朝鮮朝日	1927-05-08/1	10단	全鮮金融組合/珠算競技殖銀樓上で
139525	朝鮮朝日	1927-05-08/1	10단	人(渡遺第十九師團長/深見第三八旅團長/齋藤園技師(鐵道局淸津出張所長/松岡正男氏(京城日報副社長)/朴榮吉氏(咸北知事)/喜田儀作氏(鎭南浦實業家)/駒田萬二氏(新大阪商船臺南支店長)/岸田菊郎氏(同上新釜山支店長)/尹德榮子/李軫鎬氏(學務局長))
139526	朝鮮朝日	1927-05-08/1	10단	半島茶話
139527	朝鮮朝日	1927-05-08/2	01단	いよいよ移管される在滿の普通學校/實施期は六月一日
139528	朝鮮朝日	1927-05-08/2	01단	釜山高女校校舍增築は或程度實現か
139529	朝鮮朝日	1927-05-08/2	01단	海事關係の現業員達も遞信局共濟組合に加入
139530	朝鮮朝日	1927-05-08/2	01단	慶南視察團佐世保を訪問
139531	朝鮮朝日	1927-05-08/2	01단	大觀亭の京城圖書館　本年末に竣工/兒童部にも力を注ぐ
139532	朝鮮朝日	1927-05-08/2	02단	平壤圖書館年內に開館
139533	朝鮮朝日	1927-05-08/2	02단	お茶の後/七人のおめでた
139534	朝鮮朝日	1927-05-08/2	02단	日本棋院春季東西大棋戰/第五局(三)
139535	朝鮮朝日	1927-05-08/2	03단	讀者慰安活寫會
139536	朝鮮朝日	1927-05-08/2	03단	相愛會の共同宿泊所/寄附募集が非常に好成績
139537	朝鮮朝日	1927-05-08/2	04단	運動界(黑人軍來襲全大邱と戰ふ)

일련번호	판명	간행일	단수	기사명
139538	朝鮮朝日	1927-05-08/2	04단	遞信局優勝/實業野球戰で
139539	朝鮮朝日	1927-05-08/2	04단	一萬米競爭/元山中學生の
139540	朝鮮朝日	1927-05-08/2	04단	全鮮春季競馬會
139541	朝鮮朝日	1927-05-08/2	04단	物の動き(金剛山電鐵下半期成績/配當一割一分)
139542	朝鮮朝日	1927-05-10/1	01단	*脫線をせぬう職務大事に勤める我輩は本當の臨時だから抱負などは更に無いよと宇垣代理下關で語る/朝鮮の爲には我輩の生命は何時でも捧げる*
139543	朝鮮朝日	1927-05-10/1	01단	學校の數が少く不就學が多い在滿洲の朝鮮兒童/書堂は支那官憲が壓迫
139544	朝鮮朝日	1927-05-10/1	03단	質よりも量が鮮米刻下の急務/二毛作は頗る有望/加藤水原模範場長の談
139545	朝鮮朝日	1927-05-10/1	03단	短歌/橋田東聲選
139546	朝鮮朝日	1927-05-10/1	03단	*重い使命に緊張する箱根丸の船員　李王殿下の御乘船/準備は悉く整ふ/御醫衛の三輪主任は十五日頃東上*
139547	朝鮮朝日	1927-05-10/1	04단	昨年度の郵貯高百八十萬圓を增加す
139548	朝鮮朝日	1927-05-10/1	04단	金剛山電鐵發電所擴張四十萬圓で
139549	朝鮮朝日	1927-05-10/1	04단	*避難の米人を英語教師に採用　總督府が幹旋す/優遇を謝す避難の人たち*
139550	朝鮮朝日	1927-05-10/1	05단	制限外課稅の面の倂合は八九月ごろ
139551	朝鮮朝日	1927-05-10/1	05단	製絲寫眞帳を李王殿下に獻上申上ぐ
139552	朝鮮朝日	1927-05-10/1	05단	西鮮燃料新設さる平南有力者が
139553	朝鮮朝日	1927-05-10/1	06단	滿洲商議聯合が對滿政策に關し政府の反省を促す
139554	朝鮮朝日	1927-05-10/1	06단	南市住民が龍川郡廳の移轉を運動
139555	朝鮮朝日	1927-05-10/1	06단	衰へかけた間島の金鑛俄に復活す
139556	朝鮮朝日	1927-05-10/1	06단	大同の桃樹/氣候不順で開花が遲る
139557	朝鮮朝日	1927-05-10/1	06단	鍊買出船が昨年に較べ五割を減少
139558	朝鮮朝日	1927-05-10/1	07단	巡査部長二十二名を新に任命す
139559	朝鮮朝日	1927-05-10/1	07단	安寧水利が起工式擧行
139560	朝鮮朝日	1927-05-10/1	07단	族行會社が朝鮮と連絡/出張所を設置
139561	朝鮮朝日	1927-05-10/1	07단	五十萬の人にチブス豫防の注射をやり度いと本府衛生課の計劃
139562	朝鮮朝日	1927-05-10/1	07단	夏に多い鐵道の負傷工場係りが中でも筆頭
139563	朝鮮朝日	1927-05-10/1	08단	南監理派の女宣教師大會
139564	朝鮮朝日	1927-05-10/1	08단	京城府營の公設市場が米突法實施
139565	朝鮮朝日	1927-05-10/1	08단	相愛會の愛知縣本部/新年度事業
139566	朝鮮朝日	1927-05-10/1	08단	「お茶の會」避難外人を招き
139567	朝鮮朝日	1927-05-10/1	08단	平南の降雪/六寸に及ぶ
139568	朝鮮朝日	1927-05-10/1	08단	龍頭山神社靑銅燈籠の附屬品を盜む

일련번호	판명	간행일	단수	기사명
139569	朝鮮朝日	1927-05-10/1	09단	月三錢づゝの寄附金を七十年の間積み立てゝ百萬圓になす咸興小學校の計劃
139570	朝鮮朝日	1927-05-10/1	09단	釜山瓦電が人を轢殺す
139571	朝鮮朝日	1927-05-10/1	09단	慶北の山林/二日燃續く
139572	朝鮮朝日	1927-05-10/1	09단	前借踏倒しの藝妓を取押/釜山署で保護
139573	朝鮮朝日	1927-05-10/1	09단	稀代の放火狂/山林中で發見
139574	朝鮮朝日	1927-05-10/1	10단	會(京城憲友會)
139575	朝鮮朝日	1927-05-10/1	10단	人(湯淺政務總監/淺利警察局長/和田慶南知事/谷新次氏(平南警察部警部)/矢橋良聞氏(平每社長)/末松吉次氏(間島總領事館詰外務省府視)/尹德永子爵/吉村秀藏氏(咸南勞務課長)/加藤戊苞氏(水原勸業模範壇長)/内海淑郎氏(仁川實業家)/宮崎中學生/和田雷吉氏(新慶南間城署長)/石森久彌氏(朝鮮公論社長)/金子喜代太郎氏(淺野セメント重役)
139576	朝鮮朝日	1927-05-10/1	10단	半島茶話
139577	朝鮮朝日	1927-05-10/2	01단	物の動き(四月中の清津出穀十六萬袋突破/元山組合銀行四月末帳尻預金四百萬圓貸付五百萬圓/米價安で栗の需要がトンと振はぬ/平南の麥作順調に成育/鎭南浦無盡創立)
139578	朝鮮朝日	1927-05-10/2	01단	免許漁場が多くて獲物が漸減する鎭海灣の鱈の漁場/是が整理は最大の急務
139579	朝鮮朝日	1927-05-10/2	01단	咸北金組聯合會總會/十六日開催
139580	朝鮮朝日	1927-05-10/2	01단	黃海道金組理事打合會/十日から三日
139581	朝鮮朝日	1927-05-10/2	01단	運動界(都市對抗野球戰一日目成績)
139582	朝鮮朝日	1927-05-10/2	02단	日本棋院春季東西大棋戰/第五局(四)
139583	朝鮮朝日	1927-05-10/2	02단	七段岩佐銈講評
139584	朝鮮朝日	1927-05-10/2	04단	遞信局優勝/實業野球戰で
139585	朝鮮朝日	1927-05-10/2	04단	京城內商店對抗リレー諸岡商店優勝
139586	朝鮮朝日	1927-05-10/2	04단	黑人軍日程
139587	朝鮮朝日	1927-05-10/2	04단	合同射擊會/咸南警察の
139588	朝鮮朝日	1927-05-10/2	04단	店員慰勞運動會
139589	朝鮮朝日	1927-05-10/2	04단	平壤市民運動會延期
139590	朝鮮朝日	1927-05-10/	04단	神戸豆粕
139591	朝鮮朝日	1927-05-11/1	01단	蟻の這出る隙もない嚴重な警戒裡に宇垣臨時代理總督入城儀仗兵に護られ官邸に入る/神妙にお留守をするばかりさ萬事は官民諸子の意見を聞いて勉强する/逝く春の溫泉に旅塵を洗って鮮米に舌鼓うった東萊での宇垣總督/十日の朝に京城に向ふ
139592	朝鮮朝日	1927-05-11/1	01단	新總督の聲明通り既定の計劃には變りはあるまいと池田殖産局長釜山で語る
139593	朝鮮朝日	1927-05-11/1	03단	鐵道協會員四班に分れ全鮮を視察
139594	朝鮮朝日	1927-05-11/1	03단	俳句/鈴木花蓑選

일련번호	판명	간행일	단수	기사명
139595	朝鮮朝日	1927-05-11/1	03단	猶豫令を撤廢しても不安は更にあるまい金融界諸方面の觀測/充分の用意を整へては居る然し平穩に濟むだらう松本理財課長談/總ての計劃は出來て居る　井内鮮銀理事談/金融組合にも必要に應じ貸出を行ふ　矢鍋殖銀理事談/商　工業の萎靡不振は招來すまい古宗田商銀專務談/槪して平穩懸念の要なし　島原一銀支店長談/資金準備も出來て居る堤漢銀專務談
139596	朝鮮朝日	1927-05-11/1	04단	一波瀾ありさうな放送局理事會
139597	朝鮮朝日	1927-05-11/1	04단	酸素を應用した活漁遠距離輸送/南浦漁業組合が實施
139598	朝鮮朝日	1927-05-11/1	04단	支那輯私局巡警が水上から發砲して鹽を陸揚中の鮮人を撃つ/日支間に粉糾生ぜん
139599	朝鮮朝日	1927-05-11/1	05단	面事務所の移轉問題は圓滿に解決
139600	朝鮮朝日	1927-05-11/1	05단	金剛山電鐵新株拂込は一日まで延期
139601	朝鮮朝日	1927-05-11/1	06단	考古學界の珍品/浮石寺の壁畫保存の方策を講ず
139602	朝鮮朝日	1927-05-11/1	07단	支那側官憲は發砲を否定す/被害鮮人は經過良好
139603	朝鮮朝日	1927-05-11/1	08단	辭令(東京電話)
139604	朝鮮朝日	1927-05-11/1	08단	全南面職員本社を見學/一行二十六名
139605	朝鮮朝日	1927-05-11/1	08단	剃刀で立廻/一名負陽す
139606	朝鮮朝日	1927-05-11/1	08단	飮酒揚旬の喧嘩さはぎ
139607	朝鮮朝日	1927-05-11/1	09단	時計を騙取遊廓で逮捕
139608	朝鮮朝日	1927-05-11/1	09단	牛疫の取締が今後峻烈になる繫留期間も三箇月に延長/屠殺牛には手當支給
139609	朝鮮朝日	1927-05-11/1	09단	アラ、ギの大森林江原道で發見/一大寶庫と大喜び
139610	朝鮮朝日	1927-05-11/1	09단	扶養者なき老人百名を濟生院が收容
139611	朝鮮朝日	1927-05-11/1	10단	會(第五良友丸披露宴/藤瀨大每氏送宴/鎮南浦普校記念式)
139612	朝鮮朝日	1927-05-11/1	10단	人(湯淺政務總監/支那教育家視察團/醫學會參列醫學博士團/池田殖産局長/佐久間朝鮮カフ支配人/松岡京日副社長、權藤朝新副社長、石原京城日日主筆、石森公論社長/山名善來氏(總督府社會課長))
139613	朝鮮朝日	1927-05-11/1	10단	半島茶話
139614	朝鮮朝日	1927-05-11/2	01단	物の動き(四月中元山手形交換高百八十萬圓/全南米の四月檢查高二十二萬叺/北海道で歡迎される朝鮮の落葉松/全南叺檢查高/南浦漁業好成績)
139615	朝鮮朝日	1927-05-11/2	01단	人蔘の行商に南洋に出稼ぐ渡航熱が非常に旺盛
139616	朝鮮朝日	1927-05-11/2	01단	車輛建設改良の本年度實行豫算/冷藏庫を五輛新造
139617	朝鮮朝日	1927-05-11/2	01단	警報臺落成/大田警察の
139618	朝鮮朝日	1927-05-11/2	01단	運動界(黑人對大邱十三日決戰/全大邱優勝大每野球戰で)
139619	朝鮮朝日	1927-05-11/2	02단	全鮮卓球戰
139620	朝鮮朝日	1927-05-11/2	02단	日本棋院春季東西大棋戰/第六局其一
139621	朝鮮朝日	1927-05-11/2	02단	ボートレース

일련번호	판명	간행일	단수	기사명
139622	朝鮮朝日	1927-05-11/2	03단	射擊大會
139623	朝鮮朝日	1927-05-11/2	03단	大邱運動會競技の成績
139624	朝鮮朝日	1927-05-11/2	03단	讀者慰安活寫會
139625	朝鮮朝日	1927-05-11/2	04단	お茶の後/派出所に大白檀
139626	朝鮮朝日	1927-05-11/2	04단	新刊紹介(朝鮮公論/革新)
139627	朝鮮朝日	1927-05-11/2	04단	神戶豆粕
139628	朝鮮朝日	1927-05-12/1	01단	道路網の完成は前途なほ程遠し所要工費九千萬圓に達し二年度の豫算は僅に二千餘萬圓
139629	朝鮮朝日	1927-05-12/1	01단	東海岸鐵道の南方の起點は是非とも浦項にと地元民が上府陳情
139630	朝鮮朝日	1927-05-12/1	03단	免官者を祭込む必要があってか中樞院參議の決定が遲れる
139631	朝鮮朝日	1927-05-12/1	03단	四百の陳情員大擧上道郡衙移轉の反對を陳情/知事の答に望みを繋ぐ
139632	朝鮮朝日	1927-05-12/1	04단	海外旅行展に鐵道局から數種を出品
139633	朝鮮朝日	1927-05-12/1	04단	短歌/橋田東聲選
139634	朝鮮朝日	1927-05-12/1	04단	生活戰線上の第一線に立つ女性(十一)/尼僧にも似て優しく忍從謙讓に滿つる然し懷に捕繩を忍ばせる女囚取締のひとびと
139635	朝鮮朝日	1927-05-12/1	05단	朝鮮美術展/朝鮮人側の審査員決定
139636	朝鮮朝日	1927-05-12/1	05단	米國羅府の邦人團　京城を見物/平壤を視察 安東に向ふ
139637	朝鮮朝日	1927-05-12/1	05단	全鮮殉職警官招魂祭/二十二日擧行
139638	朝鮮朝日	1927-05-12/1	05단	辭令(東京電話)
139639	朝鮮朝日	1927-05-12/1	05단	慶南一の晋州橋落成工費二十六萬圓
139640	朝鮮朝日	1927-05-12/1	06단	恐水病が頻に蔓延/豫防に大努力
139641	朝鮮朝日	1927-05-12/1	06단	平北の麻疹猖獗を極め死亡者續出
139642	朝鮮朝日	1927-05-12/1	06단	不敬事件の俳優團檢事局送り
139643	朝鮮朝日	1927-05-12/1	06단	京城放送局が放送時間を變更/日出沒の關係と期米市場の時刻改正で
139644	朝鮮朝日	1927-05-12/1	07단	鴨綠江畔に眠る戰歿者の英靈を永へに弔ふ忠魂碑義州統軍亭に建設
139645	朝鮮朝日	1927-05-12/1	08단	群山全北の電氣合倂に反對の決議
139646	朝鮮朝日	1927-05-12/1	08단	量目不足の商品數一箇年の調査
139647	朝鮮朝日	1927-05-12/1	09단	內務省が朝郵相手に訴訟を提起
139648	朝鮮朝日	1927-05-12/1	09단	天眞丸の船員の死體/東萊に漂着
139649	朝鮮朝日	1927-05-12/1	09단	恐るべき婦女誘拐團/賭博で足がつき捕はる
139650	朝鮮朝日	1927-05-12/1	09단	芦草を賣って財源に充てる平壤醫專の設立計劃
139651	朝鮮朝日	1927-05-12/1	10단	會(釜山府協議會/慶南水産會議/慶南財務主任會議/鶴見祐輔氏講演會/忠南金組聯合會)

일련번호	판명	간행일	단수	기사명
139652	朝鮮朝日	1927-05-12/1	10단	人(小松議次郎氏/佐竹三吾氏/鶴見祐輔氏/吉村傳氏(京城府內務課長)/漂山寅彦氏(釜山實業家)/石田釜山署司法主任/村山慶南警察部長/和田知事/全北面職員/戰史見學團/福島莊平氏母堂)
139653	朝鮮朝日	1927-05-12/1	10단	半島茶話
139654	朝鮮朝日	1927-05-12/2	01단	全鮮に公醫を廣く配置すべく本府衛生課の新計劃
139655	朝鮮朝日	1927-05-12/2	01단	集散地を中心に農業倉庫を設置/産米改良も併せ行ふ
139656	朝鮮朝日	1927-05-12/2	01단	道立醫院と大邱女高普請負者決定
139657	朝鮮朝日	1927-05-12/2	01단	お茶の後
139658	朝鮮朝日	1927-05-12/2	01단	日本棋院春季東西大棋戰/第六局其二
139659	朝鮮朝日	1927-05-12/2	02단	忠南師範校增築竣工す
139660	朝鮮朝日	1927-05-12/2	02단	公州第二普通學校は七月末落成
139661	朝鮮朝日	1927-05-12/2	02단	癩療院の補助增額を當局に陳情
139662	朝鮮朝日	1927-05-12/2	03단	讀者慰安活寫會
139663	朝鮮朝日	1927-05-12/2	03단	大邱醫院が賄を直營す/非難治まるか
139664	朝鮮朝日	1927-05-12/2	03단	運動界(極東大會豫選競技六月五日擧行)
139665	朝鮮朝日	1927-05-12/2	04단	鐵道軍快勝/八對一大邱軍敗る
139666	朝鮮朝日	1927-05-12/2	04단	殖産局優勝/總督府庭球戰
139667	朝鮮朝日	1927-05-12/2	04단	物の動き(淸津水産品檢査激減鰊の不振で)
139668	朝鮮朝日	1927-05-12/2	04단	神戸豆粕
139669	朝鮮朝日	1927-05-13/1	01단	昨日虐めて今日もまたわしを虐めるのかと愛嬌を振りまいた宇垣臨時總督代理の初登廳
139670	朝鮮朝日	1927-05-13/1	01단	全鮮で八百名の警察官が不足警察官講習所の期間を短縮し配置
139671	朝鮮朝日	1927-05-13/1	01단	平壤府公債殖銀引受調印を了す
139672	朝鮮朝日	1927-05-13/1	01단	和田知事の態度が注目される/密陽郡廳移轉問題
139673	朝鮮朝日	1927-05-13/1	02단	住めば都/在鮮四十日でもう朝鮮が忘れぬ朝鮮禮讚の金谷司令官
139674	朝鮮朝日	1927-05-13/1	02단	東亞博印象記(一)/流石に見あげた朝鮮館の結構/形勝の地を相して朱欄池水に 映らう
139675	朝鮮朝日	1927-05-13/1	03단	荷馬車規則の屬行を迫る動物愛護會が
139676	朝鮮朝日	1927-05-13/1	03단	俳句/鈴木花蓑選
139677	朝鮮朝日	1927-05-13/1	04단	寫眞說明/宇垣臨時代理總督の朝鮮神宮參拜(上)と李王家に伺候(下)
139678	朝鮮朝日	1927-05-13/1	04단	實現を望まれる造林速成其他/全鮮商議聯合に提出(造林の速成/河川の整理/工業の振興/鑛業の開發/水産業の進展と漁港の修築/主要港灣の完備)
139679	朝鮮朝日	1927-05-13/1	06단	蒙古の名馬に長鞭を揚げて興安の峻嶺を越ゆる在蒙日支靑年の壯擧
139680	朝鮮朝日	1927-05-13/1	06단	四月末の支那勞働者昨年より減少
139681	朝鮮朝日	1927-05-13/1	07단	大邱府が府營市場の改善を企圖

일련번호	판명	간행일	단수	기사명
139682	朝鮮朝日	1927-05-13/1	07단	優良面吏員內地を視察
139683	朝鮮朝日	1927-05-13/1	07단	惠山鎭の道立病院が寒さで大破
139684	朝鮮朝日	1927-05-13/1	07단	馬山記者團水源地視察
139685	朝鮮朝日	1927-05-13/1	07단	殉教の徒二十餘名の聖靈を慰さめ記念禮拜堂を建設
139686	朝鮮朝日	1927-05-13/1	08단	朝鮮仙人/飄然別府に來り龜の井に投宿す/仙人生活を鼓吹ししきりに浮世ばなれのした一流の抱負と希望を物語る
139687	朝鮮朝日	1927-05-13/1	08단	平壤飛機羅南着三機打揃ひ/羅南上空で國境飛行　十二日から
139688	朝鮮朝日	1927-05-13/1	08단	平北に降雪/一寸に達す
139689	朝鮮朝日	1927-05-13/1	08단	局友會が東萊の地に各種の施設
139690	朝鮮朝日	1927-05-13/1	08단	太股を切り病夫に食はす
139691	朝鮮朝日	1927-05-13/1	09단	一匹一錢でざり蟹の捕獲を獎勵
139692	朝鮮朝日	1927-05-13/1	09단	山田勇雄氏に重禁錮三月檢事が求刑
139693	朝鮮朝日	1927-05-13/1	09단	鮮滿對抗柔道戰いよいよ二十九日大連で擧行される
139694	朝鮮朝日	1927-05-13/1	10단	會(佛教慈濟追悼會)
139695	朝鮮朝日	1927-05-13/1	10단	人(杉村釜山檢事正/橋李釜山地法院長/寺島馬山府尹/今里準太郎氏(代議士)/萇濱忠太郎氏(元山實業家))
139696	朝鮮朝日	1927-05-13/1	10단	半島茶話
139697	朝鮮朝日	1927-05-13/2	01단	浦項濱田間の航路が不振で慶北道當局焦慮す
139698	朝鮮朝日	1927-05-13/2	01단	漁業權の貸付を絶對に取締るやう慶南道が各地に通牒
139699	朝鮮朝日	1927-05-13/2	01단	お茶の後
139700	朝鮮朝日	1927-05-13/2	01단	馬山醫院の新築落成す
139701	朝鮮朝日	1927-05-13/2	01단	失踪魚害の發見に賞懸
139702	朝鮮朝日	1927-05-13/2	02단	三人のづれ鮮人少年が活動館內で懷を覘ふ
139703	朝鮮朝日	1927-05-13/2	02단	木浦短信
139704	朝鮮朝日	1927-05-13/2	02단	運動界(軟庭球大會二十九日擧行)
139705	朝鮮朝日	1927-05-13/2	02단	南鮮庭球の選手權大會
139706	朝鮮朝日	1927-05-13/2	02단	野球決勝戰
139707	朝鮮朝日	1927-05-13/2	02단	日本棋院春季東西大棋戰/第六局其三
139708	朝鮮朝日	1927-05-13/2	03단	郵便軍と記者團
139709	朝鮮朝日	1927-05-13/2	03단	西鮮庭球大會
139710	朝鮮朝日	1927-05-13/2	03단	物の動き(四月中の木浦貿易高三百七十萬圓/間島の豊作時付が遅れぬ/木浦海藻の取引始まる)
139711	朝鮮朝日	1927-05-13/2	03단	讀者慰安活寫會
139712	朝鮮朝日	1927-05-13/2	04단	新刊紹介(波のお馬(岩井允子童謠集))
139713	朝鮮朝日	1927-05-13/2	04단	神戸豆粕
139714	朝鮮朝日	1927-05-14/1	01단	咸北道褐炭の合同は案外早く實現されるかこのまゝ經過せば總べての鑛山業者は共倒れ
139715	朝鮮朝日	1927-05-14/1	01단	平民姿の代理總督

일련번호	판명	간행일	단수	기사명
139716	朝鮮朝日	1927-05-14/1	01단	東亞博印象記(二)/今後一切孫子の代まで棉は作らぬと南鮮の農家が澪した陸 地棉のさまざま
139717	朝鮮朝日	1927-05-14/1	03단	宇垣代理總督六月中旬に國境を視察
139718	朝鮮朝日	1927-05-14/1	03단	航空法の施行細則を遞信局で起草
139719	朝鮮朝日	1927-05-14/1	03단	新黨の黨名立憲民政黨と常務委員會で決定
139720	朝鮮朝日	1927-05-14/1	04단	全鮮米穀商大會は延期/九月中旬に
139721	朝鮮朝日	1927-05-14/1	04단	李王殿下柳原氏邸へ二十五日御成
139722	朝鮮朝日	1927-05-14/1	04단	龍井村の民議補缺戰/當選者決定
139723	朝鮮朝日	1927-05-14/1	05단	初等學校長打合會/慶南道內の
139724	朝鮮朝日	1927-05-14/1	05단	治水に伴ふ河川改修は近日中に着工
139725	朝鮮朝日	1927-05-14/1	05단	京城醫專の臨床講義に赤十字病院を充當する
139726	朝鮮朝日	1927-05-14/1	05단	全南靈巖の電話を開始
139727	朝鮮朝日	1927-05-14/1	05단	平北有識者內地視察團/六月中旬出發
139728	朝鮮朝日	1927-05-14/1	05단	短歌/橋田東聲選
139729	朝鮮朝日	1927-05-14/1	05단	貧困者への診療券制度いよいよ開始
139730	朝鮮朝日	1927-05-14/1	06단	總監も臨席し叮寧に答辯す全鮮商議の聯合會
139731	朝鮮朝日	1927-05-14/1	06단	醫學講習所出身者中の試驗合格者
139732	朝鮮朝日	1927-05-14/1	06단	飛機船戰風/處女航海良好
139733	朝鮮朝日	1927-05-14/1	06단	寄附を求めて實行に入る社會事業協會
139734	朝鮮朝日	1927-05-14/1	07단	稀有の寒さ五月に入り降雪を見る
139735	朝鮮朝日	1927-05-14/1	07단	山口諫男氏記念碑竣工
139736	朝鮮朝日	1927-05-14/1	07단	拂出の超過が僅に五千餘圓 モラ明けの京城は平穩/殆ど平常と變りの無い釜山の銀行
139737	朝鮮朝日	1927-05-14/1	08단	全北に强震/住民脅へる
139738	朝鮮朝日	1927-05-14/1	08단	平北の流感/漸やく下火
139739	朝鮮朝日	1927-05-14/1	08단	新幹會の宣言書/差押へらる
139740	朝鮮朝日	1927-05-14/1	08단	官印を僞造/渡航票を鮮人達に密賣
139741	朝鮮朝日	1927-05-14/1	08단	艀が沈沒す帆船と衝突し
139742	朝鮮朝日	1927-05-14/1	08단	病を悲觀し營舍を脫走
139743	朝鮮朝日	1927-05-14/1	09단	鐵道と道路があひ伴はねば文化の發達は期せられぬ鐵道協會小松氏談
139744	朝鮮朝日	1927-05-14/1	09단	植栽中の幼樹を盜み市中で賣飛す
139745	朝鮮朝日	1927-05-14/1	09단	殺人狂病院を逃出す
139746	朝鮮朝日	1927-05-14/1	09단	賣掛金消費で刺繡の殺師取調べらる
139747	朝鮮朝日	1927-05-14/1	10단	會(鎭南浦府協議會)
139748	朝鮮朝日	1927-05-14/1	10단	人(李堣公殿下/小松謙次郎氏(貴族院議員)/佐竹三吾氏/鶴見祐輔氏/小倉敬止氏/西崎鶴太郎氏(鎭南浦實業家)/大村百藏氏(京城實業家)/靑木戒三氏(平南知事)/陸軍參謀演習一行/陸軍大學生一行/竹內健郎氏(本府山林部林務課長))

일련번호	판명	간행일	단수	기사명
139749	朝鮮朝日	1927-05-14/1	10단	半島茶話
139750	朝鮮朝日	1927-05-14/2	01단	朝鮮に永住の氣分が盛になり京城の住宅熱が旺勢
139751	朝鮮朝日	1927-05-14/2	01단	鮮魚市場の敷地決定で交渉が縺れる
139752	朝鮮朝日	1927-05-14/2	01단	間島領事館警官の異動
139753	朝鮮朝日	1927-05-14/2	01단	日本棋院春季東西大棋戰/第六局其四
139754	朝鮮朝日	1927-05-14/2	02단	免囚保護に百圓を寄贈
139755	朝鮮朝日	1927-05-14/2	02단	平壤高女に音樂部組織
139756	朝鮮朝日	1927-05-14/2	02단	お茶の後
139757	朝鮮朝日	1927-05-14/2	02단	張、小倉兩氏が苦學生達に學資を貸與
139758	朝鮮朝日	1927-05-14/2	03단	讀者慰安活寫會
139759	朝鮮朝日	1927-05-14/2	03단	天安より(小井里驛の藤花/溫陽庭理大會/安城署員の熱誠)
139760	朝鮮朝日	1927-05-14/2	03단	黑人野球團釜山で戰ふ
139761	朝鮮朝日	1927-05-14/2	04단	全鮮各道對抗柔劍道試合京城で擧行/慶南からの出場者決定
139762	朝鮮朝日	1927-05-14/2	04단	物の動き(大邱の在米高五月一日の/各港別による粟と豆粕の四月中輸入高/四月中の外米輸入高一萬五千噸)
139763	朝鮮朝日	1927-05-14/2	04단	神戸豆粕
139764	朝鮮朝日	1927-05-15/1	01단	五案件を可決全鮮商議聯合會　第二日目を終る/決議事項の實現を期す
139765	朝鮮朝日	1927-05-15/1	01단	郵貯の受拂が昨年に比較して二百萬圓を增加す/矢張り支拂猶豫令の影響か
139766	朝鮮朝日	1927-05-15/1	01단	自動車賃の受取を出せきついお達示
139767	朝鮮朝日	1927-05-15/1	01단	營業稅の査定で總督府が研究
139768	朝鮮朝日	1927-05-15/1	02단	密陽郡廳移轉延期/本府の意向
139769	朝鮮朝日	1927-05-15/1	02단	東亞傳印象記(四)/逞ましい朝鮮牛ののそのそ動くを觀衆に見せ度かった宣傳 薄の牛皮と鑵詰
139770	朝鮮朝日	1927-05-15/1	03단	訪日佛機は朝鮮通過所澤に向ふ
139771	朝鮮朝日	1927-05-15/1	03단	支那の動亂で國境通過の外人が多い
139772	朝鮮朝日	1927-05-15/1	03단	證跡は明か支那輯私局員の鮮人射擊事件の交涉いよいよ開始される
139773	朝鮮朝日	1927-05-15/1	04단	海洋圖を漁家に配布/慶南の計劃
139774	朝鮮朝日	1927-05-15/1	04단	俳句/鈴木花蓑選
139775	朝鮮朝日	1927-05-15/1	04단	靑葉町民が下水工事の完備を歎願
139776	朝鮮朝日	1927-05-15/1	05단	低利資金の融通と共同販賣の確立/漁獲物工業化の三方法で漁業組合を救濟
139777	朝鮮朝日	1927-05-15/1	05단	實現覽束ない主義者の合同/十六日總會を開く
139778	朝鮮朝日	1927-05-15/1	05단	辭令(東京電話)
139779	朝鮮朝日	1927-05-15/1	06단	消防機關の普及を協議する
139780	朝鮮朝日	1927-05-15/1	06단	家庭に入込んで不良をはたらく外人達の素行を調査
139781	朝鮮朝日	1927-05-15/1	07단	伊藤醫官歐米に留學/向ふ一年間

일련번호	판명	간행일	단수	기사명
139782	朝鮮朝日	1927-05-15/1	07단	京城商業に英人一名を教師に採用
139783	朝鮮朝日	1927-05-15/1	07단	戸別車輛兩稅納稅好成績/本年度の
139784	朝鮮朝日	1927-05-15/1	07단	慶北道內米豆檢査高/成績は良好
139785	朝鮮朝日	1927-05-15/1	07단	漢江で鵜飼麻浦民が苦情
139786	朝鮮朝日	1927-05-15/1	08단	記者團組織
139787	朝鮮朝日	1927-05-15/1	08단	新義州署の交通取締日違反者二千人
139788	朝鮮朝日	1927-05-15/1	08단	崖から落ち普校生慘死
139789	朝鮮朝日	1927-05-15/1	08단	六人連の强盜團/珠數つなぎ
139790	朝鮮朝日	1927-05-15/1	08단	金道評議員の排斥を企てゝ同氏の邸宅を破壞し邑內三箇所に放火/機關銃を据付け群衆三千名を威嚇 武裝警官三署から急行す/田村署長が投石で負傷
139791	朝鮮朝日	1927-05-15/1	09단	冬の逆戻り天氣勝れぬ釜山の昨今
139792	朝鮮朝日	1927-05-15/1	09단	種痘令違反對告發
139793	朝鮮朝日	1927-05-15/1	09단	密航鮮人蘆屋に上陸/目下取調中
139794	朝鮮朝日	1927-05-15/1	10단	京城の小火
139795	朝鮮朝日	1927-05-15/1	10단	會(三輪氏送別會/在鄕軍人總會/時局問題議演會)
139796	朝鮮朝日	1927-05-15/1	10단	人(湯淺凡平氏(代議士)/立川雲平氏(大連辯護士)/本田義成氏(代議士)/町野武馬氏(張作霖氏軍事題問)/三山喜三郎氏(總督府中央試驗所長)/京都第三中學校/熊本玉名中學校)
139797	朝鮮朝日	1927-05-15/1	10단	半島茶話
139798	朝鮮朝日	1927-05-15/2	01단	全員出動に先だち詔書捧讀を謹聽す間島住民の總動員演習
139799	朝鮮朝日	1927-05-15/2	01단	慶南道が力瘤入れる南鮮の疊表
139800	朝鮮朝日	1927-05-15/2	01단	日本棋院春季東西大棋戰/第七局其一
139801	朝鮮朝日	1927-05-15/2	02단	讀者慰安活寫會
139802	朝鮮朝日	1927-05-15/2	03단	城大と醫專の教授を兼任
139803	朝鮮朝日	1927-05-15/2	03단	晋州橋の竣工開通式/二十八、九日
139804	朝鮮朝日	1927-05-15/2	03단	朝日活寫會　非常な盛況/昌原も好況
139805	朝鮮朝日	1927-05-15/2	03단	運動界(國境野球戰新義州對安東)
139806	朝鮮朝日	1927-05-15/2	03단	物の動き(慶南の春置掃立が增加)
139807	朝鮮朝日	1927-05-17/1	01단	內鮮を結ぶ航空路を決定/新義州に飛行場新設
139808	朝鮮朝日	1927-05-17/1	01단	土地改良部の官制は閣議で決定しいよいよ近く公布
139809	朝鮮朝日	1927-05-17/1	01단	部長會議日程二十三日から
139810	朝鮮朝日	1927-05-17/1	01단	豆滿江の國際橋/九月下旬竣工
139811	朝鮮朝日	1927-05-17/1	01단	圖們鐵道好成績/配當年八分
139812	朝鮮朝日	1927-05-17/1	02단	僧侶の養成所を京城に設置の計劃/お經から哲學まで教へる
139813	朝鮮朝日	1927-05-17/1	02단	砂防工事視察記/川底が田圃より八尺も高くなる京畿道の彌阿里川/梁川生
139814	朝鮮朝日	1927-05-17/1	03단	水産品の支那輸出獎勵を協議
139815	朝鮮朝日	1927-05-17/1	03단	短歌/橋田東聲選

일련번호	판명	간행일	단수	기사명
139816	朝鮮朝日	1927-05-17/1	03단	釜山公會堂建築が遲る/竣工は九月か
139817	朝鮮朝日	1927-05-17/1	04단	鮮滿の覇は果して何の校か/京城高商主催本社後援の中等校對抗競技會
139818	朝鮮朝日	1927-05-17/1	04단	牧ノ島の渡津橋愈よ具體化か
139819	朝鮮朝日	1927-05-17/1	05단	金剛山で教育總會/參會者五百名
139820	朝鮮朝日	1927-05-17/1	05단	孟中里住民が急行列車の停車を陳情
139821	朝鮮朝日	1927-05-17/1	05단	待たれる産業博開催近づく
139822	朝鮮朝日	1927-05-17/1	05단	內部を整理して積極方針に出る/京城放送局の改革
139823	朝鮮朝日	1927-05-17/1	06단	文明から遠のいて天然の美を保つ忠北丹陽の絶勝/金剛以上と齋藤總督激賞
139824	朝鮮朝日	1927-05-17/1	06단	鎮南浦に無線局
139825	朝鮮朝日	1927-05-17/1	06단	*寢込を襲ひ主謀者逮捕 逃亡者も數名あり引つゞき捜査中/馬山商業の生徒まで參加して投石/中心人物の金氏は辭職/嵐の後の靜寂武裝警官引揚*
139826	朝鮮朝日	1927-05-17/1	07단	國境飛行の三機歸還す
139827	朝鮮朝日	1927-05-17/1	07단	婦人團が衛戍病院の患者を慰問
139828	朝鮮朝日	1927-05-17/1	07단	嬰兒が變死
139829	朝鮮朝日	1927-05-17/1	07단	釜山の小火
139830	朝鮮朝日	1927-05-17/1	08단	巡査の殉職/頭部を毆られ
139831	朝鮮朝日	1927-05-17/1	09단	濁逸マーク六億圓で詐欺を企つ
139832	朝鮮朝日	1927-05-17/1	09단	貴金屬を拐帶して主人の妻と駈落/京城府で捕へられた霓島出身の模範店員
139833	朝鮮朝日	1927-05-17/1	09단	不景氣風に追はれ店仕舞が多い本町の目貫のさま
139834	朝鮮朝日	1927-05-17/1	09단	セキセイインコ巢引法秘傳公開
139835	朝鮮朝日	1927-05-17/1	09단	會(商議書記長會議/郵便所長會議/海軍記念講演會/日楊會音樂會)
139836	朝鮮朝日	1927-05-17/1	10단	人(荒木寅三郎氏(京大總長)/森島庫太博士(京大醫學部長)/草間朝鮮財務局長/加藤七三氏(熊本醫科大學教授)/吉田奉天總領事)
139837	朝鮮朝日	1927-05-17/1	10단	半島茶話
139838	朝鮮朝日	1927-05-17/2	01단	先生の頭から作らねばならぬ中學校の實科教授/實現はなかなか困難
139839	朝鮮朝日	1927-05-17/2	01단	全鮮を網羅す消防協會の設立を企圖
139840	朝鮮朝日	1927-05-17/2	01단	*平壤電氣史編纂の計劃/鐵道局の慰問活寫いよいよ實施*
139841	朝鮮朝日	1927-05-17/2	01단	カメラ倶樂部
139842	朝鮮朝日	1927-05-17/2	01단	運動界(全鮮局友會蹴球大會十五日龍山で/黑人球團の日程が變更)
139843	朝鮮朝日	1927-05-17/2	02단	讀者慰安活寫會
139844	朝鮮朝日	1927-05-17/2	02단	日本棋院春季東西大棋戰/第七局其二
139845	朝鮮朝日	1927-05-17/2	03단	殖銀決勝す對醫專野球戰
139846	朝鮮朝日	1927-05-17/2	03단	平壤府民運動會迫り各選手猛練習

일련번호	판명	간행일	단수	기사명
139847	朝鮮朝日	1927-05-17/2	03단	物の動き(四月中の貿易額七千百萬圓)
139848	朝鮮朝日	1927-05-18/1	01단	大河川の改修を大々的に着手する 全部を完成するまでには一億六千萬圓を要す/動く人
139849	朝鮮朝日	1927-05-18/1	01단	南鮮鐵道は本年中に着工/竣工期は二箇年後根津嘉一郎氏釜山で語る
139850	朝鮮朝日	1927-05-18/1	01단	京城二高女生本社を見學/十六日午後
139851	朝鮮朝日	1927-05-18/1	02단	辭令(東京電話)
139852	朝鮮朝日	1927-05-18/1	02단	忠南知事に榮轉の申錫麟氏
139853	朝鮮朝日	1927-05-18/1	03단	朝鮮海峽を中心に航行の船舶へ氣象の通報を行ふ/釜山の無線局が竣成
139854	朝鮮朝日	1927-05-18/1	03단	砂防工事視察記/一船の人たちがいま少し愛林の思想があって吳れたら//梁川生
139855	朝鮮朝日	1927-05-18/1	04단	電氣協會總會十六日京城で
139856	朝鮮朝日	1927-05-18/1	04단	母の會の野邊の學園/仁川月尾島で
139857	朝鮮朝日	1927-05-18/1	05단	龍井村民議ま■補缺選擧
139858	朝鮮朝日	1927-05-18/1	05단	溫突一間の家賃が十圓/咸興の景氣
139859	朝鮮朝日	1927-05-18/1	05단	百數十名の大亂鬪 十數名が死傷す 濟州島民と漁師が運動會の相撲の事から大喧譁/三十名の警官木浦署から急行 無線で應援を依賴され/死傷者二十名を超ゆ/前田島司が急遽歸島す
139860	朝鮮朝日	1927-05-18/1	06단	丁髪の老人や斷髪美人も交る/社會團體中央協議會の創立總會の奇觀
139861	朝鮮朝日	1927-05-18/1	06단	老婆の奇禍/汽車から墜落
139862	朝鮮朝日	1927-05-18/1	07단	怪機船密航鮮人の輸送を企つ
139863	朝鮮朝日	1927-05-18/1	08단	二十二名の大檢擧/騷擾罪で取調
139864	朝鮮朝日	1927-05-18/1	08단	李王職長官に報酬金の訴へ李王殿下の御治療費を今以て支拂はぬと
139865	朝鮮朝日	1927-05-18/1	08단	鮮銀營業課支配人宗相氏引致さる/若く美しい井上未亡人の預金を勝手に費消す
139866	朝鮮朝日	1927-05-18/1	08단	俳句/鈴木花蓑選
139867	朝鮮朝日	1927-05-18/1	08단	農會書記が拳銃で自殺/公金費消か
139868	朝鮮朝日	1927-05-18/1	09단	會(釜山學校調査會/佐藤氏送別會/西崎鶴太郎(平南道評議員)/河豚櫻干講習會)
139869	朝鮮朝日	1927-05-18/1	09단	革命的歌人を要求して居ます/萬葉調は猶擴がらう歌行脚の牧水氏語る
139870	朝鮮朝日	1927-05-18/1	10단	人(李塎公殿下/西野忠次郎博士(東京慶應醫大教授)/川村龜也博士(新潟醫大教授)/草間滋博士(北研)/勝沼精藏博士(愛知醫大教授)/林春雄博士(東大醫科教授)/佐藤恒丸博士(赤十字院長)/小口忠太郎博士(愛知醫大教授)/若山牧水氏夫妻/根津嘉一郎氏(貴族院議員)/太田峰尾氏(鐵道協會書記長)/上田政義氏(全南道土木課長)/寺田金司氏(鐵道局技師)/小松謙次郎氏

일련번호	판명	간행일	단수	기사명
139870	朝鮮朝日	1927-05-18/1	10단	(前遞相)/佐竹三吾氏(前鐵道政務次官))
139871	朝鮮朝日	1927-05-18/2	01단	朝鮮にも施行の非常貸出の內容/草間局長の歸來談
139872	朝鮮朝日	1927-05-18/2	01단	醫師試驗の合格者發表
139873	朝鮮朝日	1927-05-18/2	01단	鎮南浦の龍井里市場紛糾は解決
139874	朝鮮朝日	1927-05-18/2	01단	日本棋院春季東西大棋戰/第七局其三
139875	朝鮮朝日	1927-05-18/2	02단	運動界(工場軍優勝鐵道局內の全鮮蹴球戰)
139876	朝鮮朝日	1927-05-18/2	02단	讀者慰安活寫會
139877	朝鮮朝日	1927-05-18/2	03단	專門校聯盟運動會開催
139878	朝鮮朝日	1927-05-18/2	03단	野球場は八月に竣工釜山府運動場
139879	朝鮮朝日	1927-05-18/2	03단	お茶の後
139880	朝鮮朝日	1927-05-18/2	03단	松山中學來鮮
139881	朝鮮朝日	1927-05-19/1	01단	新黨の黨首には濱口氏を推戴か本黨側にも異議なく濱口氏も結局は受諾しやう/本黨側の意向は大勢順應
139882	朝鮮朝日	1927-05-19/1	01단	春蠶の掃立五十九萬五千枚/昨年より九分の增加
139883	朝鮮朝日	1927-05-19/1	01단	全國耕地主任會議に朝鮮から出席
139884	朝鮮朝日	1927-05-19/1	01단	釜山府の新理事官は藤田氏昇進か
139885	朝鮮朝日	1927-05-19/1	01단	咸興電氣の發電所移轉/市民の要望で
139886	朝鮮朝日	1927-05-19/1	02단	三道立醫院の醫官が增員/閣議を通過
139887	朝鮮朝日	1927-05-19/1	02단	酸素應用活魚の輸送試驗に成功し愈よ具體化す
139888	朝鮮朝日	1927-05-19/1	03단	財政困難で支那領事館二箇所を閉鎖
139889	朝鮮朝日	1927-05-19/1	03단	職員を設け民有林野の盜伐を取締
139890	朝鮮朝日	1927-05-19/1	03단	蓋を明けた知事會議/十七日から
139891	朝鮮朝日	1927-05-19/1	04단	辭令(東京電話)
139892	朝鮮朝日	1927-05-19/1	04단	統營近海鰯の濫獲/對策を協議
139893	朝鮮朝日	1927-05-19/1	04단	懷と驢馬に交替に種痘を施して痘毒を强大ならしむ我國痘苗上の新發見
139894	朝鮮朝日	1927-05-19/1	05단	印紙稅檢查二十三日から
139895	朝鮮朝日	1927-05-19/1	05단	仁川驛の擴張は七日に着工
139896	朝鮮朝日	1927-05-19/1	05단	愛兒二人を道連に釜山で入水自殺 六歲の子供だけ危く助かる 原因は全く判らぬ/母を待つ哀れな孤し子
139897	朝鮮朝日	1927-05-19/1	06단	鮮展漸く迫る
139898	朝鮮朝日	1927-05-19/1	06단	國民黨支部に支那領事が/警告を發す
139899	朝鮮朝日	1927-05-19/1	06단	短歌/橋田東聲選
139900	朝鮮朝日	1927-05-19/1	06단	中央商工盟休慘敗/復職を願出づ
139901	朝鮮朝日	1927-05-19/1	07단	警官招魂祭二十二日擧行
139902	朝鮮朝日	1927-05-19/1	07단	思想團體聯合總會解散られる
139903	朝鮮朝日	1927-05-19/1	07단	電氣展の「子供の國」は一週間延期
139904	朝鮮朝日	1927-05-19/1	07단	鮮支人の大喧嘩/角棒で叩合ふ
139905	朝鮮朝日	1927-05-19/1	07단	若き乙女の心からの交驩京城二高女を迎へた平壤高女音樂會

일련번호	판명	간행일	단수	기사명
139906	朝鮮朝日	1927-05-19/1	08단	大邱京町の活寫館全燒/損害四萬餘圓
139907	朝鮮朝日	1927-05-19/1	08단	官金横領の逃亡機關兵/新義州で逮捕
139908	朝鮮朝日	1927-05-19/1	08단	怪機船は乗逃げの船/船名を塗替ふ
139909	朝鮮朝日	1927-05-19/1	08단	貴金屬泥棒逮捕
139910	朝鮮朝日	1927-05-19/1	08단	平和の水都ゼネバへ使節隨行記阿波丸にて(一)/特派員細井肇
139911	朝鮮朝日	1927-05-19/1	08단	東方日出づる國
139912	朝鮮朝日	1927-05-19/1	09단	誘拐支那人御用
139913	朝鮮朝日	1927-05-19/1	09단	會(安州法院支廳落成式)
139914	朝鮮朝日	1927-05-19/1	09단	人(小松前鐵道大臣/ジョン・キュ・ケイルソン氏(米國下院議員)ワルター・チィルス氏(大連駐在獨逸領事)
139915	朝鮮朝日	1927-05-19/1	10단	半島茶話
139916	朝鮮朝日	1927-05-19/2	01단	免疫地帶を國境に設けて牛疫の侵入を防ぐ全鮮の畜牛者を招き協議
139917	朝鮮朝日	1927-05-19/2	01단	內地渡航の鮮人激減/農繁期に入り
139918	朝鮮朝日	1927-05-19/2	01단	昨年中での棄子の數百五十六名
139919	朝鮮朝日	1927-05-19/2	01단	日本棋院春季東西大棋戰/第七局其四
139920	朝鮮朝日	1927-05-19/2	02단	景福丸就航
139921	朝鮮朝日	1927-05-19/2	02단	咸興武德殿十月に竣工
139922	朝鮮朝日	1927-05-19/2	02단	運動界(米國黑人軍十七日北行/黑人軍大勝大邱軍敗る/フ軍も來鮮大邱と戦ふ/西鮮弓術大會)
139923	朝鮮朝日	1927-05-19/2	02단	讀者慰安活寫會
139924	朝鮮朝日	1927-05-19/2	03단	お茶の後
139925	朝鮮朝日	1927-05-19/2	03단	物の動き(輸出は增加輸入は減少鎭南浦貿易)
139926	朝鮮朝日	1927-05-20/1	01단	三千萬圓を投じて釜山の驛を大擴張/終端驛としての完備を期す明年度から着工か
139927	朝鮮朝日	1927-05-20/1	01단	東海岸線の竣工は北滿の物資を開發する使命がある
139928	朝鮮朝日	1927-05-20/1	01단	新嘗祭穀田地鎭祭擧行
139929	朝鮮朝日	1927-05-20/1	01단	一瀉千里に進行する道知事會議
139930	朝鮮朝日	1927-05-20/1	01단	司法官會議六月初旬開催
139931	朝鮮朝日	1927-05-20/1	02단	教育總會の出席者二百名に上る
139932	朝鮮朝日	1927-05-20/1	02단	批難もあらうが兎も角氣の毒だ/京城放送局理事會に臨む遞信局當事者の肚
139933	朝鮮朝日	1927-05-20/1	02단	東亞博印象記(五)/朝鮮卽米の國と觀衆を肯かせたまづまづは上出來朝鮮の至寶、米の宣傳
139934	朝鮮朝日	1927-05-20/1	03단	九十萬圓で市街整理/大邱府の計劃
139935	朝鮮朝日	1927-05-20/1	03단	新任忠南知事/申錫麟氏
139936	朝鮮朝日	1927-05-20/1	03단	慶北道面職員本社を見學/一行二十三名
139937	朝鮮朝日	1927-05-20/1	04단	少年少女に蠶種を配布飼育させる計劃

일련번호	판명	간행일	단수	기사명
139938	朝鮮朝日	1927-05-20/1	04단	朝鮮征伐に使用した清正の七字の旗/虜にした二王子の書も尾道加藤家が所藏
139939	朝鮮朝日	1927-05-20/1	04단	驅逐艦隊が清津に入港
139940	朝鮮朝日	1927-05-20/1	05단	平和の水都ゼネバへ使節隨行記阿波丸にて(二)/特派員細井肇
139941	朝鮮朝日	1927-05-20/1	05단	茂山守備隊無線施設の敷地を實査
139942	朝鮮朝日	1927-05-20/1	05단	沈氏に絡む日新校問題/眞相を調査中
139943	朝鮮朝日	1927-05-20/1	06단	鮮展審査員
139944	朝鮮朝日	1927-05-20/1	06단	間島工友會復活を協議
139945	朝鮮朝日	1927-05-20/1	07단	間島琿春に痲疹が流行/防遏に腐心中
139946	朝鮮朝日	1927-05-20/1	07단	思想團體創立總會檢束者五名
139947	朝鮮朝日	1927-05-20/1	07단	古敎科書の使用を學校が禁止す/殘本を持て餘した本屋を救けるため
139948	朝鮮朝日	1927-05-20/1	08단	母來らず哀れな孤し子
139949	朝鮮朝日	1927-05-20/1	08단	俳句/鈴木花蓑選
139950	朝鮮朝日	1927-05-20/1	09단	密航鮮人が積み歸さる
139951	朝鮮朝日	1927-05-20/1	09단	二十も年下の雇支那人と通じ共謀して本夫を殺す
139952	朝鮮朝日	1927-05-20/1	09단	山田勇雄氏の控訴は棄却/覆審院の判決
139953	朝鮮朝日	1927-05-20/1	09단	草の根で中毒
139954	朝鮮朝日	1927-05-20/1	10단	巡査殺しが死刑の執行
139955	朝鮮朝日	1927-05-20/1	10단	會(群山府尹記者招宴/佛敎求道講演會/菓子組合表彰式/金剛山講習會)
139956	朝鮮朝日	1927-05-20/1	10단	人(赤松繁夫氏(群山商議會頭)/小澤藤十郎氏(群山消防組頭)/國澤新兵衛氏(帝國鐵道協會長)/古橋卓四郎氏(慶北道內務部長)/土居寛申氏(本府行刑課長))
139957	朝鮮朝日	1927-05-20/1	10단	半島茶話
139958	朝鮮朝日	1927-05-20/2	01단	酒造稅の增徵で密造が多くなり今後は徹底的に取締
139959	朝鮮朝日	1927-05-20/2	01단	金融調査會が庶民金融を調査研究する
139960	朝鮮朝日	1927-05-20/2	01단	朝鮮水電が水源涵養に林野を買收
139961	朝鮮朝日	1927-05-20/2	01단	府立圖書館近く移轉す
139962	朝鮮朝日	1927-05-20/2	01단	蠶種の催靑を共同でやる/平北の試み
139963	朝鮮朝日	1927-05-20/2	01단	日本棋院春季東西大棋戰/第七局其五
139964	朝鮮朝日	1927-05-20/2	02단	元山局の地下線變更/別個に引放す
139965	朝鮮朝日	1927-05-20/2	02단	前科者の指紋と寫眞/澤山に集る
139966	朝鮮朝日	1927-05-20/2	02단	讀者慰安活寫會
139967	朝鮮朝日	1927-05-20/2	03단	京城春川間新延江鐵橋改築を陳情
139968	朝鮮朝日	1927-05-20/2	03단	運動界(京城府廳快勝四對一殖銀破る/群山競馬大會)
139969	朝鮮朝日	1927-05-20/2	03단	物の動き(大豆の移出が著しく多い元山の貿易/黃海道の春蠶掃立はほゞ三萬枚)

일련번호	판명	간행일	단수	기사명
139970	朝鮮朝日	1927-05-21/1	01단	愈新政黨の黨首は濱口雄幸氏と決る/憲本兩黨の幹部會にて滿場の意見遂に一致す
139971	朝鮮朝日	1927-05-21/1	01단	鐵道協會總會 いよいよ二十二日內地からの出席者五百餘名/朝鮮の鐵道網は期待の半ばにも達して居らぬから今後の實現は有志の努力/鐵道協會員群山を視察 二十七日ごろ
139972	朝鮮朝日	1927-05-21/1	01단	土曜漫筆/今村鞆/官邸密話伊藤公によく似た給仕/彼の父は？彼の母は？/南山の靑葉風千古變らず
139973	朝鮮朝日	1927-05-21/1	03단	國補庫助金增額要望/知事會議三日目
139974	朝鮮朝日	1927-05-21/1	03단	東洋畫は古顏が多く西洋畫は新人が輩出 四君子も相當に見られる 第六回鮮展の蓋明け/南敏雄氏靜物で入選 これで三回目/撮影禁止 鮮展出品の裸女の三點
139975	朝鮮朝日	1927-05-21/1	04단	短歌/橋田東聲選
139976	朝鮮朝日	1927-05-21/1	04단	干瀉築堤で排水に困る/平北定州面
139977	朝鮮朝日	1927-05-21/1	05단	平和の水都ゼネバへ使節隨行記阿波丸にて(三)/特派員細井肇
139978	朝鮮朝日	1927-05-21/1	05단	鎭海要港部掃海事業/船舶は危險
139979	朝鮮朝日	1927-05-21/1	07단	溫陽溫泉改築は本年中に竣工
139980	朝鮮朝日	1927-05-21/1	07단	慶北の大旋風六十間の高さに鮮人六名を吹上ぐ/三名は卽死し 三名は不明
139981	朝鮮朝日	1927-05-21/1	08단	軍艦室戶が鎭南浦入港
139982	朝鮮朝日	1927-05-21/1	08단	七十萬町步の國有林の拂下/最近に調査が進捗
139983	朝鮮朝日	1927-05-21/1	08단	中學校の實業敎科書編纂を急ぐ
139984	朝鮮朝日	1927-05-21/1	08단	文氏に絡む暴行事件/關係者を取調
139985	朝鮮朝日	1927-05-21/1	08단	火事がおき人の騷ぐが面白い狂人
139986	朝鮮朝日	1927-05-21/1	09단	京城魚市場八月末起工か
139987	朝鮮朝日	1927-05-21/1	09단	愛人と手を携へ箕城の名花行方を晦す
139988	朝鮮朝日	1927-05-21/1	09단	亂鬪に加はった人數が二百餘名死者三名を出し/重輕傷者十九名に上る
139989	朝鮮朝日	1927-05-21/1	09단	會(京電從業員慰安會/全南排句大會/釜山繁榮會例會/釜山裁縫敎員打合會/釜山商議評議會/釜山宗祖降誕會)
139990	朝鮮朝日	1927-05-21/1	10단	愛兒の兇報をよそにし徵兵檢査を受く
139991	朝鮮朝日	1927-05-21/1	10단	人(岡本儀兵衛(茨城縣代議士)/小松房次郎博士/別府丑太郎氏(前鐵道省經理局長)/山之內一次氏(前鐵道大臣)/立川芳氏(京南鐵專務)/加茂正雄博士)
139992	朝鮮朝日	1927-05-21/1	10단	半島茶話
139993	朝鮮朝日	1927-05-21/2	01단	優秀な移民を內地から呼寄せ江原道の山奧に移住させ鮮農を指導させる
139994	朝鮮朝日	1927-05-21/2	01단	沙里院水原の二驛を改築/本年度中に
139995	朝鮮朝日	1927-05-21/2	01단	怪機船の船長の犯罪/ますます擴大
139996	朝鮮朝日	1927-05-21/2	01단	日本棋院春季東西大棋戰/第七局其六

일련번호	판명	간행일	단수	기사명
139997	朝鮮朝日	1927-05-21/2	02단	紙幣僞造犯三名とも御用
139998	朝鮮朝日	1927-05-21/2	02단	運動會(專門學校體育聯盟競技會日程/黑人軍快勝十Ⅴ對零釜山敗る/大邱對釜山庭球對抗戰/全鮮庭球の全南豫選終る/代表選手選拔/木浦東拓勝つ/民衆射擊大會)
139999	朝鮮朝日	1927-05-21/2	02단	讀者慰安活寫會
140000	朝鮮朝日	1927-05-22/1	01단	喜びを訪ねて！入選のひとびとは總べて〻二百有餘名 鮮展の噂で大賑/三回入選の飯田民榮さん/定評のある閨秀畫家の和田香明代夫人/夫婦お揃ひで美事入選の お芽出たさ 加藤なつ子夫人/半島畫壇に確實な歩を踏み續ける土井彩畝女史/幼 い時から繪が大好の森田昌子孃/熱情詩人で繪も上手な井上位人君/道行く佳人の跡を追ふて刀を揮った安圭應氏/裸體畫の前で怪しく目が光る警務當局の下檢分
140001	朝鮮朝日	1927-05-22/1	01단	入選者/特選二十九點
140002	朝鮮朝日	1927-05-22/1	07단	行商を阻み暴行を働く
140003	朝鮮朝日	1927-05-22/1	07단	御渡歐の期迫り一切の御準備を進められる李王家/いよいよ二十三日御出發
140004	朝鮮朝日	1927-05-22/1	07단	地元で認められぬリンネル加工品/一般に普及させるため/京城三越で展覽會
140005	朝鮮朝日	1927-05-22/1	07단	どんな惡思想をも乘り切るだけの人間を作るのが必要/キルパトソック氏語る
140006	朝鮮朝日	1927-05-22/1	09단	帽兒山の排日いよいよ猛烈で內鮮人危機に瀕す
140007	朝鮮朝日	1927-05-22/1	09단	俳句/鈴木花蓑選
140008	朝鮮朝日	1927-05-22/1	09단	八里の山奧で死體發見/旋風に捲上げられた三人
140009	朝鮮朝日	1927-05-22/1	10단	公金橫領犯猫いらずで自殺を遂ぐ
140010	朝鮮朝日	1927-05-22/1	10단	會(分黨同長會議/平南金組表彰式/親鸞降誕慶讚會/南浦商議役員會)
140011	朝鮮朝日	1927-05-22/1	10단	人(小松元鐵相/佐竹三吾氏(同上)/國澤法學博士/村山慶南警察部長/今村忠北警察部長/河野全北警察部長/神尾全南警察部長/石本慶北警察部長/米國巨人野球團/大沼惟隆氏(淸津法院檢事正)/長友寬氏(本府水産試驗場技師))
140012	朝鮮朝日	1927-05-22/1	10단	半島茶話
140013	朝鮮朝日	1927-05-22/2	01단	金融組合の預金は郵貯の二倍半/組合外の預入が多く普通銀行の頭痛の種
140014	朝鮮朝日	1927-05-22/2	01단	釜山松島海水浴場の手入が始まる
140015	朝鮮朝日	1927-05-22/2	01단	日本棋院春季東西大棋戰/第八局其一
140016	朝鮮朝日	1927-05-22/2	02단	十六名の醫師の免狀/紅一點の女性
140017	朝鮮朝日	1927-05-22/2	02단	布教學生が內地に留學
140018	朝鮮朝日	1927-05-22/2	02단	讀者慰安活寫會
140019	朝鮮朝日	1927-05-22/2	03단	山口太兵衛氏家と金員を京城府に寄贈
140020	朝鮮朝日	1927-05-22/2	03단	運動界(殖銀慘敗す二十二對四)

일련번호	판명	간행일	단수	기사명
140021	朝鮮朝日	1927-05-22/2	03단	物の動き(國境名物の滯貨一掃穀業者大喜び/元山の鯛魚やゝ有望か)
140022	朝鮮朝日	1927-05-24/1	01단	三鞭の杯を高く擧げて盡きぬ名殘を惜れつ 李王、妃殿下の鹿島だち各宮殿下の御見送りに交りて御目を潤ませられた可憐な德惠姬/一路平安に御歸朝の日を切に望んで居る湯淺政務總監謹話/恙なく御視察を遊ばされるやう祈ってやまない 松寺李王職次官代理謹話
140023	朝鮮朝日	1927-05-24/1	04단	御眞影奉安所造營いよいよ確定
140024	朝鮮朝日	1927-05-24/1	05단	喜びにひたる鮮展入選の人々(初めて書いた油繪が入選おほ喜びの俵福子さん/記錄破りの年少入選者十四歲の飯田一正さん)
140025	朝鮮朝日	1927-05-24/1	06단	五百の大衆景福宮に集ふ/鐵道協會總會開かる
140026	朝鮮朝日	1927-05-24/1	06단	更に中學校に法制經濟を課す/明年度から實施か
140027	朝鮮朝日	1927-05-24/1	06단	平元鐵道斧山面工事/六月一日竣工
140028	朝鮮朝日	1927-05-24/1	06단	短歌/橋田東聲選
140029	朝鮮朝日	1927-05-24/1	06단	大田郊外に無煙炭發見さる
140030	朝鮮朝日	1927-05-24/1	07단	知事會議最終日無事に終了
140031	朝鮮朝日	1927-05-24/1	07단	電燈値下で咸興市民が大會を開催
140032	朝鮮朝日	1927-05-24/1	07단	徒黨を組んで支那人に暴行/取締って貰ひ度いと領事が總督府に陳情
140033	朝鮮朝日	1927-05-24/1	07단	殺人鬼死刑を求刑
140034	朝鮮朝日	1927-05-24/1	08단	平南大同郡で二千年前の土器を發見
140035	朝鮮朝日	1927-05-24/1	08단	黃海水産會資金を融通/金融組合が
140036	朝鮮朝日	1927-05-24/1	08단	夫を尋ねて漂泊ふ人妻/保護を求む
140037	朝鮮朝日	1927-05-24/1	08단	更に十九名の男女が卽死す/十九日の旋風の慘禍
140038	朝鮮朝日	1927-05-24/1	09단	嬰兒二人を山中に埋める
140039	朝鮮朝日	1927-05-24/1	09단	警官招魂祭二十二日擧行
140040	朝鮮朝日	1927-05-24/1	09단	自國側の發砲を支那官憲も認容/謝罪と賠償で落着
140041	朝鮮朝日	1927-05-24/1	10단	會(鮮米協會總會/農事講習會/警察署長會議/慶南漁船講習會)
140042	朝鮮朝日	1927-05-24/1	10단	人(原京城地方法院長/長尾戒三氏(京城地方法院檢事正)/金慶南道産業課長/有實光豊氏/牧山耕藏氏(代議士))
140043	朝鮮朝日	1927-05-24/1	10단	半島茶話
140044	朝鮮朝日	1927-05-24/2	01단	繭の自由販賣を平壤商人が陳情/當局は肯んぜぬ
140045	朝鮮朝日	1927-05-24/2	01단	忠南溫陽の水利工事は六月に竣工
140046	朝鮮朝日	1927-05-24/2	01단	馬山府の上水道工事實施に測量
140047	朝鮮朝日	1927-05-24/2	01단	市區改正と下水工事の完成を急ぐ
140048	朝鮮朝日	1927-05-24/2	01단	平壤の電車/車輛を增加
140049	朝鮮朝日	1927-05-24/2	01단	造船業者の保護を陳情/仁川商議が
140050	朝鮮朝日	1927-05-24/2	02단	織物品評會咸南永興で
140051	朝鮮朝日	1927-05-24/2	02단	運動界(湖南弓道大會/警察官武道大會/體育活寫會)

일련번호	판명	간행일	단수	기사명
140052	朝鮮朝日	1927-05-24/2	02단	讀者慰安活寫會
140053	朝鮮朝日	1927-05-24/2	02단	日本棋院春季東西大棋戰/第八局其二
140054	朝鮮朝日	1927-05-24/2	03단	物の動き(保險料率の値下を交渉/五月上半期對外貿易高五百四十萬圓/桑田補助費)
140055	朝鮮朝日	1927-05-25/1	01단	御微恙の後ながら非常な御元氣で神戶に御上陸遊さる/大事を取り旅館で御靜養
140056	朝鮮朝日	1927-05-25/1	02단	支那商人が元山領事館設置を要望
140057	朝鮮朝日	1927-05-25/1	02단	平和の水都ゼネバへ使節隨行記阿波丸にて(三)/細井肇
140058	朝鮮朝日	1927-05-25/1	03단	全鮮警察部長會議いよいよ擧行
140059	朝鮮朝日	1927-05-25/1	04단	我が在留民の生命財産保護につき斷然の處置を執る/重大化した支那戰局
140060	朝鮮朝日	1927-05-25/1	04단	受益者の負擔難で京城の都計も實施は困難の模樣
140061	朝鮮朝日	1927-05-25/1	04단	全南鐵道豫定線視察/根津嘉一郎氏が
140062	朝鮮朝日	1927-05-25/1	05단	下級警官を優遇/增俸の計劃
140063	朝鮮朝日	1927-05-25/1	05단	俳句/鈴木花蓑選
140064	朝鮮朝日	1927-05-25/1	05단	宇垣代理總督國境視察 二十八日から/六月頃には湖南を視察
140065	朝鮮朝日	1927-05-25/1	05단	國境の無電いよいよ具體化/本年度經費五十萬圓
140066	朝鮮朝日	1927-05-25/1	06단	慶北儒林團が中等學校の設立を計劃
140067	朝鮮朝日	1927-05-25/1	06단	內地人側運送業者の合同が成立
140068	朝鮮朝日	1927-05-25/1	06단	西比利亞經由歐洲に赴く丸山氏夫人
140069	朝鮮朝日	1927-05-25/1	06단	會社銀行(仁取臨時總會)
140070	朝鮮朝日	1927-05-25/1	07단	局部を併合し大整理を行ふ/京城放送局の缺損月額五六千圓に達す
140071	朝鮮朝日	1927-05-25/1	07단	勸鼇院養鼇の恩人を記念する
140072	朝鮮朝日	1927-05-25/1	07단	安州法院支廳新築落成す
140073	朝鮮朝日	1927-05-25/1	07단	新義州府の稅金未納が二萬圓に上る
140074	朝鮮朝日	1927-05-25/1	08단	朝鮮練習機春川に飛行
140075	朝鮮朝日	1927-05-25/1	08단	海港の檢疫を一層嚴重にしてコレラ豫防を徹底的取締る
140076	朝鮮朝日	1927-05-25/1	08단	黃海金剛に道路を新設
140077	朝鮮朝日	1927-05-25/1	08단	船運勞働組合遂に解散/張本人は追放
140078	朝鮮朝日	1927-05-25/1	08단	釜山署長が部下を率ゐ不正漁者檢擧
140079	朝鮮朝日	1927-05-25/1	09단	牡丹臺上に最勝臺保存會が再建
140080	朝鮮朝日	1927-05-25/1	09단	元山府に鼻疽病發生/支那馬の檢疫
140081	朝鮮朝日	1927-05-25/1	09단	モヒやコカインの常用者には體刑/徹底的に取締る方針
140082	朝鮮朝日	1927-05-25/1	10단	親子心中は事業の失敗
140083	朝鮮朝日	1927-05-25/1	10단	會(全鮮師範校長會議/全鮮高等女學校長會議/視學官會議)

일련번호	판명	간행일	단수	기사명
140084	朝鮮朝日	1927-05-25/1	10단	人(恩田銅吉氏(朝郷社長)/橫田仁川府尹/磯貝浩氏/丸山茂子夫人(丸山前警務局長夫人)/和田知事/橫卷茂雄大佐(新任大邱八十聯隊長)/天羽英二氏(ハルビン總領事)/今村黃海道知事/露國領事シャルマノフ氏/岡崎本部商工課長)
140085	朝鮮朝日	1927-05-25/1	10단	半島茶話
140086	朝鮮朝日	1927-05-25/2	01단	朝鮮酒製造場を慶南道整理/五十戶に減ずる見込
140087	朝鮮朝日	1927-05-25/2	01단	入學兒童漸く緩和/慶北道の現狀
140088	朝鮮朝日	1927-05-25/2	01단	お茶の後
140089	朝鮮朝日	1927-05-25/2	01단	日本棋院春季東西大棋戰/第八局其三
140090	朝鮮朝日	1927-05-25/2	02단	京城府の授業料徵收頗る好成績
140091	朝鮮朝日	1927-05-25/2	02단	朝日活寫會盛況を極む
140092	朝鮮朝日	1927-05-25/2	02단	運動界(組織された平南道體協競技會を開く/フ球團來鮮/中等校庭球大會/松商球團入城)
140093	朝鮮朝日	1927-05-25/2	03단	物の動き(鐵道局五月貨物輸送高十一萬餘屯/昨年度棉花共同販賣高二百二十萬圓/新義州貿易輸出は增加)
140094	朝鮮朝日	1927-05-26/1	01단	滿洲駐屯軍から陸兵を濟南へ急送/徐州方面の戰局如何でけふの情報に基いて決定
140095	朝鮮朝日	1927-05-26/1	01단	靑島附近の萬一に備へる軍艦「常盤」けふ出動
140096	朝鮮朝日	1927-05-26/1	01단	鴨江國有林の本年度の伐採は民間拂下が二百十萬尺〆/官行伐採百六十萬尺
140097	朝鮮朝日	1927-05-26/1	01단	鎭海の眞珠は素晴しい好成績/汎く南鮮に養殖する計劃
140098	朝鮮朝日	1927-05-26/1	01단	新義州電氣發電所工事年內に竣工
140099	朝鮮朝日	1927-05-26/1	02단	船舶法の統一案/來議會に提案
140100	朝鮮朝日	1927-05-26/1	03단	支那をも少し理解せねば支那政府顧問坂西氏は語る
140101	朝鮮朝日	1927-05-26/1	03단	暮れ行く神戸の海を靜に御覽ぜられて一日を靜に過ごさせ給ふ
140102	朝鮮朝日	1927-05-26/1	04단	光榮のカミル氏多年の積善酬はれて終身年金を交付さる
140103	朝鮮朝日	1927-05-26/1	04단	短歌/橋田東聲選
140104	朝鮮朝日	1927-05-26/1	05단	部長會議/二日目
140105	朝鮮朝日	1927-05-26/1	05단	局子街の內地小學校本年中に落成
140106	朝鮮朝日	1927-05-26/1	05단	鹽魚に力を注ぎ對支輸出を獎勵/貿易振興會が協議
140107	朝鮮朝日	1927-05-26/1	06단	平和の水都ゼネバへ使節隨行記阿波丸にて(四)/細井肇
140108	朝鮮朝日	1927-05-26/1	06단	洛束河口で海苔漁場を新に發見す
140109	朝鮮朝日	1927-05-26/1	06단	辭令(東京電話)
140110	朝鮮朝日	1927-05-26/1	06단	早くも傳へられる人事異動の噂/必要な範圍で行ふ
140111	朝鮮朝日	1927-05-26/1	07단	京城圖書館移轉を了す
140112	朝鮮朝日	1927-05-26/1	08단	海軍記念日にラヂオドラマ蒼海原を越えて京城放送局が放送
140113	朝鮮朝日	1927-05-26/1	08단	密陽郡廳移轉なほ混沌/邑內は靜穩
140114	朝鮮朝日	1927-05-26/1	08단	粗惡品の多い內地の絹織物/殖産局が各地に警告

일련번호	판명	간행일	단수	기사명
140115	朝鮮朝日	1927-05-26/1	08단	大垣氏の寛大取扱を連署して嘆願
140116	朝鮮朝日	1927-05-26/1	09단	四十八隻の密漁船取押へらる
140117	朝鮮朝日	1927-05-26/1	10단	十九娘家出/情夫は詐欺犯
140118	朝鮮朝日	1927-05-26/1	10단	發動機船の火事
140119	朝鮮朝日	1927-05-26/1	10단	會(京城放送局總會/鐵道研究茶話會/平南金組表彰式/關屋孃獨唱會/農業技術員會)
140120	朝鮮朝日	1927-05-26/1	10단	人(加茂正雄氏(東大敎授)/靑木戒三氏(平南知事)/松井信助氏(平壤府尹)/矢橋良風胤氏(平每社長)/阪西利八郎氏(貴族院議員)/松井信助氏(平壤府尹)/平野宗三郎氏(釜山實業家)/竹之助氏/申錫麟氏(忠淸南道知事)/伊藤大輔氏/赤池臨軍中將(陸軍運輸本部長))
140121	朝鮮朝日	1927-05-26/2	01단	東亞博印象記(六)/漸く目の醒めた水産業の獎勵/それにしては下手な宣傳
140122	朝鮮朝日	1927-05-26/2	01단	日本棋院春季東西大棋戰/第八局其四
140123	朝鮮朝日	1927-05-26/2	02단	運動界(專門學校體育聯盟競技會成績/全鮮庭球選手權大會六月五日擧行/フ軍釜山と戰ふ/東京相撲團來鮮)
140124	朝鮮朝日	1927-05-26/2	03단	物の動き(形勢觀望で繭資金なほ動かず/鐵道局成績五月中旬の/盛期を過ぎた粟と豆粕の輸入の狀況/平南金組業績)
140125	朝鮮朝日	1927-05-27/1	01단	皐月の空美しく晴れ御鹿島立を祝すごと梨本宮とお名殘を惜しまれ李王、妃殿下神戶御發
140126	朝鮮朝日	1927-05-27/1	01단	重稅に喘ぐ鮮內の製粉業/當局に補助を求める
140127	朝鮮朝日	1927-05-27/1	01단	宇垣代理總督六月上旬頃平壤を視察
140128	朝鮮朝日	1927-05-27/1	01단	全鮮師範學校長會議平壤で開催
140129	朝鮮朝日	1927-05-27/1	02단	部長會議一日を延長
140130	朝鮮朝日	1927-05-27/1	02단	鐵道協會員來壤
140131	朝鮮朝日	1927-05-27/1	02단	平和の水都ゼネバへ使節隨行記阿波丸にて(五)/細井肇
140132	朝鮮朝日	1927-05-27/1	03단	咸電當事者と市民側との交涉を開始
140133	朝鮮朝日	1927-05-27/1	03단	司法制度の改正は辯護士の意見もよく聽いて改めたい/陪審制度實施は時期尙早
140134	朝鮮朝日	1927-05-27/1	04단	俳句/鈴木花蓑選
140135	朝鮮朝日	1927-05-27/1	04단	事務官更送
140136	朝鮮朝日	1927-05-27/1	05단	千三百餘人の入場者を見た鮮展蓋明の第一日/賣約濟の赤札が十點
140137	朝鮮朝日	1927-05-27/1	05단	小い時から朝鮮には憧れを持って居ました船の旅行はお初めの宇垣代理總督夫人の渡鮮
140138	朝鮮朝日	1927-05-27/1	06단	鮮內各鐵道五月中の成績/出廻品の大宗は穀類
140139	朝鮮朝日	1927-05-27/1	06단	*雨が多くて氣遣れる農作　六月に多ければ心配/雨に祟られ平北の農作一般に不良/咸南も心配*
140140	朝鮮朝日	1927-05-27/1	07단	釜山米の桝切問題で當業者が協議

일련번호	판명	간행일	단수	기사명
140141	朝鮮朝日	1927-05-27/1	08단	師團司令部遠乘會/二十九日擧行
140142	朝鮮朝日	1927-05-27/1	08단	可愛いお手々で日米親善高潮/靑い目の人形歡迎會
140143	朝鮮朝日	1927-05-27/1	08단	馬山道立醫院新築落成し面目を一新
140144	朝鮮朝日	1927-05-27/1	08단	人事相談所が空家借家調査もする
140145	朝鮮朝日	1927-05-27/1	08단	辯士の取締嚴重となる
140146	朝鮮朝日	1927-05-27/1	09단	不逞の巨頭天津で捕はる/一味が奪還を企てゝ騎馬巡査が領事館を警戒
140147	朝鮮朝日	1927-05-27/1	09단	振上げたが毆りはせぬ/永谷訓導否認
140148	朝鮮朝日	1927-05-27/1	09단	職人風の內地人縊死/身許が不明
140149	朝鮮朝日	1927-05-27/1	09단	會(南浦商議評議員會/靑木知事の雅筵)
140150	朝鮮朝日	1927-05-27/1	10단	人(宇垣代理總督夫人/泉崎釜山府尹/小松謙次郎(前鐵相)/漫畫團一行/趙大鎬子爵/信夫敬造氏(門鐵運轉課長)/橫田高等法院長夫妻/矢島音次氏(鮮米協會理事長)/古谷淸小將(陸軍航空本部付)/宇都宮釜山一商校長/加藤木慶南産業課長/松寺法務局長)
140151	朝鮮朝日	1927-05-27/1	10단	半島茶話
140152	朝鮮朝日	1927-05-27/2	01단	東亞博印象記(七)/唧々として胸に迫る妓生の悲凉な唄それが何になる！/そも口だけの內鮮融和か
140153	朝鮮朝日	1927-05-27/2	01단	日本棋院春季東西大棋戰/第八局其五
140154	朝鮮朝日	1927-05-27/2	02단	讀者慰安活寫會
140155	朝鮮朝日	1927-05-27/2	03단	郡守の異動二十四日付
140156	朝鮮朝日	1927-05-27/2	03단	金融組合の趣旨宣傳/二十周年に
140157	朝鮮朝日	1927-05-27/2	03단	新築に着手新義州小學校
140158	朝鮮朝日	1927-05-27/2	03단	經濟的な鯖節の製造/慶南が奬勵
140159	朝鮮朝日	1927-05-27/2	03단	安東滿俱敗る
140160	朝鮮朝日	1927-05-28/1	01단	今日を最後の日本の夢を圓らかに結ばせらる 若葉照映ふ關門の風光とデッキ・ゴルフに一日を御淸遊/まづロンドンに御到着の上で御日程を定めたい 篠田李王職次官談/兩殿下とも船にお强い 大喜びの平田船長謹み語る/躑躅の花や伊勢海老など獻上品のかずかず
140161	朝鮮朝日	1927-05-28/1	05단	嬉しくて涙が出た金谷司令官/見送の熱誠を語る
140162	朝鮮朝日	1927-05-28/1	06단	土曜漫筆 YAMAGATA
140163	朝鮮朝日	1927-05-28/1	06단	官制改正の通過促進に兒島事務官上京
140164	朝鮮朝日	1927-05-28/1	06단	小區間の電線を取り急ぎ架設/工費三十三萬圓で本年度內に實現す(電信線/電話線/電信電話線)
140165	朝鮮朝日	1927-05-28/1	07단	短歌/橋田東聲選
140166	朝鮮朝日	1927-05-28/1	07단	漫畫團一行近く京城入
140167	朝鮮朝日	1927-05-28/1	08단	渡船が覆り四名溺死す
140168	朝鮮朝日	1927-05-28/1	08단	瑞興紬の復興を圖り機業を奬勵
140169	朝鮮朝日	1927-05-28/1	08단	現業員に勤勉手當六月に支給

일련번호	판명	간행일	단수	기사명
140170	朝鮮朝日	1927-05-28/1	08단	總督に居据るなど私は信じませぬと洗練された宇垣氏夫人/演藝趣味の所有者
140171	朝鮮朝日	1927-05-28/1	09단	添はれぬ戀若者自殺す
140172	朝鮮朝日	1927-05-28/1	09단	四十男が空家で自殺/身許は不明
140173	朝鮮朝日	1927-05-28/1	10단	勞働會の幹部殺さる/犯人は不明
140174	朝鮮朝日	1927-05-28/1	10단	人(河谷静天氏(南鮮日報社長)/新湯青年團一行/村山慶南警察部長/內田島彦氏(長崎地方檢事正)/棒葉總督府內務局土木課長/岡田榮太郎氏(大阪商船東洋課長))
140175	朝鮮朝日	1927-05-28/1	10단	半島茶話
140176	朝鮮朝日	1927-05-28/2	01단	浮世の波
140177	朝鮮朝日	1927-05-28/2	01단	南鮮は旱魃で農作が氣遣はれる　稻も麥も棉も不良/咸南も心配　氣候不順で/平南成川の煙草の作柄悲觀される
140178	朝鮮朝日	1927-05-28/2	01단	日本棋院春季東西大棋戰/第八局其六
140179	朝鮮朝日	1927-05-28/2	02단	小麥取引を斤量に改む/黄海道の計劃
140180	朝鮮朝日	1927-05-28/2	03단	卜翁の復活京城で上映
140181	朝鮮朝日	1927-05-28/2	03단	運動界一束二十九日の催しもの(實業野球リーグ/全鮮軟庭球大會/中等校庭球大會/憲兵隊武道大會)
140182	朝鮮朝日	1927-05-28/2	03단	物の動き(內地へ流れるお金の高が二百六十萬圓)
140183	朝鮮朝日	1927-05-29/1	01단	關門海峽を壓する萬歳の聲に送られ風薰る海峽をあとに李王、妃殿下おん鹿島立
140184	朝鮮朝日	1927-05-29/1	01단	支局獻上の寫眞を御嘉納/御菓子を賜る
140185	朝鮮朝日	1927-05-29/1	02단	李王殿下御見送挿話
140186	朝鮮朝日	1927-05-29/1	03단	滿鐵社長の更迭を斷行か/後任に擬せられた別府氏が急遽歸京
140187	朝鮮朝日	1927-05-29/1	04단	大地主懇談會第二回を開く
140188	朝鮮朝日	1927-05-29/1	04단	支那出兵に關し語るを避ける宇垣臨時代理總督/國境視察が注目される
140189	朝鮮朝日	1927-05-29/1	05단	全鮮師範學校長會議平壤で開催
140190	朝鮮朝日	1927-05-29/1	05단	中樞院參議任命は月末に發表
140191	朝鮮朝日	1927-05-29/1	05단	國境警備の妻帶者には加俸を給與
140192	朝鮮朝日	1927-05-29/1	06단	鐵道協會員平壤を視察
140193	朝鮮朝日	1927-05-29/1	06단	そろそろはじまる人道の橋自殺
140194	朝鮮朝日	1927-05-29/1	06단	平和の水都ゼネバへ使節隨行記阿波丸にて(六)/細井肇
140195	朝鮮朝日	1927-05-29/1	07단	俳句/鈴木花蓑選
140196	朝鮮朝日	1927-05-29/1	07단	支那人に種痘を強制/平南に痘瘡流行
140197	朝鮮朝日	1927-05-29/1	07단	そろそろ心配な京城の上水道/府當局がヤキモキ
140198	朝鮮朝日	1927-05-29/1	07단	自殺男の身許が判明/原因は生活難
140199	朝鮮朝日	1927-05-29/1	08단	北京天津も危險を感じて更に第二次出兵
140200	朝鮮朝日	1927-05-29/1	08단	出帆したまゝ消息の無い/心配な漁船
140201	朝鮮朝日	1927-05-29/1	08단	映畫女優と駈落の伯爵/朝鮮入の噂さ

일련번호	판명	간행일	단수	기사명
140202	朝鮮朝日	1927-05-29/1	09단	會(教育代議員會/平壤在鄉軍人會/宇垣臨時總督晚餐會/牧水氏歡迎短歌會/慶南郡守會議)
140203	朝鮮朝日	1927-05-29/1	09단	會費の徵收に反對者が多い　消防協會の設立を總會が具體的に協議/全鮮消防の大會開かる
140204	朝鮮朝日	1927-05-29/1	10단	人(住山六郎氏(名鐵局工作課長)/大場彌平大佐(陸軍航空本部付)/椎野太郎氏(滿洲醫大敎授)/多木粂次郎代議士/南雄三氏(鐵道省船舶技師)/福岡縣男師生/金谷軍司令官)
140205	朝鮮朝日	1927-05-29/1	10단	半島茶話
140206	朝鮮朝日	1927-05-29/2	01단	浮世の波
140207	朝鮮朝日	1927-05-29/2	01단	大川氏と根津氏が競爭を避けて朝鮮の鐵道開發に努力し將來は米作も試みる
140208	朝鮮朝日	1927-05-29/2	01단	濫獲の懼あり鎭海灣の鰯漁業禁止期間を延長か
140209	朝鮮朝日	1927-05-29/2	01단	人造氷賣出一貫當り七八錢
140210	朝鮮朝日	1927-05-29/2	01단	運動界(平壤野球場開場式擧行/プール建設平壤府が計劃/全鮮鐵道庭球會)
140211	朝鮮朝日	1927-05-29/2	01단	日本棋院春季東西大棋戰/第九局其一
140212	朝鮮朝日	1927-05-29/2	02단	讀者慰安活寫會
140213	朝鮮朝日	1927-05-29/2	03단	物の動き(氣候不順で昨年の雜穀收穫が惡い)
140214	朝鮮朝日	1927-05-31/1	01단	朝鮮軍の出動は絕對に不必要/軍當局が出兵を否認
140215	朝鮮朝日	1927-05-31/1	01단	兩殿下のお姿を拜し餘りの嬉しさに涙が出ましたと韓長官嬉しげに語る
140216	朝鮮朝日	1927-05-31/1	01단	司法制度調查委員會開期は七月
140217	朝鮮朝日	1927-05-31/1	01단	國境の軍用無線九月末に完成
140218	朝鮮朝日	1927-05-31/1	01단	鮮展漫評/覆面士
140219	朝鮮朝日	1927-05-31/1	02단	警察署長と府尹郡守會/大邱で開催
140220	朝鮮朝日	1927-05-31/1	02단	鐵道網の完成で北鮮の豊庫が漸次開發されやう/國澤鐵道協會長は語る
140221	朝鮮朝日	1927-05-31/1	03단	和田慶南知事辭任の噂さ/後任は平井氏
140222	朝鮮朝日	1927-05-31/1	03단	短歌/橋田東聲選
140223	朝鮮朝日	1927-05-31/1	03단	平壤電車が二區制採用/協議會に附議
140224	朝鮮朝日	1927-05-31/1	04단	平壤飛機が射擊の演習/十八機參加
140225	朝鮮朝日	1927-05-31/1	04단	元山電氣の點燈
140226	朝鮮朝日	1927-05-31/1	04단	洪城工專校開校
140227	朝鮮朝日	1927-05-31/1	04단	品質も優良な朝鮮産の醬油/內地に移出するも遠いことでは無い
140228	朝鮮朝日	1927-05-31/1	04단	牧ノ島無線は來月半に開始/通信成績は至極良好
140229	朝鮮朝日	1927-05-31/1	05단	元山府の林野造成一まづ終了
140230	朝鮮朝日	1927-05-31/1	05단	北鮮の漁場を探す銀鷗丸/鞴港を解纜
140231	朝鮮朝日	1927-05-31/1	05단	無線局と燈臺の設備は暇どる/急務だが經費が不足

일련번호	판명	간행일	단수	기사명
140232	朝鮮朝日	1927-05-31/1	06단	平和の水都ゼネバへ使節隨行記阿波丸にて(七)/細井肇
140233	朝鮮朝日	1927-05-31/1	06단	新築で賑ふ新義州水産市場
140234	朝鮮朝日	1927-05-31/1	06단	辭令(東京電話)
140235	朝鮮朝日	1927-05-31/1	06단	元山勞働會の運賃値上は商議所で調査
140236	朝鮮朝日	1927-05-31/1	07단	朱脣を破って新時代創造を叫び警鐘を叩く槿友會/二十七日創立總會を開く
140237	朝鮮朝日	1927-05-31/1	07단	金剛山探勝に鴨丸が就航/元山長箭間を
140238	朝鮮朝日	1927-05-31/1	07단	對岸寺洞の海軍用地を平壤府に讓渡
140239	朝鮮朝日	1927-05-31/1	07단	鐵道不用地近く拂下げ
140240	朝鮮朝日	1927-05-31/1	07단	『鮎』密陽が本場年産十萬圓
140241	朝鮮朝日	1927-05-31/1	08단	消防殉職者に恩典を與ふ/協會を組織し
140242	朝鮮朝日	1927-05-31/1	08단	一圓本の洪水で古本屋が大困り文藝物は買入御斷り
140243	朝鮮朝日	1927-05-31/1	08단	山間農民に漆の生産を獎勵する計劃
140244	朝鮮朝日	1927-05-31/1	09단	釜山の棧橋夏枯じ閑散
140245	朝鮮朝日	1927-05-31/1	09단	朝鮮人側通信機關の利用が增加
140246	朝鮮朝日	1927-05-31/1	09단	釜山の赤痢旅人が病む
140247	朝鮮朝日	1927-05-31/1	09단	孫傳芳への火藥密輸/豫審漸く終結
140248	朝鮮朝日	1927-05-31/1	10단	會(鮮米協會總會/府營振興評議員會/釜山警友會/釜山火保代理店會/牧水柳虹兩氏講演會/漁船製造講演會/御眞影奉安地鎭祭)
140249	朝鮮朝日	1927-05-31/1	10단	人(漫畫團一行/金谷朝鮮軍司令官/韓昌洙男(李王職長官)/後藤靜香氏(希望社々長)/矢島音次氏(鮮米協會理事長)/河內山朝鮮火保社長)
140250	朝鮮朝日	1927-05-31/1	10단	半島茶話
140251	朝鮮朝日	1927-05-31/2	01단	浮世の波
140252	朝鮮朝日	1927-05-31/2	01단	京城實業野球團春季リーグ戰/鐵道、植銀先づ勝つ(鐵道九一一京電/殖銀六一五遞信)
140253	朝鮮朝日	1927-05-31/2	01단	全鮮軟庭球選手權大會/中村、駒井組優勝
140254	朝鮮朝日	1927-05-31/2	01단	中等校庭球/李金組優勝
140255	朝鮮朝日	1927-05-31/2	01단	日本棋院春季東西大棋戰/第九局其二
140256	朝鮮朝日	1927-05-31/2	02단	繁華な地區の競走練習を相當取締る
140257	朝鮮朝日	1927-05-31/2	02단	球場新設の記念野球會
140258	朝鮮朝日	1927-05-31/2	02단	讀者慰安活寫會
140259	朝鮮朝日	1927-05-31/2	03단	木浦短信
140260	朝鮮朝日	1927-05-31/2	03단	物の動き(鬱陸島の火山灰有望/鴨綠江增水で流筏が激減僅に三十台)

1927년 6월 (조선아사히)

일련번호	판명	간행일	단수	기사명
140261	朝鮮朝日	1927-06-01/1	01단	福岡釜山間の海底電話敷設非公式に協議中で順調に行けば三年度に計上
140262	朝鮮朝日	1927-06-01/1	01단	局部的な改修が必要な十河川この工費が三千萬圓
140263	朝鮮朝日	1927-06-01/1	01단	龍井金融部預金を取扱一般に勸誘
140264	朝鮮朝日	1927-06-01/1	01단	全鮮都市金組聯合會京城で開催
140265	朝鮮朝日	1927-06-01/1	01단	漁業令の改正は前途なほ遼遠
140266	朝鮮朝日	1927-06-01/1	02단	全南の棉作發芽が不良
140267	朝鮮朝日	1927-06-01/1	02단	京城大學に二講座を增置法文學部と醫學部
140268	朝鮮朝日	1927-06-01/1	02단	綿布と米の稅率改訂を南浦商議要望
140269	朝鮮朝日	1927-06-01/1	02단	平和の水都ゼネバへ使節隨行記　阿波丸にて(八)/細井肇
140270	朝鮮朝日	1927-06-01/1	03단	俳句/鈴木花蓑選
140271	朝鮮朝日	1927-06-01/1	03단	文川平壤兩礦區試掘を開始
140272	朝鮮朝日	1927-06-01/1	03단	金泉三千浦間鐵道敷設の運動に上京
140273	朝鮮朝日	1927-06-01/1	04단	宇垣代理總督國境を視察新義州到着
140274	朝鮮朝日	1927-06-01/1	04단	森林保護のため山林組合を奬勵設立せば十萬圓を總督府から補助
140275	朝鮮朝日	1927-06-01/1	04단	血清豫防液四十種を增加本府衛生課が製造防疫の徹底を圖る
140276	朝鮮朝日	1927-06-01/1	04단	支那官憲內地視察團龍井村出發
140277	朝鮮朝日	1927-06-01/1	05단	辭令(東京電話)
140278	朝鮮朝日	1927-06-01/1	05단	失職に惱む濟州島民渡航組合を作り內地渡航者を保護
140279	朝鮮朝日	1927-06-01/1	05단	淑明女校の盟休兎も角も中止圓滿解決までには相當の波瀾があらう
140280	朝鮮朝日	1927-06-01/1	06단	鮮展漫評/覆面士
140281	朝鮮朝日	1927-06-01/1	06단	竣工した遇陽の水利貯水池
140282	朝鮮朝日	1927-06-01/1	06단	露國義勇艦隊元山に寄港今年から
140283	朝鮮朝日	1927-06-01/1	07단	年々殖える自動車の事故嚴重取締るやう通牒
140284	朝鮮朝日	1927-06-01/1	07단	露國領事館が朝鮮事情の調査を始む
140285	朝鮮朝日	1927-06-01/1	07단	僅か二圓の家賃も不拂保隣會の店子
140286	朝鮮朝日	1927-06-01/1	07단	第一回/滿鮮中等學校對抗競技大會
140287	朝鮮朝日	1927-06-01/1	08단	釜山着列車四十分延着
140288	朝鮮朝日	1927-06-01/1	08단	兄弟松文祿の役の淸正の古蹟
140289	朝鮮朝日	1927-06-01/1	09단	元山開港五十周年を來年に繰上
140290	朝鮮朝日	1927-06-01/1	09단	働き度くても仕事が無い支那人五月中の入鮮者一萬四千名
140291	朝鮮朝日	1927-06-01/1	09단	手當り次第に盜んだ鮮人釜山で逮捕
140292	朝鮮朝日	1927-06-01/1	09단	會(學事視察講演會/南浦普校記念祝賀會/洗濯業組合創立總會)
140293	朝鮮朝日	1927-06-01/1	10단	二つの玉麗水で上映

일련번호	판명	간행일	단수	기사명
140294	朝鮮朝日	1927-06-01/1	10단	人(湯淺總監/魚値少將(李王職附武官)/林原憲卓氏(鐵道局副參事)/村山慶南警察部長/關谷金一氏(新任全南道土木課長)/河內山樂三氏(朝鮮火保社長)/服部城大總長/志岐信太郎氏(實業家)/香椎源太郎氏(釜山會議所會頭)/岡本一平畫伯/後藤靜香氏(希望社々長)/阪田文吉氏(釜山府協議員)/鐵道協會視察團)
140295	朝鮮朝日	1927-06-01/1	10단	半島茶話
140296	朝鮮朝日	1927-06-01/2	01단	浮世の波
140297	朝鮮朝日	1927-06-01/2	01단	食肉の移出に不正者が多い朝鮮牛の信用を墜すと今後は嚴重取締る
140298	朝鮮朝日	1927-06-01/2	01단	傭はれ手は月給取傭ひ手は勞働者埒の明かぬ求職問題
140299	朝鮮朝日	1927-06-01/2	01단	釜山府の町名改廢は近く實現か
140300	朝鮮朝日	1927-06-01/2	01단	羅南中學の校舍新築を總監に陳情
140301	朝鮮朝日	1927-06-01/2	02단	東京大相撲大邱で興行
140302	朝鮮朝日	1927-06-01/2	02단	日本棋院春季東西大棋戰/第九局其三
140303	朝鮮朝日	1927-06-01/2	03단	教育代議員が女子專門校設立を可決
140304	朝鮮朝日	1927-06-01/2	03단	運動界(安東庭球聯盟戰/木浦野球大會/店員慰勞運動會/警察官武道大會)
140305	朝鮮朝日	1927-06-02/1	01단	遂に張作霖氏は北京を山西軍に渡し平和裡に撤退を交渉南軍は徐州に入る(北京特電一日發/北京特電一日發/北京特電一日發)
140306	朝鮮朝日	1927-06-02/1	01단	我輩は軍人だから國境の警備は安心して任せよと宇垣總督代理豪語す
140307	朝鮮朝日	1927-06-02/1	01단	內鮮滿間の連絡試驗飛行木津川日本航空社が七月一日から擧行
140308	朝鮮朝日	1927-06-02/1	01단	「文教の朝鮮」を兩陛下に獻上朝鮮教育會から
140309	朝鮮朝日	1927-06-02/1	01단	葛麻安邊の比較線測量二十九日終了
140310	朝鮮朝日	1927-06-02/1	01단	滿洲肉を鮮內で加工東京へ輸送
140311	朝鮮朝日	1927-06-02/1	02단	鎭南浦の久原製煉所操業を開始
140312	朝鮮朝日	1927-06-02/1	02단	京城で開く全鮮公職者大會愈よ六月三日から提出議案が三十一件
140313	朝鮮朝日	1927-06-02/1	03단	漢江丸進水
140314	朝鮮朝日	1927-06-02/1	03단	道師範校の延長は現在の財政では實現は容易で無い
140315	朝鮮朝日	1927-06-02/1	03단	役員の報酬も五千圓に減じ極力整理をはかる京城放送局の總會
140316	朝鮮朝日	1927-06-02/1	04단	短歌/橋田東聲選
140317	朝鮮朝日	1927-06-02/1	04단	辭令(東京電話)
140318	朝鮮朝日	1927-06-02/1	05단	鮮展漫評/西洋畫
140319	朝鮮朝日	1927-06-02/1	05단	圖們鐵の滯貨五十萬袋に達す一掃方を當局に陳情
140320	朝鮮朝日	1927-06-02/1	06단	旱魃で大惱み南鮮の農家

일련번호	판명	간행일	단수	기사명
140321	朝鮮朝日	1927-06-02/1	06단	木浦沖漁龍島で沖繩丸が坐礁船員と乘客は無事
140322	朝鮮朝日	1927-06-02/1	07단	朝鮮美術協會繪畫展覽會五日から開催
140323	朝鮮朝日	1927-06-02/1	07단	六月一日から釜山上水道給水を制限
140324	朝鮮朝日	1927-06-02/1	07단	免許漁場は三十件其他は不免許
140325	朝鮮朝日	1927-06-02/1	07단	第一回/滿鮮中等學校對抗競技大會
140326	朝鮮朝日	1927-06-02/1	08단	平壤の猩紅熱惡化し死亡者が多い
140327	朝鮮朝日	1927-06-02/1	08단	珍らしや猛虎木浦に現る
140328	朝鮮朝日	1927-06-02/1	08단	本年初めて匪賊が出沒平北渭原に
140329	朝鮮朝日	1927-06-02/1	08단	會(稅務課長會議/漢江水椎認靈會)
140330	朝鮮朝日	1927-06-02/1	08단	平和の水都ゼネバへ使節隨行記　阿波丸にて(九)/細井肇
140331	朝鮮朝日	1927-06-02/1	09단	人(末松多美彦氏(李王職事務官)/加藤灌覽氏(本府囑託)/淺利朝鮮警務局長/吉谷淸少將(陸軍航空本部長)/伊達四雄氏(平南警察部長)/寺達帝取氏(朝鮮ホテル、マネジャー)/酒井順一氏(平壤鐵道ホテル主事)/河原木宗橋氏(京城朝鮮ホテル書記)/支那官民視察團/林霜靖一氏令孃)
140332	朝鮮朝日	1927-06-02/1	10단	半島茶話
140333	朝鮮朝日	1927-06-02/2	01단	浮世の波
140334	朝鮮朝日	1927-06-02/2	01단	南鮮沿岸の海藻類が大當二千の海女が入漁
140335	朝鮮朝日	1927-06-02/2	01단	春繭の資金そろそろ動く五月中が三百萬圓見當昨年よりも減少か
140336	朝鮮朝日	1927-06-02/2	01단	京城府內卸商組合の設立を計劃
140337	朝鮮朝日	1927-06-02/2	01단	平壤警察署が府と協力し交通衛生の改善を宣傳
140338	朝鮮朝日	1927-06-02/2	01단	五十周年の記念事業費二十七萬圓
140339	朝鮮朝日	1927-06-02/2	02단	運動界(全鮮代表の庭球優勝戰/松山商快垮す/野庭球大會/延喜專門破る/釜山野球聯盟戰)
140340	朝鮮朝日	1927-06-02/2	02단	讀者慰安活寫
140341	朝鮮朝日	1927-06-02/2	03단	物の動き(春繭取引不調に終る/豆類實收高十五年度中の)
140342	朝鮮朝日	1927-06-03/1	01단	山本農相辭意を洩らす內閣改造に不滿で
140343	朝鮮朝日	1927-06-03/1	01단	曙光を認めた釜山の電氣府營三日の府協議會で祕密裡に諮問する
140344	朝鮮朝日	1927-06-03/1	01단	崔日文氏の博士論文が東大を通過
140345	朝鮮朝日	1927-06-03/1	01단	初夏
140346	朝鮮朝日	1927-06-03/1	02단	京日日社産業博五日開會式
140347	朝鮮朝日	1927-06-03/1	02단	小父さん人道を歩きませうと可憐な口で交通を改善平壤の少年警察隊
140348	朝鮮朝日	1927-06-03/1	03단	工業倉庫が資金を借入殖銀から
140349	朝鮮朝日	1927-06-03/1	03단	俳句/鈴木花蓑選
140350	朝鮮朝日	1927-06-03/1	03단	お代理さんのお伴をして(一)/新田生

일련번호	판명	간행일	단수	기사명
140351	朝鮮朝日	1927-06-03/1	04단	犯した罪を悔いて半生を孤兒教育に激感した十八の乙女が結婚して經營を助くる
140352	朝鮮朝日	1927-06-03/1	04단	光州高普の盟休は解決生徒も反省す
140353	朝鮮朝日	1927-06-03/1	04단	森林主事八十餘名を府郡に配置
140354	朝鮮朝日	1927-06-03/1	04단	大邱府內の支拂日統一結果は良好
140355	朝鮮朝日	1927-06-03/1	05단	宇垣代理總督平壤を視察京城に向ふ
140356	朝鮮朝日	1927-06-03/1	05단	京城郵便局長後任下馬評小島釜山局長の呼聲が高い
140357	朝鮮朝日	1927-06-03/1	05단	朝鮮人を使ひ赤化を企てた元淸津露國代辨領事トロツキー氏奉天に逃走
140358	朝鮮朝日	1927-06-03/1	05단	虎や豹が咆吼す沈んだ沖繩丸の甲板上で
140359	朝鮮朝日	1927-06-03/1	06단	鮮展漫評/西洋畫
140360	朝鮮朝日	1927-06-03/1	06단	光州小學校の記念活寫に鮮人が亂暴
140361	朝鮮朝日	1927-06-03/1	06단	先生の態度が不親切だと普校生が盟休
140362	朝鮮朝日	1927-06-03/1	06단	盜んで蓄へた電池を賣却か陸軍運輸部船宮島丸に絡む電氣盜用事件の內容/事件は擴大船長も取調
140363	朝鮮朝日	1927-06-03/1	07단	元李王職長官李男爵逝く二日午後九時
140364	朝鮮朝日	1927-06-03/1	07단	辭令(東京電話)
140365	朝鮮朝日	1927-06-03/1	08단	風紀を紊す曖昧屋を取締
140366	朝鮮朝日	1927-06-03/1	08단	平和の水都ゼネバへ使節隨行記　阿波丸にて(十)/細井肇
140367	朝鮮朝日	1927-06-03/1	08단	第一回/滿鮮中等學校對抗競技大會
140368	朝鮮朝日	1927-06-03/1	09단	會(平南大同敎育會/家庭講演會)
140369	朝鮮朝日	1927-06-03/1	09단	人(宇垣總督代理/原京城地方法院長/長尾京城地方法院檢事正/服部宇之吉氏(埈大總長)/石垣孝治氏(朝鮮汽船社長)/岩橋一郎氏(釜山府協議員)/天理敎滿鮮視察團)
140370	朝鮮朝日	1927-06-03/2	01단	浮世の波
140371	朝鮮朝日	1927-06-03/2	01단	瀨戶內海に勝る南鮮沿岸の風景遊覽船を航行させ內地に宣傳する計劃
140372	朝鮮朝日	1927-06-03/2	01단	新義州營林署木材賣却を指名入札に變更
140373	朝鮮朝日	1927-06-03/2	01단	沙里院の運送業者が會社を組織
140374	朝鮮朝日	1927-06-03/2	01단	日本棋院春季東西大棋戰/第九局其四
140375	朝鮮朝日	1927-06-03/2	02단	安東商議所式村會頭が辭意を洩す
140376	朝鮮朝日	1927-06-03/2	02단	朝日活寫會非常な盛況
140377	朝鮮朝日	1927-06-03/2	03단	運動界(延喜軍惜敗す)
140378	朝鮮朝日	1927-06-03/2	03단	新刊紹介(朝鮮時論(五月號))
140379	朝鮮朝日	1927-06-03/2	03단	物の動き(棉の植付增加率減少棉花暴落で)
140380	朝鮮朝日	1927-06-04/1	01단	二十師團に出動の內命朝鮮軍異常に緊張
140381	朝鮮朝日	1927-06-04/1	01단	段當り收穫が豫定に達せぬ朝鮮の棉作實狀指導里洞を設けて獎勵
140382	朝鮮朝日	1927-06-04/1	01단	平南管內郡守の異動綱紀を肅正

일련번호	판명	간행일	단수	기사명
140383	朝鮮朝日	1927-06-04/1	01단	釜山東京間直通電話協定中
140384	朝鮮朝日	1927-06-04/1	01단	土曜漫筆丘草之助/御珠數かすかにつまぐる我は病みは居れど有難し團潔氏の絶筆
140385	朝鮮朝日	1927-06-04/1	02단	寫眞說明(宇垣總督代理新義州稅關棧橋上陸(三十一日午後五時半X印が代理總督))
140386	朝鮮朝日	1927-06-04/1	03단	飲食店が酒類値上の反對を決議
140387	朝鮮朝日	1927-06-04/1	03단	水原高農の教員養成所ちかく開所
140388	朝鮮朝日	1927-06-04/1	04단	有識鮮人が鮮語辭典の編纂を協議
140389	朝鮮朝日	1927-06-04/1	04단	避難外人が上海に歸還時局平穩で
140390	朝鮮朝日	1927-06-04/1	04단	僅か十分間で公營を可決す釜山瓦電の買收にいよいよ交渉開始
140391	朝鮮朝日	1927-06-04/1	04단	道の各醫院が醫專の生徒を委託學生として二十圓の手當を支給
140392	朝鮮朝日	1927-06-04/1	05단	短歌/橋田東聲選
140393	朝鮮朝日	1927-06-04/1	05단	仁川寺町の小學校增築十五日に着工
140394	朝鮮朝日	1927-06-04/1	06단	お代理さんのお件をして(二)/新田生
140395	朝鮮朝日	1927-06-04/1	06단	辭令(東京電話)
140396	朝鮮朝日	1927-06-04/1	06단	賃金問題で運送業者と人夫が確執
140397	朝鮮朝日	1927-06-04/1	06단	平南の痘瘡ますます蔓延
140398	朝鮮朝日	1927-06-04/1	06단	公醫を集め細菌學を講義各種傳染病に關し研究をなさしむ
140399	朝鮮朝日	1927-06-04/1	07단	身にはボロの厚司を纏ひ路頭に迷ふ朝鮮の人達を心からの親切で救ひ憐れみ慈父を以て任ずる田邊さん
140400	朝鮮朝日	1927-06-04/1	07단	反撥するだけの力は北軍はまだ持ってる退却は豫定の行動と松井張作霖氏顧問は語る
140401	朝鮮朝日	1927-06-04/1	07단	韓李王職長官が訴訟の當事者となり得るかどうか徐侍醫の診察料の訴へ
140402	朝鮮朝日	1927-06-04/1	08단	山十組が咸興方面に製絲場を設立
140403	朝鮮朝日	1927-06-04/1	09단	郵便貯金も預入月から利息を附す
140404	朝鮮朝日	1927-06-04/1	09단	「時の記念日」大邱の宣傳
140405	朝鮮朝日	1927-06-04/1	09단	鮮滿中等學校陸上競技大會
140406	朝鮮朝日	1927-06-04/1	10단	小鹿島醫院病舍を增築癩患者四百名を收容す
140407	朝鮮朝日	1927-06-04/1	10단	鮮人教師に限って吳れ普通學校の父兄が要望
140408	朝鮮朝日	1927-06-04/1	10단	會(朝鮮社會學業研究會/馬野府尹狠親會)
140409	朝鮮朝日	1927-06-04/1	10단	人(李堣公妃殿下/湯淺政務總監/加藤俊平氏(東拓京城支店長)/秋野孝道氏(前駒澤大學長)/李恒九男(李王職禮式課長)/重村義一少將(本府科學館長)/笠井健太郎氏)
140410	朝鮮朝日	1927-06-04/1	10단	半島茶話
140411	朝鮮朝日	1927-06-04/2	01단	浮世の波

일련번호	판명	간행일	단수	기사명
140412	朝鮮朝日	1927-06-04/2	01단	朝鮮無煙炭會社が採炭に着手す平南大同の鑛區を手始に年末には規模を擴張
140413	朝鮮朝日	1927-06-04/2	01단	釜山女高普校舍新築は遷延の模樣
140414	朝鮮朝日	1927-06-04/2	01단	米穀小賣業鮮人側組合一日に組織
140415	朝鮮朝日	1927-06-04/2	01단	日本棋院春季東西大棋戰/第九局其五
140416	朝鮮朝日	1927-06-04/2	02단	龍山署の衛生活寫會觀衆殺到す
140417	朝鮮朝日	1927-06-04/2	03단	運動界(松商鐵道に零敗/元山商業球場擴張/東京大相撲來馬)
140418	朝鮮朝日	1927-06-04/2	03단	物の動き(慶南の春蠶發育は良好桑葉不足が案ぜらる)
140419	朝鮮朝日	1927-06-05/1	01단	輕げな御夏服で初夏の風薰る香港の風光を愛で蛇料理を御覽になる
140420	朝鮮朝日	1927-06-05/1	01단	匪賊の跋扈は思った程に無い支那官憲とも諒解を遂げた宇垣代理總督視察談
140421	朝鮮朝日	1927-06-05/1	01단	全鮮公職者大會一日目
140422	朝鮮朝日	1927-06-05/1	01단	齋藤全權と同船で西貢から新嘉坡へ阿波丸にて/細井肇
140423	朝鮮朝日	1927-06-05/1	02단	稅務課長打合會總督府で開催/酒稅事務で草間局長訓旨
140424	朝鮮朝日	1927-06-05/1	02단	鮮銀兌換券統一の可否を識者に質し度い鈴木鮮銀總裁語る
140425	朝鮮朝日	1927-06-05/1	03단	俳句/鈴木花蓑選
140426	朝鮮朝日	1927-06-05/1	04단	また擡頭した小銀行の合同資本の最低限度も內地と同樣に制定
140427	朝鮮朝日	1927-06-05/1	04단	五月中の鐵道業績依然と良好
140428	朝鮮朝日	1927-06-05/1	04단	殖銀の配當一分を減じ八分の減配
140429	朝鮮朝日	1927-06-05/1	05단	鎭南浦の民國領事館財政難で閉鎖
140430	朝鮮朝日	1927-06-05/1	05단	慶北の炭坑頗る有望埋藏量豊富
140431	朝鮮朝日	1927-06-05/1	05단	漁港の完成に補助金を交付來年度豫算に計上
140432	朝鮮朝日	1927-06-05/1	05단	中樞院參議四日決定す
140433	朝鮮朝日	1927-06-05/1	06단	鮮展漫評
140434	朝鮮朝日	1927-06-05/1	06단	專門學生の取締を協議學生監會議
140435	朝鮮朝日	1927-06-05/1	06단	平壤醫專は明年度豫算に計上
140436	朝鮮朝日	1927-06-05/1	06단	移出牛の賠償價格引上を協議す八、九兩日釜山で開く全鮮畜産業者會で
140437	朝鮮朝日	1927-06-05/1	07단	朝鮮の別府東萊溫泉三十二萬圓で大改修を施す
140438	朝鮮朝日	1927-06-05/1	07단	滿洲栗の包裝改善回答が到着
140439	朝鮮朝日	1927-06-05/1	08단	牧水柳虹兩氏文藝講演會八日に開催
140440	朝鮮朝日	1927-06-05/1	08단	まる一年を費し豫審が終結す釜山の火藥大密輸公判は月末ごろか
140441	朝鮮朝日	1927-06-05/1	08단	朝鮮に歸化した日本の武士一千名もあり金姓を稻へて居る
140442	朝鮮朝日	1927-06-05/1	08단	南鮮の旱魃農作物が悲觀さる
140443	朝鮮朝日	1927-06-05/1	09단	京城府內の盲啞者百九十一人
140444	朝鮮朝日	1927-06-05/1	09단	鮮滿中等學校陸上競技大會

일련번호	판명	간행일	단수	기사명
140445	朝鮮朝日	1927-06-05/1	10단	天道教內に女性同盟組織さる
140446	朝鮮朝日	1927-06-05/1	10단	晋州農校の生徒が盟休教師を排斥
140447	朝鮮朝日	1927-06-05/1	10단	會(漢江丸進水式/京城府協議會/京畿道教授研究會)
140448	朝鮮朝日	1927-06-05/1	10단	人(芽利警務局長/鐵道協會員視察團)
140449	朝鮮朝日	1927-06-05/1	10단	半島茶話
140450	朝鮮朝日	1927-06-05/2	01단	浮世の波
140451	朝鮮朝日	1927-06-05/2	01단	煙草元賣捌店の會社組織を慫憑水口局長が役員に對し重役の割込はせぬと言明
140452	朝鮮朝日	1927-06-05/2	01단	平元線の龍城驛敷地地主が澁る
140453	朝鮮朝日	1927-06-05/2	01단	讀者慰安活寫會
140454	朝鮮朝日	1927-06-05/2	01단	日本棋院春季東西大棋戰/第九局其六
140455	朝鮮朝日	1927-06-05/2	02단	咸南の窮民二萬九千人
140456	朝鮮朝日	1927-06-05/2	03단	朝鮮古式弓術會
140457	朝鮮朝日	1927-06-05/2	03단	物の動き(天候不良で麥作悲觀六月一日豫想)
140458	朝鮮朝日	1927-06-07/1	01단	鮮滿の直通電話を大連まで延長する眞空管で增幅中繼遞信局で各方面と打合中
140459	朝鮮朝日	1927-06-07/1	01단	自ら進んで辭する理由は毫末も認めぬが總べては政府に任せる安廣社長上京に際し語る
140460	朝鮮朝日	1927-06-07/1	01단	飛機見學の宇垣代理
140461	朝鮮朝日	1927-06-07/1	02단	公職者大會四日終了す
140462	朝鮮朝日	1927-06-07/1	03단	鎭南浦の支那領事館存置と決定す元山も復活か
140463	朝鮮朝日	1927-06-07/1	03단	煙草賣捌會社設立の協議會で議論沸騰當局の高壓的態度が元賣捌業者の反感を買ひ反對決議せよと敦圍く
140464	朝鮮朝日	1927-06-07/1	03단	お代理さんのお件をして(三)/新田生
140465	朝鮮朝日	1927-06-07/1	04단	短歌/橋田東聲選
140466	朝鮮朝日	1927-06-07/1	04단	知事の專擅に平壤官民が憤激し商議役員は總辭職を申合す
140467	朝鮮朝日	1927-06-07/1	05단	元山勞働者の賃金値上はますます紛糾
140468	朝鮮朝日	1927-06-07/1	05단	左官組合が支那勞働者排斥を企つ
140469	朝鮮朝日	1927-06-07/1	05단	戰鬪機試乘七月頃決行
140470	朝鮮朝日	1927-06-07/1	06단	齋藤全權と同船で西貢から新嘉坡へ阿波丸にて/細井肇
140471	朝鮮朝日	1927-06-07/1	06단	空の殉死者李基演氏の弔慰金募集
140472	朝鮮朝日	1927-06-07/1	06단	機關車の火の紛防止成績が良好
140473	朝鮮朝日	1927-06-07/1	06단	安東中學の新築工事は十月末竣工
140474	朝鮮朝日	1927-06-07/1	07단	三千台を割る放送局の聽取者感應の惡い時期だと案外當事者は樂觀す
140475	朝鮮朝日	1927-06-07/1	07단	故李載克男葬儀は八日
140476	朝鮮朝日	1927-06-07/1	07단	宿根性の稻寸餘に發育道稻苗場で試作中
140477	朝鮮朝日	1927-06-07/1	07단	京日々の産業博五日開會式

일련번호	판명	간행일	단수	기사명
140478	朝鮮朝日	1927-06-07/1	08단	土でまろめた團子がうまい京畿道揚平郡の住民が常食衛生課で目下試驗中
140479	朝鮮朝日	1927-06-07/1	08단	會社銀行(京取今期決算)
140480	朝鮮朝日	1927-06-07/1	08단	下級品に移る煙草の需要不景氣を裏書
140481	朝鮮朝日	1927-06-07/1	09단	新裝なった馬山の醫院十日に移轉
140482	朝鮮朝日	1927-06-07/1	09단	學校側强硬晉州農校盟休
140483	朝鮮朝日	1927-06-07/1	09단	內地に憧れモダン二名下關に上陸
140484	朝鮮朝日	1927-06-07/1	09단	黃金の雨それも少量
140485	朝鮮朝日	1927-06-07/1	10단	三島氏創作のラヂオ・ドラマ京城で放送
140486	朝鮮朝日	1927-06-07/1	10단	會(佛教講演會/木浦教育會總會/煙草耕作者表彰式/朝鮮施館協會總會/驛立賣々店總會)
140487	朝鮮朝日	1927-06-07/1	10단	人(宇垣代理總督/湯淺政務總監/金谷朝鮮軍司令官/岡崎哲郎氏(本府商工課長)/田仁川會頭/川崎克氏(代議士)/石川登盛氏(本府衛生課長)/蓮沼門三氏(修養團主幹)/コムフトン博士夫蒋/世界觀光團/蓮井昭子孃(鎭南浦殖産銀行支店長蓮井靜氏長女))
140488	朝鮮朝日	1927-06-07/1	10단	半島茶話
140489	朝鮮朝日	1927-06-07/2	01단	浮世の波
140490	朝鮮朝日	1927-06-07/2	01단	運動界(極東大會朝鮮豫選新記錄續出/中央代表安朴組優勝選手權獲得/遞信局雪辱す/西鮮女子庭球大會/大邱プール開場/武道講習會)
140491	朝鮮朝日	1927-06-07/2	01단	日本棋院春季東西大棋戰/第九局其七
140492	朝鮮朝日	1927-06-07/2	02단	讀者慰安活寫會
140493	朝鮮朝日	1927-06-07/2	03단	全南の麥作收穫一割減
140494	朝鮮朝日	1927-06-07/2	03단	粟と豆粕の輸入が增加
140495	朝鮮朝日	1927-06-08/1	01단	有望となった朝鮮の殖林に內地資本家が乘出し植栽本數が三億に達す
140496	朝鮮朝日	1927-06-08/1	01단	金融組合保護のため四百萬圓の低資大藏省から融通する
140497	朝鮮朝日	1927-06-08/1	01단	鮮銀整理が滿洲に影響は與へぬ
140498	朝鮮朝日	1927-06-08/1	01단	咸北當寧に大水電遞信局が調査
140499	朝鮮朝日	1927-06-08/1	01단	お代理さんのお件をして(四)/新田生
140500	朝鮮朝日	1927-06-08/1	02단	當業者は利害遞信局は威信睨み合って纏まらぬ煙草會社の設立難
140501	朝鮮朝日	1927-06-08/1	02단	圖們の買收四月に繰上か
140502	朝鮮朝日	1927-06-08/1	03단	金組利下一厘づゝ
140503	朝鮮朝日	1927-06-08/1	03단	金泉、三千浦間鐵道敷設は設計を終へ申請書提出
140504	朝鮮朝日	1927-06-08/1	03단	辭令(東京電話)
140505	朝鮮朝日	1927-06-08/1	03단	雄基線起工九月ごろか
140506	朝鮮朝日	1927-06-08/1	03단	春蠶初取引全北で手打
140507	朝鮮朝日	1927-06-08/1	04단	宇垣總督代理南鮮を視察七日京城發

일련번호	판명	간행일	단수	기사명
140508	朝鮮朝日	1927-06-08/1	04단	沈滞し勝ちな朝鮮の文藝界生氣と精進を促すべく協會を設立の計劃
140509	朝鮮朝日	1927-06-08/1	04단	間島小學校兒童獎學會改選評議員
140510	朝鮮朝日	1927-06-08/1	04단	俳句/鈴木花蓑選
140511	朝鮮朝日	1927-06-08/1	04단	避難外人慰安音樂會大いに賑ふ
140512	朝鮮朝日	1927-06-08/1	05단	鮮展漫評/加藤松林
140513	朝鮮朝日	1927-06-08/1	05단	娼妓を救ひ覺醒を促す新生會が創立
140514	朝鮮朝日	1927-06-08/1	05단	日窒會社の敷地の住民が立退かぬ連判狀を作って反對す移轉料が少いため
140515	朝鮮朝日	1927-06-08/1	05단	年増の婦人は灰納戸意氣なお方は紺納戸老も若きもお納戸全盛の今夏流行の浴衣のいろいろ
140516	朝鮮朝日	1927-06-08/1	06단	勞働自治會京城に組織
140517	朝鮮朝日	1927-06-08/1	06단	寫眞說明(右八百米優勝者原口値澄(總督府)左千五百米優勝者白圭福(釜山)の兩選手)
140518	朝鮮朝日	1927-06-08/1	07단	颱風の兆(釜山測候所發表)
140519	朝鮮朝日	1927-06-08/1	07단	千五百の人夫一齊に盟休す元山の勞銀値上げ問題はますます紛糾
140520	朝鮮朝日	1927-06-08/1	07단	山田氏が發見した畜牛の新症狀釜山の獸疫豫防會議で實地につき試驗
140521	朝鮮朝日	1927-06-08/1	07단	不良蠶種の取締が困難
140522	朝鮮朝日	1927-06-08/1	07단	砂防講習會七月に開催
140523	朝鮮朝日	1927-06-08/1	08단	法文學部夏期講習會清凉里で開催
140524	朝鮮朝日	1927-06-08/1	08단	三年生も盟休に參加卒業生が煽動
140525	朝鮮朝日	1927-06-08/1	08단	齋藤全權と同船で西貢から新嘉坡へ阿波丸にて/細井肇
140526	朝鮮朝日	1927-06-08/1	09단	安東麻布を純白に漂し好成績を收む
140527	朝鮮朝日	1927-06-08/1	09단	下女として娼妓を勸誘保險金を渡さぬ
140528	朝鮮朝日	1927-06-08/1	09단	人(關谷金一氏(新全南道土木課長)/阿部慶南道財務部長/上田同土木課長/金同産業課長/金剛山探勝團/大阪わらじ會)
140529	朝鮮朝日	1927-06-08/1	10단	會(齒科醫專地鎭祭/群山店員表彰式)
140530	朝鮮朝日	1927-06-08/1	10단	半島茶話
140531	朝鮮朝日	1927-06-08/2	01단	浮世の波
140532	朝鮮朝日	1927-06-08/2	01단	元山大豆の昨年中移出高/安東の着筏料機材多し/鴨江製紙の支紙那製造頗る有望/木浦の海草回着と相場
140533	朝鮮朝日	1927-06-08/2	01단	日本棋院春季東西大棋戰/第九局其八
140534	朝鮮朝日	1927-06-08/2	02단	讀者慰安活寫會
140535	朝鮮朝日	1927-06-08/2	03단	運動界(釜山庭球軍優勝/鐵道局野球大會/東京大相撲)
140536	朝鮮朝日	1927-06-09/1	01단	必要な線だけ鐵道を複線にそれも二、三年後着手
140537	朝鮮朝日	1927-06-09/1	01단	歐亞連絡列車直通は今秋から切符だけ三驛で賣る
140538	朝鮮朝日	1927-06-09/1	01단	方魚津線の鐵道敷設を鐵道局に陳情

일련번호	판명	간행일	단수	기사명
140539	朝鮮朝日	1927-06-09/1	01단	大學令の發令はひまどる
140540	朝鮮朝日	1927-06-09/1	01단	お代理さんのお伴をして(五)/新田生
140541	朝鮮朝日	1927-06-09/1	02단	議論の百出で容易に纏らぬ煙草會社の設立計劃委員間にも反對者が多い
140542	朝鮮朝日	1927-06-09/1	02단	知事の陳謝で會議所の憤懣兎も角もおさまり正副會頭も辭表を撤回す
140543	朝鮮朝日	1927-06-09/1	03단	迎日灣の鍊漁區整理着々と進む
140544	朝鮮朝日	1927-06-09/1	03단	安東靑城子の久原礦山は一時休業す
140545	朝鮮朝日	1927-06-09/1	04단	漂流木の返還料引下材界不況で
140546	朝鮮朝日	1927-06-09/1	04단	大興電氣の値下はなほ餘地ありと慶北道の保安課が意見を附し遞信局に上申
140547	朝鮮朝日	1927-06-09/1	04단	土を食ふのは珍らしく無い主成分は硅酸アルミ道衛生課では語る
140548	朝鮮朝日	1927-06-09/1	04단	春蠶出廻る品質も良好
140549	朝鮮朝日	1927-06-09/1	05단	鮮展漫評/加藤松林(二)
140550	朝鮮朝日	1927-06-09/1	05단	苗代が腐る沙里院地方
140551	朝鮮朝日	1927-06-09/1	05단	黃海道廳の新築工事は近日中入札
140552	朝鮮朝日	1927-06-09/1	05단	二萬町步に上る未開發の干潟補助金を交付して之れが利用を獎勵
140553	朝鮮朝日	1927-06-09/1	06단	準備整ふ牧ノ島無線二十一日開始
140554	朝鮮朝日	1927-06-09/1	06단	短歌/橋田東聲選
140555	朝鮮朝日	1927-06-09/1	06단	李飛行士永訣式七日執行さる
140556	朝鮮朝日	1927-06-09/1	06단	「時の宣傳」平壤の試み/正午を期し淸州でも宣傳
140557	朝鮮朝日	1927-06-09/1	07단	女性の犯罪で一番多いのは殺人情人を拵へ本夫を害す
140558	朝鮮朝日	1927-06-09/1	07단	內鮮の工夫七十名が入亂れ棍棒を揮って亂鬪原因は言葉の行違ひ
140559	朝鮮朝日	1927-06-09/1	07단	宇垣代理總督群山を視察金堤に向ふ
140560	朝鮮朝日	1927-06-09/1	08단	中等學生の雄辯大會は禁止される
140561	朝鮮朝日	1927-06-09/1	08단	齋藤全權と同船で西貢から新嘉坡へ阿波丸にて/細井肇
140562	朝鮮朝日	1927-06-09/1	09단	昇格を迫り女性が盟休歷史ある日新女校が
140563	朝鮮朝日	1927-06-09/1	09단	吉野警部補功勞記章は十日傳達さる
140564	朝鮮朝日	1927-06-09/1	09단	會(全鮮畜産業者大會/釜山西部地主會)
140565	朝鮮朝日	1927-06-09/1	10단	人(金谷朝鮮軍司令官/川路柳虹氏(美術評論家)/田中應太郎氏(廣林省山林局技師))
140566	朝鮮朝日	1927-06-09/1	10단	半島茶話
140567	朝鮮朝日	1927-06-09/2	01단	浮世の波
140568	朝鮮朝日	1927-06-09/2	01단	麥作豫想(殖産局調査)
140569	朝鮮朝日	1927-06-09/2	01단	慶南の春蠶七千五百石の豫想
140570	朝鮮朝日	1927-06-09/2	01단	黃海の麥作本年は不作

일련번호	판명	간행일	단수	기사명
140571	朝鮮朝日	1927-06-09/2	01단	釜山の貿易前月より増加
140572	朝鮮朝日	1927-06-09/2	01단	清津貿易高百七十萬圓
140573	朝鮮朝日	1927-06-09/2	01단	釜山米豆仕向地
140574	朝鮮朝日	1927-06-09/2	01단	元山手形交換高
140575	朝鮮朝日	1927-06-09/2	01단	運動界(鮮人中等校庭球聯盟戰春秋に擧行/專門學校庭球戰/全鮮野球戰/龍山チーム來壞/三菱軍勝つ/咸興運動會)
140576	朝鮮朝日	1927-06-09/2	02단	咸興だより
140577	朝鮮朝日	1927-06-09/2	02단	讀者慰安活寫會
140578	朝鮮朝日	1927-06-09/2	02단	日本棋院東西戰成績表(甲組)
140579	朝鮮朝日	1927-06-09/2	03단	清州だより(警察署長會議/地方問題陳情/東京大相撲)
140580	朝鮮朝日	1927-06-09/2	03단	裡里だより(益山郡校長會議/道種苗場移轉/益山郡の春繭)
140581	朝鮮朝日	1927-06-10/1	01단	家畜傳染病豫防法をどう改むるか當業者が釜山に集り希望條件を協議す
140582	朝鮮朝日	1927-06-10/1	01단	開墾の補助を五割に増額か民間の希望を容れ
140583	朝鮮朝日	1927-06-10/1	01단	鮮展買上宮內省から(東洋畫/西洋畫/書/四君子)
140584	朝鮮朝日	1927-06-10/1	01단	羅南學議の當選者決定
140585	朝鮮朝日	1927-06-10/1	01단	代理總督夫人女學校視察十一日の土曜
140586	朝鮮朝日	1927-06-10/1	01단	金融組合の新設豫定數二十三ヶ所
140587	朝鮮朝日	1927-06-10/1	02단	道立醫院の委託學生は十五名に決定
140588	朝鮮朝日	1927-06-10/1	02단	補助を與へて水産學校の設立を各道に獎勵する
140589	朝鮮朝日	1927-06-10/1	02단	鮮展漫評/加藤松林(三)
140590	朝鮮朝日	1927-06-10/1	03단	休航中の北樺太航路十日より復活
140591	朝鮮朝日	1927-06-10/1	03단	全北扶安の國有林拂下二十二日入札
140592	朝鮮朝日	1927-06-10/1	03단	俳句/鈴木花蓑選
140593	朝鮮朝日	1927-06-10/1	03단	釜山鎭民が電車延長を道當局に陳情
140594	朝鮮朝日	1927-06-10/1	04단	鮮米協會への賃金の割戾しは四厘に引下を要望
140595	朝鮮朝日	1927-06-10/1	04단	注目を要する新幹會の活動朝鮮で許されぬので(政治的結社を內地で組織)
140596	朝鮮朝日	1927-06-10/1	04단	南浦無線局敷地が決定近日中着工
140597	朝鮮朝日	1927-06-10/1	05단	會社銀行(仁取後任社長)
140598	朝鮮朝日	1927-06-10/1	05단	盟休中の晋州農學校主謀者を嚴罰
140599	朝鮮朝日	1927-06-10/1	05단	水原高農に設ける實科教員養成所官制を近く公布する來年度は收容人員を増加
140600	朝鮮朝日	1927-06-10/1	06단	原始的な草舍は堪らなく良いのですと川路柳虹氏印象を語る
140601	朝鮮朝日	1927-06-10/1	06단	慶南道が堆廐肥料の増産を獎勵
140602	朝鮮朝日	1927-06-10/1	06단	防穀令を犯せば銃殺奉天省が命令
140603	朝鮮朝日	1927-06-10/1	06단	皇國畜産大會京城で開き功勞者を表彰
140604	朝鮮朝日	1927-06-10/1	06단	遺産に絡む養母子の爭ひ被告は宋秉畯伯の外妾三年振りに辯論開始

일련번호	판명	간행일	단수	기사명
140605	朝鮮朝日	1927-06-10/1	07단	漢江を爭ふ漂白組合の喧嘩は治る
140606	朝鮮朝日	1927-06-10/1	07단	六十萬圓で市區の改正清津が計劃
140607	朝鮮朝日	1927-06-10/1	07단	鴨綠國境匪賊の被害九年以降で二千九百件
140608	朝鮮朝日	1927-06-10/1	08단	鎭南浦管內一人當りの煙草消費高
140609	朝鮮朝日	1927-06-10/1	08단	戀を爭ふ鮮人男女下關に上陸
140610	朝鮮朝日	1927-06-10/1	08단	齋藤全權と同船で西貢から新嘉坡へ阿波丸にて/細井肇
140611	朝鮮朝日	1927-06-10/1	09단	會(和田知事招宴/李載克男追焯會)
140612	朝鮮朝日	1927-06-10/1	09단	人(金谷朝鮮軍司令官/掘咸興施團長/三浦咸興聯隊長/川上咸興聯隊附中佐)
140613	朝鮮朝日	1927-06-10/1	10단	半島茶話
140614	朝鮮朝日	1927-06-10/2	01단	浮世の波
140615	朝鮮朝日	1927-06-10/2	01단	五月對外貿易一千三百萬圓前年同月に比較し五百萬圓を減少す
140616	朝鮮朝日	1927-06-10/2	01단	酒造原料としては鮮米は先づ中位然し値頃安の關係で北海道の需要激增せん(糖分の出方/銀行の取引/中等の品を)
140617	朝鮮朝日	1927-06-10/2	01단	間島の農作極めて順調
140618	朝鮮朝日	1927-06-10/2	01단	慶南の麥作いづれも減收
140619	朝鮮朝日	1927-06-10/2	02단	元山の預金激減
140620	朝鮮朝日	1927-06-10/2	02단	讀者慰安活寫會
140621	朝鮮朝日	1927-06-10/2	03단	運動界(醫專法專に大勝/高商高工に破る/清津體協の活躍/咸北競馬會/東京大相撲來群)
140622	朝鮮朝日	1927-06-10/2	03단	裡里だより(總督代理視察/水利組合長問題)
140623	朝鮮朝日	1927-06-11/1	01단	矢繼早に起る慶南の不詳事巷間頻りに傳はる和田知事轉任の噂
140624	朝鮮朝日	1927-06-11/1	01단	靑島軍裏畵報
140625	朝鮮朝日	1927-06-11/1	01단	土曜漫筆 - 綠衣生 - /しかも彼には溫い情で包むミリエル大僧正が一人も無かったのだ
140626	朝鮮朝日	1927-06-11/1	02단	吉會線具體化？北京の飯田氏急遽歸奉す
140627	朝鮮朝日	1927-06-11/1	03단	仁取社長を荒井氏承諾京仁兩取仁所合同を信じて
140628	朝鮮朝日	1927-06-11/1	03단	平壤多年の希望醫專の設立は明年度豫算に計上
140629	朝鮮朝日	1927-06-11/1	04단	司法官會議二十三日から
140630	朝鮮朝日	1927-06-11/1	04단	宗教に邪は無い要は人の問題だ朝鮮の宗教論文は相當に權威がある
140631	朝鮮朝日	1927-06-11/1	05단	宇垣代理總督光州を視察盛なる歡迎
140632	朝鮮朝日	1927-06-11/1	05단	李王、妃殿下の御無事を御祈樂簧齊の太妃殿下
140633	朝鮮朝日	1927-06-11/1	05단	佐藤剛藏氏の呼聲が高い醫專の校長
140634	朝鮮朝日	1927-06-11/1	06단	鮮展漫評/加藤松林(四)
140635	朝鮮朝日	1927-06-11/1	06단	明年度から王要都市に鮮展を巡覽

일련번호	판명	간행일	단수	기사명
140636	朝鮮朝日	1927-06-11/1	06단	議場纏らず一先づ散會して代表者は歸鮮して更に協議を重ね回答する
140637	朝鮮朝日	1927-06-11/1	06단	間島琿春の朝鮮人民會鮮內視察團
140638	朝鮮朝日	1927-06-11/1	06단	短歌/橋田東聲選
140639	朝鮮朝日	1927-06-11/1	06단	辭令(東京電話)
140640	朝鮮朝日	1927-06-11/1	07단	會社銀行(永興炭鑛創立)
140641	朝鮮朝日	1927-06-11/1	07단	娼妓全廢慶北道が計劃
140642	朝鮮朝日	1927-06-11/1	07단	生徒の要求を學校側は峻拒淑明高普の盟休はますます惡化せん
140643	朝鮮朝日	1927-06-11/1	08단	はやもコレラ豫防を通牒
140644	朝鮮朝日	1927-06-11/1	08단	判決が高い負けて下さい思ひ切り勉強したと檢事も碎ける
140645	朝鮮朝日	1927-06-11/1	08단	學校看護婦の設置を獎勵
140646	朝鮮朝日	1927-06-11/1	08단	端牛の節句に休ませぬと安溪普校盟休
140647	朝鮮朝日	1927-06-11/1	09단	他の地方から人夫を呼寄せ盟休の人夫に對抗元山の形勢ますます惡化
140648	朝鮮朝日	1927-06-11/1	09단	會(三島賣女招宴/桃花洞移轉地鎭祭/湯淺總監牛餐會/朝鮮線糸布商聯合會/南浦果物組合總會/平北道教育會/平北府尹郡守會議)
140649	朝鮮朝日	1927-06-11/1	10단	馬山普校の生徒が盟休不良兒の煽動
140650	朝鮮朝日	1927-06-11/1	10단	平北奧地に痘瘡が流行患者百五十名
140651	朝鮮朝日	1927-06-11/1	10단	人(金谷朝鮮軍司令官/高野中佐(平壤憲兵隊長)/靑木戒三氏(平南知事)/村相駿氏/建部暾吾博士/松山常次郎代議士/安武千代吉氏(釜山辯護士)/シャルマノフ氏(勞農京城駐在領事)/泉崎釜山府尹/間島篤農視察團)
140652	朝鮮朝日	1927-06-11/1	10단	半島茶話
140653	朝鮮朝日	1927-06-11/2	01단	浮世の波
140654	朝鮮朝日	1927-06-11/2	01단	監視を要する躁狂性の患者全鮮で二百二十餘名收容出來るのは僅か五十人
140655	朝鮮朝日	1927-06-11/2	01단	仁川商議が船渠利用の數項を要望
140656	朝鮮朝日	1927-06-11/2	01단	平南道の郡守の異動退官は一名
140657	朝鮮朝日	1927-06-11/2	01단	國有林の拂下を受け基本財産を造成
140658	朝鮮朝日	1927-06-11/2	02단	平北博川の嘉東水利は近日中着工
140659	朝鮮朝日	1927-06-11/2	02단	大邱鮮銀の春蠶資金約三十萬圓/昨年に比し三割の增收慶北の春蠶
140660	朝鮮朝日	1927-06-11/2	02단	讀者慰安活寫會
140661	朝鮮朝日	1927-06-11/2	03단	慶北の麥作一割の減收
140662	朝鮮朝日	1927-06-11/2	03단	九大野球部朝鮮へ遠征
140663	朝鮮朝日	1927-06-11/2	03단	野球聯合戰(城大豫科勝つ/醫專危ふく勝つ)
140664	朝鮮朝日	1927-06-11/2	03단	南鮮高女庭球戰

일련번호	판명	간행일	단수	기사명
140665	朝鮮朝日	1927-06-12/1	01단	平壤の無煙煉炭は列車用に好適試驗の結果判明す
140666	朝鮮朝日	1927-06-12/1	01단	女子高等教育の機關設置を建議全鮮女校會で可決
140667	朝鮮朝日	1927-06-12/1	01단	李王職の鮮展買上七點ほど
140668	朝鮮朝日	1927-06-12/1	01단	圖們線工事いよいよ着工
140669	朝鮮朝日	1927-06-12/1	01단	平元鐵道第四區工事六日から起工
140670	朝鮮朝日	1927-06-12/1	01단	齋藤全權と同船し　甲板上のすき燒會 阿波丸にて/細井肇
140671	朝鮮朝日	1927-06-12/1	02단	無煙炭の積込場視察鎭南浦有志が
140672	朝鮮朝日	1927-06-12/1	02단	咸北の地震鳴動を伴って氣溫の變化も著しく何となく不穩を兆す
140673	朝鮮朝日	1927-06-12/1	02단	茂山守備隊歸休兵除隊
140674	朝鮮朝日	1927-06-12/1	03단	運送店合同具體案を協議
140675	朝鮮朝日	1927-06-12/1	03단	俳句/鈴木花蓑選
140676	朝鮮朝日	1927-06-12/1	03단	密場郡廳移轉中止知事が聲明
140677	朝鮮朝日	1927-06-12/1	04단	十七驅逐隊西海岸巡航十五日出發
140678	朝鮮朝日	1927-06-12/1	04단	天道教宗法師崔氏が洋行病氣が快癒し
140679	朝鮮朝日	1927-06-12/1	04단	極東一帶に亙り大水害があると間島在住の天文學者ナダロフ氏が豫言
140680	朝鮮朝日	1927-06-12/1	04단	婦人社會運動家松岡さんが歸鮮宣傳でもされたらと警務當局が行動を警戒す
140681	朝鮮朝日	1927-06-12/1	05단	川路氏の渡佛記念會川田順氏が主となり
140682	朝鮮朝日	1927-06-12/1	05단	鐵道局の傳書鳩六月に訓練
140683	朝鮮朝日	1927-06-12/1	05단	南鮮の早魃苗代が龜裂揷秧が不能
140684	朝鮮朝日	1927-06-12/1	06단	京城カフエー夜話/され唄うたって浮れ男を喜ばす女給の數が京城で二百名裏に廻れば涙もある
140685	朝鮮朝日	1927-06-12/1	06단	航空史を物語る四十枚の大寫眞人目を惹く本社の出品朝鮮産業博航空館/航空館の本社出品陳列の有樣
140686	朝鮮朝日	1927-06-12/1	06단	二校の盟休一まづ落着
140687	朝鮮朝日	1927-06-12/1	06단	降誕祭までに届くやう日本のお人形が圖畫や手紙をお土産にアメリカへ旅立つ
140688	朝鮮朝日	1927-06-12/1	07단	釜山水道また制限十三日から
140689	朝鮮朝日	1927-06-12/1	08단	金庫を盗み金品を奪ふ
140690	朝鮮朝日	1927-06-12/1	08단	松都ゴムの女工が盟休賃銀値上で
140691	朝鮮朝日	1927-06-12/1	09단	馬山人夫の罷業は解決張氏の仲裁で
140692	朝鮮朝日	1927-06-12/1	09단	藝娼妓の取締規則を近く改正する
140693	朝鮮朝日	1927-06-12/1	09단	全鮮に跨る銀貨偽造の一味奉天票偽造團の殘黨釣錢詐欺も影をひそむ
140694	朝鮮朝日	1927-06-12/1	10단	會(東萊夏季講習會/淸津府協議會/平南教育講習會/水利組合理事會)

일련번호	판명	간행일	단수	기사명
140695	朝鮮朝日	1927-06-12/1	10단	人(李範益氏(新任慶南道參興官)/中村竹藏氏(高等法院檢事長)/森御陰氏(哈府商品陣列所長)/和田知事、村山慶南警察部長/房丸代議士/ジルマノフ氏(勞農政府朝鮮總領事))
140696	朝鮮朝日	1927-06-12/1	10단	半島茶話
140697	朝鮮朝日	1927-06-12/2	01단	浮世の波
140698	朝鮮朝日	1927-06-12/2	01단	先づ朝鮮米から重量取人を實施東京廻米問屋の意向
140699	朝鮮朝日	1927-06-12/2	01단	慶南管內の一面一校は實現近し
140700	朝鮮朝日	1927-06-12/2	01단	故下岡總監産業開發の記念會開催
140701	朝鮮朝日	1927-06-12/2	01단	四、五、六の三日間行はれた咸北茂山の運動會
140702	朝鮮朝日	1927-06-12/2	01단	時の記念日京城と釜山(京城/釜山)
140703	朝鮮朝日	1927-06-12/2	02단	平南官房主事近く更迭せん
140704	朝鮮朝日	1927-06-12/2	02단	鰹のデンブに防腐劑混入廢棄される
140705	朝鮮朝日	1927-06-12/2	02단	殖産銀行鎭南浦支店新築に着手
140706	朝鮮朝日	1927-06-12/2	02단	讀者慰安活寫會
140707	朝鮮朝日	1927-06-12/2	03단	鷺梁津の四忠社移轉漢江里に
140708	朝鮮朝日	1927-06-12/2	03단	全鮮の在永高二千七百貫
140709	朝鮮朝日	1927-06-12/2	03단	鴨江の漁業非常に不振
140710	朝鮮朝日	1927-06-12/2	03단	朝鮮火災業績配當は年五分
140711	朝鮮朝日	1927-06-14/1	01단	相變らずの緊縮で本年豫算は二億千萬圓要求書を六月までに纏め八月に大藏省に送付
140712	朝鮮朝日	1927-06-14/1	01단	北支派遣軍撤退後萬一の場合は朝鮮軍が急出動か松井少將宇垣代理と密議
140713	朝鮮朝日	1927-06-14/1	01단	金谷司令官國境を視察師團增設は民論の喚起が必要だ
140714	朝鮮朝日	1927-06-14/1	02단	施政記念に大博覽會京城商議要望
140715	朝鮮朝日	1927-06-14/1	03단	線絲布商が運賃値下を當局に要望
140716	朝鮮朝日	1927-06-14/1	03단	人口に比べて醫師が殖えぬ僻阪の地に公醫を設くべく總督府が計劃を進む
140717	朝鮮朝日	1927-06-14/1	03단	大邱醫院の新築工事着手
140718	朝鮮朝日	1927-06-14/1	03단	お代理さんのお伴をして(六)/新田生
140719	朝鮮朝日	1927-06-14/1	04단	八月中には平壤の電車全部が到着
140720	朝鮮朝日	1927-06-14/1	04단	短歌/橋田東聲選
140721	朝鮮朝日	1927-06-14/1	04단	馬山漁港修築計劃協議會に諮問
140722	朝鮮朝日	1927-06-14/1	04단	案ぜられる苗代今後雨が無ければ非常な凶作であらう
140723	朝鮮朝日	1927-06-14/1	05단	腐らぬ蒲鉾目下試驗中
140724	朝鮮朝日	1927-06-14/1	05단	永孟道路は殆んど全通
140725	朝鮮朝日	1927-06-14/1	05단	鮮匪討伐の叢樹敏氏に感謝狀を贈る
140726	朝鮮朝日	1927-06-14/1	05단	義州の牛の大市を當業者視察
140727	朝鮮朝日	1927-06-14/1	05단	全滿兒童デー十九日に擧行

일련번호	판명	간행일	단수	기사명
140728	朝鮮朝日	1927-06-14/1	06단	京城カフェー夜話/見た目は極樂聞いては地獄一枚の着物一瓶の白粉に貴き貞操も惜しまぬ
140729	朝鮮朝日	1927-06-14/1	06단	大阪大連間航空輸送は七月一日決行
140730	朝鮮朝日	1927-06-14/1	06단	新幹會支會を創立
140731	朝鮮朝日	1927-06-14/1	06단	期日漸く迫り猛練習を重ねる若きアスリートの人びと中等學校對校競技
140732	朝鮮朝日	1927-06-14/1	07단	三味線と撥の打つ交ひの絞で不戰不敗の强野球團茶目の藝妓連が組織
140733	朝鮮朝日	1927-06-14/1	07단	間島熱發生天寶山管內に
140734	朝鮮朝日	1927-06-14/1	08단	人(李堈公殿下/宇垣總督代理/松山常次郎氏(代議士)/淺海庄一氏(釜山淺海醫院長)/平林武氏(東大敎授)/土居寬申氏(總督府行刑課長)/金子廉次郎博士(九大醫學部敎長)/野口遵氏(日窒社長)/伊達四雄氏(平南警察部長))
140735	朝鮮朝日	1927-06-14/1	08단	齋藤全權と同船し 世界人種展覽會 阿波丸/細井肇
140736	朝鮮朝日	1927-06-14/1	10단	會(優良店寅表彰式/中等敎員英語講習會/鄕土誌編築委員會)
140737	朝鮮朝日	1927-06-14/1	10단	半島茶話
140738	朝鮮朝日	1927-06-14/2	01단	浮世の波
140739	朝鮮朝日	1927-06-14/2	01단	四月末の全鮮銀行預金と貸出
140740	朝鮮朝日	1927-06-14/2	01단	米穀檢查數全南五月中の
140741	朝鮮朝日	1927-06-14/2	01단	六月上旬栗と豆粕の輸入高
140742	朝鮮朝日	1927-06-14/2	01단	新義州の大豆の出穀昨年より增加
140743	朝鮮朝日	1927-06-14/2	01단	寫眞
140744	朝鮮朝日	1927-06-14/2	01단	全南叺檢查數量
140745	朝鮮朝日	1927-06-14/2	02단	運動界(醫專優勝す十六A對一豫科破る/殖産局優勝總督府陸上競技會/野球聯盟戰(鐵道、殖銀勝つ)/フレスノ軍來鮮/全鮮庭球爭霸戰
140746	朝鮮朝日	1927-06-14/2	02단	讀者慰安活寫會
140747	朝鮮朝日	1927-06-14/2	03단	府尹署長會議九月半に延期
140748	朝鮮朝日	1927-06-14/2	03단	裡里だより(原種畓の挿秧/益沃水利評議員會/苗代の用水不足/益山郡正條植付)
140749	朝鮮朝日	1927-06-14/2	03단	照る日曇る日喜樂館で上映
140750	朝鮮朝日	1927-06-15/1	01단	吉會線敷設との支那の交涉順調に進捗したので飯田氏宇垣代理と意見を交換
140751	朝鮮朝日	1927-06-15/1	01단	內地在住の鮮人は十四萬八千餘人大部分は勞働者で東京には知識階級もある
140752	朝鮮朝日	1927-06-15/1	01단	工を急ぐ朝鮮窒素操業は四年
140753	朝鮮朝日	1927-06-15/1	02단	遊學鮮人のため會館を設立し娛樂設備も整へて品格の向上を期す
140754	朝鮮朝日	1927-06-15/1	02단	西湖津港を修築の計劃工費百九十萬圓で

일련번호	판명	간행일	단수	기사명
140755	朝鮮朝日	1927-06-15/1	03단	第一回全鮮辯護士大會二十六七日
140756	朝鮮朝日	1927-06-15/1	03단	資金を貸し養豚を獎勵平南道が
140757	朝鮮朝日	1927-06-15/1	03단	日支合辯の安東屠獸場現狀維持か
140758	朝鮮朝日	1927-06-15/1	03단	二十萬圓は補助で三十萬圓は寄附消防協會の基金を集め利子を經費に充つ
140759	朝鮮朝日	1927-06-15/1	03단	お代理さんのお伴をして(七)/新田生
140760	朝鮮朝日	1927-06-15/1	04단	馬山高普の計劃進捗す
140761	朝鮮朝日	1927-06-15/1	04단	俳句/鈴木花蓑選
140762	朝鮮朝日	1927-06-15/1	04단	養蠶指導に教師が巡回
140763	朝鮮朝日	1927-06-15/1	04단	辭令(東京電話)
140764	朝鮮朝日	1927-06-15/1	05단	二百の雜誌が九十に減少資金難が原因
140765	朝鮮朝日	1927-06-15/1	05단	古器物を府が保管し博物館に陣列
140766	朝鮮朝日	1927-06-15/1	05단	校長と學監の背信を問責す淑明女高普の休校は事態いよいよ紛糾す/誠意が無い父兄側の言分
140767	朝鮮朝日	1927-06-15/1	05단	盟休續出で自重せろと學校へ通牒
140768	朝鮮朝日	1927-06-15/1	06단	浮世の波
140769	朝鮮朝日	1927-06-15/1	06단	羅南師團の秋季演習は北青で擧行
140770	朝鮮朝日	1927-06-15/1	06단	時を得がほに不正漁者が跳梁繁榮を害するとて沿岸警察署は放任
140771	朝鮮朝日	1927-06-15/1	07단	進物まで携へ小包の大爭奪印紙收入を圖る
140772	朝鮮朝日	1927-06-15/1	07단	平壤の要疫頻りに蔓延
140773	朝鮮朝日	1927-06-15/1	07단	免許漁者の繩張を冒す/不正漁者檢擧
140774	朝鮮朝日	1927-06-15/1	07단	細紐で絞殺し床下に隱した老婆の怪死體が十數日後に發見/原因は痴情？性格は溫順/證據が無く捜査が困難
140775	朝鮮朝日	1927-06-15/1	08단	鮮人の犯罪は多くは竊盜年々殖える
140776	朝鮮朝日	1927-06-15/1	08단	平北に落着く支那勞働者二千三百名
140777	朝鮮朝日	1927-06-15/1	08단	齋藤全權と同船し　道路は東洋一　阿波丸にて/細井肇
140778	朝鮮朝日	1927-06-15/1	09단	人夫四十名行方を晦す原因は不明
140779	朝鮮朝日	1927-06-15/1	09단	箱乘捕はる
140780	朝鮮朝日	1927-06-15/1	09단	人(松井石根少將/服部城大總長/沈鎭氏(中樞院參議)/教育視察團)
140781	朝鮮朝日	1927-06-15/1	10단	會(基金算集音樂會/釜山港友會例會)
140782	朝鮮朝日	1927-06-15/1	10단	半島茶話
140783	朝鮮朝日	1927-06-15/2	01단	朝鮮のお米を内地ではどう見る
140784	朝鮮朝日	1927-06-15/2	01단	全鮮視學官會議で實業教育保進を三日に亙り協議す
140785	朝鮮朝日	1927-06-15/2	01단	鐵道局六月貨物輸送高十萬五千噸
140786	朝鮮朝日	1927-06-15/2	01단	栗の廻着高二千六百噸
140787	朝鮮朝日	1927-06-15/2	01단	慶南の棉作發芽不能四割に上る
140788	朝鮮朝日	1927-06-15/2	01단	慶北の植桑豫定以上に激增

일련번호	판명	간행일	단수	기사명
140789	朝鮮朝日	1927-06-15/2	01단	金剛山電鐵增資
140790	朝鮮朝日	1927-06-15/2	01단	平壤聯隊の本年度點呼日割が決定
140791	朝鮮朝日	1927-06-15/2	02단	繭仲買の惡商が跋扈警察が取締る
140792	朝鮮朝日	1927-06-15/2	02단	短歌野遊會水原で開く
140793	朝鮮朝日	1927-06-15/2	02단	讀者慰安活寫會
140794	朝鮮朝日	1927-06-15/2	03단	運動界(中等學校藍球/實業野球聯盟戰强剛鐵道殖銀破る龍山庭球軍勝つ/大邱の兩野球戰)
140795	朝鮮朝日	1927-06-15/2	03단	感興だより
140796	朝鮮朝日	1927-06-15/2	03단	新刊紹介(朝鮮/ボトナム)
140797	朝鮮朝日	1927-06-16/1	01단	果然煙草會社設立で宇垣代理と總監とが意見の相違を來す民間側は贊否兩論で轟々/支局長を集めて緩和策を協議す
140798	朝鮮朝日	1927-06-16/1	01단	私の辭職說は兼務に慊らぬ人達の言ひ草だと服部城大總長語る
140799	朝鮮朝日	1927-06-16/1	01단	水城博士所懷
140800	朝鮮朝日	1927-06-16/1	01단	教育會總會に諮問案提出視學官も出席
140801	朝鮮朝日	1927-06-16/1	02단	金谷司令官芳澤公使と新義州で面談
140802	朝鮮朝日	1927-06-16/1	02단	女子の競技は年一回ぐらゐに女學校會議で申合
140803	朝鮮朝日	1927-06-16/1	02단	王公族譜規定を改止(王公族譜規定第一章總則)
140804	朝鮮朝日	1927-06-16/1	03단	邱南、中央兩線速成を關係地が協議
140805	朝鮮朝日	1927-06-16/1	03단	短歌/橋田東聲選
140806	朝鮮朝日	1927-06-16/1	03단	牧ノ島無線局長は松永氏
140807	朝鮮朝日	1927-06-16/1	04단	江界守備隊營舍を新築
140808	朝鮮朝日	1927-06-16/1	04단	雨は降らず暑さは續く/京城測候所の觀測
140809	朝鮮朝日	1927-06-16/1	04단	沒收と極めた山分の漁船に覆審法院で還付の判決不正漁團の控訴公判/修理を施し乘廻して居る
140810	朝鮮朝日	1927-06-16/1	05단	間島領事館幹部の異動噂に上る
140811	朝鮮朝日	1927-06-16/1	05단	獸醫學校を釜山に設置目下立案中
140812	朝鮮朝日	1927-06-16/1	05단	好成績で鮮展終る入場者三萬人
140813	朝鮮朝日	1927-06-16/1	05단	老婆怪死事件嫌疑者は實子/自宅に死骸があったらどうせうと洩らす
140814	朝鮮朝日	1927-06-16/1	06단	四十年の永い歲月/身を粉に碎いて鮮人教育に盡したゲール氏近く歸國/新舊聖書の鮮語飜譯者
140815	朝鮮朝日	1927-06-16/1	06단	有線との連絡放送D・K局の試み
140816	朝鮮朝日	1927-06-16/1	06단	朝鮮ホテルのローズカーテン
140817	朝鮮朝日	1927-06-16/1	06단	諸外國から送還された鮮人二十八名
140818	朝鮮朝日	1927-06-16/1	07단	客席での唄はまかりならぬカツフエーの主人に本町署のお達し
140819	朝鮮朝日	1927-06-16/1	07단	今後馬券は一人で一枚取締規則制定
140820	朝鮮朝日	1927-06-16/1	08단	咸興武德殿十月ごろ竣工

일련번호	판명	간행일	단수	기사명
140821	朝鮮朝日	1927-06-16/1	08단	公娼廢止基金を募集信徒達が寄附
140822	朝鮮朝日	1927-06-16/1	08단	嚴重となった牛乳の檢査隨時にやる
140823	朝鮮朝日	1927-06-16/1	08단	齋藤全權と同船し/細井肇/何國の攻擊に備ふるや/阿波丸にて
140824	朝鮮朝日	1927-06-16/1	09단	浮世の波
140825	朝鮮朝日	1927-06-16/1	09단	會(忠南學術講習會/南浦商議役員會/慶南府郡守會議)
140826	朝鮮朝日	1927-06-16/1	10단	人(朝倉外茂鐵氏/芳澤公使/間島視察團/岩田定雄氏(鐵道局文書主任)/寺澤音藏氏(元朝鮮ホテル支配人)/福原俊丸男(貴族院議員)/服部城大總長/脇谷洋次郎博士(本府水産試驗場長)/有賀朝鮮殖銀頭取)
140827	朝鮮朝日	1927-06-16/1	10단	半島茶話
140828	朝鮮朝日	1927-06-16/2	01단	朝鮮のお米を內地ではどう見る
140829	朝鮮朝日	1927-06-16/2	01단	長江筋の動亂で對支貿易が不振/五月末までの累計
140830	朝鮮朝日	1927-06-16/2	01단	水利事業國庫補助五百三十萬圓
140831	朝鮮朝日	1927-06-16/2	01단	五月中の對內貿易四千八百萬圓
140832	朝鮮朝日	1927-06-16/2	01단	六月上旬鐵道收入八十一萬圓
140833	朝鮮朝日	1927-06-16/2	01단	鎭南浦貿易輸移出は增加
140834	朝鮮朝日	1927-06-16/2	02단	金融逼迫で春蠶を賣急ぐ
140835	朝鮮朝日	1927-06-16/2	02단	間島の滯貨六月には一掃
140836	朝鮮朝日	1927-06-16/2	02단	平南の櫻于
140837	朝鮮朝日	1927-06-16/2	02단	讀者慰安活寫會
140838	朝鮮朝日	1927-06-16/2	03단	京城府の工産額
140839	朝鮮朝日	1927-06-16/2	03단	運動界(フ軍釜山で戰ふ/大邱水泳大會/專門學校庭球戰 セフランス軍優勝/大邱聯隊軍優勝/日本精糖軍勝つ/釜山野球聯盟戰)
140840	朝鮮朝日	1927-06-17/1	01단	別段悲觀する必要は無いが暫し時期をまたねば吉會線の促進は困難
140841	朝鮮朝日	1927-06-17/1	01단	心細くなった本府の俸給豫算現在のまゝならばボーナスは月俸の四割七分
140842	朝鮮朝日	1927-06-17/1	01단	總督府の諮問に答申女校協議會が
140843	朝鮮朝日	1927-06-17/1	01단	義烈の妓生桂月香を祀る/平壤上需里の義烈祠に夜な夜な詣でる佳人
140844	朝鮮朝日	1927-06-17/1	02단	改善された咸興の水道近く試運轉
140845	朝鮮朝日	1927-06-17/1	02단	橫暴を叫ばれた釜山の學校組合意見書を府尹に交付
140846	朝鮮朝日	1927-06-17/1	03단	太平洋會議に朝鮮を代表/二氏が出席(兪億兼氏/金巳得孃)
140847	朝鮮朝日	1927-06-17/1	03단	忠南道議員再選
140848	朝鮮朝日	1927-06-17/1	04단	鴨綠江岸の電信電話線改築に着手
140849	朝鮮朝日	1927-06-17/1	04단	實現は覺束ない恩給下附の請願舊韓國軍人執っこく迫し/總督府も持て餘す
140850	朝鮮朝日	1927-06-17/1	04단	小作爭議の因となる稻象蟲の驅除を靑山技手が研究中

일련번호	판명	간행일	단수	기사명
140851	朝鮮朝日	1927-06-17/1	04단	俳句/鈴木花蓑選
140852	朝鮮朝日	1927-06-17/1	05단	蠶種在中の小包に限り日曜も受付
140853	朝鮮朝日	1927-06-17/1	05단	第一回特別飛行機檢査汝矣島で擧行
140854	朝鮮朝日	1927-06-17/1	05단	増築なって東洋一を誇る/漢江に架す大鐵橋長さは三千六呎百
140855	朝鮮朝日	1927-06-17/1	05단	大同江に畵舫を浮べ往昔を偲ぶ
140856	朝鮮朝日	1927-06-17/1	06단	王公族譜規定(承前)/第二章王族譜
140857	朝鮮朝日	1927-06-17/1	06단	愉快な色に獄衣が變る耐久力試驗中
140858	朝鮮朝日	1927-06-17/1	06단	辭令(東京電話)
140859	朝鮮朝日	1927-06-17/1	06단	講師を聘し夏季料理の講義を放送
140860	朝鮮朝日	1927-06-17/1	06단	全鮮の覇は何の校か握る期いよいよ迫って期待される白熱戰/十九日の中等學校對校競技
140861	朝鮮朝日	1927-06-17/1	07단	平北の點呼
140862	朝鮮朝日	1927-06-17/1	07단	京畿道が淑明女校の仲裁に乗出
140863	朝鮮朝日	1927-06-17/1	07단	行囊に入れた二千圓途中で消へる
140864	朝鮮朝日	1927-06-17/1	07단	嫌疑は更に伯父に老婆絞殺事件
140865	朝鮮朝日	1927-06-17/1	08단	稚魚漁獲の不正漁者を浦項署が檢擧
140866	朝鮮朝日	1927-06-17/1	08단	美名に隱れ會費を横領/大邱署で取調
140867	朝鮮朝日	1927-06-17/1	09단	朝日活寫會盛況を極む
140868	朝鮮朝日	1927-06-17/1	09단	運動界(滿洲柔道軍大阪に勝つ十六日午後)
140869	朝鮮朝日	1927-06-17/1	09단	齋藤全權と同船し/細井肇/何國の攻撃に備ふるや/阿波丸にて
140870	朝鮮朝日	1927-06-17/1	10단	全大邱軍惜敗す/フ軍釜山に大勝
140871	朝鮮朝日	1927-06-17/1	10단	新義州競馬大會
140872	朝鮮朝日	1927-06-17/1	10단	會(醫學會總會/朝鮮醸造協議會/朝鮮物産協會/教育功勞者表彰式/木浦高女嫩葉會/新義州税關落成式)
140873	朝鮮朝日	1927-06-17/1	10단	人(武藤關東軍司令官/福原俊丸男(朝鐵副社長)/河原木宗橘氏(平壤鐵道ホテル主任))
140874	朝鮮朝日	1927-06-17/1	10단	半島茶話
140875	朝鮮朝日	1927-06-17/2	01단	商勢を盛返した朝鮮米の移出移入では麥酒が減少し外米は續々と入荷
140876	朝鮮朝日	1927-06-17/2	01단	降り足らぬ南鮮の雨
140877	朝鮮朝日	1927-06-17/2	01단	産米改良に資金を融通方法を研究中
140878	朝鮮朝日	1927-06-17/2	01단	たばこ會社の裏おもて/瓢箪から駒の煙草元賣捌會社意外の大火事になって更に八方に飛び火
140879	朝鮮朝日	1927-06-17/2	02단	朝鮮米の重量取引を總督府に通牒
140880	朝鮮朝日	1927-06-17/2	02단	大邱鮮銀の春繭資金は百三十萬圓
140881	朝鮮朝日	1927-06-17/2	02단	水利組合の反當收穫を詳細に調査
140882	朝鮮朝日	1927-06-17/2	02단	産繭販賣の最善方法を當局が慫憑
140883	朝鮮朝日	1927-06-17/2	03단	平北の作物やゝ見直す
140884	朝鮮朝日	1927-06-17/2	03단	新義州電氣總會

일련번호	판명	간행일	단수	기사명
140885	朝鮮朝日	1927-06-17/2	03단	廣梁灣製鹽
140886	朝鮮朝日	1927-06-17/2	03단	浮世の波
140887	朝鮮朝日	1927-06-18/1	01단	現在の特急を歐亞連絡に充當/列車時間も變更せぬ
140888	朝鮮朝日	1927-06-18/1	01단	組合を作らせ納稅の圓滑を圖る京城府の試み優良組合には獎勵金を交付
140889	朝鮮朝日	1927-06-18/1	01단	視學官會議第一日
140890	朝鮮朝日	1927-06-18/1	01단	土曜漫筆/崇拜する一偉人我が崇拜する一詩集/殖産局長池田秀雄
140891	朝鮮朝日	1927-06-18/1	02단	元山領事館或は復活か北京に照會中
140892	朝鮮朝日	1927-06-18/1	02단	一驛三店で當分の間進む鐵道局の漸進主義 運送店合同の機運進む/大邱卸商は一驛一店に反對を決議
140893	朝鮮朝日	1927-06-18/1	03단	電氣網を三郡に張る會社を創立
140894	朝鮮朝日	1927-06-18/1	03단	大邱京城間電話線增設大邱局で準備
140895	朝鮮朝日	1927-06-18/1	04단	偽造貨幣は少額貨に多い慣れた者にはすぐ判る/幼稚なものばかり
140896	朝鮮朝日	1927-06-18/1	04단	短歌/橋田東聲選
140897	朝鮮朝日	1927-06-18/1	05단	辭令(東京電話)
140898	朝鮮朝日	1927-06-18/1	05단	容認された肥料取締令七月ごろ公布
140899	朝鮮朝日	1927-06-18/1	05단	生徒が反省せねば斷平たる處置を學校當局に通牒す/學務當局の肚裡
140900	朝鮮朝日	1927-06-18/1	06단	王公族譜規定(承前)/第二章王族譜
140901	朝鮮朝日	1927-06-18/1	06단	平電の延長いよいよ着工
140902	朝鮮朝日	1927-06-18/1	06단	安東商店會が全滿輸入の組合に加入
140903	朝鮮朝日	1927-06-18/1	06단	白い土は榮養價値が無いと判る
140904	朝鮮朝日	1927-06-18/1	06단	今月中に土地改良部辭令發表
140905	朝鮮朝日	1927-06-18/1	07단	例によって京城の水道一週間の壽命
140906	朝鮮朝日	1927-06-18/1	07단	先生が毆った兒童の實家が內地人に反感を抱く衡平社員で大騷ぎ
140907	朝鮮朝日	1927-06-18/1	07단	共産黨の公判は八月すぎか
140908	朝鮮朝日	1927-06-18/1	08단	讀者慰安活寫會
140909	朝鮮朝日	1927-06-18/1	08단	九大野球部滿鮮へ遠征各地で轉戰
140910	朝鮮朝日	1927-06-18/1	08단	フレスノ軍來壞
140911	朝鮮朝日	1927-06-18/1	08단	慶北教育會各地で講習
140912	朝鮮朝日	1927-06-18/1	08단	齋藤全權と同船し/細井肇/ベンガウル沖の季節風/阿波丸にて
140913	朝鮮朝日	1927-06-18/1	09단	會(マンドリン演奏會/海州醫院落成式/佛教講演會)
140914	朝鮮朝日	1927-06-18/1	09단	人(草間財務局長/池田殖産局長/中野咸南道知事/林朝鮮軍參謀長)
140915	朝鮮朝日	1927-06-18/1	10단	半島茶話
140916	朝鮮朝日	1927-06-18/2	01단	官民兩方面の堪能者を集め/朝鮮財界の實情を調査

일련번호	판명	간행일	단수	기사명
140917	朝鮮朝日	1927-06-18/2	01단	淸津の大羽鰯漁れ出す
140918	朝鮮朝日	1927-06-18/2	01단	九龍浦漁民漁期短縮の反對を陳情
140919	朝鮮朝日	1927-06-18/2	01단	漁船建造に資金融通を技術員協會
140920	朝鮮朝日	1927-06-18/2	01단	たばこ會社の裏おもて/策師策に破れよく泳ぐ者は溺る/水口局長小手先の災ひ
140921	朝鮮朝日	1927-06-18/2	02단	元山開き鱈漁獲が減少
140922	朝鮮朝日	1927-06-18/2	02단	黃海のぐち本年は不漁
140923	朝鮮朝日	1927-06-18/2	02단	黃海の棉作平年作の見込
140924	朝鮮朝日	1927-06-18/2	02단	鴨江流筏が減少
140925	朝鮮朝日	1927-06-18/2	03단	黃海穀物檢査高
140926	朝鮮朝日	1927-06-18/2	03단	安寧水利着工
140927	朝鮮朝日	1927-06-18/2	03단	鎭南浦果實總會
140928	朝鮮朝日	1927-06-18/2	03단	浮世の波
140929	朝鮮朝日	1927-06-19/1	01단	俄に勃興した朝鮮の水電界三百萬キロ弱の能力がある/勞銀も非常に安い
140930	朝鮮朝日	1927-06-19/1	01단	中學校に劣る專門校の經費敎職員が聯合して改善かたを請願
140931	朝鮮朝日	1927-06-19/1	01단	宇垣代理近く東上/豫算其他を內閣と交涉
140932	朝鮮朝日	1927-06-19/1	01단	師範學校の改善問題で視學官會議賑ふ
140933	朝鮮朝日	1927-06-19/1	02단	建物保護の法律施行を法務局に提議
140934	朝鮮朝日	1927-06-19/1	02단	馬山中學は組合立とし開設の計劃
140935	朝鮮朝日	1927-06-19/1	02단	愛と戀との密陽をのぞく(上)/靑い島
140936	朝鮮朝日	1927-06-19/1	03단	畜產大會は九月下旬に京城で開催
140937	朝鮮朝日	1927-06-19/1	03단	豫報は當らぬものと相場をきめられ腹を立てた測候所/上層氣流の觀測を始める但し針の穴から天を覗くやりかた
140938	朝鮮朝日	1927-06-19/1	03단	俳句/鈴木花蓑選
140939	朝鮮朝日	1927-06-19/1	04단	安東普校滿鐵に移管/引繼を了す
140940	朝鮮朝日	1927-06-19/1	04단	辭令(東京電話)
140941	朝鮮朝日	1927-06-19/1	04단	慶北道訓導試驗
140942	朝鮮朝日	1927-06-19/1	04단	鐵道從業員養成所生徒三十名卒業
140943	朝鮮朝日	1927-06-19/1	04단	官制の改正で八つの椅子が主人を待ってゐる/候補者の下馬評とりどり
140944	朝鮮朝日	1927-06-19/1	05단	朝鮮の郊外(１)/三防の瀑布
140945	朝鮮朝日	1927-06-19/1	05단	奧地の醫生や藥種業者が都會に殺到
140946	朝鮮朝日	1927-06-19/1	06단	麻雀類の內地移出を嚴重取締る
140947	朝鮮朝日	1927-06-19/1	06단	全國中等學校球界の花と咲く本社大會の朝鮮豫選いよいよ七月二十九日から/優勝校豫想運動タイムス社募集
140948	朝鮮朝日	1927-06-19/1	06단	鮮滿鐵道庭球戰
140949	朝鮮朝日	1927-06-19/1	06단	フ軍慶熙に勝つ
140950	朝鮮朝日	1927-06-19/1	06단	奉軍不利の新聞記事を支那側取締る

일련번호	판명	간행일	단수	기사명
140951	朝鮮朝日	1927-06-19/1	07단	簡易保險實施したいと遞信局が意氣込
140952	朝鮮朝日	1927-06-19/1	07단	前年に比べて天然氷が少く製氷業者が大喜び
140953	朝鮮朝日	1927-06-19/1	07단	讀者慰安活寫會
140954	朝鮮朝日	1927-06-19/1	08단	祝辭祝文の發表を禁止/槿友會發會式
140955	朝鮮朝日	1927-06-19/1	08단	永小作權獲得運動密陽農民が
140956	朝鮮朝日	1927-06-19/1	08단	木浦沖合で機船が坐礁/林兼の所有
140957	朝鮮朝日	1927-06-19/1	08단	平壤猩紅熱ますます蔓延
140958	朝鮮朝日	1927-06-19/1	08단	二棟を燒く京城の火事
140959	朝鮮朝日	1927-06-19/1	08단	齋藤全權と同船し/細井肇/ベンガウル沖の季節風/阿波丸にて
140960	朝鮮朝日	1927-06-19/1	09단	度量衡器を嚴重取締り不正者を一掃
140961	朝鮮朝日	1927-06-19/1	09단	牛や豚の腐肉を賣る不正商人を嚴重取締る
140962	朝鮮朝日	1927-06-19/1	09단	會(閔氏記念講演會/釜山無線落成宴)
140963	朝鮮朝日	1927-06-19/1	09단	人(金谷軍司令官/池田殖産局長)
140964	朝鮮朝日	1927-06-19/1	10단	半島茶話
140965	朝鮮朝日	1927-06-19/2	01단	巨費を要する炭田の地下調査完了期は前途遼遠
140966	朝鮮朝日	1927-06-19/2	01단	金融組合の利率統一聯合會で協議
140967	朝鮮朝日	1927-06-19/2	01단	平壤理髮組合基金の貸付回收が困難
140968	朝鮮朝日	1927-06-19/2	01단	干拓地貸出確實なのは拒否しない
140969	朝鮮朝日	1927-06-19/2	01단	たばこ會社の裏おもて/靜けき湖面に水口氏が投じた納期短縮の大つぶて
140970	朝鮮朝日	1927-06-19/2	02단	慶北江口の築港工事はいよいよ着手
140971	朝鮮朝日	1927-06-19/2	02단	京城の物價やゝ下向く
140972	朝鮮朝日	1927-06-19/2	02단	南鮮の海草出廻が旺勢
140973	朝鮮朝日	1927-06-19/2	03단	利率問題を金組が協議
140974	朝鮮朝日	1927-06-19/2	03단	金組理事長會議
140975	朝鮮朝日	1927-06-19/2	03단	棉花の組合組織
140976	朝鮮朝日	1927-06-19/2	03단	浮世の波
140977	朝鮮朝日	1927-06-21/1	01단	靑いお目々のお人形の歡迎會/米領事令孃の手から李學務局長令孃の手へ
140978	朝鮮朝日	1927-06-21/1	01단	視學官會議三日目
140979	朝鮮朝日	1927-06-21/1	01단	仁取役員十四日認可
140980	朝鮮朝日	1927-06-21/1	02단	浦項の築港いよいよ着工
140981	朝鮮朝日	1927-06-21/1	02단	訓練院の原頭/凱歌高く擧り京城師範遂に優勝/全鮮中等校陸上競技
140982	朝鮮朝日	1927-06-21/1	03단	辭令(東京電話)
140983	朝鮮朝日	1927-06-21/1	03단	群山、全北兩電氣合併九月かごろ實現
140984	朝鮮朝日	1927-06-21/1	03단	短歌/橋田東聲選
140985	朝鮮朝日	1927-06-21/1	04단	鯰の御機嫌を損ずると雨/慶北の迷信

일련번호	판명	간행일	단수	기사명
140986	朝鮮朝日	1927-06-21/1	05단	地方民にも許す國境の無線網/遞信局とも協議し近く具體的に研究
140987	朝鮮朝日	1927-06-21/1	06단	望鄕の念を抑へて朝に祈り、夕に勵み「父居ます故鄕に錦を飾った無邪氣で優しい金活蘭女史」/太平洋會議に代表として出席
140988	朝鮮朝日	1927-06-21/1	06단	施政記念朝鮮博開催を要望
140989	朝鮮朝日	1927-06-21/1	07단	內鮮の兒童を差別したとて朝鮮側父兄が激昂 靑年團も黑幕で策動/釜山署では極力警戒中
140990	朝鮮朝日	1927-06-21/1	07단	遞軍フ軍に敗る
140991	朝鮮朝日	1927-06-21/1	07단	武道優勝試合
140992	朝鮮朝日	1927-06-21/1	07단	警察部馬術大會
140993	朝鮮朝日	1927-06-21/1	08단	驅逐艦榎の水兵が墜落行方が不明
140994	朝鮮朝日	1927-06-21/1	08단	會(稅關長會議/海面埋築落成式/群山店員表彰式/海州校父兄會/高、三猪氏音樂會)
140995	朝鮮朝日	1927-06-21/1	08단	陰謀を企らんだ儒林團の主犯上海で入院中を逮捕/大邱法院に送らる
140996	朝鮮朝日	1927-06-21/1	09단	讀者慰安活寫會
140997	朝鮮朝日	1927-06-21/1	10단	人(字垣總督代理/倉橋義雄氏(本社新義州通信部主任)/平松儀勝氏(本社京城通信局員)/目下部少將(朝鮮憲兵司令官)/平山孝氏、堀本鎌三氏(鐵道省經理局事務官)/岩田定雄氏(鐵道局文書主任)/長尾戒三氏(京城地方檢事正)/澤田東拓理事/小田城大豫科部長/建田穎氏(大邱地方檢事正)/眞野富太郎氏母堂)
140998	朝鮮朝日	1927-06-21/1	10단	半島茶話
140999	朝鮮朝日	1927-06-21/2	01단	不便な點の多い商議所令の改正/總督府の調査進捗
141000	朝鮮朝日	1927-06-21/2	01단	精粉業者の減稅運動商議所を通じ
141001	朝鮮朝日	1927-06-21/2	01단	第二回收繭豫想二十五萬石
141002	朝鮮朝日	1927-06-21/2	01단	京城組銀貸出總額一億四百萬圓
141003	朝鮮朝日	1927-06-21/2	01단	たばこ會社の裏おもて/突落して置いて棹に纏れの遣り口憤らぬならそれこそ不思議
141004	朝鮮朝日	1927-06-21/2	02단	鮮銀本支店繭資金貸出百七萬圓
141005	朝鮮朝日	1927-06-21/2	02단	鯖の大群が慶北沿岸に襲來
141006	朝鮮朝日	1927-06-21/2	02단	全南の棉作豊況の噂さ
141007	朝鮮朝日	1927-06-21/2	02단	綿絲布運賃斤量を增加
141008	朝鮮朝日	1927-06-21/2	03단	砂糖特定運賃着驛を擴張
141009	朝鮮朝日	1927-06-21/2	03단	鴨江の流筏六十八萬尺の豫定
141010	朝鮮朝日	1927-06-21/2	03단	元山の海參閑散
141011	朝鮮朝日	1927-06-21/2	03단	浮世の波
141012	朝鮮朝日	1927-06-22/1	01단	集散地主義を採用する農倉融通する低資額は二千四百萬圓の見込
141013	朝鮮朝日	1927-06-22/1	01단	相當新事業を豫算に計上か/財源を公債に仰ぐ

일련번호	판명	간행일	단수	기사명
141014	朝鮮朝日	1927-06-22/1	01단	遞信局來年豫算目下編成中
141015	朝鮮朝日	1927-06-22/1	01단	舊韓國將校更に東上し恩給を請願
141016	朝鮮朝日	1927-06-22/1	01단	愛と戀との密陽をのぞく(下)/青い島
141017	朝鮮朝日	1927-06-22/1	02단	公共低資割當決定總額百萬圓
141018	朝鮮朝日	1927-06-22/1	02단	施政記念博は結局實現せん/總督府側も諒解し明年度豫算に計上
141019	朝鮮朝日	1927-06-22/1	03단	警察署長の民訴調停は今後廢止か
141020	朝鮮朝日	1927-06-22/1	03단	水の儉約/大邱上水道斷水に瀕す
141021	朝鮮朝日	1927-06-22/1	03단	京畿道が指絞捜査に力をそゝぐ
141022	朝鮮朝日	1927-06-22/1	04단	俳句/鈴木花蓑選
141023	朝鮮朝日	1927-06-22/1	04단	道路品評會海州で開催
141024	朝鮮朝日	1927-06-22/1	04단	京城でも見える二十五日の日蝕午後四時にかげ始め五時三十一分に復圓する
141025	朝鮮朝日	1927-06-22/1	04단	銅佛寺鮮商が支那農長會周氏が排斥
141026	朝鮮朝日	1927-06-22/1	05단	京城社會館いよいよ着工
141027	朝鮮朝日	1927-06-22/1	05단	滿洲醫大生長白山突破朝鮮に向ふ
141028	朝鮮朝日	1927-06-22/1	05단	缺員の多い黃海の巡査
141029	朝鮮朝日	1927-06-22/1	05단	平南北兩道社會運動家聯盟を組織
141030	朝鮮朝日	1927-06-22/1	05단	年々低下する警察官の素質/下級者を優遇して轉職者を引留める
141031	朝鮮朝日	1927-06-22/1	06단	障碍物飛越
141032	朝鮮朝日	1927-06-22/1	06단	辭令(東京電話)
141033	朝鮮朝日	1927-06-22/1	06단	新羅時代の彌勒佛像を溫陽で發見
141034	朝鮮朝日	1927-06-22/1	07단	大邱元捌商合同に反對議論百出す
141035	朝鮮朝日	1927-06-22/1	07단	釜山松島の海水場開き七月十日ごろ
141036	朝鮮朝日	1927-06-22/1	07단	海州の井戸消毒
141037	朝鮮朝日	1927-06-22/1	07단	內鮮兒童の差別問題で調査を開始
141038	朝鮮朝日	1927-06-22/1	08단	間島チブス頻りに蔓延
141039	朝鮮朝日	1927-06-22/1	08단	父兄の決議は本末を顚倒す絶對に弱腰にならぬと淑明女校が聲明す/父兄側も學校問責の聲明書發表
141040	朝鮮朝日	1927-06-22/1	08단	先生の素行が悪いと退學慈城普校生が
141041	朝鮮朝日	1927-06-22/1	08단	豚コレラまたまた發生
141042	朝鮮朝日	1927-06-22/1	08단	讀者慰安活寫會
141043	朝鮮朝日	1927-06-22/1	09단	平北對岸の牛疫が終熄/醫官も引揚
141044	朝鮮朝日	1927-06-22/1	09단	妓生と專務睨み合ふ/同盟休業か
141045	朝鮮朝日	1927-06-22/1	09단	日糖商工野球戰
141046	朝鮮朝日	1927-06-22/1	09단	鐵道殖銀に勝つ
141047	朝鮮朝日	1927-06-22/1	09단	大邱軍九州遠征
141048	朝鮮朝日	1927-06-22/1	09단	四十戸を燒いてやうやく鎮火した二十一日大邱の大火事

일련번호	판명	간행일	단수	기사명
141049	朝鮮朝日	1927-06-22/1	10단	公州高普競技會
141050	朝鮮朝日	1927-06-22/1	10단	南浦庭球聯盟戰
141051	朝鮮朝日	1927-06-22/1	10단	運動タイムス發刊
141052	朝鮮朝日	1927-06-22/1	10단	會(鐵道計算主任會議/教育會代議員會/鐵道修養講習會/平南衛生展覽會/咸南道府尹郡守會議)
141053	朝鮮朝日	1927-06-22/1	10단	人(澤田東拓理事/棒葉孝平氏(內務局土木課長)/阪田文吉氏(釜山府協議員)/橋本釜山地法院長/杉村同檢事正/松寺法務局長/九大生一行/柿原平壤覆署法院檢事長)
141054	朝鮮朝日	1927-06-22/1	10단	半島茶話
141055	朝鮮朝日	1927-06-22/2	01단	六月十日調査の春繭第二回豫想/各道別の內譯高
141056	朝鮮朝日	1927-06-22/2	01단	鮮銀券膨脹/繭の出廻で
141057	朝鮮朝日	1927-06-22/2	01단	鯖と鰯北鮮漁場賑ふ
141058	朝鮮朝日	1927-06-22/2	01단	五月中貿易額六千二百萬圓
141059	朝鮮朝日	1927-06-22/2	01단	煙草會社の裏おもて/破れ鍋に綴ぢ蓋スツたもんだを繰返し結局は物にならう
141060	朝鮮朝日	1927-06-22/2	02단	朝鮮産繭の內地移出は餘裕がない
141061	朝鮮朝日	1927-06-22/2	02단	慶南の旱害道當局の調査/全南の旱害麥作が甚し
141062	朝鮮朝日	1927-06-22/2	03단	外米粟の輸入高
141063	朝鮮朝日	1927-06-22/2	03단	和龍縣稻作豊況
141064	朝鮮朝日	1927-06-22/2	03단	浮世の波
141065	朝鮮朝日	1927-06-23/1	01단	齋藤全權暗殺の陰謀は全然虛報との報が藤原秘書官から公電
141066	朝鮮朝日	1927-06-23/1	01단	軍隊と警官がよく提携して國境警備に當ってるのは一番愉快であった金谷司令官視察談
141067	朝鮮朝日	1927-06-23/1	01단	司法官會議日程が決る
141068	朝鮮朝日	1927-06-23/1	01단	驛名物語(上)/朝鮮の旅だとの意識を强めるふさわしい驛名と軍用時代の殺風景な命名
141069	朝鮮朝日	1927-06-23/1	02단	火田民を整理し林野を保護
141070	朝鮮朝日	1927-06-23/1	02단	熱さへあれば物になりげな米の現物市場設立京仁合併の不調から擡頭
141071	朝鮮朝日	1927-06-23/1	03단	短歌/橋田東聲選
141072	朝鮮朝日	1927-06-23/1	03단	消防協會設立を協議常務委員が
141073	朝鮮朝日	1927-06-23/1	04단	目的のために手段を選ばぬ專賣局の切り崩し各方面に批難が高い/京城の大株主は合同延期を決議す/産姿役は骨消息通の話/高木德彌氏支部長辭退責任を感じ
141074	朝鮮朝日	1927-06-23/1	05단	山形産業博に朝鮮館設置目下準備中
141075	朝鮮朝日	1927-06-23/1	05단	南北監理派の合同が成立米國から獨立
141076	朝鮮朝日	1927-06-23/1	05단	鐘樓を勝地に設け由緒ある鐘を保護/禍を祓ひ病を癒すと參拜者が每日殺到
141077	朝鮮朝日	1927-06-23/1	06단	大邱大火の慘狀(二十二日朝鮮朝日參照)

일련번호	판명	간행일	단수	기사명
141078	朝鮮朝日	1927-06-23/1	06단	牧ノ島無線成績は良好
141079	朝鮮朝日	1927-06-23/1	06단	中山晋平氏作川柳詠草をＤ局が放送
141080	朝鮮朝日	1927-06-23/1	06단	お客の多い月尾島浴場を増設
141081	朝鮮朝日	1927-06-23/1	07단	讀者慰安活寫會
141082	朝鮮朝日	1927-06-23/1	07단	醫師試驗に不正行爲が非常に多い
141083	朝鮮朝日	1927-06-23/1	08단	小學兒童の海濱聚落釜山松島で
141084	朝鮮朝日	1927-06-23/1	08단	數日中には目鼻がつくか釜山の老婆絞殺事件
141085	朝鮮朝日	1927-06-23/1	08단	日本八景に慶會樓が選まれる
141086	朝鮮朝日	1927-06-23/1	08단	咸興商校の二年生盟休先生に叱られ
141087	朝鮮朝日	1927-06-23/1	08단	平壤野球聯盟戰
141088	朝鮮朝日	1927-06-23/1	08단	齋藤全權と同船し/細井肇/錫蘭の島影より阿波丸にて
141089	朝鮮朝日	1927-06-23/1	09단	西鮮女子庭球戰
141090	朝鮮朝日	1927-06-23/1	09단	慶南武道大會
141091	朝鮮朝日	1927-06-23/1	09단	會(咸南修養講習會/釜山無線局開宴)
141092	朝鮮朝日	1927-06-23/1	09단	人(眞鍋十藏男(京城覆審法院長)/菊地太惣氏(新義州地方法院長)/佐々木志賀治氏(貴族院議員)/スリバーク氏(ロスター日本通信員))
141093	朝鮮朝日	1927-06-23/1	10단	半島茶話
141094	朝鮮朝日	1927-06-23/2	01단	生氣嶺の粉炭で煉炭製造に成功/北鮮鑛業界の福音
141095	朝鮮朝日	1927-06-23/2	01단	近い中には雨は無い釜山の觀測
141096	朝鮮朝日	1927-06-23/2	01단	六月中旬鐵道業績十萬八千噸
141097	朝鮮朝日	1927-06-23/2	01단	減配問題のいきさつ/天降りを拒否した殖銀への祟り朝鮮金融界の波紋
141098	朝鮮朝日	1927-06-23/2	02단	清津築港來年は本もの
141099	朝鮮朝日	1927-06-23/2	02단	延期された穀物商大會新義州で開催
141100	朝鮮朝日	1927-06-23/2	02단	平南寧遠は皇天續きで米を賣惜む
141101	朝鮮朝日	1927-06-23/2	03단	國境地帶獸疫豫防に獸醫を增派
141102	朝鮮朝日	1927-06-23/2	03단	朝鮮窒素地鎭察
141103	朝鮮朝日	1927-06-23/2	03단	浮世の波
141104	朝鮮朝日	1927-06-24/1	01단	幼稚なくせに政治に立入る/朝鮮の宗教諸團體成功は困難と建部博士語る
141105	朝鮮朝日	1927-06-24/1	01단	布教を目的とした教育は受入れぬそれほど朝鮮が發達した學校騷動の根本原因
141106	朝鮮朝日	1927-06-24/1	01단	精米業者の減稅を請願仁川商議が
141107	朝鮮朝日	1927-06-24/1	01단	軍縮專門委員會第一回を終る噸數計算の基礎に關して議論を闘す/根據地問題提案に英米とも反對/日本を味方に引き入れんとする米國
141108	朝鮮朝日	1927-06-24/1	02단	清津の漁港修築の計劃

일련번호	판명	간행일	단수	기사명
141109	朝鮮朝日	1927-06-24/1	02段	今度は治らぬ密陽の城外民委員を擧げて中止を問責郡廳移轉騷ぎ再燃す/三巴になり各方面に陳情
141110	朝鮮朝日	1927-06-24/1	03段	女子を集め機業を講習補給制度で
141111	朝鮮朝日	1927-06-24/1	03段	俳句/鈴木花蓑選
141112	朝鮮朝日	1927-06-24/1	04段	覆審法院の判決は慶南北沿岸の不正漁者を跋扈させると地元漁民が痛憤す/總督總監に委員が陳情
141113	朝鮮朝日	1927-06-24/1	04段	飛行機と自動者との操縱者を調査兵籍に入れる
141114	朝鮮朝日	1927-06-24/1	05段	城大有志が國際聯盟の支部を開設
141115	朝鮮朝日	1927-06-24/1	05段	全鮮教育會出席者來元市中を視察
141116	朝鮮朝日	1927-06-24/1	05段	內地のお客を誘致すべく鮮內の溫泉を調査して宣傳
141117	朝鮮朝日	1927-06-24/1	05段	「京城府史の」編纂に着手
141118	朝鮮朝日	1927-06-24/1	05段	膿んだ傷を切開したやう東拓の大整理なる今後は積極的に活動
141119	朝鮮朝日	1927-06-24/1	06段	朝鮮の郊外(２)/慶州佛國寺
141120	朝鮮朝日	1927-06-24/1	06段	關西學院が鮮內各地で講演會を開く
141121	朝鮮朝日	1927-06-24/1	06段	教習所生徒驅逐艦見學大同江を下航
141122	朝鮮朝日	1927-06-24/1	06段	全北の大火燒失二十二戶
141123	朝鮮朝日	1927-06-24/1	07段	海州醫院の新築落成す
141124	朝鮮朝日	1927-06-24/1	07段	憂慮された釜山鎭埋立近く着工か
141125	朝鮮朝日	1927-06-24/1	08段	新義州高普盟休五年生たちの鎭撫も聞容ぬ
141126	朝鮮朝日	1927-06-24/1	08段	目睫にせまるコレラの襲來海港での檢疫を嚴重にして豫防液の製造に着手
141127	朝鮮朝日	1927-06-24/1	08段	晝飯がないと人夫が激昂暴行を働く
141128	朝鮮朝日	1927-06-24/1	08段	齋藤全權と同船し/細井肇/錫蘭の島影より阿波丸にて
141129	朝鮮朝日	1927-06-24/1	09段	讀者慰安活寫會
141130	朝鮮朝日	1927-06-24/1	09段	本町署京師を破る
141131	朝鮮朝日	1927-06-24/1	10段	會(金組理事長會/釜山府協議會/英人演奏會/釜山衛生打合會/殉職警官招魂祭)
141132	朝鮮朝日	1927-06-24/1	10段	人(宇垣代理總督/劉京奏鐵路運輸課長/ゲール博士(英人)/アルフレット・ヒール少佐(京城府外阿峴里救世軍育兒主任)/李範益氏(慶南道新任參與官)/泉崎三郎氏(釜山府尹))
141133	朝鮮朝日	1927-06-24/1	10段	半島茶話
141134	朝鮮朝日	1927-06-24/2	01段	金組融通の低資は四百萬圓と決定/今後の活躍が見もの
141135	朝鮮朝日	1927-06-24/2	01段	朝鮮銀行繭資金六百萬圓見當
141136	朝鮮朝日	1927-06-24/2	01段	定期預金の利下を勸告京城組銀が
141137	朝鮮朝日	1927-06-24/2	01段	咸南沿岸に鰯が回游す水揚は少い
141138	朝鮮朝日	1927-06-24/2	01段	減配問題のいきさつ/天降りを拒否した殖銀への崇り朝鮮金融界の波紋
141139	朝鮮朝日	1927-06-24/2	02段	東拓の植村五割ほど終了

일련번호	판명	간행일	단수	기사명
141140	朝鮮朝日	1927-06-24/2	02단	本店と離れ山十組操業資金も借入
141141	朝鮮朝日	1927-06-24/2	02단	降った降った黄金の雨/愁眉を開く農民
141142	朝鮮朝日	1927-06-24/2	03단	咸南の慈雨農民大喜び
141143	朝鮮朝日	1927-06-25		缺號
141144	朝鮮朝日	1927-06-26/1	01단	新事業に對し大斧鉞を加ふ宇垣總督代理の肚/大藏省廻付は八月下旬
141145	朝鮮朝日	1927-06-26/1	01단	都市計劃令と道路取締規則を內務當局で立案中
141146	朝鮮朝日	1927-06-26/1	01단	內鮮滿連絡飛行いよいよ決行
141147	朝鮮朝日	1927-06-26/1	01단	驛名物語(下)/朝鮮語で讀むに不便を感じる里名の削除が多い沙里院も依然は砂利院
141148	朝鮮朝日	1927-06-26/1	02단	牛耳洞産の石材で金谷陵に建てる石物の製作に着手/拓殿下御三周忌迄に完成
141149	朝鮮朝日	1927-06-26/1	03단	昆野博士八月に洋行
141150	朝鮮朝日	1927-06-26/1	03단	京龍兩中學と一、二高女の卒業生の分布
141151	朝鮮朝日	1927-06-26/1	04단	平南線を重視せろと鐵道局に陳情
141152	朝鮮朝日	1927-06-26/1	04단	爭議を裁く小作慣行調査員近日中に官制發表
141153	朝鮮朝日	1927-06-26/1	04단	俳句/鈴木花蓑選
141154	朝鮮朝日	1927-06-26/1	04단	朝鮮佛教團支部を設置
141155	朝鮮朝日	1927-06-26/1	05단	溺死の多い大同江底を水泳家が調査
141156	朝鮮朝日	1927-06-26/1	05단	郵便局長異動
141157	朝鮮朝日	1927-06-26/1	05단	新京城放送局長
141158	朝鮮朝日	1927-06-26/1	05단	礦石を積出す遮湖支線の急設を要望
141159	朝鮮朝日	1927-06-26/1	05단	船舶輸送の牛に飼料をやらぬは慘酷だとの批難があり白頭丸で試驗的にやる
141160	朝鮮朝日	1927-06-26/1	06단	朝鮮の風光(四)
141161	朝鮮朝日	1927-06-26/1	06단	金剛山探勝汽船自動車時間を變更
141162	朝鮮朝日	1927-06-26/1	06단	岡本一平氏朝鮮を行脚
141163	朝鮮朝日	1927-06-26/1	06단	門戸を閉し休業狀態郡廳移轉問題またコぢれる/必要あれば警戒も辭せぬ
141164	朝鮮朝日	1927-06-26/1	07단	讀者慰安活寫會
141165	朝鮮朝日	1927-06-26/1	07단	珍妙鯨取り咸北沿岸で
141166	朝鮮朝日	1927-06-26/1	08단	協定は名だけで麥酒の大混戰/消費稅前の手持品で小賣値段を競爭
141167	朝鮮朝日	1927-06-26/1	08단	慶熙軍勝つ龍中の打擊冴えず/全龍中復讎す決勝戰は七月
141168	朝鮮朝日	1927-06-26/1	08단	九大遞信に辛勝
141169	朝鮮朝日	1927-06-26/1	08단	滿鐵庭球大勝す
141170	朝鮮朝日	1927-06-26/1	08단	平鐵フ軍に敗る
141171	朝鮮朝日	1927-06-26/1	08단	武道者等級査定
141172	朝鮮朝日	1927-06-26/1	08단	不正肥料を攝まぬやう警察が注意

일련번호	판명	간행일	단수	기사명
141173	朝鮮朝日	1927-06-26/1	09단	時ならぬ「霜」咸南に降る
141174	朝鮮朝日	1927-06-26/1	09단	反對する者は指定を取消す水口局長の決心固く會社設立に驀進す
141175	朝鮮朝日	1927-06-26/1	09단	人(宇垣代理總督/湯淺政務總監/金谷軍司令官/鈴木孝雄中將/松崎直少將(鎭海要港參謀長)/林仙之少將(軍參謀長)/齋藤大尉(軍參謀附)/福原俊丸男/立川芳氏(京南鐵專務)/昆野恒太郎博士(釜山獸疫血精製造所技師)/泉崎釜山府尹))
141176	朝鮮朝日	1927-06-26/1	10단	登校せねば斷然と退校/新義州高普の盟休
141177	朝鮮朝日	1927-06-26/1	10단	會(北鮮佛敎大會/黃海道郡守會議/牧水氏歡迎短歌會)
141178	朝鮮朝日	1927-06-26/1	10단	半島茶話
141179	朝鮮朝日	1927-06-26/2	01단	五百萬圓の低資殖銀に到着す年內に分配を終る
141180	朝鮮朝日	1927-06-26/2	01단	金融經濟調査委員二十四日決定
141181	朝鮮朝日	1927-06-26/2	01단	財界閑話
141182	朝鮮朝日	1927-06-26/2	01단	京城府內會社業態(京城府調査)
141183	朝鮮朝日	1927-06-26/2	01단	京仁取合併と京取昇格問題/明治町覆面子
141184	朝鮮朝日	1927-06-26/2	02단	新繭の走り最高六十四圓三十錢
141185	朝鮮朝日	1927-06-26/2	02단	買付を强ゐる賣殘り官鹽販賣人が陳情
141186	朝鮮朝日	1927-06-26/2	03단	鳳凰城黃煙本年は好況
141187	朝鮮朝日	1927-06-26/2	03단	咸北再製鹽高
141188	朝鮮朝日	1927-06-28/1	01단	京城は當局の意向に追隨か煙草會社の設立で當局は民間側と懇談
141189	朝鮮朝日	1927-06-28/1	01단	販賣者を糾合し出荷組合を作り大量輸送を行つて運賃の低減を圖る
141190	朝鮮朝日	1927-06-28/1	01단	司法官の思想研究機關を設置
141191	朝鮮朝日	1927-06-28/1	01단	馬山中學は本府の認可容易でない
141192	朝鮮朝日	1927-06-28/1	02단	辯護士大會第一日目
141193	朝鮮朝日	1927-06-28/1	02단	朝鮮の郊外(5)/牡丹臺
141194	朝鮮朝日	1927-06-28/1	03단	安東からも全滿日本人大會に出席
141195	朝鮮朝日	1927-06-28/1	03단	京城仁川に限つて受付飛行郵便物
141196	朝鮮朝日	1927-06-28/1	03단	新義州府二倍に膨脹堤防工事で
141197	朝鮮朝日	1927-06-28/1	04단	大邱公會堂と商品陳列所新築と決定
141198	朝鮮朝日	1927-06-28/1	04단	短歌/橋田東聲選
141199	朝鮮朝日	1927-06-28/1	04단	監視員を增し國境の密輪を嚴重に取締る計劃
141200	朝鮮朝日	1927-06-28/1	04단	新義州郊外光城水利が耕地を擴張
141201	朝鮮朝日	1927-06-28/1	04단	咸北の機關工場淸津に決定
141202	朝鮮朝日	1927-06-28/1	05단	大邱市內の排水溝開鑿年內に竣工
141203	朝鮮朝日	1927-06-28/1	05단	百濟王の石槨を發掘公州邑內で
141204	朝鮮朝日	1927-06-28/1	05단	南浦小學校新築落成す
141205	朝鮮朝日	1927-06-28/1	05단	分娩日の卽知器但し牛だけ

일련번호	판명	간행일	단수	기사명
141206	朝鮮朝日	1927-06-28/1	06단	自由販賣を叫ぶ平南の繭商人道は容易に許可せぬ
141207	朝鮮朝日	1927-06-28/1	06단	朝鮮貿易組合の重役が支配人を詐欺横領で訴へる/密陽城外民表面は兎も角治る/城內外民の疎隔が心配
141208	朝鮮朝日	1927-06-28/1	06단	陳前領事の歸國を惜み在留支人が銀器を贈る
141209	朝鮮朝日	1927-06-28/1	07단	農法兩學士の山根新局長奇拔な經歷
141210	朝鮮朝日	1927-06-28/1	07단	淑明高女盟休決裂/登校せねば退校
141211	朝鮮朝日	1927-06-28/1	07단	普校長殺しの犯人は飯炊男/殺して置いた翌朝何喰はぬ顔で屆出づ
141212	朝鮮朝日	1927-06-28/1	08단	生徒が折れ咸興商校の盟休は解決
141213	朝鮮朝日	1927-06-28/1	08단	讀者慰安活寫會
141214	朝鮮朝日	1927-06-28/1	08단	全鮮野球爭覇戰中央豫選始まる
141215	朝鮮朝日	1927-06-28/1	08단	鐵道軍遂に優勝
141216	朝鮮朝日	1927-06-28/1	08단	籃排球聯盟戰終る
141217	朝鮮朝日	1927-06-28/1	08단	安東プール開場
141218	朝鮮朝日	1927-06-28/1	08단	黃海體育會組織
141219	朝鮮朝日	1927-06-28/1	08단	馬山の火事四戶を全燒
141220	朝鮮朝日	1927-06-28/1	09단	對抗競技會總督府鐵道に破る
141221	朝鮮朝日	1927-06-28/1	09단	採木把頭を馬賊が拉去
141222	朝鮮朝日	1927-06-28/1	09단	少女の太腿を大鋏で斬裂く亂暴な果樹園主/桑の實を盜んだのを憤り
141223	朝鮮朝日	1927-06-28/1	09단	會(鐵道局東洋畫展)
141224	朝鮮朝日	1927-06-28/1	09단	人(湯淺政務總監/李丙吉氏/平野宗三郎氏(釜山實業家)/今井源良氏(釜山辯護士)/鈴木孝雄中將(陸軍技術本部長)/早川浩氏(會計檢查院副檢查官)/池田殖産局長/吉田初三郎畫伯/吉田重成氏(鐵道局囑託)/木阪規知三氏)
141225	朝鮮朝日	1927-06-28/1	10단	看病を嫌ひ毒殺を圖る濡衣の女も自殺を企つ
141226	朝鮮朝日	1927-06-28/1	10단	「二つの玉」裡里で上映
141227	朝鮮朝日	1927-06-28/1	10단	半島茶話
141228	朝鮮朝日	1927-06-28/2	01단	金利を引下げ期間を延長して不良水利組合を救濟
141229	朝鮮朝日	1927-06-28/2	01단	減配を決定/安東金融業者
141230	朝鮮朝日	1927-06-28/2	01단	群山電氣合倂案を原案通り可決/合同阻止を府議員が協議
141231	朝鮮朝日	1927-06-28/2	01단	平南の春繭/二萬餘石見當
141232	朝鮮朝日	1927-06-28/2	01단	京仁取合倂と京取昇格問題/明治町覆面子
141233	朝鮮朝日	1927-06-28/2	02단	德源の春繭出廻る
141234	朝鮮朝日	1927-06-28/2	02단	鳳山春繭五百石
141235	朝鮮朝日	1927-06-28/2	02단	東拓京城支店農倉を設置一般に公開
141236	朝鮮朝日	1927-06-28/2	02단	咸南道の鯉兒の孵化成績が良好
141237	朝鮮朝日	1927-06-28/2	03단	朝鐵六月中旬業績
141238	朝鮮朝日	1927-06-28/2	03단	朝紡太絲工場新築

일련번호	판명	간행일	단수	기사명
141239	朝鮮朝日	1927-06-28/2	03단	咸北畜産聯合會法人に組織變更
141240	朝鮮朝日	1927-06-29/1	01단	附加稅增徵を實施するやう支那政府が傳達安東海關の態度が問題
141241	朝鮮朝日	1927-06-29/1	01단	山林部新事業百萬圓を突破目下各課で編成中/主なる四事業の內容
141242	朝鮮朝日	1927-06-29/1	01단	朝鮮の郊外(６)/開城の彩霞洞
141243	朝鮮朝日	1927-06-29/1	02단	稅關長會議第一日
141244	朝鮮朝日	1927-06-29/1	03단	日滿貿易の振興委員會
141245	朝鮮朝日	1927-06-29/1	03단	司法官會議第四日目
141246	朝鮮朝日	1927-06-29/1	03단	釜山南港埋立事業近く復活す
141247	朝鮮朝日	1927-06-29/1	03단	平壤管內は大勢順應煙草會社問題
141248	朝鮮朝日	1927-06-29/1	03단	國境名物/汲めども盡きぬ鴨江の密輸入支那の絹布だけでも百五十萬圓に上らう
141249	朝鮮朝日	1927-06-29/1	04단	辭令(東京電話)
141250	朝鮮朝日	1927-06-29/1	04단	食糧品に量目表記の制度を施行
141251	朝鮮朝日	1927-06-29/1	04단	暑熱の部屋に引籠り王殿下のお召物を御仕立遊ばす妃殿下/兩殿下ともますます御健康
141252	朝鮮朝日	1927-06-29/1	05단	浦項江陵間電信が直通近く開通せん
141253	朝鮮朝日	1927-06-29/1	05단	俳句/鈴木花蓑選
141254	朝鮮朝日	1927-06-29/1	06단	二十七日の夜十一時南方の中空にウ彗星が見えた/觀測者で賑った釜山
141255	朝鮮朝日	1927-06-29/1	06단	新義州稅關本廳舍新築
141256	朝鮮朝日	1927-06-29/1	06단	組立なった戰鬪機試驗飛行良好
141257	朝鮮朝日	1927-06-29/1	07단	海州上水道擴張工事終る
141258	朝鮮朝日	1927-06-29/1	07단	東萊溫泉の道營移管に旅館側で反對
141259	朝鮮朝日	1927-06-29/1	07단	淑明校の盟休ますます惡化學校の最後通牒に父兄側は反對を決議
141260	朝鮮朝日	1927-06-29/1	08단	鎭南浦驛の上屋建築は近く着工す
141261	朝鮮朝日	1927-06-29/1	08단	勞働共濟會「南朝鮮」發刊七月下旬頃
141262	朝鮮朝日	1927-06-29/1	08단	朝鮮ドツク株主總會無效の訴へ
141263	朝鮮朝日	1927-06-29/1	09단	朝鮮貿易の費消事件ますます擴大
141264	朝鮮朝日	1927-06-29/1	09단	滅切り殖えた鮮婦人の渡航/內地の不良鮮人が誘拐の手を延ばす
141265	朝鮮朝日	1927-06-29/1	09단	商品見本市京城で開催
141266	朝鮮朝日	1927-06-29/1	09단	會(社會事業協會創立會/實生流素/小島局長送宴/釜山記者團送宴/國本社亐道大會)
141267	朝鮮朝日	1927-06-29/1	10단	儒林團が光明社組織先輩文集の發行を計劃
141268	朝鮮朝日	1927-06-29/1	10단	普成庭球軍優勝

일련번호	판명	간행일	단수	기사명
141269	朝鮮朝日	1927-06-29/1	10단	人(池田殖産局長/香椎釜山會議所會頭/平井光三郎代議士/藤江總督府學務課長夫人)
141270	朝鮮朝日	1927-06-29/1	10단	半島茶話
141271	朝鮮朝日	1927-06-29/1	10단	讀者慰安活寫會
141272	朝鮮朝日	1927-06-29/2	01단	京仁取合倂と京取昇格問題/明治町覆面子
141273	朝鮮朝日	1927-06-29/2	01단	殖産の産業貸付一億五千萬圓
141274	朝鮮朝日	1927-06-29/2	01단	金融組合が手形取立を實施する計劃
141275	朝鮮朝日	1927-06-29/2	01단	財界閑話
141276	朝鮮朝日	1927-06-29/2	01단	元山の鯖漁豊況を續く
141277	朝鮮朝日	1927-06-29/2	01단	永興炭鑛募株好況七月末締切か
141278	朝鮮朝日	1927-06-29/2	02단	西鮮の鐵鑛景氣づく
141279	朝鮮朝日	1927-06-29/2	02단	東拓管內植付狀況南鮮が不良/案ぜられる慶南の挿秧
141280	朝鮮朝日	1927-06-29/2	03단	新義州港貿易高
141281	朝鮮朝日	1927-06-29/2	03단	京城穀物株主會
141282	朝鮮朝日	1927-06-29/2	03단	釜山移出米檢査
141283	朝鮮朝日	1927-06-29/2	03단	元山商議賦課難
141284	朝鮮朝日	1927-06-30/1	01단	川崎の救濟策は何等纏りがつかず閣議はウヤムヤに終る議會召集の噂さへ傳はって政界の雲行何んとなく險惡
141285	朝鮮朝日	1927-06-30/1	01단	支那の禍根は不平等な條約/日本が進んで撤廢すれば支那國民は感謝を惜しまぬ
141286	朝鮮朝日	1927-06-30/1	01단	優しい腕に銃を執って平壤の女學生が射擊の練習を
141287	朝鮮朝日	1927-06-30/1	02단	所管事務の意見を交換/司法官會議
141288	朝鮮朝日	1927-06-30/1	03단	朝鮮産品充用獎勵記念會盛況
141289	朝鮮朝日	1927-06-30/1	03단	電信電話整備計劃
141290	朝鮮朝日	1927-06-30/1	03단	北鮮人は滿洲人で南鮮人は大和民族人物學の系數による民族移動の興味ある研究/京城大學白麟濟醫學士の發表
141291	朝鮮朝日	1927-06-30/1	04단	慶北聞慶で水電の計劃光田氏が出願
141292	朝鮮朝日	1927-06-30/1	04단	沙里院の上水道計劃補助を申請
141293	朝鮮朝日	1927-06-30/1	04단	賣買の價格は內地の慣例に倣って貫ひ度いと互電の香椎氏語る
141294	朝鮮朝日	1927-06-30/1	05단	辭令(東京電話)
141295	朝鮮朝日	1927-06-30/1	05단	鮑石停で「曲水の宴」を活寫に撮影
141296	朝鮮朝日	1927-06-30/1	05단	短歌/橋田東聲選
141297	朝鮮朝日	1927-06-30/1	06단	白衣の姿も溫突も面白い岡本畵伯語る
141298	朝鮮朝日	1927-06-30/1	06단	朝鮮水電が金を寄附し小學校を新設
141299	朝鮮朝日	1927-06-30/1	06단	我が立てる、峰も向ひの山々も並び競ひて天翔るごと金剛山を 稱ふ牧水氏
141300	朝鮮朝日	1927-06-30/1	06단	咸興農校がまたも盟休
141301	朝鮮朝日	1927-06-30/1	07단	釜山射的場開設を打合

일련번호	판명	간행일	단수	기사명
141302	朝鮮朝日	1927-06-30/1	07단	完全な火粉防止機庄司氏が發明
141303	朝鮮朝日	1927-06-30/1	07단	物産協會の本年度事業
141304	朝鮮朝日	1927-06-30/1	07단	大株主會を開き態度を決する京城の元賣捌會社
141305	朝鮮朝日	1927-06-30/1	08단	京城大學病院病棟の改築費百萬圓を計上して教授會が總督府に迫る
141306	朝鮮朝日	1927-06-30/1	08단	淑明女校の卒業生達が養成、進明卒業生とクラブを組織
141307	朝鮮朝日	1927-06-30/1	08단	大邱商事の人夫が盟休/賃金値上で
141308	朝鮮朝日	1927-06-30/1	08단	ゴカイ驅除の石灰窒素劑成績は良好
141309	朝鮮朝日	1927-06-30/1	09단	京城の眞中に狐が出る/白狐だと大騷鮮銀の大迷惑
141310	朝鮮朝日	1927-06-30/1	09단	一萬三千圓の公金拐帶犯上海で逮捕
141311	朝鮮朝日	1927-06-30/1	09단	全鮮野球中央豫選
141312	朝鮮朝日	1927-06-30/1	09단	大邱プール開場
141313	朝鮮朝日	1927-06-30/1	09단	滿鐵軍敗る
141314	朝鮮朝日	1927-06-30/1	10단	鐵道對釜山野球戰
141315	朝鮮朝日	1927-06-30/1	10단	元山野球聯盟戰
141316	朝鮮朝日	1927-06-30/1	10단	會(朝鮮美術展覽會/城大夏季講習會/京畿道中等校長協議會)
141317	朝鮮朝日	1927-06-30/1	10단	人(李堈公殿下/岡本一平氏/山根貞一氏(釜山郵便局長)/長谷川基大尉/池田殖産局長)
141318	朝鮮朝日	1927-06-30/1	10단	半島茶話
141319	朝鮮朝日	1927-06-30/1	10단	讀者慰安活寫會
141320	朝鮮朝日	1927-06-30/2	01단	悲觀される米作/南鮮一帶の早魃で減收は免れぬ狀態
141321	朝鮮朝日	1927-06-30/2	01단	鮮銀券縮小繭安が原因
141322	朝鮮朝日	1927-06-30/2	01단	金組員以外の預金限度の撤廢を研究
141323	朝鮮朝日	1927-06-30/2	01단	京城金組が預金利子引下
141324	朝鮮朝日	1927-06-30/2	01단	局線對私鐵六月中旬荷動
141325	朝鮮朝日	1927-06-30/2	01단	鮮銀券の慨き(上)/I・S生
141326	朝鮮朝日	1927-06-30/2	02단	蛤や淺蜊のボイル罐詰米國に大持て
141327	朝鮮朝日	1927-06-30/2	02단	蒲鉾の罐詰慶南が奬勵
141328	朝鮮朝日	1927-06-30/2	02단	新義州電氣業績
141329	朝鮮朝日	1927-06-30/2	02단	平壤商議賦課難
141330	朝鮮朝日	1927-06-30/2	03단	東洋畜産貸付牛
141331	朝鮮朝日	1927-06-30/2	03단	水産物取締規定
141332	朝鮮朝日	1927-06-30/2	03단	仁川商議員資格

1927년 7월 (조선아사히)

일련번호	판명	간행일	단수	기사명
141333	朝鮮朝日	1927-07-01/1	01단	朝鮮の土地に內地の投資がポツポツと殖える/地價がヂリ高を示す
141334	朝鮮朝日	1927-07-01/1	01단	內鮮稅關制統一せば新義州の貿易は一億四千萬圓を突破し稅關長は勅任に昇格
141335	朝鮮朝日	1927-07-01/1	01단	朝鮮の郊外(7)/水原の西湖
141336	朝鮮朝日	1927-07-01/1	02단	哈支那領事鎭南浦出發
141337	朝鮮朝日	1927-07-01/1	03단	出荷組合の大量輸送/具體案を協議
141338	朝鮮朝日	1927-07-01/1	03단	運送店合同對策を協議
141339	朝鮮朝日	1927-07-01/1	03단	煙草會社に元山は反對/今後紛糾せん
141340	朝鮮朝日	1927-07-01/1	03단	合併は移轉の前提と見ての反對に過ぎなかった/京仁合同は困難でない
141341	朝鮮朝日	1927-07-01/1	03단	價額の開きが要するに問題/釜山瓦電の買收で/泉崎府尹決意を語る
141342	朝鮮朝日	1927-07-01/1	04단	慶南道の二十一普校/年限を延長
141343	朝鮮朝日	1927-07-01/1	04단	俳句/鈴木花蓑選
141344	朝鮮朝日	1927-07-01/1	04단	辭令(東京電話)
141345	朝鮮朝日	1927-07-01/1	04단	不正漁團處罰規定の改正を陳情
141346	朝鮮朝日	1927-07-01/1	05단	平南管內郡守の異動/蹉跌を來す
141347	朝鮮朝日	1927-07-01/1	05단	一日まで登校せねば斷然と退校さす 犧牲者を出さぬやうと生徒側は突っぱる/先生が煽て生徒が盟休/校長の私行に不滿ありと普成高普盟休/今度は敬新同じく盟休
141348	朝鮮朝日	1927-07-01/1	05단	六十哩の快速機關車/京城で竣工
141349	朝鮮朝日	1927-07-01/1	06단	朝鮮西沙島の暗礁を測量/軍艦大和が
141350	朝鮮朝日	1927-07-01/1	06단	密陽鮎增殖を圖る
141351	朝鮮朝日	1927-07-01/1	06단	慈雨の思ひに感喜はしたが 三十日はまた晴天/大局には影響が無い
141352	朝鮮朝日	1927-07-01/1	06단	國境のコ疫豫防/第一期計劃
141353	朝鮮朝日	1927-07-01/1	07단	慶熙快勝す/八對一全龍中破る
141354	朝鮮朝日	1927-07-01/1	07단	鐵道九大に大勝
141355	朝鮮朝日	1927-07-01/1	07단	新義州體協豫算
141356	朝鮮朝日	1927-07-01/1	07단	撫順庭球軍敗る
141357	朝鮮朝日	1927-07-01/1	07단	世界に珍しいゲンボク/濟州島や鬱陵島に澤山ある
141358	朝鮮朝日	1927-07-01/1	07단	夏の夜を明るくする/京城の街燈
141359	朝鮮朝日	1927-07-01/1	08단	またも淸溪堤防に貧民が群居し立退命令に應ぜぬ
141360	朝鮮朝日	1927-07-01/1	08단	批難の多い列車中での稅關の檢査
141361	朝鮮朝日	1927-07-01/1	08단	漢江支流の住民たちが生活を斷たれ各方面に陳情
141362	朝鮮朝日	1927-07-01/1	08단	赤痢が猖獗/馬山進永に
141363	朝鮮朝日	1927-07-01/1	08단	鐵道協會移轉
141364	朝鮮朝日	1927-07-01/1	08단	桑實盜みの私刑はうそ/本人が過って怪技したもの

일련번호	판명	간행일	단수	기사명
141365	朝鮮朝日	1927-07-01/1	09단	不義の子を溫突に押込/燒き殺す
141366	朝鮮朝日	1927-07-01/1	09단	會(吉瀨增太氏告別式/山本博士講演會/慶北道教育會/海州佛教國發會式/咸羅普校記念式/鎭南浦互笑會)
141367	朝鮮朝日	1927-07-01/1	09단	總監隨行の自動車が顚覆/三名重輕傷を負ふ/江原道角嶺峠の絶頂で
141368	朝鮮朝日	1927-07-01/1	09단	先生から叱られ學校を燒拂ふ/恐ろしい普校生徒/平南介川の出來事
141369	朝鮮朝日	1927-07-01/1	10단	人(岡本一平氏(漫畫家)/荒井初太郎氏(新仁川取引所社長)/植木淸喜氏(片岡深海工業所技師長)/橋本釜山地方院長/杉村同檢事正/京都醫專/趙欣伯博士(張氏法律顧問))
141370	朝鮮朝日	1927-07-01/1	10단	半島茶話
141371	朝鮮朝日	1927-07-01/2	01단	半期末の金融案外に平穩を保つ不況で資金が需要うす/海藻取引の不正業者が南鮮に跋扈
141372	朝鮮朝日	1927-07-01/2	01단	預金の利下/各地銀行の(淸津/會寧/元山)
141373	朝鮮朝日	1927-07-01/2	01단	東拓の植付 大半は終了/悲觀される全南の棉作/雨が降らねば代用作物の植付を準備
141374	朝鮮朝日	1927-07-01/2	01단	安取配當年六分
141375	朝鮮朝日	1927-07-01/2	01단	慶南の海藻/豊富で良好
141376	朝鮮朝日	1927-07-01/2	01단	鮮銀券の慨き(下)/S・I生
141377	朝鮮朝日	1927-07-02/1	01단	鐵道局の純益四十九萬餘圓/直營後最初の大增收/收入の第一位は穀類
141378	朝鮮朝日	1927-07-02/1	01단	東京に進出し內地の醬油と肉薄戰を試みる/商業會議所も應援
141379	朝鮮朝日	1927-07-02/1	01단	東海岸線の分岐點/安邊に內定
141380	朝鮮朝日	1927-07-02/1	01단	土曜漫筆/麻姑の手/崔南善
141381	朝鮮朝日	1927-07-02/1	02단	施政二十年記念事業/教育會が計劃
141382	朝鮮朝日	1927-07-02/1	02단	郵貯利子の片落し制度/朝鮮でも施行
141383	朝鮮朝日	1927-07-02/1	03단	日支國境に監視を設け增徵を實施
141384	朝鮮朝日	1927-07-02/1	03단	木浦電燈は一日から値下
141385	朝鮮朝日	1927-07-02/1	03단	畜産聯合會に內地の出席/三百名に達す
141386	朝鮮朝日	1927-07-02/1	03단	內鮮人が雜居し無差別の親しさ/近く夜學校も設ける
141387	朝鮮朝日	1927-07-02/1	04단	短歌/橋田東聲選
141388	朝鮮朝日	1927-07-02/1	04단	海軍機關生金剛山探勝
141389	朝鮮朝日	1927-07-02/1	05단	京城府の街路樹增殖/十一種三千本
141390	朝鮮朝日	1927-07-02/1	05단	百濟時代の佛像を扶餘山中で發見/大和法隆寺に傳はる/四十八の佛像と同一系統
141391	朝鮮朝日	1927-07-02/1	05단	辭令(東京電話)
141392	朝鮮朝日	1927-07-02/1	05단	水害準備の鐵舟が竣成
141393	朝鮮朝日	1927-07-02/1	06단	昌慶苑は年中休まぬ七月一日から
141394	朝鮮朝日	1927-07-02/1	06단	上下を通じ總督府の增俸

일련번호	판명	간행일	단수	기사명
141395	朝鮮朝日	1927-07-02/1	06단	國境駐在郵便局員に官舍を給付
141396	朝鮮朝日	1927-07-02/1	06단	支那側の匪賊の取締/輯安縣が最良
141397	朝鮮朝日	1927-07-02/1	06단	不正者の多い學生の乗車券/檢札を嚴重にして遠慮なく摘發する
141398	朝鮮朝日	1927-07-02/1	06단	暑休すぎまで開校は急がぬ 女校盟休の新記錄 學校、生徒いづれも强腰/普成敬新の盟休は紛糾下級生に及ぶ
141399	朝鮮朝日	1927-07-02/1	07단	慶北沿岸コ疫豫防の注射を屬行
141400	朝鮮朝日	1927-07-02/1	07단	總監一行の自動車奇禍/重傷はない
141401	朝鮮朝日	1927-07-02/1	07단	全大邱球團/九州に遠征
141402	朝鮮朝日	1927-07-02/1	07단	大邱の野球戰
141403	朝鮮朝日	1927-07-02/1	07단	釜山公會堂/七月中に竣工
141404	朝鮮朝日	1927-07-02/1	08단	南鮮に厚かった二十九日の喜雨植付はほゞ出來るがまだ充分で無い/植付を開始光州地方が/一息入れた慶南の農民
141405	朝鮮朝日	1927-07-02/1	08단	砂防工事の樹木の快伐/今後取締る
141406	朝鮮朝日	1927-07-02/1	08단	平壤分掌局內貯金が激增宣傳が奏効す/普成敬新の盟休は紛糾下級生に及ぶ
141407	朝鮮朝日	1927-07-02/1	09단	火藥密輸二十一日公判
141408	朝鮮朝日	1927-07-02/1	09단	鴨江筏夫の送金が無い成績が惡く
141409	朝鮮朝日	1927-07-02/1	09단	朝鮮朝日社員有罪
141410	朝鮮朝日	1927-07-02/1	10단	大邱高女の不倫な教師/二名とも馘首
141411	朝鮮朝日	1927-07-02/1	10단	濃霧に悩み德壽丸假迫
141412	朝鮮朝日	1927-07-02/1	10단	『二つの玉』全州で上映
141413	朝鮮朝日	1927-07-02/1	10단	會(基督教修養會)
141414	朝鮮朝日	1927-07-02/1	10단	人(李堈公殿下/宋鐘憲伯/申忠南知事/金谷軍司令官)
141415	朝鮮朝日	1927-07-02/1	10단	半島茶話
141416	朝鮮朝日	1927-07-02/2	01단	京城の組合銀行 減配を申合す 地方銀行も追隨か/減配率は一分と決定/總督府から各道に慫慂/無盡にも勸告
141417	朝鮮朝日	1927-07-02/2	01단	鮮棉作柄やゝ見直す/平南の棉作比較的に良好/繰綿檢査の意見を交換
141418	朝鮮朝日	1927-07-02/2	01단	咸北鰯搾粕/手合せ不振
141419	朝鮮朝日	1927-07-02/2	02단	資金難の平北の漁業/前途は有望
141420	朝鮮朝日	1927-07-02/2	02단	平北の春蠶/昨年より減少
141421	朝鮮朝日	1927-07-02/2	02단	龍岩浦の大正水利が耕地を擴張
141422	朝鮮朝日	1927-07-02/2	02단	木浦海藻出廻減
141423	朝鮮朝日	1927-07-02/2	02단	漁船の改良は財政の許す限り年限を短縮する/本年度補助十萬九千圓
141424	朝鮮朝日	1927-07-02/2	03단	元山の鯖漁不振
141425	朝鮮朝日	1927-07-02/2	03단	鮮殖銀支店業績
141426	朝鮮朝日	1927-07-02/2	03단	忠南畜産組織變更

일련번호	판명	간행일	단수	기사명
141427	朝鮮朝日	1927-07-03		缺號
141428	朝鮮朝日	1927-07-05/1	01단	川崎の救濟は一時中止の意向/五日の閣議で首相から閣僚の同意を求める
141429	朝鮮朝日	1927-07-05/1	01단	どんな暑い日も絶對に運動を御廢止にならない/御健康な李王殿下
141430	朝鮮朝日	1927-07-05/1	01단	光暢法主近く渡鮮/二週間の豫定
141431	朝鮮朝日	1927-07-05/1	01단	國境名物(三)/久變の故鄕に愛人を殘して半歳を河上で暮す/若い筏夫の鴨綠江節
141432	朝鮮朝日	1927-07-05/1	02단	東京中野から無線隊員が北鮮へ配屬
141433	朝鮮朝日	1927-07-05/1	02단	百五十萬圓で鐵道を敷設し平北の森林を開發
141434	朝鮮朝日	1927-07-05/1	03단	鮮産品充用/調査機關設置
141435	朝鮮朝日	1927-07-05/1	03단	辭令(東京電話)
141436	朝鮮朝日	1927-07-05/1	03단	慶北、忠北線の促進を明言/大川社長が
141437	朝鮮朝日	1927-07-05/1	04단	干瀉地の埋立免許地/百二十萬坪
141438	朝鮮朝日	1927-07-05/1	04단	短歌/橋田東聲選
141439	朝鮮朝日	1927-07-05/1	04단	鎭海養魚池/調査終了す
141440	朝鮮朝日	1927-07-05/1	05단	進水した鐵舟
141441	朝鮮朝日	1927-07-05/1	05단	間島の支那官憲が鮮農の學田を沒收/致命的の大打擊/領事館は調査中とのみで埒あかぬ
141442	朝鮮朝日	1927-07-05/1	06단	情報あり次第直に撤兵する/山東方面危險去る
141443	朝鮮朝日	1927-07-05/1	07단	水電用の落水を利用/水田の計劃
141444	朝鮮朝日	1927-07-05/1	07단	刑務所が養蠶機具を製作賣出す
141445	朝鮮朝日	1927-07-05/1	07단	四百名中百名が下痢/進永普校生
141446	朝鮮朝日	1927-07-05/1	07단	肺牛見張所/平南が設置
141447	朝鮮朝日	1927-07-05/1	08단	朝鮮海峽霧は晴たが天候は險惡
141448	朝鮮朝日	1927-07-05/1	08단	警察署改築に三十萬圓を計上/五六ケ所でも着工
141449	朝鮮朝日	1927-07-05/1	08단	平南の奧地狼林山に靈藥山蔘を發見/老松巨木畫なほ暗く/六尺の蔭が生ひ茂る
141450	朝鮮朝日	1927-07-05/1	08단	直徑一寸の雹降る/暴風雨と化す
141451	朝鮮朝日	1927-07-05/1	08단	忠南管内自動車値下/問題は他道に波及せん
141452	朝鮮朝日	1927-07-05/1	08단	盟休大流行/平北の學校
141453	朝鮮朝日	1927-07-05/1	09단	平壤聯隊の赤痢が熄まぬ
141454	朝鮮朝日	1927-07-05/1	09단	危險な氷菓/嚴重に取締る
141455	朝鮮朝日	1927-07-05/1	09단	城大生水泳練習
141456	朝鮮朝日	1927-07-05/1	09단	醫學生天幕生活
141457	朝鮮朝日	1927-07-05/1	09단	讀者慰安活寫會
141458	朝鮮朝日	1927-07-05/1	10단	全鮮野球中央豫選
141459	朝鮮朝日	1927-07-05/1	10단	全鮮法曹庭球戰

일련번호	판명	간행일	단수	기사명
141460	朝鮮朝日	1927-07-05/1	10단	會(咸南警察署長會議/留中學友倶樂部發會/卸商組合創立打合會)
141461	朝鮮朝日	1927-07-05/1	10단	人(梶本平壤郵便局長/小島源藏氏(新遞信吏員養成所長)/竹內陸軍政務次官/山根釜山局長/松本君平氏(代議士)/武岡忠夫氏(第一窒素彦島工場長)/水野忠亮氏(下關運事經理主任)/佐藤作郎氏(鮮鐵 旅客係主任))
141462	朝鮮朝日	1927-07-05/1	10단	半島茶話
141463	朝鮮朝日	1927-07-05/2	01단	覺えませうや使ひもしませう/メートル法エピソード
141464	朝鮮朝日	1927-07-05/2	01단	無盡の減配/當局が慫慂
141465	朝鮮朝日	1927-07-05/2	01단	京城組合銀行/上半期帳尻
141466	朝鮮朝日	1927-07-05/2	01단	永興炭礦株/應募好成績
141467	朝鮮朝日	1927-07-05/2	01단	營林署流筏/七十萬尺見當
141468	朝鮮朝日	1927-07-05/2	01단	釜山貿易高/一億二十萬圓
141469	朝鮮朝日	1927-07-05/2	01단	慶南の植付/七割の見込
141470	朝鮮朝日	1927-07-05/2	02단	黑鉛移出高/九萬一千擔
141471	朝鮮朝日	1927-07-05/2	02단	慶北米の移出の豫想/八萬三千石
141472	朝鮮朝日	1927-07-05/2	02단	鎭南浦鹽の動き
141473	朝鮮朝日	1927-07-05/2	02단	四百萬圓に達する朝鮮産の林檎/檢査機關の不備を補ひ販路の擴張を圖る
141474	朝鮮朝日	1927-07-05/2	03단	固城水利總立總會
141475	朝鮮朝日	1927-07-06/1	01단	駐滿の第八旅團を更に靑島へ派遣し內地からも工兵隊を派遣/陸軍首腦會議できまる
141476	朝鮮朝日	1927-07-06/1	01단	川崎造船の救濟は斷じて打切らぬと田中首相は斷言した/鄕誠之助男は語る
141477	朝鮮朝日	1927-07-06/1	01단	支那を偲ぶ樂浪や新羅を傳ふ慶州/山階宮藤麿王殿下/親しく史蹟を御見學
141478	朝鮮朝日	1927-07-06/1	01단	寶城光州間鐵道敷設/根津氏等出願
141479	朝鮮朝日	1927-07-06/1	01단	東京商品の眞價を宣傳/見本市を開き
141480	朝鮮朝日	1927-07-06/1	03단	暑休の利用/平壤の各學校
141481	朝鮮朝日	1927-07-06/1	03단	水泳競技大會(三日大邱プールで)
141482	朝鮮朝日	1927-07-06/1	04단	人造氷と天然氷 己がじゝの宣傳に努む/人造氷の販賣制限を採氷者が請願
141483	朝鮮朝日	1927-07-06/1	04단	俳句/鈴木花蓑選
141484	朝鮮朝日	1927-07-06/1	05단	逢瀨をせかれせかれて一年にたゞ一度/星の織女と牽牛が囁く戀のとりもち/かさゝぎが渡す戀の橋
141485	朝鮮朝日	1927-07-06/1	05단	巨額の投資を要する/有煙炭の合同/內地資本家も諒解し案外早く解決するか
141486	朝鮮朝日	1927-07-06/1	05단	十萬圓で兩校舍改築/財源は借欵

일련번호	판명	간행일	단수	기사명
141487	朝鮮朝日	1927-07-06/1	05단	公職者が留め男 淑明女校の盟休の經緯/敬新高普の盟休は解決 双方歩みより/今度は公州高普が盟休二三四年が
141488	朝鮮朝日	1927-07-06/1	06단	旱魃が救はれ今度は例の水害 慶南のあちこちに/釜山東萊間交通が杜絶/草染方面の家屋が浸水/五日朝迄の雨量百五十ミリ
141489	朝鮮朝日	1927-07-06/1	07단	全大邱球團/六日に出發
141490	朝鮮朝日	1927-07-06/1	07단	遞信軍優勝/中央野球豫選
141491	朝鮮朝日	1927-07-06/1	07단	鎭南浦庭球大會
141492	朝鮮朝日	1927-07-06/1	07단	修養團天幕生活
141493	朝鮮朝日	1927-07-06/1	07단	鐵道庭球に勝つ
141494	朝鮮朝日	1927-07-06/1	07단	西崎鶴太郎氏公會堂寄附/自祝の意味で
141495	朝鮮朝日	1927-07-06/1	08단	李鐘國氏病む
141496	朝鮮朝日	1927-07-06/1	08단	國境方面燒酎の密輪/嚴重に取締
141497	朝鮮朝日	1927-07-06/1	08단	少年殺しの犯人が判明/隣家の癩患者
141498	朝鮮朝日	1927-07-06/1	08단	佛教會誌發刊
141499	朝鮮朝日	1927-07-06/1	08단	牡丹臺一圓を返して欲しい/永明寺が知事に談判/申告を怠って沒收されたと
141500	朝鮮朝日	1927-07-06/1	08단	擴大して來たモヒの密輪團/芋蔓式に犯人檢擧/大阪方面に搜査の手延ぶ
141501	朝鮮朝日	1927-07-06/1	09단	母と子が人道橋上で死を爭ふ
141502	朝鮮朝日	1927-07-06/1	10단	黑色青年黨一味の判決
141503	朝鮮朝日	1927-07-06/1	10단	會(新義州稅關移廳式/漁船檢關士講習會/關西學院講演會/砂防講習會)
141504	朝鮮朝日	1927-07-06/1	10단	人(山本犀藏氏(總督府審議室事務官)/見本市一行/吉岡重實氏、星野政太郎氏(釜山實業家)/吉田虎長氏(鎭南浦郵便局長)/堀三七旅團長)
141505	朝鮮朝日	1927-07-06/1	10단	半島茶話
141506	朝鮮朝日	1927-07-06/2	01단	金組聯合を統一し中央會を組織/直接債券を發行し資金の融通を圖る
141507	朝鮮朝日	1927-07-06/2	01단	六月中對外貿易/入超五千萬圓
141508	朝鮮朝日	1927-07-06/2	01단	東拓殖銀の代理貨付の利子を引下
141509	朝鮮朝日	1927-07-06/2	01단	七月一日植付狀況 昨年に比しやゝ遅れる/全北の植付 十日ごろ終了
141510	朝鮮朝日	1927-07-06/2	01단	覺えませうや使ひもしませう/メートル法エピソード
141511	朝鮮朝日	1927-07-06/2	02단	平北管內金融組合の增加を圖る
141512	朝鮮朝日	1927-07-06/2	02단	六月中の鐵道局業績/二百三十萬圓
141513	朝鮮朝日	1927-07-06/2	02단	慶北酒類生産消費高/一人當り七圓
141514	朝鮮朝日	1927-07-06/2	03단	京畿金組預金高
141515	朝鮮朝日	1927-07-06/2	03단	六月平壤貿易高
141516	朝鮮朝日	1927-07-06/2	03단	朝鮮土地重役會

일련번호	판명	간행일	단수	기사명
141517	朝鮮朝日	1927-07-07/1	01단	朝鮮に適合した銀行條令の改正案/銀行側の委員が研究立案し經濟調査會に諮問
141518	朝鮮朝日	1927-07-07/1	01단	地方の銀行も減配を決議す/各道知事からの慫慂で
141519	朝鮮朝日	1927-07-07/1	01단	副面長で羅南が紛糾/鮮人側密議す
141520	朝鮮朝日	1927-07-07/1	01단	藤麿王御視察の舊蹟/英邁の士漢の武帝衛滿の朝鮮を略し樂浪外四郡を置く
141521	朝鮮朝日	1927-07-07/1	02단	私鐵勘定の科目を統一/鐵道局が通牒
141522	朝鮮朝日	1927-07-07/1	02단	大邱府に理事官設置/官報で發表
141523	朝鮮朝日	1927-07-07/1	03단	慶北倭館の電燈料金は大邱と同率
141524	朝鮮朝日	1927-07-07/1	03단	水電勃興で咸興の發展期待される
141525	朝鮮朝日	1927-07-07/1	03단	京城春川間自動車を運轉/鐵道局の直營で明年度に實現か
141526	朝鮮朝日	1927-07-07/1	04단	精神病院を京城に設立/衛生課が計劃
141527	朝鮮朝日	1927-07-07/1	04단	鮮人白米商/米突制採用/內地人と協調
141528	朝鮮朝日	1927-07-07/1	05단	辭令(東京電話)
141529	朝鮮朝日	1927-07-07/1	05단	釜山瓦電肚の探合ひ/興味ふかき兩者の態度
141530	朝鮮朝日	1927-07-07/1	05단	社員を增加し陣容を整へて大に積極的に出る/東拓の大きな抱負
141531	朝鮮朝日	1927-07-07/1	05단	練習艦多摩/北鮮を巡視
141532	朝鮮朝日	1927-07-07/1	06단	五十名の校長たちが土に塗れて農業の實習
141533	朝鮮朝日	1927-07-07/1	06단	雙方强硬の普成の盟休/紛糾のまゝ暑休に入る/公州高普の盟休は解決 生徒が折れ/盟休が續出 咸興の諸校に
141534	朝鮮朝日	1927-07-07/1	06단	全鮮一といはれる煙草の密耕地/木浦管內の大檢擧/燒棄された三百十萬本
141535	朝鮮朝日	1927-07-07/1	07단	短歌/橋田東聲選
141536	朝鮮朝日	1927-07-07/1	07단	日本海のくぢら稚魚濫獲で回游が減少
141537	朝鮮朝日	1927-07-07/1	07단	密陽の鮎/雨で上る
141538	朝鮮朝日	1927-07-07/1	08단	海上生活者に豫防の注射/釜山が準備中
141539	朝鮮朝日	1927-07-07/1	08단	看守の虐待で囚人が死んだと政治犯の百餘名が絶食同盟を企てた噂さ
141540	朝鮮朝日	1927-07-07/1	08단	皇室中心社の無料住宅/この程竣工
141541	朝鮮朝日	1927-07-07/1	08단	間島の降雹/鮮農慟哭す/被害が甚大
141542	朝鮮朝日	1927-07-07/1	08단	今度は更に雨が心配の釜山の近郊/洛東の增水 三尺內外/京釜線の線路に故障 列車が遲延す
141543	朝鮮朝日	1927-07-07/1	09단	赤ん坊會/平壤高女で
141544	朝鮮朝日	1927-07-07/1	09단	銃砲火藥の取締を緩和/學生を在鄕軍人に
141545	朝鮮朝日	1927-07-07/1	10단	製鐵野球團來戰
141546	朝鮮朝日	1927-07-07/1	10단	京城庭球聯盟戰
141547	朝鮮朝日	1927-07-07/1	10단	大邱球團遠征中止
141548	朝鮮朝日	1927-07-07/1	10단	體協競技練習會

일련번호	판명	간행일	단수	기사명
141549	朝鮮朝日	1927-07-07/1	10단	會(釜山實踐商卒業式/慶南道署長會議)
141550	朝鮮朝日	1927-07-07/1	10단	人(小椋長吾氏(東拓樂務部經理課主任)/林軍參謀長/山根釜山新局長/齋藤朝紡專務/李鐘國氏)
141551	朝鮮朝日	1927-07-07/1	10단	半島茶話
141552	朝鮮朝日	1927-07-07/2	01단	漁業組合を集め聯合會を組織 金融組合聯合會から漁業資金を融通す/臨海の植付進渉
141553	朝鮮朝日	1927-07-07/2	01단	財界閑話
141554	朝鮮朝日	1927-07-07/2	01단	八ヶ月間鮮米移出/五百五萬石
141555	朝鮮朝日	1927-07-07/2	01단	全鮮を通じ六割一分植付が終る
141556	朝鮮朝日	1927-07-07/2	01단	覺えませうや使ひもしませう/メートル法エピソード
141557	朝鮮朝日	1927-07-07/2	02단	鰯粕と乾鱈/六月の移出高
141558	朝鮮朝日	1927-07-07/2	02단	粟と豆粕の六月輸入高
141559	朝鮮朝日	1927-07-07/2	03단	朝鮮商業年六分
141560	朝鮮朝日	1927-07-07/2	03단	六月木浦在庫米
141561	朝鮮朝日	1927-07-07/2	03단	木浦海草廻着高
141562	朝鮮朝日	1927-07-07/2	03단	採木公司着筏數
141563	朝鮮朝日	1927-07-08/1	01단	軍備擴張に陷らぬやう英米兩國全權に對し日本全權側から勸告/英米の態度が變らねば一兩日は事態重大
141564	朝鮮朝日	1927-07-08/1	01단	市街自動車を京電が目論む/從來營業家の打擊を慮り警察部で愼重に審議
141565	朝鮮朝日	1927-07-08/1	01단	李王、妃殿下御安着の報に/湯淺總監から祝電
141566	朝鮮朝日	1927-07-08/1	01단	藤麿王御視察の舊蹟/魏の大夫司馬仲達よく外夷を征し樂浪わづかに事なし而も高勾麗遂に侵略す
141567	朝鮮朝日	1927-07-08/1	02단	纏まらぬ豫算要求/司計課は督促
141568	朝鮮朝日	1927-07-08/1	03단	吉林北滿材販路を擴張/南滿一圓に
141569	朝鮮朝日	1927-07-08/1	03단	北鮮の煙草業者は合同に絶對反對/當局の贊成調印に一人も應ずるものなし
141570	朝鮮朝日	1927-07-08/1	03단	辭令(東京電話)
141571	朝鮮朝日	1927-07-08/1	03단	大邱警察署新築に決定/工費十萬圓
141572	朝鮮朝日	1927-07-08/1	04단	京城元山間電線を增設/一回線だけ
141573	朝鮮朝日	1927-07-08/1	04단	支那からの入港の船に檢疫を開始
141574	朝鮮朝日	1927-07-08/1	04단	一千萬圓を要する大京城の都市計劃案/道路の延長は一萬一千間/十箇年の繼續事業
141575	朝鮮朝日	1927-07-08/1	05단	齊藤全權夫妻(巴里ガアル・ド・リヨン到着)
141576	朝鮮朝日	1927-07-08/1	05단	天候の見極は一寸つかぬ/釜山測候所の發表(釜山近郊の浸水)
141577	朝鮮朝日	1927-07-08/1	06단	往昔の日本と朝鮮との關係を親しく御見學の御希望/先發の黑板博士は語る
141578	朝鮮朝日	1927-07-08/1	07단	制限を受けぬ朝鮮の蟹甲船/內地で不許可の漁船も朝鮮船として出願

일련번호	판명	간행일	단수	기사명
141579	朝鮮朝日	1927-07-08/1	07단	俳句/鈴木花蓑選
141580	朝鮮朝日	1927-07-08/1	07단	茂山守備隊檢閱
141581	朝鮮朝日	1927-07-08/1	07단	女性中心の犯罪に驚かされた
141582	朝鮮朝日	1927-07-08/1	08단	血判入りで北青農業盟休
141583	朝鮮朝日	1927-07-08/1	08단	總督代理を對手に不敬罪の告訴/詔勅を掲載した雜誌の頒布を禁止したとて
141584	朝鮮朝日	1927-07-08/1	08단	新裝なれる松島海水浴場
141585	朝鮮朝日	1927-07-08/1	08단	鐵道對元山競技會
141586	朝鮮朝日	1927-07-08/1	09단	裡里の火事/六戶を全燒
141587	朝鮮朝日	1927-07-08/1	09단	無産黨の公判遲れる/九月初旬か
141588	朝鮮朝日	1927-07-08/1	09단	農繁期で內地渡船の鮮人が減少
141589	朝鮮朝日	1927-07-08/1	09단	滿鐵對龍山/野球戰擧行
141590	朝鮮朝日	1927-07-08/1	09단	殖産西南に惜敗
141591	朝鮮朝日	1927-07-08/1	09단	野球界一束
141592	朝鮮朝日	1927-07-08/1	10단	會(開西學院講演會/中村醫院長招宴/金組理事長會議/木村師普山式)
141593	朝鮮朝日	1927-07-08/1	10단	人(大西大僧正/瀧邊第十九師團長/柳赫暮氏(朝鮮中樞院參議)/黑板勝美博士/井上副檢查官/梶本益一氏(新任平壤郵便局長)/笹井幸一郎氏(前復興局經理課長)/若山牧水氏/吳橋氏夫人
141594	朝鮮朝日	1927-07-08/1	10단	半島茶話
141595	朝鮮朝日	1927-07-08/2	01단	差押へた炭坑を東拓が經營か/有望視せられている/北鮮炭礦汽船の鑛區
141596	朝鮮朝日	1927-07-08/2	01단	朝鮮大豆の輸移出活溌/手持薄で強氣
141597	朝鮮朝日	1927-07-08/2	01단	朝鮮商銀の支店網計劃/漸次實現
141598	朝鮮朝日	1927-07-08/2	01단	慶南沿岸の牡蠣の養殖/極めて有望
141599	朝鮮朝日	1927-07-08/2	01단	覺えませうや使ひもしませう/メートル法エピソード
141600	朝鮮朝日	1927-07-08/2	02단	補助金目當の牡蠣漁業家/許可申請を出願
141601	朝鮮朝日	1927-07-08/2	02단	私局線荷動狀況
141602	朝鮮朝日	1927-07-08/2	02단	平南の農作狀況
141603	朝鮮朝日	1927-07-08/2	03단	新刊紹介(內外(八月)/思想と生活(六月十日)/專賣通報(七月)/朝鮮教育新聞(七月))
141604	朝鮮朝日	1927-07-09/1	01단	御渡鮮の藤麿王殿下/輕げな鼠色の背廣を召され/ホテルに御少憩のゝち御機嫌よく御渡鮮/藤麿王殿下御日程 京城御視察の/大邱御着は十六日午前
141605	朝鮮朝日	1927-07-09/1	01단	穀物聯合會が營業稅引下の理由を具して陳情
141606	朝鮮朝日	1927-07-09/1	01단	宇垣代理總督/實業家を招待/朝鮮事情を詳述
141607	朝鮮朝日	1927-07-09/1	01단	一驛一店は絶對反對/大邱の穀商が決議す
141608	朝鮮朝日	1927-07-09/1	02단	條件附で合同贊成/平壤煙草業者

일련번호	판명	간행일	단수	기사명
141609	朝鮮朝日	1927-07-09/1	02단	藤麿王御視察の舊蹟/當時の豪奢を偲ぶ副葬品のいろいろ史學界の有力な資料
141610	朝鮮朝日	1927-07-09/1	03단	新義州商議打合會/豫算六千圓
141611	朝鮮朝日	1927-07-09/1	04단	辭令(東京電話)
141612	朝鮮朝日	1927-07-09/1	04단	大興電氣の料金値下は認可されん
141613	朝鮮朝日	1927-07-09/1	04단	短歌/橋田東聲選
141614	朝鮮朝日	1927-07-09/1	04단	思想專門の檢事を重要地に配置/判檢事も同時に增員
141615	朝鮮朝日	1927-07-09/1	05단	土曜漫筆/創造の主のみが描き得る丹靑/金剛山の禮讚/木下日出男
141616	朝鮮朝日	1927-07-09/1	05단	光暢法主十月に來鮮/平壤の行事
141617	朝鮮朝日	1927-07-09/1	05단	職業紹介所/六月中成績/四百八十件
141618	朝鮮朝日	1927-07-09/1	05단	故李鐘國氏昇叙
141619	朝鮮朝日	1927-07-09/1	06단	下級品の需要がだんだん殖える/鮮內の煙草消費高/昨年中で二千七百萬圓
141620	朝鮮朝日	1927-07-09/1	06단	全鮮に亘り豪雨降り頻る 植付には好都合だが水害が案ぜらる/茂山に暴風雨 女一名雷死す/平南の水害 數十戶浸水/黃海も豪雨 被害が多い/鐘城の豪雨 十戶を流失す
141621	朝鮮朝日	1927-07-09/1	07단	平南江東に夜盜蟲發生/蔓延の兆あり
141622	朝鮮朝日	1927-07-09/1	07단	防水と救護の二方面に分って雨季近づく漢江の警戒を關係者が打合せ
141623	朝鮮朝日	1927-07-09/1	07단	全國中等學校優勝野球大會/朝鮮豫選大會
141624	朝鮮朝日	1927-07-09/1	08단	鐵道局の新官舍/五十六戶竣工
141625	朝鮮朝日	1927-07-09/1	09단	釜山入港の船に疑似コレラ發生 釜山水上署の大警戒/豫防液を必死と製造
141626	朝鮮朝日	1927-07-09/1	09단	父兄が憤り慈城普校の盟休が紛糾
141627	朝鮮朝日	1927-07-09/1	09단	一層死ぬなら故鄉でと/强盜と共に逃走した看守が歸る
141628	朝鮮朝日	1927-07-09/1	10단	新義州中天幕生活
141629	朝鮮朝日	1927-07-09/1	10단	安東九大に勝つ
141630	朝鮮朝日	1927-07-09/1	10단	會(慶南社會事業協會/初等學校長會議/府尹郡守會議)
141631	朝鮮朝日	1927-07-09/1	10단	人(須藤慶北知事/丸山幹治氏(京日社主筆)/平北道面長/黑板勝美博士/淺利朝鮮警務局長)
141632	朝鮮朝日	1927-07-09/1	10단	半島茶話
141633	朝鮮朝日	1927-07-09/2	01단	水産資金解決の鍵は？/前途洋々たる朝鮮の水産業/問題は資金の捻出
141634	朝鮮朝日	1927-07-09/2	01단	錦江水電頗る有望/道當局の調査
141635	朝鮮朝日	1927-07-09/2	01단	元山金組定期預金の利子を引下
141636	朝鮮朝日	1927-07-09/2	01단	鎭南浦苹果/出荷組合を營業者が組織
141637	朝鮮朝日	1927-07-09/2	01단	朝鮮無煙炭採炭に着手/平壤府外で
141638	朝鮮朝日	1927-07-09/2	01단	殖銀總會は八月中旬頃

일련번호	판명	간행일	단수	기사명
141639	朝鮮朝日	1927-07-09/2	01단	死も辭せぬと水利組合の認可を陳情
141640	朝鮮朝日	1927-07-09/2	02단	咸南の大麻/有望視さる
141641	朝鮮朝日	1927-07-09/2	02단	全南の鯖魚/意外に不況
141642	朝鮮朝日	1927-07-09/2	02단	快獲の結果/慶南の鮑がめつきり減少
141643	朝鮮朝日	1927-07-09/2	03단	平南繭出廻澁る
141644	朝鮮朝日	1927-07-09/2	03단	黃海穀物檢査高
141645	朝鮮朝日	1927-07-10/1	01단	雨煙る釜山に御上陸/藤麿王殿下久しい憧憬の朝鮮史蹟の御視察/十五日夜京城御到着朝鮮ホテルに御泊/平壤御日程十三、四兩日
141646	朝鮮朝日	1927-07-10/1	01단	全州裡里間十五哩買收案が決定/公債百二萬圓を交付/十五萬圓で改良工事
141647	朝鮮朝日	1927-07-10/1	01단	國境名物(四)/當局も手を燒く　火田民の群れ/山窩以上の大集團で平北の山を荒廢す
141648	朝鮮朝日	1927-07-10/1	02단	慶北の挿秧/七分通進む
141649	朝鮮朝日	1927-07-10/1	03단	私立專門校に補助を要望/總督府に對し
141650	朝鮮朝日	1927-07-10/1	03단	法學專門校政經科增設/學務局が承認
141651	朝鮮朝日	1927-07-10/1	03단	檢査が不足で審理に誤りが生じては大變だと京城地方法院が增員
141652	朝鮮朝日	1927-07-10/1	04단	土地改良部人員增加/豫算に計上
141653	朝鮮朝日	1927-07-10/1	04단	元山商議が水産學校の設立を要望
141654	朝鮮朝日	1927-07-10/1	04단	咸北道の重大案/三件を提げ道議が上城
141655	朝鮮朝日	1927-07-10/1	05단	不滿な點の多い金融組合の制度/近く是を改正すべく財務當局で立案中
141656	朝鮮朝日	1927-07-10/1	05단	俳句(鈴木花養選)
141657	朝鮮朝日	1927-07-10/1	05단	朝鮮窒素內湖の築港/三年で完成
141658	朝鮮朝日	1927-07-10/1	05단	若松氏慰勞金決定
141659	朝鮮朝日	1927-07-10/1	05단	全鮮の意見が合同に贊成す 希望條件で一紛糾か 煙草會社の設 立進捗/大邱も贊成 承諾書を提出
141660	朝鮮朝日	1927-07-10/1	06단	釜山府の理事官增員/近日中に發表
141661	朝鮮朝日	1927-07-10/1	06단	釜山の疑似は陰性と決定/停船を解く
141662	朝鮮朝日	1927-07-10/1	06단	浮浪勞働者を收容すべき/宿泊所建設
141663	朝鮮朝日	1927-07-10/1	07단	全國中等學校優勝野球大會/朝鮮豫選大會
141664	朝鮮朝日	1927-07-10/1	07단	植付はよいが洪水が大心配 漸く雨季に入った 朝鮮昨今の天候/各地の雨量 九日までの/颱風の兆あり釜山の警戒
141665	朝鮮朝日	1927-07-10/1	07단	五千名の兒童中三千五百名まで寄生蟲の所有者/釜山府學務課の調査
141666	朝鮮朝日	1927-07-10/1	07단	大飯喰ひだと忰の許嫁をいびり殺す
141667	朝鮮朝日	1927-07-10/1	08단	大邱聯隊の兵士が逃亡/戀人を慕ひ
141668	朝鮮朝日	1927-07-10/1	08단	遞信軍危く勝つ

일련번호	판명	간행일	단수	기사명
141669	朝鮮朝日	1927-07-10/1	08단	本紙の夏期大附錄アルプス御登攀の秩父宮
141670	朝鮮朝日	1927-07-10/1	09단	釜山對拓殖庭球
141671	朝鮮朝日	1927-07-10/1	09단	新義州醫院/近く開院式
141672	朝鮮朝日	1927-07-10/1	09단	跋扈する不正慈善團/大邱署が檢擧
141673	朝鮮朝日	1927-07-10/1	09단	板本源次氏訃
141674	朝鮮朝日	1927-07-10/1	10단	會(三面蠶羅品評會/李參與官追悼會/森林組合創立總會)
141675	朝鮮朝日	1927-07-10/1	10단	人(加藤鉡次郎氏(平安北道評議員)/拓殖大學見學團/米國上院議員/淺野長武氏/林良幹氏/丸山姫路高校教授/林相駿氏(咸北知事)/恩田朝郵社長/周防正季氏(京畿道衛生課長)/保坂久松氏(淸津郵便局長)/岡松常次郎氏(咸北道議、北鮮日報社長)/四元壽平次氏(淸津商業會議所會頭))
141676	朝鮮朝日	1927-07-10/1	10단	半島茶話
141677	朝鮮朝日	1927-07-10/2	01단	漁業問題解決の鍵/漁業は果して投機であるか/漁者相手の金貸に聞け
141678	朝鮮朝日	1927-07-10/2	01단	土地改良資金割當/千五百萬圓
141679	朝鮮朝日	1927-07-10/2	01단	安寧水利の代行問題は無事に解決
141680	朝鮮朝日	1927-07-10/2	01단	日滿貿易振興委員會/安東も出席
141681	朝鮮朝日	1927-07-10/2	01단	蔚山郡に水利組合を設置の計劃
141682	朝鮮朝日	1927-07-10/2	01단	■利子改正で郵貯の利子八萬圓を增す
141683	朝鮮朝日	1927-07-10/2	01단	間島の流筏/十八萬尺締
141684	朝鮮朝日	1927-07-10/2	02단	滿洲大豆平南輸入高/四千百餘袋
141685	朝鮮朝日	1927-07-10/2	02단	平南叺百萬突破
141686	朝鮮朝日	1927-07-10/2	02단	平壤市場米突法
141687	朝鮮朝日	1927-07-10/2	02단	元山橫航貿易額
141688	朝鮮朝日	1927-07-10/2	02단	全北籾摺業者大會
141689	朝鮮朝日	1927-07-10/2	03단	安東商議會頭決定
141690	朝鮮朝日	1927-07-10/2	03단	元山手形交換高
141691	朝鮮朝日	1927-07-12/1	01단	寫眞說明(朝鮮神宮より京城府內の御鳥瞰遊ばされる藤麿王殿下で、御說明申し上げてゐるのは吉田總督府內務局長)
141692	朝鮮朝日	1927-07-12/1	01단	*樂浪の遺物に御興深き藤麿王 熱心に御觀察遊ばさる/十一日は大學に成らせらる*
141693	朝鮮朝日	1927-07-12/1	01단	國境名物(五)/鐵橋を渡る幾千人監視の目は光る/密輸入を取締る/江畔の關所の奇觀
141694	朝鮮朝日	1927-07-12/1	02단	東拓が近く土地の分割賣り
141695	朝鮮朝日	1927-07-12/1	03단	咸興上水の電氣機關/成績良好
141696	朝鮮朝日	1927-07-12/1	03단	內地移出米の運賃割戾し二石五厘に協定
141697	朝鮮朝日	1927-07-12/1	03단	軍隊內で産業講演
141698	朝鮮朝日	1927-07-12/1	03단	女子技藝の製作展
141699	朝鮮朝日	1927-07-12/1	04단	決定した咸興の水道/工費六十萬圓

일련번호	판명	간행일	단수	기사명
141700	朝鮮朝日	1927-07-12/1	04단	釜山女高普起工遅れる/當局は憂慮
141701	朝鮮朝日	1927-07-12/1	04단	地方病の調査員を設く/豫算十萬圓を計上
141702	朝鮮朝日	1927-07-12/1	04단	赤痢患者增す
141703	朝鮮朝日	1927-07-12/1	05단	朝鮮野球豫選評判記/殆んと新選手だが幸先の良い/仁川南商業學校
141704	朝鮮朝日	1927-07-12/1	05단	練習艦多摩/朝鮮沿岸廻航
141705	朝鮮朝日	1927-07-12/1	05단	船天その他へ豫防注射
141706	朝鮮朝日	1927-07-12/1	05단	短歌/橋田東聲選
141707	朝鮮朝日	1927-07-12/1	05단	牛肺疫/十二頭發生
141708	朝鮮朝日	1927-07-12/1	06단	大體鰻上り/總督府の異動評
141709	朝鮮朝日	1927-07-12/1	06단	全國中等學校優勝野球大會/朝鮮豫選大會
141710	朝鮮朝日	1927-07-12/1	06단	十二日から內鮮それぞれ纏めて放送
141711	朝鮮朝日	1927-07-12/1	06단	邊陬の人たちも漸く贅澤になり淸涼飮料水の需要が年々に增加して來る
141712	朝鮮朝日	1927-07-12/1	07단	駐在所の救急箱設置/成績は良好
141713	朝鮮朝日	1927-07-12/1	07단	アメリカのホテル業者/京城を視察
141714	朝鮮朝日	1927-07-12/1	08단	林野の蟲害/數十萬町步
141715	朝鮮朝日	1927-07-12/1	08단	鮮人救濟隣保館/十月には完成
141716	朝鮮朝日	1927-07-12/1	08단	ピストル强盜/元山里で捕はる
141717	朝鮮朝日	1927-07-12/1	09단	鐵道勝つ
141718	朝鮮朝日	1927-07-12/1	09단	大海チーム招聘
141719	朝鮮朝日	1927-07-12/1	09단	西南軍來壤
141720	朝鮮朝日	1927-07-12/1	09단	陰謀事件の公判は來る三十日
141721	朝鮮朝日	1927-07-12/1	10단	平壤每日新築
141722	朝鮮朝日	1927-07-12/1	10단	昌慶丸入渠
141723	朝鮮朝日	1927-07-12/1	10단	會(殉職警官招魂祭/釜山實踐商業卒業式)
141724	朝鮮朝日	1927-07-12/1	10단	人(今村黃海道知事/牧山代議士(朝鮮新聞社長)/佐藤信太郎氏(新慶南道地方課長)/吉本一男氏(京城電話局監査課長)/靑木戒三氏(平南知事)/西岡芳次郎氏(總督府事務官)/關水武氏(平南內務部長)/上田彦策氏(大邱府尹)/今井葛幸氏(東京辯護士)/拓殖大學庭球團一行/中西顯政氏(森林大表)/橋本昌夬氏(東京中央氣象林技師)/鈴木日本化學研究所長/淺利警務局長/重信理事長)
141725	朝鮮朝日	1927-07-12/1	10단	半島茶話
141726	朝鮮朝日	1927-07-12/2	01단	漁業問題解決の鍵(二)/下は地獄の板の上で徒に踊って居る/金貨の傀儡に過ぎない/現在の多くの漁夫
141727	朝鮮朝日	1927-07-12/2	01단	東拓の模範田/漸次に擴張
141728	朝鮮朝日	1927-07-12/2	01단	京城卸商/聯盟を組織
141729	朝鮮朝日	1927-07-12/2	01단	棉作減收か
141730	朝鮮朝日	1927-07-12/2	01단	朝鮮の郵貯/二千四百萬圓

일련번호	판명	간행일	단수	기사명
141731	朝鮮朝日	1927-07-12/2	02단	京城電氣/バス經營の認可遅れん
141732	朝鮮朝日	1927-07-12/2	02단	京城春川間郵便遞送に自動車使用
141733	朝鮮朝日	1927-07-12/2	02단	平南外米輸入高
141734	朝鮮朝日	1927-07-12/2	02단	京南鐵道が荷物輸送に自動車を利用
141735	朝鮮朝日	1927-07-13/1	01단	鮮人教育の狀況 御視察遊ばさる 十二日の山階宮藤麿王殿下/山階宮の御招宴
141736	朝鮮朝日	1927-07-13/1	01단	支那側の附加稅徵收に反對決議/間島居留民大會
141737	朝鮮朝日	1927-07-13/1	01단	二十四萬圓で漁港を設計/ちかく起工
141738	朝鮮朝日	1927-07-13/1	01단	水稻植付近く終了/前年より增加
141739	朝鮮朝日	1927-07-13/1	01단	國境名物(六)/鴨江の水溫んで川面を埋め流る/夥しき筏のかずかず>木材の都市
141740	朝鮮朝日	1927-07-13/1	02단	釜山の瓦電問題/妥協點に到達するか
141741	朝鮮朝日	1927-07-13/1	02단	各地で催される夏季大學や講習種目と日割決定す(夏季大學/各種講習/教育講習)
141742	朝鮮朝日	1927-07-13/1	03단	會社銀行(朝鐵訴訟問題/木浦銀行利下/元山銀行帳尻/大邱銀行配當)
141743	朝鮮朝日	1927-07-13/1	04단	火藥取締規則改正
141744	朝鮮朝日	1927-07-13/1	04단	荒刻『喜煙』/需要增加で工場の大擴張
141745	朝鮮朝日	1927-07-13/1	04단	惡化した東萊高普の盟休事件/咸興高普の盟休解決/四年生は復校 京城高普の盟休事件
141746	朝鮮朝日	1927-07-13/1	05단	朝鮮野球豫選評判記/例年と同じく早くも優勝候補/有望な釜山一商
141747	朝鮮朝日	1927-07-13/1	05단	新義州府內は制限給水/水源地擴張迄
141748	朝鮮朝日	1927-07-13/1	05단	漫然と渡航する者を鄕里出發前に阻止するに決す
141749	朝鮮朝日	1927-07-13/1	06단	俳句(鈴木花蓑選)
141750	朝鮮朝日	1927-07-13/1	06단	市から府へ看板塗り替/只時機に問題
141751	朝鮮朝日	1927-07-13/1	07단	鴨綠江の流筏期來る
141752	朝鮮朝日	1927-07-13/1	07단	家屋の倒潰で壓死者を出し田畑を流失するなど各地の被害は大きい/降雨で喜ぶ咸南一帶/間島方面の被害調査
141753	朝鮮朝日	1927-07-13/1	07단	全國中等學校優勝野球大會/朝鮮豫選大會
141754	朝鮮朝日	1927-07-13/1	08단	晋州師範校/移築を陳情
141755	朝鮮朝日	1927-07-13/1	08단	朝鮮海峽に濃霧襲來
141756	朝鮮朝日	1927-07-13/1	09단	野球試合日割
141757	朝鮮朝日	1927-07-13/1	09단	開城面に上水道敷設/工費五十萬圓
141758	朝鮮朝日	1927-07-13/1	09단	木部しげの孃が來る九月中旬鄕土訪問飛行をする
141759	朝鮮朝日	1927-07-13/1	09단	醫學卒業式
141760	朝鮮朝日	1927-07-13/1	09단	會(山根新局長招宴)

일련번호	판명	간행일	단수	기사명
141761	朝鮮朝日	1927-07-13/1	09단	人(宇垣朝鮮總督代理/長谷川基氏(本府御用掛り、陸軍大尉)/王守善氏(支那領事)/中野咸南知事/佐藤慶南道理事官/松澤國治氏/神尾新任總督府社會課長/山崎倫太郎氏(平每編輯局長)/野村劍次郎氏(新任京城大學會計主任/大谷正之助氏(新任專賣局京城支局長)/山內釜山府理事官/永井十太郎氏(新任中央電話局長)/韓禾復氏(忠北知事)/志賀潔博士)
141762	朝鮮朝日	1927-07-13/1	10단	釜山市民が早起と體操/三箇所に集合
141763	朝鮮朝日	1927-07-13/1	10단	半島茶話
141764	朝鮮朝日	1927-07-13/2	01단	漁業問題解決の鍵(三)/抵當になりかねる漁業家の財物/獲物は豊凶が甚しく漁船には保險が附せられぬ
141765	朝鮮朝日	1927-07-13/2	01단	陸境關稅の特典のため/新義州の貿易逐年激增す
141766	朝鮮朝日	1927-07-13/2	01단	畜産大會を好機會とし大邱牛の市
141767	朝鮮朝日	1927-07-13/2	01단	鮮內の原動機/千六百餘臺
141768	朝鮮朝日	1927-07-13/2	01단	木浦電燈の料金値下げ
141769	朝鮮朝日	1927-07-13/2	01단	釜山府內の町名が變る/九月一日から
141770	朝鮮朝日	1927-07-13/2	02단	忠南の自動車賃値下
141771	朝鮮朝日	1927-07-13/2	02단	米作豊作か
141772	朝鮮朝日	1927-07-13/2	02단	平壤の工場數
141773	朝鮮朝日	1927-07-13/2	02단	益世報支社
141774	朝鮮朝日	1927-07-13/2	02단	新刊紹介(ボトナム(七月號)/朝鮮及滿洲(七月號)/朝鮮公論(七月號))
141775	朝鮮朝日	1927-07-13/2	03단	釜山(國際館劇場)
141776	朝鮮朝日	1927-07-14/1	01단	朝鮮野球豫選評判記/內野のトリオは微塵の隙もない/優勝候補の京中
141777	朝鮮朝日	1927-07-14/1	01단	篠つく雨をお厭ひなく樂浪に成らせらる十三日の藤麿王殿下/山階宮は十八日御歸東
141778	朝鮮朝日	1927-07-14/1	03단	全鮮人口約一千萬/內地人四十萬
141779	朝鮮朝日	1927-07-14/1	03단	豫算の出揃ふは二十日頃か
141780	朝鮮朝日	1927-07-14/1	03단	京城、浦潮間郵便飛行/ちかく開始
141781	朝鮮朝日	1927-07-14/1	03단	會社銀行(大邱銀行配當/金融機關增加/今井氏後任)
141782	朝鮮朝日	1927-07-14/1	04단	殖銀異動
141783	朝鮮朝日	1927-07-14/1	04단	講習期間を改め警官の不足を補ひ質の改善を計る/淺利警務局長談
141784	朝鮮朝日	1927-07-14/1	04단	高木氏が結局社長か/煙草合同會社
141785	朝鮮朝日	1927-07-14/1	05단	國境名物(六)/頭目の指揮によって整然として動く/森林地帶の大馬賊/捕はるれば有無なく銃殺
141786	朝鮮朝日	1927-07-14/1	05단	辭令(東京電話)
141787	朝鮮朝日	1927-07-14/1	05단	鱶大漁/南鮮沿岸地方

일련번호	판명	간행일	단수	기사명
141788	朝鮮朝日	1927-07-14/1	06단	頻發する學校盟休事件 淑女會に一任して解決 淑明女子高普校/崇實中の一、二年生盟休 內地人教師を糺彈す/東萊高普の盟休が續けば斷然たる處置をとる/私立學校に同情せよ 近藤通譯官談
141789	朝鮮朝日	1927-07-14/1	07단	短歌/橋田東聲選
141790	朝鮮朝日	1927-07-14/1	07단	形勢不穩 間島の附加稅問題/責任は支那側にある 鈴木總領事の態度
141791	朝鮮朝日	1927-07-14/1	08단	浸水家屋五百戶倒壞家屋多數/大豪雨で家屋流失 水路を破壞/平壤の防水準備/全鮮各地挿秧終る 各地に降雨
141792	朝鮮朝日	1927-07-14/1	09단	密告した恨みを果すとて七人がピストルを放つ/犯人は逃走
141793	朝鮮朝日	1927-07-14/1	09단	新義州會議所創立計劃
141794	朝鮮朝日	1927-07-14/1	09단	殺人犯も釋放さる/安東縣のこと
141795	朝鮮朝日	1927-07-14/1	09단	大每チーム試合日割
141796	朝鮮朝日	1927-07-14/1	09단	會(釜山府協議會/社會事業打合會/咸南道署長會議)
141797	朝鮮朝日	1927-07-14/1	10단	人(伊澤多喜男氏(元裳潜總督)/粕谷準一郎氏(淸津府內務主任)/望月光棄氏(新任光州郵便局長)/岸憲兵大尉/淺利朝鮮警務局長/今井壽幸氏(辯護士)/高武公義氏(新任大邱專賣支局長)/漉邊秀雄氏(新任仁川稅關長))
141798	朝鮮朝日	1927-07-14/1	10단	半島茶話
141799	朝鮮朝日	1927-07-14/2	01단	漁業問題解決の鍵(四)/改善すべき第一は漁業組合の組織産業組合風に改め/やがて聯合會の必要もある
141800	朝鮮朝日	1927-07-14/2	01단	本年最初の金融資金/渡邊課長談
141801	朝鮮朝日	1927-07-14/2	01단	實用物が巾をきかす/中元贈答品
141802	朝鮮朝日	1927-07-14/2	01단	麥作豫想/昨年より減收
141803	朝鮮朝日	1927-07-14/2	01단	夜盜虫全減
141804	朝鮮朝日	1927-07-14/2	02단	七月上旬の發送貨物
141805	朝鮮朝日	1927-07-14/2	02단	元山貿易額
141806	朝鮮朝日	1927-07-14/2	02단	龍山運送合同
141807	朝鮮朝日	1927-07-14/2	02단	電車線路擴張要望/京城商議で協議
141808	朝鮮朝日	1927-07-14/2	03단	麻布製産狀況
141809	朝鮮朝日	1927-07-14/2	03단	船舶拂下
141810	朝鮮朝日	1927-07-15/1	01단	平南の各河川氾濫し家屋の倒壞、浸水多く 避難民は續々平壤に逃込む 大同江も刻々危險/交通杜絶が各地に續出す 大漢江も危險を感じ/京義線は危く通ず/京畿道附近驟雨の被害/漢江の水 刻々增加す/平北一帶も自動車不通/咸南線不通 枕木が流失し/十四日朝開通す
141811	朝鮮朝日	1927-07-15/1	01단	朝鮮中等校野球評判記/無心川の邊り潜に技を練り檜舞臺に乘り出す/淸州公立農學校
141812	朝鮮朝日	1927-07-15/1	02단	委員五百餘名で大懸りな救護班/一昨年の洪水に懲りた鐵道局の懸命な準備

일련번호	판명	간행일	단수	기사명
141813	朝鮮朝日	1927-07-15/1	04단	大邱府の下水路開鑿/いよいよ着工
141814	朝鮮朝日	1927-07-15/1	04단	雨中泥濘の中を蝙蝠傘一つで江西古墳を御視察/平壤の藤麿王殿下
141815	朝鮮朝日	1927-07-15/1	05단	國境名物(八)/鴨江の流域に蔓る奇病のかずかず/呼吸病や蛔蟲が多く悲喜劇が釀される
141816	朝鮮朝日	1927-07-15/1	05단	獨逸公債の引換は延期/八月末迄に
141817	朝鮮朝日	1927-07-15/1	06단	延期を重ねた歐亞の連絡輸送/八月一日から實施/當分は切符の發賣だけ
141818	朝鮮朝日	1927-07-15/1	06단	公州鳥致院/自動車運轉/直營を陳情
141819	朝鮮朝日	1927-07-15/1	07단	俳句(鈴木花蓑選)
141820	朝鮮朝日	1927-07-15/1	07단	十二の少年が強盜を逮捕/警察に引渡す
141821	朝鮮朝日	1927-07-15/1	07단	石炭の缺乏で漂ふ汽船を救けて石炭を供給したのは海難救助かどうか/七年ごしの珍訴訟の辯論開始
141822	朝鮮朝日	1927-07-15/1	08단	赤行囊拔取犯人檢擧/釜山で豪遊中
141823	朝鮮朝日	1927-07-15/1	08단	鐵道野球團東上
141824	朝鮮朝日	1927-07-15/1	08단	全大邱球快勝
141825	朝鮮朝日	1927-07-15/1	08단	製鐵所球團渡鮮
141826	朝鮮朝日	1927-07-15/1	09단	人夫百餘名が駐在所を襲ひ窓ガラスを破壞す/警官が拔劍して追ひ拂ふ
141827	朝鮮朝日	1927-07-15/1	09단	亡國赤化團と提携し東拓殖銀を荒した儒林團の陰謀事件/慶北警察部が發表
141828	朝鮮朝日	1927-07-15/1	09단	主謀者のみの退校處分で普成の盟休解決か
141829	朝鮮朝日	1927-07-15/1	10단	明國皇帝の自畫像紛失朴男爵邸の
141830	朝鮮朝日	1927-07-15/1	10단	稅を上げたを遺恨に思ひ/財務係員に重傷を負す
141831	朝鮮朝日	1927-07-15/1	10단	半島茶話
141832	朝鮮朝日	1927-07-15/2	01단	漁業問題解決の鍵(五)/漁業權を物權と認め銀行の期間を長く/獲物の豊凶を豫知する/講ずべき手段は多い
141833	朝鮮朝日	1927-07-15/2	01단	六月中內鮮貿易額/四千八萬圓
141834	朝鮮朝日	1927-07-15/2	01단	財界閑話
141835	朝鮮朝日	1927-07-15/2	01단	仁川廻着米三千四百噸
141836	朝鮮朝日	1927-07-15/2	01단	郵貯から二百萬圓を朝鮮へ融通
141837	朝鮮朝日	1927-07-15/2	01단	木材の輸送/頓に激增す
141838	朝鮮朝日	1927-07-15/2	02단	籾收納庫を農業倉庫に東拓が流用
141839	朝鮮朝日	1927-07-15/2	02단	水利組合の聯合會設立/八月ごろ發會
141840	朝鮮朝日	1927-07-15/2	02단	昭和元年度葉煙草收納/二百六十萬貫
141841	朝鮮朝日	1927-07-15/2	03단	朝鮮火災增配當
141842	朝鮮朝日	1927-07-15/2	03단	朝鮮鐵道七月業績
141843	朝鮮朝日	1927-07-15/2	03단	朝鮮無煙炭軍役會

일련번호	판명	간행일	단수	기사명
141844	朝鮮朝日	1927-07-16/1	01단	山階宮藤麿王殿下 十四日樂浪古墳御見學/藤麿王十五日御退京 慶州に向はせらる/釜山御日程 知事も隨行/洪水のため開城視察御中止/十五日夜 京城御出發 一路慶州へ
141845	朝鮮朝日	1927-07-16/1	01단	稅關吏任用の詮衡を嚴重に素質の向上を圖る
141846	朝鮮朝日	1927-07-16/1	01단	土曜漫筆/蠅の哲學/總督府編輯官高田邦彦
141847	朝鮮朝日	1927-07-16/1	03단	附課稅問題で支那人側と內鮮人が反目し形勢險惡
141848	朝鮮朝日	1927-07-16/1	04단	大邱安東間線路敷地を當局が調査
141849	朝鮮朝日	1927-07-16/1	04단	商人の誘惑に陷らぬやう/稅關吏たちへ財務局長訓示
141850	朝鮮朝日	1927-07-16/1	04단	輸送中の牛に食糧を與へる/試驗は好成績を收む/引續き試驗を行ふ
141851	朝鮮朝日	1927-07-16/1	04단	拓大庭球軍破る
141852	朝鮮朝日	1927-07-16/1	05단	氾濫！！浸水！！避難！！ 警察や消防が總出で警戒す 平南の豪雨なほ熄まず 大同江の增水七米/危險泊る 漢江の增水/咸南龍興江 漸次減水す/鐵道の事故 十五日判明/京元線も不通/釜山方面の天候は回復/黃海の被害 警察部の報告
141853	朝鮮朝日	1927-07-16/1	05단	全製鐵軍大敗す
141854	朝鮮朝日	1927-07-16/1	05단	滿鐵社長は山本条太郎氏/黨籍を離脫した上代議士のま〉就任
141855	朝鮮朝日	1927-07-16/1	06단	釜山兒童乘馬會
141856	朝鮮朝日	1927-07-16/1	06단	北大練習船忍路丸/釜山に入港
141857	朝鮮朝日	1927-07-16/1	07단	女性運動の權友會員が巷に出でて主義を宣傳
141858	朝鮮朝日	1927-07-16/1	07단	短歌/橋田東聲選
141859	朝鮮朝日	1927-07-16/1	07단	閔氏小作人農監と對峙/形勢が不穩
141860	朝鮮朝日	1927-07-16/1	08단	福田大將狙擊犯人の一味/大赦で出獄
141861	朝鮮朝日	1927-07-16/1	08단	生徒側の結束が破る/東萊高普の盟休
141862	朝鮮朝日	1927-07-16/1	08단	西日本球界の爭覇豫選大會泊る/初參加の京城醫專/期待されるその奮鬪ぶり
141863	朝鮮朝日	1927-07-16/1	09단	附加稅問題の對策を協議/安東縣の卸商
141864	朝鮮朝日	1927-07-16/1	09단	平元新線の一部開通は十月に始業
141865	朝鮮朝日	1927-07-16/1	10단	大邱市內の赤痢が猖獗/死亡者八名
141866	朝鮮朝日	1927-07-16/1	10단	會(釜山商議夜員會/釜山金曜會例會/釜山券落成祝/淸津小學校敎育後授會)
141867	朝鮮朝日	1927-07-16/1	10단	人(坂垣只二氏(新任咸南道地方課長)/黑板勝美博士/岸川菊郎氏(大阪商船釜山支店長)/四方諒二氏(咸興憲兵分隊長)/兵蹟忠北新務課長/原田耕一氏(大連五品取引場理事長)/伊藤忠北學務課長)
141868	朝鮮朝日	1927-07-16/1	10단	半島茶話
141869	朝鮮朝日	1927-07-16/2	01단	大銀行にのみ預金が集って資金がダブつく
141870	朝鮮朝日	1927-07-16/2	01단	滿銀支店の買收進捗す/總會に附議
141871	朝鮮朝日	1927-07-16/2	01단	金融組合への貨付償還は何時でも受付

일련번호	판명	간행일	단수	기사명
141872	朝鮮朝日	1927-07-16/2	01단	水利事業の有望な永興/當局が奬勵
141873	朝鮮朝日	1927-07-16/2	01단	厚昌地方が木材搬出で活氣づく
141874	朝鮮朝日	1927-07-16/2	01단	竹林造成を慶北が奬勵
141875	朝鮮朝日	1927-07-16/2	02단	基本財産造成のため植林の計劃
141876	朝鮮朝日	1927-07-16/2	02단	昨年の鑛産額/二千四百萬圓
141877	朝鮮朝日	1927-07-16/2	02단	滿洲粟輸入別
141878	朝鮮朝日	1927-07-16/2	02단	清津無盡減配
141879	朝鮮朝日	1927-07-16/2	03단	慶南の鷄卵好評
141880	朝鮮朝日	1927-07-16/2	03단	利川電氣設立
141881	朝鮮朝日	1927-07-16/2	03단	韓一銀六分配當
141882	朝鮮朝日	1927-07-17/1	01단	專門校程度の水産講習所を來年度に設立計劃/豫算に計上される模樣
141883	朝鮮朝日	1927-07-17/1	01단	觸れなば落ちん可憐な印象を深く胸にひそめて/朝鮮藝術を喜ぶ川田氏
141884	朝鮮朝日	1927-07-17/1	01단	朝鮮野球豫選評判記/荒削りなプレイで內地を驚かした微文高普のナイン/優勝候補の隨一
141885	朝鮮朝日	1927-07-17/1	03단	藤麿王殿下大邱御着/直に慶州へ
141886	朝鮮朝日	1927-07-17/1	03단	附加稅徵收で安東の邦商/支那側に交涉
141887	朝鮮朝日	1927-07-17/1	03단	金融制度調査委員會/第二回を開催
141888	朝鮮朝日	1927-07-17/1	04단	日滿貿易振興委員會/延期さる
141889	朝鮮朝日	1927-07-17/1	04단	群山電氣發電所擴張/十二日竣工
141890	朝鮮朝日	1927-07-17/1	04단	俳句/鈴木花蓑選
141891	朝鮮朝日	1927-07-17/1	04단	西鮮野球大會
141892	朝鮮朝日	1927-07-17/1	05단	國境名物(九)/木の都に相應しい街路をかざる/新義州白楊の並木
141893	朝鮮朝日	1927-07-17/1	05단	大漢江の增水/濁流滔々豪を浸す
141894	朝鮮朝日	1927-07-17/1	06단	濟州島が畜産學校の設立を要望
141895	朝鮮朝日	1927-07-17/1	06단	專門校試驗/京城で擧行
141896	朝鮮朝日	1927-07-17/1	06단	田舍出の學生を誘惑する不良/頻に京城に跋扈す/京畿道警察部が警戒する
141897	朝鮮朝日	1927-07-17/1	08단	國境の大荒れ 京義線遂に不通 安義兩地に浸水家屋夥しく筏の流失多き模樣/十六日は暴風雨化し形勢愈々險惡/交通杜絶し郵便物停滯/平南の雨は漸く霽れる/救助船顚覆　行方不明十二/沙里院會寧間　鐵道不通となる/黃海方面に警備船急行/京畿の被害　倒壞家屋七戶
141898	朝鮮朝日	1927-07-17/1	09단	メートル法展覽會/京城で開催
141899	朝鮮朝日	1927-07-17/1	09단	共産黨事件/公判は八月二十五日
141900	朝鮮朝日	1927-07-17/1	10단	會(中日學堂卒業式/京城商議役員會)
141901	朝鮮朝日	1927-07-17/1	10단	人(張學銘氏(張作霖氏次男)/靑木平南知事/大每野球團)

일련번호	판명	간행일	단수	기사명
141902	朝鮮朝日	1927-07-17/1	10단	半島茶話
141903	朝鮮朝日	1927-07-17/2	01단	續々計劃された平北の水利工事/大部分本年中に竣工
141904	朝鮮朝日	1927-07-17/2	01단	財界閑話
141905	朝鮮朝日	1927-07-17/2	01단	平南の水稻/植付の豫想
141906	朝鮮朝日	1927-07-17/2	01단	六月中貿易額/五千五百萬圓/前年より減少
141907	朝鮮朝日	1927-07-17/2	02단	七月上旬粟と豆粕の荷動き狀況
141908	朝鮮朝日	1927-07-17/2	02단	淡水魚『わかさぎ』放養の計劃
141909	朝鮮朝日	1927-07-17/2	03단	木浦港米移出高
141910	朝鮮朝日	1927-07-17/2	03단	新義州米穀檢査
141911	朝鮮朝日	1927-07-17/2	03단	京城市場賣上高
141912	朝鮮朝日	1927-07-17/2	03단	王子製絲不成績
141913	朝鮮朝日	1927-07-19/1	01단	粟麥の增産を大いに獎勵し食糧問題に資したい/池田殖産局長語る
141914	朝鮮朝日	1927-07-19/1	01단	任那の舊蹟を探り究められ海路釜山に御着/朝鮮の旅を終らせらる
141915	朝鮮朝日	1927-07-19/1	01단	慶州御見學の藤麿王殿下/蔚山へ御發
141916	朝鮮朝日	1927-07-19/1	01단	朝鮮野球豫選評判記/勝敗は兎も角も堂々と戰ひ度い守備よりも打擊に優る/若き 大邱中學ナイン
141917	朝鮮朝日	1927-07-19/1	02단	附加稅問題で裏切が出て支那側に屈服/間島民憤慨す
141918	朝鮮朝日	1927-07-19/1	02단	第一回創立委員會/元賣捌業の代表者集まり愈よ合同を附議す
141919	朝鮮朝日	1927-07-19/1	03단	平壤の運送店合同を協議/成案を作成
141920	朝鮮朝日	1927-07-19/1	03단	島谷汽船が浦項裏日本/航路に就航
141921	朝鮮朝日	1927-07-19/1	03단	一躍五割も氷價の値上
141922	朝鮮朝日	1927-07-19/1	04단	短歌/橋田東聲選
141923	朝鮮朝日	1927-07-19/1	04단	咸鏡南線の一部開通は七月末か
141924	朝鮮朝日	1927-07-19/1	04단	金融組合の理事長更迭/空氣を一新する計劃
141925	朝鮮朝日	1927-07-19/1	05단	六月末の平壤の人口/十一萬八千人
141926	朝鮮朝日	1927-07-19/1	05단	會寧營林署の直接販賣に反對/幾多の犧牲を拂った北鮮の三地が奮起す
141927	朝鮮朝日	1927-07-19/1	05단	血淸製造所移轉の噂/反對運動起らん
141928	朝鮮朝日	1927-07-19/1	05단	フィルム檢閱料金の値下を陳情
141929	朝鮮朝日	1927-07-19/1	05단	傳染病の豫防費/十萬圓に增額
141930	朝鮮朝日	1927-07-19/1	06단	下士養成の敎導學校に派遣員決定
141931	朝鮮朝日	1927-07-19/1	06단	基督敎會が保姆學校を設立の計劃
141932	朝鮮朝日	1927-07-19/1	06단	全南産品の販路擴張に內地を視察
141933	朝鮮朝日	1927-07-19/1	06단	新進よく勝つか古豪敵を制すか 豫選野球大會は迫る 參加申込は十三校/優勝旗返還式と第一日の戰績九大總長の始球式/大分高商京城醫專に及ばず敗る五A一二/鐵道製鐵に大勝/拓大 軍破る

일련번호	판명	간행일	단수	기사명
141934	朝鮮朝日	1927-07-19/1	07단	龍井道路改修
141935	朝鮮朝日	1927-07-19/1	07단	日本大學の雄辯會渡鮮/各地で講演
141936	朝鮮朝日	1927-07-19/1	07단	文藝誌『僕等』京城で發刊
141937	朝鮮朝日	1927-07-19/1	08단	國境兩都市の數千戶が浸水 平北の自動車網全滅 京義線は辛く開通す/線路が崩壞 盂中里線不通 介川鐵道全線が不通 復舊の見込たゝず/黃海線も開通
141938	朝鮮朝日	1927-07-19/1	08단	嫁が舅を剃刀で斬り殺す
141939	朝鮮朝日	1927-07-19/1	09단	會(城津局上棟式/兵營生活修養講習會/忠南教育總會)
141940	朝鮮朝日	1927-07-19/1	09단	人(矢鍋殖銀理事/大野黃海道財務部長/有賀朝鮮殖産銀頭取/高武公美氏(專賣局大邱支局長)/新田隣平氏(專賣局平壤支局長)/渡邊秀雄氏(新任仁川稅關長)/松澤國治氏(新任慶北財務部長))
141941	朝鮮朝日	1927-07-19/1	09단	新しい顔(一)/甘い籤を引き當てた財政通の村山道雄君
141942	朝鮮朝日	1927-07-19/1	10단	半島茶話
141943	朝鮮朝日	1927-07-19/2	01단	鮮米の移出六百萬石を突破/昭和元年度の豫想
141944	朝鮮朝日	1927-07-19/2	01단	移出港在米高/五十餘萬石
141945	朝鮮朝日	1927-07-19/2	01단	鎮南浦組銀/預金利引下
141946	朝鮮朝日	1927-07-19/2	01단	糖蜜を加へた朝鮮燒酎/釀造は好成績
141947	朝鮮朝日	1927-07-19/2	01단	北鮮の漁場/鰤の大當り
141948	朝鮮朝日	1927-07-19/2	02단	水稻增收の品評會開催
141949	朝鮮朝日	1927-07-19/2	02단	忠南の植付/殆ど終了す
141950	朝鮮朝日	1927-07-19/2	02단	京城各銀行貸出高/一億四百萬圓
141951	朝鮮朝日	1927-07-19/2	02단	支那動亂で海産物輸出大減少を來す
141952	朝鮮朝日	1927-07-19/2	03단	京城製絲が片倉製絲に讓渡される
141953	朝鮮朝日	1927-07-19/2	03단	仁川商議の賦課率決定/收入が減少
141954	朝鮮朝日	1927-07-19/2	03단	木浦金組業績
141955	朝鮮朝日	1927-07-19/2	03단	清津上半期貿易
141956	朝鮮朝日	1927-07-19/2	03단	安東商工案內編纂
141957	朝鮮朝日	1927-07-20/1	01단	二千萬圓の巨費と十五ヶ年の歲月と十五萬人の勞力を要した土地調査完全に終る 稅制の根底を決した大事業/可なり烈しい誤が發見された 從來の朝鮮地圖
141958	朝鮮朝日	1927-07-20/1	01단	個々の御研究に更に御渡鮮か/非常にお喜びだった/藤麿王殿下朝鮮の御見學
141959	朝鮮朝日	1927-07-20/1	02단	池田局長の急遽東上は宇垣氏の招致
141960	朝鮮朝日	1927-07-20/1	02단	群山上水道擴張の計劃/工費五十萬圓
141961	朝鮮朝日	1927-07-20/1	03단	松浦氏が呑込み旨く治まるか 意外と見られる 城大總長の更迭/煙草と徒步と獨り言が道樂 城大總長に就任した貧乏で有名な松浦氏
141962	朝鮮朝日	1927-07-20/1	03단	藤麿王殿下御退鮮/十九日朝
141963	朝鮮朝日	1927-07-20/1	04단	血清製造所移轉は嘘殖産局長否定

일련번호	판명	간행일	단수	기사명
141964	朝鮮朝日	1927-07-20/1	05단	複式に改む群山の電話
141965	朝鮮朝日	1927-07-20/1	05단	俳句/鈴木花蓑選
141966	朝鮮朝日	1927-07-20/1	05단	弊害の多い賴母子の取締/撤底的に調査して解散又は立直を圖る
141967	朝鮮朝日	1927-07-20/1	06단	群山郵便局改築は實現/豫算に計上
141968	朝鮮朝日	1927-07-20/1	06단	龍洞驛新設/咸鏡北部線に
141969	朝鮮朝日	1927-07-20/1	06단	五千名にコ疫豫防の注射を屬行
141970	朝鮮朝日	1927-07-20/1	06단	投手戰を演じ山高勝つ/六一二
141971	朝鮮朝日	1927-07-20/1	07단	農忙の時期には三萬人が不足し/農閑期には倍數が剩る/慶南の勞動者需給
141972	朝鮮朝日	1927-07-20/1	07단	鴨綠江減水し罹災民愁眉を開く/平北の被害百萬圓
141973	朝鮮朝日	1927-07-20/1	07단	東萊郡界に溫泉/新に發見さる
141974	朝鮮朝日	1927-07-20/1	07단	南洲翁の肖像と筆蹟/五十年祭基金募集で各地に頒布
141975	朝鮮朝日	1927-07-20/1	07단	齒拔きの女勞動者/煽動され盟休
141976	朝鮮朝日	1927-07-20/1	08단	登校申出の生徒が續出/淑明女校の盟休は解決
141977	朝鮮朝日	1927-07-20/1	08단	警察部長にモヒ中毒の治療法を講習
141978	朝鮮朝日	1927-07-20/1	08단	鐵道大毎に敗る
141979	朝鮮朝日	1927-07-20/1	08단	不正漁夫に爆藥を賣る/密賣者逮捕
141980	朝鮮朝日	1927-07-20/1	08단	四百の支那人が守備兵に暴行/我兵も遂に發砲し怪支人一名を射殺
141981	朝鮮朝日	1927-07-20/1	09단	メートルの量器を買はぬ米商が多い
141982	朝鮮朝日	1927-07-20/1	09단	會(釜山醫師會總會/釜山商議交通部會/山階宮御餐宴/南浦果實社招宴)
141983	朝鮮朝日	1927-07-20/1	09단	人(諏訪虎三郎氏/朴相駿氏(咸北知事)/渡邊師團長)
141984	朝鮮朝日	1927-07-20/1	09단	新しい顔(二)/貴公子然の優さ男で運動家の伊藤泰吉君
141985	朝鮮朝日	1927-07-20/1	10단	半島茶話
141986	朝鮮朝日	1927-07-20/2	01단	京取の附近に米市場を移し延取引の再開を計劃
141987	朝鮮朝日	1927-07-20/2	01단	開港五十年記念事業/準備を進む
141988	朝鮮朝日	1927-07-20/2	01단	財界閑話
141989	朝鮮朝日	1927-07-20/2	01단	京城商業が賦課率改正/總員數二千
141990	朝鮮朝日	1927-07-20/2	01단	資本利子稅とブル階級の惱み/京城飛耳張目生
141991	朝鮮朝日	1927-07-20/2	02단	爲替による資金の流出/二百九萬圓
141992	朝鮮朝日	1927-07-20/2	02단	大分縣の見本市開催/京城商議で
141993	朝鮮朝日	1927-07-20/2	02단	アスパラガス植栽を獎勵/慶南梁山の
141994	朝鮮朝日	1927-07-20/2	03단	製鹽輸入高/一億三千萬斤
141995	朝鮮朝日	1927-07-20/2	03단	西鮮電氣社認可
141996	朝鮮朝日	1927-07-20/2	03단	木浦上半期貿易
141997	朝鮮朝日	1927-07-21/1	01단	二百五十萬石の粟の增收計劃/段當り收穫を增し五箇年間に實現の豫定

일련번호	판명	간행일	단수	기사명
141998	朝鮮朝日	1927-07-21/1	01단	開城電氣の新幕支店は十七日許可
141999	朝鮮朝日	1927-07-21/1	01단	産米改良實行組合の成績は良好
142000	朝鮮朝日	1927-07-21/1	01단	朝鮮野球豫選評判記/嘗膽の一星霜よく兵を練った若き龍中のナイン
142001	朝鮮朝日	1927-07-21/1	02단	朝鮮水電の第一期送電/明後年春か
142002	朝鮮朝日	1927-07-21/1	02단	大暑入りのお見舞李王職から
142003	朝鮮朝日	1927-07-21/1	02단	新義州小學校新築に決定/工費十萬圓
142004	朝鮮朝日	1927-07-21/1	03단	賦課率を二種に分つ/仁川商議が
142005	朝鮮朝日	1927-07-21/1	03단	辭令(東京電話)
142006	朝鮮朝日	1927-07-21/1	03단	都邱郵便所電信電話の取扱を開始
142007	朝鮮朝日	1927-07-21/1	03단	總督府社會課釜山出張所/いよいよ開設
142008	朝鮮朝日	1927-07-21/1	04단	大邱市內の下水溝工事いよいよ着工
142009	朝鮮朝日	1927-07-21/1	04단	短歌/橋田東聲選
142010	朝鮮朝日	1927-07-21/1	04단	京城放送局値下げ十月から實施
142011	朝鮮朝日	1927-07-21/1	04단	淑明女高普は暑休明けの九月開校か
142012	朝鮮朝日	1927-07-21/1	05단	平壤製糖の實數を調査/二週間に互り
142013	朝鮮朝日	1927-07-21/1	05단	白米一石に五十錢値下/穀商が決議
142014	朝鮮朝日	1927-07-21/1	05단	總督府の體面論で實現覺束ない/城大豫科の年限延長/學校側は體面論を一笑
142015	朝鮮朝日	1927-07-21/1	05단	國境方面に牛疫は絶無/豫防の結果
142016	朝鮮朝日	1927-07-21/1	05단	二十一日から各官廳半どん
142017	朝鮮朝日	1927-07-21/1	05단	最近竣工の淸城鎭警察
142018	朝鮮朝日	1927-07-21/1	06단	面民四百名郡廳に押奇/防水を陳情
142019	朝鮮朝日	1927-07-21/1	06단	補助を與へ學校看護婦設置を獎勵
142020	朝鮮朝日	1927-07-21/1	06단	內容充實の博物館/豫算を增額
142021	朝鮮朝日	1927-07-21/1	07단	水の輸送(大樽で運ぶ)
142022	朝鮮朝日	1927-07-21/1	07단	松島浴場に朝日テント無料で提供
142023	朝鮮朝日	1927-07-21/1	07단	故意の射殺と支那側抗議
142024	朝鮮朝日	1927-07-21/1	08단	何の校が果してよく榮冠を擔ふ/抽籤は選手茶話會で行ふ/期はいよいよ迫る
142025	朝鮮朝日	1927-07-21/1	08단	安東事務所の兒童倶樂部/八月一日開館
142026	朝鮮朝日	1927-07-21/1	08단	男爵邸の泥棒の主犯/鐘路で逮捕
142027	朝鮮朝日	1927-07-21/1	09단	平鐵球團惜敗す
142028	朝鮮朝日	1927-07-21/1	09단	老童庭球戰
142029	朝鮮朝日	1927-07-21/1	09단	送別庭球會
142030	朝鮮朝日	1927-07-21/1	09단	柳眉を立て妓生憤る/料理屋の手數料値上で
142031	朝鮮朝日	1927-07-21/1	09단	巡査の自殺/原因は借財
142032	朝鮮朝日	1927-07-21/1	09단	會(音樂講習會)

일련번호	판명	간행일	단수	기사명
142033	朝鮮朝日	1927-07-21/1	10단	人(宇垣代理總/立石義雄氏(釜山實業家)/立川芳氏(京南鐵專務)/儀我誠也氏(奉天軍題問)/花田仲之助中佐(共生會會長)/井內鮮銀理事/加藤鐵次郎氏(平北道評議員)/末松吉次氏(外務省警視)/西岡芳次郎氏(總督府事務官)/中村高等法院檢事/中野咸北知事/加藤美化子(加藤平每支配人令婦))
142034	朝鮮朝日	1927-07-21/1	10단	新しい顔(三)/腕相撲では朝鮮で最强/圓く肥った瀨戶道一君
142035	朝鮮朝日	1927-07-21/2	01단	資本利子稅とブル階級の惱み/京城飛耳張目生
142036	朝鮮朝日	1927-07-21/2	01단	朝鮮內の農業倉庫數/三十一箇所
142037	朝鮮朝日	1927-07-21/2	01단	自給自足から移出に轉ず平北の棉作
142038	朝鮮朝日	1927-07-21/2	01단	財界閑話
142039	朝鮮朝日	1927-07-21/2	01단	穀物輸移入/元年度總額
142040	朝鮮朝日	1927-07-21/2	01단	豊作見込の/慶南の稻作
142041	朝鮮朝日	1927-07-21/2	02단	京城の物價/依然と上騰
142042	朝鮮朝日	1927-07-21/2	02단	滿洲豆粕の鮮內輸入は遂年激增す
142043	朝鮮朝日	1927-07-21/2	02단	平北の金肥/五十萬圓見當
142044	朝鮮朝日	1927-07-21/2	02단	京城組銀帳尻
142045	朝鮮朝日	1927-07-21/2	03단	京電の配當/一割六分
142046	朝鮮朝日	1927-07-21/2	03단	鳳山郡小麥共販
142047	朝鮮朝日	1927-07-22/1	01단	認めて貰へば至極結構だが結局希望に留まるらしい/土木費の公債支辨
142048	朝鮮朝日	1927-07-22/1	01단	服部博士自身の都合から出た/城大總長の更迭/李學務局長語る
142049	朝鮮朝日	1927-07-22/1	01단	釜山瓦電の買收交涉/永びくか
142050	朝鮮朝日	1927-07-22/1	01단	光化門夜話(一)/京城黑頭巾
142051	朝鮮朝日	1927-07-22/1	02단	南浦無線局竣工は來春
142052	朝鮮朝日	1927-07-22/1	02단	大興電氣の料金値下は認可される
142053	朝鮮朝日	1927-07-22/1	03단	國有林野緣故拂下の準備を進む
142054	朝鮮朝日	1927-07-22/1	03단	本府直營工事使用勞動者/五千十二名
142055	朝鮮朝日	1927-07-22/1	03단	東拓移民は本年に限り募集はせぬ
142056	朝鮮朝日	1927-07-22/1	03단	運送店の合同漸次に進捗す/實現のあかつきは鐵道からも援助す
142057	朝鮮朝日	1927-07-22/1	04단	咸興刑務所移轉は困難
142058	朝鮮朝日	1927-07-22/1	04단	俳句/鈴木花蓑選
142059	朝鮮朝日	1927-07-22/1	04단	毛山停留場/停車場に變更
142060	朝鮮朝日	1927-07-22/1	05단	曇と時化の土用入天候稻作はまづ大丈夫の見込/釜山の暑さ三十度を超ゆ
142061	朝鮮朝日	1927-07-22/1	05단	鮮內の傳染病激增す
142062	朝鮮朝日	1927-07-22/1	05단	國際航空路の支線となって浦潮までも延長する/西尾大尉の定期飛行
142063	朝鮮朝日	1927-07-22/1	06단	毒藥拳銃の一般使用は許可される

일련번호	판명	간행일	단수	기사명
142064	朝鮮朝日	1927-07-22/1	06단	ゴカイ驅除/石炭窒素の效力は的確
142065	朝鮮朝日	1927-07-22/1	06단	親に弓引く少年たちが團體を組織
142066	朝鮮朝日	1927-07-22/1	06단	不逞狩りに警官が急行/自動車を驅り
142067	朝鮮朝日	1927-07-22/1	07단	一萬圓の詐欺犯/京城で逮捕
142068	朝鮮朝日	1927-07-22/1	07단	五千三百戶が昨年中に燒失/その損害が三百八十萬圓/原因は溫突が一番
142069	朝鮮朝日	1927-07-22/1	07단	京城帝大でワクチン液の服用錠劑をつくって豫防注射に代用
142070	朝鮮朝日	1927-07-22/1	07단	校舍新築と經濟科新設/法專學生が陳情
142071	朝鮮朝日	1927-07-22/1	08단	大同郡廳の公金を盜む/被害六百圓/事情を知った犯人の仕業か
142072	朝鮮朝日	1927-07-22/1	08단	料理屋の要求を峻拒/妓生憤慨す
142073	朝鮮朝日	1927-07-22/1	08단	鎭南浦商工生機關操縱の練習を行ふ
142074	朝鮮朝日	1927-07-22/1	08단	不逞の一味/平南を荒す
142075	朝鮮朝日	1927-07-22/1	08단	平南にまた水害 百三十戶の一村が全部水に沒する慘狀/平北の水害 土木費だけで百萬圓を突破
142076	朝鮮朝日	1927-07-22/1	09단	新しい顔(四)/婦唱夫隨の音樂生活月賦ピアノ購入の高松順茂君
142077	朝鮮朝日	1927-07-22/1	10단	慶南庭球會
142078	朝鮮朝日	1927-07-22/1	10단	會(南浦商議役員會/平南稅務講習會/東萊夏季講習會)
142079	朝鮮朝日	1927-07-22/1	10단	人(大谷京城專賣支局長/高武大邱專賣支局長/齋藤龜三郎氏(東拓理事)/勝部謙造氏(廣島高師敎授)/花田仲之助中佐(報德會理事))
142080	朝鮮朝日	1927-07-22/1	10단	半島茶話
142081	朝鮮朝日	1927-07-22/2	01단	資本利子稅とブル階級の惱み/京城飛耳張目生
142082	朝鮮朝日	1927-07-22/2	01단	新興都市興南
142083	朝鮮朝日	1927-07-22/2	01단	元山の鰯漁/安値で不良
142084	朝鮮朝日	1927-07-22/2	01단	慶南の秋蠶一萬三千枚
142085	朝鮮朝日	1927-07-22/2	01단	夜盜蟲平北地方に群をなし襲來
142086	朝鮮朝日	1927-07-22/2	01단	元山上半期米豆移出高/仕向の內容
142087	朝鮮朝日	1927-07-22/2	02단	精、玄米業者睨み合ふ/穀物協會紛糾
142088	朝鮮朝日	1927-07-22/2	02단	平北肺牛疫またまた發生
142089	朝鮮朝日	1927-07-22/2	02단	沙里院小麥出廻
142090	朝鮮朝日	1927-07-22/2	02단	統營製綱に補助
142091	朝鮮朝日	1927-07-22/2	02단	木浦商議員選擧
142092	朝鮮朝日	1927-07-22/2	03단	木浦金組總會
142093	朝鮮朝日	1927-07-22/2	03단	新刊紹介(運動タイムス(第四號)/實業の大阪(八月號)/朝鮮土木建築協會報(七月號))
142094	朝鮮朝日	1927-07-23/1	01단	七萬圓を投じ敎化事業を計劃/靑年會を統一して圖書館を擴張する
142095	朝鮮朝日	1927-07-23/1	01단	施肥と深耕で雜穀の增産を圖る/十年で五百萬石の計劃

일련번호	판명	간행일	단수	기사명
142096	朝鮮朝日	1927-07-23/1	01단	李埌公家の侍女八名にお暇が出る
142097	朝鮮朝日	1927-07-23/1	01단	守備兵の射殺事件で支那側が抗議
142098	朝鮮朝日	1927-07-23/1	01단	完備した書堂を昇格/普通學校の不足を補ふ
142099	朝鮮朝日	1927-07-23/1	02단	海水浴酣は/外人の多い元山
142100	朝鮮朝日	1927-07-23/1	03단	日本航空の滿鮮連絡を奉天に延長か
142101	朝鮮朝日	1927-07-23/1	03단	平壤運送店鮮人合同會社を創立
142102	朝鮮朝日	1927-07-23/1	03단	島根縣當局/島谷汽船の就航を熟慮
142103	朝鮮朝日	1927-07-23/1	04단	飯倉氏が萬國無線の會議に出席
142104	朝鮮朝日	1927-07-23/1	04단	佛教聯合の夏季大學開設
142105	朝鮮朝日	1927-07-23/1	04단	先立つものはお金/必要ではあるが實現は容易で無い/初等學校の看護婦常置
142106	朝鮮朝日	1927-07-23/1	05단	土曜漫筆/一つのテーゼ/高梨一郎
142107	朝鮮朝日	1927-07-23/1	05단	八對零鐵道敗る
142108	朝鮮朝日	1927-07-23/1	05단	短歌/橋田東聲選
142109	朝鮮朝日	1927-07-23/1	05단	介川鐵道水害で不通 橋脚が流失/黃海の被害 二萬町步浸水/安寧水利の損害/平北管內水利の損害 三、四十萬圓
142110	朝鮮朝日	1927-07-23/1	06단	配當を減じて重役の賞與を減ぜぬは不都合だ/銀行の株主が策動
142111	朝鮮朝日	1927-07-23/1	06단	辭令(東京電話)
142112	朝鮮朝日	1927-07-23/1	07단	槿友會が鮮內各地で巡回の講演
142113	朝鮮朝日	1927-07-23/1	07단	每日申報が突然休刊す/向ふ一箇月間
142114	朝鮮朝日	1927-07-23/1	08단	白蓮夫人で有名な銅御殿が燒く福岡市目貫の場所とて野次が蝟集し大混雜
142115	朝鮮朝日	1927-07-23/1	08단	五名の先生が連袂辭職す/面長の妾に惡口され
142116	朝鮮朝日	1927-07-23/1	08단	明年度から騎馬巡査を平北に配置
142117	朝鮮朝日	1927-07-23/1	09단	全南釀造品評會
142118	朝鮮朝日	1927-07-23/1	09단	二百五十名の警官出動/不逞團を包圍
142119	朝鮮朝日	1927-07-23/1	09단	慶南の點呼/二十三日から
142120	朝鮮朝日	1927-07-23/1	10단	釜山附近に傳染病頻發/蔓延の兆あり
142121	朝鮮朝日	1927-07-23/1	10단	會(海州郡農村靑年講習會/支那語講習會/釜山會議所役員會/社會事業研究會/慶南體協理事會/釜山保育研究會)
142122	朝鮮朝日	1927-07-23/1	10단	人(廣島縣教育視察團/澤崎修氏(鐵道局監督課長)/金谷スミ子夫人(軍司令官夫人)/小川運平氏(著述家)/今井源良氏(釜山辯護士)/澤山寅彦氏(釜山實業家))
142123	朝鮮朝日	1927-07-23/1	10단	半島茶話
142124	朝鮮朝日	1927-07-23/2	01단	金融調査會設立の經緯(一)/各種銀行が交錯し金融會に亂舞す/是が統一は大急務
142125	朝鮮朝日	1927-07-23/2	01단	商議員を設け取引に關する案件を諮問する/仁川取引所の計劃
142126	朝鮮朝日	1927-07-23/2	01단	京南鐵道と朝鮮私鐵が自動車の競爭

일련번호	판명	간행일	단수	기사명
142127	朝鮮朝日	1927-07-23/2	01단	七月中旬鐵道局業績六萬三千噸
142128	朝鮮朝日	1927-07-23/2	01단	前途有望な平北の柞蠶
142129	朝鮮朝日	1927-07-23/2	02단	南浦の櫻鰕/內地に移出
142130	朝鮮朝日	1927-07-23/2	02단	平北四郡の牛の移入は當分禁止さる
142131	朝鮮朝日	1927-07-23/2	02단	七月上期迄の入超六千三十餘萬圓/貿易累計八千七百萬圓/前年より六百萬圓減少
142132	朝鮮朝日	1927-07-23/2	03단	全南一帶に浮塵子猛烈に發生
142133	朝鮮朝日	1927-07-24/1	01단	鐵道局の豫算財務局に提出/利益金の豫想額は一千百二十五萬圓
142134	朝鮮朝日	1927-07-24/1	01단	平壤の醫專は財源が確立し來年度に校舎を新築し明後年から開校
142135	朝鮮朝日	1927-07-24/1	01단	第十一回畜産大會/日程が決定
142136	朝鮮朝日	1927-07-24/1	01단	光化門夜話(二)/京城黑頭巾
142137	朝鮮朝日	1927-07-24/1	02단	普通銀行法施行の可否/意見一致せず
142138	朝鮮朝日	1927-07-24/1	02단	支那側の木稅增徵に公司が抗議
142139	朝鮮朝日	1927-07-24/1	03단	學校側も注意を望む/盟休に關し各道に通牒
142140	朝鮮朝日	1927-07-24/1	03단	全北扶安の林野拂下は二十二日入札
142141	朝鮮朝日	1927-07-24/1	03단	引力試驗と重力測定を平壤で行ふ
142142	朝鮮朝日	1927-07-24/1	03단	郡農倉庫の設立は困難か/金利と倉敷を拂へば現在農家では不引合
142143	朝鮮朝日	1927-07-24/1	04단	十萬圓で淡水養漁場/鎭海に開設
142144	朝鮮朝日	1927-07-24/1	04단	俳句/鈴木花蓑選
142145	朝鮮朝日	1927-07-24/1	04단	臨海教育で元山が賑ふ
142146	朝鮮朝日	1927-07-24/1	05단	魚類貯藏用製氷工場に補助金を與ふ
142147	朝鮮朝日	1927-07-24/1	05단	鴨綠江岸の豊沃な農地が洪水期に崩落する/大規模な護岸工事を行ふ
142148	朝鮮朝日	1927-07-24/1	05단	長距離の鮮魚輪送法/古川氏が發明
142149	朝鮮朝日	1927-07-24/1	05단	少年團の團結を圖る
142150	朝鮮朝日	1927-07-24/1	05단	整理を要する淸津倉庫に岡本氏社長
142151	朝鮮朝日	1927-07-24/1	06단	理事官新設で平壤府廳に異動がある
142152	朝鮮朝日	1927-07-24/1	06단	京畿道の模範部落/里民が貯金し畑地を共作す
142153	朝鮮朝日	1927-07-24/1	06단	火災報知機/製造元から貸與を申出
142154	朝鮮朝日	1927-07-24/1	06단	惡疫續發/北鮮地方に
142155	朝鮮朝日	1927-07-24/1	06단	玄海の波に洗はれ椿散りしくうら淋しき椎ノ木の孤島/往昔韓の「水軍の鎭」の舊跡/灰色の馬城趾が今も殘る
142156	朝鮮朝日	1927-07-24/1	07단	また平南に鮮匪が出現/民家を襲ふ
142157	朝鮮朝日	1927-07-24/1	07단	平北四郡に牛肺疫/二十一頭發生
142158	朝鮮朝日	1927-07-24/1	07단	悲劇の種を蒔く鮮人の夏の野宿/レールを枕に寢込んだりヌクテに攫はれたり

일련번호	판명	간행일	단수	기사명
142159	朝鮮朝日	1927-07-24/1	07단	警戒網を張り密輸を取締/國境の稅關
142160	朝鮮朝日	1927-07-24/1	08단	某官廳の疑獄が判明/金庫破から緒を得る
142161	朝鮮朝日	1927-07-24/1	08단	自動車で轢き殺し死體を隱す
142162	朝鮮朝日	1927-07-24/1	08단	千三百圓の現金を積立/藝妓を同行/滿鐵東京運輸課長
142163	朝鮮朝日	1927-07-24/1	08단	慶南畜牛に氣腫疽發生/蔓延の兆あり
142164	朝鮮朝日	1927-07-24/1	08단	鰯網拔きの女工の盟休/まだまだ紛糾
142165	朝鮮朝日	1927-07-24/1	09단	老童野球戰
142166	朝鮮朝日	1927-07-24/1	09단	對抗庭球戰
142167	朝鮮朝日	1927-07-24/1	09단	製鐵對全大邱
142168	朝鮮朝日	1927-07-24/1	09단	朝鮮時論(八月號)
142169	朝鮮朝日	1927-07-24/1	09단	會(土地調査記念碑除幕式/夏季手藝講習會/大邱家具展覽會/大邱商議役員會/包裝講演會/日大醫生講演會/南浦學校組合會/船匠講習終了式/優良農具展覽會/慶南農事講習/大諸消防發會式)
142170	朝鮮朝日	1927-07-24/1	09단	人(松澤國次氏(新任慶北道財務部長)/大谷正之助氏(新任京城專賣支局長)/拓殖記者國/菊山喜男氏(平北內務部長)/松山帶次郎代講士/河野節夫氏(江原道警察部長)/松岡京日副社長)
142171	朝鮮朝日	1927-07-24/1	10단	新しい顔(四)/朝鮮統治に身命を擲つと豪語する/中野勝次君
142172	朝鮮朝日	1927-07-24/1	10단	半島茶話
142173	朝鮮朝日	1927-07-24/2	01단	一流の銀行に預金が集って資金の洪水に困惑
142174	朝鮮朝日	1927-07-24/2	01단	大邱鮮銀の春繭貸出高/三百萬圓
142175	朝鮮朝日	1927-07-24/2	01단	京畿道の夏秋蠶掃立/昨年より減少
142176	朝鮮朝日	1927-07-24/2	01단	鐵橋を傳ひ粟の輸入が最近激增す
142177	朝鮮朝日	1927-07-24/2	01단	金融調査會設立の經緯(二)/事實は數年の問題でたゞ財界の恐慌で問題が具體化した
142178	朝鮮朝日	1927-07-24/2	02단	南鮮の海藻/漁獲高激增
142179	朝鮮朝日	1927-07-24/2	02단	棉作主任會/八月四、五日
142180	朝鮮朝日	1927-07-24/2	02단	鳳山の棉作良好
142181	朝鮮朝日	1927-07-24/2	02단	粟、豆粕輸入高
142182	朝鮮朝日	1927-07-24/2	02단	慶北畓插秧悲觀
142183	朝鮮朝日	1927-07-26/1	01단	宇垣は噓を言はない積り人事の異動を語らぬ/歸鮮の臨時代理總督
142184	朝鮮朝日	1927-07-26/1	01단	咸北鏡城の生氣嶺に新停車場
142185	朝鮮朝日	1927-07-26/1	01단	京城の林間聚落
142186	朝鮮朝日	1927-07-26/1	02단	未知の地だが既知の人が居るので好都合だと/大谷新羅南旅團長
142187	朝鮮朝日	1927-07-26/1	02단	雄基線工事/九月に入札
142188	朝鮮朝日	1927-07-26/1	02단	關西以西は通信可能の釜山無線局
142189	朝鮮朝日	1927-07-26/1	03단	鎭南浦無線局/二十二日入札

일련번호	판명	간행일	단수	기사명
142190	朝鮮朝日	1927-07-26/1	03단	平元線の西浦舍人間/十月に開通
142191	朝鮮朝日	1927-07-26/1	03단	平壤電車の寺洞延長は敷地で行惱む
142192	朝鮮朝日	1927-07-26/1	03단	棉花安と時候不順で棉作の段別減少/八千百餘町步ほど
142193	朝鮮朝日	1927-07-26/1	03단	光化門夜話(三)/京城黑頭巾
142194	朝鮮朝日	1927-07-26/1	04단	新義州府市街整理の測溝を完成
142195	朝鮮朝日	1927-07-26/1	04단	新義州醫院婦人科開設/八月の初旬
142196	朝鮮朝日	1927-07-26/1	04단	平壤警察署廳舍新築は明春の三月
142197	朝鮮朝日	1927-07-26/1	04단	慶南府郡屬異動を發表
142198	朝鮮朝日	1927-07-26/1	05단	新進鎭南浦商工と本年が全盛の京城師範チーム
142199	朝鮮朝日	1927-07-26/1	05단	平南道內の溫泉の調査
142200	朝鮮朝日	1927-07-26/1	05단	鳳山郡民が水害防止で更に陳情
142201	朝鮮朝日	1927-07-26/1	05단	鄕土訪問の折には御後援を願ひます/暑休に老父を省みる女流飛行家朴敬元孃
142202	朝鮮朝日	1927-07-26/1	06단	平壤飛機が霧で不時着陸
142203	朝鮮朝日	1927-07-26/1	06단	短歌/橋田東聲選
142204	朝鮮朝日	1927-07-26/1	07단	平北の肺牛疫/ますます猖獗を極め罹病牛はドシドシ撲殺す
142205	朝鮮朝日	1927-07-26/1	07단	生徒の養豚/好成績を收む
142206	朝鮮朝日	1927-07-26/1	07단	鎭南浦の暴風警報は府營を要望
142207	朝鮮朝日	1927-07-26/1	08단	裏面ではなほ粉糾/淑明校の盟休
142208	朝鮮朝日	1927-07-26/1	08단	帆船が顚覆/船員行方不明
142209	朝鮮朝日	1927-07-26/1	08단	天摩山に潛んだ鮮匪に嚴重に捜査
142210	朝鮮朝日	1927-07-26/1	09단	畵壇の新人姜氏が溺死/慶南近南江で
142211	朝鮮朝日	1927-07-26/1	09단	朝鮮米のポスターを內地に配布
142212	朝鮮朝日	1927-07-26/1	09단	大邱製鐵に惜敗
142213	朝鮮朝日	1927-07-26/1	09단	警察官水泳講習
142214	朝鮮朝日	1927-07-26/1	09단	安東の陸競豫定
142215	朝鮮朝日	1927-07-26/1	09단	咸興體協發會式
142216	朝鮮朝日	1927-07-26/1	09단	會(南浦協議懇談會/勞動者慰安映畫會/釜山コドモ大會/平南府尹郡守會議/林野調査委員會)
142217	朝鮮朝日	1927-07-26/1	10단	人(ダグラス敎授夫人(南カリホルニア大學敎授夫人)/カルテンポーン氏(ニューヨーク、ブルシクリンイーグル記者)/永富慶南衛生課長/阿部明治太郎氏(新任咸北財務部長)/勝本光六氏(新任淸津分掌局監査主任)/佐伯多助氏(京機道高等課長)/土屋傳助氏(平南地方課長)/工藤三次郎氏(平壤府庶務課長)/伊藤仁太郎氏(痴遊)/佐々木忠右衛門氏/高柳淳之助氏/朴敬元孃(女流飛行家)/滿鐵野球團/豊田俊子孃(豊田平壤府內務課長令孫))
142218	朝鮮朝日	1927-07-26/1	10단	新しい顔(四)/初婚の夢まどらかな互元啓君

일련번호	판명	간행일	단수	기사명
142219	朝鮮朝日	1927-07-26/1	11단	富士の靈山から身延の聖地へ(電化の富士身延鐵道)/甲州身延山祖師堂/屈意の避暑旅行/山麓電鐵と五湖巡り 乘合自動車もある/一日の行程/處女湖山中
142220	朝鮮朝日	1927-07-26/1	11단	夏尚、凉しき爽快極る箱根溫泉巡り富士登山者も惠まれる/溫泉旅館の文化的施設の完備と、小田原電鐵、富士屋乘合自動車の連絡の完成
142221	朝鮮朝日	1927-07-26/2	01단	金融調査會設立の經緯(三)/支店銀行に比し地場が物足らぬ鮮內資金の動き
142222	朝鮮朝日	1927-07-26/2	01단	甜菜糖の增收計劃/五箇年計劃
142223	朝鮮朝日	1927-07-26/2	01단	三分の二は內地に仰ぐ鮮內の製粉
142224	朝鮮朝日	1927-07-26/2	01단	南海商議員賦課率引上/懇談會で協議
142225	朝鮮朝日	1927-07-26/2	01단	評判の良い木浦市民講座
142226	朝鮮朝日	1927-07-26/2	01단	前途有望な平北の緬羊
142227	朝鮮朝日	1927-07-26/2	02단	小麥檢查の重量取扱は時期尚早か
142228	朝鮮朝日	1927-07-26/2	02단	大邱の苹果 早くも出廻る/南海苹果も出廻
142229	朝鮮朝日	1927-07-26/2	02단	三德鑛山復活
142230	朝鮮朝日	1927-07-26/2	03단	豊國製粉業績
142231	朝鮮朝日	1927-07-27/1	01단	朝鮮球界を代表し甲子園の大球場にスパイクの跡を殘すは誰か 豫選大會目睫に迫り選手の血潮は高鳴る/金字塔前の齋藤全權一行 X印は齋藤全權 △印は同夫人
142232	朝鮮朝日	1927-07-27/1	04단	釜山の球團/京城に向ふ
142233	朝鮮朝日	1927-07-27/1	04단	一驛一店は生きるために絕對に反對すると鮮運同友會が決議/合同問題の意見を聽取 京城商議が
142234	朝鮮朝日	1927-07-27/1	04단	ほゞ纏った來年度の豫算/大藏省に廻るのは八月の下旬ごろか
142235	朝鮮朝日	1927-07-27/1	04단	龍井村の附加稅問題/泣寢入となる
142236	朝鮮朝日	1927-07-27/1	05단	中等學校野球界評判記/雌伏一年の間優勝を目ざし秘に技を練る釜山中學/新進の釜二商の戰は如何に
142237	朝鮮朝日	1927-07-27/1	05단	辭令(東京電話)
142238	朝鮮朝日	1927-07-27/1	05단	重要問題で城津港民が大會を開く
142239	朝鮮朝日	1927-07-27/1	06단	五尺の無煙炭層が慶北で發見さる/手押軌道を敷設し汽船で大阪に輸送
142240	朝鮮朝日	1927-07-27/1	06단	俳句/鈴木花蓑選
142241	朝鮮朝日	1927-07-27/1	06단	廣川大川間鐵道敷設を申知事陳情
142242	朝鮮朝日	1927-07-27/1	06단	水産試驗場設置候補地/群山が運動
142243	朝鮮朝日	1927-07-27/1	07단	代理總督の久納秘書官/聯隊長に榮轉
142244	朝鮮朝日	1927-07-27/1	07단	官廳や會社の爆破を企てた倡義團一味の公判/三十日京城地方法院で開延
142245	朝鮮朝日	1927-07-27/1	08단	浮塵子/慶南に發生
142246	朝鮮朝日	1927-07-27/1	08단	惡疫流行を慶南が警戒

일련번호	판명	간행일	단수	기사명
142247	朝鮮朝日	1927-07-27/1	08단	鮮匪と警官平南で交戰/匪賊負傷す
142248	朝鮮朝日	1927-07-27/1	08단	箕城町人語(一)/惠まれた大平壤漸く蘇へる
142249	朝鮮朝日	1927-07-27/1	09단	電信係が僞電を發し詐欺を企つ
142250	朝鮮朝日	1927-07-27/1	09단	飮むと危險な新義州の水道/水害以來混濁していつまでも澄まぬ
142251	朝鮮朝日	1927-07-27/1	09단	大每平鐵に大勝
142252	朝鮮朝日	1927-07-27/1	09단	元山體協優勝す
142253	朝鮮朝日	1927-07-27/1	10단	金辯護士が溺死を遂ぐ
142254	朝鮮朝日	1927-07-27/1	10단	人(松浦鎭次郎氏(新任京城常國大學總長)/伊達源一郎氏(日本新聞聯合會社理事)/櫻井重肅氏(同上奉天在勤)/上田磧三氏(日本電通幹部)/近藤常尙氏(總督府圖書課長)/阿部充家氏(國民新聞副社長)/富潭効氏(東京辯護士)/平野宇三郎氏(釜山實業家)/谷多喜磨氏(平北道知事))
142255	朝鮮朝日	1927-07-27/1	10단	半島茶話
142256	朝鮮朝日	1927-07-27/2	01단	閑却された漁業家の金融/漁業權を安定させ資金の融通を圖る
142257	朝鮮朝日	1927-07-27/2	01단	農改低資割當額/關係者が協議
142258	朝鮮朝日	1927-07-27/2	01단	七月中旬鐵道局業績/六十三萬圓
142259	朝鮮朝日	1927-07-27/2	01단	煙草の植付/漸く終了す
142260	朝鮮朝日	1927-07-27/2	01단	月末頃から鴨江の流筏激增せん
142261	朝鮮朝日	1927-07-27/2	01단	金融調査會設立の經緯(四)/身分を忘れた鮮內の銀行たち/支店銀行に人氣が向く
142262	朝鮮朝日	1927-07-27/2	02단	朝鮮製紙場資金を得て窮境を脫す
142263	朝鮮朝日	1927-07-27/2	02단	局線と私鐵/連帶輸送成績
142264	朝鮮朝日	1927-07-27/2	02단	天日製鹽高/一億五百萬斤
142265	朝鮮朝日	1927-07-27/2	02단	金組理事長/更迭を發表
142266	朝鮮朝日	1927-07-27/2	03단	配當年六分朝鮮商銀總會/漢銀の四分配當
142267	朝鮮朝日	1927-07-28/1	01단	新事業よりも完備それが先決問題だ萬事は實地を見た上でと松浦新城大總長語る
142268	朝鮮朝日	1927-07-28/1	01단	千五百萬餘石の收穫は確實か/植付の面積も增し施肥も五六割は增加した
142269	朝鮮朝日	1927-07-28/1	01단	試練の日は遂に來た百八十餘名の若人が相搏つ意氣と意氣との交錯豫選大會綱領と規定/試合を速報京城市內で/平中野球團京城に向ふ
142270	朝鮮朝日	1927-07-28/1	02단	朝鮮私鐵忠州淸安間工事を入札
142271	朝鮮朝日	1927-07-28/1	03단	六千餘圓の補助を與へ害蟲を豫防
142272	朝鮮朝日	1927-07-28/1	03단	經費は我々が負擔すると民國領事館設置を要望
142273	朝鮮朝日	1927-07-28/1	04단	海州刑務所養蜂を開始/イタリー種を
142274	朝鮮朝日	1927-07-28/1	04단	林業調査を咸北が行ふ
142275	朝鮮朝日	1927-07-28/1	04단	短歌/橋田東聲選

일련번호	판명	간행일	단수	기사명
142276	朝鮮朝日	1927-07-28/1	04단	大同江に水泳場開設/警戒船を常置
142277	朝鮮朝日	1927-07-28/1	05단	光化門夜話(四)/京城黑頭巾
142278	朝鮮朝日	1927-07-28/1	05단	御卽位記念に彰德女學校設立を計劃
142279	朝鮮朝日	1927-07-28/1	05단	腸チブス患者の半數は喰留める/早期診斷の膽汁培養基を慶北管內に配布す
142280	朝鮮朝日	1927-07-28/1	05단	朝鮮人の靑年會館を豊岡に設置
142281	朝鮮朝日	1927-07-28/1	06단	富士裾野の攻防演習に代理總督參加
142282	朝鮮朝日	1927-07-28/1	06단	鍋や釜まで入質し日々の口を糊す/悲慘な平南の勞動者
142283	朝鮮朝日	1927-07-28/1	06단	白頭山の露營地點へ小屋を建設
142284	朝鮮朝日	1927-07-28/1	07단	十年振りで隊附勤務の久納秘書官
142285	朝鮮朝日	1927-07-28/1	07단	佛像塚慶南で發見
142286	朝鮮朝日	1927-07-28/1	07단	暑さ新義州地方百度を越ゆ
142287	朝鮮朝日	1927-07-28/1	07단	恩賜化學舘內容の整備/來年に完成
142288	朝鮮朝日	1927-07-28/1	08단	春風秋雨に荒れ果てた嶺南樓改築
142289	朝鮮朝日	1927-07-28/1	08단	仁川築港の豫算計上を總監に陳情
142290	朝鮮朝日	1927-07-28/1	08단	中等學校の學級增加で補助を陳情
142291	朝鮮朝日	1927-07-28/1	08단	鐵道プール開設
142292	朝鮮朝日	1927-07-28/1	08단	人骨をたべさせたり死兒を喰せたり慘虐なるもの、噴飯なもの迷信の多い平南奧地
142293	朝鮮朝日	1927-07-28/1	09단	夏休み中子供のため圖書館を開く
142294	朝鮮朝日	1927-07-28/1	09단	釜山近海水底の溫度/前年より低い
142295	朝鮮朝日	1927-07-28/1	09단	黃海道がモヒ患者收容所設置
142296	朝鮮朝日	1927-07-28/1	09단	會(釜山學校組合會/養鷄組合發會式/鎭南浦府協議會)
142297	朝鮮朝日	1927-07-28/1	10단	人(大森富氏(大每京城支局長)/矢橋良團(平每社長)/京大鮮滿視察團/大津商業鮮滿旅行團/靜岡商業鮮滿旅行團)
142298	朝鮮朝日	1927-07-28/1	10단	箕城町人語(二)/金は天下の廻りもの田中末吉氏談
142299	朝鮮朝日	1927-07-28/1	10단	半島茶話
142300	朝鮮朝日	1927-07-28/2	01단	金融調査會設立の經緯(五)/朝鮮で金融組合はなぜ發展するか/銀行と取引できる人は果して何人あるか
142301	朝鮮朝日	1927-07-28/2	01단	朝鮮汽船の立直し策を重役が建議
142302	朝鮮朝日	1927-07-28/2	01단	棉花取引の改善を圖る/同業會組織
142303	朝鮮朝日	1927-07-28/2	01단	全鮮各銀行預金貨出高/五月迄の足取
142304	朝鮮朝日	1927-07-28/2	01단	平南の種牛/忠南が購入
142305	朝鮮朝日	1927-07-28/2	01단	慶南の漁油/例年より激減
142306	朝鮮朝日	1927-07-28/2	02단	各部毎の利益を知る/東拓の計算
142307	朝鮮朝日	1927-07-28/2	02단	水龍水利の組合を組織
142308	朝鮮朝日	1927-07-28/2	02단	元山の魚鹽/出荷が不振
142309	朝鮮朝日	1927-07-28/2	02단	漢銀支店異動
142310	朝鮮朝日	1927-07-28/2	03단	慶南の漁況/槪して不振

일련번호	판명	간행일	단수	기사명
142311	朝鮮朝日	1927-07-28/2	03단	清津麻布檢査高
142312	朝鮮朝日	1927-07-28/2	03단	鎮南浦倉庫總會
142313	朝鮮朝日	1927-07-28/2	03단	忠南畜産聯合會
142314	朝鮮朝日	1927-07-29/1	01단	總長が代って教授の取替を行ふとは大學を知らぬ人達の言である
142315	朝鮮朝日	1927-07-29/1	01단	昨年に懲りて避病院を增設/虎疫の豫防に努むる/平北道の警戒振り
142316	朝鮮朝日	1927-07-29/1	01단	子供とさへ遊べば避暑の要は無い/よいパ、さんの宇垣臨時代理總督
142317	朝鮮朝日	1927-07-29/1	02단	新義州水道沈澱池增設/貯水池は十分
142318	朝鮮朝日	1927-07-29/1	02단	校舎と設備の完備を期して京城醫専を凌駕する/平壤醫専の建築ぶり
142319	朝鮮朝日	1927-07-29/1	03단	當局案を鵜呑した煙草會社の創立委員會
142320	朝鮮朝日	1927-07-29/1	04단	十三校のナイン續々と入城/茶話會で番組を決定
142321	朝鮮朝日	1927-07-29/1	04단	試合番組/第一日(二十九日)/第二日(三十日)/第二回戰/第三日(三十一日)/第四日(八月一日)/第五日(八月二日)
142322	朝鮮朝日	1927-07-29/1	05단	漫然渡航者また激增す
142323	朝鮮朝日	1927-07-29/1	05단	天然氷遂に妥協/損失補塡に値上を斷行
142324	朝鮮朝日	1927-07-29/1	05단	檢擧された私娼の全部が性病患者/今後嚴重に取締る
142325	朝鮮朝日	1927-07-29/1	05단	俳句/鈴木花蓑選
142326	朝鮮朝日	1927-07-29/1	05단	勞動者の取集め貯金/成績が良好
142327	朝鮮朝日	1927-07-29/1	06단	光化門夜話(五)/京城黑頭巾
142328	朝鮮朝日	1927-07-29/1	06단	平南管內消防施設完備を圖る
142329	朝鮮朝日	1927-07-29/1	06단	大東印刷職工盟休/時間延長で
142330	朝鮮朝日	1927-07-29/1	06단	暑さに逆上し妻を斬り殺し血刀をひっさげて裏山傳ひに逃走す
142331	朝鮮朝日	1927-07-29/1	07단	組合が援助/要求の內容
142332	朝鮮朝日	1927-07-29/1	07단	重巡査逝く/本年最初の犧牲者
142333	朝鮮朝日	1927-07-29/1	08단	近年に無い大邱の暑氣
142334	朝鮮朝日	1927-07-29/1	08단	雨を待わぶ釜山の人たち
142335	朝鮮朝日	1927-07-29/1	08단	元山の暑さ最高三十六度
142336	朝鮮朝日	1927-07-29/1	08단	定柏炭坑爆發生埋め十六名 目下掘出しに努力中 原因は雨で地盤がゆるみ/泣叫ぶ家族たち百尺餘の地下とて掘出作業進捗せず
142337	朝鮮朝日	1927-07-29/1	09단	會(鎮南浦學校組合會/鎮南浦講習會/生花講習會)
142338	朝鮮朝日	1927-07-29/1	10단	人(三宅篤夫氏(大邱憲兵隊長)/末松吉次氏(前間島總領事館警視)/今井五介氏(朝鮮土地改良會社社長)/松浦鎮次郎氏(新任京城大學總長)/石井健吾氏(第一銀行取締役)/池田朝鮮殖産局長/長谷部千代子氏(長谷部釜山地方判事郡長夫人))
142339	朝鮮朝日	1927-07-29/1	10단	箕城町人語(三)/汎く人を引奇す事/下松福松氏談

일련번호	판명	간행일	단수	기사명
142340	朝鮮朝日	1927-07-29/1	10단	半島茶話
142341	朝鮮朝日	1927-07-29/2	01단	金融調査會設立の經緯(六)/預金はよく預るが貸すには嚴重な銀行のすべての態度/金融組合の發展の根幹
142342	朝鮮朝日	1927-07-29/2	01단	一千萬圓限外發行/認可さる
142343	朝鮮朝日	1927-07-29/2	01단	東拓所有地近く整理/目下調査中
142344	朝鮮朝日	1927-07-29/2	01단	蓬萊米初商内
142345	朝鮮朝日	1927-07-29/2	01단	移出增加の平北の産業
142346	朝鮮朝日	1927-07-29/2	01단	成績の良い平北の金組
142347	朝鮮朝日	1927-07-29/2	02단	段當りの收穫を增す/平北の粟作
142348	朝鮮朝日	1927-07-29/2	02단	綠肥の栽培/平北が獎勵
142349	朝鮮朝日	1927-07-29/2	02단	經濟調査會解散
142350	朝鮮朝日	1927-07-29/2	02단	朝鮮土地總會
142351	朝鮮朝日	1927-07-29/2	03단	義州の家畜大市
142352	朝鮮朝日	1927-07-29/2	03단	慶南繩叭社成立
142353	朝鮮朝日	1927-07-29/2	03단	木浦海草相場(廿五日)
142354	朝鮮朝日	1927-07-30/1	01단	青春の血を傾けて相搏つ日が來た 南山の翠巒は若人を祝福しこの日絶好の野球日和/追ひつ追はれつの大接戰を演じ龍中の雄圖空し七A-六、釜一商勝つ/老巧仁商の打擊振ひ新進の南浦商工十A對で遂に潰滅す/釣瓶打の安打に京師悠々と勝つ十三對零釜中起たず/試合組合せの抽籤/北九州豫選四日目成績
142355	朝鮮朝日	1927-07-30/1	05단	默々として人生の淋しさを說く漫畫家の一平さん/朝鮮見聞記を一日から/大阪朝日紙上に連載
142356	朝鮮朝日	1927-07-30/1	05단	電氣府營を大邱協議可決
142357	朝鮮朝日	1927-07-30/1	05단	市場移轉は近く斷行す/反對は小部分
142358	朝鮮朝日	1927-07-30/1	05단	大體に當局の原案を承認しいよいよ創立に入る/煙草元賣捌新會社
142359	朝鮮朝日	1927-07-30/1	05단	短歌/橋田東聲選
142360	朝鮮朝日	1927-07-30/1	06단	齋藤聯隊長/三聯隊に榮轉
142361	朝鮮朝日	1927-07-30/1	06단	學界の處女地朝鮮で磁氣や地殻の大研究/測地學の權威者たちが大擧して朝鮮に乘込む
142362	朝鮮朝日	1927-07-30/1	07단	洛東江の改修を一川にして吳れ/防水と排水とに大障害を來すとの理由
142363	朝鮮朝日	1927-07-30/1	07단	大邱公會堂建設委員を府尹が委囑
142364	朝鮮朝日	1927-07-30/1	07단	大邱上水道給水を制限/午前と午後に
142365	朝鮮朝日	1927-07-30/1	08단	全鮮に檄を飛し盟休職工を組合が應援
142366	朝鮮朝日	1927-07-30/1	08단	釜山近海稀有の濃霧/連絡船立往生
142367	朝鮮朝日	1927-07-30/1	08단	婦人デーは廢止
142368	朝鮮朝日	1927-07-30/1	09단	押收した不正漁船は兎も角還付
142369	朝鮮朝日	1927-07-30/1	09단	署長の仲裁で妓生の立腹/治まるか

일련번호	판명	간행일	단수	기사명
142370	朝鮮朝日	1927-07-30/1	09단	連絡船から婦人が投身/自殺を遂ぐ
142371	朝鮮朝日	1927-07-30/1	09단	要港部五浬遠泳
142372	朝鮮朝日	1927-07-30/1	10단	馬山遠泳大會
142373	朝鮮朝日	1927-07-30/1	10단	會(鎮南浦府協議會/慶南婦人講習會/慶南地方改良講習會/競馬倶樂部理事會/戸籍事務研究會)
142374	朝鮮朝日	1927-07-30/1	10단	人(石丸勞動代表/池田殖産局長/富田儀作氏(鎮南浦實業家)/松浦鎮次郎氏(新任城大總長)/岩佐重一氏(本府視學官)/開水武氏(平南内務部長)/松井信助氏(平壤府尹)/阿部明治太郎氏(新任咸北財務部長)/永井照雄氏(新任咸北理事官))
142375	朝鮮朝日	1927-07-30/1	10단	半島茶話
142376	朝鮮朝日	1927-07-30/2	01단	金融制度調査會設立の經緯(七)/小銀行の合同と親銀行の低資/唯一の支店銀行對抗策
142377	朝鮮朝日	1927-07-30/2	01단	無産階級が非常に多い/平北の金組
142378	朝鮮朝日	1927-07-30/2	01단	咸北海産品/乾明太が大關
142379	朝鮮朝日	1927-07-30/2	01단	財界閑話
142380	朝鮮朝日	1927-07-30/2	01단	安東豆粕の混合保管は滿鐵が不承知
142381	朝鮮朝日	1927-07-30/2	02단	元山附近の北滿粟荷動/案外に不振
142382	朝鮮朝日	1927-07-30/2	02단	官吏の預入が一番に多い/朝鮮の郵貯
142383	朝鮮朝日	1927-07-30/2	02단	南浦水産檢査高
142384	朝鮮朝日	1927-07-30/2	02단	京城手形交換高
142385	朝鮮朝日	1927-07-30/2	02단	咸興より
142386	朝鮮朝日	1927-07-30/2	03단	木浦海藻相場/廿六日
142387	朝鮮朝日	1927-07-31/1	01단	繪卷の如く展開される若き戰士の競ひ夜來の雨名殘なく晴れて微風戎衣の袂を拂ふ/八回光州の總攻擊で形勢俄然逆轉し十七A對十六釜商惜敗/病魔に祟られた新進淸農棄權し京中悠々と大勝す/同點で進んだ九回裏貴重の一點を入れ西鮮の雄平中軍惜敗し六A對五徽文勝つ
142388	朝鮮朝日	1927-07-31/1	04단	北九州豫選准優勝戰
142389	朝鮮朝日	1927-07-31/1	05단	母を尋ねて少年が米國へ密航を企つ/内地の人を父に持ち母は米國在住の朝鮮人
142390	朝鮮朝日	1927-07-31/1	05단	短歌/橋田東聲選
142391	朝鮮朝日	1927-07-31/1	06단	内地から滿鮮に及ぶ大無線局愈よ開始/一時間に一萬五千字の能力で一日に二千通を消化
142392	朝鮮朝日	1927-07-31/1	07단	年一割の配當を保證して吳れ煙草會社發起人が專賣局長に要望す
142393	朝鮮朝日	1927-07-31/1	07단	二十年以來の記錄を破る暑さ 大邱の最高百〇二度六 河沼の魚類が弊死す/雨も望めぬ釜山の暑さ
142394	朝鮮朝日	1927-07-31/1	08단	釜山高女の道移管/協議會に提案
142395	朝鮮朝日	1927-07-31/1	08단	盟休職工檢束さる/大東印刷の罷業惡化す

일련번호	판명	간행일	단수	기사명
142396	朝鮮朝日	1927-07-31/1	09단	夕陽に輝く放射線/釜山の上空を鮮やかに彩る
142397	朝鮮朝日	1927-07-31/1	09단	生埋の十四名は死體となって全部が發見される/詰かけた遺族が號泣
142398	朝鮮朝日	1927-07-31/1	09단	不良少年の收容所計劃/經費一萬圓で
142399	朝鮮朝日	1927-07-31/1	09단	自動車顚覆病院長夫人/重傷を負ふ
142400	朝鮮朝日	1927-07-31/1	10단	倡義團の公判延期/期日は未定
142401	朝鮮朝日	1927-07-31/1	10단	會(初等教員講習會)
142402	朝鮮朝日	1927-07-31/1	10단	人(相澤慶南水産課長/松川釜山水上署長/阿部慶南財務部長/引田乾作中將(前二十師團長)/上原平太郎中將(新任第二十師團長)/梅野實氏(前滿鐵理事))
142403	朝鮮朝日	1927-07-31/1	10단	半島茶話
142404	朝鮮朝日	1927-07-31/2	01단	金融制度調査會設立の經緯(八)/特銀と金組から押し縮められたサンドウ井ッチ式の朝鮮普通銀行の悲哀
142405	朝鮮朝日	1927-07-31/2	01단	平南道が沖合漁業に補助を與へ極力獎勵す
142406	朝鮮朝日	1927-07-31/2	01단	財界閑話
142407	朝鮮朝日	1927-07-31/2	01단	運送業者の合同問題で關係者協議
142408	朝鮮朝日	1927-07-31/2	01단	京南鐵道の未設線延長/近く具體化
142409	朝鮮朝日	1927-07-31/2	02단	國境通過貨物の大宗/綿絲布減少
142410	朝鮮朝日	1927-07-31/2	02단	郵便振替の利用が增加
142411	朝鮮朝日	1927-07-31/2	02단	群山上水道擴張を圖る/案を縮小して
142412	朝鮮朝日	1927-07-31/2	03단	釜山の火保/料金を引下
142413	朝鮮朝日	1927-07-31/2	03단	馬山大邱間鮮魚自動車/許可される
142414	朝鮮朝日	1927-07-31/2	03단	釜山商銀總會

1927년 8월 (조선아사히)

일련번호	판명	간행일	단수	기사명
142415	朝鮮朝日	1927-08-02/1	01단	雨もよひの空低く戰雲球場を掩ひ物凄きまで熱狂した第三日目准優勝戰/京師よく打って堂々と敵を壓し五對二大邱中惜敗/勝つべくして破れた徽文戰士の恨み土俵際で切りかへし二對一京中辛勝す/三日目戰績接戰裡に大邱勝つ四對二釜商敗る/三對零仁商敗る京師奮鬪す/新進光州恨を呑む京中大勝す
142416	朝鮮朝日	1927-08-02/1	04단	短歌/橋田東聲選
142417	朝鮮朝日	1927-08-02/1	05단	山陽の豫選/准優勝戰成積
142418	朝鮮朝日	1927-08-02/1	07단	元賣捌人の指定期間を年末に延期
142419	朝鮮朝日	1927-08-02/1	07단	九龍浦築港/防砂堤防の築造を陳情
142420	朝鮮朝日	1927-08-02/1	07단	金泉茂朱間道路開通の促進を圖る
142421	朝鮮朝日	1927-08-02/1	07단	群山郵便局/改築豫算は明年度に計上
142422	朝鮮朝日	1927-08-02/1	07단	重力測定は慶北師範の校庭で行ふ
142423	朝鮮朝日	1927-08-02/1	08단	天馬山の公園道路を工兵が引受
142424	朝鮮朝日	1927-08-02/1	08단	判決が輕いと私刑を迫って容れないのに憤り中國人が警察を襲擊
142425	朝鮮朝日	1927-08-02/1	08단	平壤高女の入札指定で地元業者憤慨
142426	朝鮮朝日	1927-08-02/1	08단	江界守備隊兵舍が竣工
142427	朝鮮朝日	1927-08-02/1	08단	南鮮沿海の漁業取締に鐵船を建造
142428	朝鮮朝日	1927-08-02/1	08단	總監の來邱を民間の人に知しめぬと批難が起る
142429	朝鮮朝日	1927-08-02/1	09단	涼氣臻る釜山の雨/府民が蘇生
142430	朝鮮朝日	1927-08-02/1	09단	牧ノ島への渡船賃値下/島民が決議
142431	朝鮮朝日	1927-08-02/1	09단	大東印刷/盟休は職工側泣寢入
142432	朝鮮朝日	1927-08-02/1	10단	アメーバ赤痢南鮮に發生/罹病者六百名
142433	朝鮮朝日	1927-08-02/1	10단	平北の牛疫/ますます猖獗
142434	朝鮮朝日	1927-08-02/1	10단	會(農村靑年講習會/高等農事講習會/南浦金組總會/公立校長會議/女敎員講習會/大麻漂白講習/定州體育講習會)
142435	朝鮮朝日	1927-08-02/1	10단	人((宇垣總督代理)湯淺政務總監/赤澤憲兵少佐/富永一二氏(平北警祭部長)/齊藤淸治氏(平南金組聯合會理事長)/村山慶南警察部長/小宮釜山消防組頭/三宅篤夫氏(前大邱憲兵隊長))
142436	朝鮮朝日	1927-08-02/2	01단	金剛山電の餘剩電力を京電が買收
142437	朝鮮朝日	1927-08-02/2	01단	江界營林署軌道敷設は十二月に竣工
142438	朝鮮朝日	1927-08-02/2	01단	松汀里の水利計劃に地主が反對
142439	朝鮮朝日	1927-08-02/2	01단	平北の植桑/全般に普及
142440	朝鮮朝日	1927-08-02/2	01단	慶北東海岸鯖漁が不振/水の低溫で
142441	朝鮮朝日	1927-08-02/2	01단	品質粗惡な本年の小麥/取引が不振
142442	朝鮮朝日	1927-08-02/2	02단	段當り收穫十石以上を豫想される增收品評會
142443	朝鮮朝日	1927-08-02/2	02단	農場の堤防で耕地が浸水/對策を協議
142444	朝鮮朝日	1927-08-02/2	02단	迎日灣沖に鯨の大群が毎日見える
142445	朝鮮朝日	1927-08-02/2	02단	釜山商議員/東海岸視察

일련번호	판명	간행일	단수	기사명
142446	朝鮮朝日	1927-08-02/2	02단	アパートを群山に設立
142447	朝鮮朝日	1927-08-02/2	03단	電話取扱開始
142448	朝鮮朝日	1927-08-02/2	03단	黃海畜牛大市
142449	朝鮮朝日	1927-08-02/2	03단	胡麻の生産增加
142450	朝鮮朝日	1927-08-03/1	01단	京師の舊闘も空しく京中四度び優勝す 絶好の野球日和に惠まれ豫選大會決勝戰終る/夕陽に映ゆる燦たる優勝旗 京中ナインに授與
142451	朝鮮朝日	1927-08-03/1	05단	廣陵中優勝/山陽豫選決勝
142452	朝鮮朝日	1927-08-03/1	05단	咸南道廳改築は豫算に計上
142453	朝鮮朝日	1927-08-03/1	05단	歐亞直通車は一週間に二日/釜山から發車する切符購入には旅券が必要
142454	朝鮮朝日	1927-08-03/1	05단	地殼磁氣の測定研究を釜山で第一步
142455	朝鮮朝日	1927-08-03/1	06단	平壤新幕間飛行通信/演習を擧行
142456	朝鮮朝日	1927-08-03/1	06단	咸鏡北部線一部が開通
142457	朝鮮朝日	1927-08-03/1	06단	俳句/鈴木花蓑選
142458	朝鮮朝日	1927-08-03/1	06단	淸津府の商業補習校九月から開校
142459	朝鮮朝日	1927-08-03/1	06단	漸く濁りが取れた新義州の上水道/濾過池の狹いのと沈澱池のないのが原因
142460	朝鮮朝日	1927-08-03/1	07단	慶南から推薦される優良部落團體
142461	朝鮮朝日	1927-08-03/1	07단	夢の浮橋/牧ノ島渡橋/島民が集り對策を協議
142462	朝鮮朝日	1927-08-03/1	07단	間島の草分吉松警視が本省に轉任
142463	朝鮮朝日	1927-08-03/1	08단	大童となって如入者を勸誘/二千名に達したら聽取料を一圓に値下
142464	朝鮮朝日	1927-08-03/1	08단	釜山水道の水源地反對/一先づ落着
142465	朝鮮朝日	1927-08-03/1	08단	宛然たる一大不夜城/鯖漁の盛觀
142466	朝鮮朝日	1927-08-03/1	08단	世界を十周する卷煙草の長さ/一箇年間の消費高十億二千五百萬尺
142467	朝鮮朝日	1927-08-03/1	08단	成績良好な京城納稅組合
142468	朝鮮朝日	1927-08-03/1	08단	鴨江川開き十三日擧行
142469	朝鮮朝日	1927-08-03/1	08단	昌慶丸就航/二日朝から
142470	朝鮮朝日	1927-08-03/1	09단	使丁慰安デー
142471	朝鮮朝日	1927-08-03/1	09단	老母殺しの嫌疑者引致/嚴重取調中
142472	朝鮮朝日	1927-08-03/1	09단	牛肺疫蔓延/平南が警戒
142473	朝鮮朝日	1927-08-03/1	09단	戀の警部補/假出獄
142474	朝鮮朝日	1927-08-03/1	10단	黃海の被害/百五十萬圓
142475	朝鮮朝日	1927-08-03/1	10단	倡義團公判期/十一日に決定
142476	朝鮮朝日	1927-08-03/1	10단	會(消防協會設立協議會)

일련번호	판명	간행일	단수	기사명
142477	朝鮮朝日	1927-08-03/1	10단	人(福原俊丸氏(朝鐵副社長)/井上周氏(同監査役)/山本繁松氏(同取締役)/上瀧專賣局製造課長/團體來往/增田大吉氏(咸北道評議員))
142478	朝鮮朝日	1927-08-03/1	10단	半島茶話
142479	朝鮮朝日	1927-08-03/2	01단	紛糾した市場移轉/條件付で解決
142480	朝鮮朝日	1927-08-03/2	01단	元山港沿岸上半期貿易三百六十萬圓
142481	朝鮮朝日	1927-08-03/2	01단	間島の穀類昨年輸出高
142482	朝鮮朝日	1927-08-03/2	01단	主要道路の橋梁が流失/對策を協議
142483	朝鮮朝日	1927-08-03/2	01단	穀物檢查所の增員を要望/南浦當業者が
142484	朝鮮朝日	1927-08-03/2	01단	平北道路綱百餘萬圓で十五年計劃
142485	朝鮮朝日	1927-08-03/2	02단	江界金組が定期預金利下
142486	朝鮮朝日	1927-08-03/2	02단	東拓の貸付/七月末現在/千百餘萬圓
142487	朝鮮朝日	1927-08-03/2	02단	咸南文川の無煙炭鑛區/買收が行惱む
142488	朝鮮朝日	1927-08-03/2	02단	鐵道協會名譽會員に五氏を推薦
142489	朝鮮朝日	1927-08-03/2	02단	河川整理に補助を申請/宣川邑民が
142490	朝鮮朝日	1927-08-03/2	03단	咸北杞柳講習會
142491	朝鮮朝日	1927-08-03/2	03단	慶北線と忠北線との連絡の運動
142492	朝鮮朝日	1927-08-04/1	01단	君萬歲の聲高く聖上陛下を御迎へ佐伯町民奉迎の誠を致す
142493	朝鮮朝日	1927-08-04/1	01단	石油輸入稅の引上を目論む稅額を廉くしても値段は下がらぬとの理由
142494	朝鮮朝日	1927-08-04/1	01단	朝鮮から內地への通漁禁止撤廢を水産研究會に提議
142495	朝鮮朝日	1927-08-04/1	03단	特務艦大和/木浦に入港
142496	朝鮮朝日	1927-08-04/1	03단	埋藏量一億噸/慶北の無煙炭
142497	朝鮮朝日	1927-08-04/1	04단	大邱水道大擴張/三箇年計劃
142498	朝鮮朝日	1927-08-04/1	04단	短歌/橋田東聲選
142499	朝鮮朝日	1927-08-04/1	04단	增すばかりで終熄の見込は更につかぬ平北の牛肺疫/地方の打擊は激甚
142500	朝鮮朝日	1927-08-04/1	04단	內鮮勞動者宿泊所設置
142501	朝鮮朝日	1927-08-04/1	04단	水に困る東拓の移民/對策を協議
142502	朝鮮朝日	1927-08-04/1	05단	內鮮滿の連絡飛行いよいよ十日
142503	朝鮮朝日	1927-08-04/1	05단	安東地方區明年度豫算/三萬圓を增加
142504	朝鮮朝日	1927-08-04/1	06단	戰の跡を省みて/諦らめられぬのは徽文の惜敗であった
142505	朝鮮朝日	1927-08-04/1	06단	至れり盡せり平壤醫專の完全な設備
142506	朝鮮朝日	1927-08-04/1	06단	兵營生活のドラマ放送/六日午後に
142507	朝鮮朝日	1927-08-04/1	07단	咸興農學校教諭が小刀で腹を切り朝鮮神宮裏參道で苦悶中を發見さる
142508	朝鮮朝日	1927-08-04/1	07단	中日學堂生徒を募集
142509	朝鮮朝日	1927-08-04/1	08단	陪審法の摸擬裁判を釜山で催す/益金を輔成會に寄附
142510	朝鮮朝日	1927-08-04/1	09단	海難事故は四十四件も昨年より增加

일련번호	판명	간행일	단수	기사명
142511	朝鮮朝日	1927-08-04/1	09단	遭難家族に百二十圓を電興が贈る
142512	朝鮮朝日	1927-08-04/1	09단	山十製絲に鮮人が押寄門衛を毆打
142513	朝鮮朝日	1927-08-04/1	10단	海水浴で西湖津賑ふ臨時列車運轉
142514	朝鮮朝日	1927-08-04/1	10단	惡德記者に二年を求刑
142515	朝鮮朝日	1927-08-04/1	10단	車輛入替競技
142516	朝鮮朝日	1927-08-04/1	10단	農大球團來鮮
142517	朝鮮朝日	1927-08-04/1	10단	會(婦人家族納凉會)
142518	朝鮮朝日	1927-08-04/1	10단	人(湯淺政務總監/山田大佐/松井少佐/倉永辰治少佐(松本第五十聯隊付)/山田廉氏(九大助教授)/倉垣辰雄氏(畫家)/平野宗三郎氏/白垣善四郎氏(釜山實業家))
142519	朝鮮朝日	1927-08-04/1	10단	半島茶話
142520	朝鮮朝日	1927-08-04/2	01단	金融組合へのは低資融通額は長期短期とりまぜ四百三十餘萬圓
142521	朝鮮朝日	1927-08-04/2	01단	間島移住の鮮人の發展/自作農が增加
142522	朝鮮朝日	1927-08-04/2	01단	財界閑話
142523	朝鮮朝日	1927-08-04/2	01단	水産物冷藏/製氷工場に補助金交付
142524	朝鮮朝日	1927-08-04/2	01단	製粉の産の悩み/一箇年の需要二百二十萬袋/生産高は百五十萬袋
142525	朝鮮朝日	1927-08-04/2	02단	新義州稅關保稅荷物が大增加を示す
142526	朝鮮朝日	1927-08-04/2	02단	鴨綠江大豆品種改良を平北が獎勵
142527	朝鮮朝日	1927-08-04/2	02단	全南の稻作/減收を氣遺る
142528	朝鮮朝日	1927-08-04/2	03단	滿鐵沿線水田の作柄/豊作の見込み
142529	朝鮮朝日	1927-08-05/1	01단	全鮮の水害/復舊要求費が四百二十餘萬圓/各道別による內容
142530	朝鮮朝日	1927-08-05/1	01단	知事の諒解を求め更に總督代理に飽まで陳情を續ける馬山中學設立問題
142531	朝鮮朝日	1927-08-05/1	01단	光州刑務所機械を新設/製紙を開始
142532	朝鮮朝日	1927-08-05/1	01단	戰の跡を省みて/京中は徽文を、徽文は京師を京師は京中を恐れた三角關係
142533	朝鮮朝日	1927-08-05/1	02단	新義州電話複式改正を遞信省で考慮
142534	朝鮮朝日	1927-08-05/1	02단	米、露兩機が朝鮮を飛行/總督府許可す
142535	朝鮮朝日	1927-08-05/1	03단	チェコ國の訪日機來鮮/八月七旬ごろ
142536	朝鮮朝日	1927-08-05/1	03단	鎭南浦の無線局廳舍/十一月に竣工
142537	朝鮮朝日	1927-08-05/1	03단	平壤測候所內容を充實/無線と地震計
142538	朝鮮朝日	1927-08-05/1	03단	警官の應援が便利となった關東州と滿洲への應援令が發布される
142539	朝鮮朝日	1927-08-05/1	04단	鴨江上流郵便物遲延/道路崩壞で
142540	朝鮮朝日	1927-08-05/1	04단	辭令(東京電話)
142541	朝鮮朝日	1927-08-05/1	04단	新堤防が竣成の曉は水害を免れる新義州府
142542	朝鮮朝日	1927-08-05/1	05단	野球大會成績/打擊成績

일련번호	판명	간행일	단수	기사명
142543	朝鮮朝日	1927-08-05/1	05단	俳句/鈴木花蓑選
142544	朝鮮朝日	1927-08-05/1	05단	鮮人飲食店造酒兼業の廢止から紛糾
142545	朝鮮朝日	1927-08-05/1	06단	汗みどろの勸誘も效果が見えない放送局の新加入者八、九の二月は無料
142546	朝鮮朝日	1927-08-05/1	06단	官民の間に大きな溝/總監來着の通知問題で
142547	朝鮮朝日	1927-08-05/1	06단	天道教の代議員集り黨則を制定
142548	朝鮮朝日	1927-08-05/1	06단	大邱府內氷の賣行が滅切り多い
142549	朝鮮朝日	1927-08-05/1	07단	釜山牧ノ島/渡橋問題で島民が蹶起
142550	朝鮮朝日	1927-08-05/1	07단	醫師試驗九月末施行
142551	朝鮮朝日	1927-08-05/1	07단	安東排日の市民大會は苦力ばかり
142552	朝鮮朝日	1927-08-05/1	07단	市場問題で百數十名が道廳に押寄す
142553	朝鮮朝日	1927-08-05/1	07단	十餘萬人にコ疫の豫防注射/昨年の侵入に懲り徹底的に警戒す
142554	朝鮮朝日	1927-08-05/1	08단	偏醫生を嚴重に取締/時節柄とて
142555	朝鮮朝日	1927-08-05/1	08단	一寸五分の黃金佛/忠北で發見
142556	朝鮮朝日	1927-08-05/1	08단	新義州稅關檢擧件數は四千三百件
142557	朝鮮朝日	1927-08-05/1	08단	共産黨公判/九月に延期
142558	朝鮮朝日	1927-08-05/1	08단	大東印刷の盟休は解決/賃銀値下で
142559	朝鮮朝日	1927-08-05/1	09단	局子街では樂隊入りで排日を宣傳
142560	朝鮮朝日	1927-08-05/1	09단	三十餘頭の馬を分捕る/馬賊が逃走
142561	朝鮮朝日	1927-08-05/1	09단	農校教諭の自殺の原因/生徒の養鷄失敗から
142562	朝鮮朝日	1927-08-05/1	09단	步兵銃の密輸を企て京城で發覺
142563	朝鮮朝日	1927-08-05/1	09단	親子らしい死體を發見
142564	朝鮮朝日	1927-08-05/1	10단	寶塚安東で戰ふ
142565	朝鮮朝日	1927-08-05/1	10단	會(慶南商工打合會/釜山商議役員會/慶南漁合會/慶南實業講習會/新義州教育總會/學科補充講習會/音樂講習會/患者慰安活寫會)
142566	朝鮮朝日	1927-08-05/1	10단	人(松本伊織氏(本府水産課長)/三ツ木秀治大佐(陸軍自動車學校教育部長)/丹羽淸次郎氏(京城キリスト教靑年會主事)/和田知事/村山慶南警察部長)
142567	朝鮮朝日	1927-08-05/1	10단	半島茶話
142568	朝鮮朝日	1927-08-05/2	01단	製粉の産の悩み/朝鮮産品の戰線は大田までが行き留り
142569	朝鮮朝日	1927-08-05/2	01단	七月中鮮米移出/二十七萬石
142570	朝鮮朝日	1927-08-05/2	01단	南滿電氣の料金値上/新義州電氣の打擊
142571	朝鮮朝日	1927-08-05/2	01단	平壤南金組事務所新築
142572	朝鮮朝日	1927-08-05/2	01단	慶南の春蠶/昨年より增加
142573	朝鮮朝日	1927-08-05/2	02단	大同の漁船/四割は密漁
142574	朝鮮朝日	1927-08-05/2	02단	安義汽動車値下
142575	朝鮮朝日	1927-08-05/2	02단	南浦穀物檢査
142576	朝鮮朝日	1927-08-05/2	02단	朝鮮火災六分配

일련번호	판명	간행일	단수	기사명
142577	朝鮮朝日	1927-08-05/2	02단	七月鐵道業績
142578	朝鮮朝日	1927-08-05/2	02단	新刊紹介(あゝ靑春)
142579	朝鮮朝日	1927-08-06/1	01단	俸給が良くなり警官の志願が定員の十倍に達し警務當局の大喜び
142580	朝鮮朝日	1927-08-06/1	01단	專門校の先生を委員に頼んで中等學校視學官の不足を緩和する計劃
142581	朝鮮朝日	1927-08-06/1	01단	豆滿江の自由港問題/京城で發表
142582	朝鮮朝日	1927-08-06/1	01단	大邱府の新設理事官/鮮人を任命
142583	朝鮮朝日	1927-08-06/1	01단	惠山線の至急開通を城津が陳情
142584	朝鮮朝日	1927-08-06/1	02단	單級敎育の實績に焦慮/平北學務課が
142585	朝鮮朝日	1927-08-06/1	02단	肉體や精神の勞動に要する榮養價値の程度を佐藤博士が研究中
142586	朝鮮朝日	1927-08-06/1	02단	戰の跡を省みて敗れたとは言へ平中は一流チームの箔をつけた
142587	朝鮮朝日	1927-08-06/1	03단	天圖鐵道一部不通/徒報で連絡
142588	朝鮮朝日	1927-08-06/1	03단	決議を提げ當局に折衝/牧ノ島問題
142589	朝鮮朝日	1927-08-06/1	04단	關稅納付の護照問題で支那側と交涉
142590	朝鮮朝日	1927-08-06/1	04단	官吏希望で就職に悩む學校の卒業生
142591	朝鮮朝日	1927-08-06/1	04단	短歌/橋田東聲選
142592	朝鮮朝日	1927-08-06/1	05단	個人打擊成績
142593	朝鮮朝日	1927-08-06/1	05단	郵貯が增加/八月一日現在
142594	朝鮮朝日	1927-08-06/1	05단	防水堤防の復舊を急ぐ安東支那街
142595	朝鮮朝日	1927-08-06/1	05단	支那側が內鮮各家に果し狀を配布
142596	朝鮮朝日	1927-08-06/1	05단	辯護士會を淸津に設立
142597	朝鮮朝日	1927-08-06/1	05단	大邱市內の鮮人靑年團合同を計劃
142598	朝鮮朝日	1927-08-06/1	06단	大谷光暢師裡里に來着
142599	朝鮮朝日	1927-08-06/1	06단	藝者にまで頼み麥酒の大宣傳/値段の協定も破れ小賣一本が三十八錢
142600	朝鮮朝日	1927-08-06/1	06단	蕨ののり咸南で研究
142601	朝鮮朝日	1927-08-06/1	07단	雨に惠まれ大邱の水道制限を撤廢
142602	朝鮮朝日	1927-08-06/1	07단	仁川目尾島で臨海學校を赤十字が計劃
142603	朝鮮朝日	1927-08-06/1	07단	江界で開く四郡共進會/或は中止か
142604	朝鮮朝日	1927-08-06/1	07단	殺人的の暑さで京城に惡疫蔓延/喰ふな、飲むな、冷えるなと豫防宣傳に大童べ
142605	朝鮮朝日	1927-08-06/1	08단	博川郡民が防水堤防の築造を請願
142606	朝鮮朝日	1927-08-06/1	08단	戀の悲劇/殺人幇助罪陪審制度の模擬裁判
142607	朝鮮朝日	1927-08-06/1	08단	水喧嘩/警官を毆打
142608	朝鮮朝日	1927-08-06/1	08단	人妻を捉へ絞め殺す
142609	朝鮮朝日	1927-08-06/1	08단	咸北の八景北日紙が募集

일련번호	판명	간행일	단수	기사명
142610	朝鮮朝日	1927-08-06/1	09단	十餘萬圓に上るモヒの密賣團/首謀者大邱で逮捕
142611	朝鮮朝日	1927-08-06/1	09단	江原福溪に赤痢が蔓延/原因は水道か
142612	朝鮮朝日	1927-08-06/1	09단	安東滿俱敗る
142613	朝鮮朝日	1927-08-06/1	09단	會(旅館業者懇親會/鐵道局慰安會)
142614	朝鮮朝日	1927-08-06/1	09단	人(湯淺政務總監/金谷朝鮮軍司令官/井上忠也少將/深見新之助少將/金瑞圭氏(新任平南參與官)/野川弘氏(新任開城醫院長)/有賀朝鮮殖銀頭取/長谷部光雄氏(釜山地方判事部長)/吉田平治郎氏/山根貞一氏(釜山郵便局長)/米大學生視察團)/淸岡次男氏(咸興署巡査部長))
142615	朝鮮朝日	1927-08-06/1	10단	箕城町人語(四)/經濟的の信用獲得が最大の急務/弓削森信君談
142616	朝鮮朝日	1927-08-06/1	10단	半島茶話
142617	朝鮮朝日	1927-08-06/2	01단	製粉の産の悩み/運賃の高いのが大痛手で特典の取扱はお許が出ぬ
142618	朝鮮朝日	1927-08-06/2	01단	咸興平原の沃野化/設計は明年
142619	朝鮮朝日	1927-08-06/2	01단	鮮支人の嗜好に適し南浦の外米賣行が良好
142620	朝鮮朝日	1927-08-06/2	01단	全南米の販路擴張團/裏日本へ向ふ
142621	朝鮮朝日	1927-08-06/2	01단	棉花販賣の改正を打合/主任會議で
142622	朝鮮朝日	1927-08-06/2	02단	新義州の穀物大會へ提案を協議
142623	朝鮮朝日	1927-08-06/2	02단	設立を急ぐ三嘉水利組合
142624	朝鮮朝日	1927-08-06/2	02단	安東の農作豊況らしい
142625	朝鮮朝日	1927-08-06/2	02단	他道に比べ耕地の廣い平北の小作農
142626	朝鮮朝日	1927-08-06/2	03단	京城組合銀七月末帳尻
142627	朝鮮朝日	1927-08-06/2	03단	局私線貨物荷動き狀況
142628	朝鮮朝日	1927-08-06/2	03단	朝鮮燒酎試釀
142629	朝鮮朝日	1927-08-07/1	01단	殖産局の新規要求は枕をならべて全滅す/農務課の要求のみは比較的考慮を拂はる
142630	朝鮮朝日	1927-08-07/1	01단	地球の目方を測るが大目的/雨の降るのが禁物で完成までに十年を要する
142631	朝鮮朝日	1927-08-07/1	01단	戰の跡を省みて/九回まで敵を壓して敗れた泣いても泣きれぬ徽文の惜敗
142632	朝鮮朝日	1927-08-07/1	02단	御質素な李鍝公殿下/御歸鮮に際し
142633	朝鮮朝日	1927-08-07/1	02단	石油關稅の引上で八十萬圓の增收/稅制整理の第一步
142634	朝鮮朝日	1927-08-07/1	03단	訪日露機のコース變更
142635	朝鮮朝日	1927-08-07/1	03단	齋藤總督ナポリを經て箱根丸で歸朝
142636	朝鮮朝日	1927-08-07/1	03단	咸興高女五年制度に昇格を準備
142637	朝鮮朝日	1927-08-07/1	04단	豫算が乏しく教授達が不平/今後は出來る限り洋行の人員を殖す
142638	朝鮮朝日	1927-08-07/1	04단	魚菜を輸送する冷凍車が竣工/京城釜山間を運轉し成績を當業者に問ふ

일련번호	판명	간행일	단수	기사명
142639	朝鮮朝日	1927-08-07/1	05단	鐵道局の明年度新線/圖們、東海岸、平元の三線
142640	朝鮮朝日	1927-08-07/1	05단	ゴルフリンク計劃が進み目下設計中
142641	朝鮮朝日	1927-08-07/1	05단	平北の牛疫ますます蔓延
142642	朝鮮朝日	1927-08-07/1	05단	民間を無視したと大邱府民が憤慨/商議役員會を開き知事の不信任を協議
142643	朝鮮朝日	1927-08-07/1	06단	兵隊さんの水泳
142644	朝鮮朝日	1927-08-07/1	06단	青い目のお人形わかれわかれて各道への旅立ち/出發は月末ごろ
142645	朝鮮朝日	1927-08-07/1	07단	俳句/鈴木花蓑選
142646	朝鮮朝日	1927-08-07/1	08단	浸水家屋三百戶/濟州島の豪雨
142647	朝鮮朝日	1927-08-07/1	08단	赤十字支部結核施料を平北で開始
142648	朝鮮朝日	1927-08-07/1	08단	滿鐵對手の二十四萬圓訴訟の判決/原告が敗訴
142649	朝鮮朝日	1927-08-07/1	08단	怪鮮人の毒牙に罹り狂女となる
142650	朝鮮朝日	1927-08-07/1	08단	會(群山夏季講習會/小學校同窓會/報德會講演會/慶南漁業組合聯合發會式/釜山商議評議員會/陸上競技講習會/釜山弓術講習會)
142651	朝鮮朝日	1927-08-07/1	09단	人(湯淺政務總監/福原俊丸男(朝鐵副社長)/山本繁松氏(同上支配人)/松本京大敎授/野口源三郎氏/松本本府水産課長/本田義成代議士/平井熊三郎氏/山岸睦造氏(專賣局技事)/佐下橋軍次郎氏(平北金融組合聯合會理事長)/金谷朝鮮軍司令官)
142652	朝鮮朝日	1927-08-07/1	09단	京城內の本紙販賣店/左の如く變更
142653	朝鮮朝日	1927-08-07/1	09단	箕城町人語(五)/急いでは事を仕損ず/中川鶴三郎氏
142654	朝鮮朝日	1927-08-07/1	10단	半島茶話
142655	朝鮮朝日	1927-08-07/2	01단	金融體系改善の諮問に應じて京城組合銀行が研究/釜山大邱と協議し答申す
142656	朝鮮朝日	1927-08-07/2	01단	棉作主任打合會第二日目
142657	朝鮮朝日	1927-08-07/2	01단	新義州の穀物大會へ群山が提案
142658	朝鮮朝日	1927-08-07/2	01단	七月中對外貿易八百九十萬圓
142659	朝鮮朝日	1927-08-07/2	01단	製粉の産の悩み/悲しいかな朝鮮麥だけでは來雜物が多く良品ができぬ
142660	朝鮮朝日	1927-08-07/2	02단	木浦在庫米七月末現在
142661	朝鮮朝日	1927-08-07/2	02단	群山、法聖浦間新航路計劃近く實現
142662	朝鮮朝日	1927-08-07/2	02단	採木公司の直營材流筏順調に着筏
142663	朝鮮朝日	1927-08-07/2	02단	木浦の海藻回着が減少
142664	朝鮮朝日	1927-08-07/2	03단	元山手形交換高
142665	朝鮮朝日	1927-08-07/2	03단	木浦金組總會
142666	朝鮮朝日	1927-08-07/2	03단	漁業組合大會
142667	朝鮮朝日	1927-08-09	01단	また蒸し返された煙草會社の反對聯盟/當局に懷柔され調印した委員の越權を糺彈

일련번호	판명	간행일	단수	기사명
142668	朝鮮朝日	1927-08-09	01단	民間の事業に特科隊の演習/日限も速く工費も少く非常な好成績を收む
142669	朝鮮朝日	1927-08-09	01단	元氣滿々と征途に上る京中野球團
142670	朝鮮朝日	1927-08-09	01단	大同江改修の促進を決議
142671	朝鮮朝日	1927-08-09	02단	全鮮月餘に亙り水田を個人診斷/北大田所哲太郎教授が各地で指導を行ふ
142672	朝鮮朝日	1927-08-09	02단	戰の跡を省みて京師惜敗の原因は守備に續出した失策の祟り/京中對京師戰優勝
142673	朝鮮朝日	1927-08-09	03단	洛東江改修一川式實施/飽まで要望
142674	朝鮮朝日	1927-08-09	03단	江界滿浦鎮道路の復舊/相當に遅れる
142675	朝鮮朝日	1927-08-09	04단	泣けるだけ泣き盡して高女設立を哀願
142676	朝鮮朝日	1927-08-09	04단	短歌/橋田東聲選
142677	朝鮮朝日	1927-08-09	04단	地元民を除者にして電氣事業許可
142678	朝鮮朝日	1927-08-09	05단	政務總監への缺禮問題/會頭に一任
142679	朝鮮朝日	1927-08-09	05단	馬山中學建設に努力/馬山の決意
142680	朝鮮朝日	1927-08-09	05단	曾父來朝の昔を偲び感慨に堪へぬと日本の歡待を喜び小ペルリ氏嬉しげに語る
142681	朝鮮朝日	1927-08-09	05단	湯淺總監に裡里民が陳情
142682	朝鮮朝日	1927-08-09	06단	內鮮滿連絡飛行いよいよ擧行
142683	朝鮮朝日	1927-08-09	06단	消防協會基金/咸南の割當異議なく可決
142684	朝鮮朝日	1927-08-09	06단	舊龍山夜市一箇月間開市
142685	朝鮮朝日	1927-08-09	06단	地球の診斷/順調に進捗す
142686	朝鮮朝日	1927-08-09	06단	喝采を博した陪審制度の摸擬裁判
142687	朝鮮朝日	1927-08-09	06단	人の子を投げつけた大尉の言動が鮮人を侮辱したと思想團隊が憤慨す
142688	朝鮮朝日	1927-08-09	07단	キネマのスター/申一仙孃の婚約/三國一のお婿は全南富豪の息子
142689	朝鮮朝日	1927-08-09	07단	平北の牛疫三日までに五十八頭
142690	朝鮮朝日	1927-08-09	07단	全國野球南九州豫選/准優勝戰
142691	朝鮮朝日	1927-08-09	07단	日射病で牛馬が斃れる
142692	朝鮮朝日	1927-08-09	07단	富豪實母の頭骨を盗み/金員を脅迫
142693	朝鮮朝日	1927-08-09	08단	給金引下で鮮人仲居が盟休を企つ
142694	朝鮮朝日	1927-08-09	08단	留置場內で阿片密賣の約束を結ぶ
142695	朝鮮朝日	1927-08-09	08단	昨年中に發見された商品の量目不足/一番酷いのが麵類の三割織物の二割は尺不足
142696	朝鮮朝日	1927-08-09	08단	船夫と船員が大挌鬪/大同江上で
142697	朝鮮朝日	1927-08-09	09단	江界陸上競技會
142698	朝鮮朝日	1927-08-09	09단	安東柔道軍破る
142699	朝鮮朝日	1927-08-09	09단	浦項劍道試合

일련번호	판명	간행일	단수	기사명
142700	朝鮮朝日	1927-08-09	09단	會(天道敎講習會/咸興木工講習會/夏季兒童講習會/水産講習會)
142701	朝鮮朝日	1927-08-09	10단	人(香椎釜商會頭/足立丈次郎氏(實業家)/上田慶南土木課長/建部博士(衆議院議員)/高島順作代議士/田所哲太郎博士(北海道大學敎授)/秋本豊之進氏(京南鐵副社長)/久保田辰彦氏(大每人事課長)/吉岡重實氏/澤山寅彦氏(釜山實業家)/加藤淸一氏(門鐵船舶課長)/ウォーターハウス氏(前明大敎授)/中村孝太郎少將(新任平壤第三十九旅團長)/金谷朝鮮軍司令官/三浦山口旅團長)
142702	朝鮮朝日	1927-08-09	10단	半島茶話
142703	朝鮮朝日	1927-08-10/1	01단	名瀬小學校の聖上陸下(學童/靑年團/在鄕軍人/婦人會員等の萬歳を受けさせらる)
142704	朝鮮朝日	1927-08-10/1	01단	鮮內都市の經濟力は都市計劃令によって律するまで發達して居らぬ/總督府當局の肚裡
142705	朝鮮朝日	1927-08-10/1	04단	會社設立最後の替否/京城が協議
142706	朝鮮朝日	1927-08-10/1	04단	邱南鐵道促進を圖る/熱烈な運動
142707	朝鮮朝日	1927-08-10/1	05단	戰の跡を省みて守備に優るといふよりも打擊が貧弱であった
142708	朝鮮朝日	1927-08-10/1	05단	財源難に惱む明年度の豫算新事業は全く不可能/公債額は千九百萬圓
142709	朝鮮朝日	1927-08-10/1	05단	俳句/鈴木花蓑選
142710	朝鮮朝日	1927-08-10/1	05단	總督代理の北鮮視察は一先づ中止
142711	朝鮮朝日	1927-08-10/1	05단	表彰されたカミル女史/終身年金交付
142712	朝鮮朝日	1927-08-10/1	06단	辭令(東京電話)
142713	朝鮮朝日	1927-08-10/1	06단	京中ナイン上阪優勝旗を擁して
142714	朝鮮朝日	1927-08-10/1	07단	固城の住民暗黑に惱む/電氣がつかぬ
142715	朝鮮朝日	1927-08-10/1	08단	ウエーヤ女史/樂浪を視察す
142716	朝鮮朝日	1927-08-10/1	08단	山田勇雄氏執行猶豫
142717	朝鮮朝日	1927-08-10/1	08단	石油關稅の特例廢止には贊成/鮮內當業者が橫暴だと京城商議が答申す
142718	朝鮮朝日	1927-08-10/1	09단	噂ほどの大事でない大同江の喧譁
142719	朝鮮朝日	1927-08-10/1	09단	釜山近海の■荒/連絡船は沖繋り釜山着列車も延着/船車の連絡杜絶す
142720	朝鮮朝日	1927-08-10/1	09단	聯隊長の謝罪を要求/瀨川大尉の失言が惡化
142721	朝鮮朝日	1927-08-10/1	09단	商品館に竊盜
142722	朝鮮朝日	1927-08-10/1	10단	會(南浦高女同窓會/釜山學術講演會)
142723	朝鮮朝日	1927-08-10/1	10단	人(湯淺政務總監/淺利警務局長/宇野宗三郎氏(釜山實業家)/上原新二十師團長/大泉製之助少將(鎭海要塞司令官))
142724	朝鮮朝日	1927-08-10/1	10단	半島茶話
142725	朝鮮朝日	1927-08-10/2	01단	論議の多い貯蓄銀行の公離/獨立し得るか否か金組では不必要を唱ふ

일련번호	판명	간행일	단수	기사명
142726	朝鮮朝日	1927-08-10/2	01단	外米關稅復活で朝鮮では輸入增加せん
142727	朝鮮朝日	1927-08-10/2	01단	間琿兩地の作付反別
142728	朝鮮朝日	1927-08-10/2	01단	石油特令關稅撤廢問題/財源捻出では無いとの話
142729	朝鮮朝日	1927-08-10/2	02단	朝鮮製では賣れぬ竹輪/當分內地の商標を貼る
142730	朝鮮朝日	1927-08-10/2	02단	林檎出荷の組合を作り發展を圖る
142731	朝鮮朝日	1927-08-10/2	02단	七月中の煙草賣渡高/二百四十萬圓
142732	朝鮮朝日	1927-08-10/2	03단	水産品檢査高
142733	朝鮮朝日	1927-08-11/1	01단	一割から七割の高利な資金を借入れて居る/水産業者對策を大會で協議
142734	朝鮮朝日	1927-08-11/1	01단	決裂を氣遣はれる釜山の瓦電買收いよいよ交涉開始か/兩者とも色氣はある模樣
142735	朝鮮朝日	1927-08-11/1	01단	寫眞說明/上は古仁屋小學校御出門高千穗神社に向はせられる聖上、中と下は要塞司令部御出門の聖上
142736	朝鮮朝日	1927-08-11/1	03단	浦項兄山江の修築工事の促進を陳情
142737	朝鮮朝日	1927-08-11/1	03단	大赦による復權者四千餘名
142738	朝鮮朝日	1927-08-11/1	04단	短歌/橋田東聲選
142739	朝鮮朝日	1927-08-11/1	04단	學務局の各種視察團/期間は一箇月
142740	朝鮮朝日	1927-08-11/1	05단	宇垣總督代理金剛山を探勝
142741	朝鮮朝日	1927-08-11/1	05단	博物館の古物などは目にも留めずに科學館の試驗を喜ぶ/米學生の京城見物
142742	朝鮮朝日	1927-08-11/1	06단	客車の消毒/各地で施行
142743	朝鮮朝日	1927-08-11/1	06단	全鮮庭球大會
142744	朝鮮朝日	1927-08-11/1	07단	一夜を港外に明しランチでお客を陸揚する釜山近海の時化十日朝はやゝ靜まる/海上を警戒警備船を出し/清津の暴風雨被害が多い
142745	朝鮮朝日	1927-08-11/1	08단	東西兩本願寺が布教に鎬を削るかたや光暢法主にこなた九條武子夫人
142746	朝鮮朝日	1927-08-11/1	08단	人(淺利警務局長/齊藤龜三郎氏(東拓理事)/稻畑勝太郎氏(貴族院議員)/深川繁次氏(臺灣總督府交通局遞信部長))
142747	朝鮮朝日	1927-08-11/1	09단	新しい顔(六)/讀書家で漫談好きの神尾式春君
142748	朝鮮朝日	1927-08-11/1	10단	半島茶話
142749	朝鮮朝日	1927-08-11/2	01단	特令廢止による關稅の增收は産業開發の資金に充當して欲しい商議の意向(市價におよぼす影響/産業上に及ぼす影響)
142750	朝鮮朝日	1927-08-11/2	01단	困憊した水利組合補助を請願
142751	朝鮮朝日	1927-08-11/2	01단	財界閑話
142752	朝鮮朝日	1927-08-11/2	01단	石油特令關稅撤廢問題/商業會議所は贊成の意向
142753	朝鮮朝日	1927-08-11/2	02단	八月中の煙草製造高/前年より增加
142754	朝鮮朝日	1927-08-11/2	02단	場合により鮑の採取を一時禁止か
142755	朝鮮朝日	1927-08-11/2	02단	釜山貿易高千九百萬圓

일련번호	판명	간행일	단수	기사명
142756	朝鮮朝日	1927-08-11/2	03단	南鮮沿海の水溫が低下/漁獲が少い
142757	朝鮮朝日	1927-08-11/2	03단	七月中大邱貿易
142758	朝鮮朝日	1927-08-11/2	03단	木浦魚市場水揚
142759	朝鮮朝日	1927-08-11/2	03단	南浦金組總會
142760	朝鮮朝日	1927-08-11/2	03단	穀物大會委員會
142761	朝鮮朝日	1927-08-12/1	01단	年に三十六回臺鮮の航路を補助を與へて開始/梁川氏が總督府を交渉
142762	朝鮮朝日	1927-08-12/1	01단	鐵道荷物の特別小口扱ひを朝鮮でも實施の計劃/內鮮滿連絡會議で協議
142763	朝鮮朝日	1927-08-12/1	01단	夏の鴨綠江
142764	朝鮮朝日	1927-08-12/1	02단	羅南中學の新築移轉を當局に要望
142765	朝鮮朝日	1927-08-12/1	03단	郵便局でも附加稅徵收
142766	朝鮮朝日	1927-08-12/1	03단	徵稅と賦課の二部に分つ/京城府の制度變更
142767	朝鮮朝日	1927-08-12/1	03단	俳句/鈴木花蓑選
142768	朝鮮朝日	1927-08-12/1	04단	大邱府の排水溝用地收用令適要
142769	朝鮮朝日	1927-08-12/1	04단	ワカサギの定置採卵場設置の計劃
142770	朝鮮朝日	1927-08-12/1	04단	二十日から平壤の市場メートル法を實施
142771	朝鮮朝日	1927-08-12/1	04단	金組聯合會が地方債を引受/支拂準備金二百萬圓の五割を是に振向く
142772	朝鮮朝日	1927-08-12/1	04단	消防協會基金寄附/割當が決定
142773	朝鮮朝日	1927-08-12/1	05단	國境名物(十)/七八名から十數名の學級教育を施す/一家のやうな睦じさ
142774	朝鮮朝日	1927-08-12/1	05단	訓導試驗平壤で施行
142775	朝鮮朝日	1927-08-12/1	05단	支那人射殺/糺彈市民會參加者五十名
142776	朝鮮朝日	1927-08-12/1	05단	ベストを盡して働いて見るからよろしく頼むよと大泉新塞司令官語る
142777	朝鮮朝日	1927-08-12/1	06단	虎疫の豫防嚴重を極む/十四萬人に豫防の注射
142778	朝鮮朝日	1927-08-12/1	06단	帽兒山民が領事分館の設置に反對
142779	朝鮮朝日	1927-08-12/1	06단	鈴蘭兒童園/咸興に開設
142780	朝鮮朝日	1927-08-12/1	07단	技手の手落で開墾した土地が知らぬ間に國有に編入され鬱陵島民が驚いて陳情/錦江の氾濫船橋切斷す
142781	朝鮮朝日	1927-08-12/1	07단	不具者調査/平南の試み
142782	朝鮮朝日	1927-08-12/1	07단	京畿道が車輛の檢査/不正者を處罰
142783	朝鮮朝日	1927-08-12/1	07단	天圖鐵道豪雨で不通/回復が困難
142784	朝鮮朝日	1927-08-12/1	08단	移民功勞者東拓が推薦
142785	朝鮮朝日	1927-08-12/1	08단	京城當川水利に不正工事ありと關係地主が頻に叫ぶ/司直の手が延びるかは疑問
142786	朝鮮朝日	1927-08-12/1	08단	不穩文書を平壤に配付
142787	朝鮮朝日	1927-08-12/1	09단	病名も判らぬ鷄の傳染病/忠南に流行

일련번호	판명	간행일	단수	기사명
142788	朝鮮朝日	1927-08-12/1	09단	龍山の赤痢ますます蔓延
142789	朝鮮朝日	1927-08-12/1	09단	アメーバ赤痢全南に流行/防疫に困る
142790	朝鮮朝日	1927-08-12/1	09단	安東滿俱破る
142791	朝鮮朝日	1927-08-12/1	09단	大邱野球軍遠征
142792	朝鮮朝日	1927-08-12/1	09단	會(安東夏季大會)
142793	朝鮮朝日	1927-08-12/1	09단	人(大泉鎭海要塞司令官/福原俊丸男/蝶野德次氏(本社販賣部次長))
142794	朝鮮朝日	1927-08-12/1	10단	新しい顔(七)/夜を徹して麻雀を樂む/西岡芳次郎君
142795	朝鮮朝日	1927-08-12/1	10단	半島茶話
142796	朝鮮朝日	1927-08-12/2	01단	外油の値上に内地油は追隨關稅の引上げだけは消費者に轉嫁される形勢
142797	朝鮮朝日	1927-08-12/2	01단	肥料低資の回收/極めて好成績
142798	朝鮮朝日	1927-08-12/2	01단	財界閑話
142799	朝鮮朝日	1927-08-12/2	01단	石油特令關稅撤廢問題/現在では日和見の各會社
142800	朝鮮朝日	1927-08-12/2	02단	北樺太へ生牛輸出/本府に申請
142801	朝鮮朝日	1927-08-12/2	02단	東拓管內農作物狀況/昨年よりも豊況の見込
142802	朝鮮朝日	1927-08-12/2	02단	京城手形交換高
142803	朝鮮朝日	1927-08-12/2	02단	私有林伐採高
142804	朝鮮朝日	1927-08-13/1	01단	要求は五千萬圓/財源は千萬圓/結局斧鉞を加へる期待される增收は官業收入
142805	朝鮮朝日	1927-08-13/1	01단	國境名物(終)/アリナレの流れを征服する飛行船/獨流を衝いて遡る/無くてならぬ交通機關
142806	朝鮮朝日	1927-08-13/1	02단	石油關稅の特例廢止に平壤木浦贊成(木浦商議/平壤商議)
142807	朝鮮朝日	1927-08-13/1	03단	ファンを喜ばす京中の猛打ぶり/甲子園での猛練習
142808	朝鮮朝日	1927-08-13/1	03단	植民地通信界の巨頭が會見し内鮮滿の電話連絡と臺鮮の航路開始を協議
142809	朝鮮朝日	1927-08-13/1	03단	京城郊外への電話架設を遞信局が調査
142810	朝鮮朝日	1927-08-13/1	03단	大興電氣と倭館電氣の妥協が成立
142811	朝鮮朝日	1927-08-13/1	04단	短歌/橋田東聲選
142812	朝鮮朝日	1927-08-13/1	04단	葉書の値上は恐くあるまいと遞信當局が否認す
142813	朝鮮朝日	1927-08-13/1	05단	土曜漫筆/自ら卑むる者/吉野産三
142814	朝鮮朝日	1927-08-13/1	05단	浦項港の導水堤工事いよいよ起工
142815	朝鮮朝日	1927-08-13/1	05단	辭令(東京電話)
142816	朝鮮朝日	1927-08-13/1	06단	電車從業員養成所設立/平壤驛前に
142817	朝鮮朝日	1927-08-13/1	06단	平壤驛擴張/府協で附議
142818	朝鮮朝日	1927-08-13/1	06단	大邱商業校文部省認定
142819	朝鮮朝日	1927-08-13/1	06단	世界一周機朝鮮を通過 京城に着陸/訪日露機は豆滿江を越え平壤に着陸

일련번호	판명	간행일	단수	기사명
142820	朝鮮朝日	1927-08-13/1	06단	漫然たる渡航は鮮人諸君にとり決して幸福で無い/景氣回復まで待って欲しい
142821	朝鮮朝日	1927-08-13/1	07단	金錢の浪費を愼しむやう京城醫專が父兄へ通牒
142822	朝鮮朝日	1927-08-13/1	07단	マンと泣く靑瞳のお人形/咸南へ十二人
142823	朝鮮朝日	1927-08-13/1	07단	怪書畵の檢擧が增加/嚴重に取締
142824	朝鮮朝日	1927-08-13/1	08단	勞動總同盟と農民黨が分離/中央幹部會で決定
142825	朝鮮朝日	1927-08-13/1	08단	文藝誌檢閱/今後嚴重になる
142826	朝鮮朝日	1927-08-13/1	08단	安東在住の鮮人が減少
142827	朝鮮朝日	1927-08-13/1	08단	人道橋下危險區域の游泳を禁止
142828	朝鮮朝日	1927-08-13/1	08단	乘合自動車河中に顚落/死傷は無い
142829	朝鮮朝日	1927-08-13/1	09단	咸興の豪雨/百四十六ミリ
142830	朝鮮朝日	1927-08-13/1	09단	平壤陽德の松茸の走り/本月末から
142831	朝鮮朝日	1927-08-13/1	09단	平北農會員內地を視察
142832	朝鮮朝日	1927-08-13/1	09단	主なきボート漢江に漂ふ/鮮人男女の合意心中か
142833	朝鮮朝日	1927-08-13/1	09단	全鮮射擊大會
142834	朝鮮朝日	1927-08-13/1	10단	十萬圓を橫領した京城證券支配人
142835	朝鮮朝日	1927-08-13/1	10단	會(南浦署家族慰安會/在鄕軍人講演會/基督敎講演會)
142836	朝鮮朝日	1927-08-13/1	10단	人(淺田新任平壤飛行隊第六聯隊長/水野保氏(新任大邱憲兵隊長))
142837	朝鮮朝日	1927-08-13/1	10단	半島茶話
142838	朝鮮朝日	1927-08-13/2	01단	海草主産地の莞島へ檢査所を新設して欲しいと當業者が要望す
142839	朝鮮朝日	1927-08-13/2	01단	穀物大會の提案を審議/平北協會が
142840	朝鮮朝日	1927-08-13/2	01단	府廳內に主要生産品陳列を計劃
142841	朝鮮朝日	1927-08-13/2	01단	財界閑話
142842	朝鮮朝日	1927-08-13/2	01단	金剛山電鐵線路を延長
142843	朝鮮朝日	1927-08-13/2	01단	煙草の出來るまで(一)/便を得て義州通の煙草の工場を覗く/見たまゝを書きつらぬ
142844	朝鮮朝日	1927-08-13/2	02단	甲府御嶽山の朝鮮人蔘は山人蔘の類か
142845	朝鮮朝日	1927-08-13/2	02단	鎭南浦の穀物檢査所移轉を陳情
142846	朝鮮朝日	1927-08-13/2	02단	危機にたつ鎭南浦林檎/善後策に腐心
142847	朝鮮朝日	1927-08-13/2	03단	群山有志が糧秣廠倉庫設置を陳情
142848	朝鮮朝日	1927-08-13/2	03단	絹布織りの共同作業は非常な好成績
142849	朝鮮朝日	1927-08-14/1	01단	一儲せんと東拓移民が年賦金を前納して鮮人に賣飛さんと圖る/東拓は認めず目下繫爭中/東拓負けば移民の目的は失はる
142850	朝鮮朝日	1927-08-14/1	01단	優良な漁業組合に資金を融通する/各道金組聯合會へ通牒/一人當り二百圓限度
142851	朝鮮朝日	1927-08-14/1	01단	名所めぐり/仁川月尾島
142852	朝鮮朝日	1927-08-14/1	03단	京城會寧間直通列車の運轉を切望

일련번호	판명	간행일	단수	기사명
142853	朝鮮朝日	1927-08-14/1	04단	朝鮮水電の水を利用し水利を計劃
142854	朝鮮朝日	1927-08-14/1	04단	村山本社長から總督代理宛ての信書と朝日新聞を積み郵便機京城に到着/上時大邱を通過/二機打揃ひ平壤を通過/郵便飛行機大連へ着く
142855	朝鮮朝日	1927-08-14/1	04단	四箇年間の滯納を一時に徵稅する/部落民の反對を恐れて警察に賴んで警戒
142856	朝鮮朝日	1927-08-14/1	04단	造林品評會/慶北で開催
142857	朝鮮朝日	1927-08-14/1	05단	煙草會社の設立に反對/平壤當業者が
142858	朝鮮朝日	1927-08-14/1	05단	辭令(東京電話)
142859	朝鮮朝日	1927-08-14/1	05단	道路の改善は知事の旅行が一番の促進策
142860	朝鮮朝日	1927-08-14/1	06단	日向の觸れた暗礁を捜査/驅逐艦四隻が
142861	朝鮮朝日	1927-08-14/1	06단	朝鮮私鐵の專務に新田氏就任の噂/三十日の總會で決定/會社當業者は否定
142862	朝鮮朝日	1927-08-14/1	06단	俳句/鈴木花蓑選
142863	朝鮮朝日	1927-08-14/1	06단	國境方面三道の三萬頭の畜牛にワクチンを注射し免疫地帶を構成す/平北の牛疫 六十三頭
142864	朝鮮朝日	1927-08-14/1	06단	上海方面の入港汽船を鎭南浦が檢疫
142865	朝鮮朝日	1927-08-14/1	06단	平壤慈惠醫院看護婦長決定
142866	朝鮮朝日	1927-08-14/1	07단	郵便小包の附加稅賦課/公衆が應じるか
142867	朝鮮朝日	1927-08-14/1	07단	會寧警察署新築豫算は明年に計上か
142868	朝鮮朝日	1927-08-14/1	07단	不足勝の水を竊に供給して地主や工場主から收賄/大邱府廳員の惡事
142869	朝鮮朝日	1927-08-14/1	08단	間島朝鮮間郵便の連絡/十五日頃復舊
142870	朝鮮朝日	1927-08-14/1	08단	一萬の學童に猩紅熱豫防注射を行ふ
142871	朝鮮朝日	1927-08-14/1	08단	安東縣の婦人俱樂部解散に決す
142872	朝鮮朝日	1927-08-14/1	08단	富平水利の不正事件取調を中止し本府の態度を見る
142873	朝鮮朝日	1927-08-14/1	08단	咸興の豺狩/目下計劃中
142874	朝鮮朝日	1927-08-14/1	09단	取締の感想を知り度いと布施辯護士が被告に依賴す
142875	朝鮮朝日	1927-08-14/1	09단	昨年の十月に流した鯖が六月二十九日秋田で獲れる
142876	朝鮮朝日	1927-08-14/1	09단	鐵道局對撫順陸上競技大會
142877	朝鮮朝日	1927-08-14/1	09단	弓道場開き
142878	朝鮮朝日	1927-08-14/1	09단	會(咸興野營會/修養團講習會/花田中佐講演會/兩橋竣工祝賀會)
142879	朝鮮朝日	1927-08-14/1	09단	人(田中武雄氏(總督府事務官)/中村孝太郎少將(新任三十九旅團長)/松浦京城帝大總長/森恪氏(外務政務次官))
142880	朝鮮朝日	1927-08-14/1	10단	新しい顔(七)/至極內氣で自らを樂む人格者の三浦斧吉君
142881	朝鮮朝日	1927-08-14/1	10단	半島茶話
142882	朝鮮朝日	1927-08-14/2	01단	煙草の出來るまで(二)/白い瀧のやうさらさらと流る白魚の手で卷く卷煙草
142883	朝鮮朝日	1927-08-14/2	01단	またまた鰯の豊漁/淸津地方に

일련번호	판명	간행일	단수	기사명
142884	朝鮮朝日	1927-08-14/2	01단	畜産大會に特別大市/景品を添ふ
142885	朝鮮朝日	1927-08-14/2	01단	新義州商議設立を申請
142886	朝鮮朝日	1927-08-14/2	01단	財界閑話
142887	朝鮮朝日	1927-08-14/2	01단	書記長問題で清津商議の六議員が辭職
142888	朝鮮朝日	1927-08-14/2	02단	安東縣の商店協會に滿鐵が補助
142889	朝鮮朝日	1927-08-14/2	02단	郵貯の激増/二百餘萬圓
142890	朝鮮朝日	1927-08-14/2	02단	局線貨物輸送成績/總量七萬噸
142891	朝鮮朝日	1927-08-14/2	02단	出荷組合を作り海藻の輸出に內地當業者と折衝/都合で低資も融通する
142892	朝鮮朝日	1927-08-14/2	03단	鐵道沿線の在荷が増加
142893	朝鮮朝日	1927-08-16/1	01단	鐵桶の守備に阻まれ隼り立つ京中軍の最後の攻擊も遂に效を奏せず雄圖空しく敗れ去る/滿場拍手して京中の玉碎を讚ふ
142894	朝鮮朝日	1927-08-16/1	01단	京城着の連絡機
142895	朝鮮朝日	1927-08-16/1	02단	煙草會社の社長 靑木氏に內定 老舗料と配當一割保證を水口局長が承認す/知事級に大異動 近く行はれん
142896	朝鮮朝日	1927-08-16/1	04단	元山からも起工せよ平元工事で總督に陳情
142897	朝鮮朝日	1927-08-16/1	04단	また殖えて來た鮮人の內地渡航八月に入ってから一日三百四十名に達す
142898	朝鮮朝日	1927-08-16/1	04단	短歌/橋田東聲選
142899	朝鮮朝日	1927-08-16/1	04단	郭山路下間に假停車場の設置を要望
142900	朝鮮朝日	1927-08-16/1	04단	如矣島の飛機着陸場/堰堤を築く
142901	朝鮮朝日	1927-08-16/1	05단	十二年間に互り落葉松を研究/天然更新の研究を發表し學位を得た後藤氏
142902	朝鮮朝日	1927-08-16/1	05단	普通學校の新設を要望/平北龜城の面民が
142903	朝鮮朝日	1927-08-16/1	05단	辭令(東京電話)
142904	朝鮮朝日	1927-08-16/1	05단	全南の漁場が殆ど全滅に瀕す/原因は潮流の移動/道水産課が調査を開始
142905	朝鮮朝日	1927-08-16/1	05단	吉茂山新站間/二十日開通
142906	朝鮮朝日	1927-08-16/1	06단	元山での電力戰/兩社妥協か
142907	朝鮮朝日	1927-08-16/1	06단	和田經濟部長京城で講演/會場は公會堂
142908	朝鮮朝日	1927-08-16/1	06단	京日主催の朝博視察團/東朝社を見學
142909	朝鮮朝日	1927-08-16/1	06단	ラヂオを妨る一般電波の除去に成功
142910	朝鮮朝日	1927-08-16/1	07단	お人形を歡迎の準備/平南で協議
142911	朝鮮朝日	1927-08-16/1	07단	峠を越えた國境の暑さ八十度臺
142912	朝鮮朝日	1927-08-16/1	07단	だんだん殖える內鮮間の結婚/十一年末に比べると二百餘組を増加す
142913	朝鮮朝日	1927-08-16/1	07단	線路枕の三名の子供/轢殺さる
142914	朝鮮朝日	1927-08-16/1	07단	不良黑帶團/平壤に跋扈
142915	朝鮮朝日	1927-08-16/1	08단	坑內ガス爆發して四坑夫重傷

일련번호	판명	간행일	단수	기사명
142916	朝鮮朝日	1927-08-16/1	08단	朝鮮內の重力測定/十四年を要す
142917	朝鮮朝日	1927-08-16/1	08단	教へ兒に先生が戲る大問題となる
142918	朝鮮朝日	1927-08-16/1	09단	印字機競技
142919	朝鮮朝日	1927-08-16/1	09단	大邱軍一勝一敗
142920	朝鮮朝日	1927-08-16/1	09단	容疑者の釋放に事端を發して支那巡警と衝突し在間島鮮人が負傷
142921	朝鮮朝日	1927-08-16/1	09단	豪雨による淸津の被害/七萬圓に達す
142922	朝鮮朝日	1927-08-16/1	09단	會(儒道振興會總會/田所博士講習會/咸興修養講習會)
142923	朝鮮朝日	1927-08-16/1	09단	人(李鍵公(前田小將)/上原平太郎中將(新任第二十師團長)/新城新藏氏(京大敎授)/松田源二郎氏(黃海道實業家)/阪田文吉氏(釜山實業家)/小林晴次郎氏(城大敎授)/文元模氏(東方文化協會支郡委員)/松井久太郎少左(朝鮮軍參謀)/坂田義郎少佐(軍參謀)/千石與太郎氏(産業組合中央會主事)/小山介義氏(關東憲兵隊長隊軍小將)
142924	朝鮮朝日	1927-08-16/1	10단	咸興體協更生
142925	朝鮮朝日	1927-08-16/1	10단	半島茶話
142926	朝鮮朝日	1927-08-16/2	01단	老婆が出刃を揮ひ煙草の軸を斷つ昭和の安達原もどき/煙草の出來るまで(三)
142927	朝鮮朝日	1927-08-16/2	01단	鎭南浦果物/出荷組合いよいよ創立
142928	朝鮮朝日	1927-08-16/2	01단	全南に集るニベの漁船/百隻に達す
142929	朝鮮朝日	1927-08-16/2	01단	平南の秋蠶/昨年に比べ一割五分減
142930	朝鮮朝日	1927-08-16/2	01단	京城各銀行擔保貸出高/一億五百萬圓
142931	朝鮮朝日	1927-08-16/2	02단	東拓の農作二割增收見込
142932	朝鮮朝日	1927-08-16/2	02단	朝鮮私鐵業績
142933	朝鮮朝日	1927-08-16/2	02단	平壤燒酎賣行
142934	朝鮮朝日	1927-08-16/2	02단	木浦港移出米
142935	朝鮮朝日	1927-08-16/2	02단	元山米豆移出高
142936	朝鮮朝日	1927-08-16/2	03단	南浦穀物檢查高
142937	朝鮮朝日	1927-08-16/2	03단	木浦米穀檢查高
142938	朝鮮朝日	1927-08-16/2	03단	林業組合總會
142939	朝鮮朝日	1927-08-16/2	03단	木浦海藻相場(十一日)
142940	朝鮮朝日	1927-08-17/1	01단	殆ど容認される農務課の豫算要求額二百二十萬圓
142941	朝鮮朝日	1927-08-17/1	01단	秘密區域も略圖を發行し朝鮮の地圖完成す萬分の一地圖も改作
142942	朝鮮朝日	1927-08-17/1	01단	新田氏の私鐵入りは確定で無い福原俊丸男語る
142943	朝鮮朝日	1927-08-17/1	02단	三千町步の山林貸付を學組が出願
142944	朝鮮朝日	1927-08-17/1	02단	驅逐艦の掃海で日向礁を發見白黑山沖四十尋の海中で錐のやうに鋭い岩
142945	朝鮮朝日	1927-08-17/1	03단	地方民との提携が必要中村新族團長語る

일련번호	판명	간행일	단수	기사명
142946	朝鮮朝日	1927-08-17/1	03단	俳句/鈴木花養選
142947	朝鮮朝日	1927-08-17/1	03단	航空稅關を明年度に設置
142948	朝鮮朝日	1927-08-17/1	04단	馬山郵便局驛前に移轉明春に落成
142949	朝鮮朝日	1927-08-17/1	04단	熙川郵便局新築落成す
142950	朝鮮朝日	1927-08-17/1	04단	朝鮮神宮競技愈よ十月十五日から競技種目其他決定す
142951	朝鮮朝日	1927-08-17/1	05단	朱乙溫泉で昆蟲を漁る亡命の露人
142952	朝鮮朝日	1927-08-17/1	05단	新義州江界間飛行船連絡可能となる
142953	朝鮮朝日	1927-08-17/1	05단	やゝこしい釜山の町名いよいよ改正
142954	朝鮮朝日	1927-08-17/1	05단	平毎社新築十四日地鎭祭
142955	朝鮮朝日	1927-08-17/1	06단	煙草元賣捌合同會社設立を急ぐ/滿場一致で設立に贊成京城會社の株主總會
142956	朝鮮朝日	1927-08-17/1	06단	七月に發生した赤痢の患者が千百餘名に達す罹病者は下層階級が多い
142957	朝鮮朝日	1927-08-17/1	06단	使用料の滯納が多い京城の電話
142958	朝鮮朝日	1927-08-17/1	06단	不正金融業者取締を通達大藏省の依賴て
142959	朝鮮朝日	1927-08-17/1	06단	下火になった圓本の讀書熱一圓を棒に振って送本停止の申込續出/滿場一致で設立に贊成京城會社の株主總會
142960	朝鮮朝日	1927-08-17/1	07단	殉敎宣敎師追悼記念碑十月に起工
142961	朝鮮朝日	1927-08-17/1	07단	咸興庭球慘敗
142962	朝鮮朝日	1927-08-17/1	07단	お茶を運ぶひまひまに獨り勉强をつゝけつゝ文官普通試驗に合格した警務局給仕の三輪駒夫君
142963	朝鮮朝日	1927-08-17/1	08단	天道敎靑年黨代表者大會議論續出す
142964	朝鮮朝日	1927-08-17/1	08단	兵曹の妻女が剃刀で一文字に腹を切って自殺す哀れ無心の愛兒は傍で笑ふ
142965	朝鮮朝日	1927-08-17/1	08단	娼妓たちに衛生の講演平壤署の試み
142966	朝鮮朝日	1927-08-17/1	08단	淺野洋灰の火事製樽工場を燒く
142967	朝鮮朝日	1927-08-17/1	08단	仁川、富川でコ疫豫防の注射を施行
142968	朝鮮朝日	1927-08-17/1	09단	百萬長者のお家騷動末亡人が勝訴
142969	朝鮮朝日	1927-08-17/1	09단	不倫な先生を父兄が告訴當局は內査中
142970	朝鮮朝日	1927-08-17/1	09단	朝鮮ドックの重役を訴ふ小野辯護士が
142971	朝鮮朝日	1927-08-17/1	10단	人(李鍵公殿下/田中武雄氏(總督府事務官)/齋藤新藏氏(三井物産京城結)/天日宮次郎氏(京取社長)/和田知事)
142972	朝鮮朝日	1927-08-17/1	10단	新しい顔(七)(美男子でく■者の碓井忠平君)
142973	朝鮮朝日	1927-08-17/1	10단	半島茶話
142974	朝鮮朝日	1927-08-17/2	01단	都市金融組合の貸出制限擴張は危險率を增すとて現狀維持說が有力
142975	朝鮮朝日	1927-08-17/2	01단	五商議所の評議員改選定員と期日
142976	朝鮮朝日	1927-08-17/2	01단	財界閑話
142977	朝鮮朝日	1927-08-17/2	01단	水利組合の工事監督定員を增加

일련번호	판명	간행일	단수	기사명
142978	朝鮮朝日	1927-08-17/2	01단	煙草の出來るまで(四)/機械よりも確かな女工さんの手練一寸攫んだ數が二十本
142979	朝鮮朝日	1927-08-17/2	02단	八月上旬鐵道業績收入七十萬圓
142980	朝鮮朝日	1927-08-17/2	02단	京城府內煙草賣上高二百六十萬圓
142981	朝鮮朝日	1927-08-17/2	03단	七月木浦貿易
142982	朝鮮朝日	1927-08-18/1	01단	釜山の經濟界を脅す朝鮮ドックの大亂脈大友社長やその他の重役たちが背任詐欺罪で訴へらる
142983	朝鮮朝日	1927-08-18/1	01단	陸海軍當局を欺き飛機製作の名で全鮮で詐欺を働く/株主の決議を無視し埋立權を賣却し六萬圓を勝手に費消/解散以外に途は無い金庫に殘った現金が七千圓
142984	朝鮮朝日	1927-08-18/1	01단	某水利組合紛糾の眞相(一)過重の負擔に塗炭の苦しみ組合員一同が集り恐れながらと陳情/富平水利の組合地主總監に陳情
142985	朝鮮朝日	1927-08-18/1	02단	元山都計の道路變更で町民が陳情
142986	朝鮮朝日	1927-08-18/1	03단	朝鮮窒素の敷地問題粉糾を生ず
142987	朝鮮朝日	1927-08-18/1	03단	身もこゝろものびのびすると李鍵公平壤を御見物
142988	朝鮮朝日	1927-08-18/1	04단	放浪勞働者宿泊所新設釜山草梁に
142989	朝鮮朝日	1927-08-18/1	05단	尺にも足らぬ振子を動かし大きな地球の速度を測る文部省の地質調査隊の一行京城高工でゴロ寢の苦心
142990	朝鮮朝日	1927-08-18/1	05단	府稅時代と比べ營業稅の徵收非常な好成績を示す課稅が合理的となったゝめ
142991	朝鮮朝日	1927-08-18/1	05단	短歌/橋田東聲選
142992	朝鮮朝日	1927-08-18/1	06단	畜産大會に檢疫醫達も出席する
142993	朝鮮朝日	1927-08-18/1	06단	道路品評會褒賞授與式
142994	朝鮮朝日	1927-08-18/1	06단	本社豫選野球戰の成績に徵して神宮競技野球戰に四チームを推薦す
142995	朝鮮朝日	1927-08-18/1	06단	流石は夏だけに讀書子も疲れ圖書館の入場が少ない朝鮮女學生の思想研究
142996	朝鮮朝日	1927-08-18/1	07단	石油輸入稅特例廢止の對策を研究
142997	朝鮮朝日	1927-08-18/1	07단	お茶のあと
142998	朝鮮朝日	1927-08-18/1	08단	煙草會社設立防止の運動を起す
142999	朝鮮朝日	1927-08-18/1	08단	猩紅熱の豫防注射やモヒ患者治療の講習會を開く計劃
143000	朝鮮朝日	1927-08-18/1	08단	姜氏遺作展京城で開催
143001	朝鮮朝日	1927-08-18/1	08단	財政的の立直策天道教青年大會で協議
143002	朝鮮朝日	1927-08-18/1	09단	田中事務官は保安課長に轉任
143003	朝鮮朝日	1927-08-18/1	09단	學校當局の責任問題が起るらしい不良訓導の事件
143004	朝鮮朝日	1927-08-18/1	09단	牡蠣養殖の權利爭から面民が紛糾
143005	朝鮮朝日	1927-08-18/1	10단	密輸火藥を銅山に賣る極秘裡に調査
143006	朝鮮朝日	1927-08-18/1	10단	牛の炭疽病咸南で流行

일련번호	판명	간행일	단수	기사명
143007	朝鮮朝日	1927-08-18/1	10단	南鮮野球選手權大會釜山で擧行
143008	朝鮮朝日	1927-08-18/1	10단	北九州軍來鮮
143009	朝鮮朝日	1927-08-18/1	10단	牡丹臺野話
143010	朝鮮朝日	1927-08-18/1	10단	會(南浦商議役員會)
143011	朝鮮朝日	1927-08-18/1	10단	人(宇垣代理總督/井上前鐵道大臣/森田衆議院議長/飯倉遞信局工務課長/藤田米三郎氏(新任京畿道會計課長)/戸田鐵道局理事/住井辰男氏(三井物産京城支店長)/蔡鍾麻氏(北京師範大學敎授))
143012	朝鮮朝日	1927-08-18/2	01단	朝鮮對內地貿易總額四千二十五萬圓前年より三百萬圓を増加
143013	朝鮮朝日	1927-08-18/2	01단	二萬頭の生牛に檢病の調査平北の牛疫やまず
143014	朝鮮朝日	1927-08-18/2	01단	永登浦が都市金組に加入を希望
143015	朝鮮朝日	1927-08-18/2	01단	欺されたと朝鮮水電を部落民が訴ふ
143016	朝鮮朝日	1927-08-18/2	01단	煙草の出來るまで(五)/目ざましく賣れる兩切のピジヨン生産不足が案ぜらる
143017	朝鮮朝日	1927-08-18/2	02단	鎭南浦港製監の輸入昨年より減少
143018	朝鮮朝日	1927-08-18/2	02단	仁川溫泉の遊園地計劃敷地を擴張し
143019	朝鮮朝日	1927-08-18/2	03단	小野田洋灰咸南の工場工事進捗す
143020	朝鮮朝日	1927-08-18/2	03단	局私線貨物八月上旬成績
143021	朝鮮朝日	1927-08-18/2	03단	朝鮮私鐵道定期株主總會
143022	朝鮮朝日	1927-08-18/2	03단	淸津倉庫總會
143023	朝鮮朝日	1927-08-18/2	03단	鴨江上流稻作蟲害は少ない
143024	朝鮮朝日	1927-08-19/1	01단	四百の運送業者がいよいよ合同を決す本月末京城に集り具體的に協議を進める
143025	朝鮮朝日	1927-08-19/1	01단	金融組合と無盡の根本調査を行ひ金融制度改善に資す
143026	朝鮮朝日	1927-08-19/1	01단	大邱府の醫專問題有力者が協議
143027	朝鮮朝日	1927-08-19/1	01단	某水利組合紛糾の眞相(二)/平和を紊し外は不正を働く組合の不幸是に過ぎじ不正工事の内容を持出す
143028	朝鮮朝日	1927-08-19/1	02단	御慶事に國旗を掲揚サイレンを昭らす
143029	朝鮮朝日	1927-08-19/1	02단	七十萬圓を投じ甛菜糖を奬勵反當り三千斤の收穫を目的に進む
143030	朝鮮朝日	1927-08-19/1	03단	濟州島の手押軌道車認可に決定
143031	朝鮮朝日	1927-08-19/1	03단	俳句/鈴木花蓑選
143032	朝鮮朝日	1927-08-19/1	04단	元山咸興で博覽會明年に開催
143033	朝鮮朝日	1927-08-19/1	04단	振替貯金の管理所設置大邱が要望
143034	朝鮮朝日	1927-08-19/1	04단	理事が交替で京城に留まり大に勉强するつもり社有地視察の齋藤理事談
143035	朝鮮朝日	1927-08-19/1	04단	兒島高普敎諭十六日付退職
143036	朝鮮朝日	1927-08-19/1	05단	公營質屋を大邱が設置
143037	朝鮮朝日	1927-08-19/1	05단	お茶のあと
143038	朝鮮朝日	1927-08-19/1	05단	千家尊有師近く渡鮮す

일련번호	판명	간행일	단수	기사명
143039	朝鮮朝日	1927-08-19/1	06단	面協議會議事錄僞造の告訴
143040	朝鮮朝日	1927-08-19/1	06단	釜山で喰止め各道に照會し職業を授ける計劃/漫然渡航者の取締り
143041	朝鮮朝日	1927-08-19/1	06단	清州學議選擧
143042	朝鮮朝日	1927-08-19/1	06단	重信氏遺兒の教育資金募集
143043	朝鮮朝日	1927-08-19/1	06단	理髮學校を釜山に設置
143044	朝鮮朝日	1927-08-19/1	07단	お人形の落着き先を平南が協議
143045	朝鮮朝日	1927-08-19/1	07단	內鮮滿の名勝を探る徒步旅行家
143046	朝鮮朝日	1927-08-19/1	07단	徹底的に糺彈する訓導暴行事件
143047	朝鮮朝日	1927-08-19/1	07단	適任者を得て大改革を施す問題の朝鮮ドックに關し重役大池氏は語る
143048	朝鮮朝日	1927-08-19/1	07단	勸誘に努めても成績の擧らぬコ疫の豫防注射衛生當局も困惑/コ疫豫防釜山の檢疫嚴■を極む/豫防液の製造おくれて心配
143049	朝鮮朝日	1927-08-19/1	08단	女給待遇の改善を立案大邱警察署が
143050	朝鮮朝日	1927-08-19/1	08단	煙火大會兩度に開催
143051	朝鮮朝日	1927-08-19/1	08단	匪賊四名義州を襲ふ/逃げる途中また一仕事
143052	朝鮮朝日	1927-08-19/1	09단	畜産會一行元山を視察
143053	朝鮮朝日	1927-08-19/1	09단	和田氏の經濟講演會盛況を極む
143054	朝鮮朝日	1927-08-19/1	09단	大垣氏に同情の論告大邱法院で開廷
143055	朝鮮朝日	1927-08-19/1	10단	支那紙幣僞造團檢擧平壤で二名を
143056	朝鮮朝日	1927-08-19/1	10단	咸鏡體協行事
143057	朝鮮朝日	1927-08-19/1	10단	牡丹臺野話
143058	朝鮮朝日	1927-08-19/1	10단	半島茶話
143059	朝鮮朝日	1927-08-19/2	01단	煙草の出來るまで(六)/高級煙草の愛用は專賣局へ御奉公原料ではそんな差は無い
143060	朝鮮朝日	1927-08-19/2	01단	東拓殖銀の低資は六分五厘か
143061	朝鮮朝日	1927-08-19/2	01단	優良な慶北の種牛各道に搬出
143062	朝鮮朝日	1927-08-19/2	01단	財界閑話
143063	朝鮮朝日	1927-08-19/2	01단	平北牛の移入禁止で南鮮の牛價頓に昂勝す
143064	朝鮮朝日	1927-08-19/2	02단	東拓の植林成績が良好
143065	朝鮮朝日	1927-08-19/2	02단	不景氣ながら電信は增加京城の商圈擴大
143066	朝鮮朝日	1927-08-19/2	02단	豐作はよいが暴落がこはい東拓では組合に米を集め共同販賣で是を防ぐ
143067	朝鮮朝日	1927-08-19/2	03단	平壤局貯金受拂
143068	朝鮮朝日	1927-08-20/1	01단	現在の十三師範校を五校に倂合して內容の充實を期す所在地は嚴秘に附せらる
143069	朝鮮朝日	1927-08-20/1	01단	靑木氏の會社入りで知事級に大異動京城で噂とりどり二知事の辭職說も傳はる
143070	朝鮮朝日	1927-08-20/1	01단	皇后陛下の御慶事を待つ大邱府の準備

일련번호	판명	간행일	단수	기사명
143071	朝鮮朝日	1927-08-20/1	01단	土曜漫筆(絶えざる戰禍に疲弊せる支那彼等は富を願はぬ本社經濟部長/和田信夫氏)
143072	朝鮮朝日	1927-08-20/1	02단	大連で開く編輯官會議朝鮮も出席
143073	朝鮮朝日	1927-08-20/1	02단	京電のバスに有力な競願者何れに許可すべきか京畿道當局も困惑
143074	朝鮮朝日	1927-08-20/1	03단	短歌/橋田東聲選
143075	朝鮮朝日	1927-08-20/1	03단	大邱公會堂設計を終り協議に附す
143076	朝鮮朝日	1927-08-20/1	04단	決死の覺悟で實現に努力す平壤醫專設立に關し靑木知事決心を語る
143077	朝鮮朝日	1927-08-20/1	04단	和田氏講演會(京城公會堂で)
143078	朝鮮朝日	1927-08-20/1	05단	京城春川間自動車直營促進を協議
143079	朝鮮朝日	1927-08-20/1	06단	元山商議が總督代理に陳情をなす
143080	朝鮮朝日	1927-08-20/1	06단	問題の朝鮮ドック三十日に總會如何なる報告があるか興味を以て見らる/服役中の淺野勇を釜山に召喚/釜山鎭埋築案ぜられる
143081	朝鮮朝日	1927-08-20/1	06단	地主から對案を出して欲しい富川水利の不正工事で湯淺總監頻に奔走
143082	朝鮮朝日	1927-08-20/1	07단	重力測定平中で施行準備を整ふ
143083	朝鮮朝日	1927-08-20/1	07단	朝鮮佛教團團長が交替
143084	朝鮮朝日	1927-08-20/1	07단	附加稅徵收に郵便局員は傍觀の態度
143085	朝鮮朝日	1927-08-20/1	07단	石油特例廢止は賛成南浦商議答申
143086	朝鮮朝日	1927-08-20/1	08단	二萬人に滯納處分批難が高い
143087	朝鮮朝日	1927-08-20/1	08단	素人下宿の跋扈に困る本物の下宿屋
143088	朝鮮朝日	1927-08-20/1	08단	暴行教員が舌を嚙み自殺を企つ/責任は免れぬ有馬河東校長
143089	朝鮮朝日	1927-08-20/1	08단	女學校の先生が學生を引入れ密會を媒介して金品を捲上げる大邱伏魔殿の內容暴露
143090	朝鮮朝日	1927-08-20/1	09단	馬賊の一隊間島を窺ふ財源難で
143091	朝鮮朝日	1927-08-20/1	09단	鐵道プール婦人デー開設
143092	朝鮮朝日	1927-08-20/1	09단	京中軍歸城
143093	朝鮮朝日	1927-08-20/1	09단	神港クラブ來鮮
143094	朝鮮朝日	1927-08-20/1	09단	關大京城で轉戰
143095	朝鮮朝日	1927-08-20/1	09단	學生の縊死失戀の果て
143096	朝鮮朝日	1927-08-20/1	10단	會(北鮮視察團/間島盛花陳列會)
143097	朝鮮朝日	1927-08-20/1	10단	人(宇垣代理總督/戶田鐵道局理事/和田信夫氏(本社經濟部長)/マノーソ氏/和田知事/李慶南參事官/相澤同水産課長/森田茂氏(衆議院議長))
143098	朝鮮朝日	1927-08-20/1	10단	牡丹臺野話
143099	朝鮮朝日	1927-08-20/1	10단	半島茶話

일련번호	판명	간행일	단수	기사명
143100	朝鮮朝日	1927-08-20/2	01단	ショウ・ウィンドーの物語(一)/婦人を魅了する五彩の金繍は如何なる途を辿るか
143101	朝鮮朝日	1927-08-20/2	01단	平北龜城金鑛有望含有十萬分五
143102	朝鮮朝日	1927-08-20/2	01단	舊盆の金融案外に平凡
143103	朝鮮朝日	1927-08-20/2	01단	清津商議所七議員辭職十六日承認
143104	朝鮮朝日	1927-08-20/2	01단	製氷業者の補助申請が割に少ない
143105	朝鮮朝日	1927-08-20/2	01단	本年度の煙草の植付一萬八千町歩/濟州島の煙草植付は好成績を收む
143106	朝鮮朝日	1927-08-20/2	02단	七月中貿易額四千九百萬圓
143107	朝鮮朝日	1927-08-20/2	02단	小作の惡風を一掃する目的で慣行調査會を設けこれが改良を企圖す
143108	朝鮮朝日	1927-08-20/2	03단	凋城電燈の復舊は氷びく
143109	朝鮮朝日	1927-08-21/1	01단	新規要求は六百萬圓程度湯淺總監が査定
143110	朝鮮朝日	1927-08-21/1	01단	將來恐るべき養鼈の好適地鮮內を視察歸京の今井朝鮮土地改良社長談
143111	朝鮮朝日	1927-08-21/1	01단	御誕生の奉祝方法を愼重に協議
143112	朝鮮朝日	1927-08-21/1	01단	電氣を面營沙里院が可決
143113	朝鮮朝日	1927-08-21/1	01단	降れば濁る降らねば不足新義州水道
143114	朝鮮朝日	1927-08-21/1	01단	狩獵規則改正さる一兩日中公布
143115	朝鮮朝日	1927-08-21/1	02단	飛行船用のヘリウム朝鮮に多い
143116	朝鮮朝日	1927-08-21/1	02단	千萬圓に上る水害の復舊費最少限度に見積り百五十萬圓を承認か
143117	朝鮮朝日	1927-08-21/1	02단	繁忙な京釜線に一列車を增發十一月から實施す現在の發着時間は改正
143118	朝鮮朝日	1927-08-21/1	02단	大邱水道吏員不正の噂は捏造と判明
143119	朝鮮朝日	1927-08-21/1	03단	畜産大會內地出席者一行の日程
143120	朝鮮朝日	1927-08-21/1	03단	發明協會に六千圓を補助
143121	朝鮮朝日	1927-08-21/1	03단	江原道原州の學議當選者
143122	朝鮮朝日	1927-08-21/1	03단	河馬公釜山を通過東京へ養子
143123	朝鮮朝日	1927-08-21/1	04단	藤谷編輯官高普校長に轉任
143124	朝鮮朝日	1927-08-21/1	04단	慈善雨傘を釜山希望社が計劃
143125	朝鮮朝日	1927-08-21/1	04단	物好きの想像サと會社入りの噂を當の青木知事打消す
143126	朝鮮朝日	1927-08-21/1	04단	俳句/鈴木花蓑選
143127	朝鮮朝日	1927-08-21/1	04단	辭令(東京電話)
143128	朝鮮朝日	1927-08-21/1	04단	卽時授業に全部贊成淑明女校の盟休は解決
143129	朝鮮朝日	1927-08-21/1	05단	某水利組合紛糾の眞相(三)/古い傷を今日までなぜ抛つといた當局にも罪はある
143130	朝鮮朝日	1927-08-21/1	05단	後藤眞咲氏本月末洋行

일련번호	판명	간행일	단수	기사명
143131	朝鮮朝日	1927-08-21/1	05단	なかなか集らぬ消防協會の寄附五箇年拂で結構と極力勸誘に努める
143132	朝鮮朝日	1927-08-21/1	05단	三百餘名の外人避暑客九味浦賑ふ
143133	朝鮮朝日	1927-08-21/1	05단	支那の先覺者が豫防ワクチンの分讓かたを希望す殘念だが現在では足らぬ
143134	朝鮮朝日	1927-08-21/1	06단	公娼生活の根本調査終了の上で改善を圖る
143135	朝鮮朝日	1927-08-21/1	06단	お茶のあと
143136	朝鮮朝日	1927-08-21/1	07단	全鮮で製造して居る洗米器が特許品特許局の無智に憤慨しこれが取消を申立
143137	朝鮮朝日	1927-08-21/1	07단	*知事以下も責任を明にして欲しい訓導の暴行に憤慨した父兄が當局を詰問/暴行訓導は檢事局送り*
143138	朝鮮朝日	1927-08-21/1	08단	國境の警官志望者激增補助が容易
143139	朝鮮朝日	1927-08-21/1	08단	平壤慈惠病院院舍を擴張患者激增す
143140	朝鮮朝日	1927-08-21/1	09단	生活の不安におびやかされ京城驛の人力車夫が京電バスの不許可を運動
143141	朝鮮朝日	1927-08-21/1	09단	釜山府の公設運動場工事遅れる
143142	朝鮮朝日	1927-08-21/1	09단	平北體力擴張
143143	朝鮮朝日	1927-08-21/1	09단	神港軍試合日程
143144	朝鮮朝日	1927-08-21/1	09단	慶北全南不參加
143145	朝鮮朝日	1927-08-21/1	10단	會(三城記者送宴/修義團講習會)
143146	朝鮮朝日	1927-08-21/1	10단	人(宇垣總督代理/宇垣總督代理夫人/森田茂氏(衆議院議長)/澤山寅彦氏(釜山實業家)/地質學研究隊一行/谷頣憲兵小左(咸興憲兵隊長))
143147	朝鮮朝日	1927-08-21/1	10단	半島茶話
143148	朝鮮朝日	1927-08-21/2	01단	ショウ・ウヰンドーの物語(二)/同じ品でも昔を今と比べれば目に見えぬ變化がある
143149	朝鮮朝日	1927-08-21/2	01단	漁業聯合の要望案幾分は實現か
143150	朝鮮朝日	1927-08-21/2	01단	穀物檢査の手數料引下次回まで保留
143151	朝鮮朝日	1927-08-21/2	01단	財界閑話
143152	朝鮮朝日	1927-08-21/2	01단	慶北の棉作ほゝ平年作
143153	朝鮮朝日	1927-08-21/2	02단	鎭南浦から生牛の移出六十頭ほど
143154	朝鮮朝日	1927-08-21/2	02단	群山商議も石油特例の廢止に贊成
143155	朝鮮朝日	1927-08-21/2	02단	鴨江の流筏順調に復す
143156	朝鮮朝日	1927-08-21/2	02단	山林を間伐し木炭を製造東拓の試み
143157	朝鮮朝日	1927-08-21/2	03단	金剛山電氣發電所增設近く着工
143158	朝鮮朝日	1927-08-21/2	03단	平北繭共同販賣
143159	朝鮮朝日	1927-08-23/1	01단	朝鮮人問題で主張はしたが具體的には決定せぬ太平洋學術會議出席者歸る

일련번호	판명	간행일	단수	기사명
143160	朝鮮朝日	1927-08-23/1	01단	選んだ案件を更に愼重に審議全鮮漁業組合本會議/決議事項主なるもの
143161	朝鮮朝日	1927-08-23/1	01단	京釜線の列車增發時間の改正
143162	朝鮮朝日	1927-08-23/1	02단	京城バス競願は二つとも許可か
143163	朝鮮朝日	1927-08-23/1	02단	有線無線を利用し御慶事を放送京城放送局の試み/一般の奉祝は御遠慮申し國旗のみ揭揚/御慶事を號砲で報ず元山の協議
143164	朝鮮朝日	1927-08-23/1	03단	平壤での地殼の調査二十日來
143165	朝鮮朝日	1927-08-23/1	03단	露國總領事着任の埃拶
143166	朝鮮朝日	1927-08-23/1	03단	辭令(東京電話)
143167	朝鮮朝日	1927-08-23/1	03단	朝鮮在籍の飛行機登錄記號が決定
143168	朝鮮朝日	1927-08-23/1	03단	短歌/橋田東聲選
143169	朝鮮朝日	1927-08-23/1	04단	大邱公會堂設計に異說なほ研究中
143170	朝鮮朝日	1927-08-23/1	04단	朝鮮神宮の松樹に心喰蟲が發生人夫を督し驅除に大童
143171	朝鮮朝日	1927-08-23/1	05단	某水利組合紛糾の眞相(四)/美名に隱れて私利をのみ圖る徒輩を制裁せよと硬派の面々は憤激す
143172	朝鮮朝日	1927-08-23/1	05단	總督代理の視察は延期黃海の豪雨で
143173	朝鮮朝日	1927-08-23/1	05단	安東地方區委員の選擧名簿が整ふ
143174	朝鮮朝日	1927-08-23/1	06단	連絡船の羅針盤狂ふ雷鳴のため
143175	朝鮮朝日	1927-08-23/1	06단	不完全な咸興の下水改修を要望
143176	朝鮮朝日	1927-08-23/1	06단	四年越の鎭平鎭問題支拂貸てまた紛糾
143177	朝鮮朝日	1927-08-23/1	06단	地主會を開き改めて協議す不滿が露骨に現れた富平水利の評議會
143178	朝鮮朝日	1927-08-23/1	07단	西村專務口を緘し何事も語らぬ朝鮮ドック事件
143179	朝鮮朝日	1927-08-23/1	07단	D局の頭痛名署段損の訴へが檢事局送り
143180	朝鮮朝日	1927-08-23/1	08단	モヒやコカインの吸飮者に體刑改正された取締法年內に公布の見込
143181	朝鮮朝日	1927-08-23/1	08단	團氏追悼短歌會
143182	朝鮮朝日	1927-08-23/1	08단	優勝戰延期/釜山實業快勝
143183	朝鮮朝日	1927-08-23/1	08단	關大來鮮延期
143184	朝鮮朝日	1927-08-23/1	08단	神港クラブ財る
143185	朝鮮朝日	1927-08-23/1	08단	鎭江山登山競爭
143186	朝鮮朝日	1927-08-23/1	09단	揮發油大爆發船もろ共に
143187	朝鮮朝日	1927-08-23/1	09단	共産黨の幹部の一人公判に廻さる
143188	朝鮮朝日	1927-08-23/1	09단	會(湯淺總監晚餐會/兒童巡回講演會/團部大佐招待宴/家庭改善實習會/郡守會議/兩長官披露宴)

일련번호	판명	간행일	단수	기사명
143189	朝鮮朝日	1927-08-23/1	09단	人(李鍵公/宇垣總督代理/曾田篤一郎氏(平南道官房主事)/杉田正二郎氏(法制局參事官)/秋山正八氏(鐵道省工作局長)/神津庸人氏、後藤猛氏(同技師)/小池駿一氏(鐵道省監督局技師)/菅督次郎氏(鐵道省參事)/鈴木筏(義)貞氏(察視慶內鮮係長)/齋藤直人氏(新釜山府理事官)/西村來藏氏(朝鮮ドック支配人)
143190	朝鮮朝日	1927-08-23/1	10단	牡丹臺野話
143191	朝鮮朝日	1927-08-23/1	10단	半島茶話
143192	朝鮮朝日	1927-08-23/ 2	01단	朝鮮の一流銀行は二三を除けば利子引下は實施せぬ預金偏在も激しくない
143193	朝鮮朝日	1927-08-23/ 2	01단	殖銀の間島進出當局は打消
143194	朝鮮朝日	1927-08-23/ 2	01단	全北穀商大會の決議當局に陳情
143195	朝鮮朝日	1927-08-23/ 2	01단	豆滿江鐵道竣工は十月
143196	朝鮮朝日	1927-08-23/ 2	01단	ショウ・ウ井ンドーの物語(完)/婦人と吳服屋が競爭を演じる柄や色合の新流行
143197	朝鮮朝日	1927-08-23/ 2	02단	釜山牧ノ島渡津橋計劃實現を具陳
143198	朝鮮朝日	1927-08-23/ 2	02단	茂山行郵便遞送經路變更
143199	朝鮮朝日	1927-08-23/ 2	02단	咸興の町名正式に決定實施は來年
143200	朝鮮朝日	1927-08-23/ 2	03단	延安市區改正
143201	朝鮮朝日	1927-08-23/ 2	03단	御大典博の出品勸誘隊滿洲に向ふ
143202	朝鮮朝日	1927-08-23/ 2	03단	鎭南浦七月貿易
143203	朝鮮朝日	1927-08-24/1	01단	平常と御變りあらせられず御苑內を御散步遊す川西參事官の謹話
143204	朝鮮朝日	1927-08-24/1	01단	水産金融部を殖銀に設置し水産業者の金融に力を注いで欲しいと要望
143205	朝鮮朝日	1927-08-24/1	01단	小作權に困り移住の鮮人が滿洲から續々歸還官憲と地主から迫害さる
143206	朝鮮朝日	1927-08-24/1	01단	植民地の編輯官會議十月に延期
143207	朝鮮朝日	1927-08-24/1	01단	御慶事に大邱の奉祝號砲を發す
143208	朝鮮朝日	1927-08-24/1	03단	露國總領事後任が決定
143209	朝鮮朝日	1927-08-24/1	03단	馬山郵便局敷地移轉を本府に陳情
143210	朝鮮朝日	1927-08-24/1	03단	痲疾の根治法に盧醫學士が成功マラリヤ菌を注射し高熱で病菌を殺す
143211	朝鮮朝日	1927-08-24/1	04단	木部孃が鄕土飛行を十月に擧行
143212	朝鮮朝日	1927-08-24/1	04단	俳句/鈴木花蓑選
143213	朝鮮朝日	1927-08-24/1	04단	狂った羅針盤矯正は困難濃霧の際は休航
143214	朝鮮朝日	1927-08-24/1	05단	某水利組合紛糾の眞相(五)/まるで白粉でお化粧の有樣復奮工費を吐出すはM氏かY氏か
143215	朝鮮朝日	1927-08-24/1	05단	關釜連絡船廿三日夜は高麗丸就航
143216	朝鮮朝日	1927-08-24/1	05단	果樹園に綿蟲が發生補助を與へ豫防に努む

일련번호	판명	간행일	단수	기사명
143217	朝鮮朝日	1927-08-24/1	05단	お嫁に行くなどとは人の噂だけです釜山に姿を現はした天勝の元スター斐龜子さん
143218	朝鮮朝日	1927-08-24/1	05단	水をとほして見る牡丹臺の景色は譬へやうがありませんと總督代理夫人の平壤見物
143219	朝鮮朝日	1927-08-24/1	06단	古印紙の不正賣捌き連累者續出
143220	朝鮮朝日	1927-08-24/1	07단	大垣氏執行猶豫
143221	朝鮮朝日	1927-08-24/1	07단	淑明の女生また脱走學校に不滿で
143222	朝鮮朝日	1927-08-24/1	07단	平北沿岸コ疫の豫防注射を實行
143223	朝鮮朝日	1927-08-24/1	08단	阪神在住モヒ密輸の巨魁を護送
143224	朝鮮朝日	1927-08-24/1	08단	地主が承知せはなるべく穩便に富川水利不正に關する司法當局の意見
143225	朝鮮朝日	1927-08-24/1	08단	朝日活寫會
143226	朝鮮朝日	1927-08-24/1	09단	知らぬ存ぜぬすべて否認倡義團の公判
143227	朝鮮朝日	1927-08-24/1	09단	三時間に互り訊問を受けた朝鮮ドック西村氏五萬圓を吐出すと答辯
143228	朝鮮朝日	1927-08-24/1	09단	他の重役もやがて召喚
143229	朝鮮朝日	1927-08-24/1	10단	水泳漕艇納會
143230	朝鮮朝日	1927-08-24/1	10단	二つの玉金州で上映
143231	朝鮮朝日	1927-08-24/1	10단	會(中村孃獨唱會)
143232	朝鮮朝日	1927-08-24/1	10단	人(宇垣總督代理夫人/笠井眞三氏(工學博士)/宇都宮益二氏(釜山一商校長))
143233	朝鮮朝日	1927-08-24/1	10단	半島茶話
143234	朝鮮朝日	1927-08-24/2	01단	四月から七月までの資本利子税收入九萬圓以上に達し昨年の一箇年分に相當
143235	朝鮮朝日	1927-08-24/2	01단	迎日漁業組合總代の選擧非當に緊張
143236	朝鮮朝日	1927-08-24/2	01단	結局吉田氏留任せんか仁川商議會頭
143237	朝鮮朝日	1927-08-24/2	01단	具體案を示し牧ノ島渡船値下を要望
143238	朝鮮朝日	1927-08-24/2	02단	煙草職工が荒刻廢止で救濟を嘆願
143239	朝鮮朝日	1927-08-24/2	02단	局子街の職業學校いよいよ開設
143240	朝鮮朝日	1927-08-24/2	02단	實現出來さうな水産教育の充實當局も必要を認め來年度に要求したのもある
143241	朝鮮朝日	1927-08-24/2	03단	八月上旬對外貿易四百二十萬圓
143242	朝鮮朝日	1927-08-24/2	03단	鴨江の流筏百七十萬尺昨年より良好
143243	朝鮮朝日	1927-08-24/2	03단	七月中平壤貿易六十二萬七千圓
143244	朝鮮朝日	1927-08-25/1	01단	鮮內の民間會社に客貨車の製造を注文成績さへ良ければ今後製作は全部民間に委す
143245	朝鮮朝日	1927-08-25/1	01단	國際農業局が農銀の設立を殖銀に對し勸誘す同行は調査の上で回答
143246	朝鮮朝日	1927-08-25/1	03단	御慶事と各地の奉祝

일련번호	판명	간행일	단수	기사명
143247	朝鮮朝日	1927-08-25/1	03단	御安産祈念祭
143248	朝鮮朝日	1927-08-25/1	04단	林業苗圃地三萬餘坪を平壤府が買收
143249	朝鮮朝日	1927-08-25/1	04단	大邱醫院の擴張補助は實現する模樣
143250	朝鮮朝日	1927-08-25/1	04단	生産と搬出の檢査を統一し叺の生産改良を圖る十月一日から實施
143251	朝鮮朝日	1927-08-25/1	04단	牧ノ島海面浚渫促進を島民が陳情
143252	朝鮮朝日	1927-08-25/1	05단	某水利組合紛糾の眞相(六)/政黨關係の會社だと見て見ぬふり監督の位置にある總督府の態度も不可
143253	朝鮮朝日	1927-08-25/1	05단	醫師規則を改正し醫師會を創設
143254	朝鮮朝日	1927-08-25/1	05단	女子實業校移轉を終る
143255	朝鮮朝日	1927-08-25/1	05단	醫師試驗九月下旬
143256	朝鮮朝日	1927-08-25/1	05단	御散策後は御機嫌麗しく御編物に耽らせ給ふ昨夜の皇后陛下
143257	朝鮮朝日	1927-08-25/1	06단	平壤驛の地下に電車道と人道を設けて貰ひたいと府民が當局に要望
143258	朝鮮朝日	1927-08-25/1	06단	上海への連絡飛行は木浦には着水せぬ/露國訪日機平壤着と歡迎の準備
143259	朝鮮朝日	1927-08-25/1	07단	短歌/橋田東聲選
143260	朝鮮朝日	1927-08-25/1	07단	工事を修復し損害が無くば穩健に折合ふらしい富平水利地主の意同
143261	朝鮮朝日	1927-08-25/1	08단	道立醫院開設の準備着々と整ふ
143262	朝鮮朝日	1927-08-25/1	08단	校長を左遷す訓導暴行事件
143263	朝鮮朝日	1927-08-25/1	08단	鎭海商船校九月一日開始
143264	朝鮮朝日	1927-08-25/1	09단	德壽丸就航廿四日夜から/新羅と高麗が代って就航
143265	朝鮮朝日	1927-08-25/1	09단	全鮮庭球個人戰
143266	朝鮮朝日	1927-08-25/1	09단	南浦商工勝つ
143267	朝鮮朝日	1927-08-25/1	09단	會(感謝音樂會/釜山商議社會部會/中村孃獨唱會/街柳氏講演會/南浦商議評議員會/安更婦人講習會)
143268	朝鮮朝日	1927-08-25/1	09단	朝日活寫會
143269	朝鮮朝日	1927-08-25/1	10단	人(杉田正二郎氏(法制局參事官)/蓮沼門三氏(修養團主幹)/齊藤良氏(ニュヨーク駐在總領事)/小角壤光氏(平北楚山警察署長))
143270	朝鮮朝日	1927-08-25/1	10단	牡丹臺野話
143271	朝鮮朝日	1927-08-25/1	10단	半島茶話
143272	朝鮮朝日	1927-08-25/2	01단	鮮米が變質し內地から抗議が來る殖産局から檢査官へ注意/不完全な米の檢査咸南管內の
143273	朝鮮朝日	1927-08-25/2	01단	臺鮮滿三角航路いよいよ開始
143274	朝鮮朝日	1927-08-25/2	01단	鹽いわしの支那輸出を咸南が計劃
143275	朝鮮朝日	1927-08-25/2	02단	馬山の棉作先づは順調
143276	朝鮮朝日	1927-08-25/2	02단	平北四郡の影響は甚大牛肺疫續發で
143277	朝鮮朝日	1927-08-25/2	02단	全市を擧げ歡迎の準備新義州の穀物商大會

일련번호	판명	간행일	단수	기사명
143278	朝鮮朝日	1927-08-25/2	02단	農業講習を終へた小學校の先生が眞黑になって歸校第一線に立ち實業教育を
143279	朝鮮朝日	1927-08-25/2	03단	不用地を東拓が賣却
143280	朝鮮朝日	1927-08-25/2	03단	載信水利工事
143281	朝鮮朝日	1927-08-25/2	03단	釜山から
143282	朝鮮朝日	1927-08-26/1	01단	衝突遭難現場へ本社機を急派し悲惨な光景を寫眞に收め無事木津川尻に歸着
143283	朝鮮朝日	1927-08-26/1	01단	主力を注ぐ鐵道網の完成來年度の豫算割に千九百萬圓を計上
143284	朝鮮朝日	1927-08-26/1	02단	匪賊取締を長白知事と鹿野部長折衝
143285	朝鮮朝日	1927-08-26/1	03단	平壤神社で御安産を祈願
143286	朝鮮朝日	1927-08-26/1	03단	匪賊取締の補助を制限警務局が緊縮
143287	朝鮮朝日	1927-08-26/1	04단	セブランス醫學專門校文部省認定實現は困難
143288	朝鮮朝日	1927-08-26/1	04단	怪しくなった平南の醫專設立本府が承認せぬ模様
143289	朝鮮朝日	1927-08-26/1	04단	俳句/鈴木花蓑選
143290	朝鮮朝日	1927-08-26/1	05단	某水利組合紛糾の眞相(七)/舞ひ込む投書に批難は亂れ飛ぶ總督府を庇った某代議士と苦しい某大官の立場
143291	朝鮮朝日	1927-08-26/1	05단	太田校長の轉任引留を父兄が陳情
143292	朝鮮朝日	1927-08-26/1	05단	辭令(東京電話)
143293	朝鮮朝日	1927-08-26/1	05단	慶北教員試驗
143294	朝鮮朝日	1927-08-26/1	05단	大連奉天間を連絡機飛行一機だけが/內鮮滿連絡機平壤着陸を府民が熱望
143295	朝鮮朝日	1927-08-26/1	06단	全鮮一の小學校新義州の計劃
143296	朝鮮朝日	1927-08-26/1	06단	御慶事の記念貯金遞信局の計劃
143297	朝鮮朝日	1927-08-26/1	06단	十八個の米國お人形慶北に到着
143298	朝鮮朝日	1927-08-26/1	07단	朝鮮産の罐詰が內地製と競爭値段も相當廉いので朝鮮の人達に喜ばれる
143299	朝鮮朝日	1927-08-26/1	07단	お茶のあと
143300	朝鮮朝日	1927-08-26/1	07단	慶北道の自動車事故全鮮で三位
143301	朝鮮朝日	1927-08-26/1	07단	無人島に癩患者收容釜山の計劃
143302	朝鮮朝日	1927-08-26/1	08단	料理屋と妓生の喧嘩漸く解決す
143303	朝鮮朝日	1927-08-26/1	08단	問題の朝鮮ドック賣物に出た噂さ下關林兼と商談中株主總會の成行が見もの
143304	朝鮮朝日	1927-08-26/1	08단	朝日活寫會
143305	朝鮮朝日	1927-08-26/1	09단	何で洗った危險な野菜一船に通牒
143306	朝鮮朝日	1927-08-26/1	09단	全鮮野球爭覇戰組合せ決定
143307	朝鮮朝日	1927-08-26/1	10단	全平壤球團組織
143308	朝鮮朝日	1927-08-26/1	10단	クレー射擊會
143309	朝鮮朝日	1927-08-26/1	10단	新義州球軍敗る

일련번호	판명	간행일	단수	기사명
143310	朝鮮朝日	1927-08-26/1	10단	會(平北校長會議/平北敎育總會/國際兒産作品展/釜山敎育講演會)
143311	朝鮮朝日	1927-08-26/1	10단	人(千石與太郎氏(産業組合中央會主事)/■木戒三氏(平南和事)/鹿野咸南警察部長/富煌咸電技師/米田城津驛長(前咸興驛長)/上原師團長)
143312	朝鮮朝日	1927-08-26/1	10단	牡丹臺野話
143313	朝鮮朝日	1927-08-26/2	01단	漁業家の叫び(一)/硏究會に提出された議案の數が百と六件
143314	朝鮮朝日	1927-08-26/2	01단	漸增した列車乘客內地より好成績
143315	朝鮮朝日	1927-08-26/2	01단	繰棉工場の存置を要望大邱府尹が
143316	朝鮮朝日	1927-08-26/2	01단	財界閑話
143317	朝鮮朝日	1927-08-26/2	01단	財界不況で苦境に惱む自動車業者
143318	朝鮮朝日	1927-08-26/2	02단	當局の調停で牡蠣養殖の粉糾は解決
143319	朝鮮朝日	1927-08-26/2	02단	乾繭場の殖えて來た平北の蠶業
143320	朝鮮朝日	1927-08-26/2	02단	京畿の秋蠶昨年より減少
143321	朝鮮朝日	1927-08-26/2	02단	一時的の絲價で蠶業の興廢を律してはいけないと殖産局が各道に通告
143322	朝鮮朝日	1927-08-26/2	03단	人にも染る馬の鼻疽病徹底的に取締る
143323	朝鮮朝日	1927-08-26/2	03단	京城勞銀勝貴
143324	朝鮮朝日	1927-08-27/1	01단	保險の契約が鮮人間に增加人員四千人に達し契約金額が四百萬圓
143325	朝鮮朝日	1927-08-27/1	01단	鶴橋の鮮人有權者七百二十餘名で棄權せぬやう當局が普選の說明書を配布
143326	朝鮮朝日	1927-08-27/1	01단	最後的に交涉を迫る牡ノ島釜山間渡船値下問題
143327	朝鮮朝日	1927-08-27/1	01단	土曜漫筆/秋官愚痴る覆審法院/伊藤憲郎
143328	朝鮮朝日	1927-08-27/1	02단	中樞院會議第一日
143329	朝鮮朝日	1927-08-27/1	02단	辭令
143330	朝鮮朝日	1927-08-27/1	03단	普校移轉で元山の鮮人粉糾を來す
143331	朝鮮朝日	1927-08-27/1	03단	淑明女校盟休再燃敎師も辭職
143332	朝鮮朝日	1927-08-27/1	03단	社長の事などは考へても居ない煙草合同の委員會は反對論の冷えるまで延期
143333	朝鮮朝日	1927-08-27/1	03단	非邑署武道納會
143334	朝鮮朝日	1927-08-27/1	04단	短歌/橋田東聲選
143335	朝鮮朝日	1927-08-27/1	04단	辯護士試驗九月一日から
143336	朝鮮朝日	1927-08-27/1	04단	全南小鹿島癩療養所に娛樂機關設置
143337	朝鮮朝日	1927-08-27/1	05단	某水利組合紛糾の眞相(八)/お互いに默契があり入札は表面だけ水利組合の工事は大低はこんな有樣
143338	朝鮮朝日	1927-08-27/1	05단	はるばるお江戶へ河馬のお婿入り結納金が七千圓で旅費がザッと二千餘圓

일련번호	판명	간행일	단수	기사명
143339	朝鮮朝日	1927-08-27/1	07단	これからといふ時轉任は残念だ愉快な生活をしたのにと林少將別離を惜しむ
143340	朝鮮朝日	1927-08-27/1	07단	大池翁訊問さる参考人として
143341	朝鮮朝日	1927-08-27/1	07단	お茶のあと
143342	朝鮮朝日	1927-08-27/1	08단	厄日を前に天候が險惡釜山の附近
143343	朝鮮朝日	1927-08-27/1	08단	静かな秋に帝展を目がけ一路精進する兩畫伯特選組の加藤、李、兩氏
143344	朝鮮朝日	1927-08-27/1	09단	京城の名望家韓氏が縊死
143345	朝鮮朝日	1927-08-27/1	10단	倡義團公判それぞれ求刑
143346	朝鮮朝日	1927-08-27/1	10단	會(南浦商議評議員會)
143347	朝鮮朝日	1927-08-27/1	10단	半島茶話
143348	朝鮮朝日	1927-08-27/2	01단	漁業家の叫び(二)/漁業組合に關してのみ評論の筆を執る
143349	朝鮮朝日	1927-08-27/2	01단	組合員外の預金が多い平北の金組
143350	朝鮮朝日	1927-08-27/2	01단	平北の燒酎需要が增加
143351	朝鮮朝日	1927-08-27/2	01단	鰆の豊漁で南鮮が賑ふ
143352	朝鮮朝日	1927-08-27/2	01단	元山商議の賦課金徴收變更認可さる
143353	朝鮮朝日	1927-08-27/2	01단	灘酒に優る馬山の清酒京城に發展
143354	朝鮮朝日	1927-08-27/2	02단	京城の物價低落の步調
143355	朝鮮朝日	1927-08-27/2	02단	煙草犯則者一萬八千人罰金卅九萬圓
143356	朝鮮朝日	1927-08-27/2	02단	凉しさが早く來て氷屋さんが大澤し永屋、西瓜屋が店を閉ぢしるこ餅屋に早がはり
143357	朝鮮朝日	1927-08-27/2	03단	朝鮮瓦電總會配當年一割二分
143358	朝鮮朝日	1927-08-27/2	03단	金剛電鐵延長
143359	朝鮮朝日	1927-08-27/2	03단	沖合漁船補助
143360	朝鮮朝日	1927-08-27/2	03단	義州の生牛大市
143361	朝鮮朝日	1927-08-28/1	01단	朝鮮米の變質原因は檢査の不統一四等米の廢止も必要■
143362	朝鮮朝日	1927-08-28/1	01단	旺んになった咸北の水利組合設立を申請中のが四組合で二千五百町步
143363	朝鮮朝日	1927-08-28/1	01단	陸軍の國境無電一般使用を當事者協議
143364	朝鮮朝日	1927-08-28/1	01단	朝鮮私鐵の新工事下半期豫算
143365	朝鮮朝日	1927-08-28/1	02단	御慶事記念郵便貯金を大邱局が勸誘
143366	朝鮮朝日	1927-08-28/1	02단	一枚も賣れない歐亞連絡の切符加盟國が少いので中歐との連絡が出來ぬ
143367	朝鮮朝日	1927-08-28/1	02단	道中も行水しておしゃれの婿入上野動物園行きの河馬君下關に無事上陸す
143368	朝鮮朝日	1927-08-28/1	03단	清津會寧間自動車運轉九月一日から
143369	朝鮮朝日	1927-08-28/1	03단	俳句/鈴木花蓑選
143370	朝鮮朝日	1927-08-28/1	03단	辭令
143371	朝鮮朝日	1927-08-28/1	04단	裡里市民が師範學校の設置を要望

일련번호	판명	간행일	단수	기사명
143372	朝鮮朝日	1927-08-28/1	04단	運送店合同機運が進む記者團が斡旋
143373	朝鮮朝日	1927-08-28/1	04단	全鮮基督宣教師大會京城で開催
143374	朝鮮朝日	1927-08-28/1	04단	朝鐵の紛擾繰越と觀測さる
143375	朝鮮朝日	1927-08-28/1	05단	可愛盛りの子供を差上げませうと生活苦の生んだ悲劇京城職業紹介所の貼札/十歳の女五歳の女八ヶ月の女遣し度し
143376	朝鮮朝日	1927-08-28/1	05단	訪日チェク機車釐館に着陸機關に故障を生じ平壤飛行隊から應援を急派/新義州通過二十七日午後/三地の消防聯合して演習
143377	朝鮮朝日	1927-08-28/1	06단	松岡琢磨氏引退
143378	朝鮮朝日	1927-08-28/1	06단	松島町民が塵芥燒却場移轉を陳情
143379	朝鮮朝日	1927-08-28/1	06단	永興農業校盟休を企つ
143380	朝鮮朝日	1927-08-28/1	06단	米國へのお禮に日本のお人形を朝鮮からもおくる一人一錢づゝ出し合せて
143381	朝鮮朝日	1927-08-28/1	07단	朝日新聞活寫會(二十五日夜南小學校で)
143382	朝鮮朝日	1927-08-28/1	07단	６－０で日本快勝極東競技大會
143383	朝鮮朝日	1927-08-28/1	08단	葬儀をせずに葬って吳れと悲痛な遺書を殘し崔辯護士夫人の入水自殺
143384	朝鮮朝日	1927-08-28/1	09단	石炭を喰ふ斷髮の娼妓
143385	朝鮮朝日	1927-08-28/1	09단	朝日の活寫平壤で映寫
143386	朝鮮朝日	1927-08-28/1	09단	李範九等阿片事件の公判開かる
143387	朝鮮朝日	1927-08-28/1	09단	朝日活寫會
143388	朝鮮朝日	1927-08-28/1	10단	妙齡の美人玄海で入水
143389	朝鮮朝日	1927-08-28/1	10단	會(金谷軍司令官招待宴/審判協會總會/平北校長打合會)
143390	朝鮮朝日	1927-08-28/1	10단	人(原少將/倉知鐵吉氏(貴族院議員)/高田富藏氏(ハルビン日露協會學校教諭)/荒井初太郎氏(仁取社長)/金剛山登山隊(釜山日報主催)/スチエノフ氏(新任京城駐在露國總領事))
143391	朝鮮朝日	1927-08-28/2	01단	兩道の棉花買付は釜山朝紡が指定繰綿工場も經營す
143392	朝鮮朝日	1927-08-28/2	01단	群山電氣料金の値下九月一日に
143393	朝鮮朝日	1927-08-28/2	01단	黃海信川の安岳平野に水利組合計劃
143394	朝鮮朝日	1927-08-28/2	01단	甛菜の作柄非常な豊況
143395	朝鮮朝日	1927-08-28/2	01단	財界閑話
143396	朝鮮朝日	1927-08-28/2	01단	漁業家の叫び(三)/專用漁業權のうち漁具や漁法を撤廢してくれ
143397	朝鮮朝日	1927-08-28/2	02단	慶南の産繭百七十萬圓
143398	朝鮮朝日	1927-08-28/2	02단	冷氣が續けば慶南の稻作氣遣はれる
143399	朝鮮朝日	1927-08-28/2	02단	朝鮮汽船が整理を斷行社員を馘首
143400	朝鮮朝日	1927-08-28/2	02단	平北道內で陸稻の栽培漸次增加す
143401	朝鮮朝日	1927-08-28/2	03단	平北管內火田民の數九萬八千人
143402	朝鮮朝日	1927-08-28/2	03단	清津商議選擧

일련번호	판명	간행일	단수	기사명
143403	朝鮮朝日	1927-08-30/1	01단	訪日露機海岸に不時着/晴次第に出發/一氣に立川へ/グレート平壤建設の第一步各方面の施設をなし先づ牡丹臺を一新
143404	朝鮮朝日	1927-08-30/1	01단	國立倉庫は群山に設置か米穀法の適用を要望
143405	朝鮮朝日	1927-08-30/1	01단	中樞院會議無事終了す
143406	朝鮮朝日	1927-08-30/1	01단	府協議員總辭職か電氣府營の不成立から
143407	朝鮮朝日	1927-08-30/1	02단	滿鮮兩地共存共營新たに活動
143408	朝鮮朝日	1927-08-30/1	02단	新義州郊外に大飛行場を計劃國防上もっとも必要遞信局で目下調査中
143409	朝鮮朝日	1927-08-30/1	03단	短歌/橋田東聲選
143410	朝鮮朝日	1927-08-30/1	03단	井邑電氣と全北電氣の合併
143411	朝鮮朝日	1927-08-30/1	03단	殖産債券百廿二萬圓發行大藏省預金部引受
143412	朝鮮朝日	1927-08-30/1	04단	訪日露機に記念品贈呈平壤府尹から
143413	朝鮮朝日	1927-08-30/1	04단	新田君の入社決定で光明を認む福原社長談
143414	朝鮮朝日	1927-08-30/1	04단	安東商議改選
143415	朝鮮朝日	1927-08-30/1	04단	國境幹線と四百餘里の改修工費八百萬圓を要す平安北道の道路計劃
143416	朝鮮朝日	1927-08-30/1	04단	上水道の混濁に府から注意
143417	朝鮮朝日	1927-08-30/1	05단	朝鮮南岸魔の海搜査に成功
143418	朝鮮朝日	1927-08-30/1	05단	辭令
143419	朝鮮朝日	1927-08-30/1	05단	五山普通學校紛糾解決す
143420	朝鮮朝日	1927-08-30/1	05단	青い眼のお人形さんちかく歡迎會
143421	朝鮮朝日	1927-08-30/1	06단	有望視される北鮮の水電計劃各方面から出願續出當局も調査を開始/平南協會の競技大會
143422	朝鮮朝日	1927-08-30/1	06단	小人運賃の年齡を統一半額廢止は誤傳
143423	朝鮮朝日	1927-08-30/1	06단	九月一日から省線と私鐵連絡實施
143424	朝鮮朝日	1927-08-30/1	06단	平壤體育協會記念大會/陸上競技は日本側大勝/比律賓敗る/蹴球も勝つ
143425	朝鮮朝日	1927-08-30/1	07단	漫然たる渡航者を嚴重に取締る
143426	朝鮮朝日	1927-08-30/1	07단	ドック事件急轉しいよいよ本舞臺に入る
143427	朝鮮朝日	1927-08-30/1	07단	秋も訪づれて菊作りに忙しい土にしたしむ人々の腕試しに餘念がない
143428	朝鮮朝日	1927-08-30/1	08단	新義州中學ちかく落成
143429	朝鮮朝日	1927-08-30/1	08단	二頭の豹が出て部落民慄える
143430	朝鮮朝日	1927-08-30/1	08단	運送業者大會合同に決定
143431	朝鮮朝日	1927-08-30/1	08단	流失材木の損害三十萬圓に上る鴨綠江の洪水に對し當業者が對策協議
143432	朝鮮朝日	1927-08-30/1	09단	東萊溫泉豪雨で出水
143433	朝鮮朝日	1927-08-30/1	09단	孫娘を絞殺貧と病苦から
143434	朝鮮朝日	1927-08-30/1	09단	病を苦にし若妻の自殺

일련번호	판명	간행일	단수	기사명
143435	朝鮮朝日	1927-08-30/1	10단	支那人多數が日本人に暴行
143436	朝鮮朝日	1927-08-30/1	10단	强盜の共犯者二名捕まる
143437	朝鮮朝日	1927-08-30/1	10단	會(露領事招待/元山局管內郵便所會議/落成祝賀會)
143438	朝鮮朝日	1927-08-30/1	10단	人(福原俊丸男(朝鐵副社長)/加茂政雄氏(東大敎授)/推野錢太郎氏(奉天醫大敎授)/神永載吉氏(朝銀平壤支店支配人)/チャーレス・エリオット氏(前駐日英國大使)/倉知鐵吉氏(東亞勸業常務理事)/春日林八氏(平安北道理事官)/渡邊羅南十九師團長/岸田徵氏(龍井間島醫院長)/米田定治郎氏(咸興驛長))
143439	朝鮮朝日	1927-08-30/2	01단	鮮米の販路開拓に今が絶好の機會鮮米協會が大馬力
143440	朝鮮朝日	1927-08-30/2	01단	新義州の對外貿易比較的不振
143441	朝鮮朝日	1927-08-30/2	01단	財界閑話
143442	朝鮮朝日	1927-08-30/2	01단	漁業家の叫び(四)/專用漁場の生産物は專用漁業者に屬するものだ
143443	朝鮮朝日	1927-08-30/2	02단	安興洞附近開拓組合設立
143444	朝鮮朝日	1927-08-30/2	02단	公會堂建設鎭南浦西崎氏の寄附
143445	朝鮮朝日	1927-08-30/2	02단	夏秋蠶融資相當豐富
143446	朝鮮朝日	1927-08-30/2	02단	總督府案に木材商が反對
143447	朝鮮朝日	1927-08-30/2	03단	滿洲銀行支店組織を變更
143448	朝鮮朝日	1927-08-30/2	03단	安東魚菜市場移轉に決定
143449	朝鮮朝日	1927-08-31/1	01단	郵便飛行に二機を增設し空界へ大いに活躍す朝鮮航空研究所
143450	朝鮮朝日	1927-08-31/1	01단	平安國境の交通を改善して大資源の開發に努む
143451	朝鮮朝日	1927-08-31/1	01단	三百萬圓で大同江を改修調査會を組織して工事の促進に怒む
143452	朝鮮朝日	1927-08-31/1	01단	飛行機輸送の大阪朝日新聞平壤で當日のが讀める
143453	朝鮮朝日	1927-08-31/1	02단	施政記念博覽會豫算に計上
143454	朝鮮朝日	1927-08-31/1	02단	理想的になる平壤驛の改築總工事費は約百萬圓明年度より起工か
143455	朝鮮朝日	1927-08-31/1	03단	露飛行家歡迎會日本料理に非常の滿足
143456	朝鮮朝日	1927-08-31/1	03단	俳句/鈴木花蓑選
143457	朝鮮朝日	1927-08-31/1	03단	地方廳員の事務講習會總督府で開催
143458	朝鮮朝日	1927-08-31/1	03단	金剛山電鐵延長線開業
143459	朝鮮朝日	1927-08-31/1	04단	大邱射擊大會
143460	朝鮮朝日	1927-08-31/1	04단	機動演習
143461	朝鮮朝日	1927-08-31/1	04단	朝鮮ドック臨時株主總會
143462	朝鮮朝日	1927-08-31/1	04단	新義州に於ける輸入木材關稅財源捻出の意味で明年度實現に怒む
143463	朝鮮朝日	1927-08-31/1	04단	在內地鮮米の實物を調査に米穀檢査所長らを內地に派遣する
143464	朝鮮朝日	1927-08-31/1	04단	水利組合不正工事つひに解決
143465	朝鮮朝日	1927-08-31/1	05단	ことしは豐作その出來ばえ調査各道をめぐりて(一)/慶尙北道の卷(一)

일련번호	판명	간행일	단수	기사명
143466	朝鮮朝日	1927-08-31/1	05단	繩叭會社設立に當業者反對
143467	朝鮮朝日	1927-08-31/1	05단	四學年用教科書完成
143468	朝鮮朝日	1927-08-31/1	06단	富平水利組合不正箇所の修復金の出所について民政黨は材料蒐集
143469	朝鮮朝日	1927-08-31/1	06단	お茶のあと
143470	朝鮮朝日	1927-08-31/1	06단	警官の缺員八百名近く大募集
143471	朝鮮朝日	1927-08-31/1	07단	ドック事件召喚者續出
143472	朝鮮朝日	1927-08-31/1	07단	極東野球選手權日本側の獲得となる三十日はA對一で快勝
143473	朝鮮朝日	1927-08-31/1	07단	シングル(支那の勝/全鮮野球大會/全鮮庭球大會)
143474	朝鮮朝日	1927-08-31/1	08단	癩病患者の取締を陳情
143475	朝鮮朝日	1927-08-31/1	08단	新義州中學立派に落成
143476	朝鮮朝日	1927-08-31/1	09단	烏賊釣講習
143477	朝鮮朝日	1927-08-31/1	09단	市街乘合自動車遂に競願となり京城電氣には大痛手成行を注目さる
143478	朝鮮朝日	1927-08-31/1	09단	新義州で六戶全燒娘二名燒死す
143479	朝鮮朝日	1927-08-31/1	09단	遊泳中に女學生溺死
143480	朝鮮朝日	1927-08-31/1	09단	共産黨員の公判近づく當局嚴重警戒
143481	朝鮮朝日	1927-08-31/1	10단	平壤慈惠院院舍を擴張X線室を新策
143482	朝鮮朝日	1927-08-31/1	10단	眞性コレラ營口に發生
143483	朝鮮朝日	1927-08-31/1	10단	袴の紐で少年を絞殺
143484	朝鮮朝日	1927-08-31/1	10단	妻子ごろし三十日目にやっと捕る
143485	朝鮮朝日	1927-08-31/1	10단	人(山根吉太郎氏(大邱土木建築組合長)/滿洲地方視察)
143486	朝鮮朝日	1927-08-31/2	01단	一割配當を保證して欲しい私鐵補助法改正案を鐵道促進會から陳情
143487	朝鮮朝日	1927-08-31/2	01단	漁業令は改正か目下調査中
143488	朝鮮朝日	1927-08-31/2	01단	乾鰕の移出に改善を加へる
143489	朝鮮朝日	1927-08-31/2	01단	漁業家の叫び(五)/共同で事業を行ひ組合の資金を増加したい
143490	朝鮮朝日	1927-08-31/2	02단	眞珠貝養殖非常の好成績
143491	朝鮮朝日	1927-08-31/2	02단	鮫漁は有望
143492	朝鮮朝日	1927-08-31/2	02단	鎭南浦水揚高
143493	朝鮮朝日	1927-08-31/2	03단	七月の貿易額輸出は増加
143494	朝鮮朝日	1927-08-31/2	03단	平北電氣増設拂込みに決定
143495	朝鮮朝日	1927-08-31/2	03단	鮮鐵下半期豫算の內容

1927년 9월 (조선아사히)

일련번호	판명	간행일	단수	기사명
143496	朝鮮朝日	1927-09-01/1	01단	死亡率が高い朝鮮の乳幼兒育兒法の亂暴が原因/城大醫學部で調査
143497	朝鮮朝日	1927-09-01/1	01단	鮮內各地に傳染病が流行/特に赤痢やチフス猖紅熱が猖獗/徹底的豫防に努むる
143498	朝鮮朝日	1927-09-01/1	01단	歐亞連絡利用者/僅かに十六名
143499	朝鮮朝日	1927-09-01/1	01단	ことしは農作その出來ばえ調査/各道をめぐりて(二)
143500	朝鮮朝日	1927-09-01/1	02단	辭令(東京電話)
143501	朝鮮朝日	1927-09-01/1	02단	無電局新設/敷地を選定
143502	朝鮮朝日	1927-09-01/1	03단	金谷司令官/國境部隊視察
143503	朝鮮朝日	1927-09-01/1	03단	短歌/橋田東聲選
143504	朝鮮朝日	1927-09-01/1	03단	鮮鐵總會配當年八朱
143505	朝鮮朝日	1927-09-01/1	03단	體育熱の向上と學校の成績に朝鮮では矛盾はせぬ/朝鮮神宮競技參加は可
143506	朝鮮朝日	1927-09-01/1	04단	運送店合同準備委員會
143507	朝鮮朝日	1927-09-01/1	04단	醫師試驗志願者/二百餘名
143508	朝鮮朝日	1927-09-01/1	05단	文明的な糞尿處分/大タンク竣成
143509	朝鮮朝日	1927-09-01/1	05단	理事者の負擔で修復完備さす不正工事々件に關し/總督府聲明書發表
143510	朝鮮朝日	1927-09-01/1	05단	お茶の後
143511	朝鮮朝日	1927-09-01/1	06단	鹽製造高と本年收鹽豫想
143512	朝鮮朝日	1927-09-01/1	06단	放送曲目は惡くラヂオ熱は醒め/D局必死の歡迎も空しく加入者ネッカラ殖えぬ
143513	朝鮮朝日	1927-09-01/1	06단	消防協會の趣旨を宣傳/寄附を募集
143514	朝鮮朝日	1927-09-01/1	06단	自動車の事故防止を徹底的にやる
143515	朝鮮朝日	1927-09-01/1	07단	平壤着のチェック機とスカラ中佐
143516	朝鮮朝日	1927-09-01/1	07단	河東小學校の廓淸を期す/保護會で決議
143517	朝鮮朝日	1927-09-01/1	07단	請負業者の質を高める
143518	朝鮮朝日	1927-09-01/1	07단	朝鮮米が變質/長期の貯藏が大原因/當局の聲明批難さる
143519	朝鮮朝日	1927-09-01/1	08단	運動界(混成選手權日本が獲得/蹴球選手權支那側獲得/庭球無勝負/確定選手權
143520	朝鮮朝日	1927-09-01/1	09단	朝鮮ドック事件は愈擴大
143521	朝鮮朝日	1927-09-01/1	09단	平安北道內の總世帶數と金融組合狀況
143522	朝鮮朝日	1927-09-01/1	09단	淑明女校再度盟休/齋藤教務主任ちかく退職か
143523	朝鮮朝日	1927-09-01/1	09단	支那官憲の暴行に關し日本より抗議
143524	朝鮮朝日	1927-09-01/1	10단	演藝(喜樂館)
143525	朝鮮朝日	1927-09-01/1	10단	會(金融制度調査委員會/鎭海商船學校開校式/慈善音樂會/秋季驛奠會/大谷兒童團開團/淸い眼の人形歡迎會)

일련번호	판명	간행일	단수	기사명
143526	朝鮮朝日	1927-09-01/1	10단	人(宇垣總督代理/岡田信氏(東拓理事)/恩田銅吉氏(朝郵社長)/張稷相氏(大邱商議會頭)/淺原義雄氏(釜山水産會支配人)/上杉古太郎氏(活牛商)/井上慶南地方課長/飯島京城醫專教授/澤慶次郎氏(新義州稅關長)/宍倉六二氏(咸興電氣支店長))
143527	朝鮮朝日	1927-09-01/2	01단	減茶苦茶の大安賣でさへてんで見向きもせぬ/不景氣の吳服屋さん
143528	朝鮮朝日	1927-09-01/2	01단	元山地方雨季に入る
143529	朝鮮朝日	1927-09-01/2	01단	金融組合の新設締切り
143530	朝鮮朝日	1927-09-01/2	01단	檢查米の再檢查からいよいよ紛糾
143531	朝鮮朝日	1927-09-01/2	01단	漁業家の叫び(六)/免許漁業の稅率を是非引下げてもらひたい
143532	朝鮮朝日	1927-09-01/2	02단	商銀支店開業本日から
143533	朝鮮朝日	1927-09-01/2	02단	本年度煙草の作柄
143534	朝鮮朝日	1927-09-01/2	02단	慶全兩南道の境界爭解決
143535	朝鮮朝日	1927-09-01/2	03단	鴨綠江出水流木手數料改正方陳情
143536	朝鮮朝日	1927-09-01/2	03단	浮世の波
143537	朝鮮朝日	1927-09-02/1	01단	航空路の完備計劃/主要都市に飛行場を設け國境には空の稅關を
143538	朝鮮朝日	1927-09-02/1	01단	チェック機大邱に不時着/冷却機の漏水が原因けふ所澤へ出發豫定
143539	朝鮮朝日	1927-09-02/1	01단	各所めぐり(北鮮の朱乙溫泉)
143540	朝鮮朝日	1927-09-02/1	02단	六萬圓で隣保館/今年中には竣工したい
143541	朝鮮朝日	1927-09-02/1	03단	市民大會で緊急事項決議
143542	朝鮮朝日	1927-09-02/1	03단	淸津雄基間電話線增設
143543	朝鮮朝日	1927-09-02/1	04단	廳舍移改築一部では反對(忠南道廳々舍/昌原郡廳鎭海移轉)
143544	朝鮮朝日	1927-09-02/1	04단	商議評議員 當選者決定/全鮮穀物商 近く聯合大會提出議案なる
143545	朝鮮朝日	1927-09-02/1	04단	書堂を設けて鮮人兒童に教育/入學希望者も增加し非常の好成績を收む
143546	朝鮮朝日	1927-09-02/1	04단	俳句/鈴木花蓑選
143547	朝鮮朝日	1927-09-02/1	05단	ことしは農作その出來ばえ調査/各道をめぐりて(三)
143548	朝鮮朝日	1927-09-02/1	05단	運動界(日支の庭球戰/更に決戰をやりなほす)
143549	朝鮮朝日	1927-09-02/1	05단	地方の實狀に應じて實科教育の充實/産業の開發に資する/各校の施設を獎勵
143550	朝鮮朝日	1927-09-02/1	06단	城大附屬病院改築費二十萬圓/明年度も豫算削除で極力その通過に努む
143551	朝鮮朝日	1927-09-02/1	06단	咸南野營會十、十一兩日
143552	朝鮮朝日	1927-09-02/1	07단	簡易住宅八十戶/金禧錫氏が府に寄附す
143553	朝鮮朝日	1927-09-02/1	07단	三百の敎會を財團法人に一部では反對
143554	朝鮮朝日	1927-09-02/1	07단	朝鮮消防協會組織準備中
143555	朝鮮朝日	1927-09-02/1	08단	火田の整理/徹底的にやる

일련번호	판명	간행일	단수	기사명
143556	朝鮮朝日	1927-09-02/1	08단	老爺嶺大隊道/本年中に竣工
143557	朝鮮朝日	1927-09-02/1	08단	平安北道の學校組合數
143558	朝鮮朝日	1927-09-02/1	08단	印刷もやれば紙も製造する/光州と京城兩刑務所/成績は非常に良好
143559	朝鮮朝日	1927-09-02/1	08단	五山普通校再び同盟休業
143560	朝鮮朝日	1927-09-02/1	09단	奉天票十八萬圓/竊盜犯人は列車ボーイ
143561	朝鮮朝日	1927-09-02/1	09단	不良教員の黑表を作り一掃を期す
143562	朝鮮朝日	1927-09-02/1	10단	列車投石し二名負傷
143563	朝鮮朝日	1927-09-02/1	10단	元山水産移轉
143564	朝鮮朝日	1927-09-02/1	10단	讀者慰安活寫
143565	朝鮮朝日	1927-09-02/1	10단	有罪と決定
143566	朝鮮朝日	1927-09-02/1	10단	瀕死の重傷
143567	朝鮮朝日	1927-09-02/1	10단	會(沙里院在軍總會/平北體育協會/五郡産業共進會/全鮮巡回講演會/度量衡講習會)
143568	朝鮮朝日	1927-09-02/1	10단	人(李鐵公/井上匡四郎子(前鐵道大臣)/ヒュウブナ博士(米國ペンシルバニア大學教授)/小松寬美氏)
143569	朝鮮朝日	1927-09-02/2	01단	矢張り内地の影響でさびれてきた小鳥熱/生活に餘裕のある官吏の間に少しばかり流行
143570	朝鮮朝日	1927-09-02/2	01단	馬山米の販路/北海道へ擴張
143571	朝鮮朝日	1927-09-02/2	01단	不良漁業者/嚴重に取締る
143572	朝鮮朝日	1927-09-02/2	01단	迎日灣内の漁場整理實現
143573	朝鮮朝日	1927-09-02/2	01단	東亞勸業公司積極的に進む
143574	朝鮮朝日	1927-09-02/2	01단	漁業家の叫び(七)/常務理事を官選として組合の發展を期したい
143575	朝鮮朝日	1927-09-02/2	02단	果樹と櫻樹/輸移入狀況
143576	朝鮮朝日	1927-09-02/2	02단	會社銀行(水電會社續出/承興炭礦)
143577	朝鮮朝日	1927-09-02/2	03단	浮世の波
143578	朝鮮朝日	1927-09-03/1	01단	チェッコ機三日出發豫定　二日は豪雨で中止
143579	朝鮮朝日	1927-09-03/1	01단	水力電氣競願續出し/容易に定らぬ
143580	朝鮮朝日	1927-09-03/1	01단	土曜漫筆/モルヒネ誘惑/京畿道衛生課長/周防正季
143581	朝鮮朝日	1927-09-03/1	02단	竹山長湖院間開通は十五日
143582	朝鮮朝日	1927-09-03/1	02단	鮮米の走り/呼値二十八圓
143583	朝鮮朝日	1927-09-03/1	02단	圖們線工事ちかく着工
143584	朝鮮朝日	1927-09-03/1	03단	刑務所生活者の食物榮養調査/含水炭素が少し不足/佐藤博士五年目に完了
143585	朝鮮朝日	1927-09-03/1	03단	短歌/橋田東聲選
143586	朝鮮朝日	1927-09-03/1	03단	金谷司令官/國境方面視察
143587	朝鮮朝日	1927-09-03/1	04단	京城電氣に警報器を裝置
143588	朝鮮朝日	1927-09-03/1	04단	辭令(東京電話)

일련번호	판명	간행일	단수	기사명
143589	朝鮮朝日	1927-09-03/1	04단	朝鮮の産業に活動をする/記者團に對して鮮鐵副社長談
143590	朝鮮朝日	1927-09-03/1	04단	鮮內の盟休七十二回に上る 賣賤商業の雲行惡化 根本的改革が必要/京城普成校 盟休依然繼續 校長辭表提出/河東小學兒童一部登校せず/高等普通學校長會議
143591	朝鮮朝日	1927-09-03/1	05단	合帽流行色/薄茶や銀鼠の輕快なものが若人によろこばれる/値段は三圓位から
143592	朝鮮朝日	1927-09-03/1	05단	煙草小賣人/六萬八千人
143593	朝鮮朝日	1927-09-03/1	05단	御散步後御引籠/昨夜の皇后宮
143594	朝鮮朝日	1927-09-03/1	06단	女流水泳大會
143595	朝鮮朝日	1927-09-03/1	07단	十四萬人に虎疫豫防注射/時候の移り變りに特に注意を要する
143596	朝鮮朝日	1927-09-03/1	08단	瑞氣山公園で朝日活寫會 非常な盛況/鎭南浦も盛況
143597	朝鮮朝日	1927-09-03/1	09단	漢文學研究のため內地から支那まで無錢旅行をして來た/僅か十八歲の少年
143598	朝鮮朝日	1927-09-03/1	09단	大邱プール
143599	朝鮮朝日	1927-09-03/1	09단	獵器の値段/十五日を待つ天狗連/例年よりも雉子が多い
143600	朝鮮朝日	1927-09-03/1	10단	夫婦喧嘩から妻を毆り殺す
143601	朝鮮朝日	1927-09-03/1	10단	會(黃海道製造品評會/安東商業會議所常議員改選/繁榮會會合/釜山中堅婦人會)
143602	朝鮮朝日	1927-09-03/1	10단	人(李鍵公殿下/三宅驥一博士/久保田晴光氏(奧奉醫大敎授)/滿鐵東京支社出入拓殖記者團/和田一郎氏(朝鮮商銀頭取))
143603	朝鮮朝日	1927-09-03/2	01단	漁業家の叫び(八)/面單位の組合を廢し道單位の聯合會設立を望む
143604	朝鮮朝日	1927-09-03/2	01단	二百十日無事平穩/稻作は良好
143605	朝鮮朝日	1927-09-03/2	01단	移出米檢查/技術本位か商賣本位か/種々議論が起る
143606	朝鮮朝日	1927-09-03/2	01단	財界閑話
143607	朝鮮朝日	1927-09-03/2	01단	籾生産檢查/實施は困難
143608	朝鮮朝日	1927-09-03/2	02단	全國に互って木浦米宣傳委員一行歸る
143609	朝鮮朝日	1927-09-03/2	02단	漁業組合の補助申請十九萬圓
143610	朝鮮朝日	1927-09-03/2	02단	金融評議員會
143611	朝鮮朝日	1927-09-03/2	03단	石油價格の低減運動起る
143612	朝鮮朝日	1927-09-03/2	03단	木浦海草相場(三十日)
143613	朝鮮朝日	1927-09-03/2	03단	浮世の波
143614	朝鮮朝日	1927-09-04/1	01단	宇垣總督代理官邸に有志を請待し/明瞭に辭任を表明
143615	朝鮮朝日	1927-09-04/1	01단	空中連絡演習/京元線平康附近で
143616	朝鮮朝日	1927-09-04/1	01단	注目を惹く神經衰弱の研究/朝鮮醫學會の席上で城大の久保博士發表
143617	朝鮮朝日	1927-09-04/1	01단	敎科書の編纂委員會/各地に設置
143618	朝鮮朝日	1927-09-04/1	01단	深みゆく秋の郊外を訪ねて/紅葉の寺々や栗取りや茸狩りに京城附近の散策地

일련번호	판명	간행일	단수	기사명
143619	朝鮮朝日	1927-09-04/1	02단	推定數量六百萬石/鮮米輸移出高
143620	朝鮮朝日	1927-09-04/1	03단	御苑內を御散步/御機嫌麗し
143621	朝鮮朝日	1927-09-04/1	03단	公共産業貸付金/一億六千萬圓
143622	朝鮮朝日	1927-09-04/1	04단	安東商議改選
143623	朝鮮朝日	1927-09-04/1	04단	趙爾巽翁逝去
143624	朝鮮朝日	1927-09-04/1	04단	運動界(平安體育會競技種目決定/鐵道對全福岡野球/柔道試合)
143625	朝鮮朝日	1927-09-04/1	04단	無線電信利用だんだん殖る/船舶の遭難救助はまだ一回も受けぬ
143626	朝鮮朝日	1927-09-04/1	05단	ことしは農作/その出來ばえ調査/各道をめぐりて((六)全羅北道の卷/(七)慶尙南道の卷/(八)忠淸北道の卷)
143627	朝鮮朝日	1927-09-04/1	05단	ぼつぼつ松茸が出はじめた
143628	朝鮮朝日	1927-09-04/1	05단	平壤醫專はどうやら不認可/府民は當局へ運動/當局は財源調査
143629	朝鮮朝日	1927-09-04/1	06단	京城組合銀行/預金貸付ともに增加
143630	朝鮮朝日	1927-09-04/1	06단	俳句/鈴木花蓑選
143631	朝鮮朝日	1927-09-04/1	07단	金融講習會/五日より開く
143632	朝鮮朝日	1927-09-04/1	07단	內地で催される/各博覽會に朝鮮館を特設する/豫算を明年は增す
143633	朝鮮朝日	1927-09-04/1	07단	三年生全部を退學處分に附す 生徒側愈よいきまき五山校盟休/事件紛糾/生徒側より聲明書提出
143634	朝鮮朝日	1927-09-04/1	07단	煙草元賣捌合同會社/總代會で取纏める
143635	朝鮮朝日	1927-09-04/1	08단	罪を犯すまで數奇の運命に呪はれた/哀れな女の半生
143636	朝鮮朝日	1927-09-04/1	09단	掛金三十萬圓の大賭博團の首魁/京城で潜伏中を逮捕
143637	朝鮮朝日	1927-09-04/1	09단	匪賊討伐隊一團と衝突しつひに一名を銃殺
143638	朝鮮朝日	1927-09-04/1	10단	會(修養團講習會/木浦學校組合協議會)
143639	朝鮮朝日	1927-09-04/1	10단	人(宇垣總督代理/橫川快翁氏(ギリシャ駐在公使)/井內勇氏(鮮銀理事)/中村久榮女史(中山太陽堂習託))
143640	朝鮮朝日	1927-09-04/2	01단	本年流行の合服は紺地に大柄な縞模樣/型は輕快なスポーツ型/値段は普通六七十圓どころ
143641	朝鮮朝日	1927-09-04/2	01단	水産品の販路擴張/對策を講ず
143642	朝鮮朝日	1927-09-04/2	01단	密輸入の取締警戒/機船を配置
143643	朝鮮朝日	1927-09-04/2	01단	釜山貿易高/一千七百萬圓
143644	朝鮮朝日	1927-09-04/2	01단	漁業家の叫び(九)/强制貯金を積立てゝ他日組合員の爲に貸付けたい
143645	朝鮮朝日	1927-09-04/2	02단	元山移出高/八千九百圓減
143646	朝鮮朝日	1927-09-04/2	02단	手形交換高
143647	朝鮮朝日	1927-09-04/2	02단	連絡輸送開始
143648	朝鮮朝日	1927-09-04/2	03단	萊果の作柄/非常に良好
143649	朝鮮朝日	1927-09-04/2	03단	浮世の波
143650	朝鮮朝日	1927-09-06/1	01단	宇垣代理總督/最後の視察

일련번호	판명	간행일	단수	기사명
143651	朝鮮朝日	1927-09-06/1	01단	齋藤總督の進退注目さる/湯淺總監は辭任か/府內の噂とりどり
143652	朝鮮朝日	1927-09-06/1	01단	御苑內を御散步/皇后陛下
143653	朝鮮朝日	1927-09-06/1	02단	內鮮間の直通電話/三十五萬圓で愈工事に着手
143654	朝鮮朝日	1927-09-06/1	02단	新貯水池工事十月には竣工の豫定/これで水に救はる
143655	朝鮮朝日	1927-09-06/1	03단	釜山沿岸貿易施設/補助六千萬圓
143656	朝鮮朝日	1927-09-06/1	03단	第十一回/畜産大會/功勞者を表彰
143657	朝鮮朝日	1927-09-06/1	03단	會社銀行(組合銀行總會)
143658	朝鮮朝日	1927-09-06/1	04단	金融評議員會
143659	朝鮮朝日	1927-09-06/1	04단	いよいよ發表された/朝鮮肥料取締令/實施期日は近く決定
143660	朝鮮朝日	1927-09-06/1	04단	新義州の上水道斷水
143661	朝鮮朝日	1927-09-06/1	04단	六十貫の大龜/足の代りに四つの大鰭
143662	朝鮮朝日	1927-09-06/1	04단	ことしは農作その出來ばえ調査各道をめぐりて(九)/咸鏡南道の卷)
143663	朝鮮朝日	1927-09-06/1	05단	郵便物の迷ひ子/鮮人の信書が大部分/艶書もなかなか多い/一箇月に千三百通
143664	朝鮮朝日	1927-09-06/1	05단	城川江で鮎が獲れる/一尾二十錢位
143665	朝鮮朝日	1927-09-06/1	05단	全鮮女子のオリンピック大會/本社寄贈の優勝旗は何れの手に歸するか(トラック/フ井ルド/排籃球/庭球試合/蹴球試合/京城體育デー/神宮競技豫選/學生庭球大會)
143666	朝鮮朝日	1927-09-06/1	06단	辭令(東京電話)
143667	朝鮮朝日	1927-09-06/1	07단	短歌/橋田東聲選
143668	朝鮮朝日	1927-09-06/1	08단	匙山里の慘劇
143669	朝鮮朝日	1927-09-06/1	08단	共産黨公判/嚴重に取締る
143670	朝鮮朝日	1927-09-06/1	09단	モヒ患者收容治療所を新設/モヒ密賣者を嚴重に取締り/患者の撲滅を期す
143671	朝鮮朝日	1927-09-06/1	09단	玉蜀黍の不作から火田民饑餓に瀕す
143672	朝鮮朝日	1927-09-06/1	10단	不正工事紛擾解決/富平水利組合
143673	朝鮮朝日	1927-09-06/1	10단	上訴權拋棄
143674	朝鮮朝日	1927-09-06/1	10단	會(新任披露宴/特産織物展覽會)
143675	朝鮮朝日	1927-09-06/1	10단	人(井上前鐵相/高橋咸南衛生課長/藤谷作次郎氏(新義州府尹)/小島源藏氏(遞信副事務官)/イワン・チチャエフ氏(新任ソビエイト聯邦共和國總領事)/西崎、富田、川添、鈴木の四氏/八田喜平氏(水原模範場技師)/小林丑三郎博士(東大敎授)/金東準 氏(新任■■■■■■)/美根五郎氏(新任全南道理事官)/水野保大佐(大邱憲 兵隊長))
143676	朝鮮朝日	1927-09-06/2	01단	本紙連載中の映畫「砂繪呪縛」七日から封切/讀者優待活動寫眞會
143677	朝鮮朝日	1927-09-06/2	01단	移出米檢査所總督府へ移管/穀物商側から希望し/當局制度を研究す

일련번호	판명	간행일	단수	기사명
143678	朝鮮朝日	1927-09-06/2	01단	大豆粟作豫想高/いづれも增加
143679	朝鮮朝日	1927-09-06/2	01단	米の走り/例年よりも二週間早い
143680	朝鮮朝日	1927-09-06/2	01단	金融制度調査(一)/準備會とその裏面「組合と銀行の領地爭ひ」
143681	朝鮮朝日	1927-09-06/2	02단	秋繭出廻る/四十三掛見當
143682	朝鮮朝日	1927-09-06/2	02단	漁場の全滅は潮流の變動/調査を開始
143683	朝鮮朝日	1927-09-06/2	03단	浮世の波
143684	朝鮮朝日	1927-09-07/1	01단	六千萬圓に餘る/新事業費の要求/財務局では大斧鉞を揮ふ/總督府明年度豫算
143685	朝鮮朝日	1927-09-07/1	01단	公立學校は一般に入學難/やっと私立校で緩和/學校新設は實現困難
143686	朝鮮朝日	1927-09-07/1	01단	照宮樣に御對面/御變りなき皇后陛下
143687	朝鮮朝日	1927-09-07/1	01단	朝鮮にも普選實施/甲子俱樂部が運動を開始す
143688	朝鮮朝日	1927-09-07/1	02단	公醫の設置を民間から要望
143689	朝鮮朝日	1927-09-07/1	02단	箕浦勝人氏以下に各懲役を求刑す 檢事の論告峻烈を極む 松島事件空前の大論告/檢事の求刑
143690	朝鮮朝日	1927-09-07/1	03단	辭令(東京電話)
143691	朝鮮朝日	1927-09-07/1	03단	宇垣總督代理退鮮の挨拶
143692	朝鮮朝日	1927-09-07/1	03단	運動會(鐵道大勝/商銀快勝/射擊大會)
143693	朝鮮朝日	1927-09-07/1	04단	飛行母艦
143694	朝鮮朝日	1927-09-07/1	04단	好成績の改良書堂/各地に普及
143695	朝鮮朝日	1927-09-07/1	05단	ビルヂング物語(一)/南大門通りに滅切り殖えてきた/皮切りは日本生命
143696	朝鮮朝日	1927-09-07/1	05단	簡易圖書館/內容を充實
143697	朝鮮朝日	1927-09-07/1	05단	群山及び全北兩電氣合併
143698	朝鮮朝日	1927-09-07/1	05단	群山電氣問題/圓滿に諒解
143699	朝鮮朝日	1927-09-07/1	06단	六月以來の盟休もやうやく開校す 而し圓滿解決迄にはなほ時日を要す/江界校盟休 六日から登校
143700	朝鮮朝日	1927-09-07/1	06단	俳句/鈴木花蓑選
143701	朝鮮朝日	1927-09-07/1	06단	朝鮮映畵界/チャンバラの時代劇が好評/後援會や組見等ですばらしい映畵熱
143702	朝鮮朝日	1927-09-07/1	07단	大根の切りくづを朝鮮人蔘として賣る/不正賣藥行商人に府衛生課が大鐵鎚
143703	朝鮮朝日	1927-09-07/1	08단	主要都市に營業所設置/鐵道の貨客に便利をはかる
143704	朝鮮朝日	1927-09-07/1	08단	プロペラ船の鴨綠江運航/試驗は不成績
143705	朝鮮朝日	1927-09-07/1	08단	赤坊展覽會/優秀者に賞狀
143706	朝鮮朝日	1927-09-07/1	09단	京城バス競願/兩者に許可か
143707	朝鮮朝日	1927-09-07/1	09단	妻の不貞行爲から逆上して人殺し/匙山里の慘劇犯人が死に望んでの告白
143708	朝鮮朝日	1927-09-07/1	09단	放牧牛の鐵道妨害/嚴重に取締る

일련번호	판명	간행일	단수	기사명
143709	朝鮮朝日	1927-09-07/1	10단	新昌驛の本屋/十一月迄に竣工
143710	朝鮮朝日	1927-09-07/1	10단	松茸の走値/百目一圓五十錢
143711	朝鮮朝日	1927-09-07/1	10단	お人形歡迎會
143712	朝鮮朝日	1927-09-07/1	10단	會(實科教員講習會)
143713	朝鮮朝日	1927-09-07/1	10단	人(古川釰三郎中將(佐世保鎭守府長官)/秋山鐵道省工作局長/崔鱗氏/ブルンナー教授(コロンビア大學農學部教授))
143714	朝鮮朝日	1927-09-07/1	10단	演藝(喜樂館(京城))
143715	朝鮮朝日	1927-09-07/2	01단	鐵道局の營業倉庫非常に便利となる/取扱規程改正の爲/實施は來月初から
143716	朝鮮朝日	1927-09-07/2	01단	滿洲特産品一般に不振
143717	朝鮮朝日	1927-09-07/2	01단	新粟出廻り/七、八十錢安
143718	朝鮮朝日	1927-09-07/2	01단	財界閑話
143719	朝鮮朝日	1927-09-07/2	01단	金融制度調査(二)/準備會とその裏面　非組合員の預金を吸收
143720	朝鮮朝日	1927-09-07/2	02단	「さはら」の大漁
143721	朝鮮朝日	1927-09-07/2	02단	鮮米移輸出高
143722	朝鮮朝日	1927-09-07/2	02단	繩叭會社創立準備進む
143723	朝鮮朝日	1927-09-07/2	02단	全倉庫在穀表
143724	朝鮮朝日	1927-09-07/2	03단	生牛取引復活
143725	朝鮮朝日	1927-09-07/2	03단	浮世の波
143726	朝鮮朝日	1927-09-08/1	01단	假の城を明け渡して落ち着きたい/宇垣總督代理
143727	朝鮮朝日	1927-09-08/1	01단	國防の上から國境に飛行場 新義州に設置するか 當局は內々準備中/各國訪問機の往來頻繁から平壤飛行場の大賑ひ
143728	朝鮮朝日	1927-09-08/1	01단	一千萬圓で京城都市計劃/是非明後年度から實現に着手したい
143729	朝鮮朝日	1927-09-08/1	01단	東拓總裁に就任說高い/福原男語る
143730	朝鮮朝日	1927-09-08/1	02단	例年より百萬石/稻作增收見込
143731	朝鮮朝日	1927-09-08/1	03단	慶南道豫算/約三百萬圓
143732	朝鮮朝日	1927-09-08/1	03단	短歌/橋田東聲選
143733	朝鮮朝日	1927-09-08/1	03단	ビルヂング物語(二)/いづこも同じ空部屋のなげき 每年缺損だらけ
143734	朝鮮朝日	1927-09-08/1	04단	新義州稅關の本廳舍新築/明年度に着手
143735	朝鮮朝日	1927-09-08/1	04단	咸南道大異動
143736	朝鮮朝日	1927-09-08/1	04단	試驗地獄救濟案の大綱漸くきまる/本秋開く各校長會議へ/諮問し明年から實施か(高等學校の部/中等學校の部)
143737	朝鮮朝日	1927-09-08/1	05단	稅關異動
143738	朝鮮朝日	1927-09-08/1	05단	有資格の教員增加/師範學校では生徒募集に手加減
143739	朝鮮朝日	1927-09-08/1	05단	意氣物凄き朝鮮神宮競技大會日程等決定(中等學校/一般の部/定期野球戰慶熙軍勝つ/朝鮮代表歸京/野球リーグ戰/野球試合/本社寄贈の優勝旗爭奪(野球大會/庭球大會/競技大會)

일련번호	판명	간행일	단수	기사명
143740	朝鮮朝日	1927-09-08/1	06단	ことしは農作その出來ばえ調査/各道をめぐりて((十)忠淸南道の卷/(十一)江原道の卷)
143741	朝鮮朝日	1927-09-08/1	07단	たびたびの故障から木管を鐵管に給水線をも增加して斷水の憂を除く
143742	朝鮮朝日	1927-09-08/1	08단	競馬大會
143743	朝鮮朝日	1927-09-08/1	08단	京城で畜産大會/內地からは二百名出席
143744	朝鮮朝日	1927-09-08/1	09단	生産品評會/京城で開く
143745	朝鮮朝日	1927-09-08/1	09단	これからが危險馬賊の橫行する季節/旣に鮮人部落襲はる
143746	朝鮮朝日	1927-09-08/1	09단	校長辭職し盟休事件解決
143747	朝鮮朝日	1927-09-08/1	09단	野營演習
143748	朝鮮朝日	1927-09-08/1	09단	元山護謨に强制執行
143749	朝鮮朝日	1927-09-08/1	10단	七百餘の新加入/放送局大馬力
143750	朝鮮朝日	1927-09-08/1	10단	渡船が顚覆し九名溺死す
143751	朝鮮朝日	1927-09-08/1	10단	遞送中の公金/竊盜犯に判決
143752	朝鮮朝日	1927-09-08/1	10단	會(鮮滿農事視察團/高知縣敎育會/釜山驛長會議)
143753	朝鮮朝日	1927-09-08/1	10단	人(奧山仙三氏(新任京城府那事官)/伊藤正慤氏(新任新義州府尹)/道久良氏/藤谷作次郎氏(新義州府尹)/廣瀨憲二氏(平壤高女校長)/山內釜山理事官/山下慶南學務課長/佐藤鋼藏博士(城大醫科敎授))
143754	朝鮮朝日	1927-09-08/2	01단	大豆及び粟作狀況/何れも前年に比して相當の增加を示す
143755	朝鮮朝日	1927-09-08/2	01단	營業稅の擔稅力/餘力を有す
143756	朝鮮朝日	1927-09-08/2	01단	財界閑話
143757	朝鮮朝日	1927-09-08/2	01단	金融制度調査(三)/準備會とその裏面　議論をさせて成行を見る
143758	朝鮮朝日	1927-09-08/2	02단	雨傘の需要/年々增加して廿萬圓に上る
143759	朝鮮朝日	1927-09-08/2	02단	引つゞいて肺疫を取締る
143760	朝鮮朝日	1927-09-08/2	02단	棉作實收豫想/約二千萬斤
143761	朝鮮朝日	1927-09-08/2	03단	外鹽輸入高
143762	朝鮮朝日	1927-09-08/2	03단	輸送期に入る/鮮內各鐵道
143763	朝鮮朝日	1927-09-08/2	03단	穀物檢査成績
143764	朝鮮朝日	1927-09-08/2	03단	浮世の波
143765	朝鮮朝日	1927-09-09/1	01단	城大來年度の豫算/兎も角も査定終る/大口の病院移管は問題にならず一蹴さる
143766	朝鮮朝日	1927-09-09/1	01단	國有財産法が愈々明年度からやつと實現されやう
143767	朝鮮朝日	1927-09-09/1	01단	朝鮮神宮の奉告祭/御降誕七日目
143768	朝鮮朝日	1927-09-09/1	01단	「君子」に秋を求めて/京城支局/尚波生
143769	朝鮮朝日	1927-09-09/1	02단	德浦里で水晶礦脈/初めて發見
143770	朝鮮朝日	1927-09-09/1	03단	慶北道が水利組合の設立を計劃
143771	朝鮮朝日	1927-09-09/1	03단	俳句/鈴木花蓑選

일련번호	판명	간행일	단수	기사명
143772	朝鮮朝日	1927-09-09/1	03단	鴨綠江流域の道路と鐵道敷設/國境の警備をはじめ産業の開發が急務
143773	朝鮮朝日	1927-09-09/1	04단	京釜間に郵便列車を增發の計劃
143774	朝鮮朝日	1927-09-09/1	04단	鐵道囑託醫會議
143775	朝鮮朝日	1927-09-09/1	04단	李朝中世紀醫學の發達期待される/柳生氏の講演
143776	朝鮮朝日	1927-09-09/1	05단	*平壤醫專問題 當分觀望す/十五萬圓の寄附を可決 醫專設立を大邱が協議*
143777	朝鮮朝日	1927-09-09/1	05단	昨年に懲りて煉炭の不足を來たさぬやうにと三井物産が大輸送を企つ
143778	朝鮮朝日	1927-09-09/1	05단	風來坊後藤眞咲氏/宿望叶って外遊
143779	朝鮮朝日	1927-09-09/1	06단	コ疫豫防注射
143780	朝鮮朝日	1927-09-09/1	06단	お茶の後
143781	朝鮮朝日	1927-09-09/1	06단	馬山郵便局設置場所は驛前に決定
143782	朝鮮朝日	1927-09-09/1	07단	萬一に備へる/警戒に過ぎない/佐迫高等課長語る
143783	朝鮮朝日	1927-09-09/1	07단	勞働總同盟二派に分裂/農民同盟生る
143784	朝鮮朝日	1927-09-09/1	07단	二十臺の遊覽自動車/見物人は便利
143785	朝鮮朝日	1927-09-09/1	07단	飛機から爆彈投下/對馬の近海で興味ある演習
143786	朝鮮朝日	1927-09-09/1	07단	月見の列車/淸州の催し
143787	朝鮮朝日	1927-09-09/1	08단	栗拾ひ
143788	朝鮮朝日	1927-09-09/1	08단	朝夕の冷たさ/もう袷の準備
143789	朝鮮朝日	1927-09-09/1	08단	不經濟な溫突改良/道林務課で獎勵
143790	朝鮮朝日	1927-09-09/1	08단	十四名の兵士が武裝して馬賊となり支那人商店を襲ひ/保甲隊と銃火を交ふ
143791	朝鮮朝日	1927-09-09/1	08단	運動界(慶北體育大會豫選會協議/全龍中雪辱決勝戰は九日/全鮮實業野球戰/全福岡軍入鮮/兼二浦對鐵道戰/選手來壤/庭球大會/全鮮野球/中學競技)
143792	朝鮮朝日	1927-09-09/1	09단	利益金橫領で遂に告訴さる
143793	朝鮮朝日	1927-09-09/1	09단	城大のボート三隻近く竣工
143794	朝鮮朝日	1927-09-09/1	10단	武道大會
143795	朝鮮朝日	1927-09-09/1	10단	會(總督代理午餐會/聯合敎育會/婦人講習會)
143796	朝鮮朝日	1927-09-09/1	10단	人(李鍝公殿下/橋本釜山地方法院長/和田知事/蒲原朝鮮遞信局長/水野大邱憲兵隊長/秋山鐵道省工作局長/李郁氏(國際無電會議支那代表)/チチャエフ氏(京城駐在ソヴィエット總領事)/村上美里氏(洋畫家)/福原俊丸男(朝鮮副社長)/大友賴幸氏(朝鮮ドック社長)/米田實氏/平野宗三郎氏(釜山實業家)/名省技師/古川佐世保鎭守府長官一行/エリオット氏)
143797	朝鮮朝日	1927-09-09/2	01단	朝鮮對外國貿易/輸出八十三萬圓增/輸入十萬餘圓減
143798	朝鮮朝日	1927-09-09/2	01단	聞きしにまさる/有望なブラジル數萬町步を買ひ求め大々的に移民を募集

일련번호	판명	간행일	단수	기사명
143799	朝鮮朝日	1927-09-09/2	01단	全朝鮮穀物大會/廿七、八兩日
143800	朝鮮朝日	1927-09-09/2	01단	大豆と粟/いづれも增收
143801	朝鮮朝日	1927-09-09/2	01단	平安北道內村落金融組合充實をはかる
143802	朝鮮朝日	1927-09-09/2	02단	貨物輸送高/いづれも增加
143803	朝鮮朝日	1927-09-09/2	02단	京南鐵決算/配當年八分
143804	朝鮮朝日	1927-09-09/2	03단	天日鹽の値下
143805	朝鮮朝日	1927-09-09/2	03단	不動産取得稅徵收は不成績
143806	朝鮮朝日	1927-09-09/2	03단	鹽況やゝ活氣
143807	朝鮮朝日	1927-09-09/2	03단	滿洲粟の輸入/八萬餘噸增加
143808	朝鮮朝日	1927-09-09/2	03단	新刊紹介(朝鮮皮滿洲(九月號)/天下の公論(第一卷九月號)/人生(九月號)/朝鮮公論(九月號))
143809	朝鮮朝日	1927-09-09/2	03단	浮世の波
143810	朝鮮朝日	1927-09-10/1	01단	多少御容子にお變りあった/御慶事は愈切迫す/九日夜の皇后陛下
143811	朝鮮朝日	1927-09-10/1	01단	大削減に逢った農倉の豫算案/殖産局では一慶撤回しまたの機會に提案
143812	朝鮮朝日	1927-09-10/1	01단	猪島海州間に鐵道を開設し鎭南浦の活況を圖る/靑木知事今村知事と懇談
143813	朝鮮朝日	1927-09-10/1	01단	「君子」に秋を訪ねて/京城/尙波生
143814	朝鮮朝日	1927-09-10/1	03단	全鮮刑務所所長會議/五日間に互り
143815	朝鮮朝日	1927-09-10/1	03단	短歌/橋田東聲選
143816	朝鮮朝日	1927-09-10/1	03단	黃海道の水害免稅額/一萬圓に減少
143817	朝鮮朝日	1927-09-10/1	03단	國境無電いよいよ竣工/成績も良好
143818	朝鮮朝日	1927-09-10/1	04단	氷が拂底す/平壤の暑さ
143819	朝鮮朝日	1927-09-10/1	04단	振替貯金の加入者增加
143820	朝鮮朝日	1927-09-10/1	04단	大邱と釜山が大爭奪を演じた/南鮮の貯金管理所/釜山に團扇が揚る
143821	朝鮮朝日	1927-09-10/1	04단	新義州中學新築落成す
143822	朝鮮朝日	1927-09-10/1	04단	畜産業者視察團歡迎/平壤の計劃
143823	朝鮮朝日	1927-09-10/1	05단	土曜漫筆/何故に朝鮮は蠅が多いか/不潔とのみは言へぬ/總督府醫院/小林理學士
143824	朝鮮朝日	1927-09-10/1	05단	本社寄贈の優勝旗爭奪/安東相撲大會
143825	朝鮮朝日	1927-09-10/1	05단	瓦電の買收に關し釜山の府議員が泉崎府尹を鞭達す
143826	朝鮮朝日	1927-09-10/1	06단	龍井永新校の盟休は解決/說論されて
143827	朝鮮朝日	1927-09-10/1	06단	慶熙優勝す/七對一全龍中敗る
143828	朝鮮朝日	1927-09-10/1	06단	銀行團庭球戰
143829	朝鮮朝日	1927-09-10/1	06단	平壤署實彈射擊
143830	朝鮮朝日	1927-09-10/1	06단	劍道納會

일련번호	판명	간행일	단수	기사명
143831	朝鮮朝日	1927-09-10/1	07단	大警戒裡に開かれる/共産黨事件の大公判/傍聽禁止となる模樣/期間も一箇月を要す
143832	朝鮮朝日	1927-09-10/1	07단	子を探す河馬の親/藝を覺える象夫婦/凉風で元氣づいて來た/動物園の獸たち
143833	朝鮮朝日	1927-09-10/1	08단	包圍された鮮匪の一隊/近く逮捕か
143834	朝鮮朝日	1927-09-10/1	08단	非行訓導の公判開かる
143835	朝鮮朝日	1927-09-10/1	09단	疑似コレラ/釜山に發生
143836	朝鮮朝日	1927-09-10/1	10단	人(宇垣朝鮮代理總督/尹德榮子爵/平山成信男(福密院顧問官)/松尾喜一氏(門鐵局船舶課主任)/田中武雄氏(總督府事務官)/門鐵野球部一行/朝鮮人會視察團/新山莊輔氏(宮中顧問官))
143837	朝鮮朝日	1927-09-10/1	10단	半島茶話
143838	朝鮮朝日	1927-09-10/2	01단	六百噸の成歡眞瓜を京城だけで消費/一人當り二個の割
143839	朝鮮朝日	1927-09-10/2	01단	食用海月大豊當/全國へ移出
143840	朝鮮朝日	1927-09-10/2	01단	畜産大會牛市開催場/期日決定す
143841	朝鮮朝日	1927-09-10/2	01단	京城公市場/八月賣上高
143842	朝鮮朝日	1927-09-10/2	01단	石炭需給の一瞥/供給は需要の半額/生産增加で輸入は漸減
143843	朝鮮朝日	1927-09-10/2	02단	秋納期を控へ滯貨豫防に天圖鐵道努力
143844	朝鮮朝日	1927-09-10/2	02단	地主が合同し開墾事業を龍川に興す
143845	朝鮮朝日	1927-09-10/2	02단	案ぜられる間島の農作/降雨がつゞく
143846	朝鮮朝日	1927-09-10/2	02단	大豆と粟/平南の豫想
143847	朝鮮朝日	1927-09-10/2	03단	漁業會社創立
143848	朝鮮朝日	1927-09-10/2	03단	七月平壤貿易額
143849	朝鮮朝日	1927-09-10/2	03단	全鮮畜牛
143850	朝鮮朝日	1927-09-10/2	03단	平壤粟收穫減
143851	朝鮮朝日	1927-09-10/2	03단	浮世の波
143852	朝鮮朝日	1927-09-11/1	01단	愈よ決定した豫算/一億六千萬圓程度/治山治水を除けば新規事業は殆ど全滅
143853	朝鮮朝日	1927-09-11/1	01단	本社の特電は逸早く 御慶事を報じ 京城各戶は國旗を掲げ皇室の御榮を壽ぐ/竹の園生のお榮えは國家昌隆の源 同胞の慶びこれに過ぎじ 宇垣代理總督謹話
143854	朝鮮朝日	1927-09-11/1	01단	各地の奉祝(新義州/沙里院/大邱/釜山/龍井村)
143855	朝鮮朝日	1927-09-11/1	02단	「君子」に秋を訪ねて/京城/尚波生
143856	朝鮮朝日	1927-09-11/1	03단	俳句/鈴木花蓑選
143857	朝鮮朝日	1927-09-11/1	03단	煙草合同會社/目論見書や定欵を協議
143858	朝鮮朝日	1927-09-11/1	04단	防穀令解禁/支那の豊作で
143859	朝鮮朝日	1927-09-11/1	04단	どこでもいゝから就職されて吳れ/半年前の今頃から專門校卒業生の賣込み
143860	朝鮮朝日	1927-09-11/1	04단	水利組合の負擔/最高が二十圓で最低が僅かに四十錢
143861	朝鮮朝日	1927-09-11/1	04단	平北定州に停車場新設/實現は可能か

일련번호	판명	간행일	단수	기사명
143862	朝鮮朝日	1927-09-11/1	05단	狂へる人々をどうする/一つしか無い/朝鮮の精神病院(その中で/たった一つ/内地に引揚)
143863	朝鮮朝日	1927-09-11/1	05단	*總督代理の退鮮晚餐會 高官を招き/一千餘名の見送を受け 宇垣代理退鮮*
143864	朝鮮朝日	1927-09-11/1	05단	私刑事件の裏に思想團が煽動/今後徹底的に取締る
143865	朝鮮朝日	1927-09-11/1	06단	沙里院の市街地整理/道路を擴張
143866	朝鮮朝日	1927-09-11/1	06단	醫學會員の研究發表に賞金を贈る
143867	朝鮮朝日	1927-09-11/1	06단	共産黨公判一般傍聽券/僅に四十枚
143868	朝鮮朝日	1927-09-11/1	07단	世にも珍らしい不公平な神樣/罪人はお構なしで操を傷けられた娘は破門
143869	朝鮮朝日	1927-09-11/1	07단	職業紹介所聯合會/提出の議案
143870	朝鮮朝日	1927-09-11/1	07단	釜山のコレラ陰性と決定/なほ警戒中
143871	朝鮮朝日	1927-09-11/1	07단	安東縣の市民會組織/沙汰やみ
143872	朝鮮朝日	1927-09-11/1	08단	平北の牛肺/依然歇まず
143873	朝鮮朝日	1927-09-11/1	08단	鐵道記者團/釜山を訪問/慶州を視察
143874	朝鮮朝日	1927-09-11/1	08단	モヒ治療所に監視を置き完全を期す
143875	朝鮮朝日	1927-09-11/1	08단	阿片を密賣し經營難に陷った/支店を維持した大正製藥/賣上高が十九萬圓
143876	朝鮮朝日	1927-09-11/1	09단	暴行訓導に七年を求刑
143877	朝鮮朝日	1927-09-11/1	09단	釜山運動場竣工永びく
143878	朝鮮朝日	1927-09-11/1	09단	早大蹴球團/各地で轉戰
143879	朝鮮朝日	1927-09-11/1	09단	神宮競技豫選/平壤庭球大會
143880	朝鮮朝日	1927-09-11/1	09단	全鮮女子庭球會
143881	朝鮮朝日	1927-09-11/1	09단	遞信兼二浦野球
143882	朝鮮朝日	1927-09-11/1	09단	全福岡軍敗退す
143883	朝鮮朝日	1927-09-11/1	10단	不義の人妻/一切を懺悔/夫も寬容す
143884	朝鮮朝日	1927-09-11/1	10단	人(蒲原遞信局長/ア・ザテプリンスキー氏(東支鐵道電信課長)/橫田秀雄氏(前大審院長、明治大學々長)/大西秀雄氏(明大講師)/高原匠氏(東京鐵道局技師)/松浦鎭次郎氏(城大總長)/線引朝光博士(城大醫學部教授)/アグノエル氏(外語フランス語教授)/有賀光豊氏(朝鮮殖銀頭取)/福島三井上海支店長/生田內務局長/田中武雄氏(總督府事務官))
143885	朝鮮朝日	1927-09-11/1	10단	半島茶話
143886	朝鮮朝日	1927-09-11/2	01단	安東輯私局が鹽含有品に課稅/二重課稅の點から見て或はー問題勃發か
143887	朝鮮朝日	1927-09-11/2	01단	南鮮鐵道愈よ創立/資本金二千萬圓
143888	朝鮮朝日	1927-09-11/2	01단	全鮮で支拂ふ/恩給額二百十四萬圓
143889	朝鮮朝日	1927-09-11/2	01단	全滿洲の商議聯合會/月末に延期
143890	朝鮮朝日	1927-09-11/2	01단	漁業用重油/共同購入を當業者計劃

일련번호	판명	간행일	단수	기사명
143891	朝鮮朝日	1927-09-11/2	01단	石炭界の一瞥/無煙炭の埋藏量/十億噸と推定さる
143892	朝鮮朝日	1927-09-11/2	02단	大邱府營公設市場の改善を行ふ
143893	朝鮮朝日	1927-09-11/2	02단	閔子爵の耕地の紛糾/取締を協議
143894	朝鮮朝日	1927-09-11/2	03단	鯖の漁場/慶北江口に電信を新設
143895	朝鮮朝日	1927-09-11/2	03단	平安北道大豆と粟/收穫豫想高
143896	朝鮮朝日	1927-09-11/2	03단	元山橫斷船路/八月中貿易額
143897	朝鮮朝日	1927-09-11/2	03단	新義州煙草賣高
143898	朝鮮朝日	1927-09-11/2	03단	浮世の波
143899	朝鮮朝日	1927-09-13		缺號
143900	朝鮮朝日	1927-09-14		缺號
143901	朝鮮朝日	1927-09-15/1	01단	李王、妃兩殿下には明春花の四月/御歸朝遊ばされる/韓李王職長官謹み語る
143902	朝鮮朝日	1927-09-15/1	01단	昭和三年度鐵道の益金/一千萬圓を見込まる/歲入總額五千萬圓の豫想
143903	朝鮮朝日	1927-09-15/1	01단	寫眞說明(共産黨事件の公判、上から、犯人の護送、法院門前の警戒、早朝から午後二時終了まで街路に立ち盡して終日去らぬ群衆、傍聽券を得んと朝まだき音を衝いて法院に押しかける人の群)
143904	朝鮮朝日	1927-09-15/1	02단	三百名を集め地方行政の講習會を開く
143905	朝鮮朝日	1927-09-15/1	03단	咸鏡中部線/華億龍臺驛/普通驛に昇格
143906	朝鮮朝日	1927-09-15/1	03단	短歌/橋田東聲選
143907	朝鮮朝日	1927-09-15/1	03단	海苔の本場/全南海南に電話を架設
143908	朝鮮朝日	1927-09-15/1	03단	モヒ患者の治療や猩紅熱の豫防に講習會を開いたり忙しい衛生課長會議
143909	朝鮮朝日	1927-09-15/1	04단	畜産會出席員新義州視察/二十四日ごろ
143910	朝鮮朝日	1927-09-15/1	04단	內親王御誕生記念の貯金/成績は良好
143911	朝鮮朝日	1927-09-15/1	04단	楚山郡廳と金融組合の新築落成す
143912	朝鮮朝日	1927-09-15/1	05단	物寂びて靜やかな修道院の秋の相/此處にも浮世の風は吹き佛蘭西教會に身賣して咸北德源に立退く
143913	朝鮮朝日	1927-09-15/1	05단	米國お人形/海州の歡迎會
143914	朝鮮朝日	1927-09-15/1	05단	新義州勞組組織變更で當局の日光る
143915	朝鮮朝日	1927-09-15/1	06단	最初と最後の着陸地/平壤の印象は忘れぬものがある/露國飛行家の喜び
143916	朝鮮朝日	1927-09-15/1	07단	チェック機大邱着/更に京城に向ふ
143917	朝鮮朝日	1927-09-15/1	07단	露國飛行機豆滿江口の沖合を通過
143918	朝鮮朝日	1927-09-15/1	08단	移住者を追ひ馬賊團/越境の虞あり
143919	朝鮮朝日	1927-09-15/1	08단	朝鮮ドックの姉妹社/遊園會社の重役/檢事局に召喚さる/更に韓城銀の帳簿を押收
143920	朝鮮朝日	1927-09-15/1	09단	會飮中に出刃を揮ひ/夫婦を斬る

일련번호	판명	간행일	단수	기사명
143921	朝鮮朝日	1927-09-15/1	09단	遙々朝鮮から福井に出頭/仲の死體を引取て歸る
143922	朝鮮朝日	1927-09-15/1	09단	運動界(全鮮中等學校陸上競技大會/新義州野球敗る/元海盃爭奪庭球/安東庭球軍勝つ/安中陸競の練習/神宮競技觀覽料)
143923	朝鮮朝日	1927-09-15/1	10단	會(農業補習校長打合會/實業教育講習會/平南警察署長會議/修養團婦人講習會/京城生産品評役員會)
143924	朝鮮朝日	1927-09-15/1	10단	人(韓李王職長官/三宅驥一博士/石濃信太郎氏(明治礦業專務理事)/金谷司令官/慶野咸南警察部長/吉田咸興郡守/河井軍次郎氏)
143925	朝鮮朝日	1927-09-15/1	10단	半島茶話
143926	朝鮮朝日	1927-09-15/2	01단	石炭界の一瞥/鐵道の消費が二十九萬噸/撫順炭無き後の活躍如何
143927	朝鮮朝日	1927-09-15/2	01단	全鮮內棉作狀況/一億六千萬斤/前年と同量
143928	朝鮮朝日	1927-09-15/2	01단	安東商議所/常議員選擧/當選者決定
143929	朝鮮朝日	1927-09-15/2	01단	平壤栗走り/石五十六圓
143930	朝鮮朝日	1927-09-15/2	01단	九月上旬鐵道業績/輸送量八萬噸
143931	朝鮮朝日	1927-09-15/2	02단	安東豆粕の品質を改良/檢査を嚴にす
143932	朝鮮朝日	1927-09-15/2	02단	平南で開く/名産織物展平北も出品
143933	朝鮮朝日	1927-09-15/2	02단	三千餘頭の優牛が集る/義州の大市
143934	朝鮮朝日	1927-09-15/2	03단	鴨江の流筏/豫定通りに進捗するか
143935	朝鮮朝日	1927-09-15/2	03단	大阪に建/鮮産陳列場出品を勸誘
143936	朝鮮朝日	1927-09-15/2	03단	仁川米穀檢查高
143937	朝鮮朝日	1927-09-15/2	03단	釜山水産品檢查
143938	朝鮮朝日	1927-09-15/2	03단	釜山餘錄
143939	朝鮮朝日	1927-09-16/1	01단	漸く纏った煙草會社の合同/近く總會を開いていよいよ創立に取かゝる
143940	朝鮮朝日	1927-09-16/1	01단	大邱醫專の寄附金/滿場一致で可決/期成會を設立していよいよ實行に入る
143941	朝鮮朝日	1927-09-16/1	01단	教育期間だけ國境守備隊/兵員を增加
143942	朝鮮朝日	1927-09-16/1	01단	「君子」に秋を訪ねて/京城/尚波生
143943	朝鮮朝日	1927-09-16/1	02단	御眞影奉安庫/建設地鎭祭
143944	朝鮮朝日	1927-09-16/1	02단	無煙炭礦組合/組織を協議/會社側の代表者が總督府に集合して
143945	朝鮮朝日	1927-09-16/1	03단	平壤局の御慶事貯金 成績は良好/九月一日現在郵便貯金高 二千四百萬圓
143946	朝鮮朝日	1927-09-16/1	03단	俳句/鈴木花蓑選
143947	朝鮮朝日	1927-09-16/1	03단	東萊溫泉の道營計劃は來年に實現か
143948	朝鮮朝日	1927-09-16/1	04단	安義問の電氣業者が協調を圖る
143949	朝鮮朝日	1927-09-16/1	04단	辯護士の退場もあり非公開のまゝで共産黨の公判進行 門前に七百の群衆押寄す/警戒の嚴を難じ特別傍聽人は被告を壓迫するものと辯護士團が抗議す
143950	朝鮮朝日	1927-09-16/1	05단	チェッコ機/國境を通過

일련번호	판명	간행일	단수	기사명
143951	朝鮮朝日	1927-09-16/1	05단	米國お人形/大邱の歡迎會
143952	朝鮮朝日	1927-09-16/1	05단	穀商大會滿洲視察者/案外に少い
143953	朝鮮朝日	1927-09-16/1	06단	目も醒める/極彩色の樓閣/特丹臺上に新築
143954	朝鮮朝日	1927-09-16/1	06단	消防協會の忠南支部が寄附金募集
143955	朝鮮朝日	1927-09-16/1	06단	五十四名の貧民を扶助/恩賜救恤金で
143956	朝鮮朝日	1927-09-16/1	06단	兵員が實演する/ドラマ「軍艦の一日」/黃海々戰の記念日に京城放送局が放送
143957	朝鮮朝日	1927-09-16/1	07단	腦脊髓膜炎/慶北に流行
143958	朝鮮朝日	1927-09-16/1	07단	狩獵期近く/天狗連勇む
143959	朝鮮朝日	1927-09-16/1	07단	濛信學校生百餘名が盟休を企つ
143960	朝鮮朝日	1927-09-16/1	07단	水利組合の方針が帝國主義的だと農民聯盟の幹部が地方民に反對を宣傳
143961	朝鮮朝日	1927-09-16/1	08단	平北の牛肺疫終熄の見込/容易につかぬ
143962	朝鮮朝日	1927-09-16/1	08단	大山狩を行ひ/巡査殺し犯人を十五日の朝に逮捕/犯人は毒藥自殺を企つ
143963	朝鮮朝日	1927-09-16/1	08단	*姉妹揃って伏魔殿 眞相露暴す/釜屋中將密かに來釜 檢事局に出頭*
143964	朝鮮朝日	1927-09-16/1	08단	平壤電氣の替玉受驗者/試驗場を逃出
143965	朝鮮朝日	1927-09-16/1	09단	五十女の覺悟の自殺/家庭の不和で
143966	朝鮮朝日	1927-09-16/1	09단	朝日の活寫/光州で上映
143967	朝鮮朝日	1927-09-16/1	09단	朝日優勝旗爭奪大相撲/守備隊が獲得
143968	朝鮮朝日	1927-09-16/1	10단	實業リーグ/後半戰續行
143969	朝鮮朝日	1927-09-16/1	10단	全福岡軍勝つ
143970	朝鮮朝日	1927-09-16/1	10단	會(日淸役戰沒者招魂祭/內鮮滿聯合敎育會)
143971	朝鮮朝日	1927-09-16/1	10단	人(金谷軍司令官/寺內少將(新任朝鮮參謀長)/ベセドブスキー氏夫人(駐日露國代理大使夫人)/菊池秋四郞氏(遼東新報編輯局長)/關水武氏(平南內務部長)/林仙之少將/恩田朝郵社長/時岡昇平氏(朝紡庶務係主任)/佐久間朝鮮ガス支配人/大分縣四日市農校生一行六十四名の鮮滿視察團/アレキサンダー・ゴロフシチコフ氏(發明家))
143972	朝鮮朝日	1927-09-16/1	10단	半島茶話
143973	朝鮮朝日	1927-09-16/2	01단	木材關稅の撤廢問題(一)/鴨綠江を隔てゝ木材業者の唯合ひ/こゝ木材の都女、義兩地
143974	朝鮮朝日	1927-07-16/2	01단	安東の柞蠶/二割の增收
143975	朝鮮朝日	1927-07-16/2	01단	成績良好な慶南の秋蠶
143976	朝鮮朝日	1927-07-16/2	01단	慶南の棉作/前年より減收
143977	朝鮮朝日	1927-07-16/2	01단	九月上旬鐵道收入/八十四萬圓
143978	朝鮮朝日	1927-07-16/2	01단	京南鐵定期總會
143979	朝鮮朝日	1927-07-16/2	01단	釜山餘錄

일련번호	판명	간행일	단수	기사명
143980	朝鮮朝日	1927-07-16/2	02단	浮世の波
143981	朝鮮朝日	1927-07-16/2	02단	對內地貿易額/四千二百餘萬圓で前年より六百萬を增加
143982	朝鮮朝日	1927-09-17/1	01단	受驗地獄の廢止を朝鮮では考慮す/內地が實施したなら折衷案 でも研究する
143983	朝鮮朝日	1927-09-17/1	01단	共産黨公判に絡む裁判所違法問題當局も一時狼狽す/結局圓滿に解決か
143984	朝鮮朝日	1927-09-17/1	01단	御命名式と平壤の奉祝
143985	朝鮮朝日	1927-09-17/1	01단	共産黨事件公判/上は要望容れられず憤然退廷する辯護士團と下は被告の入廷
143986	朝鮮朝日	1927-09-17/1	02단	木材關稅の特令廢止で安東が陳情
143987	朝鮮朝日	1927-09-17/1	02단	初等學校教員の免許令の施行いよいよ近く實現/經費も豫算に計上
143988	朝鮮朝日	1927-09-17/1	03단	金融組合趣旨宣傳の映畫を公開
143989	朝鮮朝日	1927-09-17/1	03단	短歌/橋田東聲選
143990	朝鮮朝日	1927-09-17/1	04단	辭令(東京電話)
143991	朝鮮朝日	1927-09-17/1	04단	輪船公司が禿魯江への航路を新設
143992	朝鮮朝日	1927-09-17/1	04단	總督府景福宮でいよいよ開く全國畜産大會の前觸れ盛況を豫想される/畜産大會の出席者上陸東萊に一泊/畜産のことは何も知らぬ赤十字大會に平山氏は出席/一千餘頭の優牛が集る釜山鎭の大市
143993	朝鮮朝日	1927-09-17/1	04단	變質せる慶北米(上)/原因は果して如何堂島取引所澤田治藏氏(奇)
143994	朝鮮朝日	1927-09-17/1	05단	土曜漫筆/秋の禮讚 I・I 生
143995	朝鮮朝日	1927-09-17/1	05단	內親王殿下と同年に生れ得た喜び/記念スタンプを貰って御慶事貯金が多い
143996	朝鮮朝日	1927-09-17/1	07단	一萬名以上に達する鮮內の痘瘡患者近く戶口調査を行ひ種痘の普及を圖る
143997	朝鮮朝日	1927-09-17/1	07단	津田教授が化學研究に獨逸に洋行
143998	朝鮮朝日	1927-09-17/1	08단	大邱局の御慶事貯金一萬三千圓
143999	朝鮮朝日	1927-09-17/1	08단	募集の童話D局が放送
144000	朝鮮朝日	1927-09-17/1	08단	遊園會社社金の使途檢事の取調/詐欺罪など覺えも無い釜屋氏の辯解
144001	朝鮮朝日	1927-09-17/1	08단	四十名を載せたあさり船が顚覆十五名が行方不明
144002	朝鮮朝日	1927-09-17/1	08단	要塞法違反で金髪美人三名を取調
144003	朝鮮朝日	1927-09-17/1	09단	雹梅干大のが黄海に降る
144004	朝鮮朝日	1927-09-17/1	09단	金光教師の醜事暴露で警察が警戒
144005	朝鮮朝日	1927-09-17/1	09단	朝日活寫會元山の盛況
144006	朝鮮朝日	1927-09-17/1	10단	博物館に賊が侵入新羅時代の珍寶を盗む
144007	朝鮮朝日	1927-09-17/1	10단	運動界(人氣を呼んだ本社の活寫大邱で映寫/全福岡また勝つ)

일련번호	판명	간행일	단수	기사명
144008	朝鮮朝日	1927-09-17/1	10단	人(湯淺政務總監/林仙之小將(新陸軍士官學校長)/新谷俊藏氏(東拓元山支店長)/春日林八氏(平安北道理事官))
144009	朝鮮朝日	1927-09-17/1	10단	風水害義金取扱
144010	朝鮮朝日	1927-09-17/1	10단	半島茶話
144011	朝鮮朝日	1927-09-17/2	01단	木材關稅の撤廢問題(二)/前議會衆議院で七回も質疑の末審議中止となった案件來議會は果して如何
144012	朝鮮朝日	1927-09-17/2	01단	新義州で開く穀商大會の提案を審議
144013	朝鮮朝日	1927-09-17/2	01단	言ふほどの大事で無い鮮米の變質
144014	朝鮮朝日	1927-09-17/2	01단	慶北米走り三十四圓
144015	朝鮮朝日	1927-09-17/2	01단	慶北の棉作昨年より減收
144016	朝鮮朝日	1927-09-17/2	02단	慶北種牛市各地とも盛ん
144017	朝鮮朝日	1927-09-17/2	02단	平北道が植桑技手を鷺業地に配置
144018	朝鮮朝日	1927-09-17/2	02단	出願の幾分は許可されさうな慶南の定地漁業願
144019	朝鮮朝日	1927-09-17/2	03단	浮世の波
144020	朝鮮朝日	1927-09-18/1	01단	穀物商聯合會は絶對反對を決議 鮮航會の運賃値上 自然は農民の負擔を增すと總督府もその成行を注意/政務總監を訪ひ値上の不當を力說 飼犬に手を嚙まれたと米穀業者は憤慨す/淸州局でも好成績を收む
144021	朝鮮朝日	1927-09-18/1	01단	內親王御誕生報告祭執行
144022	朝鮮朝日	1927-09-18/1	01단	豫算を携へ草間局長東上
144023	朝鮮朝日	1927-09-18/1	01단	委員を擧げ醫專設立實現に猛進
144024	朝鮮朝日	1927-09-18/1	02단	銀行と郵局が御慶事貯金勸誘に大童
144025	朝鮮朝日	1927-09-18/1	02단	兎も角汝矣島の着陸場を完備し時期を見てさらに理想的飛行場を設置
144026	朝鮮朝日	1927-09-18/1	03단	家畜保險の朝鮮延長或は實現か
144027	朝鮮朝日	1927-09-18/1	03단	辭令(東京電話)
144028	朝鮮朝日	1927-09-18/1	03단	咸興電氣發電所移轉兎も角治る
144029	朝鮮朝日	1927-09-18/1	04단	北漢山名刹の扶皇寺移轉反對論が擡頭
144030	朝鮮朝日	1927-09-18/1	04단	畜産會員平壤を視察二十一、二日
144031	朝鮮朝日	1927-09-18/1	04단	內地行を阻止され今度は間島へ漫然渡航者が增加/各道に通牒し取締る
144032	朝鮮朝日	1927-09-18/1	04단	浦項に注ぐ兄山江浚渫浦項有志が道廳に陳情
144033	朝鮮朝日	1927-09-18/1	05단	變質せる慶北米(中)/原因は果して如何堂島取引所澤田治藏氏(奇)
144034	朝鮮朝日	1927-09-18/1	05단	支那公民會何事か策謀排日の前觸か
144035	朝鮮朝日	1927-09-18/1	05단	俳句/鈴木花養選
144036	朝鮮朝日	1927-09-18/1	05단	また激增した漫然渡航者當局氣を揉む
144037	朝鮮朝日	1927-09-18/1	06단	江口築港の起工式擧行

일련번호	판명	간행일	단수	기사명
144038	朝鮮朝日	1927-09-18/1	06단	出願の水利組合は早く認可して三月には一齊起工/二年度の改良面積二萬町步
144039	朝鮮朝日	1927-09-18/1	06단	朝鮮水電の專用線にもお客を便乘
144040	朝鮮朝日	1927-09-18/1	06단	燃料廠長の一行が入京總監を訪問
144041	朝鮮朝日	1927-09-18/1	06단	公會堂の書入時各種の催物で殆ど約束濟み
144042	朝鮮朝日	1927-09-18/1	07단	東海岸に無線局設置元山が有望
144043	朝鮮朝日	1927-09-18/1	07단	平壤飛行隊漢川で演習/觀衆一萬餘人
144044	朝鮮朝日	1927-09-18/1	07단	慶南密陽の小作爭議は圓滿に解決
144045	朝鮮朝日	1927-09-18/1	07단	簡單な方法でモヒにかはるベンゾイリンの密輸今後嚴重に取締る
144046	朝鮮朝日	1927-09-18/1	08단	龜甲祐の職工が盟休賃銀値上で
144047	朝鮮朝日	1927-09-18/1	08단	勞働組合の幹部を引致巡査殺しに関係あるか
144048	朝鮮朝日	1927-09-18/1	08단	美人揃ひの露國舞踊團京城で公演
144049	朝鮮朝日	1927-09-18/1	09단	喝采を呼ぶ朝日の活寫
144050	朝鮮朝日	1927-09-18/1	09단	實業野球リーグ
144051	朝鮮朝日	1927-09-18/1	09단	大邱の秋季競馬
144052	朝鮮朝日	1927-09-18/1	09단	一名の死體もまだ發見されぬ黃海龍塘浦の漁船遭難行方不明は二十名
144053	朝鮮朝日	1927-09-18/1	09단	會(南浦金融組合總會/河井女史請演會/京城御商聯盟總會)
144054	朝鮮朝日	1927-09-18/1	09단	人(廣瀬憲二氏(平壤高女校長)/張學銘氏(張作霖氏令息)/中村嘉蓑氏(代議士)/小川喜一氏(臺灣鐵道部參事)/戶田保忠氏(農林省畜産局長)/金子仲次郎氏(大每京城支局長)/松田貞二郎氏(三菱兼二浦製鐵所長)/大沼淸津法院檢事正/キュビリエー氏(佛領印度支那ホンゲ炭礦營業部長)
144055	朝鮮朝日	1927-09-18/1	10단	羅中運動會
144056	朝鮮朝日	1927-09-18/1	10단	半島茶話
144057	朝鮮朝日	1927-09-18/1	10단	西九州風水害義金
144058	朝鮮朝日	1927-09-18/1	10단	大阪から美しい子供の同情
144059	朝鮮朝日	1927-09-18/2	01단	木材關稅の撤廢問題(三)/安東側の言ふほど打擊はあるまいとは新義州側の言分眞僞は果たして如何
144060	朝鮮朝日	1927-09-18/2	01단	殖銀の産業貸付激增す
144061	朝鮮朝日	1927-09-18/2	01단	兼二浦發銃鐵の數量五百八十噸
144062	朝鮮朝日	1927-09-18/2	01단	財界閑話
144063	朝鮮朝日	1927-09-18/2	01단	咸北光州の有望な水田耕地を擴張
144064	朝鮮朝日	1927-09-18/2	02단	平北の秋蠶四千九十石
144065	朝鮮朝日	1927-09-18/2	02단	內地に乘出す咸南の大麻大口注文が約束
144066	朝鮮朝日	1927-09-18/2	03단	咸南の鰮漁非常な活況
144067	朝鮮朝日	1927-09-18/2	03단	浮世の波

일련번호	판명	간행일	단수	기사명
144068	朝鮮朝日	1927-09-20/1	01단	意義深き畜産大會景福宮内で催さる慶會樓の秋色を賞で盛況裡に薄暮散會/九項目に亘る議事を審議し全國畜産大會終了す/提出議案八項目に及ぶ/鮮牛移出の改善を協議總會に提出
144069	朝鮮朝日	1927-09-20/1	03단	學校長の推薦で入學者の決定は普通教育の行き互らぬ朝鮮では實現困難
144070	朝鮮朝日	1927-09-20/1	03단	緯度觀測所の設置候補地に平南の奥地選ばる
144071	朝鮮朝日	1927-09-20/1	03단	短歌/橋田東聲選
144072	朝鮮朝日	1927-09-20/1	04단	齋藤出張所長工務課長に就任の噂さ
144073	朝鮮朝日	1927-09-20/1	04단	東拓の理事異動の噂さ
144074	朝鮮朝日	1927-09-20/1	05단	變質せる慶北米(下)/原因は果して如何堂島取引所澤田治藏氏(奇)
144075	朝鮮朝日	1927-09-20/1	05단	新聞の出來るまで東京、大阪朝日新聞社が平壌陳列館に出品
144076	朝鮮朝日	1927-09-20/1	05단	內鮮滿連絡機の大邱着陸を希望/實現は來春四、五月
144077	朝鮮朝日	1927-09-20/1	05단	豆滿江鐵橋竣工近し
144078	朝鮮朝日	1927-09-20/1	05단	鎮南浦に上陸して國境に征戰した當年の若い中隊長現寺内參謀長着任
144079	朝鮮朝日	1927-09-20/1	05단	平北の雹指頭の大さ
144080	朝鮮朝日	1927-09-20/1	06단	清津府有地賣却を行ふ
144081	朝鮮朝日	1927-09-20/1	06단	茸の中毒六名が發病
144082	朝鮮朝日	1927-09-20/1	07단	下げるか下げぬか放送局の料金實行期の一日を前に理事會の結果が注目さる
144083	朝鮮朝日	1927-09-20/1	07단	佛教とは何か親鸞はどんな人南山東本願寺別院で朝鮮の人たちに布教
144084	朝鮮朝日	1927-09-20/1	07단	大仕掛で催す平南で珍しい府郡の富勢展覽會
144085	朝鮮朝日	1927-09-20/1	07단	鄉土訪問飛行を病父の存命中やって見たい念願若學力行の姜飛行士歸鮮
144086	朝鮮朝日	1927-09-20/1	09단	虎や豹の五六十頭も射止めて見たい米國の探險家が咸南北で大虎狩
144087	朝鮮朝日	1927-09-20/1	09단	警察官殺し捜査の手全鮮に擴大
144088	朝鮮朝日	1927-09-20/1	09단	運動界(鐵道陸上競技會/沙里院庭球大會/早大蹴球軍敗る)
144089	朝鮮朝日	1927-09-20/1	10단	人(湯淺政務總監/太田信之氏(新任鏡城高等普通學校長)/八山博士(文部省測地學會委員))
144090	朝鮮朝日	1927-09-20/1	10단	西九州風水害義金
144091	朝鮮朝日	1927-09-20/1	10단	半島茶話
144092	朝鮮朝日	1927-09-20/2	01단	木材關稅の撤廢問題(四)/輸入材を無視した自給自足の標榜と安東縣側は叫ぶ
144093	朝鮮朝日	1927-09-20/2	01단	漁業組合に低資融通五十萬圓
144094	朝鮮朝日	1927-09-20/2	01단	元山の黑船米國に直輸出
144095	朝鮮朝日	1927-09-20/2	01단	浦項內地間航路補助は年額一萬圓

일련번호	판명	간행일	단수	기사명
144096	朝鮮朝日	1927-09-20/2	01단	平北米豆の懸賞宣傳歌
144097	朝鮮朝日	1927-09-20/2	02단	慶東線の運賃引下を慶州で要望
144098	朝鮮朝日	1927-09-20/2	02단	忠北の農作すべて良好
144099	朝鮮朝日	1927-09-20/2	02단	平北米豫想六十五萬石
144100	朝鮮朝日	1927-09-20/2	03단	京城の物價低落の步調
144101	朝鮮朝日	1927-09-20/2	03단	浮世の波
144102	朝鮮朝日	1927-09-21/1	01단	政府の公債政策如何を確めて見なければ朝鮮豫算の最後的決定は見られぬと湯淺總監は語る
144103	朝鮮朝日	1927-09-21/1	01단	統計に現れた中農以下の疲弊小作中農の一人當り一日僅に十一錢の所得
144104	朝鮮朝日	1927-09-21/1	01단	慶北の葡萄を獻上/總監が携行
144105	朝鮮朝日	1927-09-21/1	01단	奇勝金剛山の禮讚(一)/一萬二千の群峰色紫に映えて奇松懸崖にからみ山容迫って人を壓す
144106	朝鮮朝日	1927-09-21/1	02단	畜産大會決議案
144107	朝鮮朝日	1927-09-21/1	03단	俳句/鈴木花蓑選
144108	朝鮮朝日	1927-09-21/1	03단	鎮南浦の中華領事館復活の運動
144109	朝鮮朝日	1927-09-21/1	03단	三百餘里に亘る國境の免疫地布村農林省技師が望月博士と同行して視察
144110	朝鮮朝日	1927-09-21/1	04단	元山開港記念共進會單獨で開催
144111	朝鮮朝日	1927-09-21/1	04단	英國軍艦が釜山に寄港
144112	朝鮮朝日	1927-09-21/1	04단	辭令(東京電話)
144113	朝鮮朝日	1927-09-21/1	05단	新義州府尹伊藤正懿氏十六日着任
144114	朝鮮朝日	1927-09-21/1	05단	遠來の客を慰むる歡迎準備整ふ新義州で開催する全國穀商大會迫る/お人形歡迎咸興で開催
144115	朝鮮朝日	1927-09-21/1	05단	黃海道內地主懇談會海州で開催
144116	朝鮮朝日	1927-09-21/1	05단	米國行きのお人形醵金を締切
144117	朝鮮朝日	1927-09-21/1	06단	京城府內の空家三千軒に餘る郊外に引越す者が最近非常に殖える
144118	朝鮮朝日	1927-09-21/1	06단	高橋貞二氏
144119	朝鮮朝日	1927-09-21/1	06단	關節のみが腫れて指は團子のやう咸北茂山一帶の奇病中村學士の研究發表
144120	朝鮮朝日	1927-09-21/1	07단	濛信校盟休無事に解決
144121	朝鮮朝日	1927-09-21/1	07단	菊花展覽會平壤で開催
144122	朝鮮朝日	1927-09-21/1	08단	遊圓會社の取調べ擴大本舞臺に入る
144123	朝鮮朝日	1927-09-21/1	08단	どんなに激しいモヒ患者でも二三日でケロリと癒る注射藥アンチモール/圓滿解決を府では希望
144124	朝鮮朝日	1927-09-21/1	08단	コドモの會二十五日開催
144125	朝鮮朝日	1927-09-21/1	08단	安東に巢喰ふ馬賊三名を安東署が逮捕
144126	朝鮮朝日	1927-09-21/1	08단	鎮昌鐵道工事殉職兵士の追悼會開催

일련번호	판명	간행일	단수	기사명
144127	朝鮮朝日	1927-09-21/1	08단	釜山運動場工事請負人對手に訴訟
144128	朝鮮朝日	1927-09-21/1	09단	親戀しさの鮮女の自殺
144129	朝鮮朝日	1927-09-21/1	09단	運動界(大邱軍平壤遠征/神宮競技野球釜山のデレゲート/鎭南浦高女優勝/安東陸競會延期/西鮮學童競技會)
144130	朝鮮朝日	1927-09-21/1	10단	人(湯淺朝鮮政務總監/生田朝鮮內務局長/上瀧基氏(專賣局製造課長)/シアフイノ氏夫妻(駐日メキシコ公使))
144131	朝鮮朝日	1927-09-21/1	10단	西九州風水害義金
144132	朝鮮朝日	1927-09-21/1	10단	半島茶話
144133	朝鮮朝日	1927-09-21/2	01단	木材關稅の撤廢問題(五)/一部製材業者を利するに留まり大陸政策　を誤まるとは安東側の言分
144134	朝鮮朝日	1927-09-21/2	01단	京取が長期取引を當局に要望
144135	朝鮮朝日	1927-09-21/2	01단	變質も無影響鮮米の移出ますます增加
144136	朝鮮朝日	1927-09-21/2	01단	村落金融組合設置豫定地十四が決定
144137	朝鮮朝日	1927-09-21/2	02단	安東の木材活況を呈す
144138	朝鮮朝日	1927-09-21/2	02단	平北の耕地沓七萬七千町步田三十二萬町步
144139	朝鮮朝日	1927-09-21/2	02단	發展する慶北の製紙年産八十萬圓
144140	朝鮮朝日	1927-09-21/2	03단	南浦金融組合會
144141	朝鮮朝日	1927-09-21/2	03단	浮世の波
144142	朝鮮朝日	1927-09-22/1	01단	引退せねばならぬ理由は毫も無いと齋藤總督の辭任說を湯淺總監强く打消す
144143	朝鮮朝日	1927-09-22/1	01단	無煙炭五社の協定が成立/組合を組織して採炭販賣その他を協議
144144	朝鮮朝日	1927-09-22/1	01단	奇勝金剛山の禮讚(二)/瀑布と落ち潭と澱み淵と湛え瀨と流る幾多の溪流碧と凝って內外金剛の勝をなす
144145	朝鮮朝日	1927-09-22/1	03단	鐵道局移動十九日發表
144146	朝鮮朝日	1927-09-22/1	03단	*出廻期を前にして値上の賣行は卑劣極ることだと穀物業者が憤慨す/鮮航會の切崩し米穀業者策動*
144147	朝鮮朝日	1927-09-22/1	04단	辭令(東京電話)
144148	朝鮮朝日	1927-09-22/1	04단	新義州江界飛航船溯航見事に成功
144149	朝鮮朝日	1927-09-22/1	05단	大邱郵便局自動車を設備
144150	朝鮮朝日	1927-09-22/1	05단	名産織物展平壤で開催
144151	朝鮮朝日	1927-09-22/1	05단	短歌/橋田東聲選
144152	朝鮮朝日	1927-09-22/1	05단	お人形が別れ別れて各地へ旅立つ
144153	朝鮮朝日	1927-09-22/1	05단	干滿の差の烈しい仁川の潮力を利用し水電事業の新計劃遞信局の調査では可能
144154	朝鮮朝日	1927-09-22/1	06단	鳥人朴敬元孃
144155	朝鮮朝日	1927-09-22/1	06단	釜山港灣の工事は明年で打切る財政上致し方なし生田內務局長語る
144156	朝鮮朝日	1927-09-22/1	06단	平山男が少年赤十字閱團をなす

일련번호	판명	간행일	단수	기사명
144157	朝鮮朝日	1927-09-22/1	07단	大邱市外で石器を發見鑑定に附す
144158	朝鮮朝日	1927-09-22/1	07단	平海社新築工事進捗す
144159	朝鮮朝日	1927-09-22/1	08단	咸興奧地に初雪二尺も積る
144160	朝鮮朝日	1927-09-22/1	08단	村上氏自作展
144161	朝鮮朝日	1927-09-22/1	08단	要塞地帶無斷撮影の事件は局送
144162	朝鮮朝日	1927-09-22/1	08단	聽取料を一圓に放送局の値下/現在の加入者五千名八千名に増加する計劃
144163	朝鮮朝日	1927-09-22/1	08단	朝日優勝旗爭奪相撲戰
144164	朝鮮朝日	1927-09-22/1	09단	穴に潜む四名の鮮匪一名を射殺
144165	朝鮮朝日	1927-09-22/1	09단	運動界(新義州庭球大會/三菱軍勝つ/釜山對抗リレー/鐵道運動會)
144166	朝鮮朝日	1927-09-22/1	09단	京城のバザー日本基督の催し
144167	朝鮮朝日	1927-09-22/1	10단	會(運送合同協議會/新田氏送別會/元山郵便局長會議)
144168	朝鮮朝日	1927-09-22/1	10단	西九州風水害義金
144169	朝鮮朝日	1927-09-22/1	10단	半島茶話
144170	朝鮮朝日	1927-09-22/2	01단	六分五厘餘の增收を見込まる鮮米收穫千五百九十萬石/鮮米聯合會の調査
144171	朝鮮朝日	1927-09-22/2	01단	內地製品と支那絹織物鮮內で競爭
144172	朝鮮朝日	1927-09-22/2	01단	平南大同に新無煙炭層本採掘に着手
144173	朝鮮朝日	1927-09-22/2	01단	産業組合を平壤が組織低資を融通
144174	朝鮮朝日	1927-09-22/2	01단	咸南新大豆品質は良好
144175	朝鮮朝日	1927-09-22/2	02단	在來煎鹽年々に衰微再製鹽も同樣
144176	朝鮮朝日	1927-09-22/2	02단	間島穀類の統一檢査實施
144177	朝鮮朝日	1927-09-22/2	02단	全北鐵道身賣の總會二十六日
144178	朝鮮朝日	1927-09-22/2	02단	電氣工作物取締規定を平南が制定
144179	朝鮮朝日	1927-09-22/2	03단	國境情景を漆器に浮出新義州工補校が製作
144180	朝鮮朝日	1927-09-22/2	03단	浮世の波
144181	朝鮮朝日	1927-09-23/1	01단	第二次の値上は雜貨類にも及ぶ當方は問題とせぬと吉村朝郵專務は語る
144182	朝鮮朝日	1927-09-23/1	01단	國境の森林地帶に鐵道を敷設/木材の搬出を圖る明年度豫算に計上
144183	朝鮮朝日	1927-09-23/1	01단	辯護士試驗合格者發表合格者十一名
144184	朝鮮朝日	1927-09-23/1	01단	奇勝金剛山の禮讚(三)/微塵と碎けて水珠は白く亂れ渦を捲く左右にそゝる峻峰は紫の地肌に松の模樣
144185	朝鮮朝日	1927-09-23/1	02단	大阪在住の鮮人有權者七百名に上る
144186	朝鮮朝日	1927-09-23/1	03단	朝鮮輸入材關稅問題で安東側陳情
144187	朝鮮朝日	1927-09-23/1	03단	俳句/鈴木花蓑選
144188	朝鮮朝日	1927-09-23/1	03단	練習艦木會元山に入港
144189	朝鮮朝日	1927-09-23/1	03단	海港檢疫の徹底を通牒コ疫豫防隊を組織

일련번호	판명	간행일	단수	기사명
144190	朝鮮朝日	1927-09-23/1	04단	孝昌園の存續を請願龍山府民が
144191	朝鮮朝日	1927-09-23/1	04단	準備整ふ審勢展覽會平壤は大騷ぎ
144192	朝鮮朝日	1927-09-23/1	04단	有望と判った鮮內の水電最大概數二百二十萬キ口內地資本家が着目
144193	朝鮮朝日	1927-09-23/1	05단	中島氏の歌枕二十一日入城
144194	朝鮮朝日	1927-09-23/1	06단	辭令(東京電話)
144195	朝鮮朝日	1927-09-23/1	06단	安東驛步廊設計を誤り更に改築す
144196	朝鮮朝日	1927-09-23/1	06단	宗教界の新人大谷副管長布教に渡鮮
144197	朝鮮朝日	1927-09-23/1	07단	九州水害の慰問方法を平壤が協議
144198	朝鮮朝日	1927-09-23/1	07단	前慶州郡守に記念品贈呈
144199	朝鮮朝日	1927-09-23/1	07단	獸疫の多いのは研究が足らぬ各道の獸醫を熊本に派遣/講習を受けしむる
144200	朝鮮朝日	1927-09-23/1	07단	平南江東に暴風雨吹き農作物を荒す
144201	朝鮮朝日	1927-09-23/1	07단	刑務所にラヂオ娛樂用にと
144202	朝鮮朝日	1927-09-23/1	07단	錨を眞似た僞の煉炭注意が肝腎
144203	朝鮮朝日	1927-09-23/1	08단	滿鮮方面で虎と豹を米人が捕獲
144204	朝鮮朝日	1927-09-23/1	08단	病名不明の傳染病流行間島民怯ゆ
144205	朝鮮朝日	1927-09-23/1	08단	文彌氏を聽くの會
144206	朝鮮朝日	1927-09-23/1	08단	お酒の値上十月一日から
144207	朝鮮朝日	1927-09-23/1	08단	既に李朝時代に活貧黨と稱する共産主義が行はれた李能和氏の社會史研究
144208	朝鮮朝日	1927-09-23/1	09단	のろを追って不慮の死を遂げたのか
144209	朝鮮朝日	1927-09-23/1	09단	運動界(京城運動場を入場料で開放/實業野球大會/淸州運動會/江界庭球會/大田庭球戰)
144210	朝鮮朝日	1927-09-23/1	10단	會(明治帝天牌奉安式/忠南警察署長會議)
144211	朝鮮朝日	1927-09-23/1	10단	人(李俊公妃/關根貞氏/大村卓一氏(鐵道局長)/柏木三郎氏(京城府學務主事)/黑木吉郎氏(總督府鑛務課長)/渡邊豐日子氏(總督府農務課長)/熊本女師視察團/小川喜一氏(臺灣鐵道部參事)/山室軍平氏(救世軍日本司令官)/林仙之小將(前朝鮮軍參謀長)/千家酋有男(大社教管長))
144212	朝鮮朝日	1927-09-23/1	10단	西九州風水害義金
144213	朝鮮朝日	1927-09-23/1	10단	半島茶話
144214	朝鮮朝日	1927-09-23/2	01단	悲觀される濟洲島の煙草/每年殆ど週期的に暴風雨が來襲する
144215	朝鮮朝日	1927-09-23/2	01단	夏秋蠶收繭豫想八萬二千石
144216	朝鮮朝日	1927-09-23/2	01단	九月中旬荷物輸送高八萬九千噸
144217	朝鮮朝日	1927-09-23/2	01단	財界閑話
144218	朝鮮朝日	1927-09-23/2	01단	漁網に用ひ特效があるタイレウ油
144219	朝鮮朝日	1927-09-23/2	02단	鎭南浦無煙炭積込場工事設計が齟齬
144220	朝鮮朝日	1927-09-23/2	02단	鎭南浦港八月中貿易前年より增加

일련번호	판명	간행일	단수	기사명
144221	朝鮮朝日	1927-09-23/2	02단	東拓の米作增收の見込
144222	朝鮮朝日	1927-09-23/2	02단	特別牛市の當籤受賞者
144223	朝鮮朝日	1927-09-23/2	03단	清酒品評會京城で開催
144224	朝鮮朝日	1927-09-23/2	03단	南浦果物組合會
144225	朝鮮朝日	1927-09-23/2	03단	東拓の稻作檢見
144226	朝鮮朝日	1927-09-23/2	03단	酒造組合組織
144227	朝鮮朝日	1927-09-23/2	03단	平壤燒酎發送高
144228	朝鮮朝日	1927-09-23/2	03단	八月中大邱驛勢
144229	朝鮮朝日	1927-09-23/2	03단	京城組銀帳尻
144230	朝鮮朝日	1927-09-23/2	03단	浮世の波
144231	朝鮮朝日	1927-09-24/1	01단	早く悲觀される無煙炭組合の前途/各社の利害錯綜し所期の機能を發揮するは困難
144232	朝鮮朝日	1927-09-24/1	01단	平壤醫專の設立は我々が言ふやう本府は簡單に考へぬ關水内務部長の歸來談
144233	朝鮮朝日	1927-09-24/1	01단	會議所舍屋を貯金管理局局舍に充當
144234	朝鮮朝日	1927-09-24/1	01단	土曜漫筆/海の一日/川上喜久子
144235	朝鮮朝日	1927-09-24/1	02단	稻作不況で免稅される慶北達城郡
144236	朝鮮朝日	1927-09-24/1	02단	砂防工事が主で植林事業は從/來年の山林計劃豫算綠故林拂下は永びく
144237	朝鮮朝日	1927-09-24/1	03단	黃海延白の市街整理が行きなやむ
144238	朝鮮朝日	1927-09-24/1	03단	短歌/橋田東聲選
144239	朝鮮朝日	1927-09-24/1	04단	咸北學議員當選者決定
144240	朝鮮朝日	1927-09-24/1	04단	辭令(東京電話)
144241	朝鮮朝日	1927-09-24/1	04단	雜魚の關稅を鯛と同樣には甚だもって困ると差別的待遇を交涉
144242	朝鮮朝日	1927-09-24/1	04단	畜牛の鼻輪錠波邊氏が發明
144243	朝鮮朝日	1927-09-24/1	05단	花を作り鷄を飼ひ尊い勞働に汗する濟生院の哀れな孤兒/棄兒の多い朝鮮の惡風習
144244	朝鮮朝日	1927-09-24/1	05단	應援を兼ね大邱市民が平壤を視察
144245	朝鮮朝日	1927-09-24/1	05단	財政難で大邱　嬌南校いよいよ閉校
144246	朝鮮朝日	1927-09-24/1	06단	お化粧中の平壤の電車美しい飴色
144247	朝鮮朝日	1927-09-24/1	06단	羨まれて居る靑木氏の官煙入り/京城で專らの評判
144248	朝鮮朝日	1927-09-24/1	07단	咸北入景八選發表
144249	朝鮮朝日	1927-09-24/1	07단	畜産大會出席者一行國境を視察
144250	朝鮮朝日	1927-09-24/1	07단	東拓の植林好成績を示す
144251	朝鮮朝日	1927-09-24/1	08단	球界の草分松島君平壤に轉任
144252	朝鮮朝日	1927-09-24/1	08단	盟休やんで懇談を喜ぶ淑明校茶話會
144253	朝鮮朝日	1927-09-24/1	08단	紅葉映ゆる金剛の絶勝探勝客が多い
144254	朝鮮朝日	1927-09-24/1	09단	品質と數量の檢查を受け精米を小賣

일련번호	판명	간행일	단수	기사명
144255	朝鮮朝日	1927-09-24/1	09단	外人二名が要塞地帶を活寫に撮影
144256	朝鮮朝日	1927-09-24/1	09단	排籃球代表推薦者決定す
144257	朝鮮朝日	1927-09-24/1	09단	フールマラソンコースが決定す
144258	朝鮮朝日	1927-09-24/1	10단	會(釜山局郵便所長會議/商議聯合委員會/兒童手藝品々評會)
144259	朝鮮朝日	1927-09-24/1	10단	人(池田秀雄氏(殖産局長)/横田秀雄氏(前大審院長)/香稚釜山商議會頭/後藤眞咲氏(本府林産課長)/杉産米堂氏(米タイムス社長)/波邊豊日子氏(本府農務課長)/仲田勝之助氏(東京朝日社員))
144260	朝鮮朝日	1927-09-24/1	10단	西九州風水害義金
144261	朝鮮朝日	1927-09-24/1	10단	半島茶話
144262	朝鮮朝日	1927-09-24/2	01단	新記錄を示した水産品の水揚十五年度で五千三百萬圓/大羽鰮の大漁が主因
144263	朝鮮朝日	1927-09-24/2	01단	各道別收繭豫想九月十日現在
144264	朝鮮朝日	1927-09-24/2	01단	滿洲栗の輸入高/三千九十噸
144265	朝鮮朝日	1927-09-24/2	01단	財界閑話
144266	朝鮮朝日	1927-09-24/2	01단	專賣局が商策を弄す製鹽業者が當局に要望
144267	朝鮮朝日	1927-09-24/2	02단	平南北牛は鎮南浦から今後移出する
144268	朝鮮朝日	1927-09-24/2	02단	元山ゴムの清算人辭任重役の主文に困りはて
144269	朝鮮朝日	1927-09-24/2	02단	海苔採集に椰子網使用慶南が研究
144270	朝鮮朝日	1927-09-24/2	03단	原料豊富な平北の澱粉/前途は有望
144271	朝鮮朝日	1927-09-24/2	03단	九月中旬鮮鐵在荷高前旬より增加
144272	朝鮮朝日	1927-09-24/2	03단	道路品評會忠南で開催
144273	朝鮮朝日	1927-09-24/2	03단	南浦水産檢査高
144274	朝鮮朝日	1927-09-24/2	03단	浮世の波
144275	朝鮮朝日	1927-09-25		缺號
144276	朝鮮朝日	1927-09-26/1	01단	いよいよ開かれる穀物商聯合大會提出案件のかずかず/米豆に因む鴨江節歡迎宴の餘興/出席者は三百名に上る
144277	朝鮮朝日	1927-09-26/1	02단	大事をとって議會に臨む石油關税の特例廢止雲行を見て提案する
144278	朝鮮朝日	1927-09-26/1	02단	安州農校の昇格を要望/代表者が上道
144279	朝鮮朝日	1927-09-26/1	03단	歐亞連絡の中軸として高速度客車を運轉/朝鮮鐵道の時間改正いよいよ十一月一日から實施
144280	朝鮮朝日	1927-09-26/1	04단	聯合青年會員朝鮮を視察十月三日ごろ
144281	朝鮮朝日	1927-09-26/1	04단	部下の進言をよく聽いた元總監山縣公薨ず矢鍋殖銀理事の追懷談/眞の理解者を失って殘念丹羽氏の談/蘭がお上手 金圭鎭氏談
144282	朝鮮朝日	1927-09-26/1	05단	博覽會期中に赤十字總會京城で開く
144283	朝鮮朝日	1927-09-26/1	06단	俳句/鈴木花蓑選
144284	朝鮮朝日	1927-09-26/1	07단	歡迎どころか割當も極らぬ平南のお人形

일련번호	판명	간행일	단수	기사명
144285	朝鮮朝日	1927-09-26/1	07단	諸博士の研究になる興味深き發表熱心な質問もあり賑った朝鮮醫學會
144286	朝鮮朝日	1927-09-26/1	08단	珍重がられる挫骨の靈藥果たして眞か
144287	朝鮮朝日	1927-09-26/1	08단	巡回慰安車安東に來着
144288	朝鮮朝日	1927-09-26/1	08단	電車 に轢かれ三歳の子供眞二つに轢斷
144289	朝鮮朝日	1927-09-26/1	08단	暴風火災全滅の釜山假想を定め消防の演習
144290	朝鮮朝日	1927-09-26/1	08단	全鮮中學校柔劍道大會
144291	朝鮮朝日	1927-09-26/1	08단	素質の向上した巡査の志願者半數は中學卒業生/知識階級の就職難を物語る
144292	朝鮮朝日	1927-09-26/1	09단	運動界(女子庭球戰大田高女優勝)
144293	朝鮮朝日	1927-09-26/1	09단	釜鐵龍山に敗る/京電殖銀を破る/大邱府少年野球/卓球豫選會
144294	朝鮮朝日	1927-09-26/1	10단	新聞記者團慶を州視察
144295	朝鮮朝日	1927-09-26/1	10단	會(慶南優良農具戰)
144296	朝鮮朝日	1927-09-26/1	10단	人(加藤繁教授/淺田長輔氏/後藤瑞嚴師/橫田秀雄博士(明大總長)/コールジン氏(東支鐵道技師)/阪東宣雄氏(日本新聞理事)/ヘセドヴスキー氏(駐日勞農代理大使)/池田殖産局長/森田重興氏/古賀密男氏)
144297	朝鮮朝日	1927-09-26/1	10단	西九州風水害義金
144298	朝鮮朝日	1927-09-26/1	10단	半島茶話
144299	朝鮮朝日	1927-09-26/2	01단	內地製に劣らぬ朝鮮産の淸酒滿洲方面への輸出年々に增加を示す
144300	朝鮮朝日	1927-09-26/2	01단	平北厚昌に森林鐵道敷設の計劃
144301	朝鮮朝日	1927-09-26/2	01단	財界閑話
144302	朝鮮朝日	1927-09-26/2	01단	大邱慶州間特定運賃の値下は實現か
144303	朝鮮朝日	1927-09-26/2	01단	黃海夏秋鼈二千石の豫想
144304	朝鮮朝日	1927-09-26/2	02단	安東縣の土地貸付料滿鐵が引上
144305	朝鮮朝日	1927-09-26/2	02단	運送業者が合同問題の形勢を觀望
144306	朝鮮朝日	1927-09-26/2	02단	黃海の棉作昨年より增收
144307	朝鮮朝日	1927-09-26/2	02단	八月中の新義州貿易三百七十萬圓
144308	朝鮮朝日	1927-09-26/2	03단	浮世の波
144309	朝鮮朝日	1927-09-27/1	01단	各地代表が會して鮮米運賃の値上の對策を協議す/新義州の聯合大會で
144310	朝鮮朝日	1927-09-27/1	01단	明治大帝牌奉安大法會
144311	朝鮮朝日	1927-09-27/1	01단	平壤機が夜間飛行をいよいよ實施
144312	朝鮮朝日	1927-09-27/1	01단	奇勝金剛山の禮讚(四)/浮く水を碧空に仰ぎ一脈の銀蛇走る纖細にまた美しき恍惚我を忘るゝ飛鳳の瀑
144313	朝鮮朝日	1927-09-27/1	02단	平南道で納稅成績の優良者を表彰
144314	朝鮮朝日	1927-09-27/1	02단	安東地方員選擧
144315	朝鮮朝日	1927-09-27/1	02단	國際豆滿橋竣工式延期十月十六日

일련번호	판명	간행일	단수	기사명
144316	朝鮮朝日	1927-09-27/1	02단	次ぎづぎの發表で賑った醫學會正午は總督官邸の茶話會に招かる/三日の大會無事に終了
144317	朝鮮朝日	1927-09-27/1	03단	木材のお蔭で活氣づいた平北の原昌
144318	朝鮮朝日	1927-09-27/1	03단	短歌/橋田東聲選
144319	朝鮮朝日	1927-09-27/1	04단	海のあちらの友達のお人形歡迎會
144320	朝鮮朝日	1927-09-27/1	04단	貴き一票
144321	朝鮮朝日	1927-09-27/1	05단	京城のお祭山車は御遠慮
144322	朝鮮朝日	1927-09-27/1	05단	獨學で築きあげた篤學の生田氏譽ある獎學資金を朝鮮獎學會が授與
144323	朝鮮朝日	1927-09-27/1	06단	國有林を一齊に調査火田を取締る
144324	朝鮮朝日	1927-09-27/1	06단	二千年前の古塼黃海で發見
144325	朝鮮朝日	1927-09-27/1	06단	リレーの紛擾で優勝旗は預り最高點は平壤中學/全鮮中學競技大會
144326	朝鮮朝日	1927-09-27/1	07단	八月の傳染病昨年に比べ非常に增加
144327	朝鮮朝日	1927-09-27/1	07단	聖上行幸の活寫を撮影
144328	朝鮮朝日	1927-09-27/1	07단	誘拐魔に攫はれた娘釜山で救はる
144329	朝鮮朝日	1927-09-27/1	07단	會(黃海警察署長會議/面長講習會)
144330	朝鮮朝日	1927-09-27/1	07단	人(安達房治郎氏(總督府土地改良部長))
144331	朝鮮朝日	1927-09-27/1	08단	運動界(朝鮮神宮競技京城豫選二十五日擧行/硬式庭球大會/京城師範優勝す/商銀組優勝/實業團軟庭球戰/實業野球戰/釜山實業軍敗る/養正高普優勝/平南武道會/馬山射擊會)
144332	朝鮮朝日	1927-09-27/1	08단	映畫になった砂繪呪縛大正館で上映
144333	朝鮮朝日	1927-09-27/1	10단	西九州風水害義金
144334	朝鮮朝日	1927-09-27/1	10단	半島茶話
144335	朝鮮朝日	1927-09-27/2	01단	ワクチン血淸や豫防の注射藥を今後朝鮮內で製造販賣傳染病を半減の計劃
144336	朝鮮朝日	1927-09-27/2	01단	日本海橫斷循環航路いよいよ開始
144337	朝鮮朝日	1927-09-27/2	01단	金肥需要者著しく增加
144338	朝鮮朝日	1927-09-27/2	01단	海員養成所校舍竣工す
144339	朝鮮朝日	1927-09-27/2	02단	營林署の流筏順當に進捗/七十萬尺程度
144340	朝鮮朝日	1927-09-27/2	02단	黃海道では新金融組合三箇所創設
144341	朝鮮朝日	1927-09-27/2	02단	平安北道では二個を新設
144342	朝鮮朝日	1927-09-27/2	02단	朝日活寫會
144343	朝鮮朝日	1927-09-27/2	03단	八月平壤貿易高
144344	朝鮮朝日	1927-09-27/2	03단	モヒ患者の新注射液を京畿道で製造
144345	朝鮮朝日	1927-09-27/2	03단	黃海瓮津のモヒ治療所十月初旬開始
144346	朝鮮朝日	1927-09-27/2	03단	牡丹臺野話
144347	朝鮮朝日	1927-09-27/2	03단	浮世の波

일련번호	판명	간행일	단수	기사명
144348	朝鮮朝日	1927-09-28/1	01단	歸鮮した齋藤總督結局は辭任の肚か/諸種の事情を綜合し引退を觀測する者が多い
144349	朝鮮朝日	1927-09-28/1	01단	李王殿下の新邸明年中に竣工韓李王職長官歸來談
144350	朝鮮朝日	1927-09-28/1	01단	間島鮮人民會議員の當選者決定
144351	朝鮮朝日	1927-09-28/1	01단	鐵道局辭令
144352	朝鮮朝日	1927-09-28/1	01단	鮮人を强徵し軍用電話を支那が架設
144353	朝鮮朝日	1927-09-28/1	02단	安州農校の昇格は不可能
144354	朝鮮朝日	1927-09-28/1	02단	値下げを斷行してプロの改善と內地放送の無線中斷/京城放送局の新試み
144355	朝鮮朝日	1927-09-28/1	02단	奇勝金剛山の禮讚(五)/うす綠のリボンに碧玉を貫いて千仞の谿間に引きはへた神秘そのものゝ上八潭
144356	朝鮮朝日	1927-09-28/1	03단	平壤南浦間夜間飛行初めての試み
144357	朝鮮朝日	1927-09-28/1	03단	俳句/鈴木花養選
144358	朝鮮朝日	1927-09-28/1	03단	山縣公追悼會京城で執行/平壤でも執行
144359	朝鮮朝日	1927-09-28/1	04단	千家大社教管長平壤を視察北行
144360	朝鮮朝日	1927-09-28/1	04단	秋冷えで油斷出來ぬ府內の傳染病
144361	朝鮮朝日	1927-09-28/1	04단	運送店の合同で議論頓に沸騰す/全鮮穀物商聯合大會第一日出席者三百名に達す
144362	朝鮮朝日	1927-09-28/1	05단	部下の罪で責任を負ひ有島校長辭職
144363	朝鮮朝日	1927-09-28/1	05단	共産黨事件の辯護士が總辭任/司法權の獨立を警官に侵されたと叫ぶ
144364	朝鮮朝日	1927-09-28/1	06단	青いお目々のお人形歡迎會
144365	朝鮮朝日	1927-09-28/1	06단	作戰や宣傳に大童の吳服店冬物の大賣出しは不景氣に拘らず好況
144366	朝鮮朝日	1927-09-28/1	07단	山階宮の御所持金を拾得した犯人
144367	朝鮮朝日	1927-09-28/1	07단	間島奧地馬賊の横行最近激增す
144368	朝鮮朝日	1927-09-28/1	07단	海軍拂下の火藥密輸二十九日公判
144369	朝鮮朝日	1927-09-28/1	07단	平壤高女の增築工事場小火で大騷
144370	朝鮮朝日	1927-09-28/1	08단	運動界(京城府の體育デー十月一、二日/平北體協選手權大會二十五日擧行/卓球豫選會/全鮮ゴルフ大會/平壤の野球戰/大邱庭球戰/平鐵軍再勝/青葉軍優勝/警官射擊會)
144371	朝鮮朝日	1927-09-28/1	08단	國勢調査まがひの調査表を配り藝娼妓待遇改善の根本的調査を實施
144372	朝鮮朝日	1927-09-28/1	09단	牡丹臺野話
144373	朝鮮朝日	1927-09-28/1	10단	會(慶北警察署長會議/平南府尹郡守會議/京城府尹郡守會議)
144374	朝鮮朝日	1927-09-28/1	10단	人(李堈公殿下/布施辰治氏/伊藤忠太博士/韓昌洙男/神永戴吉氏(鮮銀平壤支店支配人)/久米民之助氏(金剛山電鐵社長)/安田鄕輔小將(龍山步四〇旅團長)/松川奧太郎氏(新鎭海署長)/田村藤市氏(新釜山水上署長))

일련번호	판명	간행일	단수	기사명
144375	朝鮮朝日	1927-09-28/1	10단	西九州風水害義金
144376	朝鮮朝日	1927-09-28/1	10단	半島茶話
144377	朝鮮朝日	1927-09-28/2	01단	配合肥料の取締を殊に嚴にする當業者に諒解させ十二月一日から實施
144378	朝鮮朝日	1927-09-28/2	01단	引繼準備に大多忙身賣の慶東線
144379	朝鮮朝日	1927-09-28/2	01단	天日鹽非常な增收
144380	朝鮮朝日	1927-09-28/2	01단	效果の多い鮮酒品評會各地で開催
144381	朝鮮朝日	1927-09-28/2	01단	三度び金融調査に就き(一)/三つ巴に入亂れて議論に花が咲く金融制度の調査委員會
144382	朝鮮朝日	1927-09-28/2	02단	局私線貨物九月中旬成績
144383	朝鮮朝日	1927-09-28/2	02단	鮮內教育家內地視察團一日に出發
144384	朝鮮朝日	1927-09-28/2	02단	釜山餘綠
144385	朝鮮朝日	1927-09-28/2	02단	朝日活寫會
144386	朝鮮朝日	1927-09-28/2	03단	浮世の波
144387	朝鮮朝日	1927-09-29/1	01단	果然問題となった鮮航會の運賃値上/お先棒の朝郵を難じて總督府にまで當り散す賑った全鮮穀商大會
144388	朝鮮朝日	1927-09-29/1	01단	朝鮮の道路には橋梁が足らぬ/總督府でも今後はこの方面に力を注ぐ
144389	朝鮮朝日	1927-09-29/1	01단	奇勝金剛山の禮讚(六)/九龍惡業人を惱し是を八潭に封ず印度より渡り來し五十三佛惡龍と闘ふ
144390	朝鮮朝日	1927-09-29/1	02단	全鮮刑務所所長會議四日から開催
144391	朝鮮朝日	1927-09-29/1	03단	二府廿九縣の各黨當選數
144392	朝鮮朝日	1927-09-29/1	03단	內地からの受驗が多い醫師試驗女性も交る
144393	朝鮮朝日	1927-09-29/1	04단	濟州島の楸子港外に燈台を新設
144394	朝鮮朝日	1927-09-29/1	04단	初等校の實業教育年々に增加す/學務局ではますます奬勵實功を擧げんと努力
144395	朝鮮朝日	1927-09-29/1	04단	煙草會社の合同總會原案を可決
144396	朝鮮朝日	1927-09-29/1	05단	故山縣公追悼會公會堂で執行
144397	朝鮮朝日	1927-09-29/1	05단	辭令(東京電話)
144398	朝鮮朝日	1927-09-29/1	05단	江界禿魯江飛行船航行受命を請願
144399	朝鮮朝日	1927-09-29/1	06단	大邱高普が生徒募集を百八十名に增員
144400	朝鮮朝日	1927-09-29/1	06단	道路修繕の成績を審査五等まで受賞
144401	朝鮮朝日	1927-09-29/1	06단	總督府醫院助産看護婦三十二名入學
144402	朝鮮朝日	1927-09-29/1	06단	辯護士の主張を司法當局も諒解/總辭任は取り消か被告も辯護士團に感謝す
144403	朝鮮朝日	1927-09-29/1	07단	新島北大教授松毛蟲の被害を調査
144404	朝鮮朝日	1927-09-29/1	07단	短歌/橋田東聲選
144405	朝鮮朝日	1927-09-29/1	07단	選後小言
144406	朝鮮朝日	1927-09-29/1	07단	五十錢銀貨の鮮滿旅行映畵の間に朝鮮を紹介/社會課の試み

일련번호	판명	간행일	단수	기사명
144407	朝鮮朝日	1927-09-29/1	08단	運動界(蹴球準備委員會/大邱體育デー/釜山對抗リレー/庭球選手權大會/淸津野球リーグ)
144408	朝鮮朝日	1927-09-29/1	08단	多情の妻を丸太で毆り殺し朝鮮に高飛びして大邱に潛伏中を捕はる
144409	朝鮮朝日	1927-09-29/1	08단	滅切り殖えた詐欺や竊盜生活を物語るもの
144410	朝鮮朝日	1927-09-29/1	09단	娼妓四名が警察に駈込虐待を訴ふ
144411	朝鮮朝日	1927-09-29/1	09단	羅錫疇の片割れ東京で逮捕
144412	朝鮮朝日	1927-09-29/1	09단	飛行機が馬と衝突損傷を負ふ
144413	朝鮮朝日	1927-09-29/1	09단	民會參議員の肩書を惡用武器購入を斡旋
144414	朝鮮朝日	1927-09-29/1	10단	牡丹臺野話
144415	朝鮮朝日	1927-09-29/1	10단	會(中江鎭警官招魂祭)
144416	朝鮮朝日	1927-09-29/1	10단	人(金谷軍司令官/竹田吾一氏(朝新大阪支局長)/吉岡重實氏(釜山府協議員)/中村孝太郎氏(平壤三十九旅團長)/上原中將(二十師團長)/小西和氏(代議士))
144417	朝鮮朝日	1927-09-29/1	10단	西九州風水害義金
144418	朝鮮朝日	1927-09-29/1	10단	半島茶話
144419	朝鮮朝日	1927-09-29/2	01단	三度び金融調査に就き(二)/借手として金組の信用は認める然し組合員からの預金は不可と銀行は言ふ
144420	朝鮮朝日	1927-09-29/2	01단	慶南道の米作豫想二百十萬石
144421	朝鮮朝日	1927-09-29/2	01단	木浦海藻大不況潮流の變化で
144422	朝鮮朝日	1927-09-29/2	01단	慶北道の産業組合に低資を融通
144423	朝鮮朝日	1927-09-29/2	01단	金組聯合會は二百萬圓の地方債引受可能
144424	朝鮮朝日	1927-09-29/2	01단	全北鐵道裡里金州間鐵道局が經營
144425	朝鮮朝日	1927-09-29/2	02단	金剛山電鐵下半期計劃認可申請中
144426	朝鮮朝日	1927-09-29/2	02단	鎌入不足を懸念される慶南の米作
144427	朝鮮朝日	1927-09-29/2	02단	錦江河口の住の江かき東海岸への移植を計劃
144428	朝鮮朝日	1927-09-29/2	03단	浮世の波
144429	朝鮮朝日	1927-09-30/1	01단	鮮米收穫の豫想千六百九十萬石前年度實收に比し百七十萬石を增す
144430	朝鮮朝日	1927-09-30/1	01단	十月早々には創立會を開く煙草合同の新會社社長は下馬評通り靑木氏か
144431	朝鮮朝日	1927-09-30/1	01단	奇勝金剛山の禮讚(七)/萬疊の狂瀾を空間に浮べて縱橫無碍に連り競ふ連峰は波濤のやう
144432	朝鮮朝日	1927-09-30/1	02단	穀商聯合會と協議する必要は無い吉村朝郵專務の■語
144433	朝鮮朝日	1927-09-30/1	03단	補助金を與へ勞働者を主とする職業紹介を奬勵す
144434	朝鮮朝日	1927-09-30/1	03단	雄基起點の豆滿江鐵橋入札近づく
144435	朝鮮朝日	1927-09-30/1	04단	唐津で開く玄海集談會慶南の提案
144436	朝鮮朝日	1927-09-30/1	04단	大邱醫專寄附引請書知事に提出
144437	朝鮮朝日	1927-09-30/1	04단	平壤に合倂の船橋里民が條件を持出す

일련번호	판명	간행일	단수	기사명
144438	朝鮮朝日	1927-09-30/1	05단	全鮮穀物商大會(新義州で開催の)
144439	朝鮮朝日	1927-09-30/1	05단	穀物檢查所が今後は叺の檢査も行ふ
144440	朝鮮朝日	1927-09-30/1	05단	咸興上水道膨脹を見越井戸を掘鑿
144441	朝鮮朝日	1927-09-30/1	06단	安東市街土地貸付料引上中止を陳情
144442	朝鮮朝日	1927-09-30/1	06단	元山咸興間大型機關車運轉は來春
144443	朝鮮朝日	1927-09-30/1	06단	復明普校が二十萬圓の基金造成計劃
144444	朝鮮朝日	1927-09-30/1	06단	英國巡洋艦釜山に入港
144445	朝鮮朝日	1927-09-30/1	06단	李朝中世紀時代の醫學の發達を柳樂本府齒科部長が發表/興味ある齒科醫學會
144446	朝鮮朝日	1927-09-30/1	07단	驅逐艦四隻鴨綠江溯航
144447	朝鮮朝日	1927-09-30/1	07단	屆出をせぬ在鄕軍人が恐ろしく多い
144448	朝鮮朝日	1927-09-30/1	07단	俳句/鈴木花蓑選
144449	朝鮮朝日	1927-09-30/1	07단	石鏃と石庖
144450	朝鮮朝日	1927-09-30/1	08단	救世軍の士官養成校近く開校す
144451	朝鮮朝日	1927-09-30/1	08단	晩酌の一盃が一萬四千圓京城府だけの一日の消費高
144452	朝鮮朝日	1927-09-30/1	08단	江界を中心にモヒ患者の救濟を計劃
144453	朝鮮朝日	1927-09-30/1	08단	選り好みさへせねば就職難は無い女の人/男の就職率は面白からず僅に三十七パーセント
144454	朝鮮朝日	1927-09-30/1	08단	京城府廳軍優勝
144455	朝鮮朝日	1927-09-30/1	08단	鷄のコレラまた流行す
144456	朝鮮朝日	1927-09-30/1	09단	置屋取締り規則改正を慶南が企圖
144457	朝鮮朝日	1927-09-30/1	09단	「砂繪呪縛の」割引券配布
144458	朝鮮朝日	1927-09-30/1	09단	中央高普の盟休騷ぎ先生が排斥
144459	朝鮮朝日	1927-09-30/1	09단	眞晝間に怪漢二名が强盜を働く被害者は銀行小使
144460	朝鮮朝日	1927-09-30/1	09단	會(木浦米宣傳報告會/根本定輔氏(國際運輸淸津支店長)/江口港起工祝賀會/大邱法院判檢事會議/三島實女バザー)
144461	朝鮮朝日	1927-09-30/1	10단	人(貴族院議員團/香椎釜山會議所會頭/赤星朝治氏(鐵道省技師))
144462	朝鮮朝日	1927-09-30/1	10단	西九州風水害義金
144463	朝鮮朝日	1927-09-30/1	10단	半島茶話
144464	朝鮮朝日	1927-09-30/1	10단	放送時改正
144465	朝鮮朝日	1927-09-30/2	01단	三度び金融調査に就き(三)/前門に金組あり後門には特銀苦しいのは地場銀行
144466	朝鮮朝日	1927-09-30/2	01단	本採掘に着手する大同無煙炭
144467	朝鮮朝日	1927-09-30/2	01단	慶南道の米作豫想二百萬十石/平北江界の米作
144468	朝鮮朝日	1927-09-30/2	01단	南洋南支の見本市へ鮮産品出品
144469	朝鮮朝日	1927-09-30/2	01단	秋鰤一萬尾林兼の大漁
144470	朝鮮朝日	1927-09-30/2	01단	漁具機械の品評會準備漸く整ふ
144471	朝鮮朝日	1927-09-30/2	02단	朝鮮鼈絲理事會
144472	朝鮮朝日	1927-09-30/2	02단	木浦開港記念祭

일련번호	판명	간행일	단수	기사명
144473	朝鮮朝日	1927-09-30/2	02단	咸興より(北鮮事情社/咸興の官等宴/生神樣と生佛樣/病院の自動車/百疊敷の宴席)
144474	朝鮮朝日	1927-09-30/2	02단	朝日活寫會
144475	朝鮮朝日	1927-09-30/2	03단	浮世の波

1927년 10월 (조선아사히)

일련번호	판명	간행일	단수	기사명
144476	朝鮮朝日	1927-10-01/1	01단	焦燥にかられるいたいけな子供の情操を豊にすべく低廉な學習帳を編纂發行す
144477	朝鮮朝日	1927-10-01/1	01단	補助を與へても看護婦設置を各學校に獎勵する/近く各道に通牒
144478	朝鮮朝日	1927-10-01/1	01단	土曜漫筆/白です鳥ですそして白鷺です/中島哀浪
144479	朝鮮朝日	1927-10-01/1	02단	豆滿江の大鐵橋十六日開通式
144480	朝鮮朝日	1927-10-01/1	02단	內鮮滿蒙に亘る運輸連絡打合/十月四日から大連で開催/鐵道局からも出席
144481	朝鮮朝日	1927-10-01/1	03단	支那側の飛航船二隻安東に到着
144482	朝鮮朝日	1927-10-01/1	04단	短歌/橋田東聲選
144483	朝鮮朝日	1927-10-01/1	04단	平壤電車の寺洞延長は十一月開通
144484	朝鮮朝日	1927-10-01/1	04단	大邱醫專の設立で知事の態度に不審の點があると期成會が眞意を質す
144485	朝鮮朝日	1927-10-01/1	05단	照明自動車を新に使用して夜間飛行決行
144486	朝鮮朝日	1927-10-01/1	05단	清元連絡船城津に寄港日發の連絡を地方民は希望
144487	朝鮮朝日	1927-10-01/1	05단	入學試驗廢止案は朝鮮などでは以ての外であると松浦城大總長語る
144488	朝鮮朝日	1927-10-01/1	06단	飛行機からビラを撒き京城放送局が加入者を勸誘
144489	朝鮮朝日	1927-10-01/1	06단	執務時間變更十月一日から
144490	朝鮮朝日	1927-10-01/1	07단	辭令(東京電話)
144491	朝鮮朝日	1927-10-01/1	07단	色とりどりに美しい毛絲の陳列が店頭に飾られて來た舶來品は馬鹿に高い
144492	朝鮮朝日	1927-10-01/1	07단	剃刀の形した春秋時代の貨幣/平北渭原で發見さる趙時代の明刀も出る
144493	朝鮮朝日	1927-10-01/1	07단	統軍亭を名所に仕立觀客を誘引
144494	朝鮮朝日	1927-10-01/1	07단	西崎氏の胸像を建設/謝恩の計劃
144495	朝鮮朝日	1927-10-01/1	08단	京城の種痘五日から施行
144496	朝鮮朝日	1927-10-01/1	08단	谿龍東鶴寺間道路の改修近く竣工
144497	朝鮮朝日	1927-10-01/1	08단	雪白の朝鮮絹に菊花を描いたお波さんの「戀の繪帶」平壤に現れて數奇者が垂涎/時めく平福百穗畫伯の揮毫
144498	朝鮮朝日	1927-10-01/1	09단	八月中の平北の犯罪/竊盜が最多
144499	朝鮮朝日	1927-10-01/1	09단	火藥大密輸公判開延犯行を認む
144500	朝鮮朝日	1927-10-01/1	09단	なまなましい子供の片腕路傍で發見
144501	朝鮮朝日	1927-10-01/1	10단	銀行小使を襲うた強盜遂に捕はる
144502	朝鮮朝日	1927-10-01/1	10단	運動界(遞信局優勝實業野球リーグ戰/大邱釜鐵野球戰/大邱小學優勝)
144503	朝鮮朝日	1927-10-01/1	10단	會(配車事務打合會議/木浦商議評議員會)
144504	朝鮮朝日	1927-10-01/1	10단	人(內地林業視察團)
144505	朝鮮朝日	1927-10-01/1	10단	西九州風水害義金

일련번호	판명	간행일	단수	기사명
144506	朝鮮朝日	1927-10-01/1	10단	半島茶話
144507	朝鮮朝日	1927-10-01/2	01단	三度び金融調査に就き(四)/金融組合は民衆の力を背景に囁き銀行は純理一天張
144508	朝鮮朝日	1927-10-01/2	01단	殖銀八月末貸付內容一億七千萬圓
144509	朝鮮朝日	1927-10-01/2	01단	豊作と同時に叺の値上一枚に一錢
144510	朝鮮朝日	1927-10-01/2	01단	財界閑話
144511	朝鮮朝日	1927-10-01/2	01단	三井物産が淸津に進出
144512	朝鮮朝日	1927-10-01/2	02단	耽津江の鮎人工孵化を計劃
144513	朝鮮朝日	1927-10-01/2	02단	平壤南浦間急行列車の增配を陳情
144514	朝鮮朝日	1927-10-01/2	02단	忠南公州の牛城水組は工事に着手
144515	朝鮮朝日	1927-10-01/2	02단	元山商議立會人
144516	朝鮮朝日	1927-10-01/2	02단	朝日活寫會
144517	朝鮮朝日	1927-10-01/2	03단	遠眼鏡
144518	朝鮮朝日	1927-10-02/1	01단	漁業用發動機船の一年に消費する重油の額が百餘萬圓共同購入で內地から大量移入
144519	朝鮮朝日	1927-10-02/1	01단	警務局の豫算も議會の都合で何とも言へないと淺利局長束上に際し語る
144520	朝鮮朝日	1927-10-02/1	01단	鮮航會との單獨協調は見合せて欲い
144521	朝鮮朝日	1927-10-02/1	01단	奇勝金剛山の禮讃(完)/夫を慕ひ子を戀ふる現し世の愛着に空行く雲をなつかしみ淚に泣いたあま乙女
144522	朝鮮朝日	1927-10-02/1	02단	馬山法院支廳改築の運び明年實現か
144523	朝鮮朝日	1927-10-02/1	02단	山から幾らでも牛は出て來る/移出難の心配は無用耕牛資金の增加も要らぬ
144524	朝鮮朝日	1927-10-02/1	03단	朝鮮物協産會大阪陳列館十二月開館
144525	朝鮮朝日	1927-10-02/1	03단	學校職員の支那視察團新義州に集合
144526	朝鮮朝日	1927-10-02/1	04단	大資本より小資本が間島では必要/十萬哩の徒步旅行者鳥井三鶴氏支局を訪ふ
144527	朝鮮朝日	1927-10-02/1	05단	私財を投じ道路を改修/近く開通式
144528	朝鮮朝日	1927-10-02/1	05단	安東地方員當選決定す
144529	朝鮮朝日	1927-10-02/1	05단	警察界のぬし國友尙謙氏勅任に昇任
144530	朝鮮朝日	1927-10-02/1	06단	御馴染のふかい本居の孃っちゃんが童謠と舞踊の會を開く/十七、八の兩日公會堂で
144531	朝鮮朝日	1927-10-02/1	06단	關釜連絡船時間の變更十一月一日
144532	朝鮮朝日	1927-10-02/1	06단	賣行のよいのは童話や童謠の子供の喜ぶ本が一番/文藝物はサッパリ
144533	朝鮮朝日	1927-10-02/1	07단	理想に走る學校卒業生/實業家の成功譚を編纂
144534	朝鮮朝日	1927-10-02/1	07단	列車運轉の競技の成績入賞者決定
144535	朝鮮朝日	1927-10-02/1	07단	煙草密輸入の罰金が高過ぎる民間に批難の聲がある/近く引下げられる

일련번호	판명	간행일	단수	기사명
144536	朝鮮朝日	1927-10-02/1	08단	檢事正の奔走で辯護士も諒解/圓滿に進行するらしい無産黨事件の公判
144537	朝鮮朝日	1927-10-02/1	08단	牛疫豫防の注射液不足/望月所長視察
144538	朝鮮朝日	1927-10-02/1	08단	俳句/鈴木花蓑選
144539	朝鮮朝日	1927-10-02/1	08단	日清戰役の軍銃を發見/平南大同で
144540	朝鮮朝日	1927-10-02/1	09단	*溺死した四名の死體なほ不明/沈沒の原因はお客の乗せ過ぎ*
144541	朝鮮朝日	1927-10-02/1	09단	運動界(神宮野球戰出場者決定/蹴球豫選變更/元山體育デー/馬山體育大會/仁川府民競技會)
144542	朝鮮朝日	1927-10-02/1	10단	會(手藝品展覽會/鮮人鐵道局員慰安會)
144543	朝鮮朝日	1927-10-02/1	10단	人(金谷軍司令官/岩井長三郎氏(本府建築課長)/養田長平氏(釜山刑務所長)/赤木英道氏(金米日本人學生總監督)/天羽書記官(北京公使館)/松島松雄氏(平壤公務事務所書記官)/藤原慶南高等課長/田村釜山水上署長/曹良義一氏(新馬山商業校長))
144544	朝鮮朝日	1927-10-02/1	10단	西九州風水害義金
144545	朝鮮朝日	1927-10-02/1	10단	半島茶話
144546	朝鮮朝日	1927-10-02/2	01단	三度び金融調査に就き(完)/何時まで經っても解決を見ない銀行と金組の分野問題/公明な正論が必要
144547	朝鮮朝日	1927-10-02/2	01단	ハルビンへ輸出旺盛な鎮南浦苹果
144548	朝鮮朝日	1927-10-02/2	01단	平北の新籾弗々出廻る
144549	朝鮮朝日	1927-10-02/2	01단	肥料と鹽の叺も檢査す
144550	朝鮮朝日	1927-10-02/2	01단	財界閑話
144551	朝鮮朝日	1927-10-02/2	01단	黃海金組が漁業組合に資金を融通
144552	朝鮮朝日	1927-10-02/2	02단	仁川取引所定欵を變更
144553	朝鮮朝日	1927-10-02/2	02단	觀衆をもって埋められた黃海釀造品評會
144554	朝鮮朝日	1927-10-02/2	02단	咸興より(甲山に砂金鑛/鮮窒の起工式/メートル展覽/元山)
144555	朝鮮朝日	1927-10-02/2	02단	朝日活寫會
144556	朝鮮朝日	1927-10-02/2	03단	遠眼鏡
144557	朝鮮朝日	1927-10-04/1	01단	『歸朝に際して』齋藤總督の聲明/『朝鮮を去るに臨んで』宇垣代理總督も聲明(齋藤總督/宇垣大將)
144558	朝鮮朝日	1927-10-04/1	01단	明治大帝牌奉安式擧行
144559	朝鮮朝日	1927-10-04/1	01단	*秋晴の陽を浴びて美技を競ふ若人觀衆四萬を超えた京城府主催の體育デー/常勝の山崎孃上浦孃に敗る本社寄贈の緋の大優勝旗上浦孃に授與さる/平壤の學童競技上需普校優勝/釜鐵大邱を破る/慶南庭球代表組/馬山體育大會/醫專高工に勝つ/慶南の大會選手百餘名*
144560	朝鮮朝日	1927-10-04/1	02단	瓦電買收の交渉いよいよ開始/その結果や如何興味を以て觀らる
144561	朝鮮朝日	1927-10-04/1	03단	吉州農學校新築落成式
144562	朝鮮朝日	1927-10-04/1	04단	大邱測候と無線電信と地震計設置

일련번호	판명	간행일	단수	기사명
144563	朝鮮朝日	1927-10-04/1	04단	短歌/橋田東聲選
144564	朝鮮朝日	1927-10-04/1	04단	女も交る齒醫總會出席者百餘名
144565	朝鮮朝日	1927-10-04/1	05단	審勢展覽會出品申込み續々増加す
144566	朝鮮朝日	1927-10-04/1	05단	人波うち續いた始政記念の賑ひ/體育デーと合して
144567	朝鮮朝日	1927-10-04/1	05단	眞宗大谷派の五十年法要盛況を呈す
144568	朝鮮朝日	1927-10-04/1	06단	松井平壤府尹道路を視察/公職者も同行
144569	朝鮮朝日	1927-10-04/1	06단	張大元帥に橫暴地主膺懲を交渉
144570	朝鮮朝日	1927-10-04/1	07단	郵便所の入口に點火した爆彈をコッソリ置いて逃走/炸裂したが死傷者は無い
144571	朝鮮朝日	1927-10-04/1	07단	咸南新昌に大暴風死者十名/淸津の暴風鮮婦人重傷
144572	朝鮮朝日	1927-10-04/1	07단	釜山附近の不良少年を收容の計劃
144573	朝鮮朝日	1927-10-04/1	08단	不敬文字を電柱に貼付學童の仕業
144574	朝鮮朝日	1927-10-04/1	08단	中央高普の盟休擴大學校も強硬
144575	朝鮮朝日	1927-10-04/1	09단	金組の預金一萬餘圓を書記が橫領
144576	朝鮮朝日	1927-10-04/1	09단	人(金谷軍司令官/長岡外史將軍/長津海軍中將(鎭海要港部司令官)/關野博士/蒲原遞信局長)
144577	朝鮮朝日	1927-10-04/1	10단	會(鹽田夫慰安會)
144578	朝鮮朝日	1927-10-04/1	10단	西九州風水害義金
144579	朝鮮朝日	1927-10-04/1	10단	半島茶話
144580	朝鮮朝日	1927-10-04/2	01단	何時迄も實現せぬ鹽の自給自足/年々二億四千萬斤は關東鹽の輸入に竣つ
144581	朝鮮朝日	1927-10-04/2	01단	朝鮮紡織事業を擴張/八千錘を増置
144582	朝鮮朝日	1927-10-04/2	01단	評判の好い「龜の尾」移出の計劃
144583	朝鮮朝日	1927-10-04/2	01단	財界閑話
144584	朝鮮朝日	1927-10-04/2	01단	忠南の稻作昨年より増收/咸南の米作五十餘萬石
144585	朝鮮朝日	1927-10-04/2	02단	間島の農作豐況の見込
144586	朝鮮朝日	1927-10-04/2	02단	大豐作を豫想される平北の米作
144587	朝鮮朝日	1927-10-04/2	02단	黃海の酒造業年々に増加　品評會好成績/褒賞授與式
144588	朝鮮朝日	1927-10-04/2	02단	朝日活寫會
144589	朝鮮朝日	1927-10-04/2	03단	全鮮蠶業講習會
144590	朝鮮朝日	1927-10-04/2	03단	遠眼鏡
144591	朝鮮朝日	1927-10-05/1	01단	資本金の二倍まで私鐵の起債を許す/法令の改正案を內閣法制局に廻附
144592	朝鮮朝日	1927-10-05/1	01단	歐亞連絡の幹線は矢張り朝鮮線/連絡會議に出席する高久鐵道省國際課長談
144593	朝鮮朝日	1927-10-05/1	01단	體育デー/大邱府內各學校生の聯合運動會と平壤學童競技の入場式
144594	朝鮮朝日	1927-10-05/1	02단	煙草會社創立總會日取を決定

일련번호	판명	간행일	단수	기사명
144595	朝鮮朝日	1927-10-05/1	02단	新顔候補者もあり勇退も出るし三分の一は改選されさうな京城商議評議員選擧
144596	朝鮮朝日	1927-10-05/1	03단	運送店合同準備委員會京城驛で開催
144597	朝鮮朝日	1927-10-05/1	03단	火災の跡を廣場に殘し小公園を設置
144598	朝鮮朝日	1927-10-05/1	03단	公共團體の買收に應ぜねばならぬ/條件が附してないだけ瓦電買收は府が不利
144599	朝鮮朝日	1927-10-05/1	04단	豆滿江岸鐵道第二期工事近く入札
144600	朝鮮朝日	1927-10-05/1	04단	俳句/鈴木花蓑選
144601	朝鮮朝日	1927-10-05/1	04단	京畿警察部が鑑識設備の別館を建築
144602	朝鮮朝日	1927-10-05/1	04단	平壤驛擴張平元線開通で
144603	朝鮮朝日	1927-10-05/1	04단	銃砲火藥取締事務を警官に講習
144604	朝鮮朝日	1927-10-05/1	05단	平南北の移出牛は鎭南浦のみで今後は檢疫する二十九日の府令で公布
144605	朝鮮朝日	1927-10-05/1	05단	支那出土の漢鏡より樂浪のが優秀/原因は鑄型に使用する泥砂の良質な爲か
144606	朝鮮朝日	1927-10-05/1	05단	辭令(京東電話)
144607	朝鮮朝日	1927-10-05/1	05단	前英國大使佛像研究に鮮內を行脚
144608	朝鮮朝日	1927-10-05/1	05단	誤差の少いグラム取引白米に實施
144609	朝鮮朝日	1927-10-05/1	06단	鴨江流域の林野の保護好成績を收む
144610	朝鮮朝日	1927-10-05/1	06단	天然亭の蓮池埋立で揉める古蹟保存會は反對/京城府は決行の意氣込
144611	朝鮮朝日	1927-10-05/1	06단	秋は酣、氣はそゞろ電車の忘物がめっきりと殖えた/京電では三人がかりで整理
144612	朝鮮朝日	1927-10-05/1	07단	慶南消防組頭聯合會盛況を呈す
144613	朝鮮朝日	1927-10-05/1	07단	懸案となった群山府廳舍移轉は實現か
144614	朝鮮朝日	1927-10-05/1	08단	共產黨の審理順調に進行す/辯護士も全部出廷し被告も平靜に歸す
144615	朝鮮朝日	1927-10-05/1	08단	鏡城民が師範校移轉反對を叫ぶ
144616	朝鮮朝日	1927-10-05/1	08단	京城神社の餘興は質素/本町署の達し
144617	朝鮮朝日	1927-10-05/1	08단	專賣局の職工慰安會/優良者を表彰
144618	朝鮮朝日	1927-10-05/1	09단	百四十名が生死不明咸南の暴風
144619	朝鮮朝日	1927-10-05/1	09단	不逞團五名上海から送還
144620	朝鮮朝日	1927-10-05/1	09단	運動界(學童競技トラック得點/京都武專學生京城で劍道試合)
144621	朝鮮朝日	1927-10-05/1	10단	會(專賣局鹽田寮/消防協會創立委員會)
144622	朝鮮朝日	1927-10-05/1	10단	人(大谷瑩誠師/上瀧基氏(專賣局製造課長)/ハブスト氏(オランダ公使))
144623	朝鮮朝日	1927-10-05/1	10단	西九州風水害義金
144624	朝鮮朝日	1927-10-05/1	10단	半島茶話

일련번호	판명	간행일	단수	기사명
144625	朝鮮朝日	1927-10-05/2	01단	需給關係を無視し無茶に輸入し窮境に陷ったのは輸入鹽業者の自身の罪
144626	朝鮮朝日	1927-10-05/2	01단	鮮米移出五百八十萬石
144627	朝鮮朝日	1927-10-05/2	01단	朝鮮の會社數千七百九十 公稱資本は五億圓/會社の新設四十と一社 公稱資本金百六十萬圓
144628	朝鮮朝日	1927-10-05/2	02단	九月下旬鐵道業績荷動十一萬噸
144629	朝鮮朝日	1927-10-05/2	02단	東拓が貸出す耕牛資金が問題となる
144630	朝鮮朝日	1927-10-05/2	02단	朝日活寫會
144631	朝鮮朝日	1927-10-05/2	03단	十月中の煙草製造高昨年より增加
144632	朝鮮朝日	1927-10-05/2	03단	見本市役員/會長は池田局長
144633	朝鮮朝日	1927-10-05/2	03단	遠眼鏡
144634	朝鮮朝日	1927-10-06/1	01단	軍用無線と總督府の無線との連絡は遲くも來月には實施
144635	朝鮮朝日	1927-10-06/1	01단	初等教員の免許令學務局で立案審議室に廻付さる/本正、尋正、準の三つに分る
144636	朝鮮朝日	1927-10-06/1	01단	平壤飛行隊の夜間飛行數日間延期
144637	朝鮮朝日	1927-10-06/1	01단	平北本年度水利事業地一萬九千町步
144638	朝鮮朝日	1927-10-06/1	01단	京城の自動車ばなし(一)/怪物來と一町前から慌てゝ避けた寺內總督の自動車それが朝鮮では最初のもの
144639	朝鮮朝日	1927-10-06/1	02단	中間商人を排し直接に內地へ海苔を移出する計劃/實現せば前途は有望
144640	朝鮮朝日	1927-10-06/1	03단	全鮮刑務所所長會議四日から開催
144641	朝鮮朝日	1927-10-06/1	03단	自治制度の研究を開始京城府議員が
144642	朝鮮朝日	1927-10-06/1	03단	朝鮮語試驗六箇所で施行
144643	朝鮮朝日	1927-10-06/1	03단	新義州小學校新築費起債減額せねば困難
144644	朝鮮朝日	1927-10-06/1	04단	新築落成の新義州警察署
144645	朝鮮朝日	1927-10-06/1	04단	平壤醫專の設立に一縷ののぞみ/財源の詳細調査を內務局長から電令
144646	朝鮮朝日	1927-10-06/1	04단	水産共同販賣高の二割の利益で資金の償還は容易/期待される漁業組合の活躍
144647	朝鮮朝日	1927-10-06/1	05단	航空事務官新に設置し關稅使も置く
144648	朝鮮朝日	1927-10-06/1	05단	忠南牛豚鷄昨年より增加
144649	朝鮮朝日	1927-10-06/1	05단	六百米の近距離に日軍が肉薄し身體谷った淸兵が遂に討たれたものらしい
144650	朝鮮朝日	1927-10-06/1	06단	女生徒の機織り
144651	朝鮮朝日	1927-10-06/1	06단	短歌/橋田東聲選
144652	朝鮮朝日	1927-10-06/1	06단	營林署流筏記錄を破る
144653	朝鮮朝日	1927-10-06/1	07단	成績の惡い醫師試驗合格者八十名
144654	朝鮮朝日	1927-10-06/1	07단	慶南の放流壜が津輕海峽を拔け日本海で發見さる/海流試驗好成績を收む

일련번호	판명	간행일	단수	기사명
144655	朝鮮朝日	1927-10-06/1	07단	月尾島浴場十一月閉鎖
144656	朝鮮朝日	1927-10-06/1	07단	人氣を呼ぶ赤ン坊審査會
144657	朝鮮朝日	1927-10-06/1	08단	昨年中の狂犬の被害七百四十九名
144658	朝鮮朝日	1927-10-06/1	08단	國境の暖さ梨花の返咲き
144659	朝鮮朝日	1927-10-06/1	08단	運動界(鐵道局對抗庭球/大連實業團來鮮/全釜山軍出場)
144660	朝鮮朝日	1927-10-06/1	08단	鐵道局從業員弔魂祭執行
144661	朝鮮朝日	1927-10-06/1	08단	星のお國の人形の行先き/お人形歡迎會平壤公會堂で
144662	朝鮮朝日	1927-10-06/1	08단	木部しげの孃鄕土で錦の飛行/鎭南浦平壤間を二十七、八日に飛翔
144663	朝鮮朝日	1927-10-06/1	09단	清溪川に蓋を拵へて道路を計劃
144664	朝鮮朝日	1927-10-06/1	09단	忠南農具展覽會
144665	朝鮮朝日	1927-10-06/1	09단	メートル宣傳の雜誌二十八日創刊
144666	朝鮮朝日	1927-10-06/1	10단	京城の大市五日間開催
144667	朝鮮朝日	1927-10-06/1	10단	統營事件の被告に判決
144668	朝鮮朝日	1927-10-06/1	10단	會(同志社生音樂會/慶南釀造品評會/慶南農具展覽會/南畫秋季展覽會)
144669	朝鮮朝日	1927-10-06/1	10단	人(貴族院議員支那視察團/四元嘉平次氏(咸北道議))
144670	朝鮮朝日	1927-10-06/1	10단	西九州風水害義金
144671	朝鮮朝日	1927-10-06/1	10단	半島茶話
144672	朝鮮朝日	1927-10-06/2	01단	貸出は減少して預金が増加す/銀行の警戒緊縮と遊金の多きを物語る
144673	朝鮮朝日	1927-10-06/2	01단	朝鮮蠶絲會第三回總會
144674	朝鮮朝日	1927-10-06/2	01단	本月中旬に認可される新義州商議所
144675	朝鮮朝日	1927-10-06/2	01단	滿洲栗輸入三十五萬噸
144676	朝鮮朝日	1927-10-06/2	01단	六萬餘石の減收を見た慶南の麥作
144677	朝鮮朝日	1927-10-06/2	01단	相場高で忠南産棉の出廻が旺勢
144678	朝鮮朝日	1927-10-06/2	02단	慶南の棉作成育は良好
144679	朝鮮朝日	1927-10-06/2	02단	漢江の筏材二割ほど昂騰
144680	朝鮮朝日	1927-10-06/2	02단	鯖の大群が迎日灣に回游
144681	朝鮮朝日	1927-10-06/2	02단	黃海道內燒酎製造者組合を組織
144682	朝鮮朝日	1927-10-06/2	02단	朝日活寫會
144683	朝鮮朝日	1927-10-06/2	03단	圖們鐵道下半期業績利益九萬圓
144684	朝鮮朝日	1927-10-06/2	03단	鎭南浦穀物檢査
144685	朝鮮朝日	1927-10-06/2	03단	遠眼鏡
144686	朝鮮朝日	1927-10-07/1	01단	來年には實施する朝鮮の簡易保險/所要經費十萬圓が議會さへ通過せば
144687	朝鮮朝日	1927-10-07/1	01단	京城から內金剛まで六時間で到達/長安寺までの電鐵が昭和六年には竣工
144688	朝鮮朝日	1927-10-07/1	01단	慶北道の來年豫算教育費が膨脹

일련번호	판명	간행일	단수	기사명
144689	朝鮮朝日	1927-10-07/1	01단	雄基起點の江岸鐵道六日に入札
144690	朝鮮朝日	1927-10-07/1	02단	準備を急ぐ釜山管理局一月より開始
144691	朝鮮朝日	1927-10-07/1	02단	大道に賣られてる珍しい飛白文字保存し改良したい/一旅人仲田氏の感想
144692	朝鮮朝日	1927-10-07/1	02단	京城の自動車ばなし(二)/金ピカ靈柩車に兒童がお辭儀/當時のお役人達がみんな金ピカであったゝめ
144693	朝鮮朝日	1927-10-07/1	03단	*全日本佛教大會明秋ごろ開催/全鮮殘らず設置された佛教團支部*
144694	朝鮮朝日	1927-10-07/1	04단	コ疫豫防を一應打切る/上海方面が下火のため
144695	朝鮮朝日	1927-10-07/1	04단	俳句/鈴木花蓑選
144696	朝鮮朝日	1927-10-07/1	04단	警察官にも狩獵を許可/官服では不可
144697	朝鮮朝日	1927-10-07/1	05단	二階建の住宅が卽賣品に出る/京城高工の記念祭賣上は一萬圓に上る
144698	朝鮮朝日	1927-10-07/1	05단	學窓を出る乙女達に朝鮮の事情を見聞させ度いと/柳宗悅氏同志社生を同伴
144699	朝鮮朝日	1927-10-07/1	05단	十歲までは鮮兒が優良其後は惡い/內鮮兒の體格比較
144700	朝鮮朝日	1927-10-07/1	05단	鎭海灣內の眞珠稚貝成育が良好
144701	朝鮮朝日	1927-10-07/1	06단	證印を捺し絹の密輸を嚴重に取締
144702	朝鮮朝日	1927-10-07/1	06단	全鮮の花柳界を織手に掌握し藝妓さんを追拂はんず/平壤妓生の大抱負
144703	朝鮮朝日	1927-10-07/1	06단	*司法權侵害問題を公衆に訴へる辯護士協會の批判演說會 當局は許可せぬ模樣/宴會の席に刑事が見張辯護士團憤慨*
144704	朝鮮朝日	1927-10-07/1	07단	運動界(大連釜山に大勝/ア式蹴球豫選/庭卓球慶北代表/平南體協競技會/鐵道殖銀ドロン)
144705	朝鮮朝日	1927-10-07/1	07단	元署長等の火藥密輸/檢事の求刑
144706	朝鮮朝日	1927-10-07/1	08단	千六十四人/朝鮮神宮平均一日の參拜者
144707	朝鮮朝日	1927-10-07/1	08단	基督教經營命道女學院盟休の騷ぎ
144708	朝鮮朝日	1927-10-07/1	08단	間島の共産黨員多數を逮捕す/目下京城で公判中の共産黨と同一系統
144709	朝鮮朝日	1927-10-07/1	08단	投身少女は十四の舞妓原因が不審
144710	朝鮮朝日	1927-10-07/1	08단	牡丹臺野話
144711	朝鮮朝日	1927-10-07/1	08단	會(釜山商議評議員會/京南鯖節講習會/櫻庭氏招宴/慶北郵便所長會議/平壤專賣局運動會)
144712	朝鮮朝日	1927-10-07/1	09단	製綿工場の職工が盟休/賃銀値上で
144713	朝鮮朝日	1927-10-07/1	09단	夫を慕うて人妻の自殺

일련번호	판명	간행일	단수	기사명
144714	朝鮮朝日	1927-10-07/1	09단	人(加藤外松氏(天津日本總領事)/岡本正雄氏(釜山工務事務所長)/林駒生氏(東洋水産社長)/久米民之助博士(金剛山電鐵社長)/內田惠太郎氏(東大講師)/柳宗悅氏夫妻/古川國治氏(釜山運事所長)/梅崎延太郎少將一行十二名/蒲原遞信局長/和田慶南知事/カリーチ氏(東支鐵道汽車課長)/シヤフイノ氏夫妻(メキシコ公使)/齋藤鐵道工務課長)
144715	朝鮮朝日	1927-10-07/1	09단	漢文の素讀以外に國語や算術を敎へる書堂が多い/當局は今後とも獎勵する
144716	朝鮮朝日	1927-10-07/1	10단	西九州風水害義金
144717	朝鮮朝日	1927-10-07/1	10단	半島茶話
144718	朝鮮朝日	1927-10-07/2	01단	朝鮮でも結局は利下を實施か/時期は步みよって日銀の利下のころ
144719	朝鮮朝日	1927-10-07/2	01단	昨年に比較し四十萬圓を減じた九月中の對外貿易
144720	朝鮮朝日	1927-10-07/2	01단	京畿道金組利下斷行/他道も追隨か
144721	朝鮮朝日	1927-10-07/2	01단	希望者の多い東拓の農倉/貸出七十萬圓
144722	朝鮮朝日	1927-10-07/2	01단	十月一日鴨江の流筏五十五萬尺締
144723	朝鮮朝日	1927-10-07/2	01단	慶北管內不良水組の善後策を講究
144724	朝鮮朝日	1927-10-07/2	02단	私鐵沿線の在荷高一萬三千噸
144725	朝鮮朝日	1927-10-07/2	02단	京南鐵道下半期豫算收入三十萬圓
144726	朝鮮朝日	1927-10-07/2	02단	朝日活寫會
144727	朝鮮朝日	1927-10-07/2	03단	畜産品評會慶北達城で
144728	朝鮮朝日	1927-10-07/2	03단	酒類釀造聯合會
144729	朝鮮朝日	1927-10-07/2	03단	新刊紹介(新慶西亞語講活)
144730	朝鮮朝日	1927-10-07/2	03단	遠眼鏡
144731	朝鮮朝日	1927-10-08/1	01단	實現の見込濃厚な朝鮮米の買上げ 乾燥不十分の點が幾分の難點と觀られる/折角緖に着いた産米の增殖が頓挫せぬかと案じて提案すると 池田局長語る
144732	朝鮮朝日	1927-10-08/1	01단	土曜漫筆/地方色を多分に持った朝鮮はカメラマンの理想境/山根幸太郎
144733	朝鮮朝日	1927-10-08/1	02단	鎭海飛行場實現は來年ごろか/長崎司令官の談
144734	朝鮮朝日	1927-10-08/1	02단	京城は落ちついて北京のやうな住心地のよい都と/魏支那新領事のお愛想
144735	朝鮮朝日	1927-10-08/1	03단	平元線の西浦舍人場來月一日開通
144736	朝鮮朝日	1927-10-08/1	03단	黃海橫斷潮流の觀測/麥酒壜を流し
144737	朝鮮朝日	1927-10-08/1	04단	平壤府電の發展祝賀會十一月一日
144738	朝鮮朝日	1927-10-08/1	04단	西部日本水産會の設立を決議す第五回玄海水産集談會
144739	朝鮮朝日	1927-10-08/1	04단	短歌/橋田東聲選
144740	朝鮮朝日	1927-10-08/1	05단	飛行機や重砲も參加/慶南で演習
144741	朝鮮朝日	1927-10-08/1	05단	辭令(東京電話)

일련번호	판명	간행일	단수	기사명
144742	朝鮮朝日	1927-10-08/1	05단	水産打合會慶北浦項で
144743	朝鮮朝日	1927-10-08/1	05단	內鮮女教員學事視察團內地へ向ふ
144744	朝鮮朝日	1927-10-08/1	05단	北支那地方學事視察團十一日安東發
144745	朝鮮朝日	1927-10-08/1	05단	兩班が夫婦連れで西尾機に同乘/京城の空を一廻り/希望者は矢張り壯年が多い
144746	朝鮮朝日	1927-10-08/1	06단	平和そのものゝ如き內鮮の稚兒が謹んでひき出す明治大帝牌の鸞輿
144747	朝鮮朝日	1927-10-08/1	06단	出淵女史が佛教講演に各地を行脚
144748	朝鮮朝日	1927-10-08/1	06단	十八名中の十一名まで平壤醫學講習所出身が合格
144749	朝鮮朝日	1927-10-08/1	07단	運動界(神宮野球戰番組決定す/龍山大連に惜敗/京電遞信ドロン/釜山選手出發期/咸南代表者決定)
144750	朝鮮朝日	1927-10-08/1	08단	星のお國へと旅立つお人形/坊っちゃん孃ちゃんが集り月末に盛な送別會
144751	朝鮮朝日	1927-10-08/1	08단	腦脊髓膜炎咸南に發生/羅病者廿五名
144752	朝鮮朝日	1927-10-08/1	08단	水産試驗の發動機船を忠南が建造
144753	朝鮮朝日	1927-10-08/1	08단	子に死別れ夫は大酒飲人妻の自殺
144754	朝鮮朝日	1927-10-08/1	09단	逃げ損じた鮮匪三名歸順を願ふ
144755	朝鮮朝日	1927-10-08/1	09단	二十九隻中二十五隻は無事に歸港/感南新昌の暴風雨
144756	朝鮮朝日	1927-10-08/1	09단	李堈公殿下の自動車だと僞って亂暴
144757	朝鮮朝日	1927-10-08/1	09단	中央高普の盟休騷ぎは生徒が强硬
144758	朝鮮朝日	1927-10-08/1	10단	朝鮮ドックの有力關係者小野氏行方不明
144759	朝鮮朝日	1927-10-08/1	10단	人(大倉喜七郎男/田中館博士/大森宅二氏(京城辯護士)/長澤直太郎中將(鎭海要港部司令官)/牧山耕藏代議士(朝鮮新聞社長)/蒲原遞信局長/水野重功氏(法務局法務課長)/サフィノ氏(メキシコ公使))
144760	朝鮮朝日	1927-10-08/1	10단	西九州風水害義金
144761	朝鮮朝日	1927-10-08/1	10단	半島茶話
144762	朝鮮朝日	1927-10-08/2	01단	利下を見ずにこの儘越年か/各銀行とも氣乘うす差支へ無しと當事者は觀測
144763	朝鮮朝日	1927-10-08/2	01단	食糧品として支那へ輸出される朝鮮の松の實の增産
144764	朝鮮朝日	1927-10-08/2	01단	袋入りの鮮米を需要家に出荷
144765	朝鮮朝日	1927-10-08/2	01단	財界閑話
144766	朝鮮朝日	1927-10-08/2	01단	平北米豆の內地移出を當局が獎勵
144767	朝鮮朝日	1927-10-08/2	02단	平北奧地新米十日頃から弗々出廻る
144768	朝鮮朝日	1927-10-08/2	02단	滿洲木材業者聯合大會を安東で開催
144769	朝鮮朝日	1927-10-08/2	02단	釜山商議所副會頭更迭/後任は安氏
144770	朝鮮朝日	1927-10-08/2	03단	安東市街地貸付料問題/滿鐵幹部は諒解
144771	朝鮮朝日	1927-10-08/2	03단	實業教員を內地に派遣視察させる
144772	朝鮮朝日	1927-10-08/2	03단	江原原州に電話

일련번호	판명	간행일	단수	기사명
144773	朝鮮朝日	1927-10-08/2	03단	元山手形交換高
144774	朝鮮朝日	1927-10-08/2	03단	遠眼鏡
144775	朝鮮朝日	1927-10-09/1	01단	朝鮮の農民商人を保護するために鮮米の買上は出來ぬ/山本農相は否認す
144776	朝鮮朝日	1927-10-09/1	01단	僅々二十日間に七十萬圓の激增/御慶事記念貯金の獎勵で最高レコードを作る
144777	朝鮮朝日	1927-10-09/1	01단	元山領事館存置に內定/館員も大喜び
144778	朝鮮朝日	1927-10-09/1	01단	原蠶種製造所移轉敷地の買收を終る
144779	朝鮮朝日	1927-10-09/1	01단	京城の自動車ばなし(完)/汽車でさへも脅威を感ずる/鮮內自動車の發展
144780	朝鮮朝日	1927-10-09/1	02단	忠南金剛道路の改修三日に竣工
144781	朝鮮朝日	1927-10-09/1	02단	竹林の造成を全南道當局が獎勵/現在面積千八百町步
144782	朝鮮朝日	1927-10-09/1	03단	全鮮農學校校長打合會八日から開催
144783	朝鮮朝日	1927-10-09/1	03단	列車の改正で鴨綠江鐵橋開閉時變更
144784	朝鮮朝日	1927-10-09/1	03단	辭令(東京電話)
144785	朝鮮朝日	1927-10-09/1	03단	演習參加の平壤の飛機大邱に着陸
144786	朝鮮朝日	1927-10-09/1	04단	釜山府の職業紹介所九月の成績
144787	朝鮮朝日	1927-10-09/1	04단	警察官招魂祭
144788	朝鮮朝日	1927-10-09/1	04단	驛長異動
144789	朝鮮朝日	1927-10-09/1	04단	參考品を多く蒐めて捜査に便す
144790	朝鮮朝日	1927-10-09/1	04단	修繕費四十九萬圓で附屬病院を新築/不足分は病院收入で補塡/城大醫學部の計劃
144791	朝鮮朝日	1927-10-09/1	04단	俳句/鈴木花蓑選
144792	朝鮮朝日	1927-10-09/1	05단	ポプラ林を背景に燦爛たる朝日章/平壤驛正面に建設
144793	朝鮮朝日	1927-10-09/1	05단	上原師團長鴨江を下航/國境を視察
144794	朝鮮朝日	1927-10-09/1	05단	專賣特許の漁具機械を展覽し卽賣
144795	朝鮮朝日	1927-10-09/1	06단	詩作展覽會三越で開催
144796	朝鮮朝日	1927-10-09/1	06단	運動界(京城二高女庭球に優勝/第一回全鮮弓道大會十七日擧行/大連遞信に勝つ/釜山運動場の敷地買收解決/學童競技優勝校/中等學校運動會/大邱商校運動會/平北道代表選手/平南代表決定/秋季射擊會)
144797	朝鮮朝日	1927-10-09/1	06단	夢に老翁が現はれ池中の石佛を引揚げよと告げる/江西郡廳の石佛の謂れ
144798	朝鮮朝日	1927-10-09/1	08단	聖上小笠原行幸の活寫忠州で上映
144799	朝鮮朝日	1927-10-09/1	08단	臨席の先生を追ひ出し盟休を協議
144800	朝鮮朝日	1927-10-09/1	08단	一言にしていへばだらしない失態/共産黨事件の紛擾を布施辰治氏が難ず
144801	朝鮮朝日	1927-10-09/1	09단	不良少年や少女が增加/嚴重に取締る
144802	朝鮮朝日	1927-10-09/1	09단	戶籍簿を火事で燒失/銳意再調中

일련번호	판명	간행일	단수	기사명
144803	朝鮮朝日	1927-10-09/1	09단	巡査ごろし/檢事局送り
144804	朝鮮朝日	1927-10-09/1	09단	牡丹臺野話
144805	朝鮮朝日	1927-10-09/1	10단	會(運輸事務打合會/矢橋氏自祝宴)
144806	朝鮮朝日	1927-10-09/1	10단	人(山崎猛氏(滿日社長)/村山慶南警察部長/立石良雄氏(釜山實業家)/布施辰治氏(辯護士)/岡田信和氏(城大囑託)/大坪助次郎氏(辯護士)/岡信一氏(黃海道官房主事))
144807	朝鮮朝日	1927-10-09/1	10단	西九州風水害義金
144808	朝鮮朝日	1927-10-09/1	10단	半島茶話
144809	朝鮮朝日	1927-10-09/2	01단	レコード破りの鐵道局の收入/本年上半期の業績/豫算より六十萬圓の增收
144810	朝鮮朝日	1927-10-09/2	01단	漁業組合の基礎を確實にすべく/共同販賣施設を獎勵
144811	朝鮮朝日	1927-10-09/2	01단	北鮮裏日本間航海回數を四回に增加
144812	朝鮮朝日	1927-10-09/2	01단	財界閑話
144813	朝鮮朝日	1927-10-09/2	01단	元山の新米五十叺出廻る
144814	朝鮮朝日	1927-10-09/2	01단	住ノ江蠣の養殖は良好/忠南の試み
144815	朝鮮朝日	1927-10-09/2	02단	本年度內に處理される平北の緣故林
144816	朝鮮朝日	1927-10-09/2	02단	京城商議所一級議員の選擧は平穩
144817	朝鮮朝日	1927-10-09/2	02단	朝日活寫會
144818	朝鮮朝日	1927-10-09/2	03단	元山商議所評議員選擧平穩に終了か
144819	朝鮮朝日	1927-10-09/2	03단	京城大邱で軍馬を購入/十一月初旬
144820	朝鮮朝日	1927-10-09/2	03단	遠眼鏡
144821	朝鮮朝日	1927-10-11/1	01단	鮮、殖兩銀は沈默し地場銀行は反對 鮮內金融界は氣乘薄日銀値下發表の影響/市場の金利が追隨せねば無意味 松本理財課長談/地場銀行は總會を開き態度を決す
144822	朝鮮朝日	1927-10-11/1	01단	全鮮農學校校長會議提案を附議
144823	朝鮮朝日	1927-10-11/1	02단	竣工はしたが運轉出來ぬ東萊行電車
144824	朝鮮朝日	1927-10-11/1	02단	檜舞臺を目ざして馳集る全鮮の猛者/參加者一萬、スポーツの花咲く朝鮮神宮大會迫る
144825	朝鮮朝日	1927-10-11/1	03단	玄海水産集談會は範圍が狹過ぎ/西日本を包含した大集談會を開く豫定
144826	朝鮮朝日	1927-10-11/1	03단	穀物業者の腰が意外に强硬で鮮航會の親分朝郵に對しボイコットを計劃/安東縣側も引上に反對
144827	朝鮮朝日	1927-10-11/1	04단	黃海道內初等學校の校長會開催
144828	朝鮮朝日	1927-10-11/1	04단	御新穀修秡式
144829	朝鮮朝日	1927-10-11/1	05단	大邱全戶の半數は入質者に相當/計劃中の公設質屋いよいよ近く開設
144830	朝鮮朝日	1927-10-11/1	05단	雲仙嶽にて/橋田東聲
144831	朝鮮朝日	1927-10-11/1	05단	京城府の秋の大市華やかに擧行
144832	朝鮮朝日	1927-10-11/1	06단	新義州の稅金滯納八萬圓/督促に大童

일련번호	판명	간행일	단수	기사명
144833	朝鮮朝日	1927-10-11/1	06단	林權助男金剛山探勝大連通過歸東
144834	朝鮮朝日	1927-10-11/1	06단	新築なれる楚山郡廳舍
144835	朝鮮朝日	1927-10-11/1	06단	共産黨の公判が非常に暇どり/他の事件の公判は開廷の見込がない
144836	朝鮮朝日	1927-10-11/1	07단	遺兒を抱いて故人を偲ぶ殉職警官招魂祭
144837	朝鮮朝日	1927-10-11/1	07단	本社支局主催女子中等學校大音樂會いよいよ迫り/八日に打合會
144838	朝鮮朝日	1927-10-11/1	07단	歸順の鮮匪處分の方法未だ決らぬ
144839	朝鮮朝日	1927-10-11/1	08단	運動界(二高女庭球優勝/間島領事館勝つ/淸州高女運動會/海州野庭球/自轉車競爭)
144840	朝鮮朝日	1927-10-11/1	08단	癩患者が增長し婦女子に戲る/傳染病の患者だけに取締が十分徹底せぬ
144841	朝鮮朝日	1927-10-11/1	08단	在鄉軍人の集合所敷地/立退を命ぜらる
144842	朝鮮朝日	1927-10-11/1	09단	道路品評會淸州郡で擧行
144843	朝鮮朝日	1927-10-11/1	09단	百八十三名の赤ン坊達が審査を受ける
144844	朝鮮朝日	1927-10-11/1	09단	會(慶讚記念講演會/大谷氏佛教講演會/專賣局慰安運動會/漫畫展覽會/工藝品展覽會/單級打合會/洋服裁縫講習會/黃海道教育會/內鮮特高課長會議/在鄉軍人招魂祭)
144845	朝鮮朝日	1927-10-11/1	10단	人(中村眞三郎氏(新任平壤署高等主任)/ガイ博士夫妻(桑港日本人會幹事)/李壯懷氏(中國交通部技正)/多田榮吉氏(新義州實業家)/本田光太朗博士(東北大學教授)/西內貞吉氏(京大教授)/難波利貞氏(三高教授)/中山太一氏(中山太陽堂主)/秋本豐之進氏(京南鐵道社長)/鈴木一馬氏(豫備陸軍少將)/松岡正男氏(京日副社長))
144846	朝鮮朝日	1927-10-11/1	10단	西九州風水害義金
144847	朝鮮朝日	1927-10-11/1	10단	半島茶話
144848	朝鮮朝日	1927-10-11/2	01단	全北及び咸南北の國有林の拂下/總面積一萬餘町步
144849	朝鮮朝日	1927-10-11/2	01단	純京城生産物の展覽會を開き將來の發展を刺戟
144850	朝鮮朝日	1927-10-11/2	01단	財界閑話
144851	朝鮮朝日	1927-10-11/2	01단	鎭南浦林檎支那へ輸出/本年の初荷
144852	朝鮮朝日	1927-10-11/2	02단	東京方面への鮮米の移出盛んとなる
144853	朝鮮朝日	1927-10-11/2	02단	咸興採炭量約九萬噸餘
144854	朝鮮朝日	1927-10-11/2	02단	豫定通り七十萬尺締/鴨江の流筏
144855	朝鮮朝日	1927-10-11/2	02단	船匠講習會釜山牧ノ島で
144856	朝鮮朝日	1927-10-11/2	03단	京城倉庫在荷高
144857	朝鮮朝日	1927-10-11/2	03단	日本海橫斷貿易
144858	朝鮮朝日	1927-10-11/2	03단	龍岩浦水産品高
144859	朝鮮朝日	1927-10-11/2	03단	上黨金組落成
144860	朝鮮朝日	1927-10-11/2	03단	遠眼鏡

일련번호	판명	간행일	단수	기사명
144861	朝鮮朝日	1927-10-12/1	01단	將來に考究すべき重要問題として素地を作った事を喜ばねばと池田局長語る/鮮米買上は一應打切の姿
144862	朝鮮朝日	1927-10-12/1	01단	豆滿鐵橋の開通は日支の兩國に資するもの大なりと/支那交通部李壯懷氏語る
144863	朝鮮朝日	1927-10-12/1	01단	幾多の波瀾を經て漸く落着した煙草元賣捌所會社/社長は高木氏專務は松井氏
144864	朝鮮朝日	1927-10-12/1	01단	新嘗祭獻上新穀納受式十日總督府で
144865	朝鮮朝日	1927-10-12/1	02단	支那側が種子改良費徵收に反對
144866	朝鮮朝日	1927-10-12/1	02단	二百五十餘名の大コーラス團/ステージの花と咲く女子中等學校音樂會
144867	朝鮮朝日	1927-10-12/1	03단	馬山中學の新設問題は可能性之し
144868	朝鮮朝日	1927-10-12/1	03단	俳句/鈴木花蓑選
144869	朝鮮朝日	1927-10-12/1	03단	京畿道管內戶稅の徵收非常な好成績
144870	朝鮮朝日	1927-10-12/1	04단	西鮮三道の大會を開き平壤醫專の設立を陳情
144871	朝鮮朝日	1927-10-12/1	04단	支那輯私局員の鮮人誤殺事件/被害鮮人の死體を發見/近く嚴重に抗議か
144872	朝鮮朝日	1927-10-12/1	04단	清津署長が力瘤を入れ消防組を改善
144873	朝鮮朝日	1927-10-12/1	04단	動物に對する慘らしい仕打は可哀さうなばかりでなく人間自らの不幸の源となる/一意動物愛護に努める戒能千枝子夫人
144874	朝鮮朝日	1927-10-12/1	05단	會議所になる西山市場の處置を協議
144875	朝鮮朝日	1927-10-12/1	05단	ビュウロー社が內鮮鐵道の乘車券發賣
144876	朝鮮朝日	1927-10-12/1	05단	平每の署名人が休刊屆を提出 同紙は十二日から休刊 重役は善後策を考究/幹部は樂觀 背任の告訴
144877	朝鮮朝日	1927-10-12/1	06단	週刊朝日所載すゝり泣/京城劇場で五九郎一座が上演
144878	朝鮮朝日	1927-10-12/1	06단	自動車の運轉手試驗/毎月擧行
144879	朝鮮朝日	1927-10-12/1	07단	お茶の後
144880	朝鮮朝日	1927-10-12/1	08단	運動界(神宮競技プログラム/殖銀大連に慘敗/南浦在軍射擊會)
144881	朝鮮朝日	1927-10-12/1	08단	六日間絶食のまゝ激浪中を漂流/假死の狀態となり奇蹟的に佛船に救はる
144882	朝鮮朝日	1927-10-12/1	08단	新義州署竣工近し/內部の工事中
144883	朝鮮朝日	1927-10-12/1	09단	安東市街地貸付料値上/反對が猛烈
144884	朝鮮朝日	1927-10-12/1	10단	新義州地方俄かの寒さ/攝氏六度四分
144885	朝鮮朝日	1927-10-12/1	10단	二萬八千圓のモヒ密賣/鍾路署が檢擧
144886	朝鮮朝日	1927-10-12/1	10단	會(郵便局長打合會/靑年訓練講演會)
144887	朝鮮朝日	1927-10-12/1	10단	人(大倉喜八郎男/千家大社教管長/靑柳南冥氏(京城新聞社長)/長岡外史將軍/ヱツチ・ガイス博士(桑港日米協會幹事)/平田憲氏(朝道公論社長))
144888	朝鮮朝日	1927-10-12/1	10단	西九州風水害義金
144889	朝鮮朝日	1927-10-12/1	10단	半島茶話

일련번호	판명	간행일	단수	기사명
144890	朝鮮朝日	1927-10-12/2	01단	高低さまざまの雜種稅の統一/社會政策を加味し總督府が銳意研究中
144891	朝鮮朝日	1927-10-12/2	01단	釜山の移出牛/旺盛を極む
144892	朝鮮朝日	1927-10-12/2	01단	財界閑話
144893	朝鮮朝日	1927-10-12/2	01단	殖銀部內異動の噂さ/野口氏の勸銀入りで
144894	朝鮮朝日	1927-10-12/2	01단	吳服物をお買なら本年に限りますと番頭さんがお太鼓叩き宣傳/例年よりは三、四割方も廉い/一番賣れるのは實用の銘仙
144895	朝鮮朝日	1927-10-12/2	02단	九月中の石油輸入高/二千百四十噸
144896	朝鮮朝日	1927-10-12/2	02단	天日鹽の採取豫想高/二億圓の見込
144897	朝鮮朝日	1927-10-12/2	03단	二百萬圓の煙草の賣上/九月一ぱいで
144898	朝鮮朝日	1927-10-12/2	03단	釜山餘錄
144899	朝鮮朝日	1927-10-12/2	03단	社告
144900	朝鮮朝日	1927-10-12/2	03단	遠眼鏡
144901	朝鮮朝日	1927-10-13/1	01단	渡鮮する大倉喜八郎翁(十二日關釜連絡船で寫す)
144902	朝鮮朝日	1927-10-13/1	01단	見事帝展に入選した半島畵壇の誇りかくて步一步とその基礎は築かれて行く/うら若き學窓から入選を贏ち得た京城師範演習科の孫一峰氏の『裏通り』/幼い時に馬を描きアッと言はせた遠田通雄氏も入選/『春郊』で入選した唯一の東洋畵素明氏の愛第金以導氏
144903	朝鮮朝日	1927-10-13/1	03단	初氷/國境の寒さ
144904	朝鮮朝日	1927-10-13/1	03단	紅葉の名所/鳳凰山賑ふ
144905	朝鮮朝日	1927-10-13/1	03단	陋屋の多い大京城/家屋建築令の施行が大急務
144906	朝鮮朝日	1927-10-13/1	04단	釜山女高普敷地が決定/買收交涉中
144907	朝鮮朝日	1927-10-13/1	04단	僻遠の地にある一小隊と雖も訓練に遺憾はない/國境巡視の上原師團長語る
144908	朝鮮朝日	1927-10-13/1	04단	短歌/橋田東聲選
144909	朝鮮朝日	1927-10-13/1	04단	こんな家の家賃が十圓だつせと大阪辯を上手に使ふ鮮人の勞働者諸君/內地での鮮人勞働者の生活(上)
144910	朝鮮朝日	1927-10-13/1	05단	釜山驛前物産陳列館/刷新を企圖
144911	朝鮮朝日	1927-10-13/1	05단	電信の輻湊で二重通信機/大邱局が採用
144912	朝鮮朝日	1927-10-13/1	05단	流血の慘を演じた國農沼の爭議/双方見張人を置いて事態ますます惡化す
144913	朝鮮朝日	1927-10-13/1	06단	稻作に惡い釜山の寒さ
144914	朝鮮朝日	1927-10-13/1	06단	大倉翁が金剛山探勝/十二日渡鮮
144915	朝鮮朝日	1927-10-13/1	06단	平每の粉糾/兎も角も納る
144916	朝鮮朝日	1927-10-13/1	06단	平北の牛疫また發生す
144917	朝鮮朝日	1927-10-13/1	07단	利率の問題で議論が纏らぬ京城組合銀行幹部/利下問題の協議會

일련번호	판명	간행일	단수	기사명
144918	朝鮮朝日	1927-10-13/1	07단	やってやれぬ事もなからうと煙草會社專務候補松井平壤府尹決意を語る
144919	朝鮮朝日	1927-10-13/1	08단	思想問題の專門判檢事來年度に設置
144920	朝鮮朝日	1927-10-13/1	08단	安東市街戰新兵器を使用
144921	朝鮮朝日	1927-10-13/1	08단	主要人物の責付出獄/果して如何
144922	朝鮮朝日	1927-10-13/1	09단	釜山の阿片窟/警察の手入
144923	朝鮮朝日	1927-10-13/1	09단	釜山港外で機船が衝突/二隻とも沈沒
144924	朝鮮朝日	1927-10-13/1	09단	勤儉週間に貯金を獎勵/郵便局で
144925	朝鮮朝日	1927-10-13/1	09단	運動界(新義州軍惜敗/安東庭球聯盟/淸州野球大會/鎭南浦警察優勝/咸興高女優勝)
144926	朝鮮朝日	1927-10-13/1	10단	會(上原師團長招待宴/千家男講演會)
144927	朝鮮朝日	1927-10-13/1	10단	人(村岡關東軍司令官/奧田農學博士(本府水産試驗所囑託)/建部代議士/大村卓一氏(鐵道局長)/新島善直博士(北海道大學敎授)/長岡外史將軍/大阪內鮮協和會一行)
144928	朝鮮朝日	1927-10-13/1	10단	西九州風水害義金
144929	朝鮮朝日	1927-10-13/1	10단	半島茶話
144930	朝鮮朝日	1927-10-13/2	01단	商賣にはならぬ臺鮮の新航路/朝郵は三隻を新造/吉村朝郵專務歸來談
144931	朝鮮朝日	1927-10-13/2	01단	慶北金組が三十萬圓を土地購入の低資に融通
144932	朝鮮朝日	1927-10-13/2	01단	漁業組合が資金融通を金組に交渉
144933	朝鮮朝日	1927-10-13/2	01단	九龍浦電氣いよいよ創立
144934	朝鮮朝日	1927-10-13/2	01단	利率引下の土壇場(一)/やりたくないがやらねばならぬ鮮內銀行の利下げ
144935	朝鮮朝日	1927-10-13/2	02단	純正葡萄酒慶北で生産
144936	朝鮮朝日	1927-10-13/2	02단	大邱市內の乘合自動車/大型を購入
144937	朝鮮朝日	1927-10-13/2	02단	元山商議員選擧終了す
144938	朝鮮朝日	1927-10-13/2	03단	遠眼鏡
144939	朝鮮朝日	1927-10-14/1	01단	松島事件各被告に檢事控訴をなす/第一審に不當の點ありとて金山檢事正が提起
144940	朝鮮朝日	1927-10-14/1	01단	産米と鐵道網の計劃は完成した/今後は治山治水に奮鬪の必要がある
144941	朝鮮朝日	1927-10-14/1	01단	世界を統一する米突法の象徵/生産品とメートル展/催しのかずかず
144942	朝鮮朝日	1927-10-14/1	02단	大邱府債借替へ/十九萬圓を
144943	朝鮮朝日	1927-10-14/1	03단	新義州名物給水を制限
144944	朝鮮朝日	1927-10-14/1	04단	お寺を間借して店を開いたが一文錢の取扱に困った鶴彦翁の懷古談/大倉翁の壽像 善隣校に建設
144945	朝鮮朝日	1927-10-14/1	05단	藝娼妓の身許を調査/待遇を改善
144946	朝鮮朝日	1927-10-14/1	05단	布施氏等の法律講習會禁止される

일련번호	판명	간행일	단수	기사명
144947	朝鮮朝日	1927-10-14/1	05단	新民府の大陰謀ハルビンで發覺す/大運動を起す首途に我官憲に探知さる
144948	朝鮮朝日	1927-10-14/1	06단	辭令(東京電話)
144949	朝鮮朝日	1927-10-14/1	06단	嗜眠腦膜炎咸南に蔓延
144950	朝鮮朝日	1927-10-14/1	06단	俳句/鈴木花蓑選
144951	朝鮮朝日	1927-10-14/1	06단	釜山一帶の撮影禁止が一般に徹せぬ
144952	朝鮮朝日	1927-10-14/1	06단	運動界(三菱平鐵に辛勝/平南陸競大會/北鮮野球大會)
144953	朝鮮朝日	1927-10-14/1	07단	童謠と舞踊の宵ステーヂに立つ本居孃/十七、八日京城公會堂で
144954	朝鮮朝日	1927-10-14/1	07단	渡邊博士の一家五名がモデル　お蔭で顔が合せられると入選の山田氏の喜び/苦心の甲斐あってと家人の喜び
144955	朝鮮朝日	1927-10-14/1	08단	白光欽は保釋/他二名は保留
144956	朝鮮朝日	1927-10-14/1	09단	朝鮮樂米國で歡迎
144957	朝鮮朝日	1927-10-14/1	09단	稅關吏と輸入商が結託して密輸/莫大の收賄を貪ぼる/平壤方面にも飛火
144958	朝鮮朝日	1927-10-14/1	09단	內地渡航の誘拐魔釜山で逮捕
144959	朝鮮朝日	1927-10-14/1	09단	會(運送合同總委員會/海州普校落成式/安東地主聯合會)
144960	朝鮮朝日	1927-10-14/1	10단	朝鮮の童話を內地で放送/佐布至弘氏が
144961	朝鮮朝日	1927-10-14/1	10단	人(大村鐵道局長/飯田延太郎氏(圖們、天圖兩鐵社長)/渡邊定一郎氏(京城會議所會頭))
144962	朝鮮朝日	1927-10-14/1	10단	西九州風水害義金
144963	朝鮮朝日	1927-10-14/1	10단	牡丹臺野話
144964	朝鮮朝日	1927-10-14/2	01단	利率引下の土壇場(二)/果して朝鮮には特殊な事情があるかどうだか/地場銀行の弱腰
144965	朝鮮朝日	1927-10-14/2	01단	何とかして折合ひ度い/鮮航會の値上
144966	朝鮮朝日	1927-10-14/2	01단	慶北の新穀出廻遲れる
144967	朝鮮朝日	1927-10-14/2	01단	大邱商議員選擧近づく
144968	朝鮮朝日	1927-10-14/2	01단	財界閑話
144969	朝鮮朝日	1927-10-14/2	01단	栗の輸入高十月上旬の
144970	朝鮮朝日	1927-10-14/2	02단	鳥獸が減り狩獵免狀の願出が減少
144971	朝鮮朝日	1927-10-14/2	02단	間島內地民會賦課金徵收/成績が惡い
144972	朝鮮朝日	1927-10-14/2	02단	審勢展覽會觀覽團體に乘車賃を割引
144973	朝鮮朝日	1927-10-14/2	03단	平壤九月貿易高
144974	朝鮮朝日	1927-10-14/2	03단	釜山水産品檢査
144975	朝鮮朝日	1927-10-14/2	03단	元山養鷄品評會
144976	朝鮮朝日	1927-10-14/2	03단	遠眼鏡
144977	朝鮮朝日	1927-10-15/1	01단	甲種銀行だけ利下を斷行十四日の總會で決定　各地銀行も追隨か/資金偏在が匡正されん
144978	朝鮮朝日	1927-10-15/1	01단	細菌檢査室を一般に公開し開業醫の依賴に應ず
144979	朝鮮朝日	1927-10-15/1	01단	平北道が漁業組合の增設を企圖

일련번호	판명	간행일	단수	기사명
144980	朝鮮朝日	1927-10-15/1	01단	朝鮮各地の島瞰圖繪を吉田氏が描寫
144981	朝鮮朝日	1927-10-15/1	02단	民間委嘱の鑛業分析が暇どって困る
144982	朝鮮朝日	1927-10-15/1	02단	土曜漫筆/どんな損をしても親類の間でも飽まで爭ふ朝鮮の人/京城地方法院長原正鼎
144983	朝鮮朝日	1927-10-15/1	03단	安東地料の値下は至當滿鐵が通牒
144984	朝鮮朝日	1927-10-15/1	03단	短歌/橋田東聲選
144985	朝鮮朝日	1927-10-15/1	03단	朝鮮各師團入退營期日が決定
144986	朝鮮朝日	1927-10-15/1	04단	辭令(東京電話)
144987	朝鮮朝日	1927-10-15/1	04단	朝鮮私鐵が社屋を新築工費十萬圓
144988	朝鮮朝日	1927-10-15/1	04단	身賣した慶全北部線成績は良好
144989	朝鮮朝日	1927-10-15/1	04단	火蓋を切った朝鮮神宮競技大會京鐵先づ兼二浦を降す/平鐵軍六京電四で惜敗
144990	朝鮮朝日	1927-10-15/1	05단	下駄穿で階段を仲居が困った無愛嬌の愛嬌もの林權助さんが懷古の朝鮮へ
144991	朝鮮朝日	1927-10-15/1	05단	大賑ひのD局の放送
144992	朝鮮朝日	1927-10-15/1	05단	馬山刑務所製品を卽賣
144993	朝鮮朝日	1927-10-15/1	06단	一管の筆躍動した「晩秋の關帝廟」加藤氏會心の作入選/入選の響れ
144994	朝鮮朝日	1927-10-15/1	07단	初霜慶北に降る
144995	朝鮮朝日	1927-10-15/1	07단	平壤の初氷十日ほど早い/京城でも結水
144996	朝鮮朝日	1927-10-15/1	08단	國境の歷史小學校に配付
144997	朝鮮朝日	1927-10-15/1	08단	鴨綠江飛航船上の總督を狙殺し目的を達しなかった犯人の公判近く開廷
144998	朝鮮朝日	1927-10-15/1	09단	蔚山城趾から鏃を發見す慶長役の遺物
144999	朝鮮朝日	1927-10-15/1	09단	江界渭原間道路を改修/自動車が通ず
145000	朝鮮朝日	1927-10-15/1	09단	代用官舍を府營住宅に買收纏る
145001	朝鮮朝日	1927-10-15/1	09단	慶南の小作爭議樂觀を許さる
145002	朝鮮朝日	1927-10-15/1	09단	門司支局電話增設開通/電話番號二一七〇番
145003	朝鮮朝日	1927-10-15/1	10단	會(平壤高女增築上棟式/大倉翁招宴/平北蠶糸總會)
145004	朝鮮朝日	1927-10-15/1	10단	人(金谷司令官招宴/上原中將(第二十師團長)/大倉喜八郎翁/大村鐵道局長/奧田農學博士(九大敎授)/筧正太郎氏(鐵道省運輸局長)/三山喜三郎氏(中央試驗場長)/吉田初三郎氏(島橄圖繪大家)/池尻■義夫氏(李王職事務官)/松山常次郎氏(代議士))
145005	朝鮮朝日	1927-10-15/1	10단	西九州風水害義金
145006	朝鮮朝日	1927-10-15/1	10단	半島茶話
145007	朝鮮朝日	1927-10-15/2	01단	全鮮で第一との折紙がついた平北の鮫鱇網漁場
145008	朝鮮朝日	1927-10-15/2	01단	九月中の對內貿易四千百萬圓
145009	朝鮮朝日	1927-10-15/2	01단	鎭海の鱈漁年々に不振

일련번호	판명	간행일	단수	기사명
145010	朝鮮朝日	1927-10-15/2	01단	利率引下の土壇場(三)/預金より貸出が多い鮮内の奇現象地場銀の悩みも尤も
145011	朝鮮朝日	1927-10-15/2	02단	平壤栗の良品を選擇增殖を獎勵
145012	朝鮮朝日	1927-10-15/2	02단	京城の勞銀昨年より昂騰
145013	朝鮮朝日	1927-10-15/2	02단	全南鮮米移出高
145014	朝鮮朝日	1927-10-15/2	03단	木浦米穀移出高
145015	朝鮮朝日	1927-10-15/2	03단	安東組銀帳尻
145016	朝鮮朝日	1927-10-15/2	03단	南浦倉庫在穀高
145017	朝鮮朝日	1927-10-15/2	03단	遠眼鏡
145018	朝鮮朝日	1927-10-16/1	01단	有賀殖銀頭取辭意を洩す/後任は河內山氏と草間氏の呼聲が高い
145019	朝鮮朝日	1927-10-16/1	01단	鮮銀が貸付利子一厘を引下金利政策を助長する井內鮮銀理事談/資金需要の時期でありこの程度に留めた松本理財課長談
145020	朝鮮朝日	1927-10-16/1	01단	朝鮮神宮例祭幣帛は宮司が察る
145021	朝鮮朝日	1927-10-16/1	01단	運送店合同具體化十九日總會
145022	朝鮮朝日	1927-10-16/1	02단	特高課長釜山で會議非公開裡に
145023	朝鮮朝日	1927-10-16/1	02단	內鮮融和の鍵は理解と同情/日米親善の先驅者ガ博士十四日入城
145024	朝鮮朝日	1927-10-16/1	02단	醫師試驗合格者にうら若い紅る平壤高女校出身の二十四歳の大屋たつ子さん/醫師試驗の三部合格者氏名を發表
145025	朝鮮朝日	1927-10-16/1	03단	元山領事館近く復活す
145026	朝鮮朝日	1927-10-16/1	03단	刑事部を增設し共産黨以外の停滯事件處理
145027	朝鮮朝日	1927-10-16/1	03단	俳句/鈴木花蓑選
145028	朝鮮朝日	1927-10-16/1	04단	安東地料引下は延期向ふ八箇月間
145029	朝鮮朝日	1927-10-16/1	04단	保護の點から見ても漫然渡航者は取締る必要がある山口縣の通過鮮人二十萬
145030	朝鮮朝日	1927-10-16/1	04단	新義州水道擴張工事がはかどらぬ
145031	朝鮮朝日	1927-10-16/1	04단	司法官異動
145032	朝鮮朝日	1927-10-16/1	05단	西鮮女流の庭球界の覇海州高女チーム
145033	朝鮮朝日	1927-10-16/1	05단	慶南敎育會釜中で開催
145034	朝鮮朝日	1927-10-16/1	05단	神宮紋章入りの御旗を賜はり選手の宣誓嚴そかに神宮競技愈よ開始/老童の陸上競技/大邱競馬會
145035	朝鮮朝日	1927-10-16/1	06단	馬山重砲隊飛機も交り演習を擧行
145036	朝鮮朝日	1927-10-16/1	06단	知事や部長がお揃ひで稲の刈入れ
145037	朝鮮朝日	1927-10-16/1	06단	商品見本市十五日開會
145038	朝鮮朝日	1927-10-16/1	06단	大邱府內質屋の恐慌公設の出現で
145039	朝鮮朝日	1927-10-16/1	07단	天圖、圖們を繫ぐ國際の大鐵橋長さ一千と五十呎まさに國境の大偉觀
145040	朝鮮朝日	1927-10-16/1	08단	南大門刑務所收容者移管淸津に護送

일련번호	판명	간행일	단수	기사명
145041	朝鮮朝日	1927-10-16/1	08단	寒さの訪れ例年より早い
145042	朝鮮朝日	1927-10-16/1	08단	寒さが來た暖房裝置は？矢張ストーブが全盛電氣アンカも弗々流行
145043	朝鮮朝日	1927-10-16/1	08단	白光欽發狂十五日の朝
145044	朝鮮朝日	1927-10-16/1	09단	十三名の强盜團慶州署が逮捕
145045	朝鮮朝日	1927-10-16/1	09단	暴風に襲ばれ五名の漁夫行方が不明
145046	朝鮮朝日	1927-10-16/1	09단	十姉妹巢引法秘傳公開
145047	朝鮮朝日	1927-10-16/1	09단	牡丹臺野話
145048	朝鮮朝日	1927-10-16/1	09단	會(鐵道局家族慰安會/三■製■社招宴/平北署長會議/肥料講習會/京畿道賜在軍發會式/安東菊花大會/水産試驗場落成式)
145049	朝鮮朝日	1927-10-16/1	10단	人(建部吾博士(代議士)/小林澄兄氏(慶大敎長)/飯田延太郎氏/孔郁吾氏(吉林交通部長)/林原憲貞氏(鐵道局副參事))
145050	朝鮮朝日	1927-10-16/1	10단	西九州風水害義金
145051	朝鮮朝日	1927-10-16/2	01단	資金薄に惱む大邱の諸銀行/鮮銀の貸出制限の擴張を要望する
145052	朝鮮朝日	1927-10-16/2	01단	南朝鮮鐵道いよいよ創立
145053	朝鮮朝日	1927-10-16/2	01단	咸南新浦の水産品檢査不便になる
145054	朝鮮朝日	1927-10-16/2	01단	釜山の東拓社屋を新築
145055	朝鮮朝日	1927-10-16/2	01단	慶北の秋繭殆ど出廻る
145056	朝鮮朝日	1927-10-16/2	01단	利率引下の土壇場(四)/難産ではあったが兎も角も解決/鮮銀の大屋根に午後の陽がぬるく輝く
145057	朝鮮朝日	1927-10-16/2	02단	平壤の精米活氣づく
145058	朝鮮朝日	1927-10-16/2	02단	大邱商議員鮮人側增加
145059	朝鮮朝日	1927-10-16/2	02단	南浦九月貿易高
145060	朝鮮朝日	1927-10-16/2	02단	朝鮮酒審査
145061	朝鮮朝日	1927-10-16/2	03단	遠眠鏡
145062	朝鮮朝日	1927-10-18/1	01단	本府の鮮米買上は必要に應じ實行/數量はまだ未決定/成行觀望中と池田局長語る
145063	朝鮮朝日	1927-10-18/1	01단	何れへ轉んでも大した事は無い警務局の新豫算淺利局長歸來談
145064	朝鮮朝日	1927-10-18/1	01단	紅葉錦と映えて大鐵橋を飾る/國際豆滿橋の開通式十六日目出度く擧行
145065	朝鮮朝日	1927-10-18/1	01단	有賀頭取辭任の噂さ森理事打消す
145066	朝鮮朝日	1927-10-18/1	02단	オリンピヤの古へをさながらに偲ぶ朝鮮神宮の大競技/數萬の觀衆の叫ぶシンフォニー(陸上競技(一般)/女子軟式庭球/卓球(女子)/野球(准決勝)/中等野球(准決勝)/籃球(男子)/籃球(女子)/排球(男子)/排球(女子)/マスゲーム)
145067	朝鮮朝日	1927-10-18/1	03단	就職するらしい松井府尹の肚 府民の諒解を求めると上機嫌で歸壞す/松井府尹の留任運動府議員達が
145068	朝鮮朝日	1927-10-18/1	04단	平北定州が甲種農校の設立を要望

일련번호	판명	간행일	단수	기사명
145069	朝鮮朝日	1927-10-18/1	04단	平北奥地の森林鐵道實測を終る
145070	朝鮮朝日	1927-10-18/1	04단	妓生の唄や踊は特別の味ひを持って捨て難いと本居長世氏は語る
145071	朝鮮朝日	1927-10-18/1	05단	木部孃の郷土訪問二十二日ごろ
145072	朝鮮朝日	1927-10-18/1	05단	寫眞說明(矢島委員長に伴はれ代表選手の朝鮮神宮參拜(上右)網干選手のハイハードル(上左)女學生のマスゲイーム(下))
145073	朝鮮朝日	1927-10-18/1	06단	短歌/橋田東聲選
145074	朝鮮朝日	1927-10-18/1	07단	引張り凧の新お醫者昨日の代診が今日は二百圓の月給
145075	朝鮮朝日	1927-10-18/1	07단	私は今日まで努力と勇氣で生きて來たものだ/鶴彥翁嬉し涙で訓す
145076	朝鮮朝日	1927-10-18/1	07단	だらしの無い共産黨の公判/今年一杯は懸らう布施辰治氏切上げて退鮮
145077	朝鮮朝日	1927-10-18/1	08단	龍井の初雪例年より早い
145078	朝鮮朝日	1927-10-18/1	09단	小學校員試驗新義州校で施行
145079	朝鮮朝日	1927-10-18/1	09단	稅關吏の密輸幇助が鎭南浦に延ぶ
145080	朝鮮朝日	1927-10-18/1	10단	間琿兩地で鹽の密輸を嚴重取締る
145081	朝鮮朝日	1927-10-18/1	10단	乘馬競技會
145082	朝鮮朝日	1927-10-18/1	10단	會(平南司法講習會/安東商議常議員會)
145083	朝鮮朝日	1927-10-18/1	10단	人(橫田高等法院長/加藤茂苞博士(水原勸業模範場長)/本居長世氏(音樂家)/淺利朝鮮警務局長/布施辰治氏(東京辯護士)/池田殖産局長/靑木戒三氏(平南知事)/大池忠助氏(釜山實業家)/天日常次郎氏(鮮米協會々長)/岡崎俊三氏(城大敎授)/野口遵氏(日本窒素專務)/柳宗悅氏夫妻/西田天香氏(一燈園主))
145084	朝鮮朝日	1927-10-18/1	10단	牡丹壽野話
145085	朝鮮朝日	1927-10-18/2	01단	朝鮮の水産物を滿蒙へ輸出する會社が補助を申請
145086	朝鮮朝日	1927-10-18/2	01단	木材關稅撤廢要望を滿洲側協議
145087	朝鮮朝日	1927-10-18/2	01단	明太初取引一駄五十八圓
145088	朝鮮朝日	1927-10-18/2	01단	間島の稻作平年作か
145089	朝鮮朝日	1927-10-18/2	01단	平北の杞柳成績が良好
145090	朝鮮朝日	1927-10-18/2	01단	江界介川間小包郵便物自動車で運搬
145091	朝鮮朝日	1927-10-18/2	01단	京城の戶數七萬五千戶
145092	朝鮮朝日	1927-10-18/2	02단	生産品評會襃賞授與式受賞者二百名
145093	朝鮮朝日	1927-10-18/2	02단	十月上旬鐵道局業績八十七萬圓
145094	朝鮮朝日	1927-10-18/2	02단	京城組銀交換高
145095	朝鮮朝日	1927-10-18/2	02단	京城組銀貸付高
145096	朝鮮朝日	1927-10-18/2	02단	木浦組銀帳尻
145097	朝鮮朝日	1927-10-18/2	03단	九月木浦貿易高
145098	朝鮮朝日	1927-10-18/2	03단	南浦水産檢查高
145099	朝鮮朝日	1927-10-18/2	03단	元山內地貿易額

일련번호	판명	간행일	단수	기사명
145100	朝鮮朝日	1927-10-18/2	03단	遠眼鏡
145101	朝鮮朝日	1927-10-19/1	01단	十四の種目に亙り新記錄は作らる/山本孃上浦山崎兩孃を破り强豪大邱球團平鐵軍に潰ゆ朝鮮神宮競技終る(陸上競技/中等野球(決勝)/一般野球(決勝)/女子排球(決勝)/男子排球(決勝)/女子籠球(決勝)/男子籃球(決勝)/男子庭球/男子卓球)
145102	朝鮮朝日	1927-10-19/1	05단	內地での鮮人勞働者の生活(二)/一日一人の收入は平均して一圓無配偶者が三千七百
145103	朝鮮朝日	1927-10-19/1	05단	本年の實行豫算より減る事は無い共濟組合は通過しやう淺利局長歸來談
145104	朝鮮朝日	1927-10-19/1	06단	郵便飛行を平壤に着陸するやう遞信局に府民が要望/實現は來年からか
145105	朝鮮朝日	1927-10-19/1	06단	京城の眞ん中に惡醫者が蔓り看護婦や附添婦の給料を不當に貪る
145106	朝鮮朝日	1927-10-19/1	07단	道立醫院の醫師を派遣/內地の大學に
145107	朝鮮朝日	1927-10-19/1	07단	李王殿下に最高勳章を白國が贈る
145108	朝鮮朝日	1927-10-19/1	08단	群山上水道鑿井に成功本月末俊成
145109	朝鮮朝日	1927-10-19/1	08단	俳句/鈴木花蓑選
145110	朝鮮朝日	1927-10-19/1	08단	公州は全く未知の處だ 立川新法院長談/大邱生活は是で四度目 五味新覆署部長談
145111	朝鮮朝日	1927-10-19/1	09단	時代行列(京城神社神輿渡御の隨行)
145112	朝鮮朝日	1927-10-19/1	09단	群山下水道第二期工事
145113	朝鮮朝日	1927-10-19/1	09단	行路病人舍平壤に建設
145114	朝鮮朝日	1927-10-19/1	09단	急行車脫線死傷は無い
145115	朝鮮朝日	1927-10-19/1	09단	毒と入水で看護卒自殺
145116	朝鮮朝日	1927-10-19/1	10단	會(平壤在軍招魂祭/朝鮮藥學會總會)
145117	朝鮮朝日	1927-10-19/1	10단	人(淺利三郎氏(朝鮮警務局長)/石森久彌氏(朝鮮公論社長)/阿部充家氏(朝鮮協會理事)/稻葉君山氏(總督府編輯官)/和田慶南道知事)
145118	朝鮮朝日	1927-10-19/1	10단	半島茶話
145119	朝鮮朝日	1927-10-19/2	01단	朝鮮の漁業家の內地への通漁取締を緩和するやう/內地側も諒解す
145120	朝鮮朝日	1927-10-19/2	01단	咸南産米の內地宣傳を當局が計劃
145121	朝鮮朝日	1927-10-19/2	01단	平北當業者米穀檢查の促進を要望
145122	朝鮮朝日	1927-10-19/2	01단	財界閑話
145123	朝鮮朝日	1927-10-19/2	02단	滿洲方面へ鹽鰯の輸出漸次增加す
145124	朝鮮朝日	1927-10-19/2	02단	總督府の增筏計劃年十萬戶締を增す
145125	朝鮮朝日	1927-10-19/2	02단	新義州濱町鐵道引込線いよいよ實現
145126	朝鮮朝日	1927-10-19/2	02단	モヒ患者の撲滅も遠くはあるまい新發見の注射液を各道で使用し治療

일련번호	판명	간행일	단수	기사명
145127	朝鮮朝日	1927-10-19/2	03단	朝鮮私鐵線淸州忠州間近く着工
145128	朝鮮朝日	1927-10-19/2	03단	局線對私鐵連帶貨物成績
145129	朝鮮朝日	1927-10-19/2	03단	黃海穀物檢査高
145130	朝鮮朝日	1927-10-19/2	03단	慶全北部線成績
145131	朝鮮朝日	1927-10-19/2	03단	慶南棉作販賣高四百萬斤の豫想
145132	朝鮮朝日	1927-10-19/2	03단	安東商議副會頭
145133	朝鮮朝日	1927-10-19/2	03단	原蠶種製造落成
145134	朝鮮朝日	1927-10-19/2	03단	安東蔬菜品評會
145135	朝鮮朝日	1927-10-19/2	03단	海州電氣總會
145136	朝鮮朝日	1927-10-20/1	01단	農學校の卒業生が俸給生活に憧れ自作農を嫌ふ傾向があり對策を眞劍に研究
145137	朝鮮朝日	1927-10-20/1	01단	江界にインクラインを試驗的に設置/軈ては森林鐵道を敷設すると園田部長語る
145138	朝鮮朝日	1927-10-20/1	01단	一日六時間に給水を制限/新義州水道
145139	朝鮮朝日	1927-10-20/1	01단	相濟まぬが就任する松井府尹發表
145140	朝鮮朝日	1927-10-20/1	02단	まだまだ幼稚な朝鮮の發明界來春に展覽會を開く
145141	朝鮮朝日	1927-10-20/1	02단	內地での鮮人勞働者の生活(三)/モヒに關する犯罪が矢張り一番多い産地で多いは濟州島
145142	朝鮮朝日	1927-10-20/1	03단	耐久力の强い染料の研究瀧川技手が完成
145143	朝鮮朝日	1927-10-20/1	03단	聯合會の劍幕に驚き朝郵が兜を脫ぎ遂に妥協を申込む荷主代表も集って協議
145144	朝鮮朝日	1927-10-20/1	04단	消防協會が警官と協力寄附を募集
145145	朝鮮朝日	1927-10-20/1	04단	短歌/橋田東聲選
145146	朝鮮朝日	1927-10-20/1	05단	朝鮮神宮競技瞥見記(一般野球決勝平壤鐵對全大邱/中等野球決勝大邱中學對京師)
145147	朝鮮朝日	1927-10-20/1	05단	咲きも見事な昌慶苑の菊花本年の出來は良い
145148	朝鮮朝日	1927-10-20/1	06단	補助を見越し鐵道沿線に藁家を建てる
145149	朝鮮朝日	1927-10-20/1	06단	取沙汰される有賀頭取の辭任說實現すると見る者もある
145150	朝鮮朝日	1927-10-20/1	07단	密漁業者が統營に蔓る
145151	朝鮮朝日	1927-10-20/1	07단	太公望連が玄人じみて慶南が課稅
145152	朝鮮朝日	1927-10-20/1	07단	讀者慰安の琵琶と映畫京城劇場で
145153	朝鮮朝日	1927-10-20/1	08단	モヒ患者が一圓二圓の爲替を封入しアンチモールの分讓方を道衛生課に依賴す
145154	朝鮮朝日	1927-10-20/1	08단	平鐵軍凱旋優勝旗を翳し
145155	朝鮮朝日	1927-10-20/1	08단	慶北選手慰安會
145156	朝鮮朝日	1927-10-20/1	08단	兩者の態度漸く緩和/密陽の小作爭議
145157	朝鮮朝日	1927-10-20/1	08단	第三次共産黨組織の陰謀容疑者を逮捕
145158	朝鮮朝日	1927-10-20/1	09단	老婆を毆った專賣局員を袋叩きにす
145159	朝鮮朝日	1927-10-20/1	09단	藝者の腹切出刃庖丁で

일련번호	판명	간행일	단수	기사명
145160	朝鮮朝日	1927-10-20/1	09단	まだ宵なるに强盜が押入安東縣の騷ぎ
145161	朝鮮朝日	1927-10-20/1	09단	會(專賣局製造課長會義)
145162	朝鮮朝日	1927-10-20/1	09단	人(大倉鶴彦翁/ 松兎三郎氏(前仁 社長)/前田昇氏(元朝鮮憲兵司令官)/伊達順之助小將(張作霖訪問)/佐久間本府御用掛松山常次郎氏(代議士))
145163	朝鮮朝日	1927-10-20/1	10단	西九州風水害義金
145164	朝鮮朝日	1927-10-20/1	10단	半島茶話
145165	朝鮮朝日	1927-10-20/2	01단	對內外九月中の貿易の趨勢總額五千三百萬圓
145166	朝鮮朝日	1927-10-20/2	01단	好調に入る南浦の鹽況
145167	朝鮮朝日	1927-10-20/2	01단	密陽水利設立の計劃認可申請中
145168	朝鮮朝日	1927-10-20/2	01단	十五萬圓の賣上を見た京城見本市
145169	朝鮮朝日	1927-10-20/2	01단	京城諸銀行貸出の內容
145170	朝鮮朝日	1927-10-20/2	01단	雨がさ物がたり(一)/時勢は變った朝鮮の女學生が紺蛇目で大道を闊步
145171	朝鮮朝日	1927-10-20/2	02단	小作人に獎勵金交付農改を圖る
145172	朝鮮朝日	1927-10-20/2	02단	十月上旬鐵道の成績前旬より不振
145173	朝鮮朝日	1927-10-20/2	02단	平壤慈惠院講習卒業生醫師試驗合格
145174	朝鮮朝日	1927-10-20/2	03단	京城商議員選擧近づく名簿を締切
145175	朝鮮朝日	1927-10-20/2	03단	京城手形交換高
145176	朝鮮朝日	1927-10-20/2	03단	遠眼鏡
145177	朝鮮朝日	1927-10-21/1	01단	京釜、京義線時間を改正十一月一日から
145178	朝鮮朝日	1927-10-21/1	01단	十萬圓の低資で代行會社を作り漁業組合を分子に重油の共同購入
145179	朝鮮朝日	1927-10-21/1	01단	李王殿下への勳章贈呈で畏き邊りから白國へ御謝電
145180	朝鮮朝日	1927-10-21/1	01단	辭令(東京電話)
145181	朝鮮朝日	1927-10-21/1	01단	京城春川間自動車經營明年は駄目
145182	朝鮮朝日	1927-10-21/1	02단	殖銀の異動
145183	朝鮮朝日	1927-10-21/1	02단	內鮮滿連絡飛行大村海軍機が
145184	朝鮮朝日	1927-10-21/1	02단	朝鮮神宮競技瞥見記(續き)(男子庭球/男子卓球/男子籃球/女子籃球)
145185	朝鮮朝日	1927-10-21/1	03단	平壤電車の寺洞延長は近く竣工
145186	朝鮮朝日	1927-10-21/1	03단	釜山管理局十一月早々事務を開始
145187	朝鮮朝日	1927-10-21/1	03단	俳句/鈴木花蓑選
145188	朝鮮朝日	1927-10-21/1	03단	大邱高女生本社を見學三十二名が
145189	朝鮮朝日	1927-10-21/1	03단	一寸の氷り平南に張る
145190	朝鮮朝日	1927-10-21/1	04단	科學硏究會執行委員會中途で禁止
145191	朝鮮朝日	1927-10-21/1	04단	咲いた櫻になぜ駒つなぐ本居の三孃が出演童謠と舞踊の夕べ
145192	朝鮮朝日	1927-10-21/1	05단	內地での鮮人勞働者の生活(四)/有力者を委員に自治會を組織內鮮融和に努力す現在の會員七千名

일련번호	판명	간행일	단수	기사명
145193	朝鮮朝日	1927-10-21/1	05단	民衆運動者大會を開く安州署が警戒
145194	朝鮮朝日	1927-10-21/1	06단	運動界(新義州球場計劃/馬山庭球戰)
145195	朝鮮朝日	1927-10-21/1	06단	インクラインの貨車が脱線し八名が慘死を遂ぐ
145196	朝鮮朝日	1927-10-21/1	06단	石井漠兄妹京城で公演/淑明校出身崔孃も同行
145197	朝鮮朝日	1927-10-21/1	07단	首謀者に退校を命ず中央高普の盟休
145198	朝鮮朝日	1927-10-21/1	07단	馬山敎會の鮮人が脫退/獨立を標榜
145199	朝鮮朝日	1927-10-21/1	07단	リットル桝で不正を働く奸商が跋扈
145200	朝鮮朝日	1927-10-21/1	08단	間島で捕はれた共産黨の一味京城へ續々移送す
145201	朝鮮朝日	1927-10-21/1	08단	鮮語を知らぬ鮮人の子供兄を尋ねて釜山へ歸る
145202	朝鮮朝日	1927-10-21/1	08단	安東縣の强盜は逮捕/一切を自白
145203	朝鮮朝日	1927-10-21/1	08단	元俳優の强盜團七名京城で捕はる
145204	朝鮮朝日	1927-10-21/1	09단	元署長等の火藥密輸判決言渡し
145205	朝鮮朝日	1927-10-21/1	09단	會(實科敎育品展覽會)
145206	朝鮮朝日	1927-10-21/1	09단	人(大村鐵道局長/飯田延太郎氏(天圖鐵道社長)/竹尾義麿氏/立川公州地方法院長/イス、マイロフ氏(勞農鐵道委員)/松岡京日副社長/澤山寅彦氏、迫間一男氏(釜山實業家)/カリナー氏(東支鐵道汽軍課長)/本居長世氏一行)
145207	朝鮮朝日	1927-10-21/1	09단	大阪朝日新聞讀者慰安琵琶と映畵の夕
145208	朝鮮朝日	1927-10-21/1	10단	西九州風水害義金
145209	朝鮮朝日	1927-10-21/1	10단	半島茶話
145210	朝鮮朝日	1927-10-21/2	01단	可能性を帶びて來た運送店の合同/委員會の調査終る
145211	朝鮮朝日	1927-10-21/2	01단	物産協會が鮮米を直賣大阪市內で
145212	朝鮮朝日	1927-10-21/2	01단	滿洲方面で平北生牛の需要が擡頭
145213	朝鮮朝日	1927-10-21/2	01단	完備した米豆檢査所設置を要望
145214	朝鮮朝日	1927-10-21/2	02단	全北鐵道前半期成績收入十四萬圓
145215	朝鮮朝日	1927-10-21/2	02단	慶南の稻作收納始まる
145216	朝鮮朝日	1927-10-21/2	02단	御大典記念博出品を勸誘商工課で準備
145217	朝鮮朝日	1927-10-21/2	02단	養鷄模範洞平北で獎勵
145218	朝鮮朝日	1927-10-21/2	02단	米のみひとり好調を續けた朝鮮貿易の趨勢
145219	朝鮮朝日	1927-10-21/2	03단	平北南部産業品評會宣川で開催
145220	朝鮮朝日	1927-10-21/2	03단	山形博覽會出品受賞者
145221	朝鮮朝日	1927-10-21/2	03단	遠眼鏡
145222	朝鮮朝日	1927-10-22/1	01단	結局古字田知事は辭職するだらう/警保局長に詳細報告し司法省に泣きを入れる
145223	朝鮮朝日	1927-10-22/1	01단	豆滿江鐵橋の稅關の檢査/支那側か朝鮮側か解決は相當永びく
145224	朝鮮朝日	1927-10-22/1	01단	鎭南浦の支那領事館復活は可能
145225	朝鮮朝日	1927-10-22/1	01단	土曜漫筆/戰爭なかりせば名馬漣と雖も琵琶歌にはならぬ/京城商業會議所書記長大村友之烝
145226	朝鮮朝日	1927-10-22/1	02단	綠故林の拂下明年一月末で打切り二月一日から實施する

일련번호	판명	간행일	단수	기사명
145227	朝鮮朝日	1927-10-22/1	03단	慶北道內穀商大會大邱で開催
145228	朝鮮朝日	1927-10-22/1	03단	釜山組銀が預金利率改正
145229	朝鮮朝日	1927-10-22/1	04단	日步一錢四厘以下村落金組に預金利率の引下を慫慂
145230	朝鮮朝日	1927-10-22/1	04단	安東地料の引上延期を滿鐵に陳情
145231	朝鮮朝日	1927-10-22/1	04단	短歌/橋田東聲選
145232	朝鮮朝日	1927-10-22/1	04단	國境の牛疫豫防は世界の學界に大きな衝動を與へる望月博士の視察歸來談
145233	朝鮮朝日	1927-10-22/1	05단	朝鮮神宮競技瞥見記(完)(地方の活躍/陸上競技/新舊記錄)
145234	朝鮮朝日	1927-10-22/1	05단	大邱高女本社見學
145235	朝鮮朝日	1927-10-22/1	06단	辭令(東京電話)
145236	朝鮮朝日	1927-10-22/1	06단	平北道が漁業資金の調達を研究
145237	朝鮮朝日	1927-10-22/1	07단	南鮮電氣の役員が決定岩國で總會
145238	朝鮮朝日	1927-10-22/1	07단	我等のテナー藤原義江氏京城で獨唱/釜山で獨唱
145239	朝鮮朝日	1927-10-22/1	07단	赤ん坊審査十五名入賞
145240	朝鮮朝日	1927-10-22/1	08단	服役も濟んだ後で眞犯人が現れ更に無罪を言渡さる
145241	朝鮮朝日	1927-10-22/1	08단	運動界(專門校陸競大會/ア式蹴球大會)
145242	朝鮮朝日	1927-10-22/1	08단	百濟の遺物公州で發見さる
145243	朝鮮朝日	1927-10-22/1	09단	舍人場西川間開通が遲る
145244	朝鮮朝日	1927-10-22/1	09단	平壤聯隊が演習に参加飛行機十四臺は空中輸送
145245	朝鮮朝日	1927-10-22/1	09단	歸來鮮人を當て込んで奸商が蔓る
145246	朝鮮朝日	1927-10-22/1	10단	酒を引っかけ老婆が放火危く消し止む
145247	朝鮮朝日	1927-10-22/1	10단	會(大倉翁歡迎宴/神職講習會/慶南種苗場記念式/平北小學校會議/平北蘆洞公普落成式/平北小學校研究會)
145248	朝鮮朝日	1927-10-22/1	10단	人(町野武馬氏(張作霖氏顧問)/棒葉孝平氏(內務局木課長)/近藤喜久治氏(新任慶南種苗場長)/本居長世氏一行/原京城地方法院長/江藤佐太郎氏(總督府警務局勤務))
145249	朝鮮朝日	1927-10-22/1	10단	半島茶話
145250	朝鮮朝日	1927-10-22/2	01단	雨がさ物がたり(二)/高くて良い品より悪くても廉い一時的なが喜ばれる
145251	朝鮮朝日	1927-10-22/2	01단	豐作見越で米價が漸落記錄を破る
145252	朝鮮朝日	1927-10-22/2	01단	九月中の群山米移出五萬六千石
145253	朝鮮朝日	1927-10-22/2	01단	豫想よりも五萬石減收/慶北の稻作
145254	朝鮮朝日	1927-10-22/2	01단	慶北の産棉夫々出廻る
145255	朝鮮朝日	1927-10-22/2	01단	活氣づいた南鮮の漁業鰮と鯖が豐漁
145256	朝鮮朝日	1927-10-22/2	02단	平北沿海の小鰕の漁獲著しく増加
145257	朝鮮朝日	1927-10-22/2	02단	明太魚走り弗々現はる
145258	朝鮮朝日	1927-10-22/2	02단	繩叺受檢の組合を組織當局も獎勵
145259	朝鮮朝日	1927-10-22/2	03단	安東木材界積出が旺盛
145260	朝鮮朝日	1927-10-22/2	03단	元山大豆移出高

일련번호	판명	간행일	단수	기사명
145261	朝鮮朝日	1927-10-22/2	03단	朝郵定時總會
145262	朝鮮朝日	1927-10-22/2	03단	金融調査員異動
145263	朝鮮朝日	1927-10-22/2	03단	載信水利起工式
145264	朝鮮朝日	1927-10-22/2	03단	遠眼鏡
145265	朝鮮朝日	1927-10-23/1	01단	黃海道を訪ねて(一)/脚を傷ける白鷺いで湯に浸って病める を治して發見された黃海一と銘うつ信川溫泉
145266	朝鮮朝日	1927-10-23/1	01단	海上拓殖會社設立の計劃/魚市場を合同してこれが實現を期す
145267	朝鮮朝日	1927-10-23/1	01단	朝鮮神宮競技瞥見記(完)(女子競技/山崎春日孃/山本なみ孃/ 上浦萩子孃/三孃の强み/新記錄)
145268	朝鮮朝日	1927-10-23/1	03단	赤露のそれに象どる徽章をつけた男女續々と馳せ參じる朝 鮮人民衆運動社大會開かる/過激な言を弄し遂に解散を命ぜ られ警官と主義者が咆合の姿
145269	朝鮮朝日	1927-10-23/1	04단	基碑を拜見に來たまでだ林男安東で語る
145270	朝鮮朝日	1927-10-23/1	04단	鮮航會以外の船のビーエル割引を手加減して貰ひ度い銀行 團に交渉したとの噂
145271	朝鮮朝日	1927-10-23/1	05단	齋藤總督いよいよ歸鮮
145272	朝鮮朝日	1927-10-23/1	05단	火藥類の盜難が頻々として發生/神經を尖らした當局取締方 を署長に嚴達
145273	朝鮮朝日	1927-10-23/1	06단	十萬圓の平壤府債十一月發行
145274	朝鮮朝日	1927-10-23/1	06단	松井府尹辭表を提出
145275	朝鮮朝日	1927-10-23/1	06단	俳句/鈴木花蓑選
145276	朝鮮朝日	1927-10-23/1	06단	福田署長辭任
145277	朝鮮朝日	1927-10-23/1	06단	洛東江改修起工式一日に擧行
145278	朝鮮朝日	1927-10-23/1	06단	釜山東萊間電車が開通
145279	朝鮮朝日	1927-10-23/1	07단	自動車が墜落し木材府尹禍死/同乘者四名も重傷
145280	朝鮮朝日	1927-10-23/1	07단	純朝鮮樂復興運動演奏會を開く
145281	朝鮮朝日	1927-10-23/1	07단	藤原義江氏鮮滿の日程
145282	朝鮮朝日	1927-10-23/1	07단	評判のよい稅務相談所活用法を研究
145283	朝鮮朝日	1927-10-23/1	07단	鐵道局友會家族慰安に活寫を巡回
145284	朝鮮朝日	1927-10-23/1	07단	白米の値下百キロにつき半圓
145285	朝鮮朝日	1927-10-23/1	08단	數千名の避難支那人あてもなく上流に向ふ
145286	朝鮮朝日	1927-10-23/1	08단	不正漁業の掃蕩を期す釜山水上署
145287	朝鮮朝日	1927-10-23/1	08단	中等學生の紙幣僞造團平壤署が檢擧
145288	朝鮮朝日	1927-10-23/1	08단	家人の留守中に來客が爆死す/原因其他一切不明
145289	朝鮮朝日	1927-10-23/1	08단	中央高普の盟休紛糾敎師も總辭職
145290	朝鮮朝日	1927-10-23/1	09단	共産黨犯人續々と到着西大門に收容
145291	朝鮮朝日	1927-10-23/1	09단	巡査殺し遂に逮捕龍仁署で
145292	朝鮮朝日	1927-10-23/1	09단	鎭撫に入った巡査部長が行方不明となる
145293	朝鮮朝日	1927-10-23/1	09단	會(五味、立川兩氏送列會)

일련번호	판명	간행일	단수	기사명
145294	朝鮮朝日	1927-10-23/1	10단	人(林權助男/橫田五郎氏(高等法院長)/杉村逸樓氏(釜山地方檢事正)/野口日窒專務/和田知事/澤田豐友氏(東拓理事)/村山喜一郎氏(代議士)/カナリー氏(東支鐵道汽車課長)
145295	朝鮮朝日	1927-10-23/1	10단	半島茶話
145296	朝鮮朝日	1927-10-23/2	01단	雨がさ物がたり(三)/朝鮮での製造は算盤が持てぬ一箇年の移入高は二三十萬圓に上る
145297	朝鮮朝日	1927-10-23/2	01단	慶南道の水産低資二十二萬圓
145298	朝鮮朝日	1927-10-23/2	01단	籾の叺入非常に好評金融にも便宜
145299	朝鮮朝日	1927-10-23/2	01단	財界閑話
145300	朝鮮朝日	1927-10-23/2	01단	木材業大會日程が決定
145301	朝鮮朝日	1927-10-23/2	02단	朝鮮人側の穀商組合が聯合會を組織
145302	朝鮮朝日	1927-10-23/2	02단	産業品評會準備が進捗
145303	朝鮮朝日	1927-10-23/2	02단	補助金を交附し製靴を奬勵す/內地からの移入年額七百二十萬圓を突破
145304	朝鮮朝日	1927-10-23/2	03단	圖們鐵道貨車を購入滯貨を防ぐ
145305	朝鮮朝日	1927-10-23/2	03단	遠眼鏡
145306	朝鮮朝日	1927-10-25/1	01단	黃海道を訪ねて(二)/土地改良の着工で四十萬石を增す黃海道の産米增殖軈て有數な農産地とならう
145307	朝鮮朝日	1927-10-25/1	01단	京城の無線局で短波長を使用內地と通信を開始/成績は極めて良好
145308	朝鮮朝日	1927-10-25/1	01단	水産會總會豫算其他附議
145309	朝鮮朝日	1927-10-25/1	01단	府尹の大異動缺員が二名
145310	朝鮮朝日	1927-10-25/1	02단	各課とも增額を見た平南の豫算
145311	朝鮮朝日	1927-10-25/1	02단	故貞愛親王妃利子女王殿下薨去/二十四日午後七時四十五分
145312	朝鮮朝日	1927-10-25/1	03단	豆粕置場と出張檢査を安東が協議
145313	朝鮮朝日	1927-10-25/1	03단	富平水利組合が小作料を値上/憤慨した小作人が大會を開かんとし禁止さる
145314	朝鮮朝日	1927-10-25/1	03단	平北鐵山の西林停車場復活を要望
145315	朝鮮朝日	1927-10-25/1	03단	平南道の府郡面廢合十一月に提出
145316	朝鮮朝日	1927-10-25/1	04단	專門教授が中等學校の學事を視察
145317	朝鮮朝日	1927-10-25/1	04단	準備を急ぐ審勢展卽賣館を增築
145318	朝鮮朝日	1927-10-25/1	04단	株屋の外交人は使用人か否か/興味を以て見られる新田氏に對する支拂請求
145319	朝鮮朝日	1927-10-25/1	05단	詩作展と名家展三越で開催
145320	朝鮮朝日	1927-10-25/1	05단	短歌/橋田東聲選
145321	朝鮮朝日	1927-10-25/1	06단	極東の天地に赤化を企てた間島共産黨の首領續々京城に到着/五井判事の審理を拒む共産黨辯護士
145322	朝鮮朝日	1927-10-25/1	06단	伊藤公の銅像除幕式中村氏が出席
145323	朝鮮朝日	1927-10-25/1	07단	全日本兒童の作品を集む南浦校教育展

일련번호	판명	간행일	단수	기사명
145324	朝鮮朝日	1927-10-25/1	07단	朝日讀者慰安琵琶と映畫來場者殺到
145325	朝鮮朝日	1927-10-25/1	07단	專門校の覇權は高農軍に歸す 體育聯盟陸上競技會(トラック/フ井ルド/排球と籠球に京城二高優勝す
145326	朝鮮朝日	1927-10-25/1	08단	最近になって聲價高まる平北の松の實
145327	朝鮮朝日	1927-10-25/1	08단	怪氣焰を擧げ民衆大會二十三日散會
145328	朝鮮朝日	1927-10-25/1	08단	徒步旅行者新義州到着滿洲に向ふ
145329	朝鮮朝日	1927-10-25/1	08단	熱と力の舞踊家漢氏京城に向ふ
145330	朝鮮朝日	1927-10-25/1	09단	實業野球聯盟戰/宣川/運動界
145331	朝鮮朝日	1927-10-25/1	09단	無免許の漁者が多い蔚山の漁場
145332	朝鮮朝日	1927-10-25/1	09단	平南の匪賊滿洲で逮捕
145333	朝鮮朝日	1927-10-25/1	10단	鳥致院農校生徒が盟休當分休校か
145334	朝鮮朝日	1927-10-25/1	10단	新義州府吏稅金の橫領また發覺す
145335	朝鮮朝日	1927-10-25/1	10단	人(寺內壽一小將(軍參謀長)/吉田秀次郎氏(仁川會議所會頭)/小牧小野田セメント平壤支店長/齋藤吉十郎氏(朝鮮紡績專務)/荒井初太郎氏(仁取社長)/笠井健太郎氏(高等法院檢事))
145336	朝鮮朝日	1927-10-25/1	10단	半島茶話
145337	朝鮮朝日	1927-10-25/2	01단	雨がさ物がたり(四)/內地での一本が朝鮮では三本雨に訓練されないだけに傘に對する注意が足りぬ
145338	朝鮮朝日	1927-10-25/2	01단	不二興業社債發行總會で可決
145339	朝鮮朝日	1927-10-25/2	01단	京畿道管內金組の成績著しく膨脹
145340	朝鮮朝日	1927-10-25/2	01단	作柄も好況出廻も增加全南の棉作
145341	朝鮮朝日	1927-10-25/2	01단	平北奧地の食鹽の販路爭奪が旺ん
145342	朝鮮朝日	1927-10-25/2	01단	南山鹽田の本年度生産四百萬斤程度
145343	朝鮮朝日	1927-10-25/2	02단	市內販賣の淸酒を集め品評會を開く
145344	朝鮮朝日	1927-10-25/2	02단	慶南馬山釀造品評會受賞者決定
145345	朝鮮朝日	1927-10-25/2	03단	平北南部の産業品評會出品を制限
145346	朝鮮朝日	1927-10-25/2	03단	仁川商議評議員
145347	朝鮮朝日	1927-10-25/2	03단	遠眼鏡
145348	朝鮮朝日	1927-10-26/1	01단	黃海道を訪ねて(三)/三味を持つ手に鍬を握り裏の大根畑で藝妓が土に塗れ働くほど今は不景氣な兼二浦の街
145349	朝鮮朝日	1927-10-26/1	01단	地震のない朝鮮で地震の研究/內地からの傳波を仁川觀測所で試驗
145350	朝鮮朝日	1927-10-26/1	01단	甲山川流域水路整理で流筏が增す
145351	朝鮮朝日	1927-10-26/1	02단	木材の自足が必要か否かは問題だらう永田氏語る
145352	朝鮮朝日	1927-10-26/1	02단	小憎さんの口笛からセレナーデが流れ(上)/ワンステップの調子で本ブラをやるモボ/大京城音樂の波濤
145353	朝鮮朝日	1927-10-26/1	03단	驛長の異動
145354	朝鮮朝日	1927-10-26/1	03단	穀物商側が會同し最後の臍を固む朝郵の妥協を拒絶 運賃値上の延期を決議す/再考する餘地はない坂田氏語る

일련번호	판명	간행일	단수	기사명
145355	朝鮮朝日	1927-10-26/1	04단	依然節約の平北の豫算十一月に編成
145356	朝鮮朝日	1927-10-26/1	04단	全鮮で使用する血淸豫防液の自給自作を圖るべく總督府が軍馬の拂下を依賴
145357	朝鮮朝日	1927-10-26/1	05단	京城醫學界の氣を吐く佐藤博士の發表
145358	朝鮮朝日	1927-10-26/1	05단	京城大連往復飛行/大村飛行隊の長距離大飛行
145359	朝鮮朝日	1927-10-26/1	06단	朝郵の總會配當年八朱
145360	朝鮮朝日	1927-10-26/1	06단	李基演氏の遺族に對し扶助料を交付
145361	朝鮮朝日	1927-10-26/1	06단	俳句/鈴木花蓑選
145362	朝鮮朝日	1927-10-26/1	06단	釜山棧橋の客引を全廢取締に困り
145363	朝鮮朝日	1927-10-26/1	06단	迷信だと言はれた藥水の新研究/有毒物は殆どなく大部分ラヂウムを含有す
145364	朝鮮朝日	1927-10-26/1	07단	朝日讀者慰安會(京城で開いた映畫と琵琶の夕べ)
145365	朝鮮朝日	1927-10-26/1	07단	今度は徽文に盟休が飛火 校長を排斥/校長が辭職す不德の至す處と
145366	朝鮮朝日	1927-10-26/1	07단	農民會を組織し地主に對抗富平水利の小作人二萬人が集り氣勢を揚ぐ
145367	朝鮮朝日	1927-10-26/1	08단	嗜眠性腦炎釜山に發生
145368	朝鮮朝日	1927-10-26/1	08단	狂犬病が全鮮に蔓延理解が乏しい
145369	朝鮮朝日	1927-10-26/1	08단	お茶の後/撞球テング(上)
145370	朝鮮朝日	1927-10-26/1	09단	密陽の爭議仲裁役の石丸判事が現地を視察
145371	朝鮮朝日	1927-10-26/1	09단	監視所を設け密輸を取締新義州稅關
145372	朝鮮朝日	1927-10-26/1	09단	運動界(大阪府警察部劍道選士が滿鮮に遠征/咸南警察武道會/咸興弓道熱)
145373	朝鮮朝日	1927-10-26/1	10단	火藥密輸の一味が控訴/檢事も控訴
145374	朝鮮朝日	1927-10-26/1	10단	會(竹尾法院長送別會)
145375	朝鮮朝日	1927-10-26/1	10단	人(久原房之助氏/大倉喜八郎翁/飯田延太郎氏(天圖鐵道社長)/野村省吾氏(九大工學部教授)/長谷部光雄氏(大邱覆審部長)/泰陸軍小將(張作霖氏顧問)/カリーナ氏(東支鐵道汽車課長)/三宅撤男氏(東京鐵道局囑託))
145376	朝鮮朝日	1927-10-26/1	10단	半島茶話
145377	朝鮮朝日	1927-10-26/2	01단	漁市場合同問題(一)/合同しない現在の不利益は如何逆が卽ち合同の利益
145378	朝鮮朝日	1927-10-26/2	01단	煙草會社創立總會來月初旬頃
145379	朝鮮朝日	1927-10-26/2	01단	咸興水利創立を急ぐ
145380	朝鮮朝日	1927-10-26/2	01단	十月中旬の鮮米移輸出八萬三千石
145381	朝鮮朝日	1927-10-26/2	01단	財界閑話
145382	朝鮮朝日	1927-10-26/2	01단	百五十萬圓の利益を得た平北同仁水利
145383	朝鮮朝日	1927-10-26/2	02단	全滿木材業者聯合大會に吉林から提案
145384	朝鮮朝日	1927-10-26/2	02단	物産協會が出荷組合の組織を慫慂

일련번호	판명	간행일	단수	기사명
145385	朝鮮朝日	1927-10-26/2	02단	新義州營林署煙草函製造工場を新設
145386	朝鮮朝日	1927-10-26/2	03단	間島の流筏一萬五千本
145387	朝鮮朝日	1927-10-26/2	03단	忠南農會の籾販賣斡旋出廻期間中
145388	朝鮮朝日	1927-10-26/2	03단	京城手形交換高
145389	朝鮮朝日	1927-10-26/2	03단	九月淸津貿易高
145390	朝鮮朝日	1927-10-26/2	03단	南海物産品評會
145391	朝鮮朝日	1927-10-26/2	03단	遠眼鏡
145392	朝鮮朝日	1927-10-27/1	01단	黃海道を訪ねて(四)/二百萬圓の漁獲も寶の待ち腐れ味の好い黃州林檎も惜しいかな値段が高すぎる
145393	朝鮮朝日	1927-10-27/1	01단	賣名的な辯護士に引き摺られて威信を失墜したと警務司法兩當局を難詰
145394	朝鮮朝日	1927-10-27/1	01단	肥料取締打合會/二十五日から
145395	朝鮮朝日	1927-10-27/1	02단	郵便局所の增築と改築/漸次に進捗
145396	朝鮮朝日	1927-10-27/1	02단	京城音樂家の波濤(中)/情ない朝鮮ではどんな藝術も赤と白とで區別される/最近の流行はジャズバンド
145397	朝鮮朝日	1927-10-27/1	03단	馬山水源地讓渡問題/紛糾を來す
145398	朝鮮朝日	1927-10-27/1	03단	再考の餘地が無いとの事で當方も何も言はぬ運賃値上で恩田朝郵社長語る
145399	朝鮮朝日	1927-10-27/1	03단	平海、西日合同の交涉/難色あり
145400	朝鮮朝日	1927-10-27/1	04단	女の先生三名を選拔/內地を視察
145401	朝鮮朝日	1927-10-27/1	04단	電信電話の實務を縱覽/南浦府民が
145402	朝鮮朝日	1927-10-27/1	04단	輸移入の絹布に證印を捺して密輸入を嚴重取締る/奢侈稅以來密輸が大增加
145403	朝鮮朝日	1927-10-27/1	05단	民衆運動彡大會(二十二日平南安州で開かれ檢事者を出す)
145404	朝鮮朝日	1927-10-27/1	05단	不思議にも口付が多い/卷莨の消費
145405	朝鮮朝日	1927-10-27/1	06단	短歌/橋田東聲選
145406	朝鮮朝日	1927-10-27/1	06단	故木村府尹葬儀/府民葬で執行
145407	朝鮮朝日	1927-10-27/1	06단	圖書館が聯合して「讀書週間」の試み/閲覽者に栞をくれたり書籍屋は大賣出し(總督府圖書館/京城府圖書館)
145408	朝鮮朝日	1927-10-27/1	07단	暗黑の咸興/咸電の故障
145409	朝鮮朝日	1927-10-27/1	07단	聽衆堂を埋む藤原氏の獨唱會
145410	朝鮮朝日	1927-10-27/1	07단	お茶の後/撞球のテング(下)
145411	朝鮮朝日	1927-10-27/1	07단	畜牛を瘁す/氣腫疽全鮮に蔓延
145412	朝鮮朝日	1927-10-27/1	08단	三分の一に減った京城の獵天狗/稅金が三培になり鐵砲が高く＜なった＞め
145413	朝鮮朝日	1927-10-27/1	08단	明治の佳節を期し晴の鄕土飛行/木部しげの孃の朝鮮入り歸路は南鮮から福岡へ
145414	朝鮮朝日	1927-10-27/1	08단	爆彈さわぎ當局は重視す
145415	朝鮮朝日	1927-10-27/1	09단	密陽の爭議圓滿解決/石村判事に一任

일련번호	판명	간행일	단수	기사명
145416	朝鮮朝日	1927-10-27/1	10段	運動界(全鮮新義州軍勝つ/馬山庭球戰/安東陸競記錄/慶北少年庭球)
145417	朝鮮朝日	1927-10-27/1	10段	人(金谷朝鮮軍司令官/奉眞次少將/松本覺太郎氏(貴族院議員)/搆田俊夫氏(新任大邱地方法院長)/藤原義江氏(聲樂家))
145418	朝鮮朝日	1927-10-27/1	10段	半島茶話
145419	朝鮮朝日	1927-10-27/2	01段	慶北江口洞港の改修工事に着手/明年夏までに竣工/軈て東海岸の重要港たらん
145420	朝鮮朝日	1927-10-27/2	01段	骨折損の草臥儲け/繭價の慘落で痛手を受けた養蠶家/矢張り副業でなければ駄目
145421	朝鮮朝日	1927-10-27/2	01段	財界閑話
145422	朝鮮朝日	1927-10-27/2	01段	鯖や鰮の回游調査を裏日本で行ふ
145423	朝鮮朝日	1927-10-27/2	02段	米價安で出廻が遲る/黃海の米作
145424	朝鮮朝日	1927-10-27/2	02段	滿洲米穀商組合役員會/安東で開催
145425	朝鮮朝日	1927-10-27/2	03段	長津江水電用地の買收/全部完了す
145426	朝鮮朝日	1927-10-27/2	03段	江界方面行き小胞自動車遞送を開始
145427	朝鮮朝日	1927-10-27/2	03段	出穀期に入り鐵道の業績やゝ增加す
145428	朝鮮朝日	1927-10-27/2	03段	新刊紹介(運動タイムス)
145429	朝鮮朝日	1927-10-27/2	03段	遠眼鏡
145430	朝鮮朝日	1927-10-28/1	01段	全羅北道を訪ねて(一)/人事の異動は？顧みて他を言ひ米のなる木の增殖に懸命の力を注ぐ渡邊全北知事
145431	朝鮮朝日	1927-10-28/1	01段	京城音樂家の波濤(下)/詩を作るよりも田を作る朝鮮/音樂學校の設立も實現は容易であるまい
145432	朝鮮朝日	1927-10-28/1	02段	普通學校卒業生を種苗場に集め一般農事の講習を行ひ地方農事の改良を圖る
145433	朝鮮朝日	1927-10-28/1	03段	咸鏡南部線殆ど全通/端川谷口間だけ自動車連絡
145434	朝鮮朝日	1927-10-28/1	03段	放流壩に改良を加へ百五十を投入
145435	朝鮮朝日	1927-10-28/1	04段	新義州商議許可される
145436	朝鮮朝日	1927-10-28/1	04段	學校や鄕軍に限り火藥の讓受が今後簡易に出來る
145437	朝鮮朝日	1927-10-28/1	04段	俳句/鈴木花蓑選
145438	朝鮮朝日	1927-10-28/1	05段	新義州營林署國有林野の生成に努力
145439	朝鮮朝日	1927-10-28/1	05段	新義州水道沈澱池設置/送水管も改良
145440	朝鮮朝日	1927-10-28/1	05段	支那人勞動者の住居の許可を形式に流れぬやう警察署長達に指示
145441	朝鮮朝日	1927-10-28/1	05段	新義州電氣の停電續出/使用者大困り
145442	朝鮮朝日	1927-10-28/1	06段	辭令(東京電話)
145443	朝鮮朝日	1927-10-28/1	06段	帝展へ出しても立派な作品揃ひ朝鮮畫壇の氣を吐いた/入選の六名の畫伯
145444	朝鮮朝日	1927-10-28/1	07段	東亞日報社異動
145445	朝鮮朝日	1927-10-28/1	07段	道路修繕の維持者表彰

일련번호	판명	간행일	단수	기사명
145446	朝鮮朝日	1927-10-28/1	07단	京畿道議員五日補缺選擧
145447	朝鮮朝日	1927-10-28/1	07단	平壤飛機が演習に參加
145448	朝鮮朝日	1927-10-28/1	07단	齋藤總督の臨席を仰ぎ洛東江起工
145449	朝鮮朝日	1927-10-28/1	07단	大倉翁が金三萬圓を釜山に寄附
145450	朝鮮朝日	1927-10-28/1	08단	*評判の小町娘雇人に刺さる慘虐をほしいまゝにし犯人南山に逃走す/犯人は自殺 漢江で發見*
145451	朝鮮朝日	1927-10-28/1	08단	木部しげの孃支局を訪問/後援會組織が計劃さる
145452	朝鮮朝日	1927-10-28/1	08단	平壤慈惠院巡回診療
145453	朝鮮朝日	1927-10-28/1	08단	民衆運動大會第二次計劃/平壤で擧行
145454	朝鮮朝日	1927-10-28/1	09단	內鮮滿に連絡し拳銃の大密輸
145455	朝鮮朝日	1927-10-28/1	09단	平南中和に肺ヂストマ蔓延の兆
145456	朝鮮朝日	1927-10-28/1	09단	放蕩の果縊死を遂ぐ/大邱の靑年
145457	朝鮮朝日	1927-10-28/1	10단	髮の毛を天井に吊し女工に私刑
145458	朝鮮朝日	1927-10-28/1	10단	運動界(新宮競技卓球組合せ朝鮮關係分/一高女運動會)
145459	朝鮮朝日	1927-10-28/1	10단	會(書藝骨董陳列會)
145460	朝鮮朝日	1927-10-28/1	10단	人(大倉喜八郎翁/源田等氏(新任釜山地方判事部長))
145461	朝鮮朝日	1927-10-28/1	10단	半島茶話
145462	朝鮮朝日	1927-10-28/2	01단	魚市場合同問題(二)/安つぼく人情の切賣はしない/頭の良い朝鮮の魚屋さん合同には實もあり蓋もある
145463	朝鮮朝日	1927-10-28/2	01단	永興炭鑛創立總會/京城で開催
145464	朝鮮朝日	1927-10-28/2	01단	五年度までに鷄の在來種一掃を計劃
145465	朝鮮朝日	1927-10-28/2	01단	財界閑話
145466	朝鮮朝日	1927-10-28/2	01단	十月上半期對外貿易四百七十萬圓
145467	朝鮮朝日	1927-10-28/2	02단	北鮮行きの通常郵便物/汽車使いに變更
145468	朝鮮朝日	1927-10-28/2	02단	南朝鮮電氣送電區域を更に擴張す
145469	朝鮮朝日	1927-10-28/2	02단	鐵橋は出來たが滯貨は免れぬ天圖鐵道の狹軌で貨物は會寧で積替
145470	朝鮮朝日	1927-10-28/2	03단	金川電話開通
145471	朝鮮朝日	1927-10-28/2	03단	遠眼鏡
145472	朝鮮朝日	1927-10-29/1	01단	黃海道を訪ねて(完)/知事も屬官も無差別/夜明けも忘れてデカンショや腕相撲に黃海道芙蓉堂のうたげ
145473	朝鮮朝日	1927-10-29/1	01단	鮮米調節のため內鮮間に連絡の機關を置くは結構だが經費の點で實現は困難
145474	朝鮮朝日	1927-10-29/1	01단	*平壤粗銀利下げ 一日から/大邱も利下 一日より實施*
145475	朝鮮朝日	1927-10-29/1	02단	慶北道豫算三百十萬圓/財源がない
145476	朝鮮朝日	1927-10-29/1	02단	土曜漫筆/一本の鶴嘴から八百萬圓の富/古河が諦めた平北を崔昌學氏が掘當つ/朝鮮鑛業會主擧德野眞士
145477	朝鮮朝日	1927-10-29/1	03단	淸津に無線局來年度に設置する/東海岸ではたゞ一つ
145478	朝鮮朝日	1927-10-29/1	03단	短歌/橋田東聲選

일련번호	판명	간행일	단수	기사명
145479	朝鮮朝日	1927-10-29/1	04단	營林署製材場工場を增設/煙草菌製造で
145480	朝鮮朝日	1927-10-29/1	04단	辭令(東京電話)
145481	朝鮮朝日	1927-10-29/1	04단	土城海州間線路の測量
145482	朝鮮朝日	1927-10-29/1	04단	釜山港施設國庫補助は採擇される
145483	朝鮮朝日	1927-10-29/1	05단	貧困と闘ひつゝ勉强を續ける/感心な朝鮮人學生吉田廣島高師校長談
145484	朝鮮朝日	1927-10-29/1	05단	大邱醫院の工事が進捗/來秋に竣工
145485	朝鮮朝日	1927-10-29/1	05단	平南の審勢展いよいよ開會
145486	朝鮮朝日	1927-10-29/1	05단	決裂を目がけて穀商側は猛進す/鮮航會は大阪で協議/或は猛烈な荷物爭奪を演出か
145487	朝鮮朝日	1927-10-29/1	06단	普通學校增設の要望/猛烈に起る
145488	朝鮮朝日	1927-10-29/1	06단	赤崎半島三千坪の拂下を受けて不良少年收容所を釜山輔成會が設置
145489	朝鮮朝日	1927-10-29/1	07단	釜山管理所新規加入者申込が多い
145490	朝鮮朝日	1927-10-29/1	07단	京城釜山間郵便車增發/一往復だけ
145491	朝鮮朝日	1927-10-29/1	07단	平每西鮮新聞社合同/府尹が調停か(西日社提案/平每社提案)
145492	朝鮮朝日	1927-10-29/1	07단	小作料をまけぬとて東拓の小作人が駐在所を襲ひ亂暴
145493	朝鮮朝日	1927-10-29/1	08단	赤十字の巡回診療/京畿道內で
145494	朝鮮朝日	1927-10-29/1	08단	病狀模型を各地で展覽/成績が良好
145495	朝鮮朝日	1927-10-29/1	08단	十九師團の除隊兵退鮮/二十八日から
145496	朝鮮朝日	1927-10-29/1	09단	元山府尹葬儀
145497	朝鮮朝日	1927-10-29/1	09단	平北道內新聞購賣數/五千八白部
145498	朝鮮朝日	1927-10-29/1	09단	獨逸天守教布教を開始/朝鮮、間島で
145499	朝鮮朝日	1927-10-29/1	09단	楔金告訴で釜山女高普建築が憂慮
145500	朝鮮朝日	1927-10-29/1	09단	運動界(須々木石塚組輕く勝つ神宮競技庭球/木浦競射會)
145501	朝鮮朝日	1927-10-29/1	10단	會(京城藥業組合總會/金組業務研究會/慶南教育總會/操棉檢查講習會)
145502	朝鮮朝日	1927-10-29/1	10단	人(永田秀次郎氏(貴族院議員)/大西良慶師(京都清水寺管長)/松永工氏(鐵道技師)/吉田賢龍氏(廣島高師教授)/清原孝太郎氏(大邱刑務所長)/名倉勝氏(本府技師)/戶田常次氏(釜山地方判事))
145503	朝鮮朝日	1927-10-29/1	10단	半島茶話
145504	朝鮮朝日	1927-10-29/2	01단	魚市場合同問題(三)/魚市場の大敵は惡仲買の跋扈/是を制するには合同が第一
145505	朝鮮朝日	1927-10-29/2	01단	豆粕檢查所設置要望に安東から上城
145506	朝鮮朝日	1927-10-29/2	01단	朝鮮人側の穀物商協會いよいよ創立
145507	朝鮮朝日	1927-10-29/2	01단	財界閑話
145508	朝鮮朝日	1927-10-29/2	01단	慶南の棉作減收の見込
145509	朝鮮朝日	1927-10-29/2	02단	三井物産が粟の輸入に力を入れる
145510	朝鮮朝日	1927-10-29/2	02단	鮮內酒造高/前年より增加

일련번호	판명	간행일	단수	기사명
145511	朝鮮朝日	1927-10-29/2	02단	粟高米安で新粟の出廻/非常に悪い
145512	朝鮮朝日	1927-10-29/2	02단	僅か十年の間に著しく發達した全羅南北の模範村/生活狀態も非常に富裕
145513	朝鮮朝日	1927-10-29/2	03단	平北各郡が實業學校の設立を希望
145514	朝鮮朝日	1927-10-29/2	03단	遠眼鏡
145515	朝鮮朝日	1927-10-30/1	01단	全羅北道を訪ねて(二)/よしあし原に砂塵舞ひ飛ぶ曠野は令や化して黃金の波のさんざめき
145516	朝鮮朝日	1927-10-30/1	01단	私立學校の盟休を積極的に監督/私立學校長を集め道當局が取締方針を示す
145517	朝鮮朝日	1927-10-30/1	01단	齋藤さんの樂しみは朝風呂と晩酌/二日にはお歸りとあって官邸は手入で大騒ぎ
145518	朝鮮朝日	1927-10-30/1	02단	三菱鑛業の砂金採掘用地を買收
145519	朝鮮朝日	1927-10-30/1	03단	辭令(東京電話)
145520	朝鮮朝日	1927-10-30/1	03단	洛東江改修起工式擧行/一日朝から
145521	朝鮮朝日	1927-10-30/1	04단	二十師團の演習が終わる/五日觀兵式
145522	朝鮮朝日	1927-10-30/1	04단	木村府尹追悼
145523	朝鮮朝日	1927-10-30/1	04단	木材關稅の增率は吾人の前途を暗くするものである/全滿木材業者大會で絶叫
145524	朝鮮朝日	1927-10-30/1	04단	俳句/鈴木花蓑選
145525	朝鮮朝日	1927-10-30/1	05단	晴の神宮競技で大田高女優勝須々木石塚組の奮鬪(第二回戰/第三回戰/第四回戰/准々決勝/准優勝戰/優勝戰)/決戰の短評主審村橋昌二
145526	朝鮮朝日	1927-10-30/1	05단	小作料を値上せば不納同盟を結び納米は農民會に保管す/富平小作人が決議
145527	朝鮮朝日	1927-10-30/1	06단	安東地方委員議長選擧に大津氏當選
145528	朝鮮朝日	1927-10-30/1	06단	運轉手試驗/咸北で執行
145529	朝鮮朝日	1927-10-30/1	06단	天道教の布德デー/盛大に擧行
145530	朝鮮朝日	1927-10-30/1	07단	間島の雪被害は輕微
145531	朝鮮朝日	1927-10-30/1	07단	牛丸潤亮氏二十八日逝く
145532	朝鮮朝日	1927-10-30/1	07단	岡氏逝く
145533	朝鮮朝日	1927-10-30/1	07단	そろそろはじまった連絡船の延着
145534	朝鮮朝日	1927-10-30/1	07단	白米の値下/京城組合の
145535	朝鮮朝日	1927-10-30/1	08단	京畿師範校生東朝を訪問/社內を見學
145536	朝鮮朝日	1927-10-30/1	08단	徽文普校の盟休惡化/檢束者を出す
145537	朝鮮朝日	1927-10-30/1	08단	元訓導の妻子殺/二年を求刑
145538	朝鮮朝日	1927-10-30/1	08단	密輸の拳銃一千挺/釜山署で取調
145539	朝鮮朝日	1927-10-30/1	09단	保險金が欲しさに大工の放火
145540	朝鮮朝日	1927-10-30/1	09단	娼妓とお客猫いらずで心中を企つ
145541	朝鮮朝日	1927-10-30/1	10단	會(機業證書授與式)

일련번호	판명	간행일	단수	기사명
145542	朝鮮朝日	1927-10-30/1	10단	人(金谷朝鮮軍司令官/則近喜代態氏(太田刑務所長)/藤掛喜氏(太田支應判事)/井上煥二氏(雜誌社長)/ワィメンスキー氏(駐日勞農代理大使)/村山慶南道警察部長/朴相駿氏(咸北知事)/阿部明治太郎氏(咸北財務部長)/中村順氏(新任淸州法院支應新任判事))
145543	朝鮮朝日	1927-10-30/1	10단	半島茶話
145544	朝鮮朝日	1927-10-30/2	01단	鮮銀券の膨脹/昨年に比して活潑/九千萬圓臺に達す
145545	朝鮮朝日	1927-10-30/2	01단	財界閑話
145546	朝鮮朝日	1927-10-30/2	01단	平壤の金融/閑散を續く
145547	朝鮮朝日	1927-10-30/2	01단	魚市場合同遂に成立/十二月中旬
145548	朝鮮朝日	1927-10-30/2	01단	魚市長合同問題(四)/不良貸の夥しい魚市場の資産/評價がなかなか困難
145549	朝鮮朝日	1927-10-30/2	02단	鰡の大漁鮭も好成績
145550	朝鮮朝日	1927-10-30/2	02단	咸興の新穀出廻遲れる
145551	朝鮮朝日	1927-10-30/2	02단	全北の米作/二十萬石增收
145552	朝鮮朝日	1927-10-30/2	03단	平北南部産業品評會催のいろいろ
145553	朝鮮朝日	1927-10-30/2	03단	雲田金組設立
145554	朝鮮朝日	1927-10-30/2	03단	遠眼鏡

1927년 11월 (조선아사히)

일련번호	판명	간행일	단수	기사명
145555	朝鮮朝日	1927-11-01/1	01단	人事異動の鍵を深く鞄に祕めて齋藤總督歸る/銀髮を美しく分けたハイカラ姿
145556	朝鮮朝日	1927-11-01/1	01단	朝鮮神宮の明治節/祭典を執行
145557	朝鮮朝日	1927-11-01/1	01단	全羅北道を訪ねて(四)/六萬町步目も綾な紫雲英の花莚/豚の糞と交錯し米の賣る木が織りなさる
145558	朝鮮朝日	1927-11-01/1	02단	京城大連間の電話の開通/明春二、三月に實現
145559	朝鮮朝日	1927-11-01/1	04단	平南審勢展愈よ開會/市中は大賑
145560	朝鮮朝日	1927-11-01/1	04단	雙方ゆづらず捨てぜりふ/鮮航會を認めぬと穀商側の決意鞏固
145561	朝鮮朝日	1927-11-01/1	04단	短歌/橋田東聲選
145562	朝鮮朝日	1927-11-01/1	05단	西龜技師歐米を視察/印度の歸途
145563	朝鮮朝日	1927-11-01/1	05단	保存される江界の鄕廳/事務所に充當
145564	朝鮮朝日	1927-11-01/1	05단	裡里で開かれた全北の農友會/米價調節を決議す
145565	朝鮮朝日	1927-11-01/1	06단	記者席から 京城Y生/卓球に敗る丸山、衣笠兩氏
145566	朝鮮朝日	1927-11-01/1	06단	常成會バザー/大邱刑務所構內で開催
145567	朝鮮朝日	1927-11-01/1	06단	辭令(東京電話)
145568	朝鮮朝日	1927-11-01/1	06단	『極東時報』京城で發行/本紙でお馴じみのS・P・R氏主幸
145569	朝鮮朝日	1927-11-01/1	06단	京城神社の移轉來年中に實現/敷地は南山公園/工費二十萬圓は寄附
145570	朝鮮朝日	1927-11-01/1	07단	小作料は値上せぬ/當平地主協議
145571	朝鮮朝日	1927-11-01/1	07단	大部孃歸鄕/歡迎が盛ん
145572	朝鮮朝日	1927-11-01/1	07단	蔚山沖合で武裝警官が不正漁者狩り
145573	朝鮮朝日	1927-11-01/1	08단	發動漁船が運轉中發火/死傷者を出す
145574	朝鮮朝日	1927-11-01/1	08단	運動界(鬼クラブ優勝/專門校柔劍道戰/大邱の秋季競馬)
145575	朝鮮朝日	1927-11-01/1	08단	邑里のサロンに入選の榮を擔ふ/二名の朝鮮畫家揃ひも揃って京城つ兒
145576	朝鮮朝日	1927-11-01/1	09단	血で血を洗ふ百萬長者の醜いお家騷動
145577	朝鮮朝日	1927-11-01/1	10단	染料を見せモヒを密輸/大邱で發見
145578	朝鮮朝日	1927-11-01/1	10단	釣に行って海中に墜落/溺死を遂ぐ
145579	朝鮮朝日	1927-11-01/1	10단	人(正木直産氏(東京美術學校長)/加藤灌覺氏(總督府囑託)/後藤瑞最師/吉村訓一郎氏(朝郵專務)/中山龍次氏(支那鐵道部顧問)/原田地方法院判事部長/淺利警務局長、松岡京日副社長/沈院鎭氏(中樞院參議)/松崎直大佐(鎭海要港部參謀長))
145580	朝鮮朝日	1927-11-01/1	10단	半島茶話
145581	朝鮮朝日	1927-11-01/1	10단	お知らせ
145582	朝鮮朝日	1927-11-01/2	01단	米價安の影響で委託米の洪水成行で賣ってくれと新穀の出廻が激增
145583	朝鮮朝日	1927-11-01/2	01단	明治糖を提げて三菱が乘出し全鮮に活躍の計劃/砂糖の大競爭開かれん
145584	朝鮮朝日	1927-11-01/2	01단	財界閑話

일련번호	판명	간행일	단수	기사명
145585	朝鮮朝日	1927-11-01/2	01단	浦項港口の川口浚渫費起債は認可か
145586	朝鮮朝日	1927-11-01/2	02단	利下げ/仁川組銀
145587	朝鮮朝日	1927-11-01/2	02단	秋鯖の大漁/甘浦が賑ふ
145588	朝鮮朝日	1927-11-01/2	02단	內地品を凌ぐ優良な淸酒/京仁で釀造
145589	朝鮮朝日	1927-11-01/2	03단	記錄破りの鴨江の流筏/六十三萬尺締
145590	朝鮮朝日	1927-11-01/2	03단	東拓の林野/八萬千町步
145591	朝鮮朝日	1927-11-01/2	03단	遠眼鏡
145592	朝鮮朝日	1927-11-02/1	01단	永らく留守してお世話かけたと七ヶ月ぶりで懷しき朝鮮の地を踏む老總督 喜びの涙で迎へる多數の官民/病れも見せず龜浦に向ふ一日夜は東萊に
145593	朝鮮朝日	1927-11-02/1	01단	豆滿國境關稅檢事/協定が成立
145594	朝鮮朝日	1927-11-02/1	01단	全滿材尙大會可決案件/關係方面へ陳情
145595	朝鮮朝日	1927-11-02/1	01단	全羅北道を訪ねて(五)/群山の建値に堂島が追從す/米ならでは夜が明けぬこゝ群山の鮮米大移出
145596	朝鮮朝日	1927-11-02/1	02단	新穀出廻りから不押し一點張り/慘落步調の朝鮮米
145597	朝鮮朝日	1927-11-02/1	04단	人蔘の硏究で學位論文に近藤氏通過
145598	朝鮮朝日	1927-11-02/1	04단	平南審勢展覽會(二十九日蓋明け、第二會鎭)
145599	朝鮮朝日	1927-11-02/1	05단	印度統治における衛生と敎育の實際を視察したい 極東大會出席の志賀博士語る/ヂストマを硏究して來度い小林博士談
145600	朝鮮朝日	1927-11-02/1	06단	賣られ行く身も賣込む學校も氣が氣でない就職難/各專門學校卒業生の捌け口(醫專/高工/高商/法專)
145601	朝鮮朝日	1927-11-02/1	06단	俳句/鈴木花蓑選
145602	朝鮮朝日	1927-11-02/1	07단	良質の硅藻土/慶北で發見
145603	朝鮮朝日	1927-11-02/1	07단	全貯水量の約十分の一/新義州水道
145604	朝鮮朝日	1927-11-02/1	07단	合同話が纒まらず平每社遂に休刊/署名人佐々木氏が單獨で合同內約を結ぶ
145605	朝鮮朝日	1927-11-02/1	08단	茂山の除隊兵/各殘を惜しみ出發す
145606	朝鮮朝日	1927-11-02/1	08단	衛生試驗室立退の要求/總督府困惑
145607	朝鮮朝日	1927-11-02/1	08단	馬山刑務所製品卽賣會/人氣を呼ぶ
145608	朝鮮朝日	1927-11-02/1	08단	間島附近共産主義を支那側取締る
145609	朝鮮朝日	1927-11-02/1	09단	十姉妹虎之卷/巢引祕傳
145610	朝鮮朝日	1927-11-02/1	09단	運動界(劍道で優勝した木村茂夫君本町署勤務の劍客/ゴルフ場計劃/海陸野球戰/釜商軍勝つ/馬山庭球戰)
145611	朝鮮朝日	1927-11-02/1	10단	人(相場淸氏(外務省警視間島總領事館警察部長)/井上主計氏(專賣局營業課長)/丸中一保氏(大每京城販賣局主任)/大村卓一氏(鐵道局長)/片山義勝(鮮銀理事)/湯淺凡平氏(代議士))
145612	朝鮮朝日	1927-11-02/1	10단	半島茶話
145613	朝鮮朝日	1927-11-02/2	01단	魚市場合同問題(完)/いろいろと數へる合同の妙味は果して何をかを示す

일련번호	판명	간행일	단수	기사명
145614	朝鮮朝日	1927-11-02/2	01단	自動車の賃金引下/慶南に簇出
145615	朝鮮朝日	1927-11-02/2	01단	長津江水電用地の買收/着々と進捗
145616	朝鮮朝日	1927-11-02/2	01단	財界閑話
145617	朝鮮朝日	1927-11-02/2	01단	鎭南浦からの移出生牛は不關に陸揚
145618	朝鮮朝日	1927-11-02/2	02단	間島新大豆出廻り早し
145619	朝鮮朝日	1927-11-02/2	02단	紅蔘賠償金百十四萬圓
145620	朝鮮朝日	1927-11-02/2	02단	煙草の作柄槪して良好
145621	朝鮮朝日	1927-11-02/2	02단	一里當りの咸南漁獲高/僅に三萬圓
145622	朝鮮朝日	1927-11-02/2	03단	十月末の全鮮會社數千八白四十
145623	朝鮮朝日	1927-11-02/2	03단	遠眼鏡
145624	朝鮮朝日	1927-11-03/1	01단	明治節を迎へて朝鮮神宮の祭典
145625	朝鮮朝日	1927-11-03/1	01단	遞信局が力瘤入れる簡易保險の實施/議會さへ通過せば來年十月には開始
145626	朝鮮朝日	1927-11-03/1	01단	洛東江改修起工式/盛大に擧行
145627	朝鮮朝日	1927-11-03/1	01단	齋藤總督無事京城着/二日朝釜山發/大邱を通過す
145628	朝鮮朝日	1927-11-03/1	02단	愛機アブロも到着いよいよ飛ぶ 木部孃の鄕土訪問/平壤は五日訪問飛行/婦人會の歡迎
145629	朝鮮朝日	1927-11-03/1	02단	全羅北道を訪ねて(六)/慾には果が無い群山の築港はあまりけち臭いと釜山や仁川に比べて殘念がる
145630	朝鮮朝日	1927-11-03/1	03단	銀世界/平南の降雪
145631	朝鮮朝日	1927-11-03/1	04단	なかなかやまぬ鮮人學校の盟休/背後に不穩團體があり警務局目を光らす
145632	朝鮮朝日	1927-11-03/1	04단	冬近し/頓首冠
145633	朝鮮朝日	1927-11-03/1	04단	滿洲樹種の關稅免除を當業者運動
145634	朝鮮朝日	1927-11-03/1	04단	『極東時報』披露宴話會
145635	朝鮮朝日	1927-11-03/1	05단	辭令(東京電話)
145636	朝鮮朝日	1927-11-03/1	05단	脫稅を發見したが或る事情のため處分を遷延すると平南當業者が騷ぐ
145637	朝鮮朝日	1927-11-03/1	05단	徽文盟休生六百餘名が退學屆を出す
145638	朝鮮朝日	1927-11-03/1	06단	秋の訪れ
145639	朝鮮朝日	1927-11-03/1	06단	延禧教授が不穩な講演中止される
145640	朝鮮朝日	1927-11-03/1	06단	到着地は違っても同文であれば特別に取扱ふ
145641	朝鮮朝日	1927-11-03/1	06단	平元線の人夫盟休/形勢惡化す
145642	朝鮮朝日	1927-11-03/1	07단	間島共産黨近く起訴/取調進捗す
145643	朝鮮朝日	1927-11-03/1	07단	全鮮九月迄の傳染病患者九千七百名
145644	朝鮮朝日	1927-11-03/1	07단	密輸に絡む醜稅關吏の公判開かる
145645	朝鮮朝日	1927-11-03/1	07단	人見、寺尾孃と戰ひ山本孃氣を吐く/桶口君砲丸に入賞/神宮競技第六日目

일련번호	판명	간행일	단수	기사명
145646	朝鮮朝日	1927-11-03/1	08단	寫眞說明(この程竣工した安東中等校は三階建煉瓦造で本校舍、講堂、附屬建物の總建坪一千二百四十餘坪あり教室には生徒の衣服、携帶品をいれる設備がある)
145647	朝鮮朝日	1927-11-03/1	08단	理髮職人が剃刀を揮ひ人妻を刺す
145648	朝鮮朝日	1927-11-03/1	09단	運動界(元山の庭球/商工社優勝す)
145649	朝鮮朝日	1927-11-03/1	09단	武裝不逞團慶北山中に潛伏の噂さ
145650	朝鮮朝日	1927-11-03/1	09단	流行性腦膜炎鮮人に流行/死亡者多し
145651	朝鮮朝日	1927-11-03/1	10단	過まって人を射殺す/狩獵の歸途
145652	朝鮮朝日	1927-11-03/1	10단	會(總督歡迎會/在釜記者團迎宴/聯合美術展覽會/佛教團咸北支部發會式)
145653	朝鮮朝日	1927-11-03/1	10단	人(服諦字之吉氏(前京城帝大總長)/ビッケル氏(合同通信社長)/齋藤朝鮮商工社長/生田內務局長、淺利警務局長、米田知事、須藤知事、沈中椅院參議、棒葉內務局土木部長/正木直産氏(東京美術學校長))
145654	朝鮮朝日	1927-11-03/1	10단	半島茶話
145655	朝鮮朝日	1927-11-03/2	01단	當坪水利勞資の抗爭(一)/地主の言ふところ小作人の生活/どちらも樂でない
145656	朝鮮朝日	1927-11-03/2	01단	浦項敎賀航路/米と畜牛に今後力を注ぐ
145657	朝鮮朝日	1927-11-03/2	01단	段當數量の增加に努む/平北の棉作
145658	朝鮮朝日	1927-11-03/2	01단	財界閑話
145659	朝鮮朝日	1927-11-03/2	01단	平北の牛疫/終熄のかたち
145660	朝鮮朝日	1927-11-03/2	02단	鮮內銀行預金高/一億八千萬圓
145661	朝鮮朝日	1927-11-03/2	02단	淸溪川の覆蓋工事は再調査が必要
145662	朝鮮朝日	1927-11-03/2	02단	午前零時に畜産の調査/平北道內で
145663	朝鮮朝日	1927-11-03/2	03단	南浦下水道起債は認可
145664	朝鮮朝日	1927-11-03/2	03단	新義州に稅關出張所
145665	朝鮮朝日	1927-11-03/2	03단	無煙炭社重役會
145666	朝鮮朝日	1927-11-03/2	03단	遠眼鏡
145667	朝鮮朝日	1927-11-04/1	01단	全羅北道を訪ねて(七)/米の群山の代表は並び立つ精米所/五年間に市街の總べてが殆ど倍になった發展振り
145668	朝鮮朝日	1927-11-04/1	01단	阪神の船主が密かに入鮮し穀商側と交渉を開始/總督府が仲裁するか
145669	朝鮮朝日	1927-11-04/1	01단	明治節各地の奉祝(京城/平壤/釜山/鎭南浦/大邱/龍井村)
145670	朝鮮朝日	1927-11-04/1	02단	首の座に直るは誰/榮轉の喜びに楽しみ浸る面々はたれか/光化門鳥の噂づり
145671	朝鮮朝日	1927-11-04/1	03단	事業最盛期を控へ電力の大不足/新電、殖電、王子の三會社に複雑な關係がある
145672	朝鮮朝日	1927-11-04/1	04단	大邱府の三事業縮小/本府の意向で
145673	朝鮮朝日	1927-11-04/1	04단	俳句/鈴木花蓑選

일련번호	판명	간행일	단수	기사명
145674	朝鮮朝日	1927-11-04/1	04단	慶北道議員/醴泉補缺選擧
145675	朝鮮朝日	1927-11-04/1	05단	京城、東京を結ぶ/無線の豫約電報近く實施する計劃/時刻は午前中に二時間半
145676	朝鮮朝日	1927-11-04/1	05단	國境地帶豚疫豫防の方策を研究
145677	朝鮮朝日	1927-11-04/1	06단	秋の訪れ
145678	朝鮮朝日	1927-11-04/1	06단	新着陸地宣川に飛行/平壤飛機が
145679	朝鮮朝日	1927-11-04/1	06단	星のお國へと旅立つ花子さん可愛いお手紙も添へ降誕祭に間に合ふやう
145680	朝鮮朝日	1927-11-04/1	07단	四十名の巡査募集に七百名應募
145681	朝鮮朝日	1927-11-04/1	08단	昌慶苑の動物園/冬のお仕度
145682	朝鮮朝日	1927-11-04/1	08단	運動界(軍刀術で優勝した大邱の川保君/二百決勝で靑木君四着)
145683	朝鮮朝日	1927-11-04/1	08단	平南の醫專問題有利に進展す/財源確實が判明す
145684	朝鮮朝日	1927-11-04/1	09단	密陽爭議圓滿解決/石村判事が調停
145685	朝鮮朝日	1927-11-04/1	09단	總督、知事を相手どって慰藉料を請求
145686	朝鮮朝日	1927-11-04/1	10단	下關卜船が難破船漁夫五名を救助
145687	朝鮮朝日	1927-11-04/1	10단	會(京城大學友會/鎭南浦鄕軍總會/南浦穀商會志會)
145688	朝鮮朝日	1927-11-04/1	10단	人(高木市之助氏(城大敎授視察官)/木村軍一氏(鐵道局長)/鮮于氏(中樞院參議)/片山義勝氏(鮮銀理事)/サー・シェルクレメンチ氏夫婦一行(英領委港總會)/山谷德治郞氏(代議士)/ビッケル氏(合同通信社長)/安田繁三郞氏(近郵重役))
145689	朝鮮朝日	1927-11-04/1	10단	半島茶話
145690	朝鮮朝日	1927-11-04/2	01단	當平水利勞資の抗爭(二)/朝鮮のゐに見る不思議な舍音/罪は何れにあるか
145691	朝鮮朝日	1927-11-04/2	01단	迎日灣の鍊漁場整理/五十餘を淘汰
145692	朝鮮朝日	1927-11-04/2	01단	慶北水産課明年度豫算/十一萬一千圓
145693	朝鮮朝日	1927-11-04/2	01단	京畿酒造業聯合會組織/當局が肝煎る
145694	朝鮮朝日	1927-11-04/2	01단	預金は增加貸出は減少/京城組銀帳尻
145695	朝鮮朝日	1927-11-04/2	01단	白萩の加工/平北が奬勵
145696	朝鮮朝日	1927-11-04/2	02단	平北道の道路品評會/審査が終了
145697	朝鮮朝日	1927-11-04/2	02단	平北宣川産業品評會いよいよ開會
145698	朝鮮朝日	1927-11-04/2	02단	金剛山電鐵上半期業績
145699	朝鮮朝日	1927-11-04/2	03단	慶北の植桑計劃
145700	朝鮮朝日	1927-11-04/2	03단	元山米豆檢査高
145701	朝鮮朝日	1927-11-04/2	03단	義州農校品評會
145702	朝鮮朝日	1927-11-04/2	03단	遠眼鏡
145703	朝鮮朝日	1927-11-05/1	01단	全羅北道を訪ねて(八)/移出される鮮米の聲價の鍵を握る群山の穀物檢査所東京と大阪では要求が違ふ
145704	朝鮮朝日	1927-11-05/1	01단	漸く脫稿された漁業令の改正案/遠からず公布されん
145705	朝鮮朝日	1927-11-05/1	01단	平元馬息嶺は難工事/大村局長談

일련번호	판명	간행일	단수	기사명
145706	朝鮮朝日	1927-11-05/1	01단	年々土砂で埋る龍岩浦/浚渫を嘆願
145707	朝鮮朝日	1927-11-05/1	02단	鐵道守備の中日懇視會/安東で開催
145708	朝鮮朝日	1927-11-05/1	02단	土曜漫筆/濃雪湯/內野健兒
145709	朝鮮朝日	1927-11-05/1	03단	平壤高女の工事進捗す
145710	朝鮮朝日	1927-11-05/1	03단	看護婦生に裁縫を教授
145711	朝鮮朝日	1927-11-05/1	03단	原敬氏追悼法要
145712	朝鮮朝日	1927-11-05/1	04단	朝日社章入/手拭を配布
145713	朝鮮朝日	1927-11-05/1	04단	基督教徒が禁酒禁煙を鮮人に宣傳
145714	朝鮮朝日	1927-11-05/1	04단	今後とも金融界に微力を捧げる/勇退を思ひ留った有賀殖銀頭取語る
145715	朝鮮朝日	1927-11-05/1	04단	短歌/橋田東聲選
145716	朝鮮朝日	1927-11-05/1	05단	秋の訪れ
145717	朝鮮朝日	1927-11-05/1	05단	平每社竣工
145718	朝鮮朝日	1927-11-05/1	05단	運動界(全鮮蹴球戰崇德崇實延喜優勝/釜山武道會/老童野球戰)
145719	朝鮮朝日	1927-11-05/1	05단	朝日新聞はどうして出來る/內外通信綱や製作順序を平南審勢展に出品
145720	朝鮮朝日	1927-11-05/1	06단	平北江界の勞働共濟會/立消えの姿
145721	朝鮮朝日	1927-11-05/1	07단	お茶のあと
145722	朝鮮朝日	1927-11-05/1	07단	鎭南浦の上空を鮮かな高等飛行 鳥人木部孃の鄕土訪問 觀衆二萬人に達す/鎭南浦出發 四日の正午/平壤に到着 五日に飛行/花環で埋った 木部孃歡迎會
145723	朝鮮朝日	1927-11-05/1	08단	沙里院農校生徒が盟休/三、一年生が
145724	朝鮮朝日	1927-11-05/1	08단	ふとした事で前科が知れ愛妻に逃げられ惡事を働いた男
145725	朝鮮朝日	1927-11-05/1	09단	南浦天道教信徒が集り/布教を宣傳
145726	朝鮮朝日	1927-11-05/1	09단	不逞團に武器を密輸/平壤署が取調
145727	朝鮮朝日	1927-11-05/1	09단	會(天埋教布教講演會/基督教慈善音樂會/三島高女演宴會/龍中繪畫展覽會/釜山敬老會)
145728	朝鮮朝日	1927-11-05/1	10단	人(有賀朝鮮植銀頭取/鏡保之助氏(盛岡高等農林校長)/志賀潔博士/相場淸氏(間島領事館警察部長)/高野順大佐(鎭海要港部付)/關本釜中校長/脇谷洋次郎博士/柵瀨軍之佐氏(代議士)/勾阪春平氏(朝鮮軍法務部長)/靑木知事婦人嚴父)
145729	朝鮮朝日	1927-11-05/1	10단	半島茶話
145730	朝鮮朝日	1927-11-05/2	01단	富平水利勞資の抗爭(三)/殆ど蚊の涙はどの小作人の收入/米田知事の値上不可說もなるほどゝ肯ける
145731	朝鮮朝日	1927-11-05/2	01단	食用蛙刑務所で飼養
145732	朝鮮朝日	1927-11-05/2	01단	平南北牛の內地移出が漸く始まる
145733	朝鮮朝日	1927-11-05/2	01단	財界閑話
145734	朝鮮朝日	1927-11-05/2	01단	審熱展覽會褒賞授與式
145735	朝鮮朝日	1927-11-05/2	02단	大邱驛の發着諸雜貨早くなる

일련번호	판명	간행일	단수	기사명
145736	朝鮮朝日	1927-11-05/2	02단	平北の豫算/二百萬圓內外
145737	朝鮮朝日	1927-11-05/2	02단	牛城水組起工式
145738	朝鮮朝日	1927-11-05/2	02단	子供の病氣の大半は親の不注意から/と言ってもむやみに臆病になってもいけない
145739	朝鮮朝日	1927-11-05/2	03단	勝湖里金組創立
145740	朝鮮朝日	1927-11-05/2	03단	遠眼鏡
145741	朝鮮朝日	1927-11-06/1	01단	全羅北道を訪ねて(九)/三里半の大堤防/海水を遮って眞帆片帆のゆきゝしたのが千八百町歩の水田と化す
145742	朝鮮朝日	1927-11-06/1	01단	久しぶりの齋藤總督/銀髪を撫でもの柔かに壽府會議の仔細を語る
145743	朝鮮朝日	1927-11-06/1	02단	三百年の古へに清正が試みた朝鮮の産米増殖/研究家の石本男が渡鮮
145744	朝鮮朝日	1927-11-06/1	04단	運賃値上で商議起つ/協力して調停
145745	朝鮮朝日	1927-11-06/1	04단	釜山高女の道營移管を正式に交渉
145746	朝鮮朝日	1927-11-06/1	04단	第二回米作豫想未曾有の大増收/千七百十六萬餘石/心配されるのは米價安
145747	朝鮮朝日	1927-11-06/1	05단	咸北の漫畫行(一)/東水人
145748	朝鮮朝日	1927-11-06/1	05단	短歌/橋田東聲選
145749	朝鮮朝日	1927-11-06/1	05단	齋藤總督の招待と歡迎
145750	朝鮮朝日	1927-11-06/1	05단	樂壇の巨星エ氏を招き提琴大演奏會
145751	朝鮮朝日	1927-11-06/1	06단	中央高普の盟休生徒が告別式を擧行
145752	朝鮮朝日	1927-11-06/1	06단	運動界(元山咸興を破る/鐵道局新コート)
145753	朝鮮朝日	1927-11-06/1	06단	秋の訪れ
145754	朝鮮朝日	1927-11-06/1	07단	洗練された美技に府民を喜ばせた木部孃の平壤飛行
145755	朝鮮朝日	1927-11-06/1	08단	『群馬に勝った時は全く泣かされた』/明治新宮庭球で優勝した大田高女選手歸鮮
145756	朝鮮朝日	1927-11-06/1	09단	鐵道局の冷藏車運用法を研究
145757	朝鮮朝日	1927-11-06/1	09단	平壤府の置屋と券番/手數料問題解決
145758	朝鮮朝日	1927-11-06/1	10단	四高普校が財團法人に組織を變更
145759	朝鮮朝日	1927-11-06/1	10단	人(石本惡吉男/山內忠市氏(釜山府理事官)/加藤定吉男(貴族院議員)/當永一二氏(平北警察部長)/名和長正氏(奉天中學校長)/田中警務局事務官)
145760	朝鮮朝日	1927-11-06/1	10단	半島茶話
145761	朝鮮朝日	1927-11-06/2	01단	內地の各方面で評判の良い鮮豐百萬石増收計劃歡迎さる/田中殖産局技師談
145762	朝鮮朝日	1927-11-06/2	01단	北鮮の良港雄基の工事/竣成は明後年
145763	朝鮮朝日	1927-11-06/2	01단	鮮米十月末輸移出入と栗の輸入高
145764	朝鮮朝日	1927-11-06/2	01단	富平水利勞資の抗爭(四)/地主も小作人も本當に田を愛し一握の肥料も必要

일련번호	판명	간행일	단수	기사명
145765	朝鮮朝日	1927-11-06/2	02단	煙草會社の總會は延期
145766	朝鮮朝日	1927-11-06/2	02단	大吹雪で間島の大豆/出廻が遲れる
145767	朝鮮朝日	1927-11-06/2	02단	慶北の鼈繭/九千五百石
145768	朝鮮朝日	1927-11-06/2	03단	慶南晋州水利組合の設立を申請
145769	朝鮮朝日	1927-11-06/2	03단	朝鮮私鐵業績
145770	朝鮮朝日	1927-11-06/2	03단	遠眼鏡
145771	朝鮮朝日	1927-11-08/1	01단	産米增收計劃の遂行に支障を來す/米價の暴落に直面して總督府當局惱む
145772	朝鮮朝日	1927-11-08/1	01단	鮮米の買上を主張はした/要はお米の問題で無い袖は振れぬ事ばかり
145773	朝鮮朝日	1927-11-08/1	01단	橫須賀鎭守府鮮米を購入/係官內城す
145774	朝鮮朝日	1927-11-08/1	02단	釜山高女の道營移管は時期の問題か
145775	朝鮮朝日	1927-11-08/1	02단	咸北の漫畫行(二)/東水人
145776	朝鮮朝日	1927-11-08/1	03단	新義州小學校舍の新築/着工は來春
145777	朝鮮朝日	1927-11-08/1	04단	內鮮滿の連絡飛行機/大邱に着陸
145778	朝鮮朝日	1927-11-08/1	04단	水上運搬勞役組合の幹部を排斥
145779	朝鮮朝日	1927-11-08/1	04단	采協氣分が漂ひ圓滿に解決か/鮮航會の運賃値上/有賀氏調停に乘出す
145780	朝鮮朝日	1927-11-08/1	05단	寫眞說明(宣川で開いた平北南地方聯合産業品評會)
145781	朝鮮朝日	1927-11-08/1	05단	新宮競技雜觀(上)
145782	朝鮮朝日	1927-11-08/1	05단	『勤儉美談』/慶北が募集
145783	朝鮮朝日	1927-11-08/1	05단	咸元老童庭球戰
145784	朝鮮朝日	1927-11-08/1	06단	機上の木部孃(五日平壤飛行場で)
145785	朝鮮朝日	1927-11-08/1	06단	俳句/鈴木花蓑選
145786	朝鮮朝日	1927-11-08/1	06단	所安島私學校閉鎖事件を古屋氏等視察
145787	朝鮮朝日	1927-11-08/1	07단	京城第一の北部公園/來年から着工
145788	朝鮮朝日	1927-11-08/1	07단	秋の訪れ
145789	朝鮮朝日	1927-11-08/1	08단	叔母と通じ因果の胤を殺して遺棄
145790	朝鮮朝日	1927-11-08/1	08단	若い男女の抱合ひ心中/死體を發見
145791	朝鮮朝日	1927-11-08/1	08단	中央高普の盟休は解決/登校を申出る
145792	朝鮮朝日	1927-11-08/1	08단	『讀め！讀め！』の宣傳が利いて讀書週間は大成功/但し婦人の閱覽者は絶無
145793	朝鮮朝日	1927-11-08/1	09단	三名の不逞/歸順を申出
145794	朝鮮朝日	1927-11-08/1	10단	詐欺事件で道評議員が取調べらる
145795	朝鮮朝日	1927-11-08/1	10단	會(實科敎育品評會)
145796	朝鮮朝日	1927-11-08/1	10단	人(中山當之助氏(水原勸業模範場技師)/朴重陽氏(中樞院參議)/大國議吉(奈良女高師敎授)/田中武雄氏(警務局保安課長)/高野憲兵中佐(平壤憲兵隊長))
145797	朝鮮朝日	1927-11-08/1	10단	半島茶話

일련번호	판명	간행일	단수	기사명
145798	朝鮮朝日	1927-11-08/2	01단	朝鮮最初の試み全南の操棉檢査/當業者の間には時期尙早との意見が多い
145799	朝鮮朝日	1927-11-08/2	01단	鴨江材を脅す/吉林、北滿材南下し來る
145800	朝鮮朝日	1927-11-08/2	01단	營林署材大口取引の制度を復活
145801	朝鮮朝日	1927-11-08/2	02단	洛東江改修で海苔が全滅/當業者騷ぐ
145802	朝鮮朝日	1927-11-08/2	02단	鴨江の流筏/記錄を破る
145803	朝鮮朝日	1927-11-08/2	02단	地主が集り大平水利の設立を協議
145804	朝鮮朝日	1927-11-08/2	02단	木浦の新穀/五日迄の出廻
145805	朝鮮朝日	1927-11-08/2	02단	淸津十月中對內貿易高/百六十萬圓
145806	朝鮮朝日	1927-11-08/2	03단	木浦穀物在庫高
145807	朝鮮朝日	1927-11-08/2	03단	木浦海藻廻着高
145808	朝鮮朝日	1927-11-08/2	03단	元山手形交換高
145809	朝鮮朝日	1927-11-08/2	03단	遠眼鏡
145810	朝鮮朝日	1927-11-09/1	01단	成行に委するより外に方法はない/鮮米の買上は出來かねる/池田殖産局長の歸來談
145811	朝鮮朝日	1927-11-09/1	01단	多産を第一に鮮米を改良/品質向上は一段落ついた/加藤模範場長語る
145812	朝鮮朝日	1927-11-09/1	01단	三法院の合同廳舍定礎式擧行
145813	朝鮮朝日	1927-11-09/1	02단	お別れの埃挨にと服部博士來鮮
145814	朝鮮朝日	1927-11-09/1	02단	咸北の漫畫行(三)/總て交通は臺車の事/東水人
145815	朝鮮朝日	1927-11-09/1	03단	群山仁川間直通電話の開設を請願
145816	朝鮮朝日	1927-11-09/1	03단	創立を前に暗礁に乘揚ぐ/煙草合同會社成立を齋藤總督首肯せず
145817	朝鮮朝日	1927-11-09/1	03단	浦項の築港いよいよ着工
145818	朝鮮朝日	1927-11-09/1	04단	軍縮會議の小林中將十日に入城
145819	朝鮮朝日	1927-11-09/1	04단	美術協會展二十日に開催
145820	朝鮮朝日	1927-11-09/1	04단	大村機大邱着 一機顚覆す/三機は無事平壤に到着/木部繁野孃飛機を新調 寄附が集まる
145821	朝鮮朝日	1927-11-09/1	05단	神宮競技雜觀(下)
145822	朝鮮朝日	1927-11-09/1	05단	患者の奪合ひで醫專と赤十字/ゴタゴタをつゞく學務局が仲裁か
145823	朝鮮朝日	1927-11-09/1	06단	飛機が顚覆/搭乘者は無事
145824	朝鮮朝日	1927-11-09/1	06단	正岡蓉氏漫談を放送/京城D局で
145825	朝鮮朝日	1927-11-09/1	06단	赤色づくめでお祝に浸った露國領事館の十周年記念/白系は殉職者の祈禱
145826	朝鮮朝日	1927-11-09/1	07단	南浦無線局竣工近づく
145827	朝鮮朝日	1927-11-09/1	07단	運動界(新義州球場設立の計劃/公州弓道會)
145828	朝鮮朝日	1927-11-09/1	08단	寒さに向った昨今/風變りな商賣/京城の街路に飛出す
145829	朝鮮朝日	1927-11-09/1	08단	短歌/橋田東聲選

일련번호	판명	간행일	단수	기사명
145830	朝鮮朝日	1927-11-09/1	08단	秋の訪れ
145831	朝鮮朝日	1927-11-09/1	09단	不穩文書を平北で發見
145832	朝鮮朝日	1927-11-09/1	09단	籾すり人夫百餘名盟罷/賃銀値上で
145833	朝鮮朝日	1927-11-09/1	10단	採木公司參事の妻子慘殺さる
145834	朝鮮朝日	1927-11-09/1	10단	虐待樓主の營業を停止
145835	朝鮮朝日	1927-11-09/1	10단	會(商銀支店新築上棟式/福井氏晚餐會)
145836	朝鮮朝日	1927-11-09/1	10단	人(服部宇之吉氏(前成大總長)/內藤確介氏(安東採木公司理事長)/加藤茂苞博士(水原勸業模範場長)/西川本府衛生課長))
145837	朝鮮朝日	1927-11-09/1	10단	半島茶話
145838	朝鮮朝日	1927-11-09/2	01단	平安の漁區爭ひ圓滿に解決か/會社と個人の言分は何れも相當の理由がある
145839	朝鮮朝日	1927-11-09/2	01단	慶南道が定置漁業の改良に努力
145840	朝鮮朝日	1927-11-09/2	01단	東京水産會海苔當業者慶全南を視察
145841	朝鮮朝日	1927-11-09/2	01단	咸興水利の設立行惱む
145842	朝鮮朝日	1927-11-09/2	01단	肥料商組合群山で組織
145843	朝鮮朝日	1927-11-09/2	02단	京城商議評議員選擧十二月一日
145844	朝鮮朝日	1927-11-09/2	02단	盛況を極めた宣川品評會八日終了す
145845	朝鮮朝日	1927-11-09/2	02단	十一月中の煙草製造高三億本の豫定
145846	朝鮮朝日	1927-11-09/2	02단	慶南道の副業生産高逐年增加す
145847	朝鮮朝日	1927-11-09/2	03단	群山商報發行
145848	朝鮮朝日	1927-11-09/2	03단	演藝(中央館)
145849	朝鮮朝日	1927-11-09/2	03단	おいしい漬物のつけかた
145850	朝鮮朝日	1927-11-09/2	03단	遠眼鏡
145851	朝鮮朝日	1927-11-10/1	01단	お互の女房の着物の制限と丁度同じものだと小林中將軍縮を皮肉る
145852	朝鮮朝日	1927-11-10/1	01단	普通の面にも起債を許す/繼續費の設定も認む/時勢の進運に伴ひ
145853	朝鮮朝日	1927-11-10/1	01단	天圖、圖們連絡問題圓滿に解決
145854	朝鮮朝日	1927-11-10/1	01단	黃海三漁港防波堤築造
145855	朝鮮朝日	1927-11-10/1	02단	間島琿春の朝鮮人會長聯合會を開催
145856	朝鮮朝日	1927-11-10/1	02단	運賃問題を京仁商議に釜山は一任
145857	朝鮮朝日	1927-11-10/1	02단	咸北の漫畫行(四)/茂山嶺の秋色/東水人
145858	朝鮮朝日	1927-11-10/1	03단	馬山灣埋築工事を復活
145859	朝鮮朝日	1927-11-10/1	03단	工事中の京城鐵原間電話が直通
145860	朝鮮朝日	1927-11-10/1	03단	俳句/鈴木花養選
145861	朝鮮朝日	1927-11-10/1	03단	容易に進展せぬ釜山の電氣府營/算定書の突合せはまだまだ容易ではない
145862	朝鮮朝日	1927-11-10/1	04단	順川大同江鐵橋の架設實地を視察
145863	朝鮮朝日	1927-11-10/1	04단	土木建築協會第三回總會二十六日開催

일련번호	판명	간행일	단수	기사명
145864	朝鮮朝日	1927-11-10/1	04단	新義州江界間四日で到着/道路が開通
145865	朝鮮朝日	1927-11-10/1	04단	辭令(東京電話)
145866	朝鮮朝日	1927-11-10/1	05단	中等學校軍教査閲二十二日から
145867	朝鮮朝日	1927-11-10/1	05단	巡査部長試驗
145868	朝鮮朝日	1927-11-10/1	05단	平南審勢展入場者二萬餘人
145869	朝鮮朝日	1927-11-10/1	05단	入場料を徵收する學生の競技に興行稅を賦課する
145870	朝鮮朝日	1927-11-10/1	05단	文藝雜誌「國境」新義州で發行
145871	朝鮮朝日	1927-11-10/1	05단	漸く火事の時季に入り防火の大宣傳
145872	朝鮮朝日	1927-11-10/1	06단	秋の訪れ
145873	朝鮮朝日	1927-11-10/1	06단	命令航路に浦項を編入/本府で決定
145874	朝鮮朝日	1927-11-10/1	06단	二十間の高所から戰鬪機が墜落 機體は無殘に大破し靑木一等水兵は中傷/大村機が大連へ往復 平壤に歸着
145875	朝鮮朝日	1927-11-10/1	07단	お酒の値上/馬山醸造元が
145876	朝鮮朝日	1927-11-10/1	07단	お茶のあと
145877	朝鮮朝日	1927-11-10/1	07단	運動界(全滿柔劍道試合/新義州野球戰/咸興野球戰/在軍射擊會/野球優勝祝賀會)
145878	朝鮮朝日	1927-11-10/1	08단	純白な洋裝姿の花嫁も見える神前結婚が殖える/お供へは二三十圓程度
145879	朝鮮朝日	1927-11-10/1	08단	京畿開城に氣腫疽發生/六頭斃死す
145880	朝鮮朝日	1927-11-10/1	08단	白系露人に內訌を生ず/漸進と急激派が
145881	朝鮮朝日	1927-11-10/1	09단	二十名の死者を見た咸南の腦膜炎
145882	朝鮮朝日	1927-11-10/1	09단	安東の火事十數十戶を燒失
145883	朝鮮朝日	1927-11-10/1	09단	寧邊の普賢寺內紛を生じ維持が困難
145884	朝鮮朝日	1927-11-10/1	09단	共産黨公判依然永びく/證人申請で
145885	朝鮮朝日	1927-11-10/1	10단	人妻に言奇り刎付けられ怨みの放火
145886	朝鮮朝日	1927-11-10/1	10단	會(小林中將講演會/教育功績者表彰式/平壤喜多謠曲會)
145887	朝鮮朝日	1927-11-10/1	10단	人(小林躋造中將/吉村謙一郎氏(朝郵專務)/佐藤剛藏博士(城大教授)/張稷相氏(大邱會議所會頭)/サー・シエンクレメンチ氏/關水武氏(平南內務部長)/靑木戒三氏(平南知事)/松井民次郎氏(平壤實業家)/鳥飼生駒氏(平壤中學校長)/鈴木島間領事令息)
145888	朝鮮朝日	1927-11-10/1	10단	半島茶話
145889	朝鮮朝日	1927-11-10/2	01단	輸出三百四十萬圓輸入は七百萬圓/十月對外國貿易高
145890	朝鮮朝日	1927-11-10/2	01단	滿洲粟の輸入稅引上訛傳と判明
145891	朝鮮朝日	1927-11-10/2	01단	そろそろ鰤が獲れ出す/巨濟島附近で
145892	朝鮮朝日	1927-11-10/2	01단	十月木浦港鮮米移出高五千三十石
145893	朝鮮朝日	1927-11-10/2	01단	鮮航會運賃値上問題(1)/罪はいづれ?慣るが無理か/慣らぬが尤もか
145894	朝鮮朝日	1927-11-10/2	02단	間島大豆を物産が買付
145895	朝鮮朝日	1927-11-10/2	02단	慶北棉花の共販を開始/値頃が良い

일련번호	판명	간행일	단수	기사명
145896	朝鮮朝日	1927-11-10/2	02단	迎日灣の鍊定置漁場入札を行ふ
145897	朝鮮朝日	1927-11-10/2	02단	大邱局郵貯高
145898	朝鮮朝日	1927-11-10/2	03단	黃州産業品展
145899	朝鮮朝日	1927-11-10/2	03단	遠眼鏡
145900	朝鮮朝日	1927-11-11/1	01단	咸南道を訪ねて(一)/水電と窒素で一躍賣れっ子の咸南の野は豊沃/山には大森林と鑛物を潛む
145901	朝鮮朝日	1927-11-11/1	02단	寬旬縣の防穀令/岡田領事抗議
145902	朝鮮朝日	1927-11-11/1	02단	祕密のうちに豫算を編成した大邱醫專設置計劃/本府と交渉を開始
145903	朝鮮朝日	1927-11-11/1	02단	咸北の漫畫行(五)/■さんを蕘ねて/東水人
145904	朝鮮朝日	1927-11-11/1	03단	平北道路網工事進捗す
145905	朝鮮朝日	1927-11-11/1	03단	全南署長會議
145906	朝鮮朝日	1927-11-11/1	03단	補助憲兵の敎育
145907	朝鮮朝日	1927-11-11/1	04단	歸還中の大村の三機大邱に不時着/靑木水兵の經過は良好
145908	朝鮮朝日	1927-11-11/1	04단	佐世保鎭海往復飛行
145909	朝鮮朝日	1927-11-11/1	04단	短歌/橋田東聲選
145910	朝鮮朝日	1927-11-11/1	04단	鎭南浦署長古市氏榮轉
145911	朝鮮朝日	1927-11-11/1	04단	百三十五萬圓で京城水道の擴張/漢江の伏流水を取入れる基本調査を開始
145912	朝鮮朝日	1927-11-11/1	05단	磁氣嵐の硏究を開始/電線妨害の對策はない
145913	朝鮮朝日	1927-11-11/1	05단	設立の遲延は僕の責任だ 內情は言はれぬと水口專賣局長語る/專斷を憤り 水口局長虐めとの噂が高い
145914	朝鮮朝日	1927-11-11/1	06단	秋の訪れ
145915	朝鮮朝日	1927-11-11/1	06단	無煙炭鑛組合の理事の選任が容易に決定を見ぬ/靑木平南說は一片の風說
145916	朝鮮朝日	1927-11-11/1	07단	婦人子供も容易に登れる北漢山の新道路一日の行樂に最適
145917	朝鮮朝日	1927-11-11/1	07단	辭令(東京電話)
145918	朝鮮朝日	1927-11-11/1	07단	釜山對大邱庭球戰擧行
145919	朝鮮朝日	1927-11-11/1	08단	四箇月前の今日に早くも招聘申込/大もての醫專卒業生月給は百圓から百五十圓
145920	朝鮮朝日	1927-11-11/1	08단	水利費を契約以上に徵收したと東拓を訴ふ
145921	朝鮮朝日	1927-11-11/1	09단	猛虎蔚山に出沒
145922	朝鮮朝日	1927-11-11/1	09단	少年少女の雄辯會を開催
145923	朝鮮朝日	1927-11-11/1	09단	洛東江の蘆田開拓で住民が騷ぐ
145924	朝鮮朝日	1927-11-11/1	09단	古屋辯護士毆らる/微傷を負ふ
145925	朝鮮朝日	1927-11-11/1	10단	一靑年の入水自殺で當局色めく
145926	朝鮮朝日	1927-11-11/1	10단	志岐組人夫が監督に暴行/同盟し脫退
145927	朝鮮朝日	1927-11-11/1	10단	會(谷城郡廳落成式/澤柳博士講演會)

일련번호	판명	간행일	단수	기사명
145928	朝鮮朝日	1927-11-11/1	10단	人(サア・セシル・クレメンチ氏(香港總督)/後藤一郎氏(仁川觀測所長)/田中武雄氏(總督府事務官)/橫田五郎氏(京城高等法院長)/中村竹藏氏(京城高等法院檢事長)/吉田平次郎氏(新任咸興地方法院長))
145929	朝鮮朝日	1927-11-11/1	10단	半島茶話
145930	朝鮮朝日	1927-11-11/2	01단	鮮航會運賃値上問題(二)/穀物業者たちの聯合會を認めず個々の當業者に迫る/鮮航會最初の作戰
145931	朝鮮朝日	1927-11-11/2	01단	肥料協會設立委員會京城で開催
145932	朝鮮朝日	1927-11-11/2	01단	米價安で慶南の農家困り拔く
145933	朝鮮朝日	1927-11-11/2	01단	平北道が物産陳列館設立を計劃
145934	朝鮮朝日	1927-11-11/2	01단	財界閑話
145935	朝鮮朝日	1927-11-11/2	02단	全鮮金産額三割を增加
145936	朝鮮朝日	1927-11-11/2	02단	釜山水産の不合格品は重量不足が多い
145937	朝鮮朝日	1927-11-11/2	02단	商品陳列館見本を新調/陣列も改善
145938	朝鮮朝日	1927-11-11/2	02단	南浦倉庫在穀高
145939	朝鮮朝日	1927-11-11/2	03단	慶南紫雲英良好
145940	朝鮮朝日	1927-11-11/2	03단	砂繪呪縛上映
145941	朝鮮朝日	1927-11-11/2	03단	遠眼鏡
145942	朝鮮朝日	1927-11-12/1	01단	咸南道を訪ねて(二)/四十萬町步を凌ぐ廣茫たる大平野/反當り收穫僅に八斗八升/最必要なのは土地の改良
145943	朝鮮朝日	1927-11-12/1	02단	土曜漫筆/AとBの對話/西岡てるゑ
145944	朝鮮朝日	1927-11-12/1	04단	常に壓迫されてゐる在滿の朝鮮人/山東移民との間に經濟戰が演じられよう
145945	朝鮮朝日	1927-11-12/1	04단	俳句/鈴木花蓑選
145946	朝鮮朝日	1927-11-12/1	04단	平北署長會議日程が決定
145947	朝鮮朝日	1927-11-12/1	05단	急勾配の列車の研究/佐藤技師外遊
145948	朝鮮朝日	1927-11-12/1	05단	面目にかけて松井氏を支持　容れられねば連袂辭職　會社側の委員は强硬/如何なる點が官規を紊したか當の松井平壤府尹は語る
145949	朝鮮朝日	1927-11-12/1	06단	秋の訪れ
145950	朝鮮朝日	1927-11-12/1	06단	忠南教員試驗
145951	朝鮮朝日	1927-11-12/1	07단	大邱商議の評議員選擧漸く賑ふ
145952	朝鮮朝日	1927-11-12/1	07단	鎭海飛行の操縱者決る
145953	朝鮮朝日	1927-11-12/1	07단	發見された龍龕手鑑京城で飜刻
145954	朝鮮朝日	1927-11-12/1	07단	白米の小賣でメートル法行き詰る/石の多い鮮米は十五キロが一斗に足りぬ
145955	朝鮮朝日	1927-11-12/1	08단	組合の缺損を小作人にも負擔させる計劃/紛擾が起る
145956	朝鮮朝日	1927-11-12/1	08단	工事を起し窮迫農民を慶北が救濟
145957	朝鮮朝日	1927-11-12/1	08단	釜山小公園明春に竣工

일련번호	판명	간행일	단수	기사명
145958	朝鮮朝日	1927-11-12/1	08단	籾摺人夫の盟休は解決/三錢の値上で
145959	朝鮮朝日	1927-11-12/1	09단	空米相場師十五名逮捕
145960	朝鮮朝日	1927-11-12/1	09단	怪祈禱師を釜山署逮捕
145961	朝鮮朝日	1927-11-12/1	10단	微文盟休の暴行生起訴/釋放をまつ新婦
145962	朝鮮朝日	1927-11-12/1	10단	運動界(釜山公設運動場/對抗武道試合)
145963	朝鮮朝日	1927-11-12/1	10단	會(第二高女音樂會/鐵道洋畫展覽會)
145964	朝鮮朝日	1927-11-12/1	10단	人(澤柳政太郎博士(貴族院議員)/澤崎修氏(鐵道局監督課長)/吉岡重實氏(釜山府協議員)/米國鮮滿觀光團)
145965	朝鮮朝日	1927-11-12/1	10단	半島茶話
145966	朝鮮朝日	1927-11-12/2	01단	量目が頗る複雜な穀類の包裝を統一して吳れと米穀組合が要望
145967	朝鮮朝日	1927-11-12/2	01단	大正十二年來米の新安値/まだ下らう
145968	朝鮮朝日	1927-11-12/2	01단	財界閑話
145969	朝鮮朝日	1927-11-12/2	01단	平北道が畜牛移出の解禁を申請
145970	朝鮮朝日	1927-11-12/2	01단	鮮航會運賃値上問題(三)/泣かれて見れば阿漕に斷れぬと聯合會を認めなかった鮮航會の作戰は是か否か
145971	朝鮮朝日	1927-11-12/2	02단	評判の良い南浦の乾鰕/東京で大歡迎
145972	朝鮮朝日	1927-11-12/2	02단	南朝鮮鐵道株式の申込/非常な好況
145973	朝鮮朝日	1927-11-12/2	03단	全鮮郵貯高四百七十萬圓
145974	朝鮮朝日	1927-11-12/2	03단	南浦水産品檢查
145975	朝鮮朝日	1927-11-12/2	03단	遠眼鏡
145976	朝鮮朝日	1927-11-13/1	01단	咸南道を訪ねて(三)/猛虎棲む密林が全面積の八割/木材の産出を外にしても金銀銅や石炭を埋藏す
145977	朝鮮朝日	1927-11-13/1	01단	水口氏が專務の再詮衡を求む/委員達はあくまで松井氏を推す意向
145978	朝鮮朝日	1927-11-13/1	01단	齋藤總督京城府歡迎會
145979	朝鮮朝日	1927-11-13/1	02단	鎭海飛行場三十萬圓を豫算に計上/長澤司令官談
145980	朝鮮朝日	1927-11-13/1	02단	洛東江の改修で堤防の敷地に水利組合の地域を充當され補助してくれと請願
145981	朝鮮朝日	1927-11-13/1	03단	三萬町步の昭和水利いよいよ創立
145982	朝鮮朝日	1927-11-13/1	04단	納稅の宣傳/忠北財務部が
145983	朝鮮朝日	1927-11-13/1	04단	全北扶安の邊山國有林近く拂下げ
145984	朝鮮朝日	1927-11-13/1	04단	*解決の曙光が漸く見える鮮航會の運賃値上 有賀、恩田の兩氏に一任/朝郵監督の制度を改正*
145985	朝鮮朝日	1927-11-13/1	04단	茸狩りで見付けた壺を持つ少女/可愛さにカメラをむけた寫眞サロンに山根氏入選
145986	朝鮮朝日	1927-11-13/1	05단	忠北道の教育品展十四日から
145987	朝鮮朝日	1927-11-13/1	06단	秋の訪れ
145988	朝鮮朝日	1927-11-13/1	06단	木部飛行孃黃州で飛行

일련번호	판명	간행일	단수	기사명
145989	朝鮮朝日	1927-11-13/1	06단	短歌/橋田東聲選
145990	朝鮮朝日	1927-11-13/1	06단	愼庸寅君の鄕土飛行を全州で歡迎
145991	朝鮮朝日	1927-11-13/1	06단	由緖ある美林の地を發掘調査す
145992	朝鮮朝日	1927-11-13/1	07단	靑木水兵を總督が慰問/金一封を贈る
145993	朝鮮朝日	1927-11-13/1	07단	名士や藝術家を內地から招き放送に力を注ぐD局の二千名增加計劃
145994	朝鮮朝日	1927-11-13/1	07단	市價の半値に足らぬ家具/工業補習校の作品
145995	朝鮮朝日	1927-11-13/1	07단	療養四日で效果著しいモヒ注射藥アンチモール
145996	朝鮮朝日	1927-11-13/1	08단	平南中和に病毒撲滅の組合を組織
145997	朝鮮朝日	1927-11-13/1	08단	運動界(浦項野球戰)
145998	朝鮮朝日	1927-11-13/1	08단	金融組合の設置爭ひで安州が騷ぐ
145999	朝鮮朝日	1927-11-13/1	08단	空米相場師またも檢擧
146000	朝鮮朝日	1927-11-13/1	08단	第四回/內鮮女學校音樂大會
146001	朝鮮朝日	1927-11-13/1	09단	豫防注射の過失致死を檢事が取調
146002	朝鮮朝日	1927-11-13/1	09단	評判の良いゴム臼の特許權を侵害/二萬臺を製作販賣/權利所有者が告發
146003	朝鮮朝日	1927-11-13/1	09단	會(小林中將講演會/馬頭山美術展覽會/安東美術展覽會)
146004	朝鮮朝日	1927-11-13/1	10단	人(長澤直太郎中將(鎭海要港部司令官)/泉崎釜山府尹/齋藤固氏(鐵道局工務課長))
146005	朝鮮朝日	1927-11-13/1	10단	半島茶話
146006	朝鮮朝日	1927-11-13/2	01단	鮮航會運賃値上問題(四)/殖産局長の前で可否を論ずる池田氏二ヤリと納まり風馬牛と聞き流す
146007	朝鮮朝日	1927-11-13/2	01단	朝鮮水電來年秋に送電開始か
146008	朝鮮朝日	1927-11-13/2	01단	品評會を道が主催で開くやう要望
146009	朝鮮朝日	1927-11-13/2	01단	財界閑話
146010	朝鮮朝日	1927-11-13/2	02단	長津江水電の用地買收に地主を煽動
146011	朝鮮朝日	1927-11-13/2	02단	平北春鬮繭共同販賣高七十七萬圓
146012	朝鮮朝日	1927-11-13/2	03단	山葵椎茸の試培
146013	朝鮮朝日	1927-11-13/2	03단	元山魚市場移轉
146014	朝鮮朝日	1927-11-13/2	03단	遠眼鏡
146015	朝鮮朝日	1927-11-15/1	01단	咸南道を訪ねて(四)/朝鮮の信州に咸南を仕立てる道當局の大努力/厄介で憐れなのは火田民
146016	朝鮮朝日	1927-11-15/1	02단	新設會社は專賣の趣旨を諒解せねばならぬ 營利のみではいけない/松井平壤府尹に因果を含めて會社入りを締らめさす 井上氏が密かに說得/傍の見る目も氣の毒な水口專賣局長
146017	朝鮮朝日	1927-11-15/1	03단	洛東江の落差を利用水電を計劃
146018	朝鮮朝日	1927-11-15/1	04단	朝鮮劇は知らぬ/小山內氏語る
146019	朝鮮朝日	1927-11-15/1	04단	燈臺の變更/忠南飛島の

일련번호	판명	간행일	단수	기사명
146020	朝鮮朝日	1927-11-15/1	04단	逝く秋を惜しむ多感な少女達の千名に及ぶ大音樂會/もろ聲に唱ふ、その聲、その歌
146021	朝鮮朝日	1927-11-15/1	05단	秋の訪れ
146022	朝鮮朝日	1927-11-15/1	05단	年賀郵便の期が迫り局員の訓練に大童の京城郵便局/昨年より二三割增加の見込
146023	朝鮮朝日	1927-11-15/1	06단	辭令(東京電話)
146024	朝鮮朝日	1927-11-15/1	07단	安義汽動車增發の計劃
146025	朝鮮朝日	1927-11-15/1	07단	教育功勞者六氏を表彰(森爲三氏/日吉守氏/李起爽氏/姜達駿氏/山本サキ氏/梅野ハル氏)
146026	朝鮮朝日	1927-11-15/1	07단	二十三名を乘せ漁船が行方不明 慶北東海岸の大暴風/驅逐艦出動 搜索を續く
146027	朝鮮朝日	1927-11-15/1	08단	俳句/鈴木花蓑選
146028	朝鮮朝日	1927-11-15/1	08단	平南警察官異動
146029	朝鮮朝日	1927-11-15/1	08단	木部飛行孃平壤を離陸海州に向ふ/平山に不時着
146030	朝鮮朝日	1927-11-15/1	09단	虎狩りの先發隊淸津に到着
146031	朝鮮朝日	1927-11-15/1	09단	大邱中學前のドルメンを發掘して硏究
146032	朝鮮朝日	1927-11-15/1	09단	共產黨公判殆ど終る/被告九十五名
146033	朝鮮朝日	1927-11-15/1	10단	盟休にお附合せぬは不都合と普校生が協議
146034	朝鮮朝日	1927-11-15/1	10단	不逞鮮人五名を射殺/二名を逮捕
146035	朝鮮朝日	1927-11-15/1	10단	歡迎庭球會
146036	朝鮮朝日	1927-11-15/1	10단	會(阿部教授批評會/京城師範歡迎會/第二高女音樂會)
146037	朝鮮朝日	1927-11-15/1	10단	人(服部字之吉氏(前城大總長)/小山內薰氏(劇作家)/小林躋造中將/香雄釜山會議所會頭/橫田高等法院長)
146038	朝鮮朝日	1927-11-15/2	01단	水害の長崎縣から鮮米の大注文/總督府大喜びで斡旋
146039	朝鮮朝日	1927-11-15/2	01단	十月中對內貿易五千餘萬圓
146040	朝鮮朝日	1927-11-15/2	01단	財界閑話
146041	朝鮮朝日	1927-11-15/2	01단	鮮航會運賃値上問題(五)/慌て出した朝郵が送った秋波を聯合會がポンと一蹴
146042	朝鮮朝日	1927-11-15/2	02단	慶北東海岸稀の豊漁/鯖や鰤が來襲
146043	朝鮮朝日	1927-11-15/2	02단	平北畜牛の年間增殖高四萬五千頭
146044	朝鮮朝日	1927-11-15/2	02단	咸南永興の牡蠣の養殖/成績は良好
146045	朝鮮朝日	1927-11-15/2	03단	外國爲替發着高
146046	朝鮮朝日	1927-11-15/2	03단	南浦穀物檢査高
146047	朝鮮朝日	1927-11-15/2	03단	遠眼鏡
146048	朝鮮朝日	1927-11-16/1	01단	特殊會社の利益を壟斷すると見て齋藤總督の意決し 生田局長の聲明となる會社設立せば苛酷に近き監督をなす/問題の人 水口專賣局長/聞けば聞くほど心外な事ばかり 昂奮した松井府尹十四日急遽出城す/松井氏の態度を見て委員も決意

일련번호	판명	간행일	단수	기사명
146049	朝鮮朝日	1927-11-16/1	02단	飛行家同士を結ぶえにしの糸/太平洋横斷の藤本君と木部孃/鄕里の有志が奔走
146050	朝鮮朝日	1927-11-16/1	03단	江口漁業の起債は許可/二萬三千圓
146051	朝鮮朝日	1927-11-16/1	03단	學校增設が何より急務/京畿道の計劃
146052	朝鮮朝日	1927-11-16/1	03단	平壤高女の五年制延期卒業生に講習
146053	朝鮮朝日	1927-11-16/1	04단	京城郵便局日曜祭日は集配を減少
146054	朝鮮朝日	1927-11-16/1	04단	さっぱり讀書せぬ學校の先生たち/平南敎育會の文庫が本棚の中で大欠伸
146055	朝鮮朝日	1927-11-16/1	04단	短歌/橋田東聲選
146056	朝鮮朝日	1927-11-16/1	05단	秋の訪れ
146057	朝鮮朝日	1927-11-16/1	05단	圖書館と京城社會館上棟式擧行
146058	朝鮮朝日	1927-11-16/1	05단	京城商議評議員選擧漸く色めく
146059	朝鮮朝日	1927-11-16/1	06단	大邱商議評議員決定十五日選擧
146060	朝鮮朝日	1927-11-16/1	06단	殆ど獨學で博士となった生田信保氏
146061	朝鮮朝日	1927-11-16/1	06단	參加校は十有一/出場者千餘名/演出曲目も決定す/中等女學校音樂會迫る
146062	朝鮮朝日	1927-11-16/1	07단	昨年に比し倍になった金剛山遊覽客
146063	朝鮮朝日	1927-11-16/1	07단	虎狩の隊長リ氏着淸す
146064	朝鮮朝日	1927-11-16/1	07단	雙頭の蝮平北で發見
146065	朝鮮朝日	1927-11-16/1	07단	馬晉對抗庭球戰
146066	朝鮮朝日	1927-11-16/1	07단	第四回/內鮮女學校音樂大會
146067	朝鮮朝日	1927-11-16/1	08단	切符の前賣やら小荷物の託送も引受けてくれる鐘路の鐵道營業所
146068	朝鮮朝日	1927-11-16/1	08단	西田天香氏鮮內を講演
146069	朝鮮朝日	1927-11-16/1	08단	僞造十圓券京城で發見
146070	朝鮮朝日	1927-11-16/1	08단	昌信校盟休/解決は困難か
146071	朝鮮朝日	1927-11-16/1	09단	唐人の墓盜掘を禁止
146072	朝鮮朝日	1927-11-16/1	10단	檢擧された中央高普生/深更まで取調
146073	朝鮮朝日	1927-11-16/1	10단	牡丹臺野話
146074	朝鮮朝日	1927-11-16/1	10단	人(中村竹藏氏(高等法院檢事長)/船橋定吉氏大■(大分縣佐伯築城支部長)/廣瀬博氏(朝郵釜山支店長)/高橋宇一氏(水原高農敎授)/吉田秀次郞氏(仁川會議所會頭)/恩田銅吉氏(朝郵社長))
146075	朝鮮朝日	1927-11-16/1	10단	半島茶話
146076	朝鮮朝日	1927-11-16/2	01단	鮮航會運賃値上問題(完)/不合理な値上の斷行は不可能/意地の喧譁も一先づ閉戰
146077	朝鮮朝日	1927-11-16/2	01단	鮮銀券三百萬圓增
146078	朝鮮朝日	1927-11-16/2	01단	慶州西面水利組合の設立行惱む
146079	朝鮮朝日	1927-11-16/2	01단	財界閑話
146080	朝鮮朝日	1927-11-16/2	01단	家畜の調査黃海が實施

일련번호	판명	간행일	단수	기사명
146081	朝鮮朝日	1927-11-16/2	02단	荒刻煙草の需要が激增/原料が不足
146082	朝鮮朝日	1927-11-16/2	02단	金剛山電鐵配當は一割
146083	朝鮮朝日	1927-11-16/2	02단	咸南物産の紹介廉賣デー
146084	朝鮮朝日	1927-11-16/2	02단	十月煙草賣上高
146085	朝鮮朝日	1927-11-16/2	03단	遠眼鏡
146086	朝鮮朝日	1927-11-17/1	01단	咸南道を訪ねて(五)/金看板の割合に漁獲高が少い/唯一を誇る明太魚も大正九年以來增加を見せぬ
146087	朝鮮朝日	1927-11-17/1	01단	府民大會を開き當局を糺彈 煙草會社の成立難は民營事業の壓迫と批難/高木社長にも電報を送る/青木知事の態度を批難
146088	朝鮮朝日	1927-11-17/1	03단	なんら纒らず鮮航會散會
146089	朝鮮朝日	1927-11-17/1	03단	鴨綠江の水電を滿鐵が調査す/山本社長が東上し斯界の權威者を招聘す
146090	朝鮮朝日	1927-11-17/1	04단	競願中の京城のバス年內に決定
146091	朝鮮朝日	1927-11-17/1	04단	太田安東所長奉天に榮轉/小津博士も更迭
146092	朝鮮朝日	1927-11-17/1	04단	釜山上水道擴張工事いよいよ着工
146093	朝鮮朝日	1927-11-17/1	04단	俳句/鈴木花蓑選
146094	朝鮮朝日	1927-11-17/1	04단	釜山工業補習存置に決定/委員會で協議
146095	朝鮮朝日	1927-11-17/1	05단	秋の訪れ
146096	朝鮮朝日	1927-11-17/1	05단	總べての人たちへ純淸な樂の音を廣く傳へんものと音樂會の中繼放送
146097	朝鮮朝日	1927-11-17/1	05단	岸和田の方面委員に全氏が選ばる泉南女校出身の才媛と正式結婚をした靑年紳士
146098	朝鮮朝日	1927-11-17/1	06단	平北道の緣故林拂下三千筆に達す
146099	朝鮮朝日	1927-11-17/1	06단	京畿道が小學兒童の健康診斷執行
146100	朝鮮朝日	1927-11-17/1	06단	七五三のお祭りで京城神社賑ふ
146101	朝鮮朝日	1927-11-17/1	07단	新義州遠乘會
146102	朝鮮朝日	1927-11-17/1	07단	平元線の順川新倉里近く着工
146103	朝鮮朝日	1927-11-17/1	07단	神の賜の敎科書に不穩な文句を數箇所も發見し直ちに削除を命ず
146104	朝鮮朝日	1927-11-17/1	07단	李局長や河上博士を共産黨公判證人に申請
146105	朝鮮朝日	1927-11-17/1	07단	第四回/內鮮女學校音樂大會
146106	朝鮮朝日	1927-11-17/1	08단	飮食物を一齊に檢査/平南衛生課が
146107	朝鮮朝日	1927-11-17/1	08단	列車妨害を嚴重に取締/各道へ通牒
146108	朝鮮朝日	1927-11-17/1	08단	亂暴した中央高普生引續き取調
146109	朝鮮朝日	1927-11-17/1	09단	二十六名の命はもはや絶望か/遭難漁船第五虎丸の行方杳として不明
146110	朝鮮朝日	1927-11-17/1	09단	安東地料の値上は延期
146111	朝鮮朝日	1927-11-17/1	09단	牡丹臺野話
146112	朝鮮朝日	1927-11-17/1	10단	會(憲兵隊長會議)

일련번호	판명	간행일	단수	기사명
146113	朝鮮朝日	1927-11-17/1	10단	人(靑木戒三氏(平南知事)/關水武氏(平南內務部長)/豊田長智氏(平壤府內務課長)/和田慶南知事)
146114	朝鮮朝日	1927-11-17/1	10단	半島茶話
146115	朝鮮朝日	1927-11-17/2	01단	京城で開いた朝鮮水産總會/建議案を協議す
146116	朝鮮朝日	1927-11-17/2	01단	豆粕倉庫の新設要望安東當業者が
146117	朝鮮朝日	1927-11-17/2	01단	木關引上の反對運動全滿が起つ
146118	朝鮮朝日	1927-11-17/2	01단	忠南の豫算二百十萬圓
146119	朝鮮朝日	1927-11-17/2	02단	商議會頭に和田氏推薦/改選を機會に
146120	朝鮮朝日	1927-11-17/2	02단	平壤商議會頭の選擧/人氣が振はぬ
146121	朝鮮朝日	1927-11-17/2	02단	朝鮮人間に保險の勸誘/好成績を收む
146122	朝鮮朝日	1927-11-17/2	02단	段當收穫が一石を出ぬ平北の米作
146123	朝鮮朝日	1927-11-17/2	03단	東拓所有の延白の釜山/三菱へ身賣
146124	朝鮮朝日	1927-11-17/2	03단	鮮人穀商にメートル法/普及を希望
146125	朝鮮朝日	1927-11-17/2	03단	演藝(中央館)
146126	朝鮮朝日	1927-11-17/2	03단	遠眼鏡
146127	朝鮮朝日	1927-11-18/1	01단	珍らしく和服に寛いだ水口局長　或は辭職を決意？　重荷を下したで一服の姿/はじめは猛虎　後には處女　煙草會社の委員たち御趣旨のまゝと尾を垂る/御役御免の人には總督が面會謝絶 京童の噂とりどり/平壤學議が當局糺彈の輿論を喚起
146128	朝鮮朝日	1927-11-18/1	01단	咸南道を訪ねて(六)/東洋第一と誇る赴戰の大水電/豹や熊の棲家が變じて弦歌さゞめく都會と變る
146129	朝鮮朝日	1927-11-18/1	03단	短歌/橋田東聲選
146130	朝鮮朝日	1927-11-18/1	03단	茂山守備隊の無線が竣工/ラヂオも設置
146131	朝鮮朝日	1927-11-18/1	04단	平壤警察署新築の敷地圓滿に解決
146132	朝鮮朝日	1927-11-18/1	04단	棧橋と驛が分れ不便な釜山驛/改築の必要が迫り當局では調査考究す
146133	朝鮮朝日	1927-11-18/1	04단	平壤電氣が盜電を嚴重に取締
146134	朝鮮朝日	1927-11-18/1	05단	平南警察部監察員設置/管內を巡視
146135	朝鮮朝日	1927-11-18/1	05단	全南筏橋登記所
146136	朝鮮朝日	1927-11-18/1	05단	妓生の家庭を券番附近に集合せしめ取調に便ず
146137	朝鮮朝日	1927-11-18/1	05단	鮮航會代表が集り裁定運賃を協議/釜山積みが三圓/仁川、木浦積が四圓の値上/七分の戻りを五分に引下げ
146138	朝鮮朝日	1927-11-18/1	06단	秋の訪れ
146139	朝鮮朝日	1927-11-18/1	06단	總督府編纂兒童學習帳申込が夥しい
146140	朝鮮朝日	1927-11-18/1	06단	殉職警官招魂祭
146141	朝鮮朝日	1927-11-18/1	07단	油繪賣上の一部を寄贈
146142	朝鮮朝日	1927-11-18/1	07단	釜山府の塵芥箱設置徹底を圖る
146143	朝鮮朝日	1927-11-18/1	07단	平壤の勝地を背景にとり巧に情事を織り込んだ李慶孫氏原作『椿姬』の撮影/新に組織された平壤シネマ

일련번호	판명	간행일	단수	기사명
146144	朝鮮朝日	1927-11-18/1	07단	第四回/內鮮女學校音樂大會
146145	朝鮮朝日	1927-11-18/1	08단	二匹が合し頭だけ分れ發育したものか/雙頭の朝鮮蛇
146146	朝鮮朝日	1927-11-18/1	08단	赤貧洗ふごとき鮮人の一家に熱き同情を注いで金品を與へた巡査部長
146147	朝鮮朝日	1927-11-18/1	09단	馬賊に怯え鮮人の歸還
146148	朝鮮朝日	1927-11-18/1	09단	南浦野球戰
146149	朝鮮朝日	1927-11-18/1	09단	間島永新中學全生徒盟休解決は困難
146150	朝鮮朝日	1927-11-18/1	10단	驅逐艦出動遭難漁船を更に搜索す
146151	朝鮮朝日	1927-11-18/1	10단	會(全南自動車大會/南浦下水道起工式)
146152	朝鮮朝日	1927-11-18/1	10단	人(大谷尊由師)
146153	朝鮮朝日	1927-11-18/1	10단	半島茶話
146154	朝鮮朝日	1927-11-18/2	01단	米の山を築く鎭南浦昨今の盛況/移出百萬石突破か
146155	朝鮮朝日	1927-11-18/2	01단	土地調査の規則改正調査を進む
146156	朝鮮朝日	1927-11-18/2	01단	交通展と子供博準備を急ぐ
146157	朝鮮朝日	1927-11-18/2	01단	鎭海の鱈漁/時期が遲る
146158	朝鮮朝日	1927-11-18/2	02단	內地資本家が全南水産に着目投資す
146159	朝鮮朝日	1927-11-18/2	02단	仲買人の呑み行爲を京取が取締
146160	朝鮮朝日	1927-11-18/2	02단	增加する一方の支那人勞動者/鮮人勞動者との間に複雜した爭議を釀す
146161	朝鮮朝日	1927-11-18/2	03단	年々陷沒する平北揚西面/應急工事施行
146162	朝鮮朝日	1927-11-18/2	03단	濟州島西歸浦漁船が輻湊/活氣を呈す
146163	朝鮮朝日	1927-11-18/2	03단	遠眼鏡
146164	朝鮮朝日	1927-11-19/1	01단	咸南道を訪ねて(七)/朝窒の進出で磯臭い漁村に一躍大都會が建設されん/偉大なる黃金の力
146165	朝鮮朝日	1927-11-19/1	01단	羲島に着いた唐生智氏/記者團と會見黑眼鏡が唐生智氏
146166	朝鮮朝日	1927-11-19/1	03단	議會に持出し總督府を廓淸 憤慨した松井府尹東上を願って阻止さる/大會だけは見合せ吳れ靑木知事が委員に懇談
146167	朝鮮朝日	1927-11-19/1	04단	俳句/鈴木花蓑選
146168	朝鮮朝日	1927-11-19/1	04단	紛糾を重ねた米穀運賃の値上/曲りなりにも解決す/不滿なら米穀業者も納まる(調停案)
146169	朝鮮朝日	1927-11-19/1	05단	水産品檢査員京城で會議/報告が重大視さる
146170	朝鮮朝日	1927-11-19/1	05단	寧邊農校の五年延長を地元民猛運動
146171	朝鮮朝日	1927-11-19/1	05단	釜山瓦電の買收/交涉著しく進捗/上城の香椎社長と泉崎府尹が會見
146172	朝鮮朝日	1927-11-19/1	05단	朝日新聞を教材に使用/平壤普校が
146173	朝鮮朝日	1927-11-19/1	06단	秋の訪れ
146174	朝鮮朝日	1927-11-19/1	06단	小學兒童の準備教育を慶北が嚴禁
146175	朝鮮朝日	1927-11-19/1	06단	安東商務會が山東避難民救濟の準備
146176	朝鮮朝日	1927-11-19/1	07단	大旋風六十間の高所に人を捲揚ぐ

일련번호	판명	간행일	단수	기사명
146177	朝鮮朝日	1927-11-19/1	07단	新義州府の未納稅額八萬三千圓
146178	朝鮮朝日	1927-11-19/1	07단	朝鮮で足らずに內地に出かけ警察官の大募集/採用者二百五十八名
146179	朝鮮朝日	1927-11-19/1	07단	女中希望の鮮女に內地語を敎授/傭ひ先の評判もよく京城府當局がホタホタ
146180	朝鮮朝日	1927-11-19/1	08단	二千年の古錢/趙の名刀平北で發掘
146181	朝鮮朝日	1927-11-19/1	09단	小作と地主間に商人が介在し納入の小作料の量目をごまかす
146182	朝鮮朝日	1927-11-19/1	09단	京城卸商聯盟が運送店の合同に反對の檄を飛ばし京城で荷主大會を開く
146183	朝鮮朝日	1927-11-19/1	09단	二十六名の命は絶望/虎丸搜査の驅逐艦歸る
146184	朝鮮朝日	1927-11-19/1	10단	內鮮融和の美しい結婚/泉南校の祝歌
146185	朝鮮朝日	1927-11-19/1	10단	新義州武道大會
146186	朝鮮朝日	1927-11-19/1	10단	半島茶話
146187	朝鮮朝日	1927-11-19/2	01단	珍らしく現れぬ鮮銀の限外發行/金利安と穀物の出廻減十二月には見るか
146188	朝鮮朝日	1927-11-19/2	01단	定員不足で大邱商議が補選を執行
146189	朝鮮朝日	1927-11-19/2	01단	平北道が穀物檢査の支所を增設
146190	朝鮮朝日	1927-11-19/2	01단	普通學校の稻作の指導/非常な好成績
146191	朝鮮朝日	1927-11-19/2	01단	木浦府の水源地擴張工事が進む
146192	朝鮮朝日	1927-11-19/2	01단	新義州荷扱所廳舍を新築工事が進む
146193	朝鮮朝日	1927-11-19/2	02단	平元線の舍人西浦線乘客が多い
146194	朝鮮朝日	1927-11-19/2	02단	釜山に集る勞動者達に共同宿泊所建設の計劃
146195	朝鮮朝日	1927-11-19/2	02단	鹽價の値下りに營業者が惱む/原因は輸入の過剰
146196	朝鮮朝日	1927-11-19/2	03단	癩患者の撲滅を期し本府へ請願
146197	朝鮮朝日	1927-11-19/2	03단	京城府立人事相談所明治町に移轉
146198	朝鮮朝日	1927-11-19/2	03단	平北越年蠶種
146199	朝鮮朝日	1927-11-19/2	03단	遠眼鏡
146200	朝鮮朝日	1927-11-20/1	01단	咸南道を訪ねて(八)/經濟的發展の大道程を辿る/咸興は李朝太祖の出生の地として知らる
146201	朝鮮朝日	1927-11-20/1	01단	叺入白米の重量取引を關係者から要望 當局は熟考の姿/穀物檢查查定會四日間開催
146202	朝鮮朝日	1927-11-20/1	02단	煙草元賣捌會社問題の檢討(一)/溫厚な長者齋藤老總督は何故に首を橫に振ったか/湯淺總監も心苦しいといふ
146203	朝鮮朝日	1927-11-20/1	03단	大同江口德島中洲に燈臺を建設
146204	朝鮮朝日	1927-11-20/1	04단	平北の豫算本年に比し五十萬圓增
146205	朝鮮朝日	1927-11-20/1	04단	平壤府の公職者秘密會を開き松井府尹擁護を決議/委員三名が京城に急行す
146206	朝鮮朝日	1927-11-20/1	04단	短歌/橋田東聲選
146207	朝鮮朝日	1927-11-20/1	05단	安東關係滿鐵の異動/相當に廣汎

일련번호	판명	간행일	단수	기사명
146208	朝鮮朝日	1927-11-20/1	05단	慶北道が地稅を免除/旱害地に對し
146209	朝鮮朝日	1927-11-20/1	05단	元山稅關の復活を要望/總督に陳情
146210	朝鮮朝日	1927-11-20/1	05단	間島に着目した內地の大手筋續々と北鮮に進出/吉會線の開通を控へて
146211	朝鮮朝日	1927-11-20/1	06단	霜の聲
146212	朝鮮朝日	1927-11-20/1	06단	全鮮中等校辯論大會
146213	朝鮮朝日	1927-11-20/1	06단	ゴム臼精米器特許權爭ひ/侵害でない
146214	朝鮮朝日	1927-11-20/1	06단	裡里警察署新築の計劃
146215	朝鮮朝日	1927-11-20/1	07단	近視の調べ慶北中等校
146216	朝鮮朝日	1927-11-20/1	07단	蛔蟲の多い普通學校生京城府で檢査
146217	朝鮮朝日	1927-11-20/1	07단	共産黨の辯護士が聲明書を發し裁判長を忌避の理由を一般に縷述/拷問事件の不起訴を辯護士が抗告
146218	朝鮮朝日	1927-11-20/1	07단	朝鮮ホテルが和食を調理
146219	朝鮮朝日	1927-11-20/1	07단	平壤野球後援會
146220	朝鮮朝日	1927-11-20/1	08단	警察隊員が隊長を殺し姿を晦ます
146221	朝鮮朝日	1927-11-20/1	08단	安東リンク竣工
146222	朝鮮朝日	1927-11-20/1	08단	食糧飲料水も殘り少なく思はれる虎丸
146223	朝鮮朝日	1927-11-20/1	08단	檢擧された高等普通生大部分釋放
146224	朝鮮朝日	1927-11-20/1	08단	密漁用の爆藥を發見/二名逮捕さる
146225	朝鮮朝日	1927-11-20/1	09단	兇賊の一味局子街で逮捕
146226	朝鮮朝日	1927-11-20/1	09단	李堈公殿下に對する損害賠償の訴へ/皇族裁判令で施行
146227	朝鮮朝日	1927-11-20/1	09단	亡びゆく朝鮮音樂/保存を企劃
146228	朝鮮朝日	1927-11-20/1	09단	會(平壤慈善音樂會/鐵道東洋畵展覽會/高商崇陵音樂會)
146229	朝鮮朝日	1927-11-20/1	10단	人(松浦城大總長/阿部能成氏(城大敎授)/大谷尊由師/テラトルレー伯夫人(駐日伊國大使夫人)/ドプカレスキー氏(駐日露國大使)/香雄釜山商議會頭/林駒生氏(東洋水産社長))
146230	朝鮮朝日	1927-11-20/1	10단	半島茶話
146231	朝鮮朝日	1927-11-20/2	01단	咸北洛山灣の鰤の貯養試驗/この興味深き試驗は水産界に新發見を齎さん
146232	朝鮮朝日	1927-11-20/2	01단	十月對內外貿易輸移出二千七百萬圓米の移出が目にたつ
146233	朝鮮朝日	1927-11-20/2	01단	財界閑話
146234	朝鮮朝日	1927-11-20/2	01단	京城商議逐鹿者弗々出揃ふ
146235	朝鮮朝日	1927-11-20/2	02단	平北道が土地改良の基本調査施行
146236	朝鮮朝日	1927-11-20/2	02단	慶北線の店村醴泉間延長工事着工
146237	朝鮮朝日	1927-11-20/2	02단	京城の勞銀前年より騰貴
146238	朝鮮朝日	1927-11-20/2	03단	釜山商議所鑛産館に移轉
146239	朝鮮朝日	1927-11-20/2	03단	圖們鐵增資/借入金を償却
146240	朝鮮朝日	1927-11-20/2	03단	驛長異動
146241	朝鮮朝日	1927-11-20/2	03단	京城諸銀擔保貸

일련번호	판명	간행일	단수	기사명
146242	朝鮮朝日	1927-11-20/2	03단	朝鮮私鐵業績
146243	朝鮮朝日	1927-11-20/2	03단	安東商事減資
146244	朝鮮朝日	1927-11-20/2	03단	遠眼鏡
146245	朝鮮朝日	1927-11-22/1	01단	二百に餘る乙女の多感な心の旋律/夢を唱ふか、その歌、その聲 白菊咲く玉のみ園と集ふ/本社支局主催の大音樂會(非常な人氣て/校長會心の作/聽く者の胸に/乙女等の感傷/滑かな歌調に/婚禮の合唱は)
146246	朝鮮朝日	1927-11-22/1	02단	御禮
146247	朝鮮朝日	1927-11-22/1	03단	營林署の値下で當業者惱む
146248	朝鮮朝日	1927-11-22/1	04단	復舊工事中の安東領事館近く竣工す
146249	朝鮮朝日	1927-11-22/1	04단	伊國大使が鮮人生活の實際を視察
146250	朝鮮朝日	1927-11-22/1	04단	總督や局長もよく諒解した/平壤醫專の設置/道は來年度豫算に計上
146251	朝鮮朝日	1927-11-22/1	05단	初等學校長會議
146252	朝鮮朝日	1927-11-22/1	05단	大邱商議補缺選
146253	朝鮮朝日	1927-11-22/1	05단	美術協會展/入選七十三點
146254	朝鮮朝日	1927-11-22/1	05단	左樣な事實は信ぜられぬ/父兄會醵金模領て當局は語る
146255	朝鮮朝日	1927-11-22/1	05단	煙草元賣捌會社問題の檢討(二)/新會社の重役を山口閥で占めて勝手に振舞はんとして總督左右の人に看破さる
146256	朝鮮朝日	1927-11-22/1	06단	侮辱的暴言に生徒が憤慨/教師を排斥
146257	朝鮮朝日	1927-11-22/1	06단	重要事項に關し水産會の實行員/本府を訪ひ陳情す
146258	朝鮮朝日	1927-11-22/1	06단	俳句/鈴木花蓑選
146259	朝鮮朝日	1927-11-22/1	07단	霜の聲
146260	朝鮮朝日	1927-11-22/1	07단	上海領事館爆破の犯人/二名の公判
146261	朝鮮朝日	1927-11-22/1	07단	『可愛い子供たちに氣まづい思ひを』/平壤の小學校が金とり興行物を見される
146262	朝鮮朝日	1927-11-22/1	08단	大邱高普の生徒が騷ぐ/要求を提出
146263	朝鮮朝日	1927-11-22/1	08단	お茶のあと
146264	朝鮮朝日	1927-11-22/1	08단	釜山弓術會
146265	朝鮮朝日	1927-11-22/1	09단	大垣丈夫氏また召喚さる
146266	朝鮮朝日	1927-11-22/1	09단	學校で作業中生徒が壓死/父兄が騷ぐ
146267	朝鮮朝日	1927-11-22/1	09단	姉を尋ねる今石童丸
146268	朝鮮朝日	1927-11-22/1	10단	牡丹臺野話
146269	朝鮮朝日	1927-11-22/1	10단	會(西田天番氏講演會/新義州署移廳式/釜山水道起工式/慶南種苗場記念式)
146270	朝鮮朝日	1927-11-22/1	10단	半島茶話
146271	朝鮮朝日	1927-11-22/2	01단	百四十萬石を突破する勢ひ未曾有の豊作で鮮米の移出激增
146272	朝鮮朝日	1927-11-22/2	01단	平北牛の初移出/四十八頭
146273	朝鮮朝日	1927-11-22/2	01단	平北道が農改低資の回收に着手

일련번호	판명	간행일	단수	기사명
146274	朝鮮朝日	1927-11-22/2	01단	財界閑話
146275	朝鮮朝日	1927-11-22/2	01단	鰮の加工/殖産局が研究
146276	朝鮮朝日	1927-11-22/2	02단	鏡城師節の移轉反對で面民が陳情
146277	朝鮮朝日	1927-11-22/2	02단	卒業生が引っ張り凧/工業補習校
146278	朝鮮朝日	1927-11-22/2	02단	太陽の黑點が水溫に影響し/魚類の回游が變り/鰮の漁獲新レコードを作る
146279	朝鮮朝日	1927-11-22/2	03단	寄附を仰ぎ釜山癩療院/治療室を增築
146280	朝鮮朝日	1927-11-22/2	03단	裡里農校品評會
146281	朝鮮朝日	1927-11-22/2	03단	遠眼鏡
146282	朝鮮朝日	1927-11-23/1	01단	咸南道を訪ねて(九)/發展を夢みる 咸興の家賃は全鮮で第一の高さ 土地も高いが賣買は少い
146283	朝鮮朝日	1927-11-23/1	01단	不良水利組合へ低資の融通は除外例に過ぎない/松本理財課長歸來談
146284	朝鮮朝日	1927-11-23/1	01단	釜山瓦電/買收交涉/頓に進步か
146285	朝鮮朝日	1927-11-23/1	02단	高普女高普國語漢文の教員打合會
146286	朝鮮朝日	1927-11-23/1	02단	煙草元賣捌會社問題の檢討(三)/新會社は果たして算盤が採れるか 疑問は疑問を生む
146287	朝鮮朝日	1927-11-23/1	03단	增築なった忠南道廳舍
146288	朝鮮朝日	1927-11-23/1	03단	新義州稅關/異動を發表
146289	朝鮮朝日	1927-11-23/1	04단	巡査部長試驗
146290	朝鮮朝日	1927-11-23/1	04단	感慨無量の姿で松井府尹歸る 出迎の內鮮代表と無言の握手を交す/大異動に際し松井氏は榮轉か總督に一任したと語る/府廳吏員の美しい晩餐會
146291	朝鮮朝日	1927-11-23/1	05단	大邱商議評議會
146292	朝鮮朝日	1927-11-23/1	05단	辭令(東京電話)
146293	朝鮮朝日	1927-11-23/1	05단	堰堤工事を地方に起し旱害民を救濟
146294	朝鮮朝日	1927-11-23/1	05단	孝昌園國有林の半ばを公園に李王家が使用を許可
146295	朝鮮朝日	1927-11-23/1	06단	霜の聲
146296	朝鮮朝日	1927-11-23/1	06단	美術協會が賞金を贈呈/展覽の佳作に
146297	朝鮮朝日	1927-11-23/1	06단	短歌/橋田東聲選
146298	朝鮮朝日	1927-11-23/1	06단	井戶水を邑內に供給/平南中和郡が
146299	朝鮮朝日	1927-11-23/1	06단	朝鮮唯一の大操車場/新義州荷扱所
146300	朝鮮朝日	1927-11-23/1	07단	世界にも珍しい完全なドルメン/西曆前一世紀位の南鮮土着氏の墳墓
146301	朝鮮朝日	1927-11-23/1	08단	平壤女高普聯合音樂會/聽衆を魅す
146302	朝鮮朝日	1927-11-23/1	08단	土木課長に記念品贈呈/慶北道民が
146303	朝鮮朝日	1927-11-23/1	09단	水平社大會に代表を送る/朝鮮衡平社
146304	朝鮮朝日	1927-11-23/1	09단	共産黨判事忌避理由の當否を調査
146305	朝鮮朝日	1927-11-23/1	09단	十姉妹の話

일련번호	판명	간행일	단수	기사명
146306	朝鮮朝日	1927-11-23/1	09단	三浪津普校/使込み事件/嘘と判明す
146307	朝鮮朝日	1927-11-23/1	09단	六十婆さん痴情の果が本夫を殺す
146308	朝鮮朝日	1927-11-23/1	10단	宵の强盗/京城に現る
146309	朝鮮朝日	1927-11-23/1	10단	運動界(慶北敎員庭球會/新義州卓球/鐵道撞球會)
146310	朝鮮朝日	1927-11-23/1	10단	會(判檢事打合會)
146311	朝鮮朝日	1927-11-23/1	10단	人(松本誠氏(總督府理財課長)/松山常次郎氏(代議士)/前島彌氏(釜山瓦電重役)/草間財務局長夫人/ハイデン・チャプリン氏/カフマン氏(デンマーク公使)/プルンナー博士(コロンビア學校長)/岡本三造警部)
146312	朝鮮朝日	1927-11-23/1	10단	半島茶話
146313	朝鮮朝日	1927-11-23/2	01단	上に厚く下に薄く漁業稅を改正/當局も考慮硏究中
146314	朝鮮朝日	1927-11-23/2	01단	資金の動き漸く活潑
146315	朝鮮朝日	1927-11-23/2	01단	財界閑話
146316	朝鮮朝日	1927-11-23/2	01단	外鹽輸入高/二億五千萬斤
146317	朝鮮朝日	1927-11-23/2	02단	穀價暴落で出廻り澁る/元山の貿易
146318	朝鮮朝日	1927-11-23/2	02단	十一月中旬/局線の荷物/十三萬餘噸
146319	朝鮮朝日	1927-11-23/2	02단	專賣局の共濟組合會/成績が良好
146320	朝鮮朝日	1927-11-23/2	03단	咸南新興に皮鼻疽發生/當局が警戒
146321	朝鮮朝日	1927-11-23/2	03단	定置漁組創立
146322	朝鮮朝日	1927-11-23/2	03단	煙草耕作組合/最近の成績
146323	朝鮮朝日	1927-11-23/2	03단	忠南鷄龍水組
146324	朝鮮朝日	1927-11-23/2	03단	遠眼鏡
146325	朝鮮朝日	1927-11-24/1	01단	咸南道を訪ねて(十)/朝窒は當然 元山に來ると官民共に信じてゐたのが內湖に取られて口アングリ
146326	朝鮮朝日	1927-11-24/1	01단	京城の諸銀行下半期の配當/前半期と同樣に一分減を斷行か
146327	朝鮮朝日	1927-11-24/1	01단	英國副領事更迭
146328	朝鮮朝日	1927-11-24/1	01단	上山峰の稅關出張所/支署に昇格
146329	朝鮮朝日	1927-11-24/1	02단	民國財政部員/煙草と鹽の專賣を視察
146330	朝鮮朝日	1927-11-24/1	02단	煙草元賣捌會社問題の檢討(四)/公明を缺いだ 專賣當局の態度 水口局長の失態
146331	朝鮮朝日	1927-11-24/1	03단	東海岸線の東萊通過を面民が熱望
146332	朝鮮朝日	1927-11-24/1	03단	限地開業醫試驗
146333	朝鮮朝日	1927-11-24/1	04단	船舶職員試驗
146334	朝鮮朝日	1927-11-24/1	04단	土木協會總會
146335	朝鮮朝日	1927-11-24/1	04단	歐亞航空路の要衝/新義州に着陸場/府當局の熱が高く橫山飛行學校敎官と協議
146336	朝鮮朝日	1927-11-24/1	04단	閣議で容忍された新規要求の內容/總額千六百萬圓(城大の完成/醫專の完成/産米增殖の旣定經費增加/砂防工事/森林伐採に伴ふ運林軌道の敷設/下級官吏の優遇)

일련번호	판명	간행일	단수	기사명
146337	朝鮮朝日	1927-11-24/1	05단	霜の聲
146338	朝鮮朝日	1927-11-24/1	05단	東海岸を貫く/電信と電話線/來年度に増設を計劃/各地の發着頓に激増
146339	朝鮮朝日	1927-11-24/1	06단	幾多の京話が織りこまれた/遞信局の水電調査/月末に漸く完成す
146340	朝鮮朝日	1927-11-24/1	07단	特務艦青島南浦に入港
146341	朝鮮朝日	1927-11-24/1	07단	內地方面からの渡鮮者が増加/鐵道局のホクホク
146342	朝鮮朝日	1927-11-24/1	07단	俳句/鈴木花蓑選
146343	朝鮮朝日	1927-11-24/1	08단	除隊兵の歸還で賑ふ/釜山の棧橋
146344	朝鮮朝日	1927-11-24/1	08단	怪祈禱師が行方を晦す
146345	朝鮮朝日	1927-11-24/1	08단	元警官が玄海で投身/連絡船から
146346	朝鮮朝日	1927-11-24/1	08단	平南中和の患者狩り肺ヂストア
146347	朝鮮朝日	1927-11-24/1	09단	僞造の十圓紙弊南鮮に流通す/素人には判り難いほど巧妙に造られてゐる
146348	朝鮮朝日	1927-11-24/1	10단	大邱スケート傷
146349	朝鮮朝日	1927-11-24/1	10단	會(鐵道慰安活寫會/畜産技術員會議)
146350	朝鮮朝日	1927-11-24/1	10단	人(李堈公殿下/金谷軍司令官/寺內軍參謀長/古橋卓四郎氏(慶北內務部長)/石橋孝吉氏(朝鮮汽船社長)/圓田本府山林部長/思田鋼吉氏(朝鮮社長)/關水武氏(平南內務部長)/左藤卓治氏(平壤署長)/大藏公望男(前萬鐵道事)/チャ−ルド・ハイン氏(米國パシフィツク・レール・ウエ一會社理事長))
146351	朝鮮朝日	1927-11-24/1	10단	半島茶話
146352	朝鮮朝日	1927-11-24/2	01단	朝鮮の農會長を民間から選べ運賃値上無關心に懲りてか/制度改善が叫ばる
146353	朝鮮朝日	1927-11-24/2	01단	慶北米の出廻り閑散/昨年の三割
146354	朝鮮朝日	1927-11-24/2	01단	元山から京阪行きの船路を開始
146355	朝鮮朝日	1927-11-24/2	01단	江界高山が金融組合の設置を要望
146356	朝鮮朝日	1927-11-24/2	01단	局線在荷高/一萬七千噸
146357	朝鮮朝日	1927-11-24/2	02단	南浦生牛移出
146358	朝鮮朝日	1927-11-24/2	02단	咸安電氣創立
146359	朝鮮朝日	1927-11-24/2	02단	土産品廉賣デー
146360	朝鮮朝日	1927-11-24/2	02단	三中井吳服店/咸興に進出
146361	朝鮮朝日	1927-11-24/2	02단	罐詰業者研究會
146362	朝鮮朝日	1927-11-24/2	02단	農事改良低資の貸付方法に批難/八割と二割に分つ杓子定規は困る
146363	朝鮮朝日	1927-11-24/2	03단	遠眼鏡
146364	朝鮮朝日	1927-11-25/1	01단	咸南道を訪ねて(十)/平和と安穏の夢をむさぼる安樂境の元山？府民の覺醒が最大の急務

일련번호	판명	간행일	단수	기사명
146365	朝鮮朝日	1927-11-25/1	01단	總督が辭めば人事は大荒れ/總監とも相談してと齋藤總督はとぼける
146366	朝鮮朝日	1927-11-25/1	01단	新嘗の御儀/嚴かに執行
146367	朝鮮朝日	1927-11-25/1	02단	鮮人勞働者/就職の斡旋を協議/西部紹介所聯合會
146368	朝鮮朝日	1927-11-25/1	02단	安東と吉林の委員が上京/木關稅引上反對を陳情
146369	朝鮮朝日	1927-11-25/1	03단	群山京城間電信線增設
146370	朝鮮朝日	1927-11-25/1	03단	いよいよ完成する/城大の講座/法文學と醫學部が增加し/全部で七十四講座
146371	朝鮮朝日	1927-11-25/1	03단	煙草元賣捌賣會社問題の檢討(完)/人もなげなる創立委員の態度 總督府決意を固む/値上前にストックする噂もある
146372	朝鮮朝日	1927-11-25/1	04단	京畿道評議會
146373	朝鮮朝日	1927-11-25/1	04단	江界高山鎭間三等道路の開通を要望
146374	朝鮮朝日	1927-11-25/1	04단	短歌/橋田東聲選
146375	朝鮮朝日	1927-11-25/1	04단	安東地方員補選
146376	朝鮮朝日	1927-11-25/1	05단	增築なった平壤高女校
146377	朝鮮朝日	1927-11-25/1	05단	群山渡船場/來年に移轉
146378	朝鮮朝日	1927-11-25/1	05단	減債基金を設け公債を整理する/政府の方針が決定/財政難の朝鮮では今の處困難
146379	朝鮮朝日	1927-11-25/1	06단	霜の聲
146380	朝鮮朝日	1927-11-25/1	06단	專門學校の受驗準備で圖書館賑ふ
146381	朝鮮朝日	1927-11-25/1	06단	寒さは來たがなかなかやまぬ/傳染病のいろいろ
146382	朝鮮朝日	1927-11-25/1	07단	兒童協會の十周年記念/一年間に亙る記念事業計劃
146383	朝鮮朝日	1927-11-25/1	07단	金剛山電鐵の列車が顚覆し/四名重傷五名は輕傷/原因は子供の惡戲か
146384	朝鮮朝日	1927-11-25/1	08단	お茶のあと
146385	朝鮮朝日	1927-11-25/1	08단	少年少女雄辯大會は二日に延期
146386	朝鮮朝日	1927-11-25/1	09단	本部飛行孃汝矢島に飛來
146387	朝鮮朝日	1927-11-25/1	09단	三十三種の內地の新聞/釜山で差押
146388	朝鮮朝日	1927-11-25/1	09단	新義州稅關吏の犯罪に驚いた 總督府令を改正し密輸入を嚴重取締る/新義州の稅關吏事件 二十四日言渡
146389	朝鮮朝日	1927-11-25/1	10단	一年前の支那人殺し/馬賊が捕はる
146390	朝鮮朝日	1927-11-25/1	10단	會(第一高女音樂會/平南聲學研究會)
146391	朝鮮朝日	1927-11-25/1	10단	人(金井淸氏(鐵道省寄記官)/ドフガレフスキー氏(駐日露國代理大使)/河谷靜夫氏(南鮮日報社長)/栗野俊一氏(安東地方事務所長)/太田雅雄氏(奉天地方事務所長))
146392	朝鮮朝日	1927-11-25/1	10단	半島茶話
146393	朝鮮朝日	1927-11-25/2	01단	世論に訴へて荷主の立場を擁護するものだと運送店合同に反對の烽火
146394	朝鮮朝日	1927-11-25/2	01단	木浦の海藻大激減/昨年の半額

일련번호	판명	간행일	단수	기사명
146395	朝鮮朝日	1927-11-25/2	01단	財界閑話
146396	朝鮮朝日	1927-11-25/2	02단	木浦の棉花/共販の成績
146397	朝鮮朝日	1927-11-25/2	02단	新義州水道給水制限はいよいよ撤廢
146398	朝鮮朝日	1927-11-25/2	02단	師走も迫り歲暮賣出/各商店が大馬力
146399	朝鮮朝日	1927-11-25/2	02단	煙草の專賣制度は支那にも必要/朝鮮の制度を視察した/財務部顧問は語る
146400	朝鮮朝日	1927-11-25/2	03단	他所に見れぬ南浦の白菜/出廻が旺勢
146401	朝鮮朝日	1927-11-25/2	03단	遠眼鏡
146402	朝鮮朝日	1927-11-26/1	01단	『もうこれつきり來ないか知れぬ』思ひなしか何となう生彩なく老總督京城を難る/總督の病氣は大したことはない 成田主治醫語る
146403	朝鮮朝日	1927-11-26/1	01단	太平通りの電車敷設/開通は明年末
146404	朝鮮朝日	1927-11-26/1	01단	土曜漫筆/初老　京城醫專教授　眞能義蒼
146405	朝鮮朝日	1927-11-26/1	02단	新義州商議いよいよ設立
146406	朝鮮朝日	1927-11-26/1	02단	大邱商議役員が決定/初評議員會
146407	朝鮮朝日	1927-11-26/1	03단	重役の選任は局長の認可を要する條件づきで煙草會社愈よ創立/希望者が多くて椅子が足らぬ　重役選任が大難關
146408	朝鮮朝日	1927-11-26/1	04단	咸鏡新線の新驛が決定
146409	朝鮮朝日	1927-11-26/1	04단	慶南の豫算 四百三十萬圓/査定を終る　忠南の豫算
146410	朝鮮朝日	1927-11-26/1	05단	平壤高普が研究部新設/放課後に指導
146411	朝鮮朝日	1927-11-26/1	05단	基金釀出に洋服を營業/運轉手協會
146412	朝鮮朝日	1927-11-26/1	05단	俳句/鈴木花蓑選
146413	朝鮮朝日	1927-11-26/1	05단	鮮人求職者の紹介に關し協議/西部職業紹介人事/相談所聯合協議會
146414	朝鮮朝日	1927-11-26/1	06단	霜の聲
146415	朝鮮朝日	1927-11-26/1	06단	解氷を待ち新築をなす/平壤警察署
146416	朝鮮朝日	1927-11-26/1	06단	大邱中學組優勝
146417	朝鮮朝日	1927-11-26/1	06단	虎狩隊/清津を出發
146418	朝鮮朝日	1927-11-26/1	06단	鐵道局のボーナスメて九十萬圓/十五六割から二十割/不景氣知らずの勢ひ
146419	朝鮮朝日	1927-11-26/1	07단	社員の奔走で平每は發行か/佐々木署名人も承諾し出資者の一部も諒解
146420	朝鮮朝日	1927-11-26/1	07단	間島永新校盟休永びく
146421	朝鮮朝日	1927-11-26/1	08단	僞造紙幣の嫌疑者/內地で逮捕
146422	朝鮮朝日	1927-11-26/1	08단	共産黨被告/拷問事件は辯護士が抗告
146423	朝鮮朝日	1927-11-26/1	08단	混血兒が自殺を企つ/自稻虛無主義者
146424	朝鮮朝日	1927-11-26/1	08단	重大犯人が剃刀で/自殺を圖る
146425	朝鮮朝日	1927-11-26/1	09단	他見を嫌がった/鮮婦人のお産/助産婦の必要を語り/志望者もだんだん增加

일련번호	판명	간행일	단수	기사명
146426	朝鮮朝日	1927-11-26/1	09단	露領から越境を企つ/鮮人に死刑
146427	朝鮮朝日	1927-11-26/1	09단	牡丹臺野話
146428	朝鮮朝日	1927-11-26/1	10단	會(ハーモニカ音樂會)
146429	朝鮮朝日	1927-11-26/1	10단	人(松本本府水産課長/荒井初太郎氏(仁取社長)/千葉風義氏(釜山鎭埋築重役)/エウゲニア・リスドニッキ氏(ポーランド營業家)/金井淸氏(北京駐在鐵道省書記官))
146430	朝鮮朝日	1927-11-26/1	10단	半島茶話
146431	朝鮮朝日	1927-11-26/2	01단	五百萬圓の低資/預金部から融通/移民達への貸付と金組、産組運轉資金に充當
146432	朝鮮朝日	1927-11-26/2	01단	穀類出廻旺盛となる
146433	朝鮮朝日	1927-11-26/2	01단	財界閑話
146434	朝鮮朝日	1927-11-26/2	01단	運送店合同問題の是非(上)/運送店合同の曉は橫暴が心配だ反對荷主側の言分
146435	朝鮮朝日	1927-11-26/2	02단	靑米の多い/本年の米作/農家が大困り
146436	朝鮮朝日	1927-11-26/2	02단	聯合會への金融の預金/千九百萬圓
146437	朝鮮朝日	1927-11-26/2	02단	慶南の棉作/近來の不良
146438	朝鮮朝日	1927-11-26/2	03단	慶南産繭高
146439	朝鮮朝日	1927-11-26/2	03단	慶南桑苗の植栽
146440	朝鮮朝日	1927-11-26/2	03단	朝鮮馬能力試驗
146441	朝鮮朝日	1927-11-26/2	03단	遠眼鏡
146442	朝鮮朝日	1927-11-27/1	01단	傷づいた山梨氏は感心できないと京城官邊では噂さ　結局お鉢は宇垣氏に廻るものこ評判さる/何處やら淋しい　おも影が漂ひ齋藤總督下關上陸
146443	朝鮮朝日	1927-11-27/1	03단	參政權獲得を議會に請願/內鮮人團體が協議/協力一致を申合す
146444	朝鮮朝日	1927-11-27/1	03단	司法官憲の威信失墜で反省を促す
146445	朝鮮朝日	1927-11-27/1	04단	西部職紹協議會/第二日目
146446	朝鮮朝日	1927-11-27/1	04단	短歌/橋田東聲選
146447	朝鮮朝日	1927-11-27/1	04단	醫生檢定試驗
146448	朝鮮朝日	1927-11-27/1	04단	松井氏の今後は虎を野に放つ/感がする人が多からう/注目さるゝその進退(一身を展開/廣に觸った)
146449	朝鮮朝日	1927-11-27/1	05단	平壤女高普/手藝展覽會/父兄に卽賣
146450	朝鮮朝日	1927-11-27/1	05단	合同、非合同兩派に分れ猛熱な言論戰を演ず　運送店合同の粉糾/大運送店を荷主團が設立
146451	朝鮮朝日	1927-11-27/1	05단	日露戰役記念碑/龍岩浦に建設
146452	朝鮮朝日	1927-11-27/1	06단	高校と專門校の試驗期日を統一/課目も四つに限る/近く官報で告示
146453	朝鮮朝日	1927-11-27/1	07단	霜の聲
146454	朝鮮朝日	1927-11-27/1	07단	平每支社が活寫會開催
146455	朝鮮朝日	1927-11-27/1	07단	盤松、群山間小何物連絡/自動車が開通

일련번호	판명	간행일	단수	기사명
146456	朝鮮朝日	1927-11-27/1	07단	大邱遠承會
146457	朝鮮朝日	1927-11-27/1	08단	癩患者の命の親/大楓子油劑
146458	朝鮮朝日	1927-11-27/1	08단	巡査の月給が白銅で僅か四圓/足を洗った警察界のぬし國友さんの昔ばなし
146459	朝鮮朝日	1927-11-27/1	09단	古屋辯護士詐欺事件で取調べらる
146460	朝鮮朝日	1927-11-27/1	09단	アナ系の鮮人が三名渡來し取調べらる
146461	朝鮮朝日	1927-11-27/1	10단	檢束された幹部を返せ/農民組合員が警察に押かく
146462	朝鮮朝日	1927-11-27/1	10단	人(杉村釜山檢事正/池田殖産局長/關水武氏(平南道內務部長)/原正關氏(京城地方法院長)/野口濟氏(日盤會社專務)/吉岡實賞氏(釜山實業家)/山下四洮鐵道出納課長)
146463	朝鮮朝日	1927-11-27/1	10단	半島茶話
146464	朝鮮朝日	1927-11-27/2	01단	運送店合同問題の是非(中)/合同の利益は民衆に與へよ橫暴があってはならぬ
146465	朝鮮朝日	1927-11-27/2	01단	平南特産物大宣傳/明年から着手
146466	朝鮮朝日	1927-11-27/2	01단	北海道の需要增加で慶南穀物檢查增加
146467	朝鮮朝日	1927-11-27/2	01단	金鑛廢止で統營沿海に魚族が豊富
146468	朝鮮朝日	1927-11-27/2	01단	本年度の阿片製造高/二百貫に達す
146469	朝鮮朝日	1927-11-27/2	02단	低資を融通アンペラの製造を獎勵
146470	朝鮮朝日	1927-11-27/2	02단	鎭海要港部重油タンク一個を增設
146471	朝鮮朝日	1927-11-27/2	02단	採氷始まる/北鮮輪城河
146472	朝鮮朝日	1927-11-27/2	02단	主要都市電信電話の利用數增加
146473	朝鮮朝日	1927-11-27/2	03단	楚山に電氣計劃
146474	朝鮮朝日	1927-11-27/2	03단	農産品評會
146475	朝鮮朝日	1927-11-27/2	03단	遠眼鏡
146476	朝鮮朝日	1927-11-29/1	01단	咸南道を訪ねて(十一)/忽然と現はれた急激な進化に有頂天になった咸興 玉に疵なは賭博が增えた
146477	朝鮮朝日	1927-11-29/1	02단	大阪朝日の記事を壇上に讀み擧げ運送店合同の弊害を絶叫した荷主大會
146478	朝鮮朝日	1927-11-29/1	02단	日本ではじめて少年審判所の保護司となった廈さん/京城名門の生れ
146479	朝鮮朝日	1927-11-29/1	03단	俳句/鈴木花蓑選
146480	朝鮮朝日	1927-11-29/1	04단	波瀾を極めた/煙草會社創立/重役は廿九日選擧/老舗料兎も角も可決
146481	朝鮮朝日	1927-11-29/1	04단	平北道會議/三月に開催
146482	朝鮮朝日	1927-11-29/1	04단	東海岸線の東萊經由を面民が決議
146483	朝鮮朝日	1927-11-29/1	05단	吉會線の終端驛/結局は淸津か
146484	朝鮮朝日	1927-11-29/1	05단	安東奉天間電話の改良
146485	朝鮮朝日	1927-11-29/1	05단	新義州の商議平議戰/競爭激甚か

일련번호	판명	간행일	단수	기사명
146486	朝鮮朝日	1927-11-29/1	05단	先生も親も子も惱む試驗地獄/いよいよ迫って試驗勉强が始まる
146487	朝鮮朝日	1927-11-29/1	06단	霜の聲
146488	朝鮮朝日	1927-11-29/1	06단	辭令(東京電話)
146489	朝鮮朝日	1927-11-29/1	06단	新義州で耐寒飛行/明春の一月
146490	朝鮮朝日	1927-11-29/1	06단	遞送夫を慘殺し/赤行囊を奪ひ二千餘圓を强奪す
146491	朝鮮朝日	1927-11-29/1	07단	漢江にかけ渡す/朝鮮一の鐵橋/延長三千六百フィート
146492	朝鮮朝日	1927-11-29/1	07단	中等校英語大會
146493	朝鮮朝日	1927-11-29/1	07단	お國自慢をD局が放送
146494	朝鮮朝日	1927-11-29/1	08단	懷を溫めて筏夫は歸る
146495	朝鮮朝日	1927-11-29/1	08단	列車の震動/鐵道局が調査
146496	朝鮮朝日	1927-11-29/1	08단	交通妨害の大將は官吏/態度も傲慢
146497	朝鮮朝日	1927-11-29/1	09단	年賀郵便の特別取扱は二十五日から
146498	朝鮮朝日	1927-11-29/1	09단	鴨江の結氷/渡船を禁止
146499	朝鮮朝日	1927-11-29/1	09단	新幹會の平壤支部近く發會
146500	朝鮮朝日	1927-11-29/1	09단	つゆ難れじと胴を縛った/男女の心中
146501	朝鮮朝日	1927-11-29/1	10단	徽文の盟休/近く解決か
146502	朝鮮朝日	1927-11-29/1	10단	植字の誤から群山日報が不敬で取調
146503	朝鮮朝日	1927-11-29/1	10단	法政の盟休/なほ靜まらぬ
146504	朝鮮朝日	1927-11-29/1	10단	靑少年の修養に資す
146505	朝鮮朝日	1927-11-29/1	10단	會(農事講習會/淸津判檢事會議)
146506	朝鮮朝日	1927-11-29/1	10단	人(河內山樂三氏(朝鮮火災社長)/多木条次郎氏(代議士)/協谷洋次郎博士(水産試驗社長)/石塚峻氏(土地改良技師)/佐々木淸綱氏(辯護士))
146507	朝鮮朝日	1927-11-29/2	01단	運送店合同問題の是非(下)/よき民衆への惠みであれば運送店の合同は是
146508	朝鮮朝日	1927-11-29/2	01단	一貨車に五百叺/積載を許可
146509	朝鮮朝日	1927-11-29/2	01단	萊作減收早魃が影響
146510	朝鮮朝日	1927-11-29/2	01단	淸津港の大豆と魚類/相當に盛ん
146511	朝鮮朝日	1927-11-29/2	02단	全鮮隨一の南浦の林檎/本年は廉い
146512	朝鮮朝日	1927-11-29/2	02단	局私線連絡荷物
146513	朝鮮朝日	1927-11-29/2	02단	産業貯金組合
146514	朝鮮朝日	1927-11-29/2	03단	遠眼鏡
146515	朝鮮朝日	1927-11-30/1	01단	米穀法を改正し朝鮮にも擴張す 湯淺總監の努力で政府筋でもほゞ諒解す/國立倉庫は三箇所に設置 大集散主義を採る
146516	朝鮮朝日	1927-11-30/1	01단	重役の選任は專賣局に一任 專務は新重役で選定 煙草會社愈よ創立/拂入は完納 二十九日に
146517	朝鮮朝日	1927-11-30/1	01단	咸鏡線試乘/一日より開通
146518	朝鮮朝日	1927-11-30/1	02단	肥料取締令/昨年一月から

일련번호	판명	간행일	단수	기사명
146519	朝鮮朝日	1927-11-30/1	02단	新義州商議/初の評議選/期日は近く決定
146520	朝鮮朝日	1927-11-30/1	02단	慶尚北道を訪ねて(一)/金融に乏しく他地の商人と太刀打ができぬ/金泉の米商人たち
146521	朝鮮朝日	1927-11-30/1	03단	畏き邊りに平壤栗獻上/齋藤總督が
146522	朝鮮朝日	1927-11-30/1	03단	馬山上水道/近く着工/府尹が來釜
146523	朝鮮朝日	1927-11-30/1	04단	平壤飛行隊の夜間飛行/一日から擧行
146524	朝鮮朝日	1927-11-30/1	04단	在鄕將校團/飛行機見學/偵祭機に同乘
146525	朝鮮朝日	1927-11-30/1	04단	短歌/橋田東聲選
146526	朝鮮朝日	1927-11-30/1	04단	機が塾したらしい/釜山の瓦電買收/香椎社長の歸釜をまち/府尹が交渉を開始
146527	朝鮮朝日	1927-11-30/1	05단	秩父宮殿下に間島ノ口を獻上/石本男が連れ歸る
146528	朝鮮朝日	1927-11-30/1	05단	鳩の通信/成績が良い
146529	朝鮮朝日	1927-11-30/1	06단	釜山港修築/祝賀會計劃/會議所と打合
146530	朝鮮朝日	1927-11-30/1	06단	國境の寒さ/結氷始まる
146531	朝鮮朝日	1927-11-30/1	07단	霜の聲
146532	朝鮮朝日	1927-11-30/1	07단	運送店合同派が聲明書を發し/合同の議案につき一般民衆に告げる
146533	朝鮮朝日	1927-11-30/1	07단	新しい時代へ/個人的生涯の悲劇を解放したい/「幽鬱なる信號の」著者語る
146534	朝鮮朝日	1927-11-30/1	07단	全鮮專門校雄辯大會をラヂオで放送
146535	朝鮮朝日	1927-11-30/1	07단	釜山府小學校廢合と改築/漸次に着手
146536	朝鮮朝日	1927-11-30/1	08단	釜山の大時化/連絡船缺航
146537	朝鮮朝日	1927-11-30/1	08단	白骨事件の山崎醫師は免訴となる
146538	朝鮮朝日	1927-11-30/1	08단	陸軍の國境無線/通信成績も良好で明春一月から開始
146539	朝鮮朝日	1927-11-30/1	09단	裁縫職工の七十名が盟休
146540	朝鮮朝日	1927-11-30/1	09단	修羅場化した/馬山教會堂/兩派が亂鬪
146541	朝鮮朝日	1927-11-30/1	09단	十圓紙幣僞造犯下關櫻田商會支配人/大邱で捕はる
146542	朝鮮朝日	1927-11-30/1	10단	小作人が百餘名殺到/檢束者を奪還
146543	朝鮮朝日	1927-11-30/1	10단	牡丹臺野話
146544	朝鮮朝日	1927-11-30/1	10단	會(平壤高女落成式/福田署長慰勞裳)
146545	朝鮮朝日	1927-11-30/1	10단	人(三上淸津府尹/和田知事/村山慶南道警察部長、久山同警務課長)
146546	朝鮮朝日	1927-11-30/2	01단	年度が變って鮮米の移出がだんだん出澁り粟の輸入が增加
146547	朝鮮朝日	1927-11-30/2	01단	農村の振興を期し中堅青年を養成/普通學校卒業生に農事の實際を指導
146548	朝鮮朝日	1927-11-30/2	01단	平壤栗今年は減收
146549	朝鮮朝日	1927-11-30/2	01단	安東二銀行/利率を改正
146550	朝鮮朝日	1927-11-30/2	01단	咸鏡線全通と羅南の計劃/道廳で協議
146551	朝鮮朝日	1927-11-30/2	01단	團結を缺ぐ/南浦苹業者ハルビンで亂賣

일련번호	판명	간행일	단수	기사명
146552	朝鮮朝日	1927-11-30/2	02단	慶北の麥作/前年より減收
146553	朝鮮朝日	1927-11-30/2	02단	弗々あらはれた新年の繪葉書/朝鮮の氣分を出したのが大分と殖えて來た
146554	朝鮮朝日	1927-11-30/2	03단	出揃うた慶南の豫算/四百三十萬圓
146555	朝鮮朝日	1927-11-30/2	03단	釜山自動車合同
146556	朝鮮朝日	1927-11-30/2	03단	南浦穀物檢査高
146557	朝鮮朝日	1927-11-30/2	03단	遠眼鏡

1927년 12월 (조선아사히)

일련번호	판명	간행일	단수	기사명
146558	朝鮮朝日	1927-12-01/1	01단	宇垣一派の策動に總督が感情を害し 持前の意固地から山梨氏を押したか/政黨の色濃き山梨氏の來任は評判甚だよからず 京城の官邊早くも動搖す
146559	朝鮮朝日	1927-12-01/1	01단	慶尙北道を訪ねて(二)/慶南の漁獲を朝鮮の中心地に齎すべき金浦鐵道/開通せば金泉軈て蘇らん
146560	朝鮮朝日	1927-12-01/1	02단	慶北線の店村醴泉間/工事を入札
146561	朝鮮朝日	1927-12-01/1	02단	兎も角も重役の選任は終る 不平組は數多く一紛擾は免れまい/松井氏の問題で東京の記者團が內容を照會して來る 議會の問題となるか
146562	朝鮮朝日	1927-12-01/1	03단	慶山水利の限外起債を本府が認めぬ
146563	朝鮮朝日	1927-12-01/1	03단	慶北道評議會/一月十日から
146564	朝鮮朝日	1927-12-01/1	04단	俳句/鈴木花蓑選
146565	朝鮮朝日	1927-12-01/1	04단	研究中の汽動機關車/試運轉に成功
146566	朝鮮朝日	1927-12-01/1	05단	霜の聲
146567	朝鮮朝日	1927-12-01/1	05단	北鮮地方の鐵道電信が不通となる
146568	朝鮮朝日	1927-12-01/1	05단	モヒ患者の入院が激增/療養所が困る
146569	朝鮮朝日	1927-12-01/1	05단	無線を利用する新聞の豫約電報いよいよ開始に決定/東京と龍山兩局間に
146570	朝鮮朝日	1927-12-01/1	05단	朝鮮信託の總會が混亂/幹部を批斥
146571	朝鮮朝日	1927-12-01/1	06단	中等校軍教査閱
146572	朝鮮朝日	1927-12-01/1	06단	論文が通過學位を得た松山茂樹氏
146573	朝鮮朝日	1927-12-01/1	06단	合同!非合同!運送店合同のもつれ/大荷主側も運送店經營計劃を進む/合同に精進 鮮運會が聲明/合同は是非實現したい 大村鐵道局長答ふ
146574	朝鮮朝日	1927-12-01/1	08단	二回續けての連絡船の缺航/關釜間初めてのできごと釜山埠頭の大雜沓
146575	朝鮮朝日	1927-12-01/1	08단	平每紙再刊/一日から
146576	朝鮮朝日	1927-12-01/1	08단	返り咲く躑躅の花の眞つさかり
146577	朝鮮朝日	1927-12-01/1	08단	平南の犯罪狀況
146578	朝鮮朝日	1927-12-01/1	08단	精米人夫の再罷業/軍用金五千圓
146579	朝鮮朝日	1927-12-01/1	09단	密偵殺しの不逞鮮人に無期の判決
146580	朝鮮朝日	1927-12-01/1	09단	年末も間近にコソ泥と押賣か/京城府內に頻出し府民の損害が夥しい
146581	朝鮮朝日	1927-12-01/1	10단	七尺の大蛇/鮮女を脅かす
146582	朝鮮朝日	1927-12-01/1	10단	會(本部飛行士歡迎會/元山中學女藝會/朝鮮酒造講習會/京城府協議會/憲兵分隊長參議)
146583	朝鮮朝日	1927-12-01/1	10단	人(中候百合子女史(女流作家)/泉崎釜山府尹/田村釜山水上機長/瀧川儀作氏、小林宇太郎氏(神戶實榮家)/上原第二十師團長)
146584	朝鮮朝日	1927-12-01/1	10단	半島茶話

일련번호	판명	간행일	단수	기사명
146585	朝鮮朝日	1927-12-01/2	01단	不良品を出した/鮮米の格村は今年は非常に不利
146586	朝鮮朝日	1927-12-01/2	01단	十一月上旬/對外貿易四百四十萬圓
146587	朝鮮朝日	1927-12-01/2	01단	慶北米出廻/漸く旺ん
146588	朝鮮朝日	1927-12-01/2	01단	財界閑話
146589	朝鮮朝日	1927-12-01/2	01단	元山の漁況/明太に集中
146590	朝鮮朝日	1927-12-01/2	02단	紅蔘の製造/四萬千餘斤/太物が少い
146591	朝鮮朝日	1927-12-01/2	02단	慶北尙州の水田の養鯉/好成績を收む
146592	朝鮮朝日	1927-12-01/2	02단	平壤電車の寺洞延長は中旬に開通
146593	朝鮮朝日	1927-12-01/2	02단	優良農會を總會で表彰
146594	朝鮮朝日	1927-12-01/2	02단	米價安に反して棉花の高價で農民漸く蘇生し/出廻も活況を呈す
146595	朝鮮朝日	1927-12-01/2	03단	鐵道局の車輛計劃費/三百五十萬圓
146596	朝鮮朝日	1927-12-01/2	03단	平壤送りの甜菜の數量/二千四百噸
146597	朝鮮朝日	1927-12-01/2	03단	遠眼鏡
146598	朝鮮朝日	1927-12-02	01단	總督の後任には山梨大將を奉請す高橋、犬養兩氏の反對もあったが結局内定/山梨大將の來任に不安を抱く貴族やり方を見ねば危惧の念は去らぬ模樣/和洋の學に通じた圓滿な讀書家我々の勤に變りはない金谷軍司令官談/財界には影響がない有賀殖銀頭取談/またまた武官とは意外に感ずる産業の理解の程度もたかゞ知れてるサ/施政方針に變りなしと我々は信ずる幹通城銀行頭取談
146599	朝鮮朝日	1927-12-02	04단	着任した驛頭で爆彈の洗禮を受け更にこりずに南船北馬で具さに民情を視察 數へるに暇なき不朽の功績/『齋藤子病む』の新聞記事を嫌ふ 病氣に我慢が強く自分の事は自分でする主義/各國の全權中で最も敬慕された 德望ありと推稱されたゼネバでの齋藤子
146600	朝鮮朝日	1927-12-02	05단	短歌/橋田東聲選
146601	朝鮮朝日	1927-12-02	05단	商議戰(平壤/京城)
146602	朝鮮朝日	1927-12-02	06단	新聲學博士松山茂樹氏(昨紙參照)
146603	朝鮮朝日	1927-12-02	06단	朝鮮無煙炭組合/下關での總會/出席者不足でお流れ
146604	朝鮮朝日	1927-12-02	06단	釜山水道の幹線が破裂/一面海と化す
146605	朝鮮朝日	1927-12-02	07단	浦項起點の裏日本航路成績が良い
146606	朝鮮朝日	1927-12-02	07단	景福丸は定期檢査で彦島に入渠
146607	朝鮮朝日	1927-12-02	07단	藤本飛行士との喜しい婚談は嘘ではありませんがホ、、と本部孃微笑む
146608	朝鮮朝日	1927-12-02	08단	霜の聲
146609	朝鮮朝日	1927-12-02	08단	長銃團/江原で逮捕
146610	朝鮮朝日	1927-12-02	08단	猩紅熱で新義州小校/七月間休校
146611	朝鮮朝日	1927-12-02	09단	殖産無盡に破産を申請/加入者から

일련번호	판명	간행일	단수	기사명
146612	朝鮮朝日	1927-12-02	09단	貧に惱んだ/養子殺しの嫌疑で取調
146613	朝鮮朝日	1927-12-02	09단	便所の中に紙幣を捨つ/僞造團一味
146614	朝鮮朝日	1927-12-02	10단	徽文の盟休/殆ど解決か
146615	朝鮮朝日	1927-12-02	10단	平中所藏/樂浪古物の觀覽者增加
146616	朝鮮朝日	1927-12-02	10단	會(京城高商音樂會/西田天香師講演會)
146617	朝鮮朝日	1927-12-02	10단	人(慶潮直幹氏(前關東內務局長)/河村益雄氏(鐵道省疑託)/澤田豊丈氏(東拓理事)/マクマレー氏(米國駐支公使))
146618	朝鮮朝日	1927-12-02	10단	半島茶話
146619	朝鮮朝日	1927-12-03/1	01단	一縷の望も消え色めき立つ總督府どこへ行っても不評判な山梨氏の後任說
146620	朝鮮朝日	1927-12-03/1	01단	浦項港河口の浚渫費の起債を道が容易に許可せず死活問題だと面民が狂ふ
146621	朝鮮朝日	1927-12-03/1	01단	煙草會社業務開始/十六日から
146622	朝鮮朝日	1927-12-03/1	01단	土曜漫筆/砂防の植林は治山治水の基『氣短な現代人には夢を說くやうだが』/京城營林署長　西口龜作
146623	朝鮮朝日	1927-12-03/1	02단	忠南道評議會十七日から/京城は三日から
146624	朝鮮朝日	1927-12-03/1	02단	內地と同樣の職業紹介所を鮮內に實施するやう/西部聯合會で可決
146625	朝鮮朝日	1927-12-03/1	03단	降誕祭、新年外國電報の特別取扱
146626	朝鮮朝日	1927-12-03/1	03단	平壤府のメートル展/明春に開催
146627	朝鮮朝日	1927-12-03/1	04단	支那人への教會を建設/平壤府外に
146628	朝鮮朝日	1927-12-03/1	04단	二十萬圓を投じ火葬場を新設/現在の二つを一つに集め最新式の設備を施す
146629	朝鮮朝日	1927-12-03/1	04단	俳句/鈴木花蓑選
146630	朝鮮朝日	1927-12-03/1	05단	貯金の取集/成績が良い
146631	朝鮮朝日	1927-12-03/1	05단	平壤飛機が鴨綠江岸で耐寒飛行擧行
146632	朝鮮朝日	1927-12-03/1	05단	朝鮮信託の重役が辭任/粉糾のはて
146633	朝鮮朝日	1927-12-03/1	05단	內地の人たちへラヂオを通じて朝鮮事情を大宣傳/放送者と種目も決定
146634	朝鮮朝日	1927-12-03/1	05단	スケートリンク京城府內の各所に設置
146635	朝鮮朝日	1927-12-03/1	06단	霜の聲
146636	朝鮮朝日	1927-12-03/1	06단	新義州水道貯水池
146637	朝鮮朝日	1927-12-03/1	06단	支那勞働者ぼつぼつ歸國
146638	朝鮮朝日	1927-12-03/1	06단	一齊に開始した歲末の大賣出/ボーナスが多いので前景氣が盛ん
146639	朝鮮朝日	1927-12-03/1	07단	咸鏡北部線開通試乘式/盛況を極む
146640	朝鮮朝日	1927-12-03/1	07단	日支聯合の兒童學藝會/安東で開催
146641	朝鮮朝日	1927-12-03/1	08단	郵便物の配達にスキーを利用/元山局のこゝろみ配達夫に練習さす

일련번호	판명	간행일	단수	기사명
146642	朝鮮朝日	1927-12-03/1	08단	京城府內の社會事業團/地方費で補助
146643	朝鮮朝日	1927-12-03/1	08단	京城在軍射擊會
146644	朝鮮朝日	1927-12-03/1	08단	安東武道會
146645	朝鮮朝日	1927-12-03/1	08단	豚舍の取締/平壤署が施行
146646	朝鮮朝日	1927-12-03/1	09단	今が酣鮮內の狩獵/十二月になると內地から押奇す
146647	朝鮮朝日	1927-12-03/1	09단	咸南新興に馬鼻疽蔓延/恐慌を來す
146648	朝鮮朝日	1927-12-03/1	09단	精米人夫の盟休惡化す/思想團體出現
146649	朝鮮朝日	1927-12-03/1	09단	育ての親が戀しいとて搜索願を出す
146650	朝鮮朝日	1927-12-03/1	10단	牡丹臺野話
146651	朝鮮朝日	1927-12-03/1	10단	會(光州小學記念式)
146652	朝鮮朝日	1927-12-03/1	10단	人(マック・マレー氏(駐支美國公使)/磯貝一氏(蹴道館八段)/加藤完治氏(國民高等學校長)/劉樹春氏(吉林省敎育總長)/ヘル・センハート氏(東支鐵道保線課技師)/濃邊十五師團長)
146653	朝鮮朝日	1927-12-03/1	10단	半島茶話
146654	朝鮮朝日	1927-12-03/2	01단	綠故林拂下げの出願者が少い/讓與令の施行を知らぬものがある
146655	朝鮮朝日	1927-12-03/2	01단	米價が捧上/咸南國境で
146656	朝鮮朝日	1927-12-03/2	01단	釜山市場に標準値段を府が指定す
146657	朝鮮朝日	1927-12-03/2	01단	咸鏡北部線驛長
146658	朝鮮朝日	1927-12-03/2	01단	平南道內道路の選賞/七日頃終了
146659	朝鮮朝日	1927-12-03/2	01단	群仙盤松間自動車連絡/賃金と時間
146660	朝鮮朝日	1927-12-03/2	02단	洛東江改修で水組補償の減少を協議
146661	朝鮮朝日	1927-12-03/2	02단	十一月下旬/局線の荷物/十四萬餘噸
146662	朝鮮朝日	1927-12-03/2	02단	京城家畜市場/十一月中の入場と賣買
146663	朝鮮朝日	1927-12-03/2	03단	京城屠殺場/十一月の頭數
146664	朝鮮朝日	1927-12-03/2	03단	京城手形交換高
146665	朝鮮朝日	1927-12-03/2	03단	城津電氣總會
146666	朝鮮朝日	1927-12-03/2	03단	遠眼鏡
146667	朝鮮朝日	1927-12-04/1	01단	總監の歸鮮說は齋藤總督の辭任を打消す材料との噂さ/事實は單なる事務の都合か
146668	朝鮮朝日	1927-12-04/1	01단	鮮銀總裁更迭說は策士の宣傳か/我々から見れば滑稽だ井內理事は否定す
146669	朝鮮朝日	1927-12-04/1	01단	浦項港を命令航路にいよいよ編入
146670	朝鮮朝日	1927-12-04/1	01단	盤松群仙間自動車連絡/最初から好況
146671	朝鮮朝日	1927-12-04/1	01단	注目される京城商議の役員の選擧
146672	朝鮮朝日	1927-12-04/1	02단	清津機關工場地均し工事/意外に捗る
146673	朝鮮朝日	1927-12-04/1	02단	山梨氏の總督は侮辱も甚しいと有志たちが憤慨し反對の大會を開く

일련번호	판명	간행일	단수	기사명
146674	朝鮮朝日	1927-12-04/1	02단	慶尚北道を訪ねて(三)/何でも出來るで特に自慢するほどの物は無い慶北の大を說く須藤知事
146675	朝鮮朝日	1927-12-04/1	03단	鮮語試驗合格者
146676	朝鮮朝日	1927-12-04/1	03단	平元線の難工大同江鐵橋/いよいよ着工
146677	朝鮮朝日	1927-12-04/1	03단	鴨江が結氷　鐵橋も閉鎖/釜山の初氷 例年より遲い
146678	朝鮮朝日	1927-12-04/1	04단	米穀法の適用を朝鮮にも擴大/政府も漸く諒解し來期議會に提案か
146679	朝鮮朝日	1927-12-04/1	04단	短歌/橋田東聲選
146680	朝鮮朝日	1927-12-04/1	04단	新任鎭海要港部司令官/淸河純一少將
146681	朝鮮朝日	1927-12-04/1	05단	京畿審勢展/生産品を陳列
146682	朝鮮朝日	1927-12-04/1	05단	料亭の勘定を釜山府が差押 納入の義務なしと遊興者は支拂はぬ/悲慘な滑稽 問題とならう
146683	朝鮮朝日	1927-12-04/1	06단	霜の聲
146684	朝鮮朝日	1927-12-04/1	06단	大邱京城間二重通信機/一日から据付
146685	朝鮮朝日	1927-12-04/1	06단	純朝鮮式の樓門を移轉/美景を添ふ
146686	朝鮮朝日	1927-12-04/1	07단	二千名の學童に豫防注射を行ひ猩紅熱を警戒す
146687	朝鮮朝日	1927-12-04/1	07단	監視所を增設/國境密輸を嚴重取締る
146688	朝鮮朝日	1927-12-04/1	07단	地震が無いとて安心は出來ぬ昔は相當慘害があった/現在は休止狀態か
146689	朝鮮朝日	1927-12-04/1	08단	名刹の坊さんいがにあふ財産の事から
146690	朝鮮朝日	1927-12-04/1	09단	花柳婦人の性病の患者/平壤が最多
146691	朝鮮朝日	1927-12-04/1	09단	犯せる罪の恐しさに犯人の妻女が僞造の紙幣を燒却/紙幣僞造團發覽の端緖
146692	朝鮮朝日	1927-12-04/1	09단	鐵道を相手に損害賠償の訴訟を提出
146693	朝鮮朝日	1927-12-04/1	09단	安東縣の回々教徒が學校を建設
146694	朝鮮朝日	1927-12-04/1	09단	平北の猪狩/被害が烈しい
146695	朝鮮朝日	1927-12-04/1	10단	會(新年名刺交換會)
146696	朝鮮朝日	1927-12-04/1	10단	人(杉村逸樓氏(釜山地方法院檢事正)/中條百合子、湯淺芳子兩女史/大谷尊由師/金谷軍司令官)
146697	朝鮮朝日	1927-12-04/1	10단	半島茶話
146698	朝鮮朝日	1927-12-04/2	01단	打瀬網水産會費を慶北が引上ぐ慶南の漁業者達が緩和方を交涉す
146699	朝鮮朝日	1927-12-04/2	01단	前年に比べて二萬石を減じた鮮米の內地移出/粟の輸入も從って減少
146700	朝鮮朝日	1927-12-04/2	01단	輸入される關東州産物增加を辿る
146701	朝鮮朝日	1927-12-04/2	01단	財界閑話
146702	朝鮮朝日	1927-12-04/2	01단	十一月下旬私鐵の在貨二萬餘噸
146703	朝鮮朝日	1927-12-04/2	02단	京城の着炭/七千八百噸
146704	朝鮮朝日	1927-12-04/2	02단	京城內銀行/預金貸出高

일련번호	판명	간행일	단수	기사명
146705	朝鮮朝日	1927-12-04/2	02단	決算期に迫った銀行の業務檢査/人手不足で大多忙理財課が轉手古舞
146706	朝鮮朝日	1927-12-04/2	03단	鮮內會社數/千八百八十
146707	朝鮮朝日	1927-12-04/2	03단	遠眼鏡
146708	朝鮮朝日	1927-12-06/1	01단	だんだん增加する鮮內の小作爭議實行方法も惡化 背後に思想團體がつき纏ふ/二人以上の家族が汗水流した所得 僅かに三百十五圓 哀れな小作人達の收入
146709	朝鮮朝日	1927-12-06/1	01단	勅諭傳達式
146710	朝鮮朝日	1927-12-06/1	01단	新義州商議初選擧/候補者の顔觸
146711	朝鮮朝日	1927-12-06/1	02단	朝鮮統治に汚點を印す/山梨大將の總督反對說
146712	朝鮮朝日	1927-12-06/1	02단	生氣嶺の停車場竣工/住民大喜び
146713	朝鮮朝日	1927-12-06/1	02단	慶尚北道を訪ねて(四)/檜舞臺に乘出し堂々內地米と優劣を爭ふ慶北改良米惜むべきは本年の米安
146714	朝鮮朝日	1927-12-06/1	03단	全南道評議會
146715	朝鮮朝日	1927-12-06/1	03단	小作慣行の制度を調査/人員を增し
146716	朝鮮朝日	1927-12-06/1	03단	肥料業者の會同を求め取締令を懇談
146717	朝鮮朝日	1927-12-06/1	03단	道品評會以上の成績を擧げた普校生の養鷄品評會/將來は養豚をも獎勵
146718	朝鮮朝日	1927-12-06/1	04단	京城の寒さ/これが本調子
146719	朝鮮朝日	1927-12-06/1	04단	俳句/鈴木花蓑選
146720	朝鮮朝日	1927-12-06/1	04단	警部試驗合格者
146721	朝鮮朝日	1927-12-06/1	05단	公會堂は當分お流れ陳列館のみ設計を急ぐ
146722	朝鮮朝日	1927-12-06/1	05단	檢疫を嫌うて生牛の密移出/鮮牛の名聲を損ずると監視所を設け取締る
146723	朝鮮朝日	1927-12-06/1	05단	無斷で乘り込み身體に手をかけ百餘圓を取りあげて指環まで拔き取り入り立去る 釜山府員の滯納稅の徵收/ひっそり閑 釜山の花柳會
146724	朝鮮朝日	1927-12-06/1	06단	平壤の建物めぐり(一)/引取手のない病人を收容し死ぬば醫大に送る 俗に言ふ「お菰の病院」
146725	朝鮮朝日	1927-12-06/1	06단	滯納稅金の整理に惱む/新義州府
146726	朝鮮朝日	1927-12-06/1	06단	賃餅の注文取が得意を奪合ふ平壤の歲末氣分/一日から大賣出も開始
146727	朝鮮朝日	1927-12-06/1	07단	朝鮮神宮參拜者/三萬六千百九人
146728	朝鮮朝日	1927-12-06/1	07단	寫眞說明(今回竣工した忠北永洞黃澗金融組合)
146729	朝鮮朝日	1927-12-06/1	08단	所澤飛行隊/耐寒飛行の着陸場設置
146730	朝鮮朝日	1927-12-06/1	08단	基督婦人バザー
146731	朝鮮朝日	1927-12-06/1	08단	木浦女普校全燒/或は放火か
146732	朝鮮朝日	1927-12-06/1	08단	金融組合に宿った男が强盜に變ず
146733	朝鮮朝日	1927-12-06/1	08단	霜の聲

일련번호	판명	간행일	단수	기사명
146734	朝鮮朝日	1927-12-06/1	09단	京仁リレー
146735	朝鮮朝日	1927-12-06/1	09단	全南武德殿竣工
146736	朝鮮朝日	1927-12-06/1	09단	漂着した難破船に船員六名の死體/殘り九名はなほ不明/下關栗林氏所有船
146737	朝鮮朝日	1927-12-06/1	10단	會(安東商議常議員會/龍山京町靑年會/長唄きさらぎ會)
146738	朝鮮朝日	1927-12-06/1	10단	人(加藤茂苞氏(水原勸業模範地長)/立川芳氏(京南鐵專務)/難波臺之助(慶南昌原財務主任)/松本本府水産課長/福原俊丸男(貴族院議員)/思田銅吉氏(朝郵社長)/川上淸津府尹/淸水角次郎氏(鮮銀淸津支店長)/加賀種二氏(滿鐵審査役))
146739	朝鮮朝日	1927-12-06/1	10단	半島茶話
146740	朝鮮朝日	1927-12-06/2	01단	米價安のためか資金の需要少く鮮銀券一億一千萬圓程度/平穩裡に越年か
146741	朝鮮朝日	1927-12-06/2	01단	海州鐵道は昭和六年着工
146742	朝鮮朝日	1927-12-06/2	01단	滿洲粟の輸入が減少/原因は米安
146743	朝鮮朝日	1927-12-06/2	01단	財界閑話
146744	朝鮮朝日	1927-12-06/2	01단	安東驛での豆粕檢査を當業者要望
146745	朝鮮朝日	1927-12-06/2	01단	淸津魚市場/十一月水揚
146746	朝鮮朝日	1927-12-06/2	02단	學童貯金の成績が良好/新預金一萬人
146747	朝鮮朝日	1927-12-06/2	02단	車輛を新造/价川鐵道が
146748	朝鮮朝日	1927-12-06/2	02단	圖們鐵業績/補助を要せぬ
146749	朝鮮朝日	1927-12-06/2	02단	釜山通過の旅客が激增/八箇月の調査
146750	朝鮮朝日	1927-12-06/2	03단	京城郵便局/電報發着數三十四萬通
146751	朝鮮朝日	1927-12-06/2	03단	元山手形交換高
146752	朝鮮朝日	1927-12-06/2	03단	新義州煙草賣上
146753	朝鮮朝日	1927-12-06/2	03단	鐘城の市內電話
146754	朝鮮朝日	1927-12-06/2	03단	新義州荷扱所
146755	朝鮮朝日	1927-12-06/2	03단	遠眼鏡
146756	朝鮮朝日	1927-12-07/1	01단	細かい數字を擧げ豫算問題を說き總督辭任に口を緘す/湯淺總監久しぶりの歸鮮
146757	朝鮮朝日	1927-12-07/1	01단	朝鮮總督の後任は更に愼重に考慮 田中首相に對して閣僚や山本滿鐵社長が進言/總督で無くとも御奉公は出來るよ宇垣氏取り合はず/朴泳孝侯が宇垣氏を推薦 牧野內府に面會し
146758	朝鮮朝日	1927-12-07/1	02단	鮮銀總裁の後任は加藤氏に內定/鈴木氏は興銀に轉ず
146759	朝鮮朝日	1927-12-07/1	04단	鮮內憲兵分隊長會議/五日から開催
146760	朝鮮朝日	1927-12-07/1	04단	慶南道新評議員
146761	朝鮮朝日	1927-12-07/1	04단	秩父宮へ獻上する間島特産「のろ」夫婦
146762	朝鮮朝日	1927-12-07/1	05단	學習帳が出來あがる三十萬部印刷
146763	朝鮮朝日	1927-12-07/1	05단	蔚山灣に鴨の群れ海上を蔽ふ

일련번호	판명	간행일	단수	기사명
146764	朝鮮朝日	1927-12-07/1	06단	平壤の建物めぐり(二)/新築未だ間もなく全鮮一と銘うつ平壤高女の寄宿舍乙女達の自炊生活
146765	朝鮮朝日	1927-12-07/1	06단	中等校の入學は試驗して許す 學務局の當事者が打合の上決定す/校長會議で更に論議す
146766	朝鮮朝日	1927-12-07/1	06단	不法行爲云々は相手方の誤解 身體には手はかけぬ 齋藤理事官が聲明/外に手段がなかったのだ 泉崎府尹は語る
146767	朝鮮朝日	1927-12-07/1	07단	京日社長更迭
146768	朝鮮朝日	1927-12-07/1	07단	寫眞說明(竣工した忠北稽山金融組合)
146769	朝鮮朝日	1927-12-07/1	07단	木部孃機體を大破/微傷も負はぬ
146770	朝鮮朝日	1927-12-07/1	08단	お牧の茶屋と料亭の喧嘩/目出度く手打
146771	朝鮮朝日	1927-12-07/1	08단	短歌/橋田東聲選
146772	朝鮮朝日	1927-12-07/1	08단	住友黑船坑夫の盟休/ますます紛糾
146773	朝鮮朝日	1927-12-07/1	08단	咸南武德殿竣工
146774	朝鮮朝日	1927-12-07/1	08단	霜の聲
146775	朝鮮朝日	1927-12-07/1	09단	饅頭と思ひ爆藥を呑み鮮女が重傷
146776	朝鮮朝日	1927-12-07/1	09단	會(湯淺總監午餐會/京城靑年會長會/京畿道敎授硏究會/喜多流素謠會/佐田氏お伽講演/全北芙芥葬德會)
146777	朝鮮朝日	1927-12-07/1	09단	警察の應援を求め量目を胡魔化す/不正商人を取締る/年末年始の多忙に際し
146778	朝鮮朝日	1927-12-07/1	10단	人(西崎鶴太郎氏(鎭南浦實業家)/章鴻釗氏(北大敎授國立北京地質硏究所技術官)/迫間一男氏(釜山實業家)/松岡正男氏(新京日社長)/嚴■籤氏(民國東方文化事業上海委員會委員長)/ブレクスリー博士(カーネギー國際平和財國海外派遣員))
146779	朝鮮朝日	1927-12-07/1	10단	半島茶話
146780	朝鮮朝日	1927-12-07/2	01단	朝鮮では如何？/銀行の半どん銀行側では異議がないが商人側は反對が多い
146781	朝鮮朝日	1927-12-07/2	01단	三菱鑛業の金鑛採掘/來秋頃開始
146782	朝鮮朝日	1927-12-07/2	01단	財界閑話
146783	朝鮮朝日	1927-12-07/2	01단	合同と非合同で荷主と運送店が對峙してくだらず 大邱府内で睨合のすがた/實行運動を荷主が協議
146784	朝鮮朝日	1927-12-07/2	02단	慶北盈德に炭脈を發見/目下試掘中
146785	朝鮮朝日	1927-12-07/2	02단	局私線連絡荷物の動き
146786	朝鮮朝日	1927-12-07/2	02단	京取の配當/四分の据置
146787	朝鮮朝日	1927-12-07/2	02단	咸北道が納稅成績の優良者を表彰
146788	朝鮮朝日	1927-12-07/2	03단	平北道が道路を審査/優良面を表彰
146789	朝鮮朝日	1927-12-07/2	03단	京城商議員會
146790	朝鮮朝日	1927-12-07/2	03단	優良店員表彰
146791	朝鮮朝日	1927-12-07/2	03단	遠眼鏡

일련번호	판명	간행일	단수	기사명
146792	朝鮮朝日	1927-12-08/1	01단	齋藤總督首相を訪ひ正式に辭表を提出 後任は反對論を押し切り山梨大將に決定 湯淺總監も辭し後任には川村氏を据ゑる/常に大勢を洞察し統治の根本に對し聊かの誤りも見せなかった總督不朽の功績/果斷で細心な立派な武人 部下を可愛がる行政的な手腕家/警、學兩局長の異動は免れぬらしい/豫算は通過したし病氣も輕からず辭職を決意せられたと 湯淺總監は語る/川村氏自身は役不足の感か政友會の立場から旨を受けて來るのだから/慌しい氣分が總督府內に漂ふ局部長會議も簡單
146793	朝鮮朝日	1927-12-08/1	01단	去って歸らぬ老總督/春子夫人の目を憚り瓶子の一本を追加 晩酌二本の憲法を破る老子爵の苦心ぶり/藤原さんが散々汚したグラブの掃除手に入ったもの/私共にまで下され言葉給仕君寂しむ
146794	朝鮮朝日	1927-12-08/1	07단	財界のひとびと老總督を惜しむ/深い同情と愛惜を禁じ得ぬ 有賀殖銀頭取談/特に財界に變化はない 矢鍋鮮銀理事談/産業開發が統治の要諦 和田商銀頭取談
146795	朝鮮朝日	1927-12-08/1	08단	釜山道路の改修案/財務局が否認
146796	朝鮮朝日	1927-12-08/1	08단	俳句/鈴木花蓑選
146797	朝鮮朝日	1927-12-08/1	08단	平南の豫算/切りつめて二百二十萬圓
146798	朝鮮朝日	1927-12-08/1	09단	釜山淨水池敷地の買收/收用法適用
146799	朝鮮朝日	1927-12-08/1	09단	間島大豆の輸送は順調
146800	朝鮮朝日	1927-12-08/1	09단	泊込み強盜/宣寧署で逮捕
146801	朝鮮朝日	1927-12-08/1	09단	井尻辯護士の詐欺の噂は平安漁業の社金問題か
146802	朝鮮朝日	1927-12-08/1	10단	釜山女高普寄附取纏め/二十五日まで
146803	朝鮮朝日	1927-12-08/1	10단	寧邊農校の昇格を迫り道當局に請願
146804	朝鮮朝日	1927-12-08/1	10단	辭令(東京電話)
146805	朝鮮朝日	1927-12-08/1	10단	人(山条太郎氏(金剛山電鐵取締役)/齋藤龜三郎氏(東拓理事)/吉田仁川商議會頭/永瀬正太博士(釜山鐵道病院長))
146806	朝鮮朝日	1927-12-08/1	10단	半島茶話
146807	朝鮮朝日	1927-12-08/2	01단	勤銀に勤めて銀行事務に明るい加藤鮮銀新總載
146808	朝鮮朝日	1927-12-08/2	01단	具體化した平壤醫專/湯淺總監の確答を求む
146809	朝鮮朝日	1927-12-08/2	01단	納稅期の延期を嘆願/米價安に悩む農民たち
146810	朝鮮朝日	1927-12-08/2	01단	補助金の交付を申請/朝鮮私鐵が
146811	朝鮮朝日	1927-12-08/2	01단	ボーナスが滅法に多い平南の警官
146812	朝鮮朝日	1927-12-08/2	02단	共産黨公判十五日から毎日開延/暴行の告訴　抗告も棄却
146813	朝鮮朝日	1927-12-08/2	02단	同志の寡婦と戀の不逞を黨員が排斥
146814	朝鮮朝日	1927-12-08/2	02단	三年道豫算二億二千萬圓/千五百萬圓を增加
146815	朝鮮朝日	1927-12-08/2	03단	女學生盟休/教師を排斥
146816	朝鮮朝日	1927-12-08/2	03단	遠眼鏡

일련번호	판명	간행일	단수	기사명
146817	朝鮮朝日	1927-12-09/1	01단	山梨大將 世話に碎けてのほゝ笑み/弛緩した統治を引締めて吳れる總督が欲しかった政友會の背景が不評判のもと/統治の方針は積極的に出るか 政友會との關係で公債政策は今後好都合/前代總督の非行を列擧山梨氏を謗す 鮮人が首相に打電
146818	朝鮮朝日	1927-12-09/1	01단	老總督と總監の憶ひ出 明治大正を通じ官吏の典型だと西園寺公が激賞す 四十八歲で早くも海相に就任/シャツと猿またで給仕を相手に古い雜誌の整理 年中缺さなかった朝風呂/朝鮮を去ってから眞に惜しまれる人 利權屋を斥けた淸廉潔白で鳴った湯淺さん/九年間に一度も叱らぬ好々爺 寺內さんから毎日叱られた 自動車運轉手の話/慈母に離れる心地がする 韓李王職長官談
146819	朝鮮朝日	1927-12-09/1	05단	溫なしくはあったが意志は鞏固だった川村氏の少年時代 淚ぐましいその孝行ぶり/山梨氏の缺點を補ふ意味で川村氏の評判はよい 財界關係者の觀測/肚が据って人柄が大きい 米田京畿道知事談
146820	朝鮮朝日	1927-12-09/1	05단	短歌/橋田東聲選
146821	朝鮮朝日	1927-12-09/1	06단	有賀殖銀頭取北海拓殖に入る　朝鮮と緣を切るのは感慨無量だと洩らす/有賀殖銀頭取
146822	朝鮮朝日	1927-12-09/1	08단	莊河縣が土地賣買や貨借を禁止
146823	朝鮮朝日	1927-12-09/1	08단	辭令(東京電話)
146824	朝鮮朝日	1927-12-09/1	08단	釜山管理局振替受付は十五日から
146825	朝鮮朝日	1927-12-09/1	08단	夜間飛行中攻擊機衝突/大破墜落し四氏慘死/大村航空隊の珍事
146826	朝鮮朝日	1927-12-09/1	08단	少年總同盟支部を設置
146827	朝鮮朝日	1927-12-09/1	09단	出穀期で電報が激增/無電を利用
146828	朝鮮朝日	1927-12-09/1	09단	芳千閣事件で料理屋業者/當局に迫る
146829	朝鮮朝日	1927-12-09/1	10단	復明普校が認可條件を無視して紛糾
146830	朝鮮朝日	1927-12-09/1	10단	豫審免訴の山崎氏歸釜/實家へ落つく
146831	朝鮮朝日	1927-12-09/1	10단	『敎育か經濟か』熱辯を揮ふ數名の婦人
146832	朝鮮朝日	1927-12-09/1	10단	會(村山部長懇親會/山根釜山局長懇親會)
146833	朝鮮朝日	1927-12-09/1	10단	人(井內勇氏(鮮銀理事)/金谷朝鮮軍司令官)
146834	朝鮮朝日	1927-12-09/1	10단	半島茶話
146835	朝鮮朝日	1927-12-09/2	01단	好成績を得た地主の懇談會來春早々に開催/米價の對策が注目さる
146836	朝鮮朝日	1927-12-09/2	01단	京城商議の役員が決定/會長は渡邊氏
146837	朝鮮朝日	1927-12-09/2	01단	十一月中の對外貿易/八百十三萬圓
146838	朝鮮朝日	1927-12-09/2	01단	安東縣の柞蠶移出高/千五百萬圓
146839	朝鮮朝日	1927-12-09/2	01단	義州龍川に水利聯合會/組織の計劃
146840	朝鮮朝日	1927-12-09/2	01단	十二月中の煙草製造高/三億三千萬本
146841	朝鮮朝日	1927-12-09/2	02단	十一月中の鐵道局業績/收入二百九十萬圓
146842	朝鮮朝日	1927-12-09/2	02단	樂隊や劇で納稅を宣傳

일련번호	판명	간행일	단수	기사명
146843	朝鮮朝日	1927-12-09/2	02단	金融組合認可
146844	朝鮮朝日	1927-12-09/2	02단	滿鮮杭木の身賣
146845	朝鮮朝日	1927-12-09/2	02단	京取仲買人の呑行爲を發見/罰則の規定がなく良心に訴へる外方法がない
146846	朝鮮朝日	1927-12-09/2	03단	大同江採氷區域
146847	朝鮮朝日	1927-12-09/2	03단	京城手形交換高
146848	朝鮮朝日	1927-12-09/2	03단	遠眼鏡
146849	朝鮮朝日	1927-12-10/1	01단	李王、妃兩殿下/十一月十五日ノルヱーオスロナルのアムゼン博物館を訪はせられた(右端は永井公使、兩殿下の佐アムゼン氏と篠田治策氏)
146850	朝鮮朝日	1927-12-10/1	01단	慶尙北道を訪ねて(五)/大阪で現れた慶北米の變質庫の手入が惡いとは當局乾燥不足と當業者が言ふ
146851	朝鮮朝日	1927-12-10/1	02단	お米の値上げ
146852	朝鮮朝日	1927-12-10/1	03단	土曜漫筆/開運寺/市山盛雄
146853	朝鮮朝日	1927-12-10/1	04단	平壤醫專設置で最後の談判を總督府に持ち込む
146854	朝鮮朝日	1927-12-10/1	04단	殖銀頭取?俺は知らぬ河內山氏否定
146855	朝鮮朝日	1927-12-10/1	04단	俳句/鈴木花蓑選
146856	朝鮮朝日	1927-12-10/1	05단	松汀里潭陽間私線を買收/三百六十萬圓
146857	朝鮮朝日	1927-12-10/1	05단	平壤商議の役員が決定/會頭は松井氏
146858	朝鮮朝日	1927-12-10/1	05단	出來あがった學習帳
146859	朝鮮朝日	1927-12-10/1	06단	合同、非合同資料を蒐め互ひに運動
146860	朝鮮朝日	1927-12-10/1	06단	肥料取締令施行の打合/京畿道が開始
146861	朝鮮朝日	1927-12-10/1	06단	木部孃は容易に結婚はするまい/飽くまで航空界に盡す/近親者のはなし
146862	朝鮮朝日	1927-12-10/1	07단	大邱聯隊の新兵が入營
146863	朝鮮朝日	1927-12-10/1	07단	消防隊員が各戶を巡察/危險な火器を修繕さす
146864	朝鮮朝日	1927-12-10/1	07단	市場移轉に反對の商人/盟休を企つ
146865	朝鮮朝日	1927-12-10/1	07단	白髮の老人が夢に顯はれて埋もれた佛像を敎ふ
146866	朝鮮朝日	1927-12-10/1	08단	新幹會支會/第二回大會
146867	朝鮮朝日	1927-12-10/1	08단	初等敎員を農大附屬の養成所に入學
146868	朝鮮朝日	1927-12-10/1	08단	鴨江の渡涉/いよいよ開始
146869	朝鮮朝日	1927-12-10/1	08단	京畿道廳が會議室新築/工費五萬餘圓
146870	朝鮮朝日	1927-12-10/1	08단	二疊敷に五人六人ざこねの悲慘
146871	朝鮮朝日	1927-12-10/1	09단	芳千閣を蘇らすには二萬圓を要す/執行官を告訴する模樣
146872	朝鮮朝日	1927-12-10/1	09단	無線受信機と地震計設置/京城測候所
146873	朝鮮朝日	1927-12-10/1	09단	統營事件の判決言渡し
146874	朝鮮朝日	1927-12-10/1	09단	男女共學で復明普校の騷が擴大す
146875	朝鮮朝日	1927-12-10/1	10단	支那巡警が我が巡査を袋叩きにす
146876	朝鮮朝日	1927-12-10/1	10단	朝鮮民謠の研究

일련번호	판명	간행일	단수	기사명
146877	朝鮮朝日	1927-12-10/1	10단	人(木村男也氏(東北大學教授)/三宅康次氏(北海道大學教授)/市川德郎氏(彫刻家)/秋田寅之介氏(代議士)/フオーク氏(京城英國總領事代理)/朴咸北知事)
146878	朝鮮朝日	1927-12-10/1	10단	半島茶話
146879	朝鮮朝日	1927-12-10/2	01단	靑森の林檎を北滿で壓倒する/鎭南浦産の林檎
146880	朝鮮朝日	1927-12-10/2	01단	北鮮地方雜穀の出廻/不相變遲れる
146881	朝鮮朝日	1927-12-10/2	01단	六萬の人口に給水出來る/新義州水道の新貯水池
146882	朝鮮朝日	1927-12-10/2	01단	慶南道が米の賣捌に斡旋保護する
146883	朝鮮朝日	1927-12-10/2	02단	昨年に比し倍となった/慶北の叺製造
146884	朝鮮朝日	1927-12-10/2	02단	平北の米豆/品質は優良
146885	朝鮮朝日	1927-12-10/2	02단	滿洲粟の輸入を防ぐ甘藷の栽培
146886	朝鮮朝日	1927-12-10/2	02단	十一月中仁川の貿易/一千三百萬圓
146887	朝鮮朝日	1927-12-10/2	02단	局線の貨物/輸送が旺勢
146888	朝鮮朝日	1927-12-10/2	03단	鴨綠江氷上/橇の自動車運輸の計劃
146889	朝鮮朝日	1927-12-10/2	03단	平壤府が墓地を整理/使用料を取る
146890	朝鮮朝日	1927-12-10/2	03단	商銀配當六分
146891	朝鮮朝日	1927-12-10/2	03단	黃海道家畜檢査
146892	朝鮮朝日	1927-12-10/2	03단	慶南叺製産成績
146893	朝鮮朝日	1927-12-10/2	03단	慶山養鷄品評會
146894	朝鮮朝日	1927-12-10/2	03단	植桑者表彰式
146895	朝鮮朝日	1927-12-10/2	03단	遠眼鏡
146896	朝鮮朝日	1927-12-11/1	01단	慶尙北道を訪ねて(六)/檢査員と商人が深刻なる喧嘩商人は枡子定規と譏る檢査員は規則を楯にとる
146897	朝鮮朝日	1927-12-11/1	01단	從來私への不評は宣い修養となった親任式を終へた山梨新總督は語る/新總督來任の際不祥な事件が突發せぬやうにと警務局が早くも警戒
146898	朝鮮朝日	1927-12-11/1	01단	不評判を打消す苦肉の策略か/新總督の取卷連が來鮮して歡迎の電報を送る
146899	朝鮮朝日	1927-12-11/1	03단	北鮮地方を視まはって(一)/養蜂や養兎は子供の仕事で果樹や養鼈は婦人の受持/一人の遊手もない模範部落
146900	朝鮮朝日	1927-12-11/1	04단	道立醫院の醫官を增員/二名を四名に
146901	朝鮮朝日	1927-12-11/1	04단	忠北の豫算/百二十萬圓
146902	朝鮮朝日	1927-12-11/1	04단	短歌/橋田東聲選
146903	朝鮮朝日	1927-12-11/1	04단	鹽密輸取締で日支兩國に紛糾が續出
146904	朝鮮朝日	1927-12-11/1	05단	新義州の防水堤工事/明年度に竣工
146905	朝鮮朝日	1927-12-11/1	05단	江南發展の準備委員會
146906	朝鮮朝日	1927-12-11/1	05단	今度は東拓總裁の更迭說が萌す/民政系の渡邊氏を政友會がほっておくまい

일련번호	판명	간행일	단수	기사명
146907	朝鮮朝日	1927-12-11/1	05단	水野文相の意見が多ぶんに加はる/朝鮮官界の大異動/相當廣汎に亙って行はれん
146908	朝鮮朝日	1927-12-11/1	06단	霜の聲
146909	朝鮮朝日	1927-12-11/1	06단	鐵道圖書館/十日から開館
146910	朝鮮朝日	1927-12-11/1	06단	巡査部長合格者
146911	朝鮮朝日	1927-12-11/1	07단	二十師團入營兵
146912	朝鮮朝日	1927-12-11/1	07단	下に厚く上に薄い/總督府の賞與
146913	朝鮮朝日	1927-12-11/1	07단	水盃まで取交し風雪の日本海を荒波に揉まれ漂流し奇蹟的に助った虎丸歸る
146914	朝鮮朝日	1927-12-11/1	08단	馬山女高生が苦學の人に慰問袋を贈る
146915	朝鮮朝日	1927-12-11/1	08단	久留島武彦氏京城で講演/コドモ會で
146916	朝鮮朝日	1927-12-11/1	08단	可愛らしい義士の芝居/平壤若松校が
146917	朝鮮朝日	1927-12-11/1	09단	兩面民の水爭ひ實地を檢證
146918	朝鮮朝日	1927-12-11/1	09단	京城一帶に强盜が頻出/警察が協議
146919	朝鮮朝日	1927-12-11/1	09단	金組書記殺し强盜犯京城で逮捕
146920	朝鮮朝日	1927-12-11/1	10단	會(局友會團碁大會/京城學校評議會)
146921	朝鮮朝日	1927-12-11/1	10단	人(淸河純一中將(新鎭海要港部司令官)/齋藤龜三郎氏(東拓理事)/澤田貴丈氏(東拓理事)/濵邊定一郎氏(京城商議會頭)/尾野實信氏(陸軍大將)/大山正文氏(京城日出小學校大山校長息子))
146922	朝鮮朝日	1927-12-11/1	10단	半島茶話
146923	朝鮮朝日	1927-12-11/2	01단	五十萬圓に達する明太魚の移入/南鮮の漁獲が減少/移出地は北海道
146924	朝鮮朝日	1927-12-11/2	01단	忠南扶餘の三水利組合/明年に着工
146925	朝鮮朝日	1927-12-11/2	01단	東拓社員異動
146926	朝鮮朝日	1927-12-11/2	01단	共同飼育の秋蠶の收獲/二萬四千石
146927	朝鮮朝日	1927-12-11/2	01단	財界閑話
146928	朝鮮朝日	1927-12-11/2	01단	南浦在穀高/十四萬七千石
146929	朝鮮朝日	1927-12-11/2	02단	十一月中の元山貿易高/五十二萬圓
146930	朝鮮朝日	1927-12-11/2	02단	十一月中金融の狀況/鮮銀の調査
146931	朝鮮朝日	1927-12-11/2	02단	鮮內勞働力の散布を調査し各道に紹介所を設け勞働者の就職を斡旋する
146932	朝鮮朝日	1927-12-11/2	03단	永興炭會社いよいよ創立
146933	朝鮮朝日	1927-12-11/2	03단	遠眼鏡
146934	朝鮮朝日	1927-12-13/1	01단	慶尙北道を訪ねて(七)/獨だちが出來ると商人は言ふがまだなかなかと當局は大事を取る慶北米
146935	朝鮮朝日	1927-12-13/1	01단	山梨新總督の手腕や力倆を拜見した上でなくては兎や角言ふべきでない/朴泳孝侯歸來談
146936	朝鮮朝日	1927-12-13/1	01단	齋藤前總督に感謝の打電/京城府から
146937	朝鮮朝日	1927-12-13/1	01단	領事館を京城に設置/獨逸の意向

일련번호	판명	간행일	단수	기사명
146938	朝鮮朝日	1927-12-13/1	02단	朝鮮人民會/總會を開く
146939	朝鮮朝日	1927-12-13/1	02단	新義州府外に炭田を發見/試掘に着手
146940	朝鮮朝日	1927-12-13/1	02단	北鮮地方を視まはって(二)/朝鮮で初ての從業員の礦山管理 咸北の一炭坑が賃金も拂へぬ窮況
146941	朝鮮朝日	1927-12-13/1	03단	新義州小校建築費起債/三日府認可
146942	朝鮮朝日	1927-12-13/1	03단	運送店の合同に大邱荷主が反對 二十萬圓の資本で運送業直營を協議/運送組合も對策を協議
146943	朝鮮朝日	1927-12-13/1	04단	旱害地農民が免税を陳情/道知事に對し
146944	朝鮮朝日	1927-12-13/1	04단	孝子節婦や偉人の事蹟/慶北が調査
146945	朝鮮朝日	1927-12-13/1	04단	俳句/鈴木花蓑選
146946	朝鮮朝日	1927-12-13/1	05단	在滿鮮人壓迫に平壤鮮人が協議/在壤の支那人が萬一の保護を願ひ出づ
146947	朝鮮朝日	1927-12-13/1	05단	總選擧を中心に捲き起された野手前廠長の收賄事件 選擧費の調達から/野手前廠長或は召喚か
146948	朝鮮朝日	1927-12-13/1	06단	霜の聲
146949	朝鮮朝日	1927-12-13/1	07단	內金剛の名刹長安寺の大雄殿/大柱が腐敗す
146950	朝鮮朝日	1927-12-13/1	07단	流轉の憂きを御啣ちの舊露國皇太后マリー陛下/白系露人が八十圓を醵出しおん貧しさを慰めまゐらす
146951	朝鮮朝日	1927-12-13/1	08단	基督靑年會の市民講座/聽講料は三圓
146952	朝鮮朝日	1927-12-13/1	08단	在東京の鮮人團體が不穩文書送付
146953	朝鮮朝日	1927-12-13/1	09단	復明普校の男女共學は飽まで斷行
146954	朝鮮朝日	1927-12-13/1	09단	慶州博物館の黃金の古器物/寶石等九十餘點が何者かに盜去らる
146955	朝鮮朝日	1927-12-13/1	09단	三百代言の掃蕩を行ふ/歲末の釜山署
146956	朝鮮朝日	1927-12-13/1	09단	數百名が面長を袋叩/二十四名檢擧
146957	朝鮮朝日	1927-12-13/1	10단	會(新年名刺交換會/松井府尹招宴/平壤愛婦互禮會)
146958	朝鮮朝日	1927-12-13/1	10단	人(有賀光豊氏(朝鮮殖銀頭取)/三木武吉代議士/森脇源三郎氏(東京市會議員)/福原俊丸男/朴泳矛侯/前田昇氏(元朝鮮憲兵司令官)/淸河純一中長(新鎭海要港部司令官)/尾野實信大將/松岡京日社長)
146959	朝鮮朝日	1927-12-13/1	10단	半島茶話
146960	朝鮮朝日	1927-12-13/2	01단	山林部が計劃の森林鐵の敷設/明年度豫算七十萬圓/朝鮮の寶庫いよいよ開かる
146961	朝鮮朝日	1927-12-13/2	01단	全鮮の收繭高 三十五萬石/慶北の收繭 五萬六千石
146962	朝鮮朝日	1927-12-13/2	01단	木材業者の運賃引下の要求を拒絕
146963	朝鮮朝日	1927-12-13/2	01단	京取の總會/呑行爲を取締る定欵を改正
146964	朝鮮朝日	1927-12-13/2	02단	天圖沿線大豆の滯貨/約十五萬袋
146965	朝鮮朝日	1927-12-13/2	02단	十一月中の淸津水産品/檢査合格高
146966	朝鮮朝日	1927-12-13/2	02단	平壤商議所役員

일련번호	판명	간행일	단수	기사명
146967	朝鮮朝日	1927-12-13/2	02단	清津對內貿易高
146968	朝鮮朝日	1927-12-13/2	02단	鳳凰城黃煙收穫
146969	朝鮮朝日	1927-12-13/2	03단	遠眼鏡
146970	朝鮮朝日	1927-12-14/1	01단	辭職談に風馬牛の湯淺總監/進退の問題では一切口を開かぬ御想像に委せると
146971	朝鮮朝日	1927-12-14/1	01단	不拔朝鮮米/大阪で格下げ東京取引所では受渡し米から除名
146972	朝鮮朝日	1927-12-14/1	01단	明年度の砂防工事/二百二十萬圓
146973	朝鮮朝日	1927-12-14/1	01단	北鮮地方を視まはって(三)/安奉線獲得の犧牲となった支那間島の天地故小村侯の苦心ばなし
146974	朝鮮朝日	1927-12-14/1	02단	辭令(東京電話)
146975	朝鮮朝日	1927-12-14/1	02단	王領事が在鮮華人の保護を依賴
146976	朝鮮朝日	1927-12-14/1	02단	滿洲に赴き鮮人壓迫の實情を調査
146977	朝鮮朝日	1927-12-14/1	03단	國境道路の工事が進捗/明年中に竣工
146978	朝鮮朝日	1927-12-14/1	03단	短歌/橋田東聲選
146979	朝鮮朝日	1927-12-14/1	03단	選後小言
146980	朝鮮朝日	1927-12-14/1	04단	方面委員を京城に設置
146981	朝鮮朝日	1927-12-14/1	04단	借地人組合が地料引下の運動を開始
146982	朝鮮朝日	1927-12-14/1	04단	京城府の學校費豫算五十八萬圓
146983	朝鮮朝日	1927-12-14/1	04단	山田氏が發見の簡易に牛疫を發見出來るY菌の使用法を釜山で講習
146984	朝鮮朝日	1927-12-14/1	05단	平壤の建設めぐり(三)/大平壤の玄關を裝飾する建築保線と列車の兩事務所
146985	朝鮮朝日	1927-12-14/1	05단	女教員の講習所設置/慶北が計劃
146986	朝鮮朝日	1927-12-14/1	05단	年末贈答の小包が增加/例年の二割增
146987	朝鮮朝日	1927-12-14/1	05단	城津驛賑ふ北部線開通で
146988	朝鮮朝日	1927-12-14/1	05단	故李王殿下御陵に安置する石佛/大部分出來あがる完成するのは來春
146989	朝鮮朝日	1927-12-14/1	06단	永年見馴れた子爵齋藤實/山梨と代った新な告示
146990	朝鮮朝日	1927-12-14/1	06단	忠南電氣着々進捗す/本社は洪城に
146991	朝鮮朝日	1927-12-14/1	06단	恩賜科學館十一月入場者
146992	朝鮮朝日	1927-12-14/1	06단	京城府圖書館十一月閱覽者
146993	朝鮮朝日	1927-12-14/1	07단	大邱工業補習女高普跡に移轉の計劃
146994	朝鮮朝日	1927-12-14/1	07단	來春にまた名譽恢復に飛來します/木部孃語る
146995	朝鮮朝日	1927-12-14/1	07단	合同した釜山自動車/賃銀を値下
146996	朝鮮朝日	1927-12-14/1	07단	霜の聲
146997	朝鮮朝日	1927-12-14/1	08단	二十師團の新兵さんが釜山に到着
146998	朝鮮朝日	1927-12-14/1	08단	何等の手懸りも未だ發見されぬ慶州博物館の盜難/犯行の手段は實に巧妙
146999	朝鮮朝日	1927-12-14/1	08단	一家七人喰はず飲まずのどん底生活

일련번호	판명	간행일	단수	기사명
147000	朝鮮朝日	1927-12-14/1	08단	群山郊外に普校を新設/寄附を仰ぎ
147001	朝鮮朝日	1927-12-14/1	09단	雁鴨の大群/長湍に飛來
147002	朝鮮朝日	1927-12-14/1	09단	盟休職工が講演會を開く
147003	朝鮮朝日	1927-12-14/1	09단	水利事業の使用機械力一萬八百馬力
147004	朝鮮朝日	1927-12-14/1	10단	鮮銀券の僞造犯人を釜山で警戒
147005	朝鮮朝日	1927-12-14/1	10단	牡丹臺野話
147006	朝鮮朝日	1927-12-14/1	10단	會(水産市場上棟式)
147007	朝鮮朝日	1927-12-14/1	10단	人(大藏公望氏(前滿鐵理事)/福田光義氏(下關運事所長)/大島又彦中將(日藏騎馬族行隊委員長)/長津直太郎中將(前鎭海要港部司令官))
147008	朝鮮朝日	1927-12-14/1	10단	半島茶話
147009	朝鮮朝日	1927-12-14/2	01단	鰯の加工法を本府で研究し食糧品としての輸出を奬勵する
147010	朝鮮朝日	1927-12-14/2	01단	商品界/買氣は擡頭
147011	朝鮮朝日	1927-12-14/2	01단	財界閑話
147012	朝鮮朝日	1927-12-14/2	01단	暖氣續きで海苔が不作/全滅のかたち
147013	朝鮮朝日	1927-12-14/2	02단	金融聯合會組合貸付の利子を引下
147014	朝鮮朝日	1927-12-14/2	02단	お酒の釀造いよいよ始る
147015	朝鮮朝日	1927-12-14/2	02단	清津商事が看板を塗替/內容も改善
147016	朝鮮朝日	1927-12-14/2	02단	十二月局線貨物の動き/十四萬七千噸
147017	朝鮮朝日	1927-12-14/2	03단	大邱府內歲末の賣行/活況を帶ぶ
147018	朝鮮朝日	1927-12-14/2	03단	黃海穀物檢查高
147019	朝鮮朝日	1927-12-14/2	03단	罐詰協會創立
147020	朝鮮朝日	1927-12-14/2	03단	宣川電氣の擴張
147021	朝鮮朝日	1927-12-14/2	03단	十一月煙草賣高
147022	朝鮮朝日	1927-12-14/2	03단	遠眼鏡
147023	朝鮮朝日	1927-12-15/1	01단	試驗問題を六年の教科書に限定し受驗地獄を緩和す/學務局の態度が決定す
147024	朝鮮朝日	1927-12-15/1	01단	從來の實績は百年の道程に一步を進めしのみ各位の努力を望むと齋藤子最後の挨拶狀
147025	朝鮮朝日	1927-12-15/1	01단	金谷司令官新舊總督へ挨拶の打電
147026	朝鮮朝日	1927-12-15/1	01단	咸興小學校の御眞影奉安所十一日竣工
147027	朝鮮朝日	1927-12-15/1	01단	浦項港改修工費の起債/近く認可か
147028	朝鮮朝日	1927-12-15/1	02단	煙草會社の支店長漸く決定す
147029	朝鮮朝日	1927-12-15/1	02단	北鮮地方を視まはって(四)/海水面から三、四尺も重り合ふ鰯の群豊漁また豊漁で威勢の良い北鮮地方
147030	朝鮮朝日	1927-12-15/1	03단	審議中の土地改良令/近く發令か
147031	朝鮮朝日	1927-12-15/1	03단	俳句/鈴木花蓑選
147032	朝鮮朝日	1927-12-15/1	03단	京城府の方面委員が第一回の打合
147033	朝鮮朝日	1927-12-15/1	04단	牛肺疫の細菌講習に平北から出席

일련번호	판명	간행일	단수	기사명
147034	朝鮮朝日	1927-12-15/1	04단	竣工した黃海道廳
147035	朝鮮朝日	1927-12-15/1	05단	平壤の建物めぐり(四)/海軍が生みの親の寺洞の小學校全鮮で珍らしいスチームの暖房裝置
147036	朝鮮朝日	1927-12-15/1	05단	珍らしや師走の空に新義州の雨
147037	朝鮮朝日	1927-12-15/1	06단	有賀氏の拓銀入は躊躇はしても結局は就任するか
147038	朝鮮朝日	1927-12-15/1	06단	辭任もせぬのに後任者の噂さ東拓總裁の候補者に入江氏の呼聲が高い
147039	朝鮮朝日	1927-12-15/1	06단	淸正の北進は深い政略を含む虎狩では決してない 仔熊を連れ歸る石本男/石本男の間島金融社 買收は實現か
147040	朝鮮朝日	1927-12-15/1	07단	辯護士が尻をつゝく三百代言の取締
147041	朝鮮朝日	1927-12-15/1	07단	霜の聲
147042	朝鮮朝日	1927-12-15/1	08단	慶州王陵に死者を埋葬/迷信から
147043	朝鮮朝日	1927-12-15/1	08단	師走の寒風に殘骸をさらす朝鮮ドックの競賣/借金の高が約二十萬圓/誠意がない 白石殖銀支店長談
147044	朝鮮朝日	1927-12-15/1	09단	白光欽死す共産黨の被告
147045	朝鮮朝日	1927-12-15/1	09단	女給の盜み親はならず者
147046	朝鮮朝日	1927-12-15/1	09단	博物館盜難の端緒を摑んで慶北警察部が活動
147047	朝鮮朝日	1927-12-15/1	09단	內地に渡った二人の子を尋ね田畑を賣って作った路金もつき果てゝ鮮人の行倒れ
147048	朝鮮朝日	1927-12-15/1	10단	會(警官講習所卒業式/東亞支局披露宴)
147049	朝鮮朝日	1927-12-15/1	10단	人(香椎釜山商議會頭/齋藤龜三郎氏(東拓理事)/石本惠吉男/關水武氏(平南內務部長))
147050	朝鮮朝日	1927-12-15/1	10단	半島茶話
147051	朝鮮朝日	1927-12-15/2	01단	殖銀頭取には銀行家を選め總督府の任命は時代錯誤/銀行業者達の要望
147052	朝鮮朝日	1927-12-15/2	01단	大邱各銀行遊金が增加/比まゝ越年か
147053	朝鮮朝日	1927-12-15/2	01단	財界閑話
147054	朝鮮朝日	1927-12-15/2	01단	全南鐵道買收の打合
147055	朝鮮朝日	1927-12-15/2	01단	滿洲材の輸入が激減/新義州は活況
147056	朝鮮朝日	1927-12-15/2	02단	鎭海の鱈漁弗々始まる
147057	朝鮮朝日	1927-12-15/2	02단	鴨江の流筏記錄を破る/七十萬尺締
147058	朝鮮朝日	1927-12-15/2	02단	年末用の移入貨物數昨年より增加
147059	朝鮮朝日	1927-12-15/2	02단	十二月上旬局線在貨高/活況を呈す
147060	朝鮮朝日	1927-12-15/2	02단	肥料資金の回收/順調にはかどる肥料の必要を痛感し明年も借入れるため
147061	朝鮮朝日	1927-12-15/2	03단	新刊紹介(朝鮮公論(十二月號)/朝鮮及滿洲(十二月號)/朝鮮(十二月號))
147062	朝鮮朝日	1927-12-15/2	03단	遠眼鏡

일련번호	판명	간행일	단수	기사명
147063	朝鮮朝日	1927-12-16/1	01단	貨出に困る金組が聯合會に預金し遊金に困って聯合會では逆鞘で銀行に預金/金融組合發展の悲哀
147064	朝鮮朝日	1927-12-16/1	01단	拓銀入りを有賀氏は斷念/矢張り殖銀に居坐る
147065	朝鮮朝日	1927-12-16/1	01단	南京政府露國へ國交斷絶通牒
147066	朝鮮朝日	1927-12-16/1	01단	鮮米輸送の運賃改正は許可を要す
147067	朝鮮朝日	1927-12-16/1	01단	北鮮地方を視まはって(五)/國境警官の勞苦は浮れ女の歌ふ『警備の歌』で浮れるにはあまりに尊すぎる
147068	朝鮮朝日	1927-12-16/1	02단	齋藤前總督の銅像建設を大邱商議所が聯合會に要望
147069	朝鮮朝日	1927-12-16/1	02단	京城、釜山大阪間電報が輻湊し京城無線局を利用/成績は頗る良好
147070	朝鮮朝日	1927-12-16/1	03단	內地航路船城津へ寄港二十日から
147071	朝鮮朝日	1927-12-16/1	03단	短歌/橋田東聲選
147072	朝鮮朝日	1927-12-16/1	04단	在滿鮮人の救濟資金を平壤で募集
147073	朝鮮朝日	1927-12-16/1	04단	お伽噺の久留島さん十七日入鮮
147074	朝鮮朝日	1927-12-16/1	04단	美々しい花電車がはじめて結ぶ/平壤電氣の寺洞延長十六日いよいよ開通
147075	朝鮮朝日	1927-12-16/1	05단	『浮世の波に苦しめんよりは死出の旅路に伴はんと』か可憐な母性愛に狂ふ親獅子が我と我が子に牙をかけて殺す
147076	朝鮮朝日	1927-12-16/1	05단	新總督を待つ釜山ホテル修理を急ぐ
147077	朝鮮朝日	1927-12-16/1	05단	幾度か頓挫した釜山南港の埋立 資金の都合もつき明春一月に開始か/總工費は五百萬圓で面積十四萬坪
147078	朝鮮朝日	1927-12-16/1	06단	大虎
147079	朝鮮朝日	1927-12-16/1	06단	伊艦リビア仁川に入港
147080	朝鮮朝日	1927-12-16/1	06단	憲兵隊が傳書鳩飼養萬一に備ふ
147081	朝鮮朝日	1927-12-16/1	07단	地料值上の對策を協議/借地人達が
147082	朝鮮朝日	1927-12-16/1	07단	お茶のあと
147083	朝鮮朝日	1927-12-16/1	07단	霜の聲
147084	朝鮮朝日	1927-12-16/1	08단	素人下宿の裏面を調査
147085	朝鮮朝日	1927-12-16/1	08단	鐵道局主催內地周遊團/三十日に出發
147086	朝鮮朝日	1927-12-16/1	08단	暮の巷の飾窓にクリスマスの飾り物が出揃ひはじめた浮世繪が喜ばれるカード
147087	朝鮮朝日	1927-12-16/1	09단	商品割引券を朝日新聞の讀者に配布
147088	朝鮮朝日	1927-12-16/1	09단	安東スケート場
147089	朝鮮朝日	1927-12-16/1	10단	會(安東地方委員會/釜山靑年團義士會/和田知事招宴)
147090	朝鮮朝日	1927-12-16/1	10단	人(大藏公望男(前滿鐵理事)/田邊敏行氏(滿鐵理事)/林淺樹氏(鐵道局經理課長)/吉岡重實氏(釜山府協議員)/大池忠助氏(釜山實業家)/宗里悅太郎氏(第一航空學校長)/木部しげの孃(女流飛行家))
147091	朝鮮朝日	1927-12-16/1	10단	半島茶話

일련번호	판명	간행일	단수	기사명
147092	朝鮮朝日	1927-12-16/2	01단	支那のガラスが朝鮮に侵入し漸次内地産を驅逐/品質も優れてゐる
147093	朝鮮朝日	1927-12-16/2	01단	出廻った米山を築く鎭南浦埠頭
147094	朝鮮朝日	1927-12-16/2	01단	財界閑話
147095	朝鮮朝日	1927-12-16/2	01단	鴨江上流は粟の不作で値段が暴騰
147096	朝鮮朝日	1927-12-16/2	01단	全南線の從業員全部局線に採用
147097	朝鮮朝日	1927-12-16/2	02단	十二月上旬鐵道の收入/百一萬餘圓
147098	朝鮮朝日	1927-12-16/2	02단	局線對私鐵連帶貨物數
147099	朝鮮朝日	1927-12-16/2	02단	平壤の建物めぐり(五)/内、鮮、洋と三樣の遊藝を授けるケバケバしい建物平壤名物の妓生學校
147100	朝鮮朝日	1927-12-16/2	03단	蜂蜜羊羹の販路を擴張
147101	朝鮮朝日	1927-12-16/2	03단	京畿金組の移轉
147102	朝鮮朝日	1927-12-16/2	03단	遠眼鏡
147103	朝鮮朝日	1927-12-17/1	01단	千五百萬圓を增した朝鮮來年度の豫算總額二億二千萬圓
147104	朝鮮朝日	1927-12-17/1	01단	土曜漫筆/『彌勒菩薩と如意輪觀音』/城大敎授大澤勝
147105	朝鮮朝日	1927-12-17/1	03단	山梨新總督初の京城入り警官、在鄕軍人、靑年團で警備の完璧を期す
147106	朝鮮朝日	1927-12-17/1	04단	社外船に比し石に二十五圓運賃が高い鮮航會義理と算盤に穀商惱む
147107	朝鮮朝日	1927-12-17/1	05단	方面委員の第一回打合
147108	朝鮮朝日	1927-12-17/1	05단	新義州商議初選擧十六日擧行
147109	朝鮮朝日	1927-12-17/1	06단	霜の聲
147110	朝鮮朝日	1927-12-17/1	06단	朝鮮八景と十六勝が發表
147111	朝鮮朝日	1927-12-17/1	06단	大邱の荷主達が合同に反對し愈よ運送店を設置
147112	朝鮮朝日	1927-12-17/1	06단	懷柔政策の撤廢を決議平壤の有志が
147113	朝鮮朝日	1927-12-17/1	07단	俳句/鈴木花蓑選
147114	朝鮮朝日	1927-12-17/1	07단	在滿洲の鮮人小學校閉鎖は訛傳
147115	朝鮮朝日	1927-12-17/1	07단	普遍的配給の責任を果すべくスタートを切った/煙草會社と水口氏聲明
147116	朝鮮朝日	1927-12-17/1	08단	支那官憲が鮮農に對し賄賂を强要
147117	朝鮮朝日	1927-12-17/1	08단	馬山統營間汽船の競爭/乘船賃は口八
147118	朝鮮朝日	1927-12-17/1	08단	京城府のボーナス昨年より多い
147119	朝鮮朝日	1927-12-17/1	08단	二十師團の新兵さん達宇品を出帆
147120	朝鮮朝日	1927-12-17/1	09단	初等學校の敎授研究會第一回開催
147121	朝鮮朝日	1927-12-17/1	09단	電報の誤謬は不注意から起る事故なしデーを催し氣分を緊張させる
147122	朝鮮朝日	1927-12-17/1	09단	子供が欲しさに他人の家に放火/狼狽する隙を覘ひ人の愛兒を奪取る
147123	朝鮮朝日	1927-12-17/1	09단	師走半ばに躑躅が滿開慶北義城に

일련번호	판명	간행일	단수	기사명
147124	朝鮮朝日	1927-12-17/1	10단	一萬五千圓の賠償の訴へ相手は平壤府
147125	朝鮮朝日	1927-12-17/1	10단	家鷄のヂフテリや義州に發生
147126	朝鮮朝日	1927-12-17/1	10단	會(莫哀氏追悼歌會)
147127	朝鮮朝日	1927-12-17/1	10단	人(李捐公殿下/長谷川朝鐵道役/結城弘毅氏(神戶鐵道局運轉課長)/赤木京城師範校長/金永太氏(新慶南銀行支配人))
147128	朝鮮朝日	1927-12-17/2	01단	米豆取引所設置の輿論が釜山有志間に擡頭/既に運動を開始す
147129	朝鮮朝日	1927-12-17/2	01단	有力な財源だけに酒類と織物の移入說は撤廢せぬ
147130	朝鮮朝日	1927-12-17/2	01단	滿洲粟の輸入激減米價安が原因
147131	朝鮮朝日	1927-12-17/2	01단	財界閑話
147132	朝鮮朝日	1927-12-17/2	01단	聲明を裏ぎる圖們の滯貨穀商か因る
147133	朝鮮朝日	1927-12-17/2	02단	山形市開催の全國産業博受償者決定
147134	朝鮮朝日	1927-12-17/2	02단	大會社を組織し豊漁の咸北鰯を有利に加工する計劃當局もこれを慫憑
147135	朝鮮朝日	1927-12-17/2	03단	鰯漁業の期間制限を當業者が要望
147136	朝鮮朝日	1927-12-17/2	03단	兼二浦、仁川間鐵銅の運賃特定取扱
147137	朝鮮朝日	1927-12-17/2	03단	昌原八面が水産獎勵の經費を計上
147138	朝鮮朝日	1927-12-17/2	03단	遠眼鏡
147139	朝鮮朝日	1927-12-18/1	01단	なるべく多數の人に面接したい希望 但し歡迎會などは眞つ平 新總督の朝鮮入り/釜山內外を警官で固む/驅逐艦が歡迎
147140	朝鮮朝日	1927-12-18/1	01단	先輩への禮と儀仗兵が堵列
147141	朝鮮朝日	1927-12-18/1	01단	確な文獻がなく編纂に困難な浩翰な釜山の府史明年一ぱいか〜る
147142	朝鮮朝日	1927-12-18/1	01단	北鮮地方を視まはって(六)/シロップの王と聖上の御讚辭を賜はったツルチュクと輝かしい大理石
147143	朝鮮朝日	1927-12-18/1	02단	全北扶安の山林の拂下十四萬四千圓
147144	朝鮮朝日	1927-12-18/1	03단	在滿鮮人の壓迫は噂ほどはない/總監は總督赴任後決定田中首相車中談
147145	朝鮮朝日	1927-12-18/1	03단	關東廳長官木下氏に決定
147146	朝鮮朝日	1927-12-18/1	03단	元山、清津間命令航路は明年秋廢止
147147	朝鮮朝日	1927-12-18/1	04단	京畿道議會十六日終了
147148	朝鮮朝日	1927-12-18/1	04단	越境鮮人の金員を押收赤露ケベウが
147149	朝鮮朝日	1927-12-18/1	04단	現金勘定を避け振替が多くなる最近の振替貯金の成績現金受拂も增加す
147150	朝鮮朝日	1927-12-18/1	05단	木の香りも新しい「山梨半造」の標札齋藤實の名と代り引っくり返る騷ぎの總督官邸さんざめく艶しい三味の音
147151	朝鮮朝日	1927-12-18/1	05단	國民教育の資料を蒐集教育に贈る
147152	朝鮮朝日	1927-12-18/1	05단	殖産電氣が送電線增架認可を申請
147153	朝鮮朝日	1927-12-18/1	05단	釜山北濱の埋立工事は個人には許さぬ

일련번호	판명	간행일	단수	기사명
147154	朝鮮朝日	1927-12-18/1	05단	慈父と仰がるゝ裡里の朴基順氏紺綬褒章の飾版を賞勳局から授けらる
147155	朝鮮朝日	1927-12-18/1	06단	鎭南浦公會堂上棟式
147156	朝鮮朝日	1927-12-18/1	06단	指導のため窮民住宅に巡査を配置
147157	朝鮮朝日	1927-12-18/1	07단	新義州水道制限を撤廢久しぶりに
147158	朝鮮朝日	1927-12-18/1	07단	霜の聲
147159	朝鮮朝日	1927-12-18/1	08단	朝鮮一の萬歲の木橋明年度起工
147160	朝鮮朝日	1927-12-18/1	08단	渡航阻止の鮮人勞働者就職の成績
147161	朝鮮朝日	1927-12-18/1	08단	列車を妨害する違反者に嚴罰/鐵道局の依頼で警務當局が各道へ通牒
147162	朝鮮朝日	1927-12-18/1	08단	定期に割込む乗合自動車慶南が取締
147163	朝鮮朝日	1927-12-18/1	08단	天道敎の兩派の對抗ますます激甚
147164	朝鮮朝日	1927-12-18/1	09단	新幹會の平壤支部が近く設置さる
147165	朝鮮朝日	1927-12-18/1	09단	聯合靑年が夜警を開始
147166	朝鮮朝日	1927-12-18/1	09단	平南道廳爆破の女囚假出獄す
147167	朝鮮朝日	1927-12-18/1	10단	貴重品は幸ひ盜難を免る慶州博物館
147168	朝鮮朝日	1927-12-18/1	10단	全南高興の郡廳舍失火書類を燒失
147169	朝鮮朝日	1927-12-18/1	10단	十二件の強盜騒ぎは二名の所爲
147170	朝鮮朝日	1927-12-18/1	10단	會(釜山府協議會/間島警察慰安會)
147171	朝鮮朝日	1927-12-18/1	10단	人(淺利警務局長)
147172	朝鮮朝日	1927-12-18/1	10단	半島茶話
147173	朝鮮朝日	1927-12-18/2	01단	前年に比して七百餘萬圓の大減額を示した十一月對內地貿易
147174	朝鮮朝日	1927-12-18/2	01단	金利の引下平南金組が
147175	朝鮮朝日	1927-12-18/2	01단	定置漁業の許可を制限共倒を防ぐ
147176	朝鮮朝日	1927-12-18/2	01단	財界閑話
147177	朝鮮朝日	1927-12-18/2	01단	明太の豊漁元山が賑ふ
147178	朝鮮朝日	1927-12-18/2	01단	百六十萬石を突破するか鮮內酒造高
147179	朝鮮朝日	1927-12-18/2	02단	南浦貿易高四百七十萬圓
147180	朝鮮朝日	1927-12-18/2	02단	二十七萬圓で陷沒を防ぐ博川の耕地
147181	朝鮮朝日	1927-12-18/2	02단	ライジングサン油槽が移轉九日落成す
147182	朝鮮朝日	1927-12-18/2	02단	京城組銀用途別貸出商、農業の順
147183	朝鮮朝日	1927-12-18/2	03단	農事改良の懇談と講習/平北が開催
147184	朝鮮朝日	1927-12-18/2	03단	不渡手形か前期より減少
147185	朝鮮朝日	1927-12-18/2	03단	鴨江木材總會
147186	朝鮮朝日	1927-12-18/2	03단	京城市場賣上高
147187	朝鮮朝日	1927-12-18/2	03단	遠眼鏡
147188	朝鮮朝日	1927-12-20/1	01단	晴れの第一歩/初の朝鮮人の山梨新總督

일련번호	판명	간행일	단수	기사명
147189	朝鮮朝日	1927-12-20/1	01단	*巷に立並ぶ觀衆に脫帽して禮を返し柔かい印象を與へた 山梨新總督初の京城入り 蟻の出る隙もないほどの嚴重な警戒/皆さんと協力し朝鮮統治に努めん 初めて踏んだ釜山での挨拶/一路京城へと特別列車で釜山發 一族郎黨を引具し/大邱を通過御機嫌が良い*
147190	朝鮮朝日	1927-12-20/1	05단	朝鮮料理も乙な物だね連絡船の漫談
147191	朝鮮朝日	1927-12-20/1	05단	逆襲を得意とする山梨さんの憎まれ口人間としては良い新聞記者間の評判/山梨總督の第一印象(上)/新田生
147192	朝鮮朝日	1927-12-20/1	06단	會寧羅南線淸津を通過支線を撤廢
147193	朝鮮朝日	1927-12-20/1	07단	新義州商議役員の選擧
147194	朝鮮朝日	1927-12-20/1	07단	在滿鮮人の壓迫で外交の軟弱を平壤公職者が決議支那人保護を高唱/支那人の一千餘名が淸津を立退く
147195	朝鮮朝日	1927-12-20/1	07단	短歌/橋田東聲選
147196	朝鮮朝日	1927-12-20/1	08단	警官の增俸平南警察部
147197	朝鮮朝日	1927-12-20/1	08단	大同江に結氷を見る厚さは二寸
147198	朝鮮朝日	1927-12-20/1	08단	各被告いづれも事實を否認す高麗共産黨の公判新義州地方法院で開廷
147199	朝鮮朝日	1927-12-20/1	09단	十八日夜から釜山地方に暴風雨襲來
147200	朝鮮朝日	1927-12-20/1	09단	惡事は出來ぬ密輸犯人が生不動で往生
147201	朝鮮朝日	1927-12-20/1	10단	不逞の巨魁長春で逮捕/新義州で取調
147202	朝鮮朝日	1927-12-20/1	10단	會(平壤基督降誕會/久賀島氏童話會)
147203	朝鮮朝日	1927-12-20/1	10단	人(李埼公殿下/大家第十九師團參謀長/保坂淸津分掌局長/布施辰治氏(東京辯護士))
147204	朝鮮朝日	1927-12-20/1	10단	半島茶話
147205	朝鮮朝日	1927-12-20/2	01단	鮮銀券の膨脹一億一千八百萬圓十三年以降の新レコード
147206	朝鮮朝日	1927-12-20/2	01단	南議類似の實業協會を鮮人が設置
147207	朝鮮朝日	1927-12-20/2	01단	大邱林檎の搬出狀況
147208	朝鮮朝日	1927-12-20/2	01단	財界閑話
147209	朝鮮朝日	1927-12-20/2	01단	下層農民の經濟狀態は割合に良好
147210	朝鮮朝日	1927-12-20/2	02단	京城組銀の預金と貸出何れも減少
147211	朝鮮朝日	1927-12-20/2	02단	安東の財界平凡に越年か
147212	朝鮮朝日	1927-12-20/2	02단	煙草會社の職制が決定支配人は西田氏
147213	朝鮮朝日	1927-12-20/2	02단	西新興松興間朝鮮私鐵が借受け營業
147214	朝鮮朝日	1927-12-20/2	02단	慶北道の商品陳列所いよいよ新築
147215	朝鮮朝日	1927-12-20/2	03단	舍人場驛の公衆電信所事務を開始
147216	朝鮮朝日	1927-12-20/2	03단	慶北達城の玄風橋竣工視察者が多い
147217	朝鮮朝日	1927-12-20/2	03단	*安取配當年六分/安東商事は四分*
147218	朝鮮朝日	1927-12-20/2	03단	安東商議新議員
147219	朝鮮朝日	1927-12-20/2	03단	遠眼鏡

일련번호	판명	간행일	단수	기사명
147220	朝鮮朝日	1927-12-21/1	01단	國家の長計より見て現在までの成績は百年の道程の一步に過ぎぬ山梨總督の初訓示/泉崎府尹が新總督に計劃書を提出
147221	朝鮮朝日	1927-12-21/1	04단	五年の終りには二百五十萬圓の積立金が出來る/簡易保險の實施案
147222	朝鮮朝日	1927-12-21/1	04단	大正天皇御一年祭
147223	朝鮮朝日	1927-12-21/1	04단	忠南道議會十七日から
147224	朝鮮朝日	1927-12-21/1	04단	現在の赤裡々が山梨さんの姿ならなるほど人はよがらう評判がなぜ惡いか山梨總督の第一印象(中)新田生/新總督赴任噂さの聞書
147225	朝鮮朝日	1927-12-21/1	05단	日本海航路雄基延長と淸敦直通要望
147226	朝鮮朝日	1927-12-21/1	05단	言々句々誠を罩め齋藤子の德を讚へ總督、首相の懇な留任勸告に一顧も與へぬ湯淺總監
147227	朝鮮朝日	1927-12-21/1	06단	大邱の鮮商達が支人との取引を拒絶せんず意向代金の支拂も延期
147228	朝鮮朝日	1927-12-21/1	06단	俳句/鈴木花蓑選
147229	朝鮮朝日	1927-12-21/1	07단	寺洞空前の盛況を見た電車開通式
147230	朝鮮朝日	1927-12-21/1	07단	都市計劃の役員が協議
147231	朝鮮朝日	1927-12-21/1	08단	穀物檢査に批難の聲馬山に起る
147232	朝鮮朝日	1927-12-21/1	08단	馴染女の變心を憤っての慘劇/斧で斬られ妓生が重傷留めに出て父も重態
147233	朝鮮朝日	1927-12-21/1	08단	防火の宣傳慶北永同で
147234	朝鮮朝日	1927-12-21/1	08단	電車と衝突し外務課屬の態耳氏卽死
147235	朝鮮朝日	1927-12-21/1	09단	虎に出會はぬ米國虎狩團奧地に進む
147236	朝鮮朝日	1927-12-21/1	09단	奇蹟的に救はる難船の三漁夫
147237	朝鮮朝日	1927-12-21/1	10단	平南道廳の爆彈犯人に二年の判決
147238	朝鮮朝日	1927-12-21/1	10단	會(久留島氏講演會/京城擧組豫算會)
147239	朝鮮朝日	1927-12-21/1	10단	人(河合朝雄氏(朝鮮民報社長))
147240	朝鮮朝日	1927-12-21/1	10단	半島茶話
147241	朝鮮朝日	1927-12-21/2	01단	大豆の出廻が漸く旺勢となる/米に比し割高なが原因
147242	朝鮮朝日	1927-12-21/2	01단	特等米が一等米以下値開が狹い
147243	朝鮮朝日	1927-12-21/2	01단	財界閑話
147244	朝鮮朝日	1927-12-21/2	01단	專賣局が制度を改正/出張所を昇格
147245	朝鮮朝日	1927-12-21/2	01단	平南諸銀行預金と貸付商工資が最多
147246	朝鮮朝日	1927-12-21/2	02단	洪水を恐れ琴湖江埋立中止を要望
147247	朝鮮朝日	1927-12-21/2	02단	平北各地で農校設置の運動が熾烈
147248	朝鮮朝日	1927-12-21/2	02단	見直された南鮮の海苔
147249	朝鮮朝日	1927-12-21/2	02단	南浦檢疫所移出生牛の出入が增加
147250	朝鮮朝日	1927-12-21/2	03단	平北江界の商工會員が積立金を實施
147251	朝鮮朝日	1927-12-21/2	03단	京城手形交換高

일련번호	판명	간행일	단수	기사명
147252	朝鮮朝日	1927-12-21/2	03단	鐵道局通信競技
147253	朝鮮朝日	1927-12-21/2	03단	遠眼鏡
147254	朝鮮朝日	1927-12-22/1	01단	中等校入試問題を最少限度に留め小學校、普通校での成績を重要視して決定す入學試驗の選拔方法確定
147255	朝鮮朝日	1927-12-22/1	01단	突如豫定を變へ警官を面喰はす新總督のくだけかた
147256	朝鮮朝日	1927-12-22/1	01단	凄みこそ無けれ好個の名總監と湯淺氏の辭任を惜む釜山官民の評判
147257	朝鮮朝日	1927-12-22/1	02단	慶南道議會二月中旬開催
147258	朝鮮朝日	1927-12-22/1	02단	鮮米にとり正米市場の開設は結講
147259	朝鮮朝日	1927-12-22/1	03단	一驛一店の實現で高くて不親切/鳥山の荷主たちが匿名組合を組織す
147260	朝鮮朝日	1927-12-22/1	03단	短歌/橋田東聲選
147261	朝鮮朝日	1927-12-22/1	03단	何かやりさうな一癖ありげな顔と接した總べての人たちが誰しもが感ずる/山梨總督の第一印象(下)/新田生
147262	朝鮮朝日	1927-12-22/1	04단	年賀用の葉書の用意二千五百萬枚
147263	朝鮮朝日	1927-12-22/1	04단	沙河鎭の鮮農十餘名立退を命ぜらる
147264	朝鮮朝日	1927-12-22/1	04단	Xマスのお飾り/京城でぼつぼつ始まる
147265	朝鮮朝日	1927-12-22/1	05단	慶南密陽に玄米檢査所設置を要望
147266	朝鮮朝日	1927-12-22/1	05단	大邱藥令市淋しくなる
147267	朝鮮朝日	1927-12-22/1	05단	*在滿鮮人大會を奉天で開き支那官憲の壓迫の對策を協議する/輿論の惡化を恐れる支那人俄に店舖を閉ぢて續々と本國に引揚ぐ*
147268	朝鮮朝日	1927-12-22/1	06단	霜の聲
147269	朝鮮朝日	1927-12-22/1	06단	決定した平南の豫算二百四十萬圓
147270	朝鮮朝日	1927-12-22/1	06단	支那人の歸國で野菜が大暴騰/田畑や道具を買收し離職の勞働者に耕作さす
147271	朝鮮朝日	1927-12-22/1	07단	高麗共産黨の公判
147272	朝鮮朝日	1927-12-22/1	08단	野手前營林廠長の告訴事件の取調原告側は終了す/野手氏は和歌山に委託か
147273	朝鮮朝日	1927-12-22/1	09단	斎藤總督搭乘の雄飛丸を狙ひ一齊射擊を敢行す/犯人等事實を承認
147274	朝鮮朝日	1927-12-22/1	09단	在外鮮人に施費給與の期間を延期
147275	朝鮮朝日	1927-12-22/1	10단	復明校紛糾或は解決か
147276	朝鮮朝日	1927-12-22/1	10단	女子技藝バザー
147277	朝鮮朝日	1927-12-22/1	10단	會(湯淺總監送別宴)
147278	朝鮮朝日	1927-12-22/1	10단	人(張學銘氏(張作霖氏令息)/王景春氏(中華無線會議委員))
147279	朝鮮朝日	1927-12-22/1	10단	半島茶話
147280	朝鮮朝日	1927-12-22/2	01단	新銀行令の朝鮮での施行時期尙早との議論/當業者間に起る
147281	朝鮮朝日	1927-12-22/2	01단	群山廻米激增米價の直りで

일련번호	판명	간행일	단수	기사명
147282	朝鮮朝日	1927-12-22/2	01단	財界閑話
147283	朝鮮朝日	1927-12-22/2	01단	糯が上騰し買控の商人悲鳴を擧ぐ
147284	朝鮮朝日	1927-12-22/2	02단	煙草の肥料油粕と豆粕特定運賃許可
147285	朝鮮朝日	1927-12-22/2	02단	群山の金融現在は緩漫
147286	朝鮮朝日	1927-12-22/2	02단	忠北道の鮮酒品評會九日から開催
147287	朝鮮朝日	1927-12-22/2	02단	鎮南浦の鹽況/春季の需要期には自然活氣を呈せん
147288	朝鮮朝日	1927-12-22/2	03단	大邱の商況沈滯を續く
147289	朝鮮朝日	1927-12-22/2	03단	新義州警察年末の警戒
147290	朝鮮朝日	1927-12-22/2	03단	門松用の松林の盜伐嚴重に取締
147291	朝鮮朝日	1927-12-22/2	03단	遠眼鏡
147292	朝鮮朝日	1927-12-23/1	01단	田中首相とは壯年から許し許された深い仲市長時代の手腕に鈴木內相もぞっこん惚込む/溫和な性格に見て新總督を援ける好個の女房役だと相當興味をもって觀らる/釜山では大歡迎各市長だったと/達磨と布袋を並べたやうなもの町野武馬氏哄笑す/朝鮮財界に好い影響を齊すと信じる/綿密な人柄加藤三越支店長談/七十歳の老翁とは迷惑の至り某實業家談/産業方面には都合が良い藤井實太郎氏談
147293	朝鮮朝日	1927-12-23/1	01단	池上氏の親任式二十三日午後
147294	朝鮮朝日	1927-12-23/1	02단	池上さんと言へば酒を聯想する程の斗酒なほ辭せぬ酒豪 大膽な反面に細心の點もある/槍一筋の生れで各市長の折紙を後藤子がつけて稱讚す
147295	朝鮮朝日	1927-12-23/1	05단	俳句/鈴木花蓑選
147296	朝鮮朝日	1927-12-23/1	06단	空理に囚はれぬやう朝鮮の人達へ望む湯淺前總監退鮮の言葉池上新總監を稱讚
147297	朝鮮朝日	1927-12-23/1	08단	平北の史蹟調査を始む
147298	朝鮮朝日	1927-12-23/1	08단	大正天皇遙拜式/平壤/基督教徒の祈禱
147299	朝鮮朝日	1927-12-23/1	08단	安東消防の改正
147300	朝鮮朝日	1927-12-23/1	08단	縣人會の後援を仰ぐ人事相談所
147301	朝鮮朝日	1927-12-23/1	09단	迂餘曲折の釜山火葬場また行惱む
147302	朝鮮朝日	1927-12-23/1	09단	辯護人の辯論が意外に長くて共産黨の公判は年內に終るは困難
147303	朝鮮朝日	1927-12-23/1	09단	十姉妹虎之卷巢引祕傳
147304	朝鮮朝日	1927-12-23/1	09단	淸州高普の盟休生處罰
147305	朝鮮朝日	1927-12-23/1	09단	渡航が覆り四名溺死す
147306	朝鮮朝日	1927-12-23/1	09단	罪の人たち依然と横行五警察の警戒
147307	朝鮮朝日	1927-12-23/1	10단	釜山圖書館建設の計劃
147308	朝鮮朝日	1927-12-23/1	10단	會(釜山府協議會/香椎會頭招宴)

일련번호	판명	간행일	단수	기사명
147309	朝鮮朝日	1927-12-23/1	10단	人(湯淺前政務總監/町野武馬氏(張作霖氏軍事題問)/富田儀作氏(鎭南浦實業家)/渡邊豊日子氏(本府門務課長)/韓昌洙氏(李王職長官)/松本誠氏(本府理財課長)/圖田賣氏(本府山林課長)/布施辰治氏(辯護士))
147310	朝鮮朝日	1927-12-23/1	10단	半島茶話
147311	朝鮮朝日	1927-12-23/2	01단	日本によく似た南歐の伊國で趣味深き旅をお續けの李王殿下の御近況
147312	朝鮮朝日	1927-12-23/2	01단	五百六十萬圓の限外發行を見た/鮮銀卷の大膨脹
147313	朝鮮朝日	1927-12-23/2	01단	圖們、天圖の栗の滯貨が著しく增加
147314	朝鮮朝日	1927-12-23/2	01단	財界閑話
147315	朝鮮朝日	1927-12-23/2	01단	漁業取締船朝風に無線來秋は就航
147316	朝鮮朝日	1927-12-23/2	01단	咸興の發展點燈數が激增
147317	朝鮮朝日	1927-12-23/2	02단	十二月中旬局線成績輸送十五萬噸
147318	朝鮮朝日	1927-12-23/2	02단	乘合自動車を京城が府營府協議員の打合でほゞ意見が一致す
147319	朝鮮朝日	1927-12-23/2	03단	平安漁業の業績が順調社長が更送
147320	朝鮮朝日	1927-12-23/2	03단	新刊紹介(極東時報(歲末號)/交通時論(十二月號))
147321	朝鮮朝日	1927-12-23/2	03단	遠眼鏡
147322	朝鮮朝日	1927-12-24/1	01단	それでは當分お目にも懸れまいお機嫌よろしくと湯淺總監去って還らず
147323	朝鮮朝日	1927-12-24/1	01단	ホールや會議室の美しさに驚く山梨總督各課を巡視大理石の立派なのを激賞
147324	朝鮮朝日	1927-12-24/1	01단	在滿鮮人壓迫問題で新義州で協議
147325	朝鮮朝日	1927-12-24/1	02단	朝鮮貴族の世襲財産令廿日發令さる
147326	朝鮮朝日	1927-12-24/1	02단	學閥に押された者が妙な早合點で特進官の池上氏を歡迎する向もある
147327	朝鮮朝日	1927-12-24/1	03단	總督令息の平壤見物
147328	朝鮮朝日	1927-12-24/1	03단	去る湯淺氏來る池上氏噂のいろいろ
147329	朝鮮朝日	1927-12-24/1	04단	加盟外の汽船が鮮航會に對抗運賃に相當開きがあり今後競爭が激甚か
147330	朝鮮朝日	1927-12-24/1	04단	小學兒童の休み中國語と算術を毎日D局で放送しおさらへに加勢す
147331	朝鮮朝日	1927-12-24/1	04단	納稅組合の擴張を企圖明春を待ち
147332	朝鮮朝日	1927-12-24/1	05단	初等學校に實習園設置品評會も開く
147333	朝鮮朝日	1927-12-24/1	05단	東拓用水の使用料問題無事に解決
147334	朝鮮朝日	1927-12-24/1	05단	講習所を昇格校舍を新築し兎も角も醫學校を設立/平壤醫專の應急策
147335	朝鮮朝日	1927-12-24/1	06단	土曜漫筆/印度の信用組合と朝鮮の金融組合/山根讓
147336	朝鮮朝日	1927-12-24/1	06단	他所に比し五割も高い/新義州の地價
147337	朝鮮朝日	1927-12-24/1	06단	咸南道廳の改造は眞平新築を要望

일련번호	판명	간행일	단수	기사명
147338	朝鮮朝日	1927-12-24/1	07단	果然買收値に開きを生じ容易に進捗せぬ釜山瓦電の買收
147339	朝鮮朝日	1927-12-24/1	07단	關門の大荒關釜連絡船二十三日缺航
147340	朝鮮朝日	1927-12-24/1	07단	新幹會支部發會式盛況を極む
147341	朝鮮朝日	1927-12-24/1	07단	爆竹を禁止支那警察が
147342	朝鮮朝日	1927-12-24/1	08단	竣工した馬山の名所福壽寺の美しい樓門
147343	朝鮮朝日	1927-12-24/1	08단	鮮人の信仰心がだんだん衰へる教育を受けた靑年に特にその傾向が多い
147344	朝鮮朝日	1927-12-24/1	09단	クリスマス各教會の催し
147345	朝鮮朝日	1927-12-24/1	09단	五人組の支那人强盜間島に現る
147346	朝鮮朝日	1927-12-24/1	09단	賊と格鬪し筒井巡査重傷
147347	朝鮮朝日	1927-12-24/1	10단	不逞の祕書安東で逮捕
147348	朝鮮朝日	1927-12-24/1	10단	會(新義州各刺交換會)
147349	朝鮮朝日	1927-12-24/1	10단	人(有賀殖銀頭取/松寺法務局長、安達土地改良部長/兒島高信氏(總督府事務官)/山崎猛氏(滿洲日報社長)/楡原悅二郞氏(外務省參與官)/關水武氏(平南內務部長)/伊達四雄氏(平南警察部長))
147350	朝鮮朝日	1927-12-24/1	10단	半島茶話
147351	朝鮮朝日	1927-12-24/2	01단	鐵道の敷設で鮮滿の國境を明るくしたいもの大村鐵道局長語る
147352	朝鮮朝日	1927-12-24/2	01단	鮮銀券の限外稅五分に引下
147353	朝鮮朝日	1927-12-24/2	01단	財界閑話
147354	朝鮮朝日	1927-12-24/2	01단	畜産共進會順川で開催
147355	朝鮮朝日	1927-12-24/2	01단	豆滿江水組いよいよ設立
147356	朝鮮朝日	1927-12-24/2	02단	鮮魚輸送の便法を案出費用も安い
147357	朝鮮朝日	1927-12-24/2	02단	朝鮮鰯のトマト一漬研究を開始
147358	朝鮮朝日	1927-12-24/2	03단	遠眼鏡
147359	朝鮮朝日	1927-12-25/1	01단	雪の朝
147360	朝鮮朝日	1927-12-25/1	01단	傍聽者を禁じて議員の懷柔に努め遂に原案は否決となった忠南道議會の大混亂
147361	朝鮮朝日	1927-12-25/1	01단	僕の拓銀辭退は豫定の筋書き來春が不景氣のドン底有賀頭取の歸來談
147362	朝鮮朝日	1927-12-25/1	01단	藝術と職業の矛盾から逃避し椰子の葉繁る南洋に憧れ遍路を續け原始的生活に浸る朝鮮東洋畫壇の耆宿堅山垣氏
147363	朝鮮朝日	1927-12-25/1	03단	朝鮮神宮諸禮式
147364	朝鮮朝日	1927-12-25/1	03단	元淸連絡船の城津港出發/時刻を變更
147365	朝鮮朝日	1927-12-25/1	04단	住民の反對で撤回した案がまたまた通過した釜山火葬場の位置
147366	朝鮮朝日	1927-12-25/1	04단	短歌/橋田東聲選
147367	朝鮮朝日	1927-12-25/1	04단	新總督への態度を協議甲子倶樂部が

일련번호	판명	간행일	단수	기사명
147368	朝鮮朝日	1927-12-25/1	05단	中樞院參議新に任命
147369	朝鮮朝日	1927-12-25/1	05단	學校宣張の根本解決策大邱が樹立
147370	朝鮮朝日	1927-12-25/1	05단	平北擴川の柳橋川改修明年度に着工
147371	朝鮮朝日	1927-12-25/1	05단	大邱府の市街道路線縮小し着工
147372	朝鮮朝日	1927-12-25/1	05단	大した事はない赤化宣傳の放送露西亞語ではあり餘程優秀な機械を要する
147373	朝鮮朝日	1927-12-25/1	06단	霜の聲
147374	朝鮮朝日	1927-12-25/1	06단	鴨江名物の橇(いよいよ始まる)
147375	朝鮮朝日	1927-12-25/1	06단	京城府圖書館改造が竣工收容力を增す
147376	朝鮮朝日	1927-12-25/1	06단	山梨總督伊艦を訪問/仁川を視察
147377	朝鮮朝日	1927-12-25/1	07단	日もたゝぬ嬰兒を寒さのために死なす/下關驛待合室て夜を明した/歸鮮途中の亂暴な鮮人夫婦
147378	朝鮮朝日	1927-12-25/1	07단	平壤寺洞線に貨物電車を近く運轉す
147379	朝鮮朝日	1927-12-25/1	08단	平壤府電の出張所竣工府民が大喜び
147380	朝鮮朝日	1927-12-25/1	08단	年賀狀の大增加郵便局大多忙
147381	朝鮮朝日	1927-12-25/1	08단	消防用の貯水タンク淸津が增設
147382	朝鮮朝日	1927-12-25/1	08단	虎狩り隊虎狩らずノロと猪だけ
147383	朝鮮朝日	1927-12-25/1	09단	金剛山中で畫客の慘死妻女も重傷
147384	朝鮮朝日	1927-12-25/1	09단	暴風に襲はれ漁船七隻が顚覆/十五名の行方が不明三名の死體を發見
147385	朝鮮朝日	1927-12-25/1	09단	六戶を全燒平南の火事
147386	朝鮮朝日	1927-12-25/1	09단	慶州の火事十三戶を燒く
147387	朝鮮朝日	1927-12-25/1	09단	面事務所の公金が紛失千七百餘圓
147388	朝鮮朝日	1927-12-25/1	09단	會(大邱商議役員會)
147389	朝鮮朝日	1927-12-25/1	10단	陸軍主計が鮮人のため毆り殺さる
147390	朝鮮朝日	1927-12-25/1	10단	人(堀少將(咸興步三十七旅團長)/靑木戒三氏(平南知事)/赤木京城師範校長/荒木二郎氏(海軍少將)/內藤順太郎氏(東亞社長)/山崎猛氏(滿日社長))
147391	朝鮮朝日	1927-12-25/1	10단	半島茶話
147392	朝鮮朝日	1927-12-25/2	01단	大邱、慶南兩銀行合倂談が進捗後藤鮮銀支配人が極祕裡に奔走中
147393	朝鮮朝日	1927-12-25/2	01단	平壤南金組利子を引下一月一日實施
147394	朝鮮朝日	1927-12-25/2	01단	釜山管理局振替加入者千七百名
147395	朝鮮朝日	1927-12-25/2	01단	運送勞働者競爭を避け組合を組織
147396	朝鮮朝日	1927-12-25/2	01단	平壤組銀が年末に限り時間を延長
147397	朝鮮朝日	1927-12-25/2	01단	平壤測候所無線受信機實現するか
147398	朝鮮朝日	1927-12-25/2	02단	酒商人が組合を組織密輸を取締
147399	朝鮮朝日	1927-12-25/2	02단	江界營林署作業所增設流筏が增加
147400	朝鮮朝日	1927-12-25/2	02단	お正月の盆栽が出る最高は八九圓

일련번호	판명	간행일	단수	기사명
147401	朝鮮朝日	1927-12-25/2	02단	贋者の多い施料患者の一掃を期す
147402	朝鮮朝日	1927-12-25/2	02단	打瀬網漁業者の會費の引上げで慶南當業者たちが慶北道知事に陳情
147403	朝鮮朝日	1927-12-25/2	03단	新刊紹介(朝鮮土木建設協會報(十二月十五日號)/東亞法政新聞(十二月號)/鮮友(十二月號)/朝鮮社會事業(十二月號))
147404	朝鮮朝日	1927-12-25/2	03단	遠眼鏡
147405	朝鮮朝日	1927-12-27/1	01단	田中首相/池上政務總監及び木下關東廳長官等を招待/外相官邸にて二十四日
147406	朝鮮朝日	1927-12-27/1	01단	産業の開發に努め失業者を防止して朝鮮の人口問題を解決
147407	朝鮮朝日	1927-12-27/1	01단	國立倉庫設立を大邱が猛運動/渡邊商工課長の言は素人觀なりと批難
147408	朝鮮朝日	1927-12-27/1	01단	反國家的思想に對し嚴重取締を望む/新總督へ決議書提出京城の國民協會から
147409	朝鮮朝日	1927-12-27/1	02단	土木協會が新總督宛に請願書提出
147410	朝鮮朝日	1927-12-27/1	03단	紛擾を極めた役員の選擧問題/やっと發起人に一任して解決/新義州商業評議員會
147411	朝鮮朝日	1927-12-27/1	03단	風雪甚しく積雪一米餘自動車運轉不能となる
147412	朝鮮朝日	1927-12-27/1	03단	天道教の兩派が對抗總會を開く
147413	朝鮮朝日	1927-12-27/1	04단	山梨總督伊國旗艦訪問
147414	朝鮮朝日	1927-12-27/1	04단	新博士三人
147415	朝鮮朝日	1927-12-27/1	04단	道行く人々も哀悼の意を表す/大正天皇御一年祭訓練院で嚴に擧行
147416	朝鮮朝日	1927-12-27/1	05단	素人のお百姓が稲作に五割増收ほんものゝお百姓さんを驚かす/京畿道の試み好成績
147417	朝鮮朝日	1927-12-27/1	05단	軍人の息子だけに戰の話が大好山梨總督の令息が平壤の戰蹟を視察
147418	朝鮮朝日	1927-12-27/1	06단	高師入學試驗
147419	朝鮮朝日	1927-12-27/1	06단	京城府の消防出初式盛大に擧行
147420	朝鮮朝日	1927-12-27/1	07단	一握の飯米炊事時毎に貯蓄する
147421	朝鮮朝日	1927-12-27/1	07단	身體が大きいだけ象が一番の大食/虎や獅子は非常に贅澤動物園の喰物調べ
147422	朝鮮朝日	1927-12-27/1	08단	漢江の結氷二寸になり舟航全く絶ゆ
147423	朝鮮朝日	1927-12-27/1	08단	俳句/鈴木花蓑選
147424	朝鮮朝日	1927-12-27/1	08단	客車から發火一輛を燒失京南鐵道の珍事
147425	朝鮮朝日	1927-12-27/1	08단	強盜犯捕ふ
147426	朝鮮朝日	1927-12-27/1	08단	二十圓の賣掛代金や家屋明渡しの訴訟等傷ましい心の窺はれる小さな裁判沙汰が増加
147427	朝鮮朝日	1927-12-27/1	09단	古宇田氏を起訴に決定司法部としては已むを得ぬ
147428	朝鮮朝日	1927-12-27/1	10단	自動車と貨車が衝突/運轉手は重傷

일련번호	판명	간행일	단수	기사명
147429	朝鮮朝日	1927-12-27/1	10단	束洋丸の離礁は困難/沈沒は免る
147430	朝鮮朝日	1927-12-27/1	10단	一千七百圓の公金を盜まる
147431	朝鮮朝日	1927-12-27/1	10단	火災の御用心ビラを撤いて火災豫防宣傳
147432	朝鮮朝日	1927-12-27/1	10단	人(小山內藤氏/高橋藏司氏(鐵道省事務官)/松井信助氏(平壤府尹)/九州視察團)
147433	朝鮮朝日	1927-12-27/2	01단	昨年同期に比し九百萬圓を減少/十一月中內外貿易高
147434	朝鮮朝日	1927-12-27/2	01단	群山市場初立會一月四日から
147435	朝鮮朝日	1927-12-27/2	01단	荷主合同の運送店創立第一回委員會
147436	朝鮮朝日	1927-12-27/2	01단	大邱慶南兩行合同問題は順調に進捗
147437	朝鮮朝日	1927-12-27/2	01단	慶北合同運送創立原案可決
147438	朝鮮朝日	1927-12-27/2	01단	咸平軌道車と局線が連絡明春から
147439	朝鮮朝日	1927-12-27/2	01단	海水の暖さで鰤がとれぬ正月は高いか
147440	朝鮮朝日	1927-12-27/2	02단	十一月中の外鹽輸移入高
147441	朝鮮朝日	1927-12-27/2	02단	千客萬來で釜山の混雜/連絡船積殘す
147442	朝鮮朝日	1927-12-27/2	03단	諒闇明けの清津商店街非常に活氣づく
147443	朝鮮朝日	1927-12-27/2	03단	大邱市內の歲末大賣出實行が良い
147444	朝鮮朝日	1927-12-27/2	03단	牛肺疫豫防解除
147445	朝鮮朝日	1927-12-27/2	03단	釜山餘錄
147446	朝鮮朝日	1927-12-28/1	01단	御兄姉官を案じられる德惠姬久し振りに御歸城
147447	朝鮮朝日	1927-12-28/1	01단	城大でも學位授與は新制令に依るか松浦總長東上す
147448	朝鮮朝日	1927-12-28/1	01단	清津の明年四大事業
147449	朝鮮朝日	1927-12-28/1	01단	發育不完全の兒童生徒が多い悲しむべき現象を見た/小學校の身體檢査
147450	朝鮮朝日	1927-12-28/1	02단	天道明理教を新しく組織し現天道教に對抗する/分解作用依然つゞく
147451	朝鮮朝日	1927-12-28/1	03단	總督府御用始め
147452	朝鮮朝日	1927-12-28/1	03단	慶尙北道廳明年持越しのおもなる事業
147453	朝鮮朝日	1927-12-28/1	03단	慶尙北道評議會
147454	朝鮮朝日	1927-12-28/1	04단	在滿同胞の生命擁護を鮮人大會で決議
147455	朝鮮朝日	1927-12-28/1	04단	「イトメゴカイ」の驅除試驗に成功靑山技手の苦心
147456	朝鮮朝日	1927-12-28/1	04단	短歌/橋田東聲選
147457	朝鮮朝日	1927-12-28/1	04단	農學校新設を江界郡側運動
147458	朝鮮朝日	1927-12-28/1	05단	夜間金庫
147459	朝鮮朝日	1927-12-28/1	05단	債務者の狀況を調査朝鮮人に對し
147460	朝鮮朝日	1927-12-28/1	05단	部署をきめて歲末の大警戒/昨今の騷動に鑑みて京畿道警察部の計劃
147461	朝鮮朝日	1927-12-28/1	05단	人と所より樣々に暮れ行くあはたゞしい歲末/京城のけふこの頃
147462	朝鮮朝日	1927-12-28/1	06단	平穩無事に越年の見込/年末の朝鮮財界

일련번호	판명	간행일	단수	기사명
147463	朝鮮朝日	1927-12-28/1	06단	安東時事新報
147464	朝鮮朝日	1927-12-28/1	07단	玉轉がしの營業停止を來月末まで延期
147465	朝鮮朝日	1927-12-28/1	07단	鮮內漁業界に注目される釜山に組織の第一産業組合
147466	朝鮮朝日	1927-12-28/1	07단	室內から街頭へ若い女性の働き近頃めつきり殖えた/あこがれはタイピスト
147467	朝鮮朝日	1927-12-28/1	08단	年賀狀六十萬を突破平壤局の見込
147468	朝鮮朝日	1927-12-28/1	08단	クリスマス賑ふ
147469	朝鮮朝日	1927-12-28/1	08단	平壤の古建築靜海門樓閣/牡丹臺に移轉
147470	朝鮮朝日	1927-12-28/1	09단	會鮮航も運賃を値下/各荷主に通牒
147471	朝鮮朝日	1927-12-28/1	09단	警察を出るとすぐ惡事を働く/飯の上の蠅のやうな不良少年に當局弱る
147472	朝鮮朝日	1927-12-28/1	09단	關西同友會ウブ聲をあぐ
147473	朝鮮朝日	1927-12-28/1	09단	發作的に公金拐帶か
147474	朝鮮朝日	1927-12-28/1	10단	上海假政府秘書潛伏中を捕ふ
147475	朝鮮朝日	1927-12-28/1	10단	職員の俸給を小使が拐帶逃走
147476	朝鮮朝日	1927-12-28/1	10단	證券支配人有罪と決定
147477	朝鮮朝日	1927-12-28/1	10단	釜山當設館の協定成る
147478	朝鮮朝日	1927-12-28/1	10단	人(德惠姬/岡本李王職關官一行/松浦城大總長)
147479	朝鮮朝日	1927-12-28/2	01단	土曜日の午後に荷受けがてきねば金利だけでも大損/銀行の土曜半休と穀類業者
147480	朝鮮朝日	1927-12-28/2	01단	淸津港貿易二千萬圓突破
147481	朝鮮朝日	1927-12-28/2	01단	鎭南浦地方活況を呈す
147482	朝鮮朝日	1927-12-28/2	01단	財界閑話
147483	朝鮮朝日	1927-12-28/2	01단	鐵道收入增加
147484	朝鮮朝日	1927-12-28/2	01단	平壤荷主大會
147485	朝鮮朝日	1927-12-28/2	02단	朝鮮ドック十八萬圓で身賣りに出る
147486	朝鮮朝日	1927-12-28/2	02단	明年度の伐林と流筏前年度と同樣
147487	朝鮮朝日	1927-12-28/2	02단	咸興土木建築工友會組織
147488	朝鮮朝日	1927-12-28/2	02단	名著『肉彈』の新生篇/朝日新聞社出版部
147489	朝鮮朝日	1927-12-28/2	03단	霜の聲
147490	朝鮮朝日	1927-12-29/1	01단	醫專計劃の本館を兎も角も新築して醫學講習所を充實し醫專實現の機に備ふ
147491	朝鮮朝日	1927-12-29/1	01단	成績の惡い鮮童の就學率京畿道の不就學兒童は八割の多きに達す
147492	朝鮮朝日	1927-12-29/1	01단	四方拜には皇居に向ひ遙拜を行ふ/まだ御眞影がない
147493	朝鮮朝日	1927-12-29/1	02단	歲末を前に控へて大嵐の噂とりどり/悲喜こもごもに何となう空恐ろしい心の時めき昇る人、動く人、蹴の人は誰か
147494	朝鮮朝日	1927-12-29/1	03단	三陛下へ御機嫌奉伺二十九日

일련번호	판명	간행일	단수	기사명
147495	朝鮮朝日	1927-12-29/1	03단	在鮮內地人の數は僅か全數の二分三厘一番多いのは官史で地方別にすると山口が最多(人口總數/現在人口の密度/男女別/內地人本籍地別/職業別)
147496	朝鮮朝日	1927-12-29/1	04단	齋藤前總督に感謝の書面/領事團が發送
147497	朝鮮朝日	1927-12-29/1	04단	總督秘書官依光氏に決定
147498	朝鮮朝日	1927-12-29/1	04단	新警務課長石川氏任命二十七日付
147499	朝鮮朝日	1927-12-29/1	05단	霜の聲
147500	朝鮮朝日	1927-12-29/1	05단	間島鄉軍總會を延期來春に擧行
147501	朝鮮朝日	1927-12-29/1	05단	女性同盟の槿友支會設置の計劃
147502	朝鮮朝日	1927-12-29/1	06단	荷主側の反對に一顧も吳れず一驛一店主義を振り翳し運送店合同に邁進
147503	朝鮮朝日	1927-12-29/1	06단	俳句/鈴木花蓑選
147504	朝鮮朝日	1927-12-29/1	06단	餅搗き
147505	朝鮮朝日	1927-12-29/1	07단	總督府御用納
147506	朝鮮朝日	1927-12-29/1	07단	我が警官の凌辱事件は支那側が陳謝
147507	朝鮮朝日	1927-12-29/1	07단	慶南に入り込み紛擾の種となる/三千名の濟州島の海女今後は許可を要する
147508	朝鮮朝日	1927-12-29/1	08단	貧しい人にあげて下さい無名の兵士が情けの金包み
147509	朝鮮朝日	1927-12-29/1	08단	人妻も混る遊女の前身平南の調査
147510	朝鮮朝日	1927-12-29/1	09단	名著『肉彈』の新生篇/朝日新聞社出版部
147511	朝鮮朝日	1927-12-29/1	09단	眞劃間に强盜が現れ通行人を脅迫
147512	朝鮮朝日	1927-12-29/1	09단	二十六名の不正漁業團釜山署が逮捕
147513	朝鮮朝日	1927-12-29/1	10단	元郡廳吏員が女を誘拐し遊興中捕はる
147514	朝鮮朝日	1927-12-29/1	10단	半島茶話
147515	朝鮮朝日	1927-12-29/2	01단	朝鮮に流入む獨逸製の硫安今後朝鮮に工場を設け內地製品と大競爭
147516	朝鮮朝日	1927-12-29/2	01단	府營水産市場の實現を機會に公正値段を定めさせ府が嚴重に監督する
147517	朝鮮朝日	1927-12-29/2	01단	慶東線の廣軌工事いよいよ竣工
147518	朝鮮朝日	1927-12-29/2	01단	國際運輸が淸津雄基間航路を開始
147519	朝鮮朝日	1927-12-29/2	01단	局線內の穀類出廻り年末で旺盛
147520	朝鮮朝日	1927-12-29/2	02단	天圖鐵道の大豆の滯貨近く一掃か
147521	朝鮮朝日	1927-12-29/2	03단	石炭苦から救はれた間島
147522	朝鮮朝日	1927-12-29/2	03단	パルプ運賃半額に低減
147523	朝鮮朝日	1927-12-29/2	03단	慶南の綿作稀有の不作
147524	朝鮮朝日	1927-12-29/2	03단	大同林業が寧遠國有林伐採に着手
147525	朝鮮朝日	1927-12-29/2	03단	邪魔物披の工業補習校撤廢論が多い

색인

색인

ㄱ								
グラウンド	139500							
ゲンボク	141335							
ゴカイ	138270	141286	142041	147432				
ゴム	139164	140668	144245	145979	146190			
ゴルフ	140138	142617	144347	145587				
ゴルフ場	145587							
ドック	142947	142959	143024	143057	143155	143166	143204	143280	143403
	143438	143448	143497	143773	143896	144735	147020	147462	
メートル法	135996	138524	139203	141441	141487	141533	141576	141875	142747
	145931	146101							
モヒ	136009	136120	136170	136386	137005	137690	137752	137851	137918
	138810	138991	140059	141477	141954	142272	142587	142976	143157
	143200	143647	143851	143885	144022	144100	144321	144322	144429
	144862	145103	145118	145130	145554	145972	146545		
リビア	147056							
歌	136116	136244	136330	136401	136413	136460	136490	136582	136642
	136698	136787	136885	136947	137029	137121	137162	137199	137272
	137353	137422	137426	137494	137557	137630	137633	137699	137730
	137731	137843	137876	137882	137906	137959	138035	138098	138163
	138208	138251	138319	138335	138396	138486	138556	138638	138699
	138701	138785	138873	138949	139022	139098	139107	139157	139200
	139272	139379	139453	139526	139614	139708	139794	139847	139877
	139953	140006	140081	140143	140180	140200	140294	140370	140443
	140532	140616	140698	140770	140783	140874	140959	140962	141049
	141155	141176	141274	141365	141416	141512	141590	141683	141766
	141835	141899	141986	142085	142180	142252	142336	142367	142393
	142475	142568	142653	142715	142788	142875	142968	143051	143145
	143158	143236	143311	143386	143480	143562	143644	143709	143792
	143883	143966	144048	144073	144128	144170	144215	144295	144381
	144459	144540	144628	144716	144885	144961	145050	145122	145202
	145208	145297	145382	145455	145538	145692	145725	145806	145886
	145966	145997	146032	146105	146106	146161	146183	146222	146274
	146351	146423	146502	146577	146656	146748	146797	146879	146955
	147044	147048	147103	147172	147237	147249	147343	147433	
家禽	138308							
家禽コレラ	138307							
嘉納	140162							
街頭	136460	147443						
加藤灌覺	140309	145556						
加藤完治	146629							
街路樹	141367							

加盟	143343	147306							
袈裟	138572								
架設	139460	140142	142786	143884	144329	145839			
家屋	137027	141466	141729	141768	141787	141874	142623	144882	147403
家賃	139835	140262	144885	146258					
家庭	136606	137663	139395	139416	139760	140346	143165	143942	146113
暇政府 假政府	147451								
家出	138011	138371	139148	140095					
各道	136942	137915	137931	138956	139325	139741	140566	141033	141394
	141495	142116	142506	142621	142827	143017	143038	143298	143442
	143476	143524	143603	143639	143717	144008	144176	144240	144454
	145103	146084	146908	147138					
脚本	138528								
覺醒	140491	146341							
刻煙草	146058								
各地	136197	136205	136248	136299	136526	136560	136842	137144	137177
	137218	137228	137267	137745	137807	137930	137938	138103	138488
	138501	138507	138829	138987	139054	139056	139152	139356	139372
	139433	139679	140092	140887	140889	141098	141350	141641	141718
	141729	141768	141787	141912	141951	142089	142648	142719	143223
	143474	143594	143671	143831	143855	143993	144129	144286	144357
	144724	144954	144957	145471	145646	146315	147224		
懇談會	135784	135809	136586	137386	138058	138689	140165	142193	142201
	144092	146812							
間島	136342	136470	136587	136646	136792	136826	136835	136848	136945
	136965	136984	137089	137229	137326	137441	137455	137596	137606
	137656	137958	137999	138086	138117	138205	138447	138670	138734
	139024	139334	139423	139455	139537	139557	139691	139733	139778
	139923	139924	140488	140596	140616	140630	140658	140712	140789
	140805	140814	141017	141420	141519	141661	141714	141730	141768
	141895	142316	142440	142459	142499	142847	142898	143068	143074
	143171	143416	143823	144009	144154	144182	144328	144345	144504
	144563	144686	144817	144949	145066	145178	145299	145364	145476
	145508	145586	145589	145596	145620	145706	145744	145833	145872
	146127	146188	146398	146505	146739	146777	146951	147017	147148
	147323	147478	147499						
干魃 旱魃	140155	140298	140420	140661	141298	141466			
簡保	137667								
奸商	145176	145222							
看守	137561	138290	141516	141604					
簡易保險	140929								

懇親會	142590	146809						
看板	136406	141727	146063	146992				
看護婦	136575	136743	139416	140623	141996	142082	142842	144378	144454
	145082	145687						
褐炭	139076	139694						
感慨	137271	142657	146267	146798				
堪能者	140894							
感冒 感胃	137320	139177	139248					
減配	140406	141075	141116	141207	141394	141442	141495	141855	
感想	142851	144668						
監視	136754	140632	141177	141361	141670	143851	145348	146664	146699
監視所	145348	146664	146699					
減額	144620	147150						
甘藷	146862							
甘浦	145564							
甲山	144531	145327						
甲子園	142208	142784						
江景	135717	137758	139039					
岡崎	136963	137951	138299	140062	140465	145060		
姜達榮	139343							
強盜	136005	136083	136208	136235	136548	136710	136777	136877	137004
	137091	138079	138313	138409	138493	138571	138607	139284	139352
	139768	141604	141693	141797	143413	144436	144478	145021	145137
	145179	145180	146285	146709	146777	146895	146896	147146	147322
	147402	147488						
講道館	136613							
強盜團	139768	145021	145180					
降雹	139501	141518						
岡山	137607							
講習	135976	136048	136425	136586	136637	136673	137089	137136	137172
	137287	137381	137411	137519	138017	138116	138204	138456	138467
	138534	138619	138620	139651	139711	139846	139933	140019	140468
	140500	140501	140672	140714	140803	140889	141030	141069	141088
	141294	141480	141718	141760	141859	141916	141954	142009	142055
	142098	142146	142190	142314	142350	142378	142411	142467	142542
	142627	142677	142855	142899	142976	143122	143244	143255	143434
	143453	143544	143608	143615	143689	143772	143881	143885	143900
	144176	144306	144566	144580	144688	144725	144821	144832	144923
	145025	145059	145150	145224	145409	145478	146029	146482	146559
	146960	146962	147010	147025	147160	147311	147467		
講習所	136637	137519	138116	138619	139651	139711	141859	144725	146962

	147025	147311	147467					
講習會	135976	136048	136425	136673	137089	137136	137172	137287	137381
	138017	138204	138456	138467	138534	139846	139933	140019	140468
	140500	140501	140672	140714	140803	141030	141069	141294	141480
	141916	142009	142055	142098	142146	142314	142350	142378	142411
	142467	142542	142627	142677	142855	142899	142976	143122	143244
	143434	143544	143608	143615	143689	143772	143881	143885	143900
	144306	144566	144688	144821	144832	144923	145025	145059	145224
	145478	146482	146559						
講演	136262	136706	137047	137172	137737	138262	138919	139295	139632
	139814	139933	140226	140270	140346	140417	140464	140891	140940
	141098	141344	141480	141569	141674	141912	142089	142146	142627
	142699	142812	142855	142884	142942	143030	143054	143165	143244
	143287	143544	143752	144724	144821	144863	144903	145616	145704
	145863	145904	145980	146045	146246	146593	146753	146892	146979
	147215								
講演會	136262	137047	137172	138262	139295	139632	139814	139933	140226
	140270	140346	140417	140464	140891	140940	141098	141344	141480
	141569	142146	142627	142699	142812	142855	143030	143054	143165
	143244	143287	143544	144821	144863	144903	145704	145863	145904
	145980	146246	146593	146979	147215				
江原 江原道	136349	136395	137046	137443	137577	138463	139591	139972	141345
	142588	143098	143717	144749	146586				
降誕	139967	139988	140665	143744	145656	146602			
强奪	136539	137004	138015	138408	146467				
凱歌	140959								
開墾	137045	138119	138457	139470	140560	142757	143821		
開墾事業	143821								
開校	136500	137103	137908	138138	138305	138970	139210	140204	141376
	141988	142111	142435	143502	143676	144427			
改良	136180	136221	136282	136399	136516	136567	136586	136591	136627
	136935	137305	138060	138119	138123	138204	138236	138239	138534
	138740	138876	138935	139120	139346	139455	139636	139787	140855
	140882	141401	141623	141629	141655	141976	142315	142350	142503
	143084	143087	143227	143671	143766	143908	144015	144307	144668
	144842	145283	145409	145411	145416	145788	145816	145919	146212
	146339	146461	146483	146690	147007	147160	147326		
改良工事	141623								
開發	136346	139659	139905	140185	140198	140530	140678	141411	142726
	143427	143526	143749	146771	147383				
開城	137865	141221	141735	141822	141976	142496	142592	145857	
改修調査	143428								
開業醫	144955	146309							
開運寺	146829								

改正	135996	136433	136441	136572	136607	136903	137186	137202	137368
	137394	137610	137648	137683	137806	137818	137845	138241	138316
	138352	138376	138763	138838	138896	138930	138945	139159	139491
	139624	140025	140111	140141	140243	140584	140670	140921	140977
	141323	141494	141632	141659	141720	141966	142510	142598	142930
	143091	143094	143138	143157	143177	143230	143463	143464	143512
	143692	144256	144433	144441	144568	144760	145154	145205	145681
	145961	146132	146290	146365	146492	146526	146940	147043	147221
	147276								
改訂	137596	140246							
開鑿	141180	141790							
開拓	136052	136093	137490	138263	143416	143420	145900		
价川	146724								
開崔	137928	137946							
改築	136193	136266	136278	136868	137458	137514	138180	138591	138867
	139945	139957	139972	140826	141283	141426	141464	141944	142265
	142398	142429	143431	143520	143527	144172	144499	145372	146109
	146512								
醵金	137031	137362	138979	144093	146231				
居留民	136908								
据置	139037	146763							
健康	141229	141407	146076						
健康診斷	146076								
乾繭	137339	143296							
乾繭場	137339	143296							
建設	136329	138072	138439	138764	138938	139207	139283	139455	139481
	139597	139625	139666	140188	141639	142260	142340	142656	143380
	143421	143920	144471	144769	144921	145090	146141	146171	146180
	146428	146604	146670	146961	147045	147284	147380		
健兒	145685								
建議	137266	137308	137348	137794	137845	138020	140644	142278	146092
檢疫	136026	136065	136101	136167	136678	137888	138220	140053	140058
	141104	141550	142841	142969	143025	144166	144581	146699	147226
檢疫所	138220	147226							
檢疫醫廢止	136167								
檢閱	136374	136956	137409	138946	138976	141557	141905	142802	
檢閱使	138946								
格鬪 挌鬪	137589	139384	142673	147323					
繭	136103	136525	137339	138654	138696	140022	140102	140313	140319
	140558	140769	140858	140860	140979	140982	141033	141034	141038
	141113	141162	141184	141209	141211	141212	141299	141620	142151
	143135	143296	143374	143422	143658	144192	144240	145032	145397

	145744	145988	146415	146938				
見舞	137119	138329	138863	141979				
見物	138914	139617	142718	142964	143195	143761	147304	
繭絲	138696							
見學	137607	138919	139000	139135	139346	139585	139633	139829	139914
	140438	141099	141455	141554	141652	141821	141892	141935	142885
	145165	145211	145512	146501					
結氷	136160	136375	146475	146507	146654	147174	147399	
決死隊	135974							
決戰	139599	143525	145502					
結核	141798							
結核菌	135064							
結婚	136640	137663	138371	140329	142889	145855	146074	146161	146838
結婚式	136640							
兼二浦	143768	143858	144031	144038	144966	145325	147113	
鯨	136163	137845	138679	141143	142421			
警戒	136156	136442	136768	137076	137307	138357	138696	138754	138987
	139017	139234	139572	140124	140658	140967	141141	141599	141602
	141641	141829	141873	142136	142223	142253	142292	142449	142530
	142721	142832	143457	143619	143759	143808	143847	143880	143926
	143981	144649	145170	146297	146663	146874	146981	147166	147266
	147283	147437							
警官	135978	136155	136920	136999	137150	137161	137719	137811	138386
	138561	139040	139162	139618	139732	139769	139804	139837	139879
	140017	140040	141044	141109	141700	141760	141803	142043	142095
	142224	142515	142556	142584	143115	143447	144340	144347	144392
	144580	144813	145121	145245	145549	146117	146322	146788	147025
	147044	147082	147116	147173	147232	147483			
京畿 京畿道	136096	136435	136473	136525	136542	136550	136632	136668	136788
	136806	136863	136941	136960	136963	137099	137401	137464	137476
	137773	137788	137790	137869	137931	138059	138123	138131	138173
	138193	138377	138537	138541	138687	138743	138842	139040	139173
	139253	139349	139391	140425	140456	140840	140999	141294	141491
	141652	141787	141873	141874	142129	142152	142759	142988	143050
	143297	143557	144321	144578	144697	144846	145025	145316	145423
	145470	145512	145670	145856	146028	146076	146349	146658	146753
	146796	146837	146846	147078	147124	147393	147437	147468	
景氣	136532	138287	139286	139812	139836	140458	141256	142797	143042
	143504	144342	145325	146395	146615	147338			
競技	136639	136865	136974	137147	137246	137247	137448	137583	137665
	137978	138146	138284	138469	138511	138637	138666	139010	139072
	139112	139117	139182	139246	139360	139405	139500	139505	139604
	139645	139796	139976	140070	140101	140264	140303	140345	140383
	140422	140709	140723	140780	140838	140959	141027	141198	141459

142678	143074	143374	143375	143503	143603	143708	143730	143952
143953	143995	144021	144246	144272	144397	144403	144412	144433
144444	144520	144536	144589	144631	144645	144653	144655	144691
144717	144783	144822	144978	145010	145094	145108	145128	145192
145224	145225	145274	145321	145478	145485	145519	145591	145745
145816	145823	145909	145916	146090	146246	146386	146414	146415
146416	146443	146522	146531	146536	146675	146715	146737	146859
146869	147104	147139	147234	147242	147369	147379	147413	147484
147500								

慶尚北道 慶北道 慶北	136157	136260	136271	136660	136670	136756	136780	136941	136954
	137056	137142	137212	137239	137265	137378	137410	137472	137613
	137705	137724	137756	137841	137857	137879	137966	137971	138031
	138133	138190	138197	138382	138418	138456	138463	138578	138778
	138800	138850	138897	139001	139074	139087	139122	139330	139383
	139501	139552	139678	139764	139914	139934	139958	139989	140044
	140065	140408	140524	140619	140637	140639	140766	140889	140919
	140948	140963	140983	141269	141344	141377	141414	141449	141490
	141500	141625	141804	141851	141917	142159	142216	142256	142399
	142417	142468	142473	142833	143038	143121	143129	143270	143274
	143277	143442	143747	143768	143871	143934	143970	143991	143992
	143993	144010	144051	144081	144116	144212	144350	144399	144665
	144681	144688	144700	144704	144719	144908	144912	144943	144971
	145032	145132	145204	145230	145231	145393	145396	145452	145579
	145626	145651	145669	145676	145744	145759	145872	145933	146003
	146019	146151	146185	146192	146213	146279	146286	146327	146330
	146529	146536	146537	146540	146564	146568	146651	146675	146690
	146761	146827	146860	146873	146911	146921	146938	146962	147023
	147100	147192	147194	147211	147380	147415	147430	147431	

京城	136017	136134	136150	136185	136216	136248	136263	136266	136272
	136320	136321	136326	136364	136396	136407	136426	136453	136462
	136480	136504	136506	136566	136601	136613	136623	136661	136673
	136693	136720	136769	136790	136841	136853	136862	136868	136905
	136939	136971	136985	136989	136992	137012	137016	137045	137052
	137106	137110	137112	137115	137123	137137	137154	137206	137224
	137258	137267	137275	137302	137305	137351	137363	137375	137392
	137402	137405	137422	137444	137464	137474	137486	137492	137505
	137508	137521	137535	137539	137603	137610	137621	137624	137633
	137635	137648	137675	137683	137712	137716	137726	137747	137757
	137769	137837	137838	137855	137895	137918	137945	138001	138050
	138051	138072	138082	138091	138118	138148	138156	138157	138165
	138167	138239	138304	138318	138324	138336	138379	138419	138457
	138465	138498	138527	138528	138562	138589	138595	138642	138646
	138702	138756	138770	138821	138917	138933	138953	138961	138967
	138985	139003	139008	139017	139020	139035	139046	139050	139069
	139084	139094	139123	139142	139159	139173	139186	139203	139216
	139226	139231	139241	139281	139288	139296	139298	139346	139366
	139369	139380	139414	139430	139450	139460	139506	139512	139545

139555	139566	139572	139593	139617	139624	139633	139705	139716
139728	139730	139741	139762	139773	139791	139796	139801	139811
139829	139883	139910	139945	139946	139964	139982	139997	140020
140038	140048	140068	140089	140090	140097	140144	140158	140175
140230	140242	140245	140290	140293	140309	140314	140333	140334
140347	140387	140421	140425	140463	140485	140494	140581	140629
140662	140680	140692	140706	140786	140816	140866	140872	140883
140914	140936	140949	140959	140975	140980	141002	141004	141051
141070	141095	141110	141114	141135	141160	141166	141173	141213
141243	141259	141268	141282	141283	141287	141301	141326	141336
141367	141394	141443	141502	141503	141523	141549	141551	141581
141622	141628	141668	141690	141701	141705	141708	141709	141722
141738	141757	141784	141821	141839	141872	141873	141875	141877
141888	141910	141913	141927	141929	141966	141967	141969	141987
142012	142018	142021	142027	142044	142046	142056	142058	142113
142147	142162	142170	142175	142209	142210	142221	142231	142246
142254	142274	142295	142304	142315	142361	142444	142539	142543
142558	142581	142603	142615	142629	142632	142682	142694	142718
142743	142762	142779	142786	142796	142798	142811	142829	142831
142856	142871	142884	142907	142932	142934	142936	142948	142957
142966	142977	142988	143001	143011	143042	143046	143054	143055
143071	143117	143139	143140	143300	143321	143330	143331	143350
143352	143367	143454	143503	143535	143564	143567	143595	143606
143613	143642	143683	143691	143705	143720	143721	143730	143745
143773	143790	143815	143818	143830	143832	143893	143900	143919
143933	144025	144030	144031	144077	144094	144143	144186	144188
144200	144206	144224	144259	144298	144308	144331	144335	144347
144350	144428	144431	144465	144472	144536	144572	144573	144587
144593	144597	144615	144618	144643	144664	144669	144674	144685
144711	144722	144736	144756	144773	144793	144796	144808	144826
144833	144854	144864	144879	144882	144894	144930	144938	144959
144972	144989	145068	145071	145072	145082	145088	145129	145145
145146	145151	145152	145158	145173	145177	145180	145202	145215
145225	145284	145298	145302	145306	145329	145334	145335	145341
145365	145373	145384	145389	145408	145440	145467	145478	145511
145535	145542	145545	145546	145552	145588	145604	145630	145646
145652	145664	145671	145764	145801	145805	145820	145836	145888
145905	145908	145930	145955	145999	146013	146030	146034	146035
146046	146067	146077	146092	146146	146156	146159	146174	146182
146193	146211	146214	146218	146285	146303	146346	146379	146381
146419	146439	146455	146535	146557	146559	146578	146593	146599
146600	146611	146619	146620	146639	146640	146641	146648	146661
146680	146681	146695	146727	146753	146766	146813	146824	146849
146854	146892	146895	146896	146897	146898	146913	146914	146957
146959	146969	147009	147046	147082	147095	147104	147159	147163
147166	147187	147215	147228	147241	147295	147352	147367	147385
147396	147438							

鏡城	137942	142161	144066	144592	146253			
京城局	136453	136720	139460					
京城劇場	144854	145129						
京城圖書館	137123	139512	140089	145384	146034	146969		
京城法院	136263	137405	139226	139296	140020	140347	141070	141628	142221
	143773	144031	144959	145225	145905	146439		
京城覆審法院	141070							
京城放送局	136321	137112	137154	137258	137275	137633	138528	138562	138595
	139159	139226	139624	139801	139910	140048	140090	140097	140293
	141135	141987	143140	143933	144331	144465		
京城紡績	138318							
京城府	136134	136185	136272	136326	136504	136566	136905	136971	136985
	136989	137123	137224	137363	137375	137444	137464	137492	137712
	137747	138072	138148	138419	138465	139231	139545	139633	139811
	139946	139997	140068	140314	140421	140425	140816	140866	141095
	141110	141160	141367	141668	142743	142957	143730	144094	144188
	144347	144350	144428	144431	144536	144587	144618	144808	145384
	145955	146156	146174	146193	146557	146559	146611	146619	146913
	146959	146969	147009	147095	147352	147396		
京城府立圖書館	137123	139512	140089	145384	146034	146969		
京城師範 京城師範附屬校	136480	137838	140959	142175	144308	144879	146013	147104	147367
京城市場	141888	147163						
京城社會館	141004	146034						
京城神社	136396	137016	137106	137855	143117	144573		
京城驛	136396	137016	137106	137855	143117	144573		
京城運動場	138961	139298	144186					
京城醫專	136150	138379	138646	139705	141839	141910	142295	142798	143503
	146381							
京城日報	139506							
京城日出小學校	146898							
京城銀行	136693	136790	138091	139008	139017	139094	139716	141394	141443
	141927	142315	142632	142907	143606	144894	145146	146303	146681
	147104							
京城電話局	141701							
京城中學	137621							
京城帝國大學 京城帝大 (京城)帝大 城大	136385	136601	137236	137313	137896	138785	139070	139113	139127
	139272	139782	140246	140273	140759	140777	140805	140976	141093
	141269	141284	141295	141434	141739	141939	141992	142026	142046
	142245	142316	142352	142856	142901	143474	143528	143594	143731
	143743	143771	143862	144465	144768	144784	144797	145061	145336
	145536	145630	145665	145666	145865	146015	146207	146314	146348
	147082	147425	147456					

耕牛	144500	144606						
京元鐵道 京元線	136314	139101	141829	143592				
京義鐵道 京義線	141787	141874	141914	145154				
京仁	136571	137420	137697	137902	140605	141048	141161	141210	141250
	141318	145565	145833	146711				
京電	136154	136204	136368	136531	136792	136882	136998	137071	137117
	137193	137262	137278	137431	137560	137631	137668	137805	137933
	137962	138030	138073	138099	138302	138320	138443	138484	138525
	138602	138633	138664	138709	138875	138877	138960	139021	139158
	139276	139584	139619	139758	139830	139869	139967	140087	140212
	140230	140255	140295	140342	140373	140482	140617	140741	140836
	140875	140918	140960	141010	141227	141272	141322	141369	141413
	141505	141541	141547	141588	141763	141982	142022	142088	142214
	142413	142517	142689	142792	142835	142880	143050	143104	143117
	143143	143269	143477	143565	143643	143667	143967	144004	144089
	144124	144171	144217	144270	144374	144467	144588	144718	144726
	144761	144925	144963	144966	145157	145212	145419	145457	145496
	145544	145612	145842	145894	146000	146269	146465	146781	146800
	146951								
經濟會	138719								
經濟 経済	135965	136716	136908	137045	137562	138719	140004	140136	141158
	141494	142047	142326	142592	142681	142884	142959	143030	143048
	143074	143766	145921	146177	146808	147186			
慶州	138627	138823	138914	138915	138947	138975	141097	141455	141821
	141862	141892	143850	144074	144175	144279	145021	146055	146931
	146975	147019	147144	147363				
慶州博物館	138975	146931	146975	147144				
耕地	139861	141178	141399	141511	142420	142602	143870	144040	144115
	147157								
警察	135984	136058	136173	136223	136299	136529	136706	136753	136756
	136762	136767	136774	136815	136844	136898	137015	137093	137307
	137466	137535	137570	137607	137691	137755	137811	137895	138008
	138075	138090	138112	138116	138153	138159	138198	138263	138386
	138412	138530	138537	138541	138572	138611	138634	138798	138800
	138840	138891	138956	139040	139230	139291	139556	139568	139598
	139633	139651	139989	140019	140029	140036	140152	140197	140272
	140282	140309	140315	140325	140557	140673	140712	140748	140769
	140970	140997	141008	141150	141426	141438	141541	141548	141797
	141804	141829	141873	141954	141994	142173	142190	142401	142412
	142543	142832	142844	143026	143246	143288	143900	143901	143981
	144064	144187	144306	144350	144387	144506	144578	144621	144673
	144764	144783	144899	144902	145349	145417	145519	145588	145705
	145736	146005	146108	146111	146155	146191	146197	146392	146435

	146438	146522	146754	146895	147023	147147	147173	147266	147283
	147318	147326	147437	147448					
警察署	136762	136774	136844	136898	137466	137755	138159	138530	138611
	138634	138798	138891	140019	140197	140315	140557	140748	140997
	141426	141438	141548	142173	142844	143026	143246	143900	144187
	144306	144350	144621	145417	146108	146191	146392		
(警察署)署長	136617	136762	137045	137163	137755	138159	138263	138412	138611
	138798	138891	139173	139556	139769	140019	140056	140197	140557
	140725	140997	141438	141526	141773	142346	142379	143246	143900
	144187	144306	144350	144351	144520	144682	144849	145025	145181
	145249	145253	145417	145882	145887	145923	146327	146521	146599
輕鐵	138323								
鷄卵	137228	141856							
鷄林	138517								
稽山	146745								
高校	139294	141652	146429						
高橋泰藏 高橋藏相	136091	137570	138116	139151	143652	144095	146051	146575	147409
古器物	140743	146931							
高女	136190	136358	136426	136433	136568	137047	137103	137173	137260
	137417	137535	137619	137645	137722	137827	137856	137905	137908
	138106	138108	138151	138182	139509	139735	140850	141128	141188
	141388	141520	142371	142402	142613	142652	142699	144031	144106
	144269	144346	144980	145001	145009	145165	145211	145435	145502
	145686	145704	145722	145732	145751	146741			
高農	138027	138550	140365	140577	145302	146051			
高等教育	140644								
高等法院	137405	140128	140673	142010	145060	145271	145312	145905	146014
	146051								
高等商業學校 高商	138001	139796	140599	141910	145577	146205	146593		
高麗	136329	136380	143192	143241	147175	147248			
高麗共産黨	136329	147175	147248						
拷問	137037	146194	146399						
高等普通學校 高普學校 高普	136066	136187	136500	136592	136637	136759	136912	137197	137348
	137446	137621	137718	137756	137789	137791	137866	137942	138000
	138138	138173	138223	138305	138900	138970	139239	139637	140330
	140391	140620	140738	140744	141027	141103	141154	141325	141465
	141510	141677	141722	141765	141838	141861	141988	143012	143100
	143567	144066	144308	144376	144435	144551	144734	144883	145174
	145266	145476	145728	145735	145768	146049	146085	146239	146262
	146278	146387	146426	146779	146970	147281			
古墳	138034	141791	141821						

高商	138001	139796	140599	141910	145577	146205	146593	
固城 固城邑	141452	142691						
孤兒	137079	138210	140330	144221				
古屋	145763	145901	146436					
古蹟 古跡	133799	138729	140266	144587				
古川	142125	143690	143773	144691				
古賀	144273							
高興	147145							
穀類	135997	136645	137440	137957	140116	141355	142458	144153	145943
	146409	147456	147496						
穀物	136099	136142	136625	136871	137711	138162	138389	138482	138610
	139017	139037	139092	139156	140903	141077	141259	141582	141621
	142016	142064	142460	142552	142599	142634	142737	142816	142822
	142913	143127	143254	143521	143654	143740	143776	143997	144123
	144253	144338	144415	144416	144661	144803	145106	145331	145483
	145680	145783	145907	146023	146164	146166	146178	146443	146533
	146995	147208							
穀物聯合會	141582							
穀物組合	137711	138162						
空家	140122	140150	144094					
公金	136479	136547	138249	138565	139047	139103	139183	139424	139502
	141288	142048	143728	147364	147407	147450			
公金橫領	138249	138565	139424					
公立	138086	141788	142411	143662				
公立校	142411							
工務課	142988	144049	144691	145981				
公民	144011							
工兵隊	141453							
公普校	138498							
公司	138282	141539	142115	142639	143550	143968	145810	145813	
工事	136283	136397	136411	136527	136653	136747	137148	137227	137687
	137766	137794	137800	138288	138380	138397	138444	138460	138521
	138686	138691	138738	138894	139044	139119	139201	139323	139755
	139792	139833	140005	140023	140024	140025	140076	140451	140529
	140646	140647	140695	140948	141174	141235	141383	141623	141880
	141985	142031	142124	142164	142247	142713	142762	142791	142873
	142954	142996	143004	143058	143118	143237	143257	143314	143341
	143428	143431	143441	143486	143560	143630	143631	143649	144103
	144104	144132	144135	144196	144213	144346	144491	144576	144859
	145007	145089	145396	145461	145638	145682	145686	145739	145835
	145836	145881	145933	146069	146138	146168	146169	146213	146225

	146270	146313	146537	146649	146881	146949	146954	147130	147494
共産黨	136329	138107	138405	138751	138884	139343	139410	140885	141876
	142534	143164	143457	143646	143808	143844	143880	143926	143960
	143962	144340	144591	144685	144777	144812	145003	145053	145134
	145177	145267	145298	145619	145861	146009	146081	146194	146281
	146399	146789	147021	147175	147248	147279			
共産主義	138831	144184	145585						
公設	136139	136158	136989	138526	139545	143118	143869	144806	145015
	145939								
公設市場	136158	138526	139545	143869					
公設質屋	136989	144806							
控訴　控告	138793	139930	140787	144916	145350				
公市	143818								
工業	136649	136673	137017	137389	139140	139204	139576	139659	139756
	140326	141347	145971	146071	146254	146970	147502		
工業化	139756								
公演	144025	145173							
工藝	127593	144821							
工藝品	144821								
公園	138931	142400	143573	144574	145546	145764	145934	146271	
公園	138931	142400	143573	144574	145546	145764	145934	146271	
公醫	136256	136865	137172	139635	140376	140694	143665		
工場	136270	136588	137184	137398	137929	138498	138508	138959	139164
	139306	139543	139853	141179	141216	141439	141721	141749	142123
	142500	142820	142845	142943	142996	143292	143368	144689	145362
	145456	146649	147492						
功績	145863	146576	146769						
共濟	139510	141239	145080	145697	146296				
共濟組合	139510	145080	146296						
共濟會	141239	145697							
公州	136388	136397	136825	137103	137670	137758	139296	139641	141027
	141181	141465	141510	141795	144491	145087	145183	145219	145804
公職者	137950	138953	139163	139270	140290	140399	140439	141465	144545
	146182	147171							
共進會	136535	137147	137376	137443	138031	138214	138564	138635	138737
	142580	143544	144087	147331					
公債	136441	137186	137432	137625	137886	139412	139652	140991	141623
	141793	142024	142685	144079	146355	146794			
公判	136019	136044	136458	136750	136958	138049	138107	138142	138405
	140418	140787	140885	141385	141564	141697	141876	142221	142377
	142452	142534	143164	143203	143322	143363	143457	143646	143808
	143811	143844	143880	143926	143960	143962	144345	144476	144513
	144685	144812	144974	145053	145621	145861	146009	146081	146237

廣軌	137268	147494						
廣島	137736	138498	138601	142056	142099	145460	145479	
廣梁灣	140863							
鑛務課	144188							
鑛物	145877							
鑛山	139694	142206						
鑛産	136092	138348	141853	146215				
光成高普	136637							
鑛業	136092	138804	139659	141072	144958	145453	145495	146758
光州	136040	136825	137839	138018	138412	138670	140330	140338	140609
	141382	141456	141774	142364	142392	142508	143535	143943	144040
	146628	146629						
光州地方法院	138412							
光化門	136429	137531	142027	142113	142170	142254	142304	145647
拐帶	136022	136757	137085	137090	137207	137893	138604	139811	141288
	147450	147452						
怪火	139032	139503						
馘首	138908	141387	143376					
教科書	135996	137615	138287	139925	139961	143444	143594	146080	147000
橋梁	142459	144365						
教師	136510	136525	137400	137568	138007	138071	138170	138742	138963
	139530	139544	139762	140385	140424	140740	141388	141765	142937
	143308	143350	143981	145266	146233	146792			
絞殺	140752	140842	141062	143410	143460			
教授	136015	136038	136125	136263	136559	137235	137895	138572	138699
	138736	139108	139120	139129	139271	139431	139781	139815	139817
	139848	140098	140182	140425	141283	141652	142056	142194	142291
	142614	142628	142648	142678	142900	142988	143415	143503	143545
	143579	143652	143690	143730	143861	143974	144273	144380	144822
	144904	144981	145060	145293	145352	145479	145616	145665	145687
	145773	145864	146013	146051	146156	146206	146381	146753	146755
	146854	147081	147097					
教室	145623							
郊外	140007	140922	141097	141171	141178	141220	141313	142786	143385
	143595	144094	146977					
教員	135976	136048	136813	136855	136934	137242	137412	137698	137907
	138173	138418	138498	138550	138650	138671	138727	138925	139967
	140365	140577	140714	142378	142411	143065	143270	143538	143689
	143715	143964	144612	144720	144748	145927	146262	146286	146844
	146962							
教員講習會	135976	136048	142378	142411	143689			
教員養成所	137412	140365	140577					

教諭	138719	142484	143012	143367					
教育	136118	136288	136371	136496	136538	136555	136952	137032	137224
	137270	137364	137502	137698	137763	137844	138223	138335	138517
	138551	138615	139071	139257	139593	139798	139909	140180	140281
	140286	140329	140346	140464	140626	140644	140672	140758	140762
	140778	140792	140850	140889	141030	141083	141093	141344	141359
	141580	141712	141718	141843	141916	142099	142122	142542	142543
	142561	142750	143019	143217	143255	143287	143522	143526	143729
	143772	143900	143918	143947	144046	144360	144371	144665	144821
	145010	145182	145300	145478	145576	145772	145863	145883	145963
	146002	146031	146151	146629	146808	147128	147320		
教育會	136118	140286	140346	140464	140626	140778	140889	141030	141093
	141344	141359	143729	143772	143947	144821	145010	146031	
教材	146149								
教職員	140908								
交通	136169	136197	136252	136293	136318	136612	136806	137173	137274
	137364	137770	137903	139766	140315	140325	141466	141787	141874
	141959	142723	142782	143427	144822	144839	145026	145791	146133
	146473	147297							
交通局 鮮交局	136806	137173	137364	142723					
交通機關	136318	142782							
交換所	137955	139052							
教會	137322	137436	137708	137945	139085	141908	143530	143889	145175
	146517	146604	147321						
救急箱	141689								
俱樂部	136121	137334	138589	139311	139446	139485	139820	141438	142002
	142350	142848	143664	147344					
九龍浦	140896	142396	144910						
救世軍	136205	137400	141110	144188	144427				
歐亞	136463	137706	137806	140515	140865	141794	142430	143343	143475
	144256	144569	146312						
久原製煉所	140289								
久留島武彦	146892								
拘引	139291	139389							
舊正月	136013	136328	136618						
救濟	137128	137480	138322	138776	138818	138862	139446	139756	141206
	141262	141406	141454	141692	143215	143713	144429	145933	146152
	146270	147049							
驅除	136438	138270	140828	141286	142041	143147	147432		
救濟資金	147049								
救助	136203	136339	136382	136519	136621	137642	137676	138837	141798
	141874	143602	145663						

九州	136156	136370	136853	137487	137578	138183	139141	141025	141379
	142331	142365	142667	142985	144034	144067	144108	144145	144174
	144189	144237	144274	144310	144352	144394	144439	144482	144521
	144555	144600	144647	144693	144737	144784	144823	144865	144905
	144939	144982	145027	145140	145185	147409			
歐洲	138242	140046							
求職	137881	140276	146390						
驅逐艦隊	136339	137030	137240	137300	138625	138827	138920	139917	140655
驅逐隊	140971	141099	142837	142921	144423	146003	146127	146160	147069
驅逐艦	136339	137030	137240	137300	138625	138827	138920	139917	140971
	141099	142837	142921	144423	146003	146127	146160		
龜浦	145569								
救護	138933	138959	141599	141789					
救恤金	143932								
國境	136374	136452	136844	136864	137165	137274	137327	137734	137844
	137985	138102	138259	138395	138442	138704	139030	139092	139094
	139167	139387	139486	139668	139697	139751	139784	139805	139894
	139999	140042	140043	140166	140169	140195	140251	140284	140585
	140691	140964	141044	141079	141177	141226	141330	141361	141373
	141409	141474	141624	141670	141716	141762	141792	141869	141874
	141914	141992	142136	142386	142750	142782	142840	142888	143115
	143340	143392	143427	143479	143514	143563	143704	143749	143794
	143918	143927	144055	144086	144156	144159	144226	144635	144770
	144880	144884	144973	145016	145209	145570	145653	145847	146507
	146515	146632	146664	146954	147044	147328			
國民	136025	137241	138589	139341	139876	141263	142147	142231	146629
	147128	147385							
國民協會	134831	147385							
國勢	144348								
國稅	136566	138241							
國勢調査	144348								
國語	137254	137377	139120	144692	146262	147307			
國友	136174	136628	137681	144507	146436				
國有財産	143743								
局子街	138246	140083	142536	143216	146202				
國葬	138142	138406							
局長談	141760	145682							
國際航空路	142039								
國策	137268								
國鉄 國鐵	137267	139934							
國澤(警務部長)	139934	139989	140198						

君が代	137112	137154						
軍旗祭	138936	139089						
軍隊	136644	141044	141674					
軍樂隊	138821							
群馬	136475	145732						
軍馬	144796	145333						
軍事教育	136288	136555						
軍司令官	136588	137288	137535	137591	137755	137922	137951	138053	138217
	138798	139073	139074	139108	140182	140227	140465	140543	140590
	140629	140851	140941	141153	141392	142099	142495	142591	142628
	142678	143366	143948	144393	144520	144553	144904	145394	145519
	146327	146575	146673	146810					
群山	135968	136131	136414	136506	136535	136543	136719	136721	136825
	136915	136935	137143	137168	137220	137525	137541	137652	137820
	139275	139321	139415	139419	139626	139933	139934	139946	139949
	140507	140537	140961	140972	141208	141866	141937	141941	141944
	142219	142388	142398	142423	142627	142634	142638	142824	143131
	143369	143381	143674	143675	144590	145085	145089	145229	145572
	145606	145644	145680	145792	145819	145824	146346	146354	146432
	146479	146977	147258	147262	147411				
郡屬	137359	142174						
郡守	136632	136788	137597	138327	139426	139434	140133	140180	140197
	140360	140626	140634	140803	141030	141155	141324	141607	142193
	143165	143901	144175	144350					
郡衙	139612							
軍人	136376	137308	137927	138433	138545	138940	138995	139225	139345
	139774	140180	140284	140827	141521	142680	142812	144424	144818
	144821	147082	147394						
軍人會	140180							
郡廳	139315	139373	139426	139457	139535	139653	139748	140091	140654
	141087	141141	141995	142048	143520	143888	144774	144811	145904
	147145	147490							
軍艦	136156	136494	138919	139959	140073	141327	143933	144088	
窮民	136157	136795	137127	140433	147133				
窮狀	138536							
券番	136857	145734	146113					
卷煙草	142445	142859						
拳銃	135978	136235	136923	139845	142040	145431	145515		
蕨	142577							
蹶起	142526							
軌道 軌道車	136075 147415	136471	137168	137188	137418	142216	142414	143007	146313

歸國	140792	141186	146614	147247					
歸鮮	137185	137547	137695	138435	138475	138516	139286	140614	140658
	142160	142609	144062	144325	145248	145732	146644	146733	147354
歸省	136618								
歸順	144731	144815	145770						
歸朝	136038	140000	142612	143878	144534				
貴族院 貴院	136390	137607	138056	138183	138842	139135	139446	139728	139848
	140098	140804	141070	142723	143367	144438	144646	145394	145479
	145736	145941	146715						
歸還	136457	136484	136797	139805	140367	143182	145884	146124	146320
規則	136114	136253	136277	136772	137472	137610	137648	137683	138316
	138930	139491	139656	140670	140797	141123	141720	143091	143230
	144433	146132	146873						
劇	136167	138561	139025	139116	139124	141752	141792	142135	142583
	143352	143645	143678	143684	144854	145129	145995	146014	146510
	146819	147209							
極東	139645	140468	140657	143359	143449	145298	145545	145576	145611
	147297								
劇場	141752	144854	145129						
根據地	139191	141085							
勤續	137828	139435							
近海	138754	138987	139068	139870	142271	142343	142696	142721	143762
錦江	141611	142757	144404						
金剛山	136887	138020	138797	139277	139522	139529	139581	139798	139933
	140215	140506	140767	141139	141277	141366	141592	142413	142717
	142819	143134	143367	143435	144082	144121	144161	144289	144332
	144351	144366	144402	144408	144498	144691	144810	144891	145675
	146039	146059	146360	146782	147360				
金庫	136099	137087	138047	138567	139084	139397	140667	142137	142960
	147435								
金谷	137591	137715	138752	138798	138922	138926	139073	139074	139108
	139345	139654	140465	140543	140590	140629	140691	140779	140941
	141044	141126	141153	141392	142099	142495	142591	142628	142678
	143366	143479	143563	143901	143948	144393	144520	144553	144981
	145394	145519	146327	146575	146673	146810	147002		
金光教	143981								
金鑛 金礦	138094	139536	143078	144531	146444	146758			
金塊	137766								
金利	135965	141922	142119	142462	144798	144996	145205	145206	146164
	147151	147456							
金肥	142020	144314							
金屬	139887								

金融	135965	135990	136027	136393	136716	136803	136908	137250	137892
	137955	138172	138321	138581	138773	138890	138994	139107	139152
	139243	139314	139345	139363	139391	139452	139475	139505	139576
	139937	139991	140013	140134	140241	140474	140564	140812	141075
	141116	141158	141207	141252	141349	141488	141529	141632	141758
	141777	141848	141864	141901	142101	142154	142198	142233	142238
	142277	142318	142353	142381	142497	142628	142632	142935	142951
	143002	143181	143498	143502	143506	143587	143608	143635	143657
	143696	143734	143778	143888	143965	144030	144113	144117	144317
	144358	144396	144442	144484	144523	144798	144909	145239	145275
	145523	145691	145975	146332	146413	146497	146705	146709	146745
	146820	146907	146990	147016	147040	147262	147312		
金融機關	141758								
金融組合 金組	136607	136662	136803	137265	137522	137790	137931	138321	138581
	138654	138869	138890	139039	139107	139243	139314	139345	139391
	139452	139505	139560	139561	139576	139632	139988	139991	140013
	140097	140102	140134	140232	140242	140474	140480	140564	141109
	141112	141252	141300	141301	141483	141488	141491	141529	141569
	141612	141632	141848	141901	141931	142069	142242	142277	142318
	142323	142354	142381	142411	142412	142462	142497	142548	142628
	142642	142702	142736	142748	142827	142951	142991	143002	143326
	143498	143506	143778	143888	143965	144030	144113	144117	144317
	144400	144442	144484	144523	144528	144552	144697	144836	144908
	144909	145206	145316	145478	145530	145716	145975	146332	146408
	146490	146705	146709	146745	146820	146896	147040	147040	147078
	147151	147312	147370						
金一封	145969								
金字塔	142208								
禁酒	145690								
禁止	136148	136240	136693	137016	137704	138213	138255	138728	139480
	139925	139952	140186	140538	140932	141560	142107	142471	142731
	142804	143040	143808	144923	144928	145167	145290	146048	146475
	146799	147318							
金川	145447								
金泉	136502	140250	140481	142397	146497	146536			
今村鞆	139950								
琴湖	147223								
金禧錫	143528								
給仕	138303	139212	139950	142939	146770	146795			
給水	137462	140301	141724	142341	143718	144920	145115	146374	146858
起工式	133683	133856	133953	134071	134083	134317	134341	134411	138555
	139540	144014	144531	145240	145254	145497	145603	145714	146128
	146246								
機關車	140450	141326	144419	146542					

機關銃	139769							
記念スタンプ	143972							
記念博	140996	143430	145193					
基督教	136766	136783	137269	137396	138438	139260	141391	141908	142812
	144684	145690	145704	147275				
汽動車	142551	146001						
杞柳	142467	145066						
忌明	137897							
奇病	141792	144096						
寄附	136266	136843	136873	137417	137860	138437	139517	139550	139713
	140736	140799	141276	141472	142486	142749	143108	143421	143490
	143529	143753	143917	143931	144413	145121	145426	145546	145797
	146256	146779	146977					
寄附金	139550	143917	143931					
技師	136084	136173	136674	136691	136929	137328	137535	137755	137895
	137922	137951	138116	138254	138355	138498	138866	139074	139108
	139431	139506	139848	139989	140182	141153	141347	141701	143166
	143288	143652	143773	143861	144086	144273	144438	145479	145539
	145738	145773	145924	146483	146629			
氣象	134533	138850	139832	141701				
妓生	136170	136370	136857	136982	137000	137210	137351	137376	137975
	138191	138317	138677	139286	140130	140821	141022	142007	142049
	142346	143279	144679	145047	146113	147076	147209		
寄生蟲 寄生虫	134627	141642						
汽船	136003	136018	137342	137440	138057	138563	138640	138749	139006
	139340	139367	140347	141139	141572	141798	141897	142079	142216
	142278	142841	143376	146327	147094	147306	147307		
箕城 平壤	136812	136857	139965	142225	142275	142316	142592	142630	
期成會	137990	143917	144461					
起訴	145619	145938	146194	147404				
寄宿舍	137722	146741						
技術	136673	136736	137327	137346	137508	137549	137590	137761	137829
	138204	138501	138999	139228	140097	140897	141202	143582	146326
	146755							
技術官 技術員	137590	137761	146755					
饑餓	143648							
紀元節	136481	136609						
記者	135983	136012	136219	136306	136327	136392	136428	136454	136467
	136509	136549	136553	136579	136590	136616	136630	136654	136700
	136734	136789	136918	136987	137116	137331	137408	137447	137505

	137509	137535	137610	137648	137683	137895	138448	138488	138540
	138572	138575	138614	138645	138718	139296	139665	139689	139933
	141244	142194	142491	143122	143349	143566	143579	143850	144271
	145542	145629	146142	146538	147168				
記章	140541								
氣腫疽	142140	145388	145856						
寄贈 奇贈	136830	136951	137245	137362	137913	137978	137997	138110	138182
	138335	138561	139734	139997	143642	143716	143801	144536	146118
汽車	136248	136250	137443	137463	137532	137846	138755	138871	138889
	139181	139289	139839	144691	144756	145271	145352	145444	
起債	144568	144620	145562	145640	145829	146027	146597	146918	147004
吉林	137833	141545	145026	145360	145776	146345	146629		
吉林省	146629								
吉州	138158	144538							
吉村謙一郎	145864								
吉會線	140604	140725	140818	146187	146460				
金玉均	137266								
喫煙	136693								

ナ								
ヌクテ	142135							
のぞみ	144622							
のり 海苔	136093	136099	136145	136446	136488	136634	136869	136972	137363
	137740	137904	140086	142577	143884	144246	144616	145778	145817
	146989	147225							
癩病	136040	138715	143451						
癩患者	137910	138608	140384	141475	143278	144817	146173	146434	
洛東江	139474	142339	142650	145254	145425	145497	145603	145778	145900
	145957	145994	146637						
樂浪	139138	139498	142692	144582	146592				
落成式	138610	139302	139891	140850	140891	140972	144538	144936	145025
	145224	145904	146521						
難産	145033								
難波	144822	146715							
南山	139447	139950	142331	144060	145319	145427	145546		
南山公園	145546								
南鮮	135980	137147	137583	137672	138666	138987	139077	139107	139177
	139198	139686	139696	139778	139828	140075	140152	140155	140298
	140312	140349	140420	140485	140642	140661	140854	140950	141257
	141268	141298	141349	141382	141764	142155	142404	142409	142733
	142984	143040	143328	143797	143864	144990	145214	145232	145390
	146277	146324	146368	146900	147225				
南洋	137034	139596	144445	147339					
男爵	140341	141806	142003						
南浦	136054	136056	136176	136189	136344	136504	136549	136673	136702
	136825	136872	137010	137250	137273	137505	137659	137679	137701
	137780	137871	137954	137955	138115	138325	138531	138534	138642
	138800	138827	138841	138846	138856	138890	138920	139088	139107
	139152	139209	139345	139404	139506	139578	139592	139595	139727
	139728	139803	139851	139903	139959	139988	140127	140246	140270
	140289	140407	140440	140465	140574	140586	140626	140649	140683
	140803	140811	140905	141028	141182	141238	141314	141344	141450
	141469	141481	141613	141922	141959	142028	142050	142055	142106
	142146	142166	142175	142183	142193	142273	142289	142314	142331
	142350	142351	142360	142411	142460	142513	142552	142596	142699
	142736	142812	142822	142823	142841	142904	142913	142987	142994
	143062	143130	143179	143243	143244	143323	143421	143469	143573
	143789	144030	144055	144085	144106	144117	144196	144197	144201
	144244	144250	144333	144490	144524	144581	144639	144661	144828
	144857	144902	144993	145036	145056	145075	145143	145201	145300
	145378	145594	145640	145646	145664	145699	145702	145803	145887
	145915	145948	145951	146023	146125	146128	146131	146317	146334
	146377	146488	146528	146533	146755	146856	146905	147070	147132

	147156	147226	147264	147286	147458			
納凉	142494							
納稅	137052	139763	140866	142444	144290	145959	146154	146700	146702
	146764	146786	146819	147308				
內閣	137550	138212	138776	138818	138862	138909	138945	140320	140909
	144568							
奈良	136299	137817	138205	138223	145773			
內務	136550	136806	136863	136963	137455	137564	137570	137581	137830
	138263	138337	138412	138421	138434	138457	138928	138939	139035
	139450	139470	139628	139633	139934	140152	141031	141123	141668
	141701	141774	142194	142351	143861	143948	144107	144132	144209
	144622	145225	145630	145864	146090	146327	146439	146594	147026
	147326							
內務局	137455	137564	138434	138457	138939	139035	139470	140152	141031
	141668	143861	144107	144132	144622	145225	145630	146594	
內務部	136550	136806	136863	136963	137570	137581	137830	138263	138337
	138412	138421	138928	139934	141701	142351	143948	144209	145864
	146090	146327	146439	147026	147326			
內務部長	136550	136806	136863	136963	137570	137581	137830	138263	138337
	138412	138421	138928	139934	141701	142351	143948	144209	145864
	146090	146327	146439	147026	147326			
內務省	139628							
內鮮兒童	141015							
內鮮融和	136064	137695	137804	139207	139303	140130	145000	145169	146161
內鮮人	135979	136825	137197	138090	139472	139984	141364	141824	146420
內鮮協和會	138166	144904						
內野(旅團長)	141753	145685						
內政獨立	136752							
內地	136000	136034	136053	136065	136101	136187	136291	136295	136482
	136524	136574	136588	136608	136615	136640	136678	136704	136785
	136852	136857	136890	136907	136977	136992	136997	137063	137069
	137118	137293	137301	137374	137425	137441	137525	137575	137653
	137684	137818	137874	137881	137903	137964	137986	137992	138062
	138067	138091	138168	138173	138177	138231	138275	138334	138449
	138477	138566	138595	138706	138763	138772	138804	138861	138867
	138893	138925	138950	138972	139000	139016	139017	139019	139077
	139187	139202	139242	139253	139376	139377	139663	139707	139895
	139949	139971	139995	140045	140083	140092	140126	140160	140205
	140254	140256	140349	140404	140461	140473	140573	140729	140761
	140806	140884	140924	141038	141094	141242	141271	141311	141356
	141363	141453	141463	141504	141555	141565	141673	141755	141765
	141861	141909	142106	142188	142200	142366	142368	142471	142706
	142773	142808	142868	142874	142989	143096	143249	143275	143291
	143440	143546	143574	143609	143720	143839	143958	143959	144008

	144042	144072	144092	144148	144169	144276	144331	144360	144369
	144481	144495	144616	144720	144743	144748	144886	144935	144937
	144948	145076	145079	145083	145096	145097	145118	145169	145280
	145284	145314	145326	145377	145565	145709	145738	145970	146135
	146155	146156	146187	146318	146364	146398	146601	146610	146623
	146676	146690	147024	147047	147062	147069	147150	147472	147492
內地視察	136588	138173	138867	139377	139707	140254	144360		
內地視察團	136588	138173	138867	139377	139707	140254	144360		
內地語	136704	137881	146156						
內地人	136295	136977	137069	138275	139242	140045	140126	140884	141504
	141755	141765	147472						
內地周遊團	147062								
內帑金	136942								
耐寒行軍	136275								
女	135982	136008	136037	136050	136066	136081	136090	136129	136174
	136190	136217	136264	136273	136304	136334	136337	136343	136352
	136358	136381	136391	136426	136427	136433	136460	136465	136500
	136508	136520	136540	136552	136568	136575	136592	136619	136623
	136628	136642	136651	136661	136675	136704	136713	136724	136759
	136761	136778	136798	136807	136818	136899	136911	136912	136930
	136967	136994	137000	137009	137047	137049	137096	137103	137132
	137134	137138	137162	137173	137174	137216	137251	137260	137285
	137291	137297	137326	137329	137347	137362	137365	137381	137399
	137406	137417	137438	137446	137477	137495	137507	137535	137538
	137568	137572	137602	137609	137619	137623	137645	137647	137658
	137671	137682	137695	137713	137718	137722	137739	137756	137777
	137808	137813	137816	137827	137834	137853	137856	137866	137876
	137890	137896	137905	137908	137925	137952	137969	138008	138016
	138054	138086	138106	138108	138115	138138	138144	138151	138182
	138210	138223	138229	138260	138266	138286	138287	138300	138305
	138334	138340	138368	138373	138401	138414	138436	138451	138458
	138498	138499	138517	138529	138539	138573	138612	138644	138681
	138720	138739	138761	138802	138883	138900	138925	138970	138971
	138987	138989	138991	138996	139010	139103	139109	139112	139155
	139182	139240	139263	139268	139326	139327	139332	139338	139370
	139408	139425	139447	139509	139544	139615	139630	139637	139712
	139735	139829	139883	139915	139952	139978	139994	140015	140061
	140179	140257	140281	140312	140329	140391	140423	140465	140468
	140505	140535	140540	140563	140587	140626	140642	140644	140662
	140668	140744	140780	140820	140840	140850	140965	141017	141067
	141088	141128	141188	141200	141203	141264	141284	141376	141388
	141462	141465	141520	141558	141597	141675	141677	141765	141834
	141952	141953	141988	142073	142141	142178	142194	142196	142255
	142338	142371	142402	142411	142613	142626	142652	142688	142692
	142699	142809	142941	142955	142972	143026	143066	143105	143198
	143231	143308	143352	143456	143499	143571	143612	143616	143642

	143730	143857	143942	143950	144030	144031	144105	144106	144188
	144269	144346	144369	144430	144437	144498	144541	144627	144675
	144684	144686	144720	144724	144773	144778	144814	144816	144817
	144843	144883	144902	144980	145001	145009	145043	145049	145078
	145147	145161	145165	145211	145244	145245	145288	145377	145434
	145435	145476	145502	145686	145704	145722	145732	145751	145767
	145773	145828	145899	145940	145962	145977	145997	146013	146029
	146038	146043	146074	146082	146104	146121	146156	146222	146262
	146278	146353	146362	146367	146426	146477	146521	146558	146559
	146560	146668	146673	146708	146741	146752	146779	146792	146851
	146891	146930	146962	146970	147022	147044	147067	147143	147209
	147253	147269	147360	147443	147472	147478	147484	147486	147490
女房	145828	147269							
女子高普	136759	141765							
年賀	146474	147239							
露國	136038	136263	136588	136695	138153	138185	138439	138891	138917
	140062	140260	140262	140335	143142	143185	143235	143367	143892
	143894	143948	144025	145802	146206	146368	146927	147042	
露機	142611	142796	143380	143389					
勞農	137981	138153	138255	138439	140629	140673	144273	145183	145519
勞動總同盟	142801								
勞動 勞働	136991	136996	137028	137033	137148	137386	137684	137685	137822
	137929	138075	138090	138288	138397	138398	138449	138463	138515
	138649	138678	138713	138791	138872	139274	139366	139389	139472
	139661	140055	140151	140213	140276	140445	140446	140494	140729
	140754	141239	141639	141948	141952	142031	142193	142259	142303
	142351	142477	142562	142801	142965	143760	144024	144220	144410
	144886	145079	145118	145169	145417	145697	146137	146171	146344
	146614	146908	147137	147247	147372				
鷺梁津	140685								
露領	137936	138179	143414	146403					
勞務	139556								
勞銀	140497	140907	143300	144989	146214				
勞働組合 勞動組合 勞組	140054	143891	144024						
綠肥	142325								
農家	136487	138197	139696	140298	142119	145909	146412		
農監	141836								
籠球	145078	145302							
農具	138935	142146	144272	144641	144645				
濃霧	141389	141732	142343	143190					
農務課	137098	142606	142917	144188	144236				

農民	137611	137612	137653	140221	140933	141119	141120	141382	142801
	143760	143937	143997	144752	145343	145503	145933	146438	146571
	146786	146920	147186						
農民黨	142801								
農繁期	138998	139895	141565						
農事	136034	136844	137136	137305	137607	138634	138740	138876	140019
	142146	142411	143729	145409	146339	146482	146524	147160	
農業	136728	137346	137590	137756	138051	138204	138507	139636	140097
	141509	141559	141815	142013	143222	143255	143356	143900	147159
農業技術員	138204	140097							
農業銀行 農銀	143222								
農作	136181	139206	140117	140155	140420	140595	141579	142601	142778
	142908	143476	143524	143603	143639	143717	143822	144075	144177
	144562								
農場	137307	137765	142420						
農地	142124								
農村	137107	138197	139257	142098	142411	146524			
農學校	138616	140576	141788	142484	144538	144759	144799	145113	147434
農會	136483	137067	137212	137229	137437	137526	138028	138197	138534
	138689	139123	139845	142808	145364	146329	146570		
腦脊髓膜炎	137131	143934	144728						
漏電	138012								
泥棒	136703	137205	137643	138810	139118	139887	142003		
尼僧	139615								
論文	136162	139139	140322	140608	145574	146549			

ㄷ								
ダイナマイト	137208							
ヂストマ	145432	145576						
ドイツ 獨逸 獨	136263	137886	139892	141793	143974	145475	146914	147492
ドルメン	137839	139087	146008	146277				
茶	135389	135431	135479	135523	135563	135981	136011	136051	136088
	136130	136175	136218	136265	136340	136389	136464	136507	136551
	136629	137506	137523	137536	137571	137608	137623	137660	137681
	137738	137778	137792	137815	137852	137873	138939	139004	139049
	139116	139147	139254	139297	139342	139392	139399	139432	139471
	139507	139514	139547	139557	139594	139606	139634	139638	139677
	139680	139729	139736	139776	139857	139902	140066	140805	140852
	140893	140942	140976	141032	141071	141111	141156	141205	141248
	141296	142544	142593	142631	142679	142701	142725	142772	142814
	142858	142902	142939	142974	143014	143112	143276	143318	143446
	143487	143757	143987	144033	144068	144146	144190	144238	144275
	144311	144353	144395	144440	144983	145095	145141	145186	145226
	145272	145313	145346	145353	145395	145438	145480	145520	145557
	145589	145631	145666	145698	145706	145737	145774	146240	146361
	147059								
短歌	136116	136244	136330	136413	136490	136582	136698	136787	136885
	136947	137029	137121	137199	137272	137353	137426	137494	137557
	137630	137699	137730	137843	137882	137906	137959	138035	138098
	138163	138251	138319	138396	138486	138556	138638	138701	138785
	138873	138949	139022	139098	139107	139157	139200	139272	139379
	139453	139526	139614	139708	139794	139877	139953	140006	140081
	140143	140180	140200	140294	140370	140443	140532	140616	140698
	140770	140783	140874	140962	141049	141155	141176	141274	141365
	141416	141512	141590	141683	141766	141835	141899	141986	142085
	142180	142252	142336	142367	142393	142475	142568	142653	142715
	142788	142875	142968	143051	143145	143158	143236	143311	143386
	143480	143562	143644	143709	143792	143883	143966	144048	144128
	144215	144295	144381	144459	144540	144628	144716	144885	144961
	145050	145122	145208	145297	145382	145455	145538	145692	145725
	145806	145886	145966	146032	146106	146183	146274	146351	146423
	146502	146577	146656	146748	146797	146879	146955	147048	147172
	147237	147343	147433						
斷髮	136642	137000	143361					
端川	145410							
膽	141977	142256						
擔保	139449	142907	146218					
擔稅力	143732							
潭陽	146833							

撞球	145346	145387	146286						
	136053	136149	136322	136407	136448	136456	136491	136574	136643
	136655	136785	136889	136919	137033	137053	137155	137190	137297
	137385	137441	137491	137547	137628	137674	137749	137822	138100
	138129	138279	138331	138343	138461	138552	138553	138684	139112
	139198	139642	139678	139978	140022	140104	140175	140192	140297
	140441	140571	140658	140693	140860	140877	141039	141123	141166
	141442	141546	141611	141624	141632	141677	141825	141849	142079
當局	142296	142335	142556	142565	142644	142681	142741	142789	142946
	142960	142980	143025	143050	143106	143114	143170	143171	143201
	143217	143234	143295	143302	143398	143457	143495	143605	143654
	143704	143891	143960	144013	144111	144243	144379	144680	144692
	144743	144758	145097	145235	145249	145370	145391	145493	145670
	145748	145902	145992	146064	146104	146109	146156	146178	146231
	146290	146297	146307	146312	146780	146805	146827	146911	147111
	147138	147448							
堂島	138816	138859	138906	138942	139012	139189	143970	144010	144051
	145572								
	136083	136125	136193	136207	136210	136277	136294	136303	136455
	136460	136506	136513	136537	136558	136575	136653	136658	136681
	136712	136755	136775	136780	136805	136822	136825	136827	137109
	137134	137136	137144	137166	137187	137191	137210	137247	137249
	137434	137459	137470	137513	137542	137756	137800	137836	137868
	137870	137877	137994	138016	138045	138188	138257	138356	138361
	138451	138519	138526	138536	138565	138583	138660	138828	138831
	138854	138891	138928	138936	138940	138964	139009	139017	139026
	139049	139094	139115	139226	139248	139287	139304	139345	139362
	139405	139456	139469	139518	139599	139604	139637	139644	139646
	139662	139742	139884	139900	139912	139976	140062	140197	140279
	140332	140382	140468	140637	140695	140772	140817	140844	140848
	140858	140870	140872	140973	140975	140998	141012	141025	141026
	141055	141175	141180	141285	141290	141379	141380	141388	141459
大邱	141467	141499	141500	141524	141548	141581	141584	141636	141644
	141649	141701	141719	141743	141758	141774	141790	141801	141825
	141842	141862	141893	141917	141985	142056	142144	142146	142151
	142189	142205	142310	142315	142333	142340	142341	142370	142390
	142392	142412	142474	142525	142559	142574	142578	142587	142619
	142632	142734	142745	142768	142795	142813	142831	142845	142896
	143003	143010	143013	143026	143031	143047	143052	143066	143095
	143146	143184	143226	143292	143342	143436	143462	143503	143515
	143575	143652	143753	143773	143797	143831	143869	143893	143917
	143928	143975	143984	144028	144053	144106	144126	144134	144205
	144221	144222	144270	144279	144347	144376	144384	144385	144413
	144437	144461	144479	144536	144539	144570	144762	144773	144796
	144806	144888	144913	144919	144944	145011	145015	145028	145035
	145078	145087	145123	145165	145204	145211	145352	145394	145433

	145502	145732						
碓井忠平	142949							
大衆	140003							
大川	137045	140185	141414	142218				
貸出	136483	138696	139008	139576	139849	140717	140946	140980	140982
	141927	142151	142907	142951	144606	144649	144698	144987	145028
	145146	145671	146681	147159	147187				
大阪	136003	136497	136853	137491	137532	137671	137732	137898	137929
	138412	138551	138560	138798	138816	138859	138862	138867	138906
	138942	138961	139012	139037	139241	139294	139391	139421	139506
	140152	140506	140707	140846	141477	141844	142070	142216	142332
	143429	143912	144035	144052	144162	144393	144501	144886	144904
	145184	145188	145349	145463	145680	146454	146827	146948	147046
大學	136263	137895	137922	138572	138682	139167	139431	139728	139815
	140245	140387	140517	141268	141283	141652	141669	141701	141718
	141738	141912	142081	142147	142194	142231	142291	142315	142495
	142591	142678	142988	143545	143690	143861	144551	144822	144904
	145083	145664	146854						
大韓	138408							
代護士	139969	140020							
大會	136200	136262	136481	136879	136951	137155	137236	137335	137389
	137548	137564	137665	137782	137810	138016	138161	138196	138213
	138291	138389	138402	138482	138485	138487	138545	138609	138666
	138713	138800	138882	138940	138953	138961	138985	138994	139041
	139059	139072	139112	139117	139127	139140	139156	139163	139186
	139197	139236	139239	139246	139262	139263	139270	139359	139544
	139603	139645	139685	139686	139700	139739	139821	139900	139946
	139967	139976	140009	140029	140070	140101	140159	140181	140231
	140264	140282	140290	140303	140317	140345	140383	140399	140422
	140439	140468	140513	140538	140542	140581	140733	140817	140849
	140914	140925	140970	141068	141077	141155	141170	141172	141244
	141459	141469	141600	141640	141665	141686	141713	141730	141743
	141839	141868	141910	142112	142193	142208	142215	142246	142349
	142427	142519	142528	142599	142634	142643	142710	142720	142737
	142769	142810	142816	142853	142861	142940	142969	142978	142984
	143027	143096	143171	143254	143350	143359	143398	143401	143407
	143436	143450	143518	143521	143571	143633	143642	143669	143716
	143719	143720	143768	143771	143776	143801	143817	143856	143899
	143929	143969	143989	144045	144065	144083	144091	144142	144186
	144226	144253	144267	144286	144293	144302	144308	144338	144347
	144364	144384	144415	144518	144536	144670	144745	144773	144801
	144847	144902	144929	144966	145025	145170	145204	145218	145245
	145277	145290	145304	145360	145380	145430	145500	145571	145576
	145977	146043	146064	146082	146121	146128	146143	146159	146162
	146189	146280	146362	146454	146469	146511	146650	146843	146897

賭場	139482								
道知事	136426	136493	136693	137045	138195	139173	139253	139907	140062
	140098	140892	141495	141701	142147	142231	145094	146796	146920
	147379								
道廳	137508	138104	138605	139322	139391	140529	142429	142529	143520
	144009	146264	146527	146846	147011	147143	147214	147314	147429
道廳舍	146264								
道評議會	136295	146349	146540	146600	146691	147430			
纛島	137188								
獨立	136399	136752	138049	138365	141053	142702	144340	145175	
讀書	142724	142936	142972	145384	145769	146031	146575		
讀者	136127	138150	138178	138258	138295	138338	138370	138413	139443
	139479	139516	139605	139643	139691	139738	139780	139822	139854
	139901	139944	139977	139996	140030	140132	140190	140236	140318
	140431	140470	140512	140555	140598	140638	140684	140724	140771
	140815	140886	140931	140974	141020	141059	141107	141142	141191
	141249	141297	141435	143541	143653	145129	145184	145301	145341
	147064								
瀆職	138250	139502							
豚コレラ	136964	141019							
敦化	137932								
東京	136154	136173	136204	136368	136531	136578	136792	136882	136998
	137020	137071	137117	137193	137262	137278	137431	137476	137560
	137631	137668	137669	137805	137878	137895	137933	137962	138005
	138030	138057	138068	138073	138099	138320	138409	138443	138484
	138525	138571	138602	138607	138633	138664	138709	138756	138769
	138808	138877	138960	139021	139052	139158	139276	139470	139584
	139619	139758	139830	139848	139869	140087	140101	140212	140255
	140279	140288	140295	140342	140361	140373	140395	140482	140513
	140557	140599	140617	140676	140729	140741	140836	140875	140918
	140960	141010	141227	141272	141322	141356	141369	141410	141413
	141457	141505	141547	141588	141701	141763	141982	142088	142139
	142147	142214	142231	142517	142689	142792	142835	142880	143099
	143104	143143	143269	143477	143565	143579	143643	143667	143861
	143967	144004	144052	144089	144124	144171	144217	144236	144374
	144388	144467	144718	144761	144829	144925	144963	145060	145157
	145212	145352	145419	145457	145496	145544	145556	145612	145630
	145652	145680	145817	145842	145894	145948	146000	146269	146465
	146538	146546	146781	146800	146929	146935	146948	146951	147180
東大	139074	139645	139848	140098	140322	140468	140712	143415	143652
	144691	145576							
東萊	136662	137917	138297	138467	138881	139258	139572	139629	139670
	140415	141236	141466	141722	141765	141838	141950	142055	143409
	143924	143969	144800	145255	145569	146308	146459		

東萊溫泉	139258	140415	141236	143409	143924			
同盟	138489	138529	138966	138970	138989	139386	140423	141022	141516
	142801	143536	143760	145503	145903	146803	147478		
同盟休校 盟休	136540	137943	138042	138332	138483	139221	139222	139339	139878
	140257	140330	140339	140424	140460	140497	140502	140540	140576
	140620	140624	140625	140627	140664	140668	140745	141022	141064
	141103	141154	141188	141190	141237	141278	141285	141325	141376
	141430	141465	141510	141559	141603	141722	141765	141805	141838
	141952	141953	142116	142141	142184	142306	142342	142372	142408
	142535	142670	143105	143308	143356	143499	143536	143567	143610
	143676	143723	143803	143936	144023	144097	144229	144435	144551
	144684	144689	144734	144776	145174	145266	145310	145342	145493
	145513	145608	145614	145618	145700	145728	145768	145935	145938
	146010	146047	146126	146397	146478	146480	146516	146591	146625
	146749	146792	146841	146979	147281				
動物園	138294	138777	143344	143809	145658	147398			
東邊道	137586								
凍死	136478	136521							
銅山	142982								
東亞勸業	143415	143550							
東洋	136810	138020	138798	139952	140152	140561	140755	140832	141201
	141308	144691	144879	146105	146205	146206	147339		
童謠	137081	137162	137842	137876	138524	139215	139328	139692	144507
	144509	144930	145168						
動員	139777								
東條正平	138995	139226							
東洋拓殖 東拓	136084	136234	136308	137345	137755	138312	138489	138522	138597
	139976	140387	140975	141031	141096	141117	141213	141257	141351
	141485	141507	141527	141572	141671	141704	141804	141815	142032
	142056	142283	142320	142463	142478	142723	142761	142778	142826
	142908	143037	143041	143043	143133	143256	143503	143706	143985
	144050	144198	144202	144227	144606	144698	145031	145271	145469
	145567	145897	146100	146594	146782	146883	146898	146902	147015
	147026	147310							
同胞	138210	143830	147431						
東鄉	138580								
兜	145120								
豆滿江 豆満江	136332	138134	138232	138353	138698	139192	139789	142558	142796
	143172	143894	144054	144411	144456	144576	145200	147332	
豆粕	136492	136604	136850	137184	137265	137305	137341	138279	138585
	138855	139094	139363	139571	139649	139742	140102	140472	140719
	141535	141884	142019	142158	142357	143908	145289	145482	146093
	146721	147261							
痘瘡	140375	140628	143973						

頭取	136263	136693	137137	137679	137712	140804	141917	142495	142591
	143579	143861	144995	145042	145126	145691	145705	146575	146771
	146798	146831	146935	147028	147326	147338			
頭痛	136407	137297	139991	143156					
騰貴	146214								
燈臺	137195	140209	145996	146180					
燈籠	139549								
藤原勝千代	137890								

ラジオ ラヂオ	136211 138715 146511	136767 138753 146610	136801 139130	137019 140090	137112 140463	137275 142886	137429 143489	137466 144178	138085 146107
リレー	139566	144142	144302	144384	146711				
ルソン	139892								
レコード	136220	144753	144786	146255	147182				
レントゲン	136773								
ロンドン	140138								
拉去	141199								
靈柩	144669								
鈴木花蓑(俳人)	135969 136534 137314 137991 138667 139413 140112 140829 141633 142434 143189 143923 144672 145414 146144 146832	135995 136610 137390 138064 138746 139492 140173 140916 141726 142520 143266 144012 144768 145501 146235 146922	136036 136746 137460 138126 138832 139575 140248 141000 141796 142622 143346 144084 144845 145578 146319 147008	136069 136854 137528 138221 138918 139657 140327 141089 141867 142686 143433 144164 144927 145650 146389 147090	136153 136917 137594 138285 138980 139754 140403 141131 141942 142744 143523 144260 145004 145762 146456 147205	136196 136990 137666 138364 139057 139844 140488 141231 142035 142839 143607 144334 145086 145837 146541 147272	136286 137073 137764 138441 139125 139927 140570 141321 142121 142923 143677 144425 145164 145922 146606 147400	136365 137156 137799 138523 139245 139985 140653 141461 142217 143008 143748 144515 145252 146004 146696 147480	136449 137243 137937 138594 139320 140041 140739 141556 142302 143103 143833 144577 145338 146070 146773
露(西亜) ロシヤ 露西亜 露國	136038 140335 145802	136588 143142 146206	136695 143185 146368	138439 143235 146927	138891 143367	138917 143892	140062 143894	140260 143948	140262 144025
露國領事館	140262	145802							
露領	137936	138179	143414	146403					
露人	142928	145857	146927						
雷 雷鳴	138827	141597	143151						
瀨戶道一	142011								
流筏	136605 142237 145327	136643 142639 145363	138698 143132 145566	140238 143219 145779	140902 143911 147034	140987 144316 147376	141445 144629 147463	141660 144699	141728 144831
鯉	138168	138469	138668	141214	146568				
李堈公	136390 140712	136588 141295	137093 141392	137211 142073	137295 144351	138087 144733	139728 146203	139848 146327	140387 147180

| 罹病 | 136383 | 142181 | 142933 |
| 梨本宮 | 138719 | 138756 | 140103 |

				□				
マラソン	144234							
マラリア マラリヤ	143187							
モルヒネ モヒ	133598	133627	134708	134762	134858	135024	135159	135349	135679
	135751	135919	135931	136009	136120	136170	136386	137005	137690
	137752	137851	137918	138810	138991	140059	141477	141954	142272
	142587	142976	143157	143200	143557	143647	143851	143885	144022
	144100	144321	144322	144429	144862	145103	145118	145130	145554
	145972	146545							
馬	136004	136037	136081	136190	136201	136261	136298	136384	136412
	136475	136499	136536	136584	136597	136656	136751	136842	136844
	136883	136999	137109	137348	137357	137440	137486	137827	137836
	137863	137865	137867	137970	137994	138026	138067	138068	138108
	138115	138137	138217	138246	138572	138798	138854	138945	138995
	139042	139217	139261	139289	139345	139360	139411	139464	139521
	139656	139660	139665	139676	139681	139692	139775	139804	139871
	139946	140024	140058	140121	140124	140334	140386	140395	140459
	140599	140627	140669	140699	140738	140797	140849	140912	140921
	140970	141169	141197	141199	141340	141543	141762	141832	142093
	142132	142349	142350	142390	142400	142507	142537	142656	142668
	142925	143065	143067	143099	143186	143252	143299	143315	143330
	143344	143416	143547	143719	143722	143726	143758	143762	143767
	143809	143895	144028	144102	144308	144344	144389	144407	144468
	144499	144518	144520	144536	144796	144822	144844	144879	144969
	145011	145012	145058	145171	145175	145202	145225	145321	145333
	145374	145393	145551	145584	145587	145682	145732	145835	145852
	145980	145983	146042	146124	146366	146375	146417	146499	146517
	146576	146624	146891	146947	146980	146984	147094	147208	147269
	147286	147319							
麻	136679	136696	136865	137001	137548	137978	139622	139765	140287
	140504	140924	141358	141617	141785	142288	142411	142426	142771
	142988	144042							
馬鈴薯 馬齢薯	136036								
馬山	136190	136201	136412	136499	136656	136842	137348	137440	137827
	137865	137970	137994	138026	138108	138115	138137	138945	139411
	139464	139665	139676	139681	139804	140024	140121	140459	140627
	140669	140699	140738	140912	141169	141197	141340	142349	142390
	142400	142507	142656	142925	143186	143252	143330	143547	143758
	144308	144499	144518	144520	144536	144844	144969	145012	145171
	145175	145321	145374	145393	145584	145587	145835	145852	146499
	146517	146891	147094	147208	147319				
麻雀	136865	137001	137548	137978	140924	142771			
馬賊	136004	136261	136298	136751	136844	136999	139217	141199	141762

	142537	143067	143722	143767	143895	144102	144344	146124	146366
馬賊團	136004	136298	143895						
痲疹	139923								
馬晉	146042								
馬車	136584	137357	138246	139656					
麻布	136680	140505	141786	142289					
萬國郵便條約	136679	140504	141785	142288					
滿蒙	138124	144457	145062						
滿鮮	137173	137194	138316	138404	140264	140303	140345	140347	140887
	142077	142368	143384	144180	145349	146821	146923	147049	147121
	147171	147244	147301						
滿鮮視察	140347								
滿銀	137637	141847							
滿洲	136329	136418	136498	136879	136881	137141	137364	137899	138156
	138811	139346	139363	139524	139534	140072	140182	140288	140416
	140475	140846	141005	141268	141661	141751	141854	142019	142515
	143178	143182	143424	143462	143693	143784	143866	143929	144241
	144276	144652	144745	145063	145100	145189	145305	145309	145401
	145610	145867	146719	146862	146953	147032	147038	147091	147107
	147326								
滿鐵	136604	136833	137341	137797	138032	138053	138279	138779	140164
	140917	140926	141147	141291	141566	141831	142139	142194	142357
	142379	142505	142625	142865	143579	144281	144747	144839	144960
	145207	146066	146184	146715	146734	146984	147067		
亡命	142928								
望月瀧三 (農學博士)	136614	137045	137288						
賣却	136126	136322	136744	138323	138931	139149	140340	140350	142960
	143256	144057							
埋立	136742	137220	137687	141102	141224	141415	142960	144587	147054
	147223								
埋立事業	141224								
賣惜	137144	141078							
埋藏	140408	142473	143868	145953					
麥	136745	138838	139558	140155	140157	140435	140471	140546	140548
	140596	140639	140853	141039	141144	141779	141890	142023	142066
	142204	142418	142576	142636	144653	144713	146529		
麥粉	136745								
麥作	139558	140435	140471	140546	140548	140596	140639	141039	141779
	144653	146529							
麥酒	138838	140853	141144	142576	144713				
猛獸	136255	136400							

盲啞	140421							
盲人	138335							
猛虎	140305	145898	145953	146104				
同盟休業 盟休	136540	137943	138042	138332	138483	139221	139222	139339	139878
	140257	140330	140339	140424	140460	140497	140502	140540	140576
	140620	140624	140625	140627	140664	140668	140745	141022	141064
	141103	141154	141188	141190	141237	141278	141285	141325	141376
	141430	141465	141510	141559	141603	141722	141765	141805	141838
	141952	141953	142116	142141	142184	142306	142342	142372	142408
	142535	142670	143105	143308	143356	143499	143536	143567	143610
	143676	143723	143803	143936	144023	144097	144229	144435	144551
	144684	144689	144734	144776	145174	145266	145310	145342	145493
	145513	145608	145614	145618	145700	145728	145768	145935	145938
	146010	146047	146126	146397	146478	146480	146516	146591	146625
	146749	146792	146841	146979	147281				
盟休生	145614	145728	147281					
勉強 勉强	136911	142939	143011	145460	146463			
免官	139611							
綿絲布	140985	142386						
免稅	137527	138662	143793	144212	146920			
緬羊	137347	142203						
面議	136632							
棉作	139119	139445	140244	140359	140765	140901	140984	141351	141395
	141706	142014	142156	142157	142169	142633	143129	143252	143737
	143904	143953	143992	144283	144655	145108	145317	145485	145634
	146414							
面長	136388	137058	137783	138249	139218	141496	141608	142092	144306
	146933							
綿布	140246							
免許	138671	138730	139233	139267	139559	140302	140751	141415	143508
	143964	144612	145308					
棉花	136106	136149	136875	136907	137010	137051	137612	137651	138546
	140071	140357	140953	142169	142279	142598	143368	145872	146373
	146571							
棉	136106	136149	136594	136875	136907	137010	137051	137612	137651
	137723	138546	139119	139445	139696	140071	140155	140244	140357
	140359	140765	140901	140953	140984	141351	141395	141706	142014
	142156	142157	142169	142279	142598	142633	143129	143252	143292
	143368	143737	143904	143953	143992	144283	144654	144655	145108
	145231	145317	145478	145485	145634	145775	145872	146373	146414
	146571							
綿	136173	138137	138241	138816	138859	138906	138942	139012	140246
	140985	141395	142386	143193	143368	144689	147269	147500	
名瀨小學校	142680							

名物	136098	136125	137292	139999	141046	141125	141226	141409	141624
	141670	141716	141762	141792	141869	142750	142782	144920	147076
	147351								
明太	138683	142355	145064	145234	146063	146566	146900	147154	
明太魚	138683	145234	146063	146900					
牡丹臺 牡丹台	136055	136179	136874	138729	138835	140057	141171	141476	142986
	143034	143075	143167	143195	143247	143289	143380	144323	144349
	144391	144687	146245	146404	146520	146627	146982	147446	
牡蠣	136740	137740	141575	141577	142981	143295	146021		
模範	137107	137372	137505	138425	139264	139525	139556	139811	141704
	142129	143652	145060	145194	145489	145773	145788	145813	146715
	146876								
模範農村	137107								
募集	136082	136480	136587	136992	137301	137655	137732	137771	137833
	137842	137915	138401	138449	138524	138620	138983	139303	139402
	139517	140449	140799	140925	141951	142032	142485	142586	143019
	143447	143490	143715	143775	143931	143976	144376	145121	145657
	145759	146155	147049						
木材	136881	136988	137010	137020	137115	137155	137244	137249	137268
	137383	138825	140350	141716	141814	141850	143423	143439	143950
	143963	143988	144036	144069	144110	144114	144159	144294	144745
	145063	145236	145256	145277	145328	145360	145500	145953	146939
	147162								
木炭	136092	136567	139445	143133					
木浦	136099	136104	136142	136200	136236	136278	136303	136436	136738
	136825	136907	137010	137030	137032	137051	137062	137063	137101
	137181	137196	137225	137264	137265	137300	137338	137381	137417
	137445	137606	137672	137687	137692	137703	137711	137990	138362
	138610	138621	138623	138670	138680	138683	138689	138691	138782
	139056	139152	139235	139684	139690	139837	139976	140237	140282
	140299	140305	140464	140510	140850	140934	141362	141400	141511
	141537	141538	141719	141745	141886	141931	141973	142068	142069
	142202	142330	142363	142472	142637	142640	142642	142735	142783
	142911	142914	142916	142958	143235	143585	143589	143615	144398
	144437	144449	144480	144991	145073	145074	145477	145781	145783
	145784	145869	146114	146168	146371	146373	146708		
木浦高女	137417	140850							
木下日出男	141592								
蒙疆 蒙古	136495	136536	139660						
苗木	136608	139393							
墓地	137317	146866							
武功勳章	137192	137872	138022	140272	146575				
武官	137192	137872	138022	140272	146575				

武德殿	136224	139899	140798	146712	146750			
武道	138545	138795	138940	140029	140159	140282	140468	140969	141068
	141149	143310	143771	144308	145349	145695	145939	146162	146621
武道大會	138940	140029	140159	140282	141068	143771	146162		
茂山	136047	136159	137045	139089	139919	140651	140679	141557	141597
	142882	143175	144096	145582	145834	146107			
無産黨	141564	144513							
無線	136442	136801	137903	138093	138156	138293	138442	139803	139832
	139837	139919	140195	140206	140209	140531	140574	140784	140940
	140964	141056	141069	141410	142028	142080	142165	142166	142368
	142513	142514	143140	143602	144019	144331	144539	144611	145284
	145454	145652	145803	146107	146515	146546	146849	147046	147255
	147292	147374							
無線局	138093	138156	139803	139832	140209	140574	140784	141069	142028
	142165	142166	142368	142513	144019	145284	145454	145803	147046
無線電信	138442	143602	144539						
撫順	138032	141334	142853	143903					
撫順炭	143903								
貿易	136104	136176	136469	136907	136986	137051	137144	137382	137487
	137787	137954	138215	138546	138630	138683	138772	138856	138904
	139051	139188	139690	139826	139903	139947	140032	140071	140084
	140549	140550	140593	140807	140809	140811	141036	141185	141222
	141241	141258	141312	141446	141484	141492	141657	141664	141742
	141782	141810	141865	141883	141932	141973	142108	142457	142635
	142732	142734	142958	142989	143083	143179	143218	143220	143417
	143470	143620	143632	143774	143825	143873	143958	144197	144284
	144320	144696	144834	144950	144985	145036	145074	145076	145142
	145195	145366	145443	145782	145866	146016	146209	146294	146563
	146814	146863	146906	146944	147150	147156	147410	147457	
無煙炭	136482	136736	137184	137575	137785	138299	138744	138804	140007
	140390	140649	141614	141820	142216	142464	142473	143868	143921
	144120	144149	144196	144208	144443	145642	145892	146580	
武裝	137076	139769	139804	143767	145549	145626			
無盡會社	139433								
舞鶴	138625								
文官	137192	142939							
文明	136038	139802	143485						
文廟	137973								
文部省	142795	142966	143264	144066					
門司	136659	137270	137374	137671	137695	137732	137809	137850	137885
	137911	137935	137974	138014	138055	138081	138109	138135	138174
	138202	138220	138233	138265	138339	138801	138861	139128	144145
	144979								

文相	138784	146884						
文藝	139326	140220	140417	140486	141913	142802	144509	145847
文學	136793	140245	140501	140657	143574	146347		
文化	136291	138535	138757	139723	142197	142900	146755	
物價	137069	140949	142018	143331	144077			
物産	136097	136497	136791	137376	137545	137810	138214	138867	140850
	141281	142948	142988	143754	144488	144887	145188	145361	145367
	145486	145871	145910	146060					
物産共進會	137376	138214						
米價	137305	139123	139372	139558	145228	145400	145541	145559	145723
	145748	145909	146571	146632	146717	146786	146812	147107	147258
米檢	138683	141260	143582	143654	147242			
米穀	136363	139700	140392	140718	141887	142914	143381	143440	143913
	143997	144123	144991	145098	145401	145943	146145	146492	146655
米穀檢査	136363	140718	141887	142914	143440	143913	145098	
米穀法	143381	146492	146655					
美談	137930	145759						
米突法	139395	139545	141663	144918				
米豆	136147	139764	140551	142063	142912	144073	144253	144743	145190
	145677	146861	147105						
彌勒	141011	147081						
未亡人	139843							
米商	137144	138798	141504	141958	146497			
美術	137152	139616	140300	140543	141294	145556	145629	145630	145796
	145980	146230	146273						
美術展	139616	141294	145629	145980				
美術展覽會	141294	145629	145980					
迷信	137910	140963	142269	145340	147019			
尾野實信氏 (關東軍司令官)	146898							
美人	135975	136376	136860	138755	139838	143365	143979	144025
民力涵養 民力涵養講習會	138544							
民謠	137081	137992	146853					
民族	136074	137039	138002	141268				
民族運動	136074							
民衆	139316	139976	144484	145170	145245	145304	145380	145430	146441
	146484	146509							
密賣	135953	136386	136501	137851	138810	138991	139720	141956	142587
	142671	143647	143852	144862					
密輸	136709	136768	137822	138134	138369	138749	138885	138958	139219

	140225	140418	141177	141226	141385	141474	141477	141670	142136
	142539	142982	143200	143619	144022	144345	144476	144512	144678
	144682	144934	145056	145057	145181	145348	145350	145379	145431
	145515	145554	145621	145703	146365	146664	146880	147177	147375
密輸團	141477								
密輸入	138134	141226	141670	143619	144512	145379	146365		
密陽	137359	138051	138080	139315	139373	139497	139653	139748	140091
	140218	140913	140933	140994	141087	141185	141328	141514	144021
	145133	145144	145347	145392	145661	147242			
密陽郡	137359	139315	139373	139653	139748	140091			
密偵	129301	146556							
密航	136585	137286	137567	137735	138568	138924	139772	139840	139928
	142366								

	ㅂ								
バケツ	130651								
バス	141708	143050	143117	143139	143683	146067			
ビール	136006								
ビラ	139054	144465	147408						
ベートーヴェン	138211								
ボーイ	137945	138492	143537						
ボーナス	140819	146395	146615	146788	147095				
雹 雨雹	139501	141428	141518	143980	144056				
朴敬元(飛行家)	136575	142178	142194	144131					
博覽會	137392	140692	143009	143430	143609	144259	145197		
撲滅	136120	138706	143647	145103	145973	146173			
博物館	136955	138975	140743	141997	142718	143983	146826	146931	146975
	147023	147144							
博士	136071	136162	136263	136426	136614	136712	137130	137153	137173
	137424	137570	137981	138053	138068	138087	138095	138189	138205
	138227	138498	138508	138706	138891	138915	139108	139129	139391
	139431	139593	139815	139848	139969	139989	140322	140465	140629
	140712	140777	140804	141082	141110	141127	141153	141344	141347
	141554	141570	141608	141738	141844	142025	142562	142678	142899
	143209	143545	143561	143579	143593	143652	143730	143861	143901
	144066	144086	144262	144273	144351	144553	144691	144736	144822
	144864	144904	144931	144981	145000	145026	145060	145209	145334
	145576	145705	145790	145813	145864	145904	145941	146037	146068
	146081	146288	146483	146579	146755	146782	147391		
朴泳孝	138121	138337	146734	146912					
朴重陽	145773								
半島	135981	136011	136051	136088	136130	136175	136218	136265	136340
	136389	136464	136507	136551	136589	136629	136676	136714	136763
	136808	136826	136866	136900	136931	136968	137007	137050	137094
	137139	137175	137214	137252	137289	137330	137366	137407	137439
	137478	137506	137536	137571	137608	137681	137738	137778	137815
	137852	137924	137953	137982	138019	138088	138117	138154	138175
	138206	138240	138264	138301	138302	138341	138374	138415	138459
	138500	138538	138574	138613	138721	138760	138803	138843	138892
	138929	138997	139036	139075	139110	139130	139136	139174	139227
	139254	139297	139342	139392	139432	139471	139507	139557	139594
	139634	139677	139729	139776	139816	139893	139935	139970	139978
	139990	140021	140063	140129	140153	140183	140228	140273	140310
	140388	140427	140466	140508	140544	140591	140630	140674	140715
	140760	140805	140852	140893	140942	140976	141032	141071	141111
	141156	141205	141248	141296	141348	141393	141440	141482	141528
	141571	141609	141653	141702	141740	141775	141808	141845	141879

	141919	141962	142057	142100	142149	142232	142276	142317	142352
	142380	142455	142496	142544	142593	142631	142679	142701	142725
	142772	142814	142858	142902	142950	143035	143076	143124	143168
	143210	143248	143324	143814	143862	143902	143949	143987	144033
	144068	144109	144146	144190	144238	144275	144311	144353	144395
	144440	144483	144522	144556	144601	144648	144694	144738	144785
	144824	144866	144879	144906	144983	145095	145141	145186	145226
	145272	145313	145353	145395	145438	145465	145480	145520	145557
	145589	145631	145666	145706	145737	145774	145814	145865	145906
	145942	145982	146052	146091	146130	146163	146207	146247	146289
	146328	146369	146407	146440	146561	146595	146630	146674	146716
	146756	146783	146811	146855	146899	146936	146985	147027	147068
	147149	147181	147217	147256	147287	147327	147368	147491	
盤松	146432	146636	146647						
發掘	137206	137802	138034	138237	139344	139375	141181	145968	146008
	146157								
發動機船	139179	140098	144495	144729					
發明	136916	136923	141280	142125	143097	143948	144219	145117	
發電	136346	139529	139863	140076	141866	143134	144005		
發電所	136346	139529	139863	140076	141866	143134	144005		
發疹	136668	136960							
發疹チフス 發疹チブス	136668	136960							
發行稅	136828								
跋扈	136114	137832	138334	140398	140769	141090	141349	141649	141873
	142891	143064	145176	145481					
勃興	140907	141501							
防穀令	140580	143835	145878						
放送	136113	136321	136453	136609	136992	137112	137154	137233	137258
	137275	137351	137493	137498	137633	137726	137737	137842	137909
	138452	138528	138560	138562	138595	138741	138981	139159	139215
	139226	139577	139624	139801	139910	140048	140090	140097	140293
	140452	140463	140793	140837	141057	141135	141687	141987	142483
	142522	143140	143489	143726	143933	143976	144059	144139	144331
	144441	144465	144937	144968	145801	145970	146073	146470	146511
	146610	147307	147349						
放送局	136321	137112	137154	137233	137258	137275	137633	137726	137737
	137842	137909	138452	138528	138562	138595	138981	139159	139215
	139226	139577	139624	139801	139910	140048	140090	140097	140293
	140452	141135	141987	142522	143140	143726	143933	144059	144139
	144331	144465							
方魚津	140516								
防疫	137381	138078	138712	139388	140254	142767			
邦人	139212	139617							

紡績	138318	145312						
紡織	137791	144558						
傍聽券	143844	143880						
芳澤議吉	140779	140804						
放火	136424	136546	136563	136583	137130	137285	137321	137977	138076
	138887	139223	139467	139554	139769	145223	145516	145862	146708
	147099								
俳句	135969	135995	136036	136069	136153	136196	136286	136365	136449
	136534	136610	136746	136854	136917	136990	137073	137156	137243
	137314	137390	137460	137528	137594	137666	137764	137799	137937
	137991	138064	138126	138221	138285	138364	138441	138523	138594
	138667	138746	138832	138918	138980	139057	139125	139245	139320
	139413	139492	139575	139657	139754	139844	139927	139985	140041
	140112	140173	140248	140327	140403	140488	140570	140653	140739
	140829	140916	141000	141089	141131	141231	141321	141461	141556
	141633	141726	141796	141867	141942	142035	142121	142217	142302
	142434	142520	142622	142686	142744	142839	142923	143008	143103
	143189	143266	143346	143433	143523	143607	143677	143748	143833
	143923	144012	144084	144164	144260	144334	144425	144515	144577
	144672	144768	144845	144927	145004	145086	145164	145252	145338
	145414	145501	145578	145650	145762	145837	145922	146004	146070
	146144	146235	146319	146389	146456	146541	146606	146696	146773
	146832	146922	147008	147090	147205	147272	147400	147480	
排球	139112	141194	145043	145078	145302				
配給	136573	137409	138376	147092					
賠償	136067	137779	138282	139070	139168	140018	140414	145596	146203
	146669	147101							
排水	139043	139954	141180	142339	142745				
陪審制度	140111	142583	142658	142663					
排日	139211	139984	142528	142536	144011				
排斥	136256	136477	137783	138007	138071	138170	138438	138730	139769
	140424	140446	141003	144435	145342	145755	146233	146790	146792
白圭福	140495								
白金 金銀の回收	138493								
白頭山 長白山	141005	142260							
白鷺 シラサギ	144455	145242							
白米	136603	141504	141990	144585	145261	145511	145931	146178	
百姓	147393								
伯爵	140179								
白菜	136148	146377							

飜譯	140792							
繁榮	139139	139252	139967	140748	143578			
繁榮會	139252	139967	143578					
筏橋	146112							
罰金	138810	143332	144512					
筏夫	136220	141386	141409	146471				
筏師	138695							
氾濫	141787	141829	142757					
犯人	136480	136546	136673	136709	136710	136757	136818	136981	137086
	137208	137322	137737	138045	138046	138928	139033	139049	139235
	140152	141190	141476	141478	141770	141800	141838	142049	143538
	143685	143881	143940	144344	144975	145218	145268	145428	146238
	146402	146669	146982	147178	147215	147251			
法	135996	136173	136263	136280	136374	136407	136441	136594	136674
	136712	136716	136913	137006	137017	137045	137093	137186	137269
	137312	137383	137400	137405	137450	137818	137845	138051	138056
	138062	138079	138107	138229	138257	138386	138407	138412	138435
	138524	138671	138703	138718	138724	138764	138776	138995	139018
	139065	139096	139108	139151	139203	139226	139296	139395	139409
	139446	139449	139485	139545	139633	139676	139698	139756	139813
	139891	139908	139989	140004	140020	140050	140077	140111	140128
	140194	140245	140347	140501	140559	140599	140607	140656	140673
	140787	140855	140860	140911	140973	141031	141045	141070	141090
	141168	141187	141217	141223	141265	141347	141368	141408	141437
	141441	141487	141533	141576	141593	141627	141628	141663	141875
	141954	142010	142047	142114	142125	142221	142486	142638	142722
	142747	143031	143088	143157	143166	143187	143201	143246	143304
	143373	143381	143463	143473	143530	143743	143773	143880	143960
	143979	144022	144031	144174	144287	144340	144379	144437	144499
	144544	144568	144680	144736	144815	144918	144923	144959	145008
	145023	145059	145060	145087	145183	145199	145225	145259	145271
	145312	145351	145370	145394	145519	145556	145577	145688	145705
	145733	145735	145787	145789	145905	145931	146014	146051	146101
	146339	146347	146421	146439	146480	146492	146655	146673	146685
	146743	146770	146775	146788	146822	146960	146986	147175	147231
	147326	147333	147380	147404					
法官	139908	140607	141045	141168	141223	141265	145008	146421	
法規	138062							
琺瑯鐵器	138101							
法令	138724	138764	144568					
法務局	137094	138996	140129	140912	141032	144737	147327	
法院	136263	136674	136712	137006	137405	138257	138407	138412	139065
	139226	139296	139676	139891	139989	140020	140050	140128	140347
	140673	140787	140973	141031	141070	141090	141628	142010	142221

	143031	143304	143773	143880	144031	144437	144499	144959	145060
	145087	145183	145225	145271	145312	145351	145394	145519	145556
	145789	145905	146014	146051	146439	146673	147175		
法人	136407	141217	143530	145735					
辨當	138810								
變死	137501	139807							
辯士	137337	140123	140714						
辯護士	137388	138239	139073	139420	139775	140111	140629	140733	141170
	141202	141701	141774	142099	142147	142230	142231	142573	142851
	142947	143312	143360	143926	143962	144160	144340	144379	144513
	144591	144680	144736	144783	145060	145298	145370	145901	146194
	146399	146436	146483	146778	147017	147180	147286		
辯護士大會	140733	141170							
辯護士會	142573								
病	136040	136150	136185	136209	136228	136383	136416	136517	136600
	136712	136724	136766	136810	136864	136925	136970	137198	137235
	137297	137396	137424	137617	137863	138496	138532	138537	138578
	138639	138684	138711	138715	138963	139230	139257	139335	139343
	139349	139425	139621	139664	139671	139705	139722	139725	139806
	140058	140224	140362	140376	140384	140559	140656	141054	141203
	141283	141473	141503	141678	141792	141906	142038	142097	142181
	142292	142301	142364	142376	142409	142668	142764	142933	142983
	142990	143116	143187	143299	143410	143411	143451	143474	143527
	143742	143839	144058	144062	144096	144181	144303	144312	144337
	144450	144728	144767	144817	145090	145242	145345	145471	145569
	145620	145715	145973	146358	146379	146576	146667	146701	146769
	146782								
兵器	138006	144897							
兵隊	137006	137786	138246	138928	140159	140629	141453	142315	142412
	142620	142813	142900	143123	143652	143773	145773	146089	147057
兵士	136800	136945	137337	138022	138139	141644	143767	144103	147485
兵舍	142403								
兵營生活	141916	142483							
病院	136040	136150	136712	136766	136925	137235	137396	137424	138537
	138715	138963	139664	139705	139725	139806	141283	141503	142292
	142376	143116	143527	143742	143839	144450	144767	146701	146782
併合	137412	139531	140048	143045					
保甲隊	143767								
補給	138230	141088							
報道	136853								
步兵隊	138246								
普選	143302	143664							
補選	138274	146165	146352						

報知機	138304	142130						
普天教	133067	135468						
普通銀行	136716	139991	142114	142381				
普通學校	136372	136377	136895	137552	137791	138419	138437	139508	139641
	140385	142075	142879	143396	143567	144066	145409	145464	146167
	146193	146524							
保險	136583	136646	137119	137173	137579	137977	138783	139463	140032
	140505	140929	141741	143301	144003	144663	145516	145602	146098
	147198								
福岡	137707	138009	138044	138124	138191	138317	138515	138537	139097
	140182	140239	142091	143601	143768	143859	143946	143984	145390
復舊	139028	141914	142506	142571	142651	142846	143085	143093	146225
復舊費	143092								
福島莊平	139633								
福壽寺	147319								
覆審	136712	139226	139930	140787	141070	141090	143304	145352	
覆審法院	136712	139226	140787	141070	141090	143304			
福音	141072								
復興	140146								
本屋	139925	140220	143686						
本願寺	142722	144060							
本町	136661	139812	140796	141108	144593	145587			
本町署	135548	140796	141108	144593	145587				
奉告祭	143744								
奉軍	140928								
俸給	136533	138840	140819	142556	145113	147452			
鳳山	142023	142157	142177						
奉迎	138516	142469							
奉天	136173	136588	137587	137628	137675	137736	138360	139815	140335
	140580	140671	142010	142077	142147	142231	143271	143415	143537
	145736	146068	146368	146461	147244				
鳳凰	141164	144881	146945						
鳳凰城	141164	146945							
賦課	138403	138661	141261	141307	141930	141966	141981	142201	142743
賦課金	142843	143329	144948	145846					
婦女子	144819								
部隊	143479								
不動産	136985	143782							
埠頭	136025	138629	139094	139376	146551	147070			
部落	138422	138889	142129	142832	142992	143406	143722	146876	
部落民	138889	142832	142992	143406					

浮浪者	139384				
不逞	138260	142051	142095	146790	147324
不逞團	142095				
府令	139480	144581	146365		
富士	142196	142197	142258		

	135980	136016	136042	136066	136079	136122	136127	136138	136139
	136144	136168	136173	136227	136248	136262	136263	136290	136294
	136331	136336	136378	136425	136428	136466	136467	136494	136495
	136503	136509	136514	136550	136556	136563	136583	136586	136590
	136592	136608	136630	136674	136689	136712	136715	136717	136742
	136764	136801	136802	136806	136809	136825	136839	136843	136867
	136901	136912	136932	136949	136969	136970	137036	137038	137042
	137055	137085	137093	137126	137131	137132	137140	137170	137173
	137176	137205	137208	137260	137286	137288	137298	137309	137321
	137327	137367	137371	137379	137394	137398	137404	137424	137440
	137446	137462	137465	137476	137479	137499	137505	137511	137520
	137540	137573	137577	137616	137638	137641	137680	137712	137717
	137718	137755	137757	137808	137827	137907	137912	137917	137940
	137944	137967	137970	137979	137980	137995	137996	138053	138086
	138138	138151	138152	138182	138186	138190	138263	138270	138275
	138305	138308	138326	138359	138385	138397	138407	138412	138416
	138427	138448	138488	138504	138537	138569	138579	138592	138599
	138611	138662	138682	138716	138717	138718	138719	138754	138762
	138764	138768	138819	138829	138841	138842	138864	138881	138900
	138921	138928	138945	138962	138969	138970	138982	138987	138994
釜山	139017	139062	139068	139070	139086	139094	139123	139139	139145
	139148	139152	139173	139181	139213	139220	139232	139234	139251
	139252	139261	139287	139296	139301	139306	139317	139338	139345
	139346	139353	139376	139401	139405	139427	139450	139463	139496
	139503	139506	139509	139551	139553	139573	139632	139633	139676
	139716	139740	139770	139795	139808	139828	139832	139846	139856
	139862	139874	139904	139967	139976	139992	140056	140098	140101
	140118	140128	140222	140224	140226	140239	140265	140269	140272
	140277	140301	140317	140321	140334	140347	140361	140368	140391
	140414	140418	140495	140496	140498	140513	140542	140549	140551
	140559	140571	140629	140666	140680	140712	140759	140789	140817
	140823	140848	140940	140967	141013	141031	141061	141062	141069
	141073	141102	141109	141110	141153	141202	141224	141232	141244
	141247	141260	141279	141292	141295	141319	141347	141381	141439
	141446	141466	141481	141506	141515	141519	141526	141527	141553
	141602	141622	141637	141638	141641	141642	141647	141677	141700
	141717	141723	141738	141739	141746	141752	141773	141799	141821
	141829	141832	141833	141843	141844	141891	141959	141984	142010
	142026	142037	142097	142098	142099	142147	142165	142193	142209
	142213	142231	142271	142273	142311	142315	142343	142370	142371
	142373	142379	142389	142391	142406	142412	142422	142430	142431

	142333	143383	143869	144977	145838	147295	147493	
富永一二	142412							
府營住宅	144977							
芙蓉	145448							
芙蓉堂	145449							
府尹	136412	136466	136929	137045	137626	137680	137791	138070	138994
	139173	139470	139676	139933	140062	140098	140128	140197	140386
	140626	140629	140725	140823	141030	141110	141153	141319	141607
	141701	142193	142340	142351	143292	143389	143652	143730	143802
	144090	144350	144545	144895	145044	145116	145251	145256	145286
	145383	145468	145473	145499	145925	145981	145993	146025	146143
	146148	146182	146267	146499	146503	146522	146560	146715	146743
	146934	147197	147409						
附議	136111	137013	137310	137662	137697	138164	138241	138357	140201
	141847	141895	142794	144799	145285				
婦人	136328	136460	136780	137881	138008	138110	138182	138209	138615
	139240	139806	140493	140658	141242	142172	142344	142347	142350
	142494	142680	142848	143068	143077	143173	143244	143578	143772
	143900	144548	145605	145705	145769	145893	146402	146667	146707
	146808	146876							
婦人俱樂部	142848							
婦人會	142680	143578	145605					
不作	146989	147072						
不正漁船	142345							
扶助料	136920	137308	137927	145337				
敷地	136139	136396	137468	137855	138416	139731	139919	140430	140492
	140574	141825	142168	142963	142995	143186	143478	144755	144773
	144818	144883	145546	145957	146108	146775			
浮塵子	142109	142222						
釜鐵	144270	144479	144536					
富平	142849	142961	143154	143237	143445	143649	145290	145343	145503
	145707	145741							
富豪	136830	142665						
不況	140523							
扶皇寺	144006							
府會	138219	138972	145719					
北京	138572	140177	140283	140604	140869	142988	144520	144711	146406
	146755								
北極	136336							
北滿	139905	141545	142358	145776	146856			
北鮮	136197	136263	136292	136369	136451	136811	137770	138553	139076
	139493	140198	140208	141035	141072	141155	141268	141508	141546
	141572	141652	141903	141924	142131	142687	143073	143398	143516

	144450	144788	144929	145444	145739	146187	146448	146544	146857
	146876	146917	146950	147006	147044	147119			
北鮮視察團	143073								
北支	138656	140690	144721	145629					
北靑	140747	141559							
北海道	138683	139061	139595	140594	142678	143547	144904	146443	146854
	146900								
奮起	141903								
分岐點	141357								
糞尿	143485								
分配	137883	141157	141858	142243	142553				
紛爭	135375	135570	138025						
粉炭	141072								
奮鬪	141839	142392	142427	144917	145502				
不景氣	136532	138287	139286	139812	140458	143042	143504	144342	145325
	146395	147338							
佛敎	136765	138262	139675	139933	140464	140891	141132	141155	141344
	142081	143060	144060	144670	144724	144821	145629		
佛國	136550	137922	141097						
佛國寺	141097								
不逞	135974	136155	136479	136539	136622	136659	137832	137891	137999
	138481	140124	142043	144596	145626	145703	145770	146011	146556
	147178								
不逞團	135974	136155	136539	136659	137832	137891	137999	138481	144596
	145626	145703							
不逞鮮人	136479	146011	146556						
佛像	141011	141368	142262	144584	146842				
不時着陸	138675	138916	142179						
不穩文書	142763	145808	146929						
不二興業	136586	138522	138790	139273	145315				
拂入 拂込	136528	139582	143472	146494	137082	139411	139960	140074	140217
	140569	140635	141786	142030	142117	144213	144345	144825	145203
	145333	145465	145960	146075	146631	147120			
拂下	135850	135927	136435						
不況	135997	136114	136483	136805	137520	137869	138866	140579	140876
	141150	141349	141618	142774	143294	143636	144212	144354	144398
	144526	145025	145371	145741	145819	145908	146495	146693	146837
	147037	147261							
肥料取締令	138866	140876	143636	146495	146837				
秘密結社 祕密結社	136073	136210	136280	136530	136598	137025	137148	137752	137998
	138006	138316	138522	138559	138615	138665	138683	138868	138933
	139279	139406	139473	139517	139596	139783	139849	140033	140354

	140687	140700	140907	141060	141935	142354	142645	142825	142967
	143371	143432	143467	143522	143535	143573	143625	143692	144043
	144094	144303	144356	144812	144846	145275	145488	145489	145949
	146167	146222	146562	147398	147419				
鼻疽病	136185	136191	136710	137865	138015	139005	139422	140058	140306
	140398	140585	141374	142224	143028	143261	143263	143299	143614
	145309								
卑賤	135994	136033	136152	136267	136418	136455	136457	136498	136575
	136652	136748	136797	136853	137045	137134	137279	137313	137459
	137636	137649	137673	138259	138366	138395	138501	138531	138674
	138675	138704	138705	139069	139096	139668	139786	139805	140052
	140285	140533	140831	141091	141124	141173	141234	141735	141757
	142039	142178	142194	142432	142479	142511	142659	142782	142813
	142831	142929	143092	143144	143188	143235	143271	143353	143385
	143426	143429	143432	143514	143670	143704	143892	143894	144002
	144020	144062	144288	144333	144375	144389	144462	144465	144613
	144639	144710	144717	145081	145160	145221	145335	145390	145605
	145655	145699	145731	145754	145761	145885	145929	145956	145965
	145967	146006	146026	146312	146363	146466	146500	146501	146559
	146584	146608	146706	146802	147067				
飛行	137649	138366	140831	141091	142831	143144	143429	143894	144389
	144465	144717	145221	145754	146501				
飛行機	142813	143353	144020	144613	145335	146500	146706		
飛行隊	137673	139096	139786	143385	143514	143704	144002	144710	145761
	145956								
飛行場	136267	138259	138395						
飛行學校	146312								
濱田	136837	137274	137318	138232	139678	146865			
氷上	136375								

ㅅ								
サイレン	138189	143005						
シーズン	136290							
スキー	136358	136481	137981	138053	138153	143861	143948	144273	145519
	146206	146368	146618						
スケート	137080	138938	146325	146611	147065				
スケート場	138938	147065							
スパイ	142208								
スポーツ	127266	127440	127790	131976	132430	132741	133297	136496	139010
	139182	143617	144801						
セフランス	140817								
セメント	137904	139556	145312						
鰤	136997	141924	144446	145868	146019	146208	147416		
士官	136205	137400	143985						
砂金鑛	144531								
詐欺	136927	137975	139048	139337	139353	139459	139463	139810	140095
	140671	141185	142044	142226	142959	142960	143977	144386	145771
	146436	146778							
寺内正毅 寺內(總督)	143948	144055	144615	145312	145860	146327	146795		
師團	135725	136016	136035	136128	136450	136760	136945	136983	137137
	137173	137569	138074	138656	138682	139345	139506	140119	140358
	140691	140747	141570	141960	142379	142900	143288	143415	144393
	144770	144884	144903	144962	144981	145472	145498	146560	146629
	146888	146974	147096	147180					
師團長	136128	136450	136760	138682	139506	141570	141960	142379	142900
	143288	143415	144393	144770	144884	144903	144981	146560	146629
砂糖	138958	145560							
寺洞	135872	136694	137219	137825	137993	138347	139477	140216	142168
	144460	145162	146569	147012	147051	147206	147355		
辭令	136154	136204	136368	136531	136792	136882	136998	137071	137117
	137193	137262	137278	137431	137560	137631	137668	137805	137933
	137962	138030	138073	138099	138248	138320	138443	138484	138525
	138602	138633	138664	138709	138877	138960	139021	139158	139276
	139584	139619	139758	139830	139869	140087	140212	140255	140295
	140342	140373	140482	140617	140741	140836	140875	140882	140918
	140960	141010	141227	141272	141322	141369	141413	141505	141547
	141588	141763	141982	142088	142214	142517	142689	142792	142835
	142880	143104	143143	143269	143306	143347	143395	143477	143565
	143643	143667	143967	144004	144089	144124	144171	144217	144328
	144374	144467	144583	144718	144761	144925	144963	145157	145212
	145419	145457	145496	145544	145612	145842	145894	146000	146269
	146465	146781	146800	146951					

司令官	135993	136267	136588	137288	137476	137505	137535	137591	137715
	137755	137922	137951	138053	138165	138217	138752	138798	138922
	138926	139073	139074	139108	139345	139654	140139	140182	140227
	140465	140543	140590	140629	140691	140779	140851	140941	140975
	141044	141153	141392	142099	142495	142591	142628	142678	142700
	142753	142770	143366	143479	143563	143901	143948	144188	144393
	144520	144553	144710	144736	144904	144981	145139	145394	145519
	145956	145981	146327	146575	146657	146673	146810	146898	146935
	146984	147002							
飼料	136280	137823	137835	141137					
沙里院 沙里院	135985	136308	136902	137828	138567	139972	140351	140528	141125
	141270	141874	142066	143089	143544	143831	143842	144065	145700
私立	136890	137053	137105	137197	138392	138925	141626	141765	143662
	145493								
私立學校	136890	141765	145493						
死亡	136259	136261	136384	136517	136925	137320	137813	138195	139177
	139622	140304	141842	143473	145627				
砂防	137794	138460	139792	139833	140500	141383	141480	144213	146313
	146599	146949							
砂防工事	137794	138460	139792	139833	141383	144213	146313	146949	
師範	136480	136759	137607	137615	137756	137827	137838	137866	138205
	138498	138759	139640	140061	140106	140167	140292	140910	140959
	141731	142175	142399	142988	143045	143348	143715	144308	144592
	144879	145512	146013	147104	147367				
師範學校	136759	137615	137866	138498	140106	140167	140910	143348	143715
司法	138718	139633	139908	140111	140194	140607	141045	141168	141223
	141265	143201	144340	144379	144680	145008	145059	145199	145370
	146421	147404							
司法官	139908	140607	141045	141168	141223	141265	145008	146421	
司法部	147404								
司法省	145199								
死傷	136476	136920	137318	137803	137814	139837	142805	144547	145091
	145550								
飼養	145708	147057							
査閱	145843	146548							
飼育	137347	139915	146903						
舍音	137229	145667							
史蹟	141455	141622	147274						
寫眞	135961	136756	136853	137086	137107	137192	137236	137270	137523
	137760	138191	138967	138985	139072	139208	139532	139658	139943
	140162	140363	140495	140663	140721	141668	142712	143259	143653
	143880	145049	145623	145757	145962	146705	146745		
寺刹	138479								

社債	145316								
私鐵	136915	137186	137237	137525	137934	138995	139067	139455	141302
	141498	142103	142240	142247	142838	142909	142919	142998	143341
	143400	143463	144568	144701	144964	145104	145105	145746	146219
	146679	146787	147075	147190					
砂糖	138816	138859	138906	138942	139012	140986			
四平街	137141								
沙河鎭	147240								
死刑	136297	138079	139932	140011	146403				
私刑	141342	142401	143841	145434					
社會	136262	136573	136699	136873	136910	136941	137028	137039	137148
	137860	138072	138170	138226	138456	139382	139593	139713	139838
	140386	140658	141004	141007	141244	141607	141738	141773	141984
	142098	143244	144184	144383	144867	146034	146619	147380	
社會課	139593	141738							
社會事業	136262	136873	136910	136941	137860	138170	139713	141244	141607
	141773	142098	146619	147380					
社會事業團體	136910								
社會主義	137039								
山口諫男	139715								
山東	138057	140361	141420	141466	144060	145255	145921	146152	
山梨半造 山梨(總督)	146419	146535	146575	146596	146688	146912	147127	147165	147166
	147168	147197	147201	147238	147300	147390	147394		
山林局	140543								
山林會	133713	137244							
産米	136586	137440	139061	139636	140855	141976	144236	144708	144917
	145097	145283	145720	145748	146313				
産米改良	136586	139636	140855	141976					
産米增殖	145283	145720	146313						
産米增收	145748								
産額	136869	138348	139122	140816	141853	145912			
山陽	142394	142428							
産業	136393	136814	137058	137164	137755	138272	138647	138773	138868
	139204	139659	139800	140020	140099	140128	140324	140414	140455
	140506	140542	140663	140678	141052	141251	141610	141674	141776
	142322	142710	142726	142900	143181	143288	143526	143544	143566
	143598	143749	143799	144037	144150	144399	145196	145279	145322
	145529	145674	145757	145875	146490	146575	146771	147110	147269
	147383	147442							
産業組合	138272	141776	142900	143288	144150	144399	147442		
山陰	137693	137726							
山梨總督	146650	147353	146769	146794	146796	146966			

産出	145953							
産婆	137003	138732						
殺人	137005	137248	138079	139725	140011	140535	141771	142581	142583
森岡守成 朝鮮軍司令官	135993	136588	136588	137288	137535	137629	137755	137791	
三島	136827	140463	140626	144437	145704				
三浪津普校	146283								
三菱	139308	140553	144031	144142	144929	145495	145560	146100	146758
三井 三井物産	136736	138577	142988	143754	143861	144488	145486		
三千浦	138218	140250	140481						
挿秧	140661	140726	141625	141768	142159				
挿話	138428								
桑	136233 140032 145676	136475 140396 146416	136805 140766 146871	137043 141200	137570 141342	137686 142416	137879 143994	138059 144822	138299 144864
賞	136970 143682 145197 146889	137801 143843 145216 147131	138172 144045 145321 147300	139023 144073 145622	139139 144199 145711	139402 144377 146273	139802 144511 146439	142087 144564 146635	142970 145069 146795
鱶	141764								
上京	136550	136806	136863	138554	140141	140250	140437	146345	
商工會	138724	147227							
相撲	139837 143944	140101 144140	140279 145449	140395	140513	140557	140599	142011	143801
商船	136506	138798	139210	139506	140152	141844	143240	143502	
商船校 商船學校	139211	143240	143503						
上水道	135985 141734 146069	139201 141937 146499	140024 142341	140175 142388	140301 142436	140998 143393	141235 143637	141270 144417	141672 145085
商業	135981 137622 141537 143568	136028 137913 141653 143579	136188 138897 141681 144521	136806 139174 141701 145203	137018 139471 141967 147388	137137 139763 142275	137181 139805 142436	137372 140396 142730	137597 141357 142796
商業學校 商業校	135980	137180	137371	137621	137912	141680	142795	144520	
商業銀行 商銀	136263 144308	137637 145812	139576 146771	141574 146867	142243	142391	143509	143579	143669
商議所 商議 商會	136127 136935 137327	136132 136988 137342	136344 137063 137349	136466 137187 137402	136506 137205 137539	136549 137217 137542	136586 137220 137606	136673 137249 137712	136693 137268 137757

	137837	137871	137928	137955	138457	138504	138534	138630	138798
	138800	138864	138890	138912	138977	139017	139054	139107	139256
	139275	139317	139417	139534	139659	139710	139744	139814	139934
	139967	139988	140027	140127	140213	140246	140353	140444	140633
	140692	140803	140977	140978	141084	141261	141307	141310	141587
	141630	141666	141784	141843	141877	141930	141959	141969	141981
	142055	142068	142102	142146	142201	142210	142422	142542	142619
	142627	142678	142694	142726	142783	142862	142864	142952	142987
	143056	143062	143080	143131	143213	143244	143323	143329	143379
	143391	143503	143521	143599	143866	143905	144235	144236	144480
	144492	144572	144651	144688	144746	144793	144795	144914	144944
	145035	145059	145109	145151	145323	145412	145664	145721	145820
	145833	145928	146035	146036	146096	146097	146165	146206	146211
	146215	146229	146268	146382	146383	146462	146496	146518	146578
	146648	146687	146714	146766	146782	146813	146834	146898	146943
	147026	147045	147085	147170	147195	147365			
商議員	141310	142068	142102	142201	142422	144914	144944	145035	145151
	146766								
商業會議所書記長	138912	139814	139848	142864	145202				
傷痍軍	138995								
尙州	137756	139269	146568						
上海	135975	136264	136864	137949	138666	138752	138790	140368	140974
	141289	142842	143236	143862	144597	144672	146238	146756	147452
上海假政府	147451								
商況	136487	137051	138813	147265					
生氣嶺	141073	142162	146690						
生徒	136272	136383	136458	136480	136753	136765	136895	137301	137695
	137890	138392	138498	138636	138759	138795	138987	139470	139804
	140330	140369	140424	140620	140627	140877	140920	141099	141190
	141325	141346	141376	141510	141838	141953	142182	142485	142538
	143610	143715	144376	144627	144734	145310	145623	145700	145728
	146126	146233	146239	146243	147426				
生徒募集	136480	137301	143715	144376					
生絲	137868								
生牛	142777	142990	143130	143337	143701	145189	145594	146334	146699
	147226								
生活	136820	137260	137503	137677	137709	137929	138185	138283	138466
	138517	138739	138757	139155	139240	139268	139370	139408	139420
	139447	139615	139667	140176	140394	141339	141434	141470	141515
	141580	141605	141916	142053	142483	143111	143117	143316	143352
	143546	143561	144386	144886	145079	145087	145113	145118	145169
	145489	145632	146226	146741	146976	147339			
生活難	136820	137503	137677	137709	140176				

西瓜	143333							
書堂	139120	139524	142075	143522	143671	144692		
庶務	137570	142194	143948					
庶務課長	137570	142194						
西鮮	136052	137307	138844	139533	139900	140468	141067	141256	141868
	141972	142364	144106	144847	145009	145468			
徐州	140072	140283						
西海岸	140656							
石窟庵	138914							
釋放	141771	142897	145938	146200				
石首魚 石首漁	138792	138844	139205	139327				
石油	142470	142610	142694	142705	142729	142776	142783	142973	143062
	143131	143588	144254	144872					
石鏃	144426							
石炭	137097	141798	142041	143361	143819	143868	143903	145953	147498
選擧	136096	136110	136177	136251	136311	136417	136681	136788	137056
	137145	137223	137234	137370	137489	137973	138183	139835	142068
	143018	143150	143212	143379	143905	144291	144572	144793	144795
	144914	144944	145151	145423	145504	145651	145820	145928	146035
	146036	146097	146457	146648	146687	146924	147085	147170	147387
選擧權	137234							
船橋	137265	139497	142757	144414	146051			
宣敎	136510	137568	138007	138071	138170	138742	139544	142937	143350
宣敎師 宣敎師	136510	137568	138007	138071	138170	138742	139544	142937	143350
鮮軍	136674	137288	137505	137755	137922	137951	138053	138404	138412
	138498	138668	138682	138798	138842	139074	139108	139135	139296
	140192	140227	140358	140465	140543	140590	140629	140690	140892
	142495	142591	142628	142678	142900	144188	145394	145519	145705
	146810								
鮮女	136724	137568	137813	138016	138229	138334	139112	139425	140468
	141067	143642	143857	144105	144720	145009	146156	146752	
鮮農	137067	137346	137440	137526	137590	138028	139123	139971	141419
	141518	144759	144799	147093	147240				
鮮童	135973	136291	138576	139468	147468			
鮮滿	136936	137755	137920	138156	138745	139380	139430	139470	139674
	139796	140285	140383	140422	140436	140926	141124	142274	142479
	142659	142739	142785	143022	143250	143271	143729	143947	143948
	144053	144383	144457	145160	145258	145431	145754	145941	147328
鮮滿案內所	136936							
鮮滿連絡飛行	141124	142659	142739	143271	144053	145160		

鮮米	136071	136146	136362	136524	136794	136933	136935	136983	137487
	137586	137650	138303	138480	138549	138560	138621	138868	138952
	139061	139111	139525	139572	139700	140019	140128	140226	140227
	140572	140594	140676	140853	140857	141531	141920	142188	142546
	143249	143338	143416	143440	143495	143559	143596	143698	143990
	144112	144147	144286	144406	144603	144708	144741	144752	144829
	144838	144990	145039	145060	145188	145357	145450	145572	145573
	145680	145740	145749	145750	145787	145788	145869	145931	146015
	146248	146523	146562	146676	146948	147043	147235		
鮮米協會	140019	140128	140226	140227	140572	143416	145060		
鮮民	136806	136868	137368	146853	147216				
船舶	136101	136189	136362	136442	136530	136760	136801	137770	137951
	137968	139449	139832	139956	140077	140182	141137	141786	142678
	143602	143813	146310						
鮮婦人	137881	141242	144548	146402					
鮮匪	138329	140703	142133	142186	142224	143810	144141	144731	144815
先生	136477	136606	136890	137401	138113	138332	139817	140339	140884
	141018	141064	141325	141346	142092	142557	142894	142946	143066
	143255	144435	144776	145377	146031	146463			
鮮語 朝鮮語	136638	137552	140366	140792	141125	144619	145178	146652	
鮮語試驗 朝鮮語試驗	136638	144619	146652						
鮮語獎勵 朝鮮語試驗	137552								
鮮語辭典 朝鮮語試驗	140366								
鮮銀	136486	136524	136624	136828	136963	137487	138040	138985	139017
	139094	139123	139153	139243	139347	139495	139576	139843	140402
	140475	140637	140717	140858	140982	141034	141113	141287	141299
	141303	141354	142010	142151	143616	144351	144996	145028	145033
	145521	145588	145665	146054	146164	146645	146715	146717	146735
	146771	146784	146810	146907	146981	147182	147289	147329	147369
鮮銀券	136486	136828	137487	138040	139123	139243	139495	141034	141299
	141303	141354	145521	146054	146717	146981	147182	147329	
鮮銀總裁	136624	140402	146645	146735					
鮮人部落	143722								
宣傳	136697	136814	136834	137301	137375	137810	137909	138191	138303
	139328	139749	139911	140099	140134	140315	140349	140382	140534
	140658	141094	141384	141457	141460	141834	142536	142576	142581
	143490	143585	143937	143965	144073	144342	144437	144642	144871
	145097	145690	145702	145769	145848	145959	146442	146610	146645
	146819	147408							
鮮展	137354	137801	137875	138194	138400	138769	138954	139166	139346

	139875	139921	139952	139978	140002	140114	140196	140258	140296
	140337	140411	140490	140527	140561	140567	140612	140613	140645
	140790								
宣川	142466	145196	145307	145655	145674	145757	145821	146997	
鮮鐵	136037	136077	136128	136263	136850	136902	137023	137194	137646
	137672	138025	138230	138361	138870	138951	139025	139226	139828
	140188	141439	141819	143472	143481	143566	143864	144248	144256
	144852	145029	145949						
鮮航會	139037	143997	144123	144364	144497	144803	144942	145247	145463
	145537	145756	145870	145907	145947	145961	145983	146018	146053
	146065	146114	147083	147306					
鱈	136031	137900	139559	140899	141534	144986	146134	147033	
聲明	136201	136239	137700	137765	137811	138096	138195	139054	139573
	140654	141017	143486	143495	143610	144534	146025	146194	146509
	146550	146743	147092	147109					
聖書	140792								
城津	141916	142215	142560	143288	144463	146642	146964	147047	147341
成川	138143	140155							
猩紅熱	135900	136272	136502	136861	137360	137410	137722	137747	140304
	140935	142847	142976	143885	146587	146663			
世界	136017	136184	136615	136655	136770	137731	137752	137884	137958
	138292	138652	140465	141335	142443	142796	144918	145209	145607
	146277								
世界一周	136017	136184	136615	136655	136770	142796			
世界周遊團	137884	138292							
稅關	136493	136970	137137	138134	138270	138548	138865	139173	140363
	140850	140972	141221	141233	141312	141338	141480	141774	141822
	141826	141917	142136	142502	142533	142924	143503	143514	143711
	143714	144934	145056	145200	145348	145621	145641	146186	146265
	146305	146365							
稅關檢查	138548								
稅關吏	141826	144934	145056	145621	146365				
稅關長	137137	140972	141221	141312	141774	141917	143503		
稅金	135955	140051	144809	145389	146702				
稅令	130203	134227							
稅務	140308	140402	142056	145260					
稅務相談所	145259								
稅賦課	138661	142843							
少女	136642	137162	137285	137326	137808	137834	137876	137908	138144
	139326	139915	141200	144686	144778	145899	145962	145997	146362
少年	135952	136495	136827	136858	136892	136991	137170	137293	137944
	138368	138598	138707	139118	139145	139146	139148	139250	139326
	139683	139915	140325	141475	141797	142042	142126	142366	142375

小學校	138660	138699	139550	140083	140135	140338	140371	140487	141182
	141276	141843	141980	142627	142680	142712	143255	143272	143358
	143493	144620	144973	145055	145224	145753	146238	146512	146898
	147003	147012	147091	147231	147426				
召喚	137124	139465	143057	143205	143448	143896	146242	146924	
速成運動	137343								
孫基禎 孫(基禎) 孫君	137124	139341	139696	140225	142194	143410	144879	146120	
松毛蟲	144380								
宋秉畯	140582								
松山	136359	136814	137164	138868	139108	139858	140317	140629	140712
	144981	145139	146288	146549	146579				
送電	141978	145445	145984	147129					
松汀	142415	146833							
松川	142379	144351							
送還	137287	140796	144597						
刷新	144888								
收繭	136104	140980	144193	144241	146939				
首魁	143614								
收納	141816	141818	145193						
水稻	137099	137841	141716	141883	141926				
水道	135969	135986	136295	137311	137396	137433	137463	138687	139202
	140025	140176	140302	140667	140823	140884	140999	141236	141271
	141677	141735	141938	142228	142295	142342	142389	142437	142442
	142475	142579	142589	143091	143096	143394	143638	144418	145008
	145086	145090	145116	145417	145581	145641	145889	146070	146129
	146247	146375	146500	146582	146614	146859	147135		
隧道	137768								
水力發電 水電	136083	137149	138289	138850	139275	139939	140477	140908	141270
	141277	141422	141502	141612	141979	142831	142993	143399	143554
	144017	144131	144170	145403	145593	145878	145985	145988	145995
	146067	146106	146317						
狩獵	137549	143092	143936	144674	144948	145629	146624		
首領	138752	145299							
水利事業	140809	141850	144615	146981					
水利組合	136435	137641	139114	140601	140673	140860	141207	141617	141659
	141817	142601	142728	142955	142962	143005	143107	143149	143192
	143230	143268	143315	143340	143371	143442	143446	143650	143748
	143838	143938	144016	145291	145746	145958	146056	146261	146902
樹立	136347	136493	139267	147347					
守備隊	136264	136276	136361	136558	137328	138023	139920	140652	140786

	141558	142404	143919	143945	146108			
搜査	136340	136422	136757	137276	137322	137467	138568	138641	139286
	140753	141000	141478	142187	143395	144065	144767	146161	
水産業 水產業	139660	140100	141611	142711	143182				
水産組合	135279								
水産學校	140567	141631							
水産 水產	135981	136007	136093	136113	136142	136217	136255	136263	136452
	136494	136505	136719	136929	136964	136966	137011	137052	137090
	137160	137295	137477	137544	137623	137752	137756	137828	137901
	137923	138101	138573	138602	138622	138931	139000	139229	139633
	139649	139660	139794	139990	140014	140100	140212	140567	140805
	141310	141611	141631	141860	142220	142361	142380	142472	142501
	142544	142629	142678	142710	142711	142882	143075	143182	143218
	143504	143541	143619	143915	144240	144251	144624	144692	144716
	144720	144730	144803	144836	144905	144952	145026	145031	145063
	145076	145275	145286	145670	145818	145914	145952	146093	146136
	146147	146207	146209	146235	146407	146484	146676	146716	146943
	146984	147115	147494						
首相	136240	136824	137384	138213	139407	141407	141455	146735	146770
	146795	147122	147204	147270	147383				
水上署	136660	139354	141603	142380	144352	144521	145264		
修繕	137107	144378	144768	145423	146841				
輸送	135958	136036	136251	136812	136854	137145	137342	137384	137474
	137557	137824	137998	138862	139018	139579	139841	139866	140072
	140289	140708	140764	141138	141168	141316	141712	141795	141815
	141828	141999	142126	142217	142241	142616	142868	143430	143625
	143740	143755	143780	143908	144194	145222	146777	146865	147044
	147295	147334							
手數料	136586	137078	137201	137498	138924	142008	143128	143513	145735
水野鍊太郎 水野(總督·總監)	139174	139241	141440	142814	143653	143774	144737	146885	
修養團	140466	141471	142856	143247	143616	143901			
修業	136652								
授業	136247	136327	137223	138901	140069	143106			
授與	136615	137476	138173	139024	142428	142971	144300	144537	144565
	145070	145519	145712	147425					
獸疫	136342	137485	140499	141080	141154	144177			
水泳	140818	141134	141434	141460	142191	142254	142621	143207	143572
需要	136348	136449	136705	136786	137149	138805	138839	139112	139446
	139559	140459	140595	141350	141597	141689	141722	142502	143328
	143736	143820	144315	144742	144997	145190	146059	146444	146718
	147265								

收用令	142746							
收容所	137079	142273	142376	145466				
水原	137413	137506	138720	139526	139557	139973	140366	140578	140771
	141314	143653	145061	145774	145814	146052	146716		
獸肉	136679	137277							
獸醫	138683	140790	141080	144177					
收益	137884								
囚人	136212	136848	137324	137471	137562	141517			
收入	136368	137254	137819	138123	138586	138663	138769	138813	139197
	139446	140750	140811	141356	141931	142782	142957	143212	143955
	144703	144768	144787	145080	145192	145708	146686	146819	147075
	147461								
輸入	136680	136746	136769	137064	137142	137185	137306	137340	137383
	137593	137724	137751	137875	137900	138135	138472	138586	138812
	138839	138856	138857	139189	139364	139743	139904	140103	140473
	140720	140881	141041	141227	141536	141662	141671	141711	141855
	141972	142020	142154	142159	142471	142704	142974	142995	143440
	143620	143739	143775	143785	143820	144070	144164	144242	144513
	144558	144603	144653	144873	144935	144947	145380	145487	145741
	145867	145868	146173	146294	146366	146524	146677	146678	146720
	146863	147033	147108						
水田	141422	142506	142649	144041	145719	146569			
水電	136083	137149	138289	138850	139275	139939	140477	140908	141270
	141277	141422	141502	141612	141979	142831	142993	143399	143554
	144017	144131	144170	145403	145593	145878	145985	145988	145995
	146067	146106	146317						
手紙	136168	136216	140666	145657					
水質檢査	136529								
修築	136654	137166	138587	138692	138899	139660	140700	140733	141087
	142714	146507							
輸出	136783	137436	137555	138106	138392	138857	139189	139210	139794
	139904	140072	140085	141929	142459	142778	142869	143252	143471
	143699	143775	144072	144277	144525	144741	144829	145063	145101
	145358	145867	146987						
水平社	136001	137601	138403	138677	146281				
水害	140658	141371	141467	141598	142053	142087	142178	142228	142507
	142519	143094	143794	143987	144035	144068	144109	144146	144175
	144190	144238	144275	144311	144353	144395	144440	144483	144522
	144556	144601	144648	144694	144738	144785	144824	144866	144906
	144940	144983	145028	145141	145186	146016			
受驗	137891	138427	138521	143942	143960	144370	146358	147001	
手形	136781	137956	139053	139596	140553	141253	141668	142362	142642
	142780	143624	144751	145153	145366	145786	146642	146729	146825
	147162	147229							

市民大會	137156	137237	139198	142529	143519			
市民會	142753	143849						
施設	137535	138272	138284	138910	139671	139920	142198	142306	143381
	143527	143633	144788	145460					
時實	133886	133920						
市外	144135							
示威	138679	139212						
詩人	139979							
市場	136159	136397	136513	136600	137161	137345	137374	137856	138093
	138129	138527	139457	139546	139625	139663	139732	139852	139965
	140212	141049	141664	141889	141964	142335	142457	142530	142736
	142748	143426	143819	143870	144799	144852	145244	145355	145440
	145482	145525	145526	145591	145991	146634	146640	146723	146842
	146984	147164	147236	147412	147494				
市長	136418	137138	137174	145526	147270	147272			
時節柄	136301	142532						
施政	140693	140967	140997	141360	143431	146576			
始祖	138875							
侍從	137552	137873	138023					
侍從武官	137873	138023						
視察	136126	136321	136589	136664	136807	136891	137121	137243	137271
	137426	137575	137579	137608	137930	138174	138226	138255	138478
	138489	138509	138664	138738	138760	138767	138824	138849	138868
	138880	138916	138926	138996	139075	139125	139132	139142	139168
	139326	139378	139379	139381	139420	139431	139471	139512	139575
	139594	139618	139664	139666	139698	139708	139793	139834	139950
	140001	140040	140043	140106	140167	140171	140252	140255	140271
	140273	140334	140348	140399	140427	140486	140538	140564	140601
	140610	140616	140630	140650	140692	140705	140759	140805	141045
	141094	141498	141544	141582	141587	141691	141713	141792	141822
	141910	142100	142275	142423	142496	142592	142688	142693	142717
	142809	142886	143012	143030	143074	143088	143150	143463	143480
	143564	143628	143730	143800	143814	143851	143887	143930	143949
	144008	144087	144189	144222	144227	144258	144272	144337	144361
	144482	144503	144515	144546	144647	144721	144722	144749	144771
	145210	145294	145348	145378	145540	145577	145666	145764	145818
	145840	146227	146307	146377	146577	147194	147354	147395	147410
視察團	136589	136664	136807	137271	137608	138174	138255	138760	138996
	139075	139378	139431	139471	139512	139594	139708	140255	140273
	140348	140427	140616	140630	140759	140805	142100	142275	142496
	142592	142717	142886	143074	143730	143800	143814	143949	144189
	144361	144482	144503	144647	144721	144722	147410		
視學官	136092	140062	140763	140779	140868	140911	140957	142352	142558
試驗	135981	136275	136353	136523	136569	136602	136607	136638	136639

新刊	136909	138623	139265	139608	139693	140357	140775	141581	141752
	142071	142556	143786	144707	145406	147039	147298	147381	
新刊紹介	136909	138623	139608	139693	140357	140775	141581	141752	142071
	142556	143786	144707	145406	147039	147298	147381		
新京	141136	146756							
新京城	141136								
神宮	137246	138628	139659	141669	142928	142972	143148	143483	143643
	143717	143745	143857	143900	144107	144309	144519	144684	144727
	144802	144858	144967	144998	145012	145044	145050	145079	145124
	145162	145211	145245	145478	145503	145534	145602	145623	145799
	146705	147341							
神宮參拜	139659	145050	146705						
新記錄	140469	141377	144240	145079	145245				
新羅	137033	138875	141012	142164	143242	143984			
新聞	136324	136375	136486	136854	136877	137007	137733	137896	137952
	137979	138601	138962	139019	139347	139422	140929	141581	141702
	142148	142232	142832	143359	143430	144053	144272	144274	144737
	144865	145185	145469	145475	145697	146150	146365	146547	146577
	147065	147169	147381	147466	147488				
新聞記者大會	134818								
新聞紙法	139019								
神社	136217	136267	136709	136869	139550	142713	143263	144594	145089
	145547	146078							
新山 (司法主任)	143814								
新嘗祭	138732	139907	144842						
新潟	139849								
新設	136814	136960	136986	137313	137437	137858	138120	138582	138635
	139534	139787	140055	140236	140565	141277	141946	142048	142129
	142509	142560	142816	142880	142966	143479	143507	143648	143663
	143839	143872	143969	144319	144371	144605	144845	145363	145994
	146094	146388	146606	146978	147435				
新稅	138842								
信仰	147321								
新義州	135975	136034	136047	136057	136061	136118	136203	136210	136223
	136229	136248	136249	136275	136316	136400	136627	136685	136758
	136796	136826	136848	136928	136976	137011	137091	137109	137138
	137638	137790	137892	137894	137913	137922	138030	138163	138239
	138373	138413	138642	138655	138727	138814	139018	139074	139080
	139104	139157	139189	139215	139503	139767	139785	139787	139886
	140052	140072	140077	140136	140212	140252	140351	140364	140721
	140780	140850	140851	140863	140976	141071	141078	141104	141155
	141175	141179	141234	141259	141307	141313	141334	141481	141588
	141606	141649	141725	141743	141771	141870	141888	141981	142172

	142173	142228	142264	142295	142437	142503	142511	142519	142534
	142543	142548	142600	142635	142863	142930	143091	143255	143273
	143287	143354	143386	143406	143418	143440	143453	143456	143504
	143638	143653	143705	143712	143731	143799	143832	143875	143887
	143892	143900	143990	144037	144091	144092	144126	144143	144157
	144285	144287	144416	144503	144621	144622	144652	144810	144823
	144860	144862	144903	144921	145008	145056	145103	145116	145172
	145306	145312	145349	145363	145394	145413	145416	145417	145419
	145581	145642	145754	145805	145842	145848	145855	146079	146155
	146163	146170	146247	146266	146277	146287	146313	146366	146375
	146383	146463	146467	146497	146588	146614	146688	146703	146730
	146732	146859	146882	146917	146919	147014	147033	147086	147135
	147171	147176	147179	147267	147302	147314	147326	147388	
申込	136335	137201	137306	138596	138955	138962	139461	141911	142937
	144543	145121	145467	145897	145950	146117			
神田 (忠南警務部長)	138929								
信川	143371	145243							
信川溫泉	145243								
身體檢査	147427								
新築	136614	136995	137372	137418	137719	138168	138272	138382	139145
	139303	139323	139335	139682	140051	140122	140136	140212	140279
	140392	140452	140530	140684	140696	140786	141102	141176	141183
	141217	141234	141549	141699	141981	142048	142112	142174	142549
	142742	142845	142927	142932	143712	143799	143889	143931	144136
	144539	144621	144622	144768	144812	144965	145032	145754	145813
	146109	146170	146192	146393	146742	146847	147192	147312	147315
	147468								
信託	136513	137760	139455	146548	146610				
信託會社	136513	137760							
神戸	137186	138025	139572	139609	139650	139694	139744	140034	140080
	140104	146561	147105						
信號所	136873								
實家	140885	146808							
實施	136273	136443	136484	136556	137013	137067	137668	137707	138063
	138158	138243	138461	138662	138672	139067	139125	139127	139204
	139339	139509	139546	139579	139820	140005	140025	140039	140112
	140499	140677	140930	141219	141253	141362	141795	141988	142651
	142740	142748	143095	143170	143177	143228	143401	143585	143637
	143665	143693	143714	143960	144154	144257	144289	144349	144355
	144586	144612	144664	144696	145204	145452	145603	145653	146058
	146602	147199	147228	147371					
失業	135642	147384							
失業者	147384								

實業	136174	136285	136372	136807	136814	136935	136995	137138	137406
	137413	137477	137506	137536	137570	138373	138413	138551	138683
	139116	139187	139237	139258	139297	139308	139346	139347	139471
	139507	139520	139557	139566	139634	139677	139729	139962	140099
	140160	140231	140273	140763	140773	141203	141482	141584	142011
	142071	142100	142148	142232	142352	142543	142679	142701	142901
	143124	143160	143232	143256	143769	143774	143901	143946	144028
	144187	144309	144372	144480	144511	144637	144749	144784	144823
	145061	145184	145308	145491	145865	146440	146756	147068	147184
	147270	147287							
實業家	136174	136807	137138	137477	137506	137536	138373	138413	138683
	139297	139347	139507	139557	139634	139677	139729	140099	140273
	141203	141482	141584	142011	142100	142148	142232	142352	142679
	142701	142901	143124	143774	144511	144784	144823	145061	145184
	145865	146440	146756	147068	147270	147287			
實業校	136995	143232							
實業教員養成所	136813	136934	137412	138550					
實業學校	145491								
實業協會	147184								
實踐	141527	141701	143568						
實測	136469	145047							
實現	136132	136364	136720	136986	136989	137064	137343	137668	137826
	138161	138218	138260	138480	138783	138945	139312	139374	139510
	139660	139695	139745	139758	139818	139950	140143	140278	140293
	140678	140828	140962	140997	141503	141575	141945	141975	141992
	142034	142083	142639	143054	143127	143175	143218	143227	143265
	143440	143550	143663	143706	143744	143839	143925	143965	144001
	144004	144047	144054	144280	144500	144558	144591	144617	144709
	144711	145082	145103	145127	145244	145409	145451	145536	145547
	146551	147017	147237	147375	147468	147494			
實況	137108								
心中	136168	136171	136258	136353	138965	139466	139923	140060	142809
	145517	145767	146477						
審判所	146456								

あかつき	142033							
アスパラガス	141970							
アパート	142423							
アメリカ 米 米國	136263	136303	136320	136472	137130	137798	138562	138766	139488
	139617	139892	139900	139989	140665	141053	141085	141304	141652
	141690	142366	143274	143357	143545	143890	143928	144063	144071
	144093	144933	145941	146327	146594	147212			
イザ	137535							
イタリー 伊太利 イタリヤ	138278	142250						
インド 印度	144031	144366	145539	145576	147312			
エス語	139129							
エメチン	138141	138195	138254					
オートバイ	138808							
オリンピック	143642							
わかさぎ	141885							
ワクチン	139030	142046	142840	143110	144312			
旅行	136253	136655	137755	138278	138733	139016	139017	139430	139613
	140115	142196	142274	142836	143022	143574	144383	144503	145305
轢死	137677	138455						
錬	138021	139538	139648					
煉瓦	145623							
聯合大會	139156	143521	144253	144286	144338	144745	145360		
列車	135792	136041	136085	136155	136197	136294	136754	137016	137023
	137086	137473	137644	137706	137734	137770	137803	137806	137848
	138224	138314	138420	138424	138753	139154	139799	140265	140515
	140643	140865	141338	141519	142490	142696	142829	143094	143138
	143291	143537	143539	143750	143763	144490	144511	144760	145924
	146084	146360	146472	146961	147138	147166			
獵銃	137949	138006						
醴泉	145651	146213	146537					
療養所	145651	146213	146537					
龍興江	141829							
罹災 罹災民	141949							
李朝	143752	144184	144422	146177				
臨時議會	138908	139015	139151					
鵝口瘡	139171							

鷲口瘡									
兒島	138205	140141	143012	147326					
兒童	136473	136568	136945	137804	138166	138536	139208	139395	139512
	139524	140065	140487	140705	140884	140967	141015	141061	141642
	141832	142002	142677	142756	143165	143502	143522	143567	144235
	144669	145300	146076	146116	146151	146359	146617	147307	147426
	147468								
阿部充家	142147	145094							
亞鉛鑛	138857								
阿片	137628	137917	138810	139100	142671	143363	143852	144899	146445
安南	135986	136941							
安東	134119	134182	134262	134355	134422	134689	134714	134798	134832
	134905	135088	135190	135348	135598	135953	136080	136164	136195
	136371	136479	136626	136672	136725	136786	136825	136879	136881
	136986	136995	137020	137236	137797	137822	137928	138052	138053
	138253	138630	138631	138710	138977	138983	139007	139066	139083
	139417	139504	139617	139784	140137	140282	140353	140451	140504
	140510	140522	140735	140880	140917	141172	141195	141207	141218
	141606	141657	141666	141771	141825	141840	141863	141933	142002
	142191	142357	142480	142528	142541	142571	142589	142601	142675
	142767	142769	142803	142848	142865	143150	143391	143425	143578
	143599	143801	143848	143863	143899	143905	143908	143951	143963
	144036	144069	144102	144106	144110	144114	144163	144172	144264
	144281	144291	144418	144458	144505	144721	144745	144747	144803
	144860	144897	144902	144936	144960	144992	145005	145025	145059
	145109	145111	145137	145179	145207	145236	145246	145289	145393
	145401	145482	145504	145623	145684	145813	145859	145980	146068
	146087	146093	146152	146184	146198	146220	146225	146345	146352
	146368	146461	146526	146617	146621	146670	146714	146721	146815
	147065	147066	147188	147194	147195	147276	147324	147440	
安州	138616	139891	140050	144255	144330	145170	145380	145975	
斡旋	136845	137028	137218	137547	143349	144390	145364	146015	146344
	146859	146908							
暗殺	141043								
岩井長三郎	144520								
鴨江	136481	136636	137999	138686	140074	140510	140687	140902	140987
	141226	141386	141716	141792	142237	142445	142516	143000	143132
	143219	143911	144253	144586	144699	144770	144831	145566	145776
	145779	146475	146654	146845	147034	147072	147162	147351	
鴨綠江	136166	136521	137274	138232	138306	138478	138512	138641	138695
	139423	139625	140238	140826	141409	141728	141949	142124	142503
	142740	143408	143512	143681	143749	143950	144423	144760	144974
	146066	146608	146865						
押收	137918	142345	143896	147125					

愛國婦人會 愛婦	137679	138358	146934					
哀號	135857							
縊死	136234	136858	140126	143072	143321	145433		
櫻	137836	137884	138185	138256	138356	138599	138716	138829	138880
	138967	138979	139376	139846	140814	142106	142147	142231	143552
	144688	145168	146518						
罌粟 楊貴妃	137936							
野球	136879	138267	138302	138342	138375	138511	138637	138670	139009
	139115	139186	139236	139307	139308	139362	139444	139519	139562
	139565	139599	139687	139740	139784	139824	139856	139989	140159
	140188	140230	140235	140282	140317	140513	140553	140640	140641
	140710	140723	140772	140817	140887	141023	141065	141192	141289
	141292	141293	141380	141436	141468	141522	141566	141568	141600
	141640	141680	141686	141723	141730	141733	141753	141788	141800
	141861	141868	141878	141893	141910	141977	142142	142194	142213
	142246	142331	142427	142519	142646	142667	142768	142971	142984
	143283	143449	143450	143601	143716	143768	143813	143858	143899
	144027	144106	144186	144270	144308	144347	144384	144479	144518
	144726	144902	144929	145043	145078	145123	145307	145587	145695
	145854	145974	146125	146196					
野球大會	139186	139236	140282	140513	141600	141640	141686	141730	141868
	141910	142519	143450	143716	144186	144902	144929		
野球試合	141733	143716						
野口遵	140712	145060						
夜盜蟲	141598	142062						
耶蘇 耶蘇教	137776							
夜學	137136	137180	137464	138166	138636	141364		
藥令市	147243							
若山牧水	138798	139298	139336	139848	141570			
藥水	145340							
藥劑師	136727	138558	138787					
藥草	136125							
養鷄	136673	137198	137862	144952	145194	146694	146870	
養豚	136595	137449	137450	140734	142182	146694		
養蜂	137724	142250	146876					
養殖	136740	137010	137740	137795	137904	138228	138344	139228	140075
	141575	142981	143295	143467	144791	146021			
養蠶	136525	136780	137043	137611	137679	140049	140740	141422	142273
	142538	143087	145397	146876					
養蠶組合	137679	142273						

釀造	136030	140850	141923	142094	144530	144645	144705	145321	145565
	145852	146991							
洋畫會	136279								
洋灰	136347	136420	137184	138508	142943	142996			
御內帑金	136942								
漁撈	136997								
漁夫	136339	136419	136859	137118	138893	139068	139327	141703	141956
	145022	145663	147213						
漁船	136123	136169	136260	136379	136670	136953	136997	137676	137770
	137807	137887	138309	138844	139060	139205	140019	140094	140178
	140226	140787	140897	141401	141480	141555	141741	142345	142550
	142905	143336	144029	145550	146003	146086	146127	146139	147361
御所	144343								
漁業	135990	135999	136199	136253	136303	136393	136903	137480	137845
	137854	138477	138601	138654	138730	138893	139006	139077	139267
	139355	139427	139578	139595	139679	139756	140186	140243	140687
	141397	141529	141577	141654	141703	141741	141776	141809	142233
	142382	142404	142627	142643	142827	143126	143137	143212	143290
	143325	143373	143419	143464	143466	143508	143548	143551	143580
	143586	143621	143824	143867	143995	144070	144495	144528	144623
	144787	144909	144956	145096	145127	145155	145213	145232	145263
	145681	145816	146027	146290	146675	146778	147112	147152	147292
	147296	147379	147442	147489					
御眞影	138968	139118	140001	140226	143920	147003	147469		
漁獲物工業化	139756								
言論	146427								
諺文	137603								
旅客	138343	139491	141439						
旅館	141236	142197	142590						
旅券	136695	142430							
女給	136381	136460	136520	139338	140662	143026	147022		
輿論	137496	146104	147105						
女流	136575	137134	138401	138436	142178	142194	143571	146560	147067
女房	145828	147269							
女性	138517	141834							
麗水	138362	138820							
旅順	137922								
汝矣島	138490	139096	140831	144002	146363				
女學校	135904	136334	136352	137658	138086	138115	138498	140061	140563
	140780	142255	143066	145977	146038	146043	146082	146121	
女學生	136540	138287	141264	142972	143456	145147	146792		
驛	136202	136325	136396	136479	136755	137010	137016	137106	137458

	137687	137855	137870	138097	138591	138887	139032	139251	139739
	139873	139904	139972	140430	140464	140515	140870	140986	141046
	141125	141238	141584	141945	142210	142793	142794	142925	143117
	143234	143288	143415	143431	143502	143686	143729	143758	143882
	144172	144205	144573	144579	144765	144769	144887	145330	145712
	146109	146217	146385	146460	146576	146634	146721	146964	147192
	147236	147354	147479						
轢死	137677	138455							
驛長	143288	143415	143729	144765	145330	146217	146634		
研究 攻究	136006	136053	136071	136125	136262	136374	137011	137153	137429
	137992	138052	138068	138461	138552	138650	138896	139074	139129
	139271	139358	139747	139937	140097	140376	140386	140425	140855
	140964	141168	141268	141300	141494	141701	141935	142098	142338
	142350	142431	142471	142562	142878	142972	142973	143123	143146
	143290	143426	143574	143593	143654	143843	143959	143974	144096
	144176	144184	144246	144584	144618	144867	145113	145119	145167
	145213	145224	145259	145340	145478	145574	145576	145653	145720
	145733	145889	145924	146008	146252	146290	146338	146367	146387
	146542	146753	146755	146853	146986	147097	147334		
研究會	136263	137430	138053	139359	140387	140426	142099	142351	142472
	143291	145168	145225	145479	146339	146368	146754	147098	
連絡飛行	138674	138705	141124	142479	142659	143235	145160	145754	
燃料	137045	137607	137835	139076	139533	144017			
聯盟	137489	137524	137946	137969	139072	139115	139236	139855	139976
	140101	140282	140317	140553	140723	140772	140817	141007	141028
	141065	141092	141194	141293	141523	141705	142644	143937	144030
	144902	145302	145307	146159					
演說會	137776	144680							
沿岸	137319	137480	137740	138134	138353	138593	139332	140312	140349
	140748	140983	141090	141115	141143	141377	141575	141681	141764
	142457	143199	143632						
演藝	136023	136439	138335	139303	140148	143501	143691	145825	146102
演藝會	138335	139303							
煉瓦	145623								
演奏會	138211	138680	140891	141109	145257	145727			
煙草	136057	136240	136693	137101	137374	137490	137779	138041	138160
	138250	138346	138376	138659	139183	140155	140429	140441	140458
	140464	140478	140519	140586	140775	140856	141037	141166	141225
	141317	141511	141546	141585	141596	141636	141761	141817	141938
	142236	142296	142335	142369	142443	142644	142708	142730	142820
	142834	142859	142872	142903	142932	142955	142957	142975	142993
	143036	143082	143215	143309	143332	143510	143569	143611	143834
	143874	143916	144191	144372	144407	144512	144571	144608	144840
	144874	144895	145355	145362	145456	145597	145742	145793	145822

	146058	146061	146064	146104	146179	146232	146263	146299	146306
	146307	146348	146376	146384	146457	146493	146598	146729	146817
	146998	147005	147092	147189	147261				
煙草耕作	140464	146299							
煙炭	136482	136736	137184	137575	137785	138299	138744	138804	140007
	140390	140649	141463	141614	141820	142216	142464	142473	143868
	143921	144120	144149	144196	144208	144443	145642	145892	146580
煉炭	136100	140643	141072	143754	144179				
年賀狀	147357	147444							
聯合	135990	136152	136639	137409	137635	137745	137768	137790	137793
	137892	137928	137931	138162	138209	138289	138630	138864	138912
	139054	139156	139275	139317	139398	139417	139452	139534	139560
	139632	139659	139710	139744	139880	140242	140626	140641	140908
	140944	141217	141363	141483	141529	141582	141776	141816	142081
	142147	142231	142290	142412	142627	142628	142748	142827	143126
	143353	143521	143580	143772	143846	143866	143947	143997	144147
	144235	144253	144257	144286	144338	144400	144409	144570	144589
	144705	144745	144936	145120	145278	145360	145384	145629	145670
	145757	145832	145907	145947	146018	146278	146344	146390	146413
	146601	146617	146816	146990	147040	147045	147142		
聯合艦隊	137745	138289							
聯合會	135990	137409	137768	137790	137892	137928	137931	138162	138209
	138912	139054	139275	139417	139560	139632	139710	139744	140242
	140626	140944	141217	141363	141529	141582	141776	141816	142147
	142231	142290	142412	142628	142748	142827	143580	143846	143866
	143997	144147	144400	144409	144589	144705	144936	145120	145278
	145670	145832	145907	145947	146018	146344	146413	146601	146816
	146990	147040	147045						
沿海	137530	137599	137741	137759	142404	142733	145233	146444	
沿海州	137530	137599							
延禧專門 延禧專門學校	138668	139239	145616						
閱覽	137223	145384	145769	146969					
列車	136041	136085	136155	136197	136294	136754	137016	137023	137086
	137473	137644	137706	137734	137770	137803	137806	137848	138224
	138314	138420	138424	138753	139154	139799	140265	140515	140643
	140865	141338	141519	142490	142696	142829	143094	143138	143291
	143537	143539	143750	143763	144490	144511	144760	145924	146084
	146360	146472	146961	147138	147166				
鹽	136388	138254	138555	139238	140084	140863	141163	141165	141450
	141971	142241	142285	143488	143738	143781	143783	143863	144152
	144243	144356	144526	144554	144557	144598	144602	144873	145057
	145100	145143	145318	145319	146172	146293	146306	146880	147417
鹽業	144243	144602							

	145205	145206	145637	145671	146408	146413	146681	146723	147040
	147187	147222							
藝妓	136047	137002	139425	139467	139554	140711	142140	144680	145326
豫防注射	136185	136226	136272	138141	141682	142046	142530	142847	142976
	143025	143199	143572	143756	145978	146663			
豫算	136111	136134	136135	136136	136137	136195	136271	136273	136309
	136364	136394	136398	136408	136431	136513	136558	136561	136592
	136593	136633	136680	136686	136717	136733	136737	136870	136935
	136959	137013	137014	137024	137054	137055	137142	137179	137221
	137311	137363	137369	137414	137434	137492	137577	137614	137652
	137780	137820	137821	137856	137939	137960	137980	137995	138164
	138216	138672	139455	139597	139609	140409	140413	140606	140689
	140819	140909	140991	140992	140996	141333	141544	141587	141629
	141678	141723	141756	141859	141944	141997	142110	142211	142266
	142398	142429	142480	142614	142685	142844	142917	143260	143341
	143430	143472	143527	143609	143661	143708	143742	143788	143829
	143964	143999	144079	144159	144213	144496	144665	144702	144786
	145040	145080	145285	145287	145332	145452	145669	145713	145879
	145956	146095	146181	146227	146386	146531	146733	146769	146774
	146791	146878	146937	146959	147080	147215	147246		
藝術	137941	138535	141860	145373	145970	147339			
豫審	138045	138107	140225	140418	146807				
娛樂	140731	143313	144178						
娛樂機關	143313								
烏賊	143453								
吳鎭	138498								
玉蜀黍	143648								
溫突	139836	141275	141343	142045	143766				
溫泉	139258	139957	140415	141094	141236	141950	142176	142197	142928
	142995	143409	143516	143924	145242				
甕	139296								
瓦	136079	137201	137298	137399	138186	139551	140368	140762	141319
	141506	141717	142026	142711	143334	143802	144537	144575	145623
	146148	146261	146288	146359	146503	147315			
瓦電	136079	137298	137399	138186	139551	140368	141319	141506	141717
	142026	142711	143334	143802	144537	144575	146148	146261	146288
	146503	147315							
莞島	137898	142815							
王妃	138914	145288							
王子製紙	136588								
倭館	141500	142787							
外交	136744	137951	145295	147171					
外務省	137383	139556	142010	145588	147326				

	146535	146734						
牛乳	136448	137417	140800					
牛肉	138390							
牛耳洞	141126							
郵貯	137075	137114	138542	138805	139056	139528	139745	139991	141360
	141659	141707	141813	142359	142570	142866	145874	145950	
郵便	135998	136344	136375	136547	136703	136720	136722	136771	136939
	136984	137177	137212	137246	137363	137500	137696	138242	138471
	138611	138688	138826	138950	139017	139054	139187	139277	139394
	139399	139689	139814	140334	140381	141134	141173	141295	141373
	141439	141481	141570	141652	141709	141757	141774	141874	141944
	141983	142387	142398	142495	142516	142591	142742	142831	142843
	142846	142925	142926	143061	143175	143186	143342	143414	143426
	143640	143750	143758	143922	144126	144144	144235	144547	144688
	144863	144901	145067	145081	145372	145444	145467	145999	146030
	146474	146618	146727	147357					
郵便局	136703	137246	137500	137696	138611	138688	138950	139017	139054
	139277	140334	141134	141295	141373	141439	141481	141570	141652
	141774	141944	142398	142495	142591	142742	142925	142926	143061
	143186	143758	144126	144144	144863	144901	145372	145999	146030
	146727	147357							
郵便所	136547	136722	138826	139814	141983	143414	144235	144547	144688
郵便貯金	139394	140381	143342	143922					
牛肺疫	141684	142134	142449	142476	143253	143938	147010	147421	
牛皮	136570	139749							
旭日	135992								
運動	136074	136094	136121	136139	136144	136290	136358	136481	136632
	136752	136788	136878	136956	137020	137109	137155	137225	137342
	137343	137409	137430	137486	137583	137624	137665	137867	138148
	138190	138198	138213	138226	138277	138469	138545	138583	138637
	138666	138678	138707	138926	138931	138938	138961	139009	139031
	139090	139112	139115	139186	139211	139236	139262	139287	139298
	139307	139309	139315	139359	139405	139410	139444	139518	139535
	139562	139569	139570	139599	139604	139645	139685	139784	139821
	139825	139837	139853	139855	139856	139900	139946	139976	139998
	140029	140070	140101	140159	140188	140250	140282	140317	140355
	140395	140468	140513	140553	140599	140658	140679	140723	140772
	140817	140846	140925	140933	140978	141007	141029	141407	141834
	141904	141961	142070	142219	142468	142683	142975	143117	143118
	143496	143525	143588	143601	143605	143664	143669	143768	143854
	143899	143984	144032	144065	144085	144104	144106	144142	144186
	144269	144308	144347	144384	144479	144518	144570	144597	144636
	144681	144688	144726	144773	144816	144821	144857	144902	144924
	144929	145044	145170	145171	145218	145245	145257	145307	145349
	145380	145393	145405	145430	145435	145477	145551	145587	145610

	142962	143009	143029	143056	143140	143307	143329	143414	143505
	143540	143622	143725	143873	143982	143985	144019	144071	144087
	144144	144165	144245	144419	144492	144518	144531	144750	144754
	144790	144795	144914	144952	145002	145076	145237	145473	145625
	145677	145729	145785	145990	146186	146294	146302	146331	146341
	146559	146566	146618	146728	146906	147123	147154		
元山咸興	143009	144419	145729						
遠征	133827	138231	140640	140887	141025	141379	141524	142768	144106
	145349								
原州	143098	144749							
月尾島	139834	141058	142828	144632					
慰問	137732	139806	139819	144174	145969	146891			
慰問袋	146891								
衛生	136810	137045	137410	137570	137829	138286	138354	139080	139299
衛生	139542	139635	140253	140315	140394	140456	140465	140525	141030
	141109	141503	141652	142194	142942	143025	143557	143652	143679
	143885	145130	145576	145583	145813	146083			
衛生課長	137045	137570	140465	141652	142194	143557	143652	143885	145813
衛生展覽會	137829	141030							
慰安	136370	137086	137157	137315	137498	138150	138178	138258	138295
	138338	138370	138413	139041	139345	139356	139443	139479	139516
	139605	139643	139691	139738	139780	139822	139854	139901	139944
	139967	139977	139996	140030	140132	140190	140236	140318	140431
	140470	140489	140512	140555	140598	140638	140684	140724	140771
	140815	140886	140931	140974	141020	141059	141107	141142	141191
	141249	141297	141435	142193	142447	142542	142590	142812	143541
	144264	144519	144554	144594	144821	145025	145129	145132	145184
	145260	145301	145341	146326	147147				
慰安會	139345	139356	139967	142590	142812	144519	144554	144594	145025
	145132	145341	147147						
委員會	135976	136344	136810	136965	137186	137383	137600	137664	137946
	138052	138336	139163	139485	139504	139699	140194	140714	141085
	141222	141657	141864	141865	141895	142193	142296	142737	143309
	143483	143502	143594	144235	144358	144384	144573	144598	144936
	145167	145187	145908	146071	146755	146882	147066	147412	
慰藉	137399	145662							
僞造	136002	136210	137736	137848	138040	138363	139149	139468	139720
	139975	140671	140873	143016	143032	145264	146046	146324	146398
	146518	146590	146668	146981					
僞造紙幣	136002	146398							
僞造貨	140873								
爲替	136679	138697	138972	138982	139094	139123	139187	139489	141968
	145130	146022							
委嘱	142340	144958							

	141034	141299	141303	141354	145521	146054	146717	146981	147182
	147329								
恩給	137308	137749	140827	140993	143865				
恩赦	136827	136843	136847	136889	136914	136995	137323		
恩典	139485	140219							
銀行	136027	136029	136183	136303	136451	136489	136693	136716	136790
	136806	137076	137090	137217	137562	137755	137826	137880	137986
	138053	138091	138188	138245	138326	138381	138576	138696	138714
	138790	138891	138909	138972	138984	139008	139014	139017	139052
	139058	139094	139124	139127	139152	139273	139449	139485	139558
	139716	139991	140047	140404	140457	140465	140575	140594	140618
	140683	140717	141113	141350	141394	141443	141494	141495	141719
	141758	141809	141846	141927	142087	142101	142114	142150	142198
	142238	142277	142280	142315	142318	142353	142381	142632	142702
	142907	143169	143424	143553	143606	143634	143657	143805	144001
	144396	144436	144442	144478	144484	144523	144649	144739	144798
	144894	144911	144941	144954	145028	145146	145247	145637	146303
	146526	146575	146681	146682	146757	146784	147028	147029	147040
	147104	147222	147257	147369	147456				
銀行法	142114								
飲料水	139231	141688	146199						
飲食店	140364	142521							
音樂	137047	137112	137340	137645	138411	138447	139004	139346	139735
	139814	139883	140489	140759	140972	142009	142053	142542	143244
	143502	144645	144814	144843	145060	145329	145373	145408	145704
	145940	145977	145997	146013	146038	146043	146073	146082	146121
	146204	146205	146222	146278	146367	146405	146593		
音樂會	137047	137112	137340	137645	138411	138447	139004	139346	139735
	139814	139883	140489	140759	140972	142009	142053	142542	143244
	143502	144645	144814	144843	145060	145329	145373	145408	145704
	145940	145977	145997	146013	146038	146043	146073	146082	146121
	146204	146205	146222	146278	146367	146405	146593		
醫官	136150	136173	139761	139864	141021	146877			
義金	137316	137732	137771	137913	137915	137916	138110	138139	138222
	138265	138331	138339	139003	143986	144034	144067	144108	144145
	144189	144237	144274	144310	144352	144394	144439	144482	144521
	144555	144600	144647	144693	144737	144784	144823	144865	144905
	144939	144982	145027	145140	145185				
醫療	136766								
醫療機關	136766								
義明學校	137691								
醫師	136727	136760	137248	137282	138234	138257	139850	139994	140694
	141060	141959	142527	143230	143232	143484	144369	144630	145001
	145083	145150	146514						

	142172	142227	142263	142294	142328	142436	142502	142510	142518
	142533	142542	142547	142599	142634	142820	142862	142929	143028
	143090	143254	143272	143286	143337	143353	143385	143405	143417
	143439	143452	143455	143503	143637	143652	143704	143711	143730
	143798	143831	143874	143886	143891	143899	143910	143989	144036
	144090	144091	144125	144142	144156	144284	144286	144415	144502
	144620	144621	144651	144809	144822	144859	144861	144902	144920
	145007	145055	145102	145115	145171	145305	145311	145348	145362
	145393	145412	145415	145416	145418	145580	145641	145678	145753
	145804	145841	145847	145854	146078	146154	146162	146169	146246
	146265	146276	146286	146312	146365	146374	146382	146462	146466
	146496	146587	146613	146687	146702	146729	146731	146816	146858
	146881	146916	146918	147013	147032	147085	147102	147134	147170
	147175	147178	147266	147301	147313	147325	147387		
醫學	136637	137017	137130	137508	137519	138619	139108	139593	139711
	139815	140245	140712	140789	140850	141268	141434	141736	143187
	143264	143473	143593	143752	143843	143861	144262	144293	144422
	144725	144767	145334	146347	147311	147467			
議會	136032	136100	136121	136127	136225	136295	136344	136348	136349
	136359	136425	136441	136466	136504	136506	136511	136549	136560
	136586	136626	136649	136653	136673	136690	136805	137013	137191
	137219	137222	137239	137244	137250	137310	137348	137383	137483
	137539	137596	137662	137712	137714	137871	137980	138164	138183
	138226	138238	138457	138534	138800	138841	138908	138972	139015
	139151	139153	139296	139345	139469	139487	139632	139727	139838
	139934	139967	140077	140201	140321	140425	140441	140672	140699
	140820	140850	141109	141262	141294	141666	141773	142273	142350
	142371	142453	143016	143154	143213	143503	143615	143988	144144
	144236	144254	144496	144663	144894	145602	146096	146097	146143
	146206	146268	146349	146390	146420	146422	146538	146540	146559
	146600	146655	146691	146782	146897	146898	147026	147124	147147
	147200	147234	147285	147337	147430				
李堈	136390	136588	137093	137211	137295	138087	139728	139848	140387
	140712	141295	141392	142073	144351	144733	146203	146327	147180
離宮	135962								
李基演	140449	145337							
移動警察	137015								
伊藤博文 伊藤(統監)	136909	136936	136963	137951	138053	139761	139950	140098	141844
	141961	142194	143304	143730	144090	144351	145299		
裡里	136666	136728	136897	136973	137151	137415	137515	137518	139119
	139357	140558	140600	140726	141204	141563	141623	142575	144401
	145541	146191	146257	147131					
移民	136073	136574	136699	137833	138522	139971	142032	142478	142761
	142826	143775	145921	146408					
理髮	140945	143020	145624						

人事	138434	138822	140088	140122	142160	142678	145407	145532	146174
	146342	146390	147277						
人事相談所	140122	146174	147277						
人蔘	138577	139596	142821	143679	145574				
印刷工	138424								
引揚	136138	136144	138640	138917	139286	139804	141021	144774	147244
籾種	137702								
印紙稅	137818	139872							
仁川	136506	136922	137201	137405	137535	137712	137755	137888	137940
	137979	138077	138261	138289	138474	138555	138750	138786	138821
	138878	139027	139242	139256	139556	139834	139873	140027	140062
	140371	140465	140633	141084	141173	141310	141347	141680	141774
	141812	141917	141930	141981	142102	142266	142579	142828	142944
	142995	143213	143913	144130	144518	144529	145312	145323	145326
	145563	145606	145792	145905	146051	146114	146782	146863	147056
	147113	147353							
一燈園	145060								
日露	142611	142796	143367	143380	143389	143948	146206	146368	146428
日露戰	146428								
日本	135961	136609	136810	137021	137026	137553	137651	138023	138617
	138648	138685	138725	138774	138806	138847	138902	138937	139002
	139045	139081	139121	139143	139178	139237	139305	139350	139403
	139430	139436	139478	139515	139563	139601	139639	139688	139733
	139779	139823	139852	139897	139941	139974	139993	140031	140067
	140100	140131	140138	140156	140189	140233	140280	140285	140352
	140393	140419	140432	140469	140511	140556	140665	140817	141063
	141070	141085	141172	141263	141513	141540	141554	141701	141839
	141897	141912	142077	142147	142231	142597	142657	143357	143359
	143401	143412	143432	143449	143496	143500	143672	144143	144145
	144188	144273	144313	144520	144631	144670	144691	144715	144788
	144802	144822	144834	145060	145300	145399	146455	146582	146890
	147202	147288							
日本海	141513	144313	144631	144834	146890	147202			
日本化	141701								
日射病	142668								
日支	138548	139579	139660	140735	141361	143525	144839	146617	146880
賃金	135979	138483	140374	140445	140572	141285	145591	146636	146917
任那	141891								
任命	136559	137627	137632	138252	139063	139539	140168	142559	147028
	147345	147475							
林産 林産	138239	144236							
林業	137253	138411	138505	139074	139431	142251	142915	143225	144481

ㅈ								
鮮滿鐵道	140926							
自家用	136240	136693						
自給	137244	137650	138101	142014	144069	144557	145333	
自給自足	137244	137650	138101	142014	144069	144557		
自動車	136165	136197	136252	136293	136357	136369	136375	136514	136750
	136902	136906	136939	136982	137318	137511	137989	137994	138158
	139070	139746	140261	141139	141345	141378	141429	141502	141541
	141709	141711	141747	141787	141795	141914	142043	142103	142138
	142196	142197	142376	142390	142543	142805	143055	143277	143294
	143345	143454	143491	143761	144126	144450	144462	144615	144669
	144733	144756	144855	144913	144976	145067	145158	145256	145403
	145410	145591	146128	146432	146532	146636	146647	146795	146865
	146972	147139	147295	147388	147405				
資本	137316	137575	138177	138241	140404	140473	141463	141967	142012
	142058	143211	143864	144169	144503	144568	144604	146135	146919
資本金	143864	144568	144604					
自殺	135971	136212	136215	136302	136860	136977	137503	137709	137890
	138143	138275	138296	138603	138964	139106	139290	139425	139845
	139874	139987	140149	140150	140171	140176	141203	142008	142347
	142538	142941	143065	143360	143411	143939	143942	144105	144690
	144730	145092	145427	145902	146400	146401			
慈善	136328	136460	141649	143101	143502	145704	146205	
慈善團	141649							
紫雲英	136728	145534	145916					
資源	143427							
自衛團	137832	139437						
自由港	142558							
子爵	135967	135993	138337	139100	139556	140128	143813	143870	146770
	146966							
自治	140494	144618	145169					
自治制	144618							
慈惠	136426	136910	142842	143116	143458	145150	145429	
慈惠醫院 慈惠院 慈惠病院	134679	136426	142842	143116	143458	145150	145429	
作家	137801	138401	146014	146560				
酌婦	136301							
柞蠶	136243	138632	138959	142105	143951	146815		
作品展	136587	137334	143287					
棧橋	136122	136404	137901	138592	140222	140363	145339	146109	146320
蠶	136092	136103	136243	136409	136525	136780	137043	137393	137611

	137679	137756	137761	138051	138456	138620	138632	138959	139051
	139269	139363	139484	139785	139860	139915	139940	139947	140049
	140396	140484	140499	140526	140547	140637	140740	140812	140830
	141398	141422	141651	142061	142105	142152	142273	142538	142549
	142906	143087	143296	143297	143298	143951	143952	143994	144041
	144192	144280	144448	144566	144650	144755	144980	145110	145397
	145738	145744	145988	146175	146815	146876	146903		
蠶繭	145744	145988							
蠶絲	136092	137393	144448	144650					
蠶絲會	144650								
蠶業	137761	138456	138620	143296	143298	143994	144566		
蠶業技術	137761								
雜穀	137650	140191	142072	146857					
雜誌	136323	137173	139326	140742	141560	144642	145519	145847	146795
雜貨	138926	145712							
腸チブス 腸チフス チフス チフテリア	142256	143474							
長官	135992	136602	136677	137632	138252	138514	138908	139488	139842
	140193	140227	140341	140379	143165	143690	143773	143878	143901
	144326	146795	147122	147286	147382				
將校	137308	137983	139360	140993	146501				
將軍	137529	137737	144553	144864	144904	145828			
長崎	139108	139129	139247	140152	144710	146015			
長談	136912	137374	139576	141760	141777	143087	143390	143566	144569
	144798	144996	145087	145460	145682	147020	147269		
長老派	139085								
長白山	141005								
藏相	139151								
長安寺	144664	146926							
醬油	137435	138934	140205						
葬儀	135992	138052	139168	140453	143360	145383	145473		
張作霖	137288	138246	138995	139775	140283	140378	141878	144031	145139
	145225	145352	147255	147286					
葬場	136823	146605	147278	147342					
長箭	140215								
壯丁	138578								
長津江	145402	145592	145987						
長春	137268	147178							
長唄	146714								

臟品	136475								
奬學資金	144299								
奬學會	140487	144299							
長興	136849								
財界	135758	137010	138818	138862	138909	138972	139017	139019	139054
	139094	139124	139127	139193	139446	140894	141159	141253	141530
	141811	141881	141965	142015	142154	142356	142383	142499	142728
	142775	142818	142863	142953	143039	143128	143293	143294	143372
	143418	143583	143695	143733	144039	144194	144242	144278	144487
	144527	144560	144742	144789	144827	144869	144945	145099	145276
	145358	145398	145442	145484	145522	145561	145593	145635	145710
	145911	145945	145986	146017	146056	146210	146251	146292	146372
	146410	146565	146575	146678	146720	146759	146771	146796	146904
	146988	147030	147071	147108	147153	147185	147188	147220	147259
	147269	147291	147330	147439	147459				
財團	143530	145735							
齋藤實 齋藤(總督)	136690	136712	137006	137137	137476	137527	137558	137570	137791
	138004	138005	138095	138096	138247	138298	138299	138372	138473
	138798	138822	139074	139097	139124	139135	139161	139199	139253
	139506	139802	140400	140448	140503	140539	140588	140648	140713
	140755	140801	140847	140890	140937	141043	141066	141106	141153
	141527	142056	142208	142337	142612	142948	143011	143166	143499
	143628	144049	144119	144325	144534	144691	145248	145312	145425
	145494	145532	145604	145630	145719	145726	145793	145955	145981
	146025	146179	146342	146419	146498	146576	146644	146743	146769
	146782	146898	146913	146966	147001	147026	147045	147127	147203
	147473								
在滿鮮人	146923	147049	147121	147171	147244	147301			
栽培	136322	137612	137833	137936	142325	143377	146862		
裁縫	139967	144821	145687	146516					
財政	138481	138979	139108	139866	140292	140407	141401	141918	142978
	144132	144222	146306	146355					
財政難	138481	138979	140407	144222	146355				
裁判	142486	142583	142658	142663	143960	146194	146203	147403	
裁判所	143960								
在鄕軍人	138545	138940	139225	139774	140180	141521	142680	142812	144424
	144818	144821	147082						
爭議	138112	138791	139202	139374	140828	141130	144021	144889	144978
	145133	145347	145392	145661	146137	146685			
爭奪	138057	139085	140749	143716	143797	143801	143899	143944	144140
	145318	145463							
楮	139122								
狙擊	141837								
貯金	137182	137309	137349	138697	138982	139017	139054	139394	140381

	141384	142129	142303	143010	143044	143273	143342	143621	143796
	143797	143887	143922	143972	143975	144001	144210	144753	144901
	146490	146607	146723	147126					
猪島	143789								
貯水量	145580								
貯水池	136471	137010	137068	137263	140259	142294	143631	146613	146858
貯蓄	137421	137562	142702	147397					
貯炭場	136396								
敵	138226	139168	141910	142392	142608	145481			
赤崎半島	145465								
赤露	145245	147125							
赤痢	139220	140224	141340	141431	141679	141842	142409	142588	142765
	142766	142933	143474						
積立金	147198	147227							
赤米	137613								
赤色	145802								
赤誠	136825								
赤十字	139705	139848	142579	142624	143969	144133	144259	145470	145799
籍牌	136245								
赤行嚢	141799	146467							
赤化團	141804								
電氣	135978	136054	136089	136111	136117	136178	136685	136849	136965
	137190	137273	137419	137496	137540	137541	137624	137625	137657
	137688	137700	137701	137714	137716	137742	137780	137965	138337
	138457	138807	139099	139137	139197	139262	139414	139415	139626
	139819	139863	139881	140076	140203	140321	140340	140524	140862
	140871	140961	141208	141306	141589	141672	141708	141857	141866
	141972	141975	142029	142333	142547	142654	142691	142787	143089
	143134	143369	143383	143387	143454	143471	143503	143556	143564
	143674	143675	143925	143941	144005	144155	144910	145019	145112
	145214	145418	145445	145838	146110	146335	146450	146642	146967
	146997	147051	147129						
傳達式	136443	137384	146686						
電燈	135619	135627	135718	135896	136056	136200	136549	137445	137564
	137703	137781	137990	139026	140009	141362	141500	141745	143085
全羅南道 全南 羅南	136067	136103	136107	136145	136149	136216	136262	136263	136313
	136346	136485	136488	136506	136511	136519	136869	136870	136941
	136941	136965	137010	137030	137031	137051	137054	137097	137332
	137516	137651	137672	137839	137889	138074	138245	138412	138444
	138534	138545	138572	138679	138683	138689	138723	138792	138851
	139205	139218	139300	139585	139595	139668	139706	139848	139967
	139976	139989	140039	140244	140272	140278	140471	140506	140562
	140718	140722	140747	140984	141039	141351	141496	141618	141909

	142094	142109	142163	142504	142597	142665	142741	142766	142881
	142905	143121	143313	143415	143652	143884	144758	144990	145317
	145489	145775	145817	145882	146112	146128	146135	146527	146691
	146712	147031	147073	147145	147169				

全羅北道 全北								
136349	136705	136941	137119	137327	138125	138323	138714	139253
139415	139626	139633	139717	139989	140484	140569	140961	141100
141486	141665	142117	143171	143387	143603	143674	144154	144401
144825	144965	145107	145191	145407	145492	145528	145534	145541
145572	145606	145644	145680	145718	145960	146753	147120	

展覽會								
136587	137334	137402	137495	137829	138336	138466	138524	139262
139381	139504	139982	140300	141030	141294	141875	142146	143651
143682	144061	144098	144168	144519	144542	144641	144645	144772
144821	144826	144949	145117	145182	145575	145629	145704	145711
145940	145980	146205	146426					

電力		
142413	142883	145648

專賣								
137374	137947	139280	141051	141580	141738	141774	141917	142056
142369	142454	142628	143036	144107	144243	144594	144598	144599
144688	144771	144821	145135	145138	145588	145890	145993	146025
146296	146306	146307	146376	146493	147221			

專賣局								
137374	137947	139280	141051	141738	141917	142369	142454	142628
143036	144107	144243	144594	144598	144599	144688	144821	145135
145138	145588	145890	145993	146025	146296	146493	147221	

專賣支局	
141774	142056

全滅							
137027	141914	142606	142881	143659	143829	144266	145778	146989

專務談
139576

專門學校 專門校								
136706	136845	137017	137301	137364	139855	139976	140101	140281
140553	140817	140908	141626	141627	141859	141872	142557	143264
143836	145218	145302	145551	145577	146357	146429	146511	

電報								
137034	139020	145652	146064	146546	146602	146727	146804	146875
147046	147098							

傳書鳩				
136199	136254	136888	140660	147057

全鮮								
135998	136074	136094	136132	136570	136756	136847	136962	136988
137086	137127	137163	137166	137201	137333	137346	137389	137526
137590	137665	137702	137721	137829	137992	138016	138040	138159
138284	138286	138485	138487	138501	138609	138864	138912	138961
139031	139104	139112	139186	139236	139239	139263	139359	139458
139505	139521	139574	139600	139618	139635	139651	139659	139700
139710	139741	139744	139818	139821	139853	139894	139976	140036
140061	140101	140106	140159	140167	140181	140188	140231	140242
140290	140317	140399	140414	140542	140553	140632	140644	140671
140686	140717	140723	140733	140762	140838	140959	141093	141192
141289	141436	141437	141511	141532	141597	141636	141755	141768
142280	142342	142506	142648	142720	142810	142960	143113	143137
143242	143272	143277	143283	143350	143450	143521	143544	143642
143768	143791	143826	143857	143865	143899	143904	144064	144267

	144302	144338	144347	144364	144367	144415	144566	144617	144670
	144679	144759	144773	144799	144801	144984	145333	145345	145388
	145393	145560	145599	145620	145695	145912	145950	146189	146259
	146488	146511	146741	146938	147012				
全燒	136839	137362	137474	138082	138830	139232	139304	139464	139884
	141197	141563	143455	146708	147362				
電信電話	140142	140826	141267	141983	145378	146449			
煎鹽	144152								
傳染病	136228	136416	136517	136810	137198	139230	139349	140376	140559
	141906	142038	142097	142764	143474	144181	144303	144312	144337
	144817	145620	146358						
傳染病豫防	136416	140559							
電料	136919								
全州	138322	138800	141390	141623	145967				
電柱	136684	144550							
田中武雄	142856	142948	143813	143861	145905				
電車	136079	136178	136259	136694	137219	137298	137394	137531	137825
	137993	138347	139244	139477	139483	140026	140201	140571	140697
	141784	142168	142793	143234	144223	144265	144460	144588	144800
	145162	145255	146380	146569	147051	147206	147211	147355	
電車從業員養成 鐵道從事員養成所	137712	140920	142793						
電鐵	139522	139529	139581	140767	142196	142197	142819	143335	143435
	144351	144402	144664	144691	145675	146059	146360	146782	
前觸	143969	144011							
戰鬪機	136684	144550							
殿下	136390	136588	137093	137152	137185	137192	137211	137897	137922
	137983	138018	138087	138214	138243	138278	138322	138337	138387
	138435	138516	138537	138587	138611	138658	138692	138737	138823
	138824	138863	138914	138947	138973	138975	139062	139488	139527
	139532	139701	139728	139842	139848	140000	140103	140138	140161
	140163	140193	140387	140610	140712	141126	141229	141295	141392
	141407	141455	141542	141581	141622	141668	141712	141754	141791
	141821	141862	141892	141935	141939	142609	142948	143579	143773
	143878	143972	144326	144351	144733	145084	145156	145288	146203
	146327	146504	146826	146965	147104	147180	147288		
電化	136346	142198							
電話	136154	136204	136316	136368	136531	136792	136882	136998	137071
	137117	137193	137262	137278	137358	137411	137431	137560	137563
	137631	137668	137805	137933	137962	138030	138073	138099	138157
	138306	138320	138443	138484	138525	138602	138633	138664	138709
	138877	138960	139021	139158	139276	139458	139584	139619	139706
	139758	139830	139869	140087	140142	140212	140239	140255	140295
	140342	140361	140373	140436	140482	140617	140741	140826	140836

	140872	140875	140918	140960	141010	141227	141267	141272	141322
	141369	141413	141505	141547	141588	141701	141738	141763	141941
	141982	141983	142088	142214	142424	142510	142517	142689	142785
	142786	142792	142835	142880	142934	143104	143143	143269	143477
	143519	143565	143630	143643	143667	143884	143967	144004	144089
	144124	144171	144217	144329	144374	144467	144583	144718	144749
	144761	144925	144963	144979	145157	145212	145378	145419	145447
	145457	145496	145535	145544	145612	145792	145836	145842	145894
	146000	146269	146315	146449	146461	146465	146730	146781	146800
	146951								
電話架設	142786								
電話度數制	143969								
電話連絡	142785								
節句	140624								
竊盜	136020	136207	136779	137042	137170	137323	138114	138424	138767
	139483	140753	142698	143537	143728	144386	144475		
竊盜團	136207	138424							
竊盜犯	143537	143728							
切符	140515	141794	142430	143343	146044				
節約	137639	138981	145332						
折衷	137596	143959							
竊取	137500								
鮎	136544	140218	141328	141514	143641	144489			
點呼	140768	140839	142096						
庭球	136602	137983	138545	138637	139112	139186	139236	139263	139405
	139647	139685	139686	139976	140070	140101	140159	140188	140231
	140232	140282	140317	140468	140513	140553	140642	140723	140772
	140817	140926	141028	141067	141147	141246	141334	141437	141469
	141471	141523	141647	141701	141828	142005	142006	142054	142143
	142720	142938	143242	143450	143496	143525	143642	143716	143768
	143805	143856	143857	143899	144065	144142	144186	144269	144308
	144347	144384	144536	144636	144773	144816	144902	145009	145043
	145078	145161	145171	145393	145477	145587	145625	145732	145760
	145895	146012	146042	146286					
貞洞	138439								
政務 政務總監	136091	136128	136240	136840	137383	137793	138572	138682	138908
	138909	138948	139135	139173	139431	139556	139593	139848	140000
	140387	140465	141153	141202	141439	142412	142495	142591	142628
	142655	142700	142856	143985	143997	144066	144107	147286	147382
精米	136981	138875	139203	141084	144231	145034	145644	146190	146555
	146625								
精米器	146190								
精米所	136981	145644							

遭難	136123	136194	136203	136419	136422	136530	136859	137887	138297
	138586	139102	139388	142488	143259	143602	144029	146086	146127
造林	136425	138853	139393	139659	142833				
繰綿	138137	141395	143368						
調査	136027	136089	136299	136315	136373	136378	136493	136549	136591
	136643	136646	136691	136716	136739	136795	137045	137102	137126
	137152	137273	137395	137401	137410	137455	137464	137518	137539
	137562	137575	137649	137657	137740	137741	137780	137793	137812
	137837	137839	138200	138224	138234	138389	138497	138581	138686
	138872	139433	139475	139627	139760	139846	139920	139937	139960
	140122	140194	140213	140262	140476	140546	140859	140894	140943
	140977	141015	141033	141039	141091	141094	141130	141133	141158
	141160	141412	141417	141419	141494	141611	141642	141678	141729
	141825	141864	141934	141943	141989	142101	142146	142154	142176
	142193	142198	142238	142251	142277	142318	142320	142326	142353
	142381	142758	142786	142881	142966	142982	142990	143002	143084
	143111	143141	143222	143385	143398	143428	143440	143442	143464
	143476	143502	143524	143561	143603	143639	143657	143659	143696
	143717	143734	143973	144130	144147	144300	144348	144358	144380
	144396	144442	144484	144523	144622	144922	145187	145239	145399
	145638	145639	145888	145968	146057	146066	146109	146132	146212
	146281	146316	146472	146692	146726	146907	146908	146921	146953
	147061	147274	147436	147486					
祖師堂	142196								
詔書	136241	137550	139015	139777					
朝鮮	135970	135993	136016	136029	136064	136082	136128	136156	136162
	136173	136266	136280	136291	136323	136324	136373	136408	136441
	136468	136472	136497	136522	136524	136574	136575	136595	136613
	136638	136640	136674	136730	136732	136771	136793	136796	136806
	136814	136825	136832	136833	136845	136850	136853	136902	136908
	136911	136942	136983	136988	136997	137006	137052	137063	137067
	137069	137093	137112	137114	137129	137134	137137	137157	137164
	137173	137194	137234	137242	137244	137267	137270	137279	137280
	137288	137292	137301	137345	137368	137374	137376	137405	137411
	137435	137476	137505	137508	137512	137526	137552	137629	137637
	137646	137674	137712	137715	137752	137755	137786	137791	137794
	137795	137798	137802	137806	137810	137818	137822	137826	137833
	137874	137922	137934	137941	137951	137965	137992	138002	138028
	138033	138053	138062	138067	138124	138149	138191	138223	138234
	138241	138242	138263	138299	138317	138318	138337	138354	138361
	138381	138390	138404	138409	138412	138424	138473	138482	138492
	138498	138501	138502	138517	138542	138549	138554	138566	138596
	138622	138627	138628	138629	138647	138651	138665	138668	138675
	138682	138692	138744	138755	138766	138769	138791	138798	138805
	138842	138862	138870	138891	138893	138908	138909	138956	138966
	138995	139017	139018	139025	139056	139062	139067	139073	139074

139108	139123	139124	139135	139140	139156	139161	139226	139229
139243	139255	139273	139296	139299	139346	139366	139367	139377
139391	139447	139455	139490	139496	139499	139523	139524	139541
139556	139593	139595	139607	139616	139654	139655	139658	139667
139730	139749	139750	139815	139832	139849	139861	139911	139916
139938	139949	140052	140064	140115	140179	140185	140192	140205
140223	140227	140262	140272	140275	140286	140300	140309	140335
140347	140356	140358	140359	140377	140386	140390	140415	140419
140434	140464	140465	140468	140473	140486	140543	140573	140590
140608	140615	140626	140629	140640	140663	140673	140676	140688
140690	140730	140761	140774	140794	140804	140806	140824	140850
140853	140857	140892	140894	140907	140922	140925	140966	140967
140975	141005	141038	141046	141052	141055	141075	141080	141082
141083	141097	141113	141116	141125	141132	141138	141140	141171
141185	141220	141239	141240	141241	141266	141276	141294	141311
141313	141327	141360	141387	141425	141451	141493	141494	141497
141536	141554	141555	141570	141573	141574	141580	141583	141600
141608	141610	141614	141622	141634	141640	141641	141668	141680
141681	141686	141701	141707	141723	141730	141732	141738	141751
141753	141774	141788	141813	141818	141819	141820	141860	141861
141891	141893	141917	141923	141934	141935	141977	141978	142011
142013	142070	142103	142145	142148	142188	142208	142239	142243
142247	142257	142277	142278	142315	142327	142332	142338	142359
142366	142381	142471	142484	142495	142511	142545	142553	142591
142605	142628	142636	142678	142703	142706	142739	142796	142821
142830	142838	142846	142893	142900	142909	142918	142927	142947
142959	142963	142972	142989	142992	142998	143024	143049	143057
143060	143087	143092	143136	143144	143147	143155	143166	143169
143204	143275	143280	143334	143338	143341	143357	143376	143394
143426	143438	143473	143482	143495	143497	143531	143566	143579
143593	143609	143636	143664	143678	143679	143716	143744	143773
143774	143776	143785	143800	143813	143839	143861	143896	143898
143948	143959	144003	144016	144046	144060	144079	144107	144163
144188	144220	144256	144257	144262	144276	144299	144308	144312
144365	144383	144385	144448	144464	144474	144501	144534	144558
144569	144604	144615	144619	144650	144663	144675	144683	144695
144708	144709	144735	144736	144740	144752	144801	144933	144937
144941	144957	144959	144962	144964	144966	144967	144997	145029
145037	145043	145049	145060	145062	145078	145093	145094	145096
145104	145117	145123	145139	145147	145161	145195	145200	145210
145244	145245	145257	145273	145278	145312	145314	145326	145373
145390	145394	145408	145420	145435	145439	145445	145453	145460
145475	145483	145519	145533	145552	145569	145573	145601	145630
145667	145705	145720	145746	145775	145832	145921	145949	145984
145992	145995	146092	146098	146122	146155	146195	146204	146219
146276	146280	146327	146329	146355	146376	146417	146468	146483
146492	146530	146536	146547	146559	146580	146609	146610	146655

	146662	146688	146704	146734	146757	146787	146795	146798	146810
	146853	146884	146915	146917	146935	146937	146948	147020	147038
	147069	147080	147087	147116	147136	147165	147166	147167	147190
	147216	147257	147269	147273	147302	147312	147334	147339	147340
	147380	147383	147436	147439	147462	147492			
造船	140027	141454							
朝鮮キネマ	138149								
朝鮮公論	137951	139556	139607	141751	143785	145094	147038		
朝鮮館	136814	137164	138124	138317	139655	141052	143609		
朝鮮軍司令官	137288	137755	137922	137951	138053	138798	139074	139108	140227
	140465	140543	140590	140629	142495	142591	142628	142678	145394
	145519	146810							
朝鮮農會	137067	137526	138028	139123					
朝鮮ドック事件	143155	143497							
朝鮮貿易	141185	141241	145195						
朝鮮物産	136497	137376	137810	140850					
朝鮮米	136524	136983	138549	140676	140853	140857	142188	143338	143495
	144708	145573	146948						
朝鮮民事令	137368								
朝鮮史	137512	141622							
朝鮮事情	137267	138191	140262	141583	146610				
朝鮮私鐵	137934	138995	139455	142103	142247	142838	142909	142998	143341
	144964	145104	145746	146219	146787	147190			
朝鮮商銀	137637	141574	142243	143579					
朝鮮線	137806	138242	140626	144569					
朝鮮神宮	138627	139658	141668	142927	143147	143482	143716	143744	144308
	144683	144801	144966	144997	145043	145049	145078	145123	145161
	145210	145244	145533	145601	146704	147340			
朝鮮語	136638	137552	141125	144619					
朝鮮語試驗	136638	144619							
朝鮮映畫	137941	138002	143678						
朝鮮映畫藝術協會	137941								
朝鮮銀行	141113								
朝鮮音樂	146204								
朝鮮移民	137833								
朝鮮人	136064	136266	136323	136640	136793	137129	137157	137674	138234
	138318	138409	138651	139616	140223	140335	140615	142257	142366
	142821	143136	143679	143813	145245	145278	145460	145483	145832
	145921	146098	146915	147165	147436				
朝鮮人蔘	142821	143679							
朝鮮日報	138337								

朝鮮征伐	139916							
朝鮮紙	139916							
朝鮮鐵道 鮮鐵	136037	136077	136128	136263	136850	136902	137023	137194	137646
	137672	138025	138230	138361	138870	138951	139025	139226	139828
	140188	141439	141819	143472	143481	143566	143864	144248	144256
	144852	145029	145949						
朝鮮總督	136174	138242	138300	141739	146735				
朝鮮總督府	136173	138241							
朝鮮統治	142148	146688	147166						
租稅	136781								
朝郵	135980	136126	136691	137830	137880	138057	139628	141652	143503
	143948	144158	144364	144409	144803	144907	145120	145238	145331
	145336	145375	145556	145864	145961	146018	146051	146715	
弔慰金	140449								
朝日	135988	136021	136059	136140	136182	136230	136268	136317	136356
	136403	136437	136474	136515	136562	136596	136641	136687	136726
	136776	136819	136835	136938	136979	137018	137059	137104	137149
	137183	137259	137299	137336	137416	137485	137517	137544	137582
	137620	137656	137689	137720	137732	137895	137978	138150	138178
	138258	138295	138307	138311	138338	138350	138370	138378	138413
	138423	138470	138494	138510	138543	138582	138961	139241	139279
	139421	139438	139783	140069	140354	140845	141055	141387	141999
	142332	142831	143202	143245	143281	143358	143362	143364	143429
	143573	143943	143944	143982	144026	144052	144140	144236	144319
	144362	144451	144493	144532	144565	144607	144659	144703	144769
	144794	144854	145184	145301	145341	145689	145696	146149	146454
	147064	147465	147487						
朝日活寫會	138150	138178	138258	138295	138307	138338	138370	138413	139279
	139438	139783	140069	140354	140845	143202	143245	143281	143364
	143573	143982	144319	144362	144451	144493	144532	144565	144607
	144659	144703	144794						
組織	135974	136074	136270	136380	136636	136749	137067	137409	137429
	137490	137684	137759	137832	137941	137969	137990	138021	138160
	138181	138489	138580	138872	138989	139311	139316	139336	139358
	139404	139735	140070	140219	140351	140392	140423	140429	140494
	140573	140710	140953	141007	141196	141217	141245	141284	141404
	141483	141529	141613	141705	141776	142042	142279	142284	143284
	143424	143428	143531	143848	143891	143921	144120	144150	144166
	144203	144658	145134	145169	145235	145278	145343	145361	145428
	145670	145735	145819	145973	146120	146816	147111	147236	147372
	147375	147427	147442	147464					
朝窒	146141	146302							
鳥致院	141795	145310							
組合	135990	136246	136393	136407	136434	136803	136805	137033	137119

	137640	137679	137711	137812	137858	137921	137939	137986	138091
	138152	138162	138177	138272	138321	138326	138476	138581	138773
	138841	138846	138869	138890	138926	139052	139094	139107	139113
	139152	139243	139314	139345	139371	139391	139452	139473	139505
	139510	139558	139576	139578	139756	139933	139991	140013	140055
	140134	140252	140256	140270	140314	140392	140446	140474	140564
	140583	140600	140626	140672	140823	140859	140866	140880	140912
	140944	140945	140953	141167	141185	141206	141252	141315	141394
	141438	141443	141488	141529	141613	141616	141632	141651	141658
	141776	141816	141848	141901	141976	142146	142273	142277	142284
	142308	142314	142318	142331	142342	142444	142497	142600	142603
	142627	142628	142632	142643	142707	142727	142827	142868	142900
	142904	142915	142951	142954	142961	143002	143004	143043	143106
	143137	143148	143191	143212	143229	143267	143283	143288	143314
	143325	143326	143339	143370	143420	143441	143445	143462	143466
	143498	143506	143534	143551	143580	143586	143606	143615	143621
	143634	143649	143657	143696	143747	143778	143837	143888	143921
	143937	143965	144015	144024	144030	144070	144113	144117	144120
	144150	144201	144203	144208	144317	144396	144399	144484	144528
	144623	144658	144787	144894	144909	144956	145080	145155	145235
	145278	145290	145361	145401	145435	145478	145511	145745	145755
	145819	145892	145932	145943	145957	145973	145975	146055	146260
	146296	146299	146332	146438	146490	146580	146705	146709	146745
	146820	146901	146919	146958	146990	147040	147236	147308	147312
	147372	147375	147442						
早婚	136852								
助興稅	138403								
卒業	136060	136150	136334	136337	136554	136682	136845	136973	137197
	137260	137441	137475	137585	137621	137658	137717	137756	137789
	137827	137866	137881	137912	137942	138010	138027	138043	138051
	138086	138106	138108	138115	138151	138182	138261	140502	140920
	141128	141284	141526	141700	141736	141877	142567	143836	144268
	144510	145113	145150	145409	145577	145896	146029	146254	146524
	147025								
卒業生	136060	136150	136334	136337	136554	136682	136845	136973	137260
	137441	137881	137942	138027	138182	140502	141128	141284	142567
	143836	144268	144510	145113	145150	145409	145577	145896	146029
	146254	146524							
卒業式	137585	137621	137658	137717	137756	137789	137827	137866	137912
	138010	138051	138086	138115	138151	138261	141526	141700	141736
	141877	147025							
宗教	137269	137400	139375	140608	141082	144173			
種痘	137204	137415	139771	139871	140174	143973	144472		
種痘令	139771								
鍾路	136351	136898	144862						

種苗	137402	138762	140558	145224	145225	145409	146246	
種牝馬	138067							
鐘城	141597	146730						
種子	144842							
左傾	136644	138799						
佐世保	136884	137240	138239	139135	139511	143690	143773	145885
酒	135967	136030	136053	136395	136911	136933	137040	137129	137201
	137435	137829	137921	138172	138241	138313	138838	138986	139103
	139183	139587	139936	140064	140309	140364	140401	140594	140853
	141144	141490	142521	142576	143330	144183	144200	144203	144276
	144357	144564	144705	144713	144730	144912	145037	145223	145320
	145487	145565	145670	145690	145852	146559	146991	147106	147155
	147263	147271	147375						
駐屯	138656	139217	140072					
酒類	140364	141490	144705	147106				
珠算競技	139505							
周旋屋	138334							
酒稅	138241	138838	140401					
酒屋	138313							
住友	146749							
周遊團	137884	138292	147062					
朱乙溫泉	142928	143516						
酒造	136395	136933	139936	140594	144203	144564	145487	145670	146559
	147155								
株主總會	136388	141240	142932	142936	142998	143280	143438	
住宅	139730	141519	143529	144674	144977	147133		
噂	135974	136004	136415	136541	136557	136677	136883	137158	137424
	137637	137947	138118	138130	138247	138361	138818	138979	139063
	139199	139978	140088	140179	140199	140601	140788	140984	141262
	141516	141904	142695	142838	143046	143095	143102	143194	143280
	143628	144049	144050	144870	145042	145247	145626	145890	146104
	146348	146419	146644	146778	147015	147121	147201	147305	147470
竣工	136078	136290	136429	136946	137298	137718	138281	138618	138723
	138899	139512	139640	139715	139782	139789	139795	139828	139856
	139899	139905	139957	140005	140023	140076	140259	140451	140798
	141180	141326	141381	141517	141601	141866	141880	141994	142028
	142403	142414	142513	142615	142855	143172	143517	143533	143631
	143686	143770	143794	143854	144054	144292	144315	144326	144473
	144664	144757	144800	144859	145162	145396	145461	145623	145694
	145803	145934	146107	146198	146225	146689	146705	146712	146745
	146750	146881	146954	147003	147011	147193	147319	147352	147356
	147494								
竣成	139832	141370	142518	143485	145739			

仲居	136214	142670	144967						
中國	142401	147307							
中毒	136170	136385	137282	139931	141954	144058			
中等教員	138650	140714							
中等校 中學校 中學	136039	136274	136284	136358	136412	136568	136719	136851	137017
	137172	137585	137621	137717	137722	137756	137789	138719	138795
	139108	139135	139166	139260	139346	139391	139470	139520	139556
	139775	139796	139817	139858	139961	140004	140070	140159	140232
	140278	140451	140553	140908	140912	140959	141128	141169	141294
	141438	141788	141893	142213	142507	142656	142741	143405	143452
	143768	143798	144267	144268	144302	144844	145123	145623	145736
	145864	146008	146126	146189	146192	146393	146469	146548	146559
	146742	147231							
中等學校	136855	136991	137053	137645	137665	138392	138418	138736	138925
	140044	140264	140303	140345	140383	140422	140709	140772	140838
	140925	141600	141640	141686	141730	142213	142267	142557	143713
	143716	143899	144773	144814	144843	145293	145843		
仲買人	137497	146136	146822						
中西	141701								
中鮮	142546								
中央電話局	141738								
重油	143867	144495	145155	146447					
衆議院	136241	137064	137234	137266	137589	137758	137794	137927	138020
	142678	142988	143074	143123	143988				
仲裁	136620	138025	138075	138913	140669	140840	142346	145347	145645
	145799								
中樞院	136906	137430	138457	139173	139253	139611	140168	140410	140758
	141570	143305	143382	145556	145665	145773	147345		
重砲	144718	145012							
中和郡	146275								
卽賣會	145584	144771	144969	145294	145584	146426			
卽死	136357	136707	137775	139958	140015	147211			
證券	138783	139370	142811	147453					
增米	147258								
增俸	137698	140040	141372	147173					
增産 增產	136785	140579	141890	142072	144740				
增設	137831	140691	140872	141058	141549	141627	142292	142294	143134
	143426	143471	143519	144956	144979	145003	145456	145464	146028
	146166	146315	146346	146447	146664	147358	147376		
增收	137010	140637	141355	141925	141974	142199	142419	142610	142726
	142781	142908	143707	143777	143951	144147	144198	144283	144356
	144561	144786	145528	145723	145738	145748	147393		

增殖	137010	137650	138461	141328	141367	144708	144988	145283	145407
	145720	146020	146313						
增資	140767	146216							
增築	136078	136231	136273	137226	138029	138688	139509	139640	140371
	140384	140832	144346	144980	145294	145372	146256	146264	146353
地價	137068	137654	138687	141311	147313				
芝居	138528	146893							
支那	136191	136245	136335	136387	136541	136672	136679	136744	136946
	137240	137328	137685	137851	137999	138090	138105	138292	138329
	138372	138398	138463	138503	138554	138589	138625	138649	138656
	138661	138694	138759	138865	138959	138979	138983	139030	139154
	139212	139366	139472	139473	139524	139579	139583	139661	139751
	139752	139793	139866	139876	139890	139929	140010	140018	140034
	140037	140058	140078	140166	140174	140254	140268	140398	140440
	140446	140728	140754	140928	141003	141218	141226	141263	141314
	141374	141419	141455	141550	141713	141738	141767	141824	141863
	141894	141928	141957	142000	142074	142098	142115	142566	142571
	142572	142752	142897	143032	143048	143110	143251	143412	143450
	143496	143500	143574	143767	143773	143835	144011	144031	144148
	144329	144458	144502	144582	144646	144711	144721	144740	144828
	144839	144842	144848	145200	145201	145262	145417	145556	145585
	146137	146366	146376	146604	146614	146852	146923	146950	147069
	147093	147171	147244	147247	147318	147322	147483		
支那勞働者	137685	138398	138463	138649	140446	146614			
支那人	136245	136335	136672	137851	138503	138589	138959	139472	139890
	139929	140010	140174	140268	141824	141957	142752	143412	143767
	145262	145417	146137	146366	146604	146923	147171	147244	147247
	147322								
支那鐵道	145556								
地圖	136376	136501	141934	142918					
地方法院	136263	136674	137006	138412	139296	140020	140347	141070	141628
	142221	143773	144959	145183	145225	145394	145556	145905	146439
	146673	147175							
支配人	136303	137173	138263	138299	139593	139843	140804	141185	142010
	142628	142811	143166	143415	143503	143948	144351	146518	147104
	147189	147369	147453						
支辨	138586	138686	142024						
知事	135976	135999	136052	136092	136201	136263	136345	136412	136426
	136493	136499	136506	136518	136620	136674	136693	136705	136788
	136963	137045	137093	137137	137402	137569	137783	138195	138537
	138572	138611	138682	138913	138978	139166	139173	139253	139418
	139448	139451	139506	139556	139612	139633	139653	139728	139831
	139868	139907	139913	139951	140008	140062	140098	140127	140199
	140444	140520	140589	140601	140629	140654	140673	140892	141392
	141476	141495	141608	141652	141701	141738	141821	141878	141960

	142010	142147	142218	142231	142507	142543	142619	142836	142872
	142948	143046	143053	143074	143102	143114	143261	143773	143789
	144413	144461	144691	145013	145060	145094	145199	145271	145407
	145449	145519	145630	145662	145705	145707	145864	146064	146090
	146143	146522	146651	146796	146854	146920	147066	147367	147379
支線	141136	142039	147169						
地稅	137784	146187							
志願	136187	137224	137619	137786	137792	138619	142556	143484	144268
地主	137229	137765	138058	138689	139861	140165	140430	140542	140990
	142415	142762	142845	142961	143058	143154	143182	143201	143237
	143821	144092	144546	144936	145343	145547	145632	145741	145780
	145987	146158	146812						
地震	137728	137760	138208	140650	142514	144539	145326	146665	146849
地鎭祭	139906	140226	140507	142931	143920				
枝炭	136567								
紙幣	136002	139312	139468	139975	143032	145264	146398	146518	146590
	146668								
職工	136697	137428	138771	138966	139221	139339	142306	142342	142372
	142408	143215	144023	144594	144689	146516	146979		
織物	138241	138966	140028	140092	142672	143651	143909	144127	144148
	147106								
職業紹介所	136334	138764	141594	143352	143846	144763	146601		
職員	137639	137691	137967	139585	139633	139867	139914	140908	144502
	146310	147452							
塵芥	143355	146119							
塵芥箱	146119								
眞空管	140436								
鎭南浦	136056	136176	136189	136504	136673	136702	136825	136872	137010
	137273	137505	137659	137701	137955	138115	138531	138642	138827
	138841	138846	138856	138890	138920	139088	139152	139209	139345
	139506	139727	139728	139803	139851	139903	139959	140289	140407
	140440	140465	140586	140649	140683	140811	140905	141238	141314
	141344	141450	141469	141481	141613	141922	142050	142166	142175
	142183	142273	142289	142314	142350	142351	142513	142822	142823
	142841	142904	142994	143130	143179	143421	143469	143573	143789
	144055	144085	144106	144196	144197	144244	144524	144581	144639
	144661	144828	144902	145056	145201	145594	145646	145664	145699
	145887	146131	146755	146856	147070	147132	147264	147286	147458
鎭南浦公會堂	147132								
珍島	137748								
陳列館	137468	138769	140663	141175	142817	143912	144052	144468	144501
	144887	145436	145910	145914	146658	146698			
診療	136743	139709	145429	145470					

ぇ									
チブス	136226	136227	136456	136635	136668	136960	139542	141016	142256
借家	140122								
車輛	139597	139763	140026	142492	142759	146572	146724		
車輦館	143353								
茶話會	140097	142001	142297	144229	144293				
蒼筏	140510	141539	142639	144293					
參列	136324	136485							
參拜	135970	138627	138658	139658	141054	144683	145049	146704	
慘死	135973	136081	136565	136945	137283	137357	137914	139767	145172
	146802	147360							
參議	137430	139173	139253	139611	140168	140410	140758	141570	144390
	145556	145630	145665	145773	146559	147345			
參議員	144390								
參政權	136121	137070	137385	137491	137664	146420			
昌慶苑　昌慶園	138256	138294	138777	138880	138967	139071	141371	145124	145658
昌慶丸	136061	138037	138454	141699	142446				
倉庫	136308	136463	137440	138017	138577	138888	139250	139372	139636
	140326	141815	142013	142119	142127	142289	142824	142999	143381
	143692	143700	144833	144993	145915	146093	146492	147384	
猖獗	139248	139622	141340	141842	142181	142410	143474		
娼妓	135975	136353	136376	136501	136520	136661	137261	137733	138171
	138310	138403	138965	139170	139292	140491	140505	140619	140670
	142942	143361	144348	144387	144922	145517			
昌原	137440	137844	139783	143520	146715	147114			
倡義團	142221	142377	142452	143203	143322				
猖紅熱	143474								
採掘	144149	144443	145495	146758					
債券	135948	138324	141483	143388					
採用	136603	136736	137099	137593	137669	137786	138520	138521	139203
	139530	139762	140201	140990	141504	144888	146155	147073	
叺	135986	136313	136705	137451	137616	138563	138683	139595	141662
	144416	144486	144526	144790	145235	145275	146178	146485	
拓植　拓殖	138328	139296	141485	141647	141652	141701	141804	143037	143579
	145243	146798							
天道教	138440	140423	140656	142524	142677	142940	142978	145506	145702
	147140	147389	147427						
天理教	140347								
淺利三郎	145094								
天安	139739								

天然痘	138360	139088						
天然氷	136598	140930	141460	142300				
天日鹽	143781	144356	144873					
天長節	139213							
天津	138210	138391	140124	140177	144691			
天皇	135993	136692	136823	136825	136913	147199	147275	147392
鐵鑛	141256							
鐵橋	136946	138048	138478	139945	140832	141670	142153	144054	144411
	144456	144760	144839	145016	145041	145200	145446	145839	146468
	146653	146654							
鐵道	135999	136052	136077	136128	136367	136411	136441	136471	136492
	136527	136712	136773	136806	136811	136829	136850	136902	136915
	137033	137086	137187	137194	137267	137288	137328	137343	137364
	137451	137463	137512	137588	137607	137610	137639	137646	137648
	137672	137678	137683	137712	137754	137758	137768	137770	137806
	137895	137932	137951	137961	138052	138053	138161	138218	138225
	138248	138263	138267	138343	138361	138362	138372	138375	138397
	138412	138498	138548	138585	138714	138723	138756	138798	138812
	138870	138889	138938	138987	139009	139025	139028	139054	139074
	139078	139093	139133	139226	139239	139308	139356	139381	139405
	139411	139419	139445	139500	139506	139543	139574	139610	139613
	139646	139723	139790	139819	139828	139848	139853	139892	139934
	139949	139969	140003	140005	140039	140071	140097	140102	140108
	140116	140170	140182	140185	140188	140198	140217	140230	140250
	140272	140309	140395	140405	140426	140481	140513	140514	140516
	140647	140660	140723	140763	140772	140804	140810	140851	140870
	140920	140926	140975	141024	141030	141074	141129	141193	141198
	141201	141202	141292	141332	141341	141355	141411	141456	141471
	141489	141498	141502	141562	141601	141694	141711	141789	141800
	141819	141829	141874	141910	141914	141955	142033	142084	142086
	142099	142103	142104	142110	142196	142218	142235	142268	142385
	142465	142554	142564	142590	142616	142683	142739	142760	142853
	142869	142956	142988	142998	143068	143074	143166	143172	143260
	143463	143545	143601	143669	143680	143685	143690	143692	143739
	143749	143751	143768	143773	143789	143820	143850	143861	143864
	143879	143903	143907	143954	144031	144065	144103	144122	144142
	144154	144159	144188	144256	144273	144277	144328	144401	144438
	144457	144519	144569	144576	144605	144636	144637	144660	144666
	144681	144691	144702	144786	144822	144852	144904	144917	144938
	144981	145025	145026	145029	145046	145070	145102	145114	145125
	145149	145183	145191	145260	145271	145281	145352	145404	145446
	145479	145556	145588	145665	145684	145729	145733	145940	145941
	145949	145981	146044	146205	146286	146318	146326	146327	146368
	146395	146406	146439	146472	146536	146544	146550	146572	146594
	146629	146669	146718	146724	146782	146818	146886	147031	147062

	147067	147074	147104	147138	147229	147328	147401	147409	147460
	147497								
鐵道局友會	145249								
鐵道省	137895	138498	139969	140182	140975	143166	143690	143773	144438
	144569	144981	146368	146406	146594	147409			
鐵道 鉄道	139543	139574	139610	139613	139646	139723	139790	139819	139828
	139848	139853	139892	139934	139949	139969	140003	140005	140039
	140071	140097	140102	140108	140116	140170	140182	140185	140188
	140198	140217	140230	140250	140272	140309	140395	140405	140426
	140481	140513	140514	140516	140647	140660	140723	140763	140772
	140804	140810	140851	140870	140920	140926	140975	141024	141030
	141074	141129	141193	141198	141201	141202	141292	141332	141341
	141355	141411	141456	141471	141489	141498	141502	141562	141601
	141694	141711	141789	141800	141819	141829	141874	141910	141914
	141955	142033	142084	142086	142099	142103	142104	142110	142196
	142218	142235	142268	142385	142465	142554	142564	142590	142616
	142683	142739	142760	142853	142869	142956	142988	142998	143068
	143074	143166	143172	143260	143463	143545	143601	143669	143680
	143685	143690	143692	143739	143749	143751	143768	143773	143789
	143820	143850	143861	143864	143879	143903	143907	143954	144031
	144065	144103	144122	144142	144154	144159	144188	144256	144273
	144277	144328	144401	144438	144457	144519	144569	144576	144605
	144636	144637	144660	144666	144681	144691	144702	144786	144822
	144852	144904	144917	144938	144981	145025	145026	145029	145046
	145070	145102	145114	145125	145149	145183	145191	145260	145271
	145281	145352	145404	145446	145479	145556	145588	145665	145684
	145729	145733	145940	145941	145949	145981	146044	146205	146286
	146318	146326	146327	146368	146395	146406	146439	146472	146536
	146544	146550	146572	146594	146629	146669	146718	146724	146782
	146818	146886	147031	147062	147067	147074	147104	147138	147229
	147328	147401	147409	147460	147497	140103	140109	140117	140171
	140183	140186	140189	140199	140218	140231	140251	140273	140310
	140396	140406	140427	140482	140514	140515	140517	140648	140661
	140724	140764	140773	140805	140811	140852	140871	140921	140927
	140976	141025	141031	141075	141130	141194	141199	141202	141203
	141293	141333	141342	141356	141412	141457	141472	141490	141499
	141503	141563	141602	141695	141712	141790	141801	141820	141830
	141875	141911	141915	141956	142034	142085	142087	142100	142104
	142105	142111	142197	142219	142236	142269	142386	142466	142555
	142565	142591	142617	142684	142740	142761	142854	142870	142957
	142989	142999	143069	143075	143167	143173	143261	143464	143546
	143602	143670	143681	143686	143691	143693	143740	143750	143752
	143769	143774	143790	143821	143851	143862	143865	143880	143904
	143908	143955	144032	144066	144104	144123	144143	144155	144160
	144189	144257	144274	144278	144329	144402	144439	144458	144520
	144570	144577	144606	144637	144638	144661	144667	144682	144692

138993	138996	139010	139026	139029	139055	139068	139075	139079
139093	139094	139134	139227	139240	139309	139357	139382	139406
139412	139420	139429	139432	139446	139456	139501	139507	139523
139530	139544	139575	139582	139611	139614	139647	139724	139791
139820	139829	139849	139854	139893	139935	139946	139950	139970
139990	140004	140006	140040	140072	140098	140103	140109	140117
140129	140165	140171	140183	140186	140189	140199	140218	140231
140251	140273	140298	140310	140396	140406	140427	140482	140514
140515	140517	140648	140661	140724	140764	140768	140773	140805
140811	140833	140852	140871	140918	140921	140927	140976	141025
141031	141075	141111	141130	141148	141149	141154	141194	141199
141202	141203	141216	141257	141292	141293	141303	141333	141342
141356	141371	141412	141419	141440	141457	141472	141490	141499
141503	141523	141563	141567	141602	141671	141695	141712	141720
141790	141801	141803	141820	141830	141831	141832	141875	141911
141915	141956	142005	142011	142034	142085	142087	142100	142104
142105	142111	142140	142145	142154	142190	142195	142197	142198
142219	142229	142236	142241	142248	142269	142358	142380	142386
142405	142455	142466	142506	142555	142565	142591	142617	142626
142629	142679	142684	142740	142761	142820	142839	142854	142866
142870	142871	142910	142920	142957	142989	142999	143069	143075
143167	143173	143261	143336	143342	143352	143368	143401	143416
143436	143464	143473	143482	143546	143567	143580	143602	143653
143670	143680	143681	143686	143691	143693	143719	143740	143750
143752	143769	143774	143781	143790	143814	143821	143851	143862
143865	143880	143904	143908	143955	143956	144032	144039	144055
144066	144104	144123	144143	144155	144160	144189	144249	144257
144271	144274	144278	144282	144329	144348	144352	144402	144403
144412	144439	144457	144458	144480	144520	144537	144569	144570
144577	144606	144637	144638	144661	144665	144667	144682	144692
144702	144703	144748	144761	144787	144823	144840	144853	144905
144918	144930	144939	144961	144965	144967	144982	145017	145026
145027	145030	145042	145047	145071	145079	145103	145105	145106
145115	145124	145126	145132	145150	145184	145192	145201	145208
145261	145272	145282	145292	145353	145390	145405	145447	145480
145557	145589	145666	145676	145685	145730	145734	145747	145837
145840	145941	145942	145950	145982	146045	146060	146067	146185
146206	146217	146220	146287	146319	146327	146328	146361	146369
146396	146407	146440	146469	146473	146537	146545	146551	146573
146595	146630	146654	146655	146670	146680	146716	146719	146725
146726	146735	146783	146788	146819	146887	146938	146985	147032
147063	147068	147075	147076	147105	147114	147139	147191	147230
147329	147402	147410	147461	147498				

甜菜	142199	146573							
甛菜糖	143006								
鯖	140136	140983	141035	141254	141402	141618	142417	142442	142852

滯納	137052	138726	142832	142934	143063	144809	146700	146702	
遞送 遞傳	136375	141709	143175	143728	145403	146467			
遞信	136054	136173	136345	136674	136691	136806	136929	137173	137182
	137256	137257	137315	137364	137405	137455	137496	137570	137596
	137624	137626	137714	138122	138336	138375	138457	138553	138611
	138703	139096	139112	139374	139510	139519	139565	139698	139910
	140230	140436	140468	140476	140478	140524	140929	140964	140992
	141146	141439	141468	141645	142510	142723	142786	142789	142988
	143273	143385	143652	143773	143858	143861	144130	144479	144553
	144691	144726	144736	144773	145081	145602	146316		
遞信局	136054	136345	136674	136691	136806	136929	137182	137256	137257
	137315	137405	137455	137496	137570	137596	137624	137626	137714
	138122	138336	138375	138703	139096	139112	139510	139519	139565
	139698	139910	140436	140468	140476	140478	140524	140929	140964
	140992	142786	142988	143273	143385	143773	143861	144130	144479
	144553	144691	144736	145081	145602	146316			
遞信省	138457	139374	142510						
替玉投票	135794								
體育	139976	140029	140101	141196	142411	143401	143482	143544	143601
	143642	143768	144347	144384	144518	144536	144543	144570	145302
體育デー	143642	144347	144384	144518	144536	144543	144570		
體操	138017	141739							
逮捕	136083	136207	136386	136405	136622	136672	136757	136779	136817
	136927	137042	137090	137132	137166	137210	137603	137605	137641
	137851	137891	137893	138276	138367	138409	138424	138453	138493
	138533	138565	138571	138923	139048	139100	139149	139424	139483
	139588	139804	139885	139887	140269	140973	141288	141797	141956
	142003	142044	142587	143613	143810	143939	144102	144388	144685
	144935	145021	145134	145179	145268	145309	145936	145937	146011
	146201	146202	146398	146586	146896	147178	147324	147489	
體協	136686	138146	139090	140070	140599	141333	141525	142098	142192
	142229	142901	143033	144347	144681				
滯貨	136188	136325	136577	137097	137184	137985	139489	139999	140297
	140813	143820	145446	146941	147109	147290	147497		
初登廳	139650								
初等學校	139703	141607	142082	143964	144804	146228	147097	147309	
草命黨	136380								
楚山	136622	143246	143888	144811	146450				
招魂祭	139007	139142	139281	139618	139879	140017	141109	141700	143947
	144392	144764	144813	144821	145093	146117			
囑託	136065	136084	138053	139173	140309	141202	144783	144904	145352
	145556								
總監	136091	136100	136128	136240	136840	136910	137420	137624	138118

	138386	138572	138629	138662	138682	138823	138908	138909	138926
	138944	139054	139094	139135	139147	139165	139173	139199	139378
	139390	139431	139556	139593	139710	140000	140272	140278	140387
	140465	140626	140678	140775	141090	141153	141202	141345	141378
	141542	142266	142405	142412	142495	142523	142591	142628	142655
	142700	142961	143058	143086	143165	143628	143985	143997	144017
	144066	144079	144081	144107	144119	144258	144520	146179	146342
	146492	146644	146733	146753	146769	146785	146795	146947	147121
	147203	147233	147254	147273	147286	147299	147382		
總督府醫院	137173	137570	137872	138646	138719	143800	144378		
總督府學務局 総督府學務局	137211	138798							
總督府 総督府	135980	136078	136091	136173	136359	136608	136678	136806	136863
	136915	136963	137045	137119	137173	137211	137235	137288	137332
	137364	137383	137385	137419	137476	137540	137570	137612	137669
	137680	137755	137762	137854	137872	137922	137960	137999	138027
	138132	138153	138219	138239	138241	138263	138352	138646	138665
	138711	138719	138798	138823	138978	139017	139112	139193	139240
	139405	139431	139530	139593	139647	139747	139775	140010	140152
	140252	140401	140495	140694	140712	140723	140820	140827	140857
	140977	140996	141198	141247	141283	141372	141394	141481	141626
	141668	141685	141701	141738	141823	141984	141991	142010	142147
	142231	142511	142681	142723	142738	142856	142948	143229	143267
	143423	143434	143486	143654	143661	143800	143813	143861	143921
	143969	143997	144188	144307	144364	144365	144378	144611	144841
	144867	145094	145101	145225	145333	145384	145556	145583	145645
	145748	145905	146015	146116	146143	146288	146348	146365	146596
	146769	146830	146889	147028	147326	147428	147482		
總督 総督	135980	136025	136078	136085	136091	136173	136359	136608	136655
	136678	136690	136712	136806	136863	136915	136963	137045	137119
	137173	137211	137235	137288	137332	137352	137364	137383	137385
	137419	137455	137476	137527	137540	137558	137570	137612	137669
	137680	137749	137755	137762	137854	137872	137922	137960	137999
	138027	138096	138132	138153	138155	138212	138219	138239	138241
	138247	138263	138299	138315	138352	138433	138473	138509	138554
	138629	138646	138665	138673	138711	138719	138784	138798	138822
	138823	138874	138944	138978	139017	139063	139112	139128	139161
	139165	139193	139194	139199	139240	139313	139346	139369	139405
	139407	139418	139431	139448	139496	139530	139572	139573	139593
	139647	139650	139658	139695	139697	139747	139775	139802	140010
	140042	140105	140115	140128	140148	140152	140166	140180	140251
	140252	140284	140333	140347	140363	140398	140401	140465	140485
	140495	140537	140563	140600	140609	140694	140712	140723	140820
	140827	140857	140975	140977	140996	141090	141110	141122	141153
	141198	141247	141283	141372	141394	141481	141560	141583	141626
	141668	141685	141701	141738	141774	141823	141984	141991	142010

	142147	142160	142220	142231	142258	142293	142412	142507	142511
	142612	142681	142687	142717	142723	142738	142831	142856	142873
	142948	142988	143056	143074	143123	143149	143166	143195	143209
	143229	143267	143423	143434	143486	143503	143591	143616	143627
	143628	143654	143661	143668	143703	143772	143800	143813	143830
	143840	143861	143921	143969	143997	144119	144188	144293	144307
	144325	144364	144365	144378	144534	144611	144615	144841	144867
	144974	145094	145101	145225	145248	145333	145384	145425	145532
	145556	145569	145583	145604	145629	145645	145662	145719	145726
	145748	145793	145905	145955	145969	146015	146025	146104	146116
	146143	146179	146186	146227	146232	146267	146288	146342	146348
	146365	146379	146419	146498	146535	146575	146596	146644	146650
	146688	146733	146734	146769	146770	146771	146794	146795	146830
	146874	146875	146889	146912	146913	147002	147028	147045	147053
	147082	147116	147121	147127	147165	147166	147168	147197	147201
	147203	147232	147238	147250	147269	147300	147304	147326	147344
	147353	147385	147386	147390	147394	147428	147473	147474	147482
總辭職	138786	138818	140444	143383	145266				
銃殺	140580	141762	143614						
總選擧	137489	146924							
總領事	136173	139556	139815	140062	141767	142315	143142	143185	143367
	143652	143773	144691	145588					
總裁 総裁	136624	137345	137489	140402	143706	146645	146735	146883	147015
崔南善	141358								
崔日文	140322								
秋季競馬	144028	145551							
追悼	136300	136692	139283	139341	139675	141651	142937	143158	144103
	144335	144373	145499	145688	147103				
追悼會	136300	136692	139341	139675	141651	144103	144335	144373	
樞府	138776	138818	138972	139311	139365	139406			
秋蠶	142061	142152	142906	143297	143952	144041	144192	144280	146903
雛祭	137493	137533							
推薦	137838	138129	138870	142437	142465	142761	142971	144046	144233
	146096	146734							
抽籤	142001	142331							
蹴球	138168	138469	138485	138487	138609	138668	138882	138961	139031
	139104	139239	139821	139853	143401	143496	143642	143855	144065
	144384	144518	144681	145218	145695				
逐鹿	146211								
畜産 畜產	137119	137518	137549	137829	138851	139300	139371	140414	140542
	140581	140914	141217	141308	141363	141404	141743	141871	142112
	142290	142861	142969	143029	143096	143633	143720	143799	143817
	143886	143969	144007	144031	144045	144083	144226	144704	145639

趣味	137000	138005	140148	147288					
驟雨	141787								
取引	136571	137420	137697	137926	137940	137957	138066	138588	138913
	139111	139123	139152	139189	139690	140157	140319	140484	140594
	140857	141347	141349	141844	141963	142102	142277	142279	142418
	143701	143970	144010	144051	144111	144529	144585	145064	145777
	146178	146948	147105	147204					
取引所	137420	137697	137926	138066	138588	138913	139189	141347	142102
	143970	144010	144051	144529	146948	147105			
取調	136085	136143	136503	136583	137003	137124	137691	138040	138257
	138885	138921	139463	139465	139467	139726	139772	139841	139962
	140340	140844	142448	142849	143977	143979	144099	145515	145619
	145703	145771	145978	146049	146085	146113	146436	146437	146479
	146589	147178	147249						
就職	136845	136973	137028	137316	138398	138933	142567	143836	144268
	144430	145044	145577	146344	146908	147137			
取締	136053	136095	136114	136155	136191	136448	136539	136544	136594
	136600	136617	136670	136678	136767	136772	136812	136970	137011
	137129	137294	137423	137463	137464	137472	137510	137674	137819
	137822	137971	137999	138038	138169	138386	138392	138528	138728
	138866	138995	139006	139017	139077	139179	139226	139346	139589
	139615	139679	139766	139867	139936	140010	140053	140059	140123
	140234	140261	140275	140343	140412	140499	140670	140769	140797
	140876	140924	140928	140938	140939	141123	141177	141309	141374
	141383	141432	141474	141521	141670	141720	141943	142136	142301
	142315	142404	142531	142800	142851	142935	143017	143157	143261
	143263	143299	143402	143451	143548	143619	143636	143646	143647
	143685	143736	143841	143870	144008	144022	144155	144300	144354
	144433	144580	144678	144778	144817	145006	145057	145096	145249
	145339	145348	145371	145379	145493	145585	146084	146110	146136
	146365	146495	146622	146664	146693	146699	146754	146782	146837
	146880	146940	147017	147139	147267	147292	147375	147385	
就學	138166	139524	147468						
就航	136061	138454	139898	140215	141897	142079	142446	143192	143241
	147292								
測量	140024	140287	141327	145458					
測候	136198	136543	137769	140496	140786	140915	141553	142514	144539
	146849	147374							
測候所	136198	136543	137769	140496	140786	140915	141553	142514	144539
	147374								
齒科	136727	138167	139351	140507	144422				
齒科醫	136727	138167	139351	140507	144422				
值上	136246	136326	136815	137077	137222	138730	138958	138986	140213
	140364	140445	140497	140668	141285	141898	142007	142300	142547
	142773	142789	143997	144023	144123	144158	144183	144286	144364

	144486	144689	144860	144942	145290	145331	145375	145503	145547
	145707	145721	145756	145809	145852	145870	145907	145935	145947
	145961	145983	146018	146053	146087	146114	146145	146329	146348
	146828	147058							
治水	136746	139703	143828	144916	146598				
治安	136847								
稚魚	137294	137543	138552	140843	141513				
値下	136054	136056	136117	136178	136200	136363	136549	136919	137190
	137419	137445	137455	137496	137596	137626	137662	137700	137703
	137714	137990	138483	138807	138875	140009	140032	140524	140693
	141362	141429	141589	141745	141747	141905	141987	141990	142029
	142407	142440	142535	142551	143214	143303	143369	143781	144139
	144279	144331	144798	144960	145261	145511	146172	146224	146972
	147447								
勅令	136920	138776	138818	138972	139016				
勅諭	136443								
勅語	136360								
勅諭	137065	137113	146686						
勅任	136677	138823	141312	144506					
勅任官	138823								
親鸞	139988	144060							
漆器	144156								
枕木	141787								
浸水	141466	141553	141597	141768	141787	141829	141874	141914	142086
	142420	142623							

ㅋ								
カフェ カフヱー	140662	140706						
カメラ	138914	139246	139820	144709	145962			
キネマ	136439	138149	138229	142665				
クラブ	141284	143070	143161	145551				
コース	142611	144234						
コーチ	137867	138147						
コーラス	144843							
コカイン	140059	143157						
コソ泥	146557							
コレラ 虎疫	136228 142292	136964 142754	138308 143459	139387 143572	140053 143812	140621 143847	141019 144432	141104	141602
コ疫	136202 144166	141330 144671	141377	141946	142530	142944	143025	143199	143756

					E				
たばこ 煙草 葉煙草	136057	136240	136693	137101	137374	137490	137779	138041	138160
	138250	138346	138376	138659	139183	140155	140429	140441	140458
	140464	140478	140519	140586	140775	140856	140898	140947	140981
	141037	141166	141225	141317	141511	141546	141585	141596	141636
	141761	141817	141938	142236	142296	142335	142369	142443	142644
	142708	142730	142820	142834	142859	142872	142903	142932	142955
	142957	142975	142993	143036	143082	143215	143309	143332	143510
	143569	143611	143834	143874	143916	144191	144372	144407	144512
	144571	144608	144840	144874	144895	145355	145362	145456	145597
	145742	145793	145822	146058	146061	146064	146104	146179	146232
	146263	146299	146306	146307	146348	146376	146384	146457	146493
	146598	146729	146817	146998	147005	147092	147189	147261	
トラック	143642	144597	145302						
打瀬網	146675								
打合會	136127	136344	136388	136409	136463	136865	137060	137212	137363
	137393	137761	138204	138974	139561	139703	139967	140401	141109
	141438	141587	141773	142542	142633	143366	143900	144480	144719
	144759	144782	144814	144821	144863	145371	146262	146287	
卓球	137486	138016	139359	139600	144270	144347	144681	145043	145078
	145161	145435	145542	146286					
託兒所	138209	139176							
炭坑	136769	140408	141572	142313	146917				
炭鑛	136092	138567	140618	141255	142464	145440	145892		
嘆願	138180	139755	140093	143215	145683	146786			
炭疽	142983								
炭田	137575	140943	146916						
灘酒	143330								
脱線	137770	138147	139523	145091					
脱稅	145613								
奪還	140124	146519							
湯淺	136091	136100	136128	136240	136840	136910	138028	138118	138386
	138572	138629	138662	138682	138909	138926	138944	139054	139094
	139135	139147	139165	139173	139199	139378	139390	139431	139556
	139593	139775	140000	140272	140387	140465	140626	141153	141202
	141542	142412	142495	142591	142628	142700	143058	143086	143165
	143628	143985	144066	144079	144107	144119	145588	146179	146492
	146673	146733	146753	146769	146785	146795	146947	147203	147233
	147254	147273	147286	147299	147305				
湯淺倉平	136091								
湯淺總監	136100	136910	138118	138386	138629	138662	138926	138944	139054
	139094	139147	139165	139199	139378	139390	140272	140626	141542
	143058	143086	143165	143628	144079	144119	146179	146492	146733
	146753	146769	146785	146947	147203	147254	147299		

太刀	136033	136250	136457	136498	136537	138828	138916	146497	
太刀洗	136033	136250	136457	136498	136537	138828	138916		
太妃殿下	140610								
太平洋會議	140824	140965							
兌換券	138818	140402							
土木	136138	136144	136398	136425	136554	136717	136971	136988	137045
	137378	137762	138127	138244	138521	138894	139240	139346	139848
	140152	140272	140506	141031	142024	142052	142070	142678	143462
	145630	145840	146279	146311	147380	147386	147464		
土木部	136138	136717	145630						
討伐	138329	140703	143614						
土産	137483	140665	146336						
土地	136029	136180	136221	136282	136489	136591	136627	136694	137045
	137614	138060	138119	138236	138239	138736	138740	138743	139228
	139787	140882	141311	141493	141629	141655	141671	141934	142146
	142315	142327	142757	143087	144281	144307	144418	144908	145283
	145919	146132	146212	146259	146483	146799	147007	147326	
土地改良	136180	136221	136591	136627	138060	138119	138236	138239	138740
	139787	140882	141629	141655	142315	143087	144307	145283	146212
	146483	147007	147326						
土地調査	141934	142146	146132						
土俵	142392								
慟哭	141518								
通關	137874	139324							
統軍亭	138881	139625	144470						
通信	136254	136442	136639	136974	137034	137246	137247	137448	137712
	137903	138284	139035	140206	140223	140975	141070	142165	142432
	142785	144888	145284	145630	145665	145696	146505	146515	146661
	147229								
通信局	139035	140975							
通信機關	140223								
通譯	138699	141765							
統營	136018	136564	137827	139870	142067	144644	145127	146444	146850
	147094								
統一	136313	136324	136556	137542	138062	138519	138862	139325	140077
	140332	140402	140944	141312	141483	141498	142071	142101	143227
	143338	143399	144153	144867	144918	145943	146429		
通學	136372	136377	136765	136895	137463	137552	137791	138419	138420
	138437	139508	139641	140385	142075	142879	143396	143567	144066
	145409	145464	146167	146193	146524				
退去	136184								
堆肥	137047	138422							

退學	138886	141018	143610	145614		
投票	136064	139218				
特高	138515	138537	144821	144999		
特産品	143693					
特派員	136263	136863	137607	139888	139918	139955
特許	138094	143113	144771	145979	146190	

見出し								
パリ	144509								
パン	137535								
ピストル	141693	141769							
プール	138938	140188	140468	141195	141290	141459	142268	143068	143575
フギルム	136956								
ポスター	142188								
ポンプ	136721								
派遣	136857	138234	138656	139387	141453	141907	143440	144176	144748
	145083	146755							
破産	136869	137171	146588						
罷業	140669	142372	146555						
派出所	136183	139606							
判檢事	141591	144437	144896	146287	146482				
販賣店	142629								
判事	137368	137405	138763	139296	142315	142495	142591	145298	145347
	145392	145437	145479	145519	145556	145661	146281		
阪神	143200	145645							
判任官	136037	137099	138445	138520					
膨脹	136271	136273	136486	136737	137142	137179	137414	137487	137821
	141034	141174	144417	144665	145316	145521	147182	147289	
苹果	137230	141613	142205	144524					
平毎	137288	137476	139185	139556	140098	141738	142010	142274	142931
	144853	144892	145468	145581	145694	146396	146431	146552	
平安南道 平南	135986	136137	136221	136262	136288	136295	136322	136426	136432
	136493	136504	136567	136570	136643	136733	136740	136741	136785
	136788	136831	136856	136935	136941	136963	137010	137035	137061
	137202	137327	137373	137423	137449	137484	137694	137719	137819
	138015	138327	138425	138428	138461	138503	138537	138619	138621
	138732	138804	138869	139000	139533	139548	139556	139558	139728
	139846	139988	140012	140070	140097	140098	140102	140155	140174
	140309	140346	140360	140375	140390	140629	140634	140672	140681
	140712	140734	140814	141007	141030	141078	141129	141184	141209
	141225	141324	141346	141395	141424	141427	141579	141597	141598
	141620	141661	141662	141701	141710	141787	141829	141874	141878
	141882	142051	142052	142055	142133	142176	142193	142194	142224
	142259	142269	142281	142305	142351	142382	142412	142449	142495
	142591	142758	142887	142906	143021	143166	143265	143288	143398
	143823	143900	143909	143948	144047	144061	144149	144155	144177
	144244	144261	144290	144308	144350	144516	144581	144681	144773
	144929	145059	145060	145166	145287	145292	145309	145380	145432
	145462	145536	145575	145607	145613	145660	145696	145709	145845
	145864	145892	145973	146005	146031	146083	146090	146111	146275

	146323	146327	146367	146439	146442	146554	146635	146774	146788
	147026	147143	147151	147173	147214	147222	147246	147326	147362
	147367	147486							
平安北道 平北	136032	136103	136180	136225	136243	136293	136309	136310	136398
	136560	136611	136896	136910	136941	137093	137098	137184	137238
	137265	137607	137888	138012	138104	138200	138417	138649	138654
	138700	138738	138903	139005	139090	139622	139669	139707	139718
	139940	139954	140117	140306	140626	140628	140636	140754	140839
	140861	141021	141397	141398	141411	141430	141488	141608	141624
	141652	141787	141880	141914	141949	142010	142014	142020	142052
	142062	142065	142086	142093	142105	142107	142134	142147	142181
	142203	142231	142292	142322	142323	142324	142325	142354	142410
	142412	142416	142461	142476	142503	142561	142602	142618	142624
	142628	142666	142808	142816	142840	142879	142990	143040	143078
	143119	143135	143199	143246	143253	143287	143296	143326	143327
	143366	143377	143378	143392	143415	143471	143498	143534	143544
	143778	143838	143849	143872	143909	143938	143985	143994	144041
	144056	144073	144076	144115	144247	144277	144294	144318	144347
	144444	144469	144475	144525	144563	144614	144743	144744	144773
	144792	144893	144956	144980	144984	145025	145045	145046	145066
	145098	145189	145194	145196	145213	145224	145233	145291	145303
	145318	145322	145332	145359	145453	145474	145490	145529	145634
	145636	145639	145672	145673	145674	145697	145713	145736	145757
	145808	145881	145910	145923	145946	145988	146020	146041	146075
	146099	146138	146157	146166	146175	146181	146212	146249	146250
	146458	146671	146765	146861	147010	147160	147224	147227	147274
	147347								
平壤	135983	135994	136001	136012	136108	136111	136119	136152	136178
	136198	136219	136231	136306	136327	136337	136352	136392	136418
	136425	136426	136433	136439	136454	136466	136498	136546	136553
	136572	136579	136586	136616	136637	136654	136694	136700	136734
	136759	136769	136779	136789	136805	136825	136827	136847	136914
	136918	136929	136957	136987	137006	137010	137017	137044	137045
	137047	137116	137144	137179	137219	137296	137331	137360	137369
	137408	137419	137447	137448	137458	137496	137509	137539	137574
	137607	137618	137621	137625	137626	137636	137645	137658	137673
	137710	137712	137722	137726	137734	137776	137785	137789	137812
	137821	137825	137856	137861	137866	137905	137923	137939	137947
	137969	137988	137993	138006	138146	138187	138216	138337	138347
	138360	138409	138420	138457	138498	138502	138506	138540	138559
	138561	138571	138575	138591	138611	138614	138645	138663	138674
	138704	138705	138708	138712	138742	138744	138769	138795	138798
	138814	138828	138835	138879	138887	138890	138916	139032	139033
	139035	139042	139221	139236	139244	139262	139412	139434	139470
	139477	139513	139570	139617	139631	139652	139668	139735	139819
	139825	139883	140022	140026	140098	140105	140106	140167	140170
	140180	140188	140201	140202	140216	140249	140304	140309	140315

	140325	140333	140413	140444	140534	140606	140629	140643	140697
	140750	140768	140821	140851	140935	140945	141031	141065	141264
	141307	141384	141431	141439	141458	141492	141520	141570	141585
	141593	141614	141622	141663	141698	141749	141768	141787	141791
	141896	141902	141917	141989	142078	142111	142118	142128	142168
	142173	142179	142194	142225	142295	142351	142402	142432	142482
	142514	142548	142678	142747	142751	142763	142783	142793	142794
	142796	142807	142813	142831	142834	142842	142891	142910	142942
	142964	143032	143044	143053	143116	143141	143195	143220	143225
	143234	143235	143262	143271	143284	143353	143362	143380	143389
	143401	143415	143429	143431	143458	143492	143605	143704	143730
	143753	143795	143799	143806	143825	143827	143856	143892	143906
	143922	143941	143961	144007	144020	144031	144052	144098	144106
	144127	144150	144168	144174	144204	144209	144221	144223	144228
	144288	144302	144320	144333	144335	144336	144346	144347	144351
	144393	144414	144460	144474	144490	144520	144536	144545	144570
	144579	144613	144622	144638	144639	144679	144688	144714	144725
	144762	144769	144822	144847	144895	144934	144950	144972	144980
	144988	145001	145034	145081	145090	145093	145123	145150	145162
	145221	145250	145264	145312	145424	145429	145430	145451	145523
	145605	145646	145655	145686	145699	145703	145731	145734	145761
	145773	145797	145851	145863	145864	145925	145993	146006	146029
	146090	146097	146104	146108	146110	146120	146149	146182	146196
	146205	146227	146238	146278	146327	146353	146387	146392	146426
	146476	146498	146500	146521	146525	146569	146573	146578	146603
	146604	146608	146622	146667	146701	146703	146741	146785	146830
	146834	146866	146893	146923	146934	146943	146961	147012	147049
	147051	147076	147089	147101	147141	147171	147179	147275	147304
	147311	147355	147356	147370	147373	147374	147394	147409	147444
	147446	147461							
平壤高女	136337	139883	143730	146029	146353	146521			
平壤公會堂	144638								
平壤兵器	138006								
平元線	140430	142167	144579	144712	145618	146079	146170	146653	
平元鐵道	140005	140647							
評議員	136096	136177	136681	136693	137327	137402	137871	138129	138474
	138502	138890	139038	139107	139769	139846	140127	140226	140487
	140726	141652	142010	142454	142627	142952	143244	143323	143521
	143587	143635	144480	144572	144688	144795	145323	145771	145820
	145928	146035	146036	146383	146737	147387			
評議會	136032	136127	136295	136344	136549	136586	137013	137250	137310
	138238	138534	138800	139345	139967	143154	146268	146349	146540
	146600	146691	146897	147430					
肺ヂストマ	145432								
閉鎖	136650	139164	139866	140407	144632	145763	146654	147091	

肺炎	135652								
廢止	136026	136079	136119	136167	136240	136735	136871	136872	137020
	137063	137115	137352	137373	137484	137558	137592	138504	138518
	138632	140799	140997	141407	142344	142521	142694	142726	142783
	142973	143062	143131	143215	143338	143399	143959	143963	144254
	144464	146444	147123						
捕鯨	136163	137845							
布教	137400	139995	141083	142722	144060	144173	145475	145702	145704
葡萄	144081	144912							
蒲鉾	140701	141305							
砲兵	135317								
褒賞	139023	142970	144564	145711					
浦潮 ウラジオストク	138546	138749	141757	142039					
浦項	136836	138672	139610	139678	140843	140958	141230	141897	142676
	142713	142791	144009	144072	144719	145562	145633	145794	145850
	145974	146582	146597	146646	147004				
暴擧	133555								
爆發	142313	142892	143163						
爆藥	136670	137638	141956	146201	146752				
爆彈	136338	136565	143762	144547	145391	146576	147214		
瓢簞	140856								
漂流	136006	136339	136519	137079	137676	139340	140523	144858	146890
標語	137842								
表彰	136118	136463	136473	136518	136705	136816	137032	137058	137229
	137266	137828	138106	138197	138422	138425	138505	138598	138680
	139437	139933	139988	140097	140464	140507	140581	140714	140850
	140972	142688	143633	144290	144594	145422	145863	146002	146570
	146764	146765	146767	146871					
品評會	136488	136791	136972	137047	137363	137413	137513	137655	137829
	137862	138669	138780	138851	139023	139300	140028	141001	141651
	141925	142094	142419	142833	142970	143578	143721	144200	144249
	144357	144447	144530	144564	144645	144704	144819	144952	145069
	145111	145196	145279	145320	145321	145322	145367	145529	145673
	145674	145678	145757	145772	145821	145985	146257	146451	146694
	146870	147263	147309						
豊漁	138792	142860	143328	145232	146019	147006	147111	147154	
豊作	136524	139690	141748	142017	142505	143043	143442	143835	144486
	144563	145228	146248						
被告	138107	140582	142851	143926	143962	144379	144591	144644	144916
	146009	146399	147021	147175					
避難	138665	138742	138789	138959	139247	139530	139547	140367	140489
	141787	141829	145262	146152					

避難民	138789	139247	141787	146152					
披露	137921	139592	143165	143651	145611	147025			
披露宴	139592	143165	143651	145611	147025				
避病院	142292								
皮鼻疽	146297								
避暑客	143109								
被害	137191	137770	137832	137968	138368	138897	139212	139583	140585
	141518	141597	141729	141787	141829	141874	141949	142048	142086
	142451	142721	142898	144380	144436	144634	144848	145507	146671
逼迫	140812								

ㅎ								
ハルビン 哈爾賓	137872	140062	143367	144524	144924	146528		
フランス	137436	137951	140817	143861				
ホテル	137069	137112	137712	138492	138766	138824	140309	140794	140804
	140851	141581	141622	141690	146195	147053		
下關	136007	136025	136417	136760	137476	137527	137834	137922	138488
	138629	139523	140461	140587	141439	143280	143344	145663	146419
	146518	146580	146713	146984	147354	147382		
河東	143065	143493	143567					
下痢	141422							
荷馬車	137358	139657						
下水 下水道	138070	139119	139755	140025	141790	141985	143152	145089	145640
	146128							
下宿	138083	143064	147061					
河川	135991	136269	136281	137066	137762	138127	138686	139240	139480
	139659	139704	139827	140240	141787	142466		
河川令	135991	136269	136281	137066	138127			
學校	136094	136102	136177	136187	136272	136284	136334	136337	136352
	136372	136377	136407	136456	136470	136496	136502	136522	136555
	136581	136649	136650	136651	136681	136682	136706	136759	136765
	136855	136863	136890	136895	136991	137017	137053	137054	137110
	137120	137260	137304	137364	137396	137401	137417	137434	137436
	137464	137552	137585	137615	137621	137645	137658	137665	137691
	137756	137789	137791	137827	137858	137866	137912	137939	138029
	138039	138086	138115	138152	138166	138177	138210	138238	138280
	138332	138392	138418	138419	138437	138438	138476	138497	138498
	138536	138551	138616	138620	138636	138660	138672	138699	138702
	138736	138779	138841	138846	138925	139038	139210	139269	139470
	139508	139524	139550	139641	139703	139775	139817	139846	139925
	139961	139976	140004	140044	140061	140083	140101	140106	140135
	140167	140264	140303	140338	140345	140371	140383	140385	140422
	140460	140487	140553	140563	140566	140576	140620	140623	140709
	140745	140772	140780	140789	140817	140823	140838	140877	140908
	140910	140925	141017	141083	141182	141237	141276	141346	141364
	141376	141430	141458	141600	141607	141630	141640	141680	141686
	141730	141765	141788	141843	141871	141907	141908	141980	141991
	141996	142075	142082	142116	142146	142213	142255	142267	142273
	142314	142484	142543	142557	142567	142579	142627	142680	142712
	142879	142980	143020	143066	143198	143216	143255	143272	143348
	143358	143367	143396	143482	143493	143502	143534	143567	143615
	143662	143713	143715	143716	143899	143936	143964	143985	144046
	144066	144267	144454	144502	144510	144538	144551	144570	144620
	144759	144773	144799	144804	144814	144843	144973	145055	145113
	145224	145293	145408	145409	145413	145464	145490	145493	145556

	145577	145608	145630	145736	145753	145763	145843	145864	145977
	146028	146031	146038	146043	146082	146121	146167	146193	146228
	146238	146243	146288	146312	146357	146512	146524	146629	146670
	146897	146898	146959	147003	147012	147067	147076	147091	147097
	147231	147309	147311	147346	147426	147434			
學校組合	136407	137858	137939	138152	138177	138841	138846	140823	142146
	142273	142314	143534	143615					
學校閉鎖	136650	145763	147091						
學徒	137671								
學童	136249	137150	137763	137844	142680	142847	144106	144536	144550
	144570	144597	144773	146663	146723				
學務	136845	136865	137053	137173	137197	137211	137218	137463	137944
	138153	138263	138328	138798	139506	140877	140955	141247	141627
	141642	141844	142025	142561	142716	143730	144188	144371	144612
	145799	146742	147000						
學務局	136845	137173	137211	137463	138328	138798	139506	140955	141627
	142025	142716	144371	144612	145799	146742	147000		
學務局長	137173	137211	138798	139506	140955	142025			
學問	136412								
學事	137578	139141	140270	144720	144721	145293			
學術	137782	140803	142699	143136					
學藝會	146617								
學園	139834								
學位授與	147424								
學組議員	136256	137712							
學組 學生組合	136134	136190	136201	136247	136251	136256	136273	136312	136499
	136656	137369	137712	137744	137921	138324	138642	142920	146393
學會	136683	137136	137508	139073	139593	140487	140850	141738	143593
	143843	144066	144262	144293	144299	144422	145093		
漢江	135945	136076	136160	137169	138048	139323	139439	139765	140291
	140307	140425	140583	140685	140832	141339	141599	141787	141829
	141870	142809	144656	145427	145888	146468	147399		
韓國	137266	137308	137927	140827	140993				
旱魃	140155	140298	140420	140661	141298	141466			
漢城	136303	136693							
漢銀(漢城銀行)	136388	138372	139576	142243	142286				
割腹	138810								
咸鏡	136283	136984	138564	139445	141900	141945	142433	143033	143639
	143882	145410	146385	146494	146527	146616	146634		
咸鏡南道 咸南	136028	136081	136092	136110	136135	136141	136151	136173	136181
	136276	136282	136296	136560	136569	136680	136696	136907	136953
	137013	137045	137100	137137	137148	137184	137482	137570	137580
	137741	137774	138036	138141	138234	138288	138397	139274	139387

	139461	139556	139568	140028	140117	140155	140433	140892	141030
	141069	141115	141120	141151	141214	141438	141617	141729	141738
	141773	141787	141829	141844	142429	142464	142577	142660	142799
	142983	142996	143249	143251	143288	143528	143639	143652	143712
	143901	144042	144043	144063	144151	144548	144561	144595	144726
	144728	144825	144926	145030	145097	145349	145598	145858	145877
	145919	145953	145992	146021	146060	146063	146105	146141	146177
	146259	146297	146302	146341	146453	146624	146632	146750	147314
咸鏡北道 咸北	136332	136345	136593	137093	137380	137655	137770	137968	138065
	138417	138611	138891	138932	139506	139560	139694	140476	140599
	140650	140679	141143	141165	141179	141217	141396	141631	141652
	141960	142010	142161	142194	142251	142351	142355	142454	142467
	142586	143339	143889	144040	144096	144216	144225	144646	145505
	145519	145629	145724	145752	145791	145834	145880	146208	146764
	146854	146917	147111						
咸鏡線	136283	136984	138564	146494	146527				
艦隊	137745	138289	138464	138663	138750	138821	138878	138988	139917
	140260								
艦船	138184								
咸平	136075	147415							
咸興	136097	136224	136270	136294	136861	136863	136891	137006	137135
	137232	137584	137688	138036	138274	138358	138807	138809	139197
	139550	139836	139863	139899	140009	140380	140553	140554	140590
	140798	140822	141064	141190	141278	141501	141510	141672	141676
	141722	141844	142034	142192	142362	142484	142495	142595	142613
	142677	142756	142806	142850	142855	142899	142901	142938	143009
	143123	143152	143176	143288	143415	143503	143901	144005	144091
	144136	144417	144419	144450	144531	144830	144902	145349	145356
	145385	145527	145729	145818	145854	145905	146177	146259	146337
	146453	147003	147293	147367	147464				
合格	136638	138048	138787	139711	139850	142939	144160	144630	144725
	145001	145150	145913	146652	146697	146887	146942		
合格者	136638	138787	139711	139850	144160	144630	145001	146652	146697
	146887								
合倂	136571	137420	137926	138066	138198	138213	138291	138357	138588
	138747	138913	138978	139415	139626	140961	141048	141161	141208
	141210	141250	141318	143387	143674	144414	147369		
哈爾濱 哈爾賓 ハルビン	137872	140062	143367	144524	144924	146528			
航空	135961	136408	137255	138703	139096	139698	139786	140128	140182
	140285	140309	140663	140707	142039	142077	142924	143426	143514
	144624	146312	146802	146838	147067				
航空隊	146802								
航路	136530	136578	136691	137022	137342	137440	137553	138057	138325

	138553	138749	138899	139678	140568	141897	142638	142738	142785
	143250	143968	144072	144313	144907	145633	145850	146582	146646
	147047	147123	147202	147495					
港灣協會	138385								
海關	139212	141218							
海軍	135980	137535	137574	137607	138116	138580	138666	138821	139069
	139814	140090	140216	141366	142960	144345	144553	145160	147012
	147367								
海軍記念日	138580	140090							
解禁	137554	143835	145946						
海女	137297	138529	139332	140312	147484				
海事法規	138062								
海鼠	137011								
海水浴	139992	141561	142076	142490					
海水浴場	139992	141561							
海員	136480	137303	138261	138618	144315				
海員養成所	136480	138261	144315						
海賊	136019	136670	138309						
海藻	138061	138383	139690	140312	141349	141353	141400	142155	142363
	142640	142868	142916	144398	145784	146371			
海藻類	138061	138383	140312						
海州	136273	136312	136842	137461	137530	137599	137744	137750	140891
	140972	141001	141014	141101	141235	141344	142098	142250	143789
	143890	144092	144816	144936	145009	145112	145458	146006	146718
海苔	136093	136099	136145	136446	136488	136634	136869	136972	137363
	137740	137904	140086	143884	144246	144616	145778	145817	146989
	147225								
海苔 のり	136093	136099	136145	136446	136488	136634	136869	136972	137363
	137740	137904	140086	142577	143884	144246	144616	145778	145817
	146989	147225							
行軍	136275								
行囊	140841	141799	146467						
行方不明	136339	136379	138297	141874	142185	144735	146003		
行政	137202	143881	146769						
鄕軍	138545	138940	139225	139774	140180	141521	142680	142812	144424
	144818	144821	145413	145664	147082	147477			
香奠	138653								
香椎	136466	138842	139296	140272	141247	141271	142678	144438	146148
	146503	147026	147285						
鄕土	141735	142178	143188	144062	144639	145048	145390	145605	145699
	145967								
憲法	138776	146770							

憲兵	136353	137006	137476	137505	138411	138928	140159	140629	140975
	141774	141844	142315	142412	142813	142900	143123	143773	145139
	145773	145883	146089	146559	146736	146935	147057		
憲兵隊	137006	138928	140159	140629	142315	142412	142813	142900	143123
	143773	145773	146089	147057					
獻上	136070	139532	140138	140162	140286	144081	144841	146498	146504
	146738								
獻上品	140138								
憲政	139266	139311							
現物市場	141048								
玄米	138683	142064	147242						
懸賞	135922	139139	139402	144073					
縣知事	139451								
玄海	142132	143365	144412	144715	144802	146322			
穴居	136625								
血淸 血淸所	137288	137979	140253	141904	141940	144312	145333		
血淸豫防液	140253	145333							
血淸注射	137979								
狹軌	145446								
脅迫	135978	136235	136338	136585	139344	142669	147488		
協議會	136425	136504	136626	136673	136805	137191	137219	137596	137662
	137714	137871	137980	138164	138226	138841	139296	139345	139632
	139727	139838	140201	140321	140425	140441	140672	140699	140820
	140850	141109	141294	141773	142273	142350	142371	142453	143016
	143615	144144	144894	146390	146422	146559	147147	147285	
刑務所	136827	136847	136877	136914	136937	137450	137470	141422	142034
	142250	142508	143535	143561	143791	144178	144367	144520	144617
	144969	145017	145479	145519	145543	145584	145708		
衡平社	136000	137600	137946	138402	138676	138891	140884	146280	
惠山 惠山鎭	138260	139665	142561						
惠山線	142560								
戶口	143973								
戶口調査	143973								
湖南	140029	140042							
戶別稅	136566								
虎狩	144063	146007	146040	146394	147016	147212	147359		
護岸工事	142124								
虎疫	136228	142292	142754	143572					
豪雨	141597	141768	141829	142623	142760	142806	142898	143149	143409
	143555								

戸籍	139409	142350	144779					
號砲	143140	143184						
琿春	136791	137380	137763	138669	139923	140615	145832	
洪城神社	136708							
洪水	140220	141641	141789	141821	142124	142150	143408	145559	147223
靴	136916	139240	145280					
和歌	138699	147249						
花嫁	136852	145855						
和歌山	138699	147249						
花代	136046							
和龍縣	141041							
花柳界	144679							
花柳病	138578							
貨物	135997	136077	136584	137901	138316	138887	140071	141781	142386
	142604	142867	142997	143779	145446	146864	146993	147035	147075
	147355							
貨物車	136584							
畫舫	140833							
和服 日本服	146104							
火事	136159	136342	136563	136564	136624	136664	136665	136666	136667
	136839	136897	136981	137038	137046	137135	137292	137398	137474
	137864	137865	137977	138050	138082	138083	138712	138889	138921
	139184	139232	139304	139383	139464	139963	140096	140856	140936
	141026	141197	141563	142943	144779	145848	145859	147362	147363
火藥	136584	137124	138369	138885	139219	140225	140418	141385	141521
	141720	142982	144345	144476	144580	144682	145181	145249	145350
	145413							
火葬	146605	147278	147342					
火葬場	146605	147278	147342					
火災	136164	136402	136476	136646	136775	136803	137173	137181	137678
	137693	138104	138176	138207	138209	138269	138304	140688	141818
	142130	142553	144266	144574	146483	147408			
火災保險 火保	136646	137579	140226	140227	140272	142389			
火田	136372	137546	138757	141047	141624	143378	143532	143648	144300
	145992							
火田民	136372	137546	138757	141047	141624	143378	143648	145992	
和布	136161	137319	137743					
化學	136528	141237	141701	142264	143974			
和解	139428							
歡迎會	137569	137671	137695	140120	140955	143397	143432	143502	143688

	143890	143928	144296	144341	144638	145629	145699	145955	146013
	146559	147116							
活氣	139123	141850	143783	144294	145034	145232	146139	147264	147419
活動寫眞	137086	137107	139208	143653					
活寫	136127	136358	136922	137025	137122	137315	137461	137788	137970
	138150	138178	138258	138295	138307	138338	138370	138411	138413
	138507	139041	139080	139279	139356	139438	139443	139479	139516
	139605	139643	139691	139738	139780	139783	139819	139822	139854
	139884	139901	139944	139977	139996	140029	140030	140069	140132
	140190	140236	140318	140338	140354	140394	140431	140470	140512
	140555	140598	140638	140684	140724	140771	140815	140845	140886
	140931	140974	141020	141059	141107	141142	141191	141249	141273
	141297	141435	142542	143202	143245	143281	143358	143362	143364
	143541	143573	143943	143982	143984	144026	144232	144304	144319
	144362	144451	144493	144532	144565	144607	144659	144703	144775
	144794	145260	146326	146431					
活寫會	136127	136922	138150	138178	138258	138295	138307	138338	138370
	138411	138413	139279	139438	139443	139479	139516	139605	139643
	139691	139738	139780	139783	139822	139854	139901	139944	139977
	139996	140029	140030	140069	140132	140190	140236	140354	140394
	140431	140470	140512	140555	140598	140638	140684	140724	140771
	140815	140845	140886	140931	140974	141020	141059	141107	141142
	141191	141249	141297	141435	142542	143202	143245	143281	143358
	143364	143573	143982	144319	144362	144451	144493	144532	144565
	144607	144659	144703	144794	146326	146431			
活牛	137940	143503							
皇國	140581								
黃金	140462	141119	142532	145492	146141	146931			
皇室	136910	141517	143830						
皇帝	141806								
黃海	136049	136052	136058	136311	136319	136693	136941	137414	137979
	138450	138759	138844	139171	139322	139327	139378	139561	139947
	140013	140054	140062	140157	140529	140548	140900	140901	140903
	141006	141155	141196	141597	141621	141701	141829	141874	141914
	141917	142086	142272	142425	142451	142900	143149	143370	143578
	143793	143933	144029	144092	144214	144280	144283	144301	144306
	144317	144322	144528	144530	144564	144658	144713	144783	144804
	144821	145106	145242	145283	145325	145369	145400	145449	145831
	146057	146868	146995	147011					
黃海道	136050	136059	136312	136320	136694	136942	137415	137980	138451
	138760	139172	139323	139328	139562	139948	140063	140158	140530
	141156	141702	141918	142273	142901	143579	143794	144093	144318
	144659	144784	144805	144822	145243	145284	145326	145370	145450
	146869	147012							
皇后	136823	143047	143233	143570	143629	143663	143787		

繪	137157	138033	139978	140002	140300	142364	143653	144309	144434
	144474	144957	144981	145704	145917	146118	146530	147063	
會見	137524	138056	142785	146142	146148				
會計	136447	137136	138219	138611	141202	141738	142988	146506	
繪卷	142364								
會寧	138688	138891	142829	142844	143345	147169			
會豊	137932	138688	138891	141350	141874	141903	142829	142844	143345
	145446	147169							
栃木	136698								
會社銀行	136029	136183	136451	136489	137826	137880	138381	138714	138790
	138984	139273	140047	140457	140575	140618	141719	141758	143553
	143634								
繪葉書	137157	146530							
會議所	137093	137596	138724	138842	138896	139173	139296	140272	140520
	141247	141356	141652	141770	142098	142729	143578	144210	144438
	144851	144938	145202	145312	145864	146014	146051	146506	
橫領	136044	136503	136662	136978	137774	137811	138249	138312	138565
	138569	139103	139234	139424	139885	139987	140844	141185	142811
	143769	144552	145311						
橫濱	138816	138859	138906	138942	139012	139150	139190		
橫須賀	137535	145750							
孝昌園	144167	146271							
後藤眞咲	143107	143755	144236						
後援	139796	142178	143678	145428	146196	147277			
訓導	136945	138453	138719	138831	140125	140919	142751	142980	143023
	143114	143239	143811	143853	145514				
訓練院	138148	139142	139239	140959	147392				
訓示	138386	139407	141826	147197					
薨去	145288								
徽文普校	145513								
彙報	137372								
徽章	145245								
休業	136846	138861	138972	139014	139017	139094	139152	140522	141022
	141141	143536							
凶作	140700								
黑船	146749								
黑鉛	141448								
興南	142059								

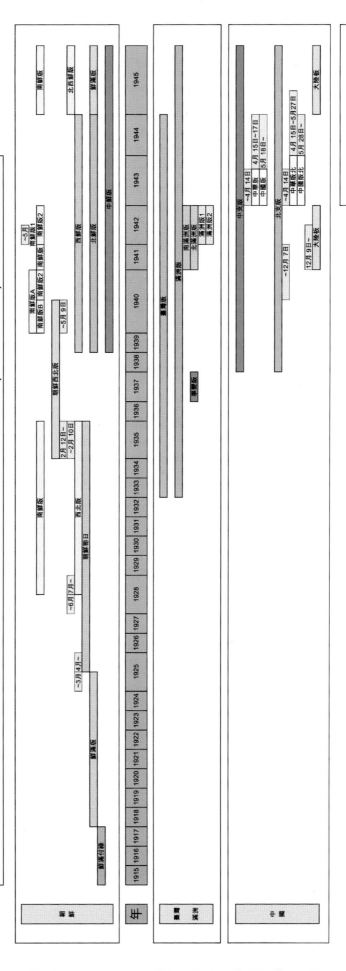

朝日新聞 外地版 세분화 그래프

翰林大學校 日本學研究所 日本學圖書館所藏

大正4年~昭和10年(1915~1945)

* 작성 : 김세민 (일본학연구소 연구보조원)

한림일본학자료총서 아사히신문 외지판 11

아사히신문
외지판(조선판)
기사명 색인_제6권

초판인쇄 2020년 3월 31일
초판발행 2020년 3월 31일

지은이   한림대학교 일본학연구소
         서정완, 심재현, 고하연, 김건용, 김유진, 박상진, 현정훈, 홍세은,
         김채연, 김은경, 안덕희, 안소현, 장덕진
         ⓒ Johngwan Suh 2020 Printed in Korea.
기획   한림대학교 일본학연구소
펴낸이   채종준
펴낸곳   한국학술정보㈜
주소   경기도 파주시 회동길 230(문발동)
전화   031) 908-3181(대표)
팩스   031) 908-3189
홈페이지   http://ebook.kstudy.com
전자우편   출판사업부 publish@kstudy.com
등록   제일산-115호(2000. 6. 19)

ISBN   978-89-268-9971-7 91070